GESELLSCHAFT FÜR INFORMATIK

Rüdiger Reischuk et al. (Hrsg.)

Ausgezeichnete Informatikdissertationen 2022

**Juli 2023
Lübeck, Deutschland**

Gesellschaft für Informatik e.V. (GI)

Lecture Notes in Informatics (LNI) - Dissertations
Series of the Gesellschaft für Informatik (GI)

Volume D-23

ISBN 978-3-88579-981-8
ISSN 1617-5468

Volume Editors
Prof. Dr. Rüdiger Reischuk (Chair), Universität zu Lübeck
23538 Lübeck, Deutschland, ruediger.reischuk@uni-luebeck.de

Sven Apel, Universität des Saarlandes
Abraham Bernstein, Universität Zürich
Maike Buchin, Ruhr-Universität Bochum
Anna Förster, Universität Bremen
Felix Freiling, Universität Erlangen-Nürnberg
Hans-Peter Lenhof, Universität des Saarlandes
Jan Mendling, Berlin
Gustaf Neumann, Wirtschaftsuniversität Wien
Kay Uwe Römer, TU Graz
Björn Scheuermann, Humbold-Universität zu Berlin
Ingo Scholtes, Würzburg
Nicole Schweikardt, Humbold-Universität zu Berlin
Klaus Wehrle, RWTH Aachen

Series Editorial Board
Andreas Oberweis, KIT Karlsruhe,
(Chairman, andreas.oberweis@kit.edu)
Torsten Brinda, Universität Duisburg-Essen, Germany
Dieter Fellner, Technische Universität Darmstadt, Germany
Ulrich Frank, Universität Duisburg-Essen, Germany
Barbara Hammer, Universität Bielefeld, Germany
Falk Schreiber, Universität Konstanz, Germany
Wolfgang Karl, KIT Karlsruhe, Germany
Michael Koch, Universität der Bundeswehr München, Germany
Heiko Roßnagel, Fraunhofer IAO Stuttgart, Germany
Kurt Schneider, Universität Hannover, Germany
Andreas Thor, HFT Leipzig, Germany
Ingo Timm, Universität Trier, Germany
Karin Vosseberg, Hochschule Bremerhaven, Germany
Maria Wimmer, Universität Koblenz-Landau, Germany

© Gesellschaft für Informatik, Bonn 2023
printed by Köllen Druck+Verlag GmbH, Bonn

This book is licensed under a Creative Commons BY-SA 4.0 licence.

Vorwort

Die Gesellschaft für Informatik e.V. (GI) vergibt gemeinsam mit der Schweizer Informatik Gesellschaft (SI) und der Österreichischen Computergesellschaft (OCG) jährlich einen Preis für eine hervorragende Dissertation im Bereich der Informatik, die einen wesentlichen Beitrag zur Weiterentwicklung der Informatik und deren Anwendungsgebieten oder zum Verständnis der Wechselwirkungen zwischen Informatik und Gesellschaft leistet. Jede deutsche, österreichische und schweizer Universität und Hochschule mit Promotionsrecht kann eine ihrer Dissertationen des vorangegangenen Jahres für diesen Preis nominieren. Für das Jahr 2022 wurden 32 Dissertationen eingereicht. Deren Autoren und Autorinnen haben damit bereits eine besondere Würdigung ihrer Hochschule erfahren.

Im Rahmen des Auswahlprozesses findet jeweils im Mai ein Kolloquium statt im Leibniz-Zentrum für Informatik Schloss Dagstuhl. Fast alle Nominierten haben daran teilgenommen und ihre innovativen Methoden und Ergebnisse präsentiert. Sehr hoch waren wiederum die Breite der Themen und das Niveau der Vorträge. An jeden Vortrag schlossen sich spezifische Nachfragen und eine kurze Diskussion an. Zusätzlich hatten die Nominierten ausgiebig Möglichkeiten, sich untereinander informell auszutauschen.

Für die Jury war es danach nicht einfach, unter vielen hervorragenden Dissertationen *eine* für den GI-Preis auszuwählen. Mit einer Kurzfassung der nominierten Dissertationen in diesem Band sollen alle eine angemessene Würdigung erfahren und einer breiten Öffentlichkeit vorgestellt werden. Damit ist auch ein Beitrag zum Wissenstransfer innerhalb der Informatik und von den Universitäten und Hochschulen in die Bereiche Technik, Wirtschaft und Gesellschaft beabsichtigt.

Besonders beeindruckend waren dies Jahr eine Reihe von Dissertationen im Bereich Maschinelles Lernen. Nach detaillierten Vergleichen und längeren Diskussionen fiel die Wahl schließlich auf die Arbeit von
Herrn **Dr. Matthias Fey** mit dem Titel *On the Power of Message Passing for Learning on Graph-Structured Data*.

Herr Fey hat Deep Learning Methoden für Graph Neural Networks (GNN) – eine bedeutende Erweiterung von Convolutional Neural Networks – durch eine neuartige Modellierung mit verbessertem Informationsfluss erheblich beschleunigt und die Skalierbarkeit massiv gesteigert. Diese Effizienzverbesserungen werden in der von ihm implementierten PyG-Bibliothek praktisch umgesetzt, die aktuell in diesem Bereich weltweit führend ist.

Mit diesen Preisverleihung werden hervorragende Forschungsresultate sowohl theoretischer als auch praktischer Natur, die unmittelbar vielfache Anwendungen gefunden haben und darüber hinaus die Grundlage zur Gründung eines IT-Unternehmens bilden, gewürdigt.

Ein großer Dank gilt dem Auswahlgremium für sein Engagement bei dieser zeitaufwändigen und anspruchsvollen Aufgabe. Des weiteren möchte ich mich bedanken bei Frau Dr. Lena Reinfelder und Herrn Prof. Dr. Stefan Sobernig für die Zusammenstellung des Bandes und der Geschäftsstelle der Gesellschaft für Informatik e.V. für die technische Unterstützung des Auswahlverfahrens und schließlich bei dem gesamten Team von Schloss Dagstuhl für das perfekte Ambiente während des Kolloquiums.

Zum Abschluss muss ich noch eine traurige Mitteilung anfügen. Wir trauern um Prof. Dr. Steffen Hölldobler, der viele Jahre den Vorsitz der Jury für diesen Preis wahrgenommen hat. Kurz nach dem Kolloquium im letzten Jahr ereilte ihn eine schwere Erkrankung. Unsere Hoffnung, dass er beim diesjährigen Treffen wieder dabei sein würde, hat sich leider nicht erfüllt. Stattdessen erreichte uns kurz vor unserer erneuten Zusammenkunft die Nachricht von seinem Ableben. Wir danken Steffen für sein großes Engagement und werden ihn als hochgeschätzten Kollegen in Erinnerung behalten.

Rüdiger Reischuk
Lübeck im August 2023

Abbildung 1: Teilnehmer*innen des Kolloquiums

Abbildung 2: Mitglieder des Auswahlausschusses

Kandidat*innen für den GI-Dissertationspreis 2022

Dr. Aria-Vergara, Tomás	Friedrich-Alexander-Universität Erlangen-Nürnberg
Dr. Bellmann, Louis	Universität Hamburg
Dr. Chazette, Larissa	Leibniz Universität Hannover
Dr. Fey, Matthias	Technische Universität Dortmund
Dr. Geirhos, Robert	Universität Tübingen
Dr. Geißler, Stefan	Julius-Maximilians-Universität Würzburg
Dr. Gieseking, Manuel	Carl von Ossietzky Universität Oldenburg
Dr. Gu, Nianlong	ETH Zürich
Dr. Hinterreiter, Andreas	Johannes Kepler Universität Linz
Dr. Hofmann, Jana	Universität des Saarlandes
Dr. Jantsch, Simon	Technische Universität Dresden
Dr. Kaiser, Tanja Katharina	Universität zu Lübeck
Dr. Karim, Rezaul	RWTH Aachen
Dr. Kiesel, Johannes	Bauhaus-Universität Weimar
Dr. Kletzander, Lucas	Technische Universität Wien
Dr. Krieter, Sebastian	Otto-von-Guericke Universität Magdeburg
Dr. Lehmann, Daniel	Universität Stuttgart
Dr. Mahajan, Shweta	Technische Universität Darmstadt
Dr. Mahzoon, Alireza	Universität Bremen
Dr. Niklaus, Christina	Universität Passau
Dr. Peitek, Norman	Technische Universität Chemnitz
Dr. Petersen, Felix	Universität Konstanz
Dr. Popp, Tina	Universität Bayreuth
Dr. Savino, Gian-Luca	Universität St. Gallen
Dr. Schick, Timo	LMU München
Dr. Schindler, Tanja	Universität Freiburg
Dr. Schwarzmann, Susanna	Technische Universität Berlin
Dr. Tolsdorf, Jan	Georg-August-Universität Göttingen
Dr. Witschen, Linus	Universität Paderborn
Dr. Wolf, Petra	Universität Trier
Dr. Zehlike, Meike	Humboldt-Universität zu Berlin

Mitglieder des Auswahlausschusses für den GI-Dissertationspreis 2022

Prof. Dr. Rüdiger Reischuk	Universität zu Lübeck
Prof. Dr. Sven Apel	Universität des Saarlandes
Prof. Dr. Abraham Bernstein	Universität Zürich
Prof. Dr. Maike Buchin	Ruhr- Universität Bochum
Prof. Dr. Anna Förster	Universität Bremen
Prof. Dr.-Ing. Felix Freiling	Universität Erlangen-Nürnberg
Prof. Dr. Hans-Peter Lenhof	Universität des Saarlandes
Prof. Dr. Jan Mendling	Berlin
Prof. Dr. Gustaf Neumann	Wirtschaftsuniversität Wien
Prof. Dr. Kay Uwe Römer	TU Graz
Prof. Dr. Björn Scheuermann	Humbold-Universität zu Berlin
Prof. Dr. Ingo Scholtes	Würzbug
Prof. Dr. Nicole Schweikardt	Humbold-Universität zu Berlin
Prof. Dr. Klaus Wehrle	RWTH Aachen

Inhaltsverzeichnis

Arias-Vergara, Tomás
Analyse pathologischer Sprachsignale 11

Bellmann, Louis
Algorithmische Methoden für kombinatorische chemische Bibliotheken 21

Chazette, Larissa
Requirements Engineering für Erklärbare Systeme 31

Fey, Matthias
Expressives und Effizientes Deep Learning auf Graph-Strukturierten Daten 41

Geirhos, Robert
Irren ist menschlich: Aber was, wenn Maschinen Fehler machen? 51

Geißler, Stefan
Würzburger Beiträge zur Leistungsbewertung verteilter Systeme 61

Gieseking, Manuel
Korrektheit von Datenflüssen in Asynchronen Verteilten Systemen 71

Gu, Nianlong
Papierabruf, Zusammenfassung und Zitaterzeugung 81

Hinterreiter, Andreas
Visuelle Erklärungen hochdimensionaler und zeitabhängiger Prozesse 91

Hofmann, Jana
Logische Methoden für die Hierarchie der Hyperlogiken 101

Jantsch, Simon
Zertifikate und Zeugen im Probabilistischen Model Checking 111

Kaiser, Tanja Katharina
Der vorhersagende Schwarm 121

Karim, Rezaul
Interpretation von Black-Box-Modellen im Maschinellen Lernen 131

Kiesel, Johannes
Nutzung von Web-Archiven für gesellschaftliche Herausforderungen................ 141

Kletzander, Lucas
Automatisierte Lösungsmethoden für Personalplanungsprobleme................... 151

Kriter, Sebastian
Effiziente Interaktive und Automatische Produktlinienkonfiguration 161

Lehamnn, Daniel
Analyse von WebAssembly-Binärprogrammen 171

Mahajan, Shweta
Multimodales Repräsentationslernen für diversifizierte Synthese 181

Mahzoon, Alireza
Formale Verifikation von strukturell komplexen Multiplizierern 191

Niklaus, Christina
Textvereinfachung & Open IE: Von Sätzen zur Bedeutungsdarstellung 201

Peitek, Norman
Eine neurokognitive Perspektive auf Programmverständnis 211

Petersen, Felix
Lernen mit differenzierbaren Algorithmen 221

Popp, Tina
Regulären Pfadabfragen ohne Knoten- oder Kantenwiederholung 231

Savino, Gian-Luca
Entkopplung des Designspaces für mobile Navigationstechnologien 241

Schick, Timo
Few-Shot Learning mit Sprachmodellen 251

Schindler, Tanja
SMT-Solving, Interpolation und Quantoren 261

Schwarzmann, Susanna
QoE Management Strategien für adaptives Videostreaming 271

Tolsdorf, Jan
Informationelle Privatheit im Beschäftigungsverhältnis 281

Witschen, Linus
Methoden zur suchbasierten approximativen Logiksynthese 291

Wolf, Petra
Generalisierte Synchronisation endlicher Automaten 301

Zehlike, Meike
Fairness in Rankings 311

Analyse pathologischer Sprachsignale[1]

Tomás Arias-Vergara[2]

Abstract: Diese Dissertation befasst sich mit der automatischen Analyse von Sprachstörungen, die aus einem klinischen Zustand (Morbus Parkinson und Hörverlust) oder dem natürlichen Alterungsprozess resultieren. Bei der Parkinson-Krankheit wird der Verlauf der Sprachsymptome anhand von Sprachaufzeichnungen bewertet, die kurzzeitig (4 Monate) und langfristig (5 Jahre) aufgenommen wurden. Verfahren des maschinellen Lernens werden verwendet, um drei Aufgaben zu erfüllen: (1) automatische Klassifizierung von Patienten vs. gesunden Sprechern. (2) Regressionsanalyse zur Vorhersage des Dysarthrie-Niveaus und des neurologischen Zustands. (3) Sprechereinbettungen zur Analyse des zeitlichen Verlaufs der Sprachsymptome. Bei Hörverlust wird eine automatische akustische Analyse durchgeführt, um zu beurteilen, ob die Dauer und der Beginn der Taubheit (vor oder nach dem Spracherwerb) die Sprachproduktion von Cochlea-Implantat-Trägern beeinflussen. Darüber hinaus zeigen Artikulations-, Prosodie- und Phonemanalysen, dass Cochlea-Implantat-Träger auch nach einer Hörrehabilitation eine veränderte Sprachproduktion aufweisen.

1 Einführung

Die mündliche Kommunikation von Erwachsenen und Kindern kann durch Entwicklungsstörungen oder erworbene Sprachstörungen beeinträchtigt werden, die aus motorischen/neurologischen Beeinträchtigungen (z. B. Hirnverletzungen, Morbus Parkinson) oder sensorischen/Wahrnehmungsstörungen (z. B. Hörverlust) resultieren. Einerseits wirken sich neurologische Erkrankungen wie die Parkinson-Krankheit (PK) auf bestimmte Regionen im Gehirn und die an der Sprachproduktion beteiligten Muskeln aus, was zu unterschiedlichen sprachmotorischen Beeinträchtigungen wie zum Beispiel ungenauer Artikulation, langsamerem Sprechtempo, monotonem Sprechen und Heiserkeit der Stimme führt. Andererseits verursachen Wahrnehmungsstörungen wie sensorineuraler Hörverlust eine verminderte Sprachverständlichkeit, Veränderungen in Bezug auf die Phonemartikulation, eine abnormale Nasalisierung, eine langsamere Sprechgeschwindigkeit und eine verringerte Variabilität der Grundfrequenz. PK ist eine neurodegenerative Erkrankung, die durch den fortschreitenden Verlust von dopaminergen Neuronen in der Substantia nigra des Mittelhirns gekennzeichnet ist. Zu den primären motorischen Symptomen der Parkinson-Krankheit gehören Zittern, Langsamkeit, Steifheit der Gliedmaßen und des Rumpfes, Haltungsinstabilität, Schluckstörungen und Sprachstörungen. Viele der Symptome werden mit Medikamenten kontrolliert; Es gibt jedoch keine eindeutigen Beweise für die positiven Auswirkungen dieser Behandlungen auf Sprachstörungen, aber es gibt Beweise dafür, dass Sprachtherapie in Kombination mit pharmakologischer Behandlung die Kommunikationsfähigkeit von Parkinson-Patienten verbessert. Die Bewertung von PK erfordert die Anwesenheit des Patienten in der Klinik, was sowohl für den Patienten als auch für das

---

[1] English title of the dissertation: "Analysis of Pathological Speech Signals"
[2] Friedrich-Alexander-Universität Erlangen-Nürnberg, tomas.arias@fau.de

Gesundheitssystem zeitaufwändig und teuer ist; Die kontinuierliche Überwachung von Parkinson-Patienten könnte jedoch dazu beitragen, rechtzeitig Entscheidungen bezüglich ihrer Medikation und Therapie zu treffen.

Bei Hörverlust stehen verschiedene Behandlungen für verschiedene Arten und Grade der Taubheit zur Verfügung. Ein Cochlea-Implantat (CI) ist das am besten geeignete Gerät für schwere und hochgradige Taubheit, wenn Hörgeräte die Sprachwahrnehmung nicht ausreichend verbessern. Ein CI verwendet einen Soundprozessor, um Audiosignale zu erfassen und sie an einen Empfänger zu senden, der unter der Haut hinter dem Ohr implantiert wird. Der Empfänger wandelt das Signal in elektrische Impulse um, die an die in der Cochlea implantierten Elektroden gesendet werden. CI-Träger weisen jedoch auch nach einer Hörrehabilitation häufig eine veränderte Sprachproduktion und ein eingeschränktes Verständnis auf. Wenn also Sprachdefizite besser bekannt wären, könnte die Rehabilitation besser angegangen werden. CI-Träger benötigen vor, während und nach der Operation Unterstützung durch Audiologen, Fachärzte für Hals-Nasen-Ohren-Heilkunde und Logopäden; Die Qualität der Sprachproduktion wird jedoch selten in Outcome-Evaluationen bewertet, sodass die Einbeziehung der Sprachtechnologie zu einer zuverlässigen Outcome-Evaluation führen könnte, die zum Rehabilitationserfolg beiträgt. Eines der Ziele der Verarbeitung pathologischer Sprache ist die Entwicklung von Technologien zur Unterstützung der Diagnose und Überwachung verschiedener medizinischer Zustände durch Sprache. Diese Arbeit befasst sich mit der automatischen Bewertung der Sprachproduktion von Parkinson-Patienten und CI-Trägern durch die Kombination von Signalverarbeitungstechniken mit Methoden des maschinellen Lernens. Solche Methoden werden auch in Betracht gezogen, um den Effekt des Alters als eine weitere mögliche Quelle für Veränderungen in der Sprachproduktion zu analysieren. Da die Verwendung von Smartphones für die Gesundheitsversorgung häufiger geworden ist, werden einige der in dieser Arbeit behandelten Sprachverarbeitungstechniken in Android-basierten Anwendungen implementiert.

2 Sprachstörungen in ausgewählten Populationen

2.1 Parkinson-Krankheit

Es gibt keine Standardmethode zur Diagnose von PK. Ärzte verlassen sich auf die Anamnese und die körperliche Untersuchung, um die Patienten zu beurteilen. Darüber hinaus wird der Schweregrad der Erkrankung von neurologischen Experten anhand verschiedener Skalen bewertet, z. B. der Movement Disorder Society-Unified Parkinson's Disease Rating Scale. Dies ist eine Wahrnehmungsskala zur Beurteilung der motorischen und nichtmotorischen Fähigkeiten der Patienten mit 65 Items, die in vier Abschnitte unterteilt sind. Der Neurologe bewertet jedes Item je nach Wahrnehmung des Schweregrades mit 0 (keine Symptome) bis 4 (starke Beeinträchtigung). Die motorischen Symptome werden im dritten Abschnitt (MDS–UPDRS-III) bewertet; jedoch wird nur ein Item verwendet, um die Sprachproduktion zu bewerten. Eine besser geeignete klinische Skala zur Bewertung von Sprachbehinderungen ist die modifizierte Frenchay-Dysarthrie-Skala (mFDA), die auf der Frenchay-Dysarthrie-Skala–2 basiert. PK beeinflusst die Sprache der Patienten auf unterschiedliche Weise. Beispielsweise werden Stabilitäts- und Periodizitätsprobleme durch ein unzureichendes Schließen der Stimmlippen verursacht, was mit einer Muskelstarre zusammenhängt. Artikulationsbedingte Defizite hängen hauptsächlich mit einer reduzierten Amplitude und Geschwindigkeit von Lippen-, Zungen- und Kieferbewegungen zusammen, was bei PK-Patienten zu einer reduzierten artikulatorischen Fähigkeit führt, Vokale und kontinuierliche Sprache zu produzieren. PK kann Sprache auch auf segmentaler (einzelne Laute/Phoneme) und suprasegmentaler Ebene (Sprachprosodie) beeinflussen.

2.2 Schwerhörigkeit

Hörverlust kann aus verschiedenen Gründen auftreten, wie z. B. Alterung, Entzündung, Trauma und oft ohne bekannte Ursache. Darüber hinaus kann ein Hörverlust erworben oder angeboren sein, z. B. durch genetische Veränderungen, intrauterine Infektionen oder Fehlbildungen. Die Behandlung von Hörverlust richtet sich nach Schweregrad und Ursache. Der Grad der Beeinträchtigung kann je nach audiometrischen Deskriptoren als normal, leicht, mittelschwer, schwer oder hochgradig kategorisiert werden. Bei hochgradigem Hörverlust und Taubheit reicht die Verstärkung von Geräuschen nicht aus, um ein ausreichendes Hörvermögen für die Sprachwahrnehmung bereitzustellen. In diesem Fall sind CIs die am besten geeigneten Geräte zur Behandlung. Im Gegensatz zu Hörgeräten umgeht ein CI die geschädigten Teile des Ohrs und stimuliert direkt den Hörnerv. Das Ergebnis einer Cochlea-Implantation hängt auch vom Zeitpunkt des Auftretens einer Schallempfindungsschwerhörigkeit ab: Einerseits bezieht sich der prälinguale Taubheitsbeginn auf Menschen, die ihre Hörfähigkeit vor dem Erwerb der gesprochenen Sprache verloren haben; Ihre Sprachproduktion ist beeinträchtigt, weil sie ihre Sprache nie überwacht haben. Andererseits bezieht sich der postlinguale Beginn der Taubheit auf Menschen, die nach dem Spracherwerb ihr Gehör verloren haben; Das Fehlen einer ausreichenden und stabilen akustischen Rückmeldung kann jedoch ihre Sprachproduktion beeinträchtigen. Menschen, die an schwerer/hochgradiger Taubheit leiden, können unter verschiedenen Sprachproduktionsstörungen leiden, wie z. B. Stimmfehler, falsch artikulierte Phoneme und Vokalfehler.

3 Automatische Methoden zur Sprachanalyse

In dieser Dissertation wurde die Sprachproduktion unter vier Aspekten bewertet: Phonation, Artikulation, Prosodie und phonemische Produktion. Zu den Sprechaufgaben gehören ein Monolog, das Vorlesen von Wörtern, Texten und Sätzen sowie die sequentielle Wiederholung von /pa-ta-ka/. Die Phonationsanalyse wurde in Betracht gezogen, um Probleme der Stimmproduktion zu erfassen, die mit einer abnormalen Vibration der Stimmlippen während der anhaltenden Phonation von Vokalen verbunden sind. Der verwendete Satz von Phonationsparametern umfasst Tonhöhe, Lautstärke und Stimmschwankungen. Die Vokalartikulation wurde verwendet, um die Präzision von Bewegungen zu messen, die grafisch auf dreieckigen Vokalraumbereichen demonstriert wurden. Die Artikulation in kontinuierlicher Sprache wurde in Betracht gezogen, um Probleme beim Starten oder Stoppen der Bewegung der Stimmlippen unter Verwendung der Stimmhaft/Stimmlos und Stimmlos/Stimmhaft-Übergänge zu erkennen. Die Prosodieanalyse wird unter Verwendung von Tonhöhen-, Lautstärke-, Dauer- und Timing-Parametern durchgeführt, die aus kontinuierlichen Sprachaufgaben berechnet werden. Schließlich wurde eine phonemische Analyse in Betracht gezogen, um die Genauigkeit, die Verlängerung von Sprachlauten, die Phonemrate und die Voice Onset Time (VOT) zu bewerten. Für die phonemische Analyse wurde ein auf Recurrent Neural Network (RNN) basierendes Modell trainiert, um automatisch Phoneme zu klassifizieren, die nach drei Dimensionen gruppiert sind: Stimmführung, Artikulationsart und Ort der Artikulation. Zwei automatische Phonemerkennungssysteme wurden in Deutsch und Spanisch trainiert. Abbildung 1 zeigt die Architektur des RNN, das für die Phonemerkennung verwendet wird.

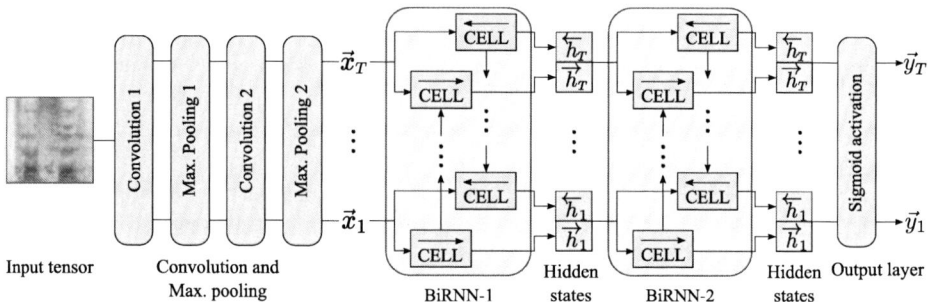

Abb. 1: *Allgemeine Architektur des automatischen Phonem-Erkenners. Die grünen Kästchen repräsentieren die Vorwärtszustände und die orangefarbenen Kästchen die Rückwärtszustände. Die „CELL"-Boxen können entweder standardmäßige RNN-, GRU- oder LSTM-Zellen sein.*

Für das mit deutschen Sprachaufnahmen trainierte Modell lag die durchschnittliche Klassifikationsleistung bei einem F1-Score von 0.85. Für das auf Spanisch trainierte Modell betrug der durchschnittliche F1-Score 0.77. Die Leistung des deutschen Modells war höher als die des spanischen Modells, da die phonetischen Transkriptionen für Deutsch manuell korrigiert wurden. Im Gegensatz dazu wurden für die spanischen Daten die phonetischen Transkriptionen mit automatischer Zeitzuordnung unter Verwendung eines automatischen Spracherkennungssystems erhalten. Es wurde beobachtet, dass die Verwendung des deutschen Modells zur Gewichtsinitialisierung die Genauigkeit des spanischen Modells verbesserte. Es wurde auch gezeigt, dass der beste Weg, das vortrainierte deutsche Modell für die Parameterinitialisierung zu verwenden, darin besteht, das spanische Modell zu trainieren, bis der F1-Score sinkt und nicht, bis das frühe Stoppkriterium erfüllt ist. Die Ausgabe der trainierten Modelle wurde zur Analyse der Sprachproduktion verwendet: Die vorhergesagten Labels wurden verwendet, um die durchschnittliche Phonemdauer (und -rate) zu messen, und die Wahrscheinlichkeiten des Auftretens der vorhergesagten Phoneme wurden verwendet, um die Genauigkeit der Phonemartikulation zu messen, d. h. je näher die Wahrscheinlichkeit bei 1 liegt, desto besser ist die Aussprache.

Ein rekurrentes Netzwerk wurde auch in Betracht gezogen, um VOT automatisch in stimmlosen Stoppgeräuschen zu erkennen, die während der schnellen Wiederholung von /pa-ta-ka/ erzeugt werden. Sprachdaten von PK-Patienten und gesunden Kontrollpersonen wurden berücksichtigt, um den Einfluss dysarthrischer Sprache auf die Leistung des Modells zu beobachten. Eine automatische Erkennung für VOT war mit einem F1-Score von bis zu 0.78 für gesunde Sprecher (HC) und 0.73 für PK-Patienten möglich. Im Durchschnitt weichen die Vorhersagen bei gesunden Sprechern um 3.8 ms und bei PK-

Patienten um 5.6 ms ab. Die geringere Leistung für PK-Patienten wurde hauptsächlich durch das Phänomen der Konsonantenschwächung verursacht, welches auf Schwierigkeiten bei der Kontrolle der Bewegung der Stimmlippen beim Übergang von Vokalen zu stimmlosen Stoppkonsonanten zurückzuführen ist. Obwohl dieses Phänomen auch bei gesunden Sprechern gefunden wurde, produzierten PK-Patienten schwächere Konsonanten. Abbildung 2 zeigt ein Beispiel für die Vorhersage der VOT aus der Sprachaufzeichnung eines PK-Patienten. Zukünftige Arbeiten sollten die Erkennung von VOT in kontinuierlichen

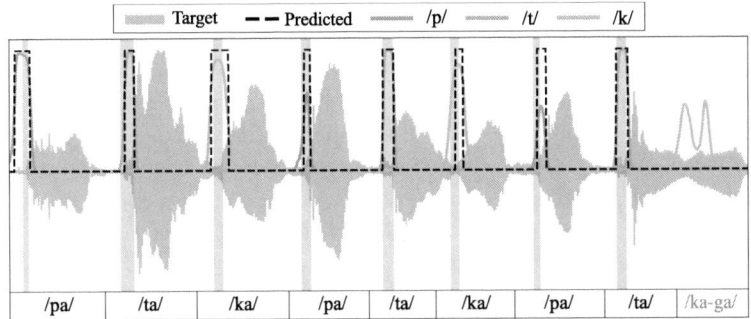

Abb. 2: *Vorhersage der VOT aus Aufzeichnungen eines PK-Patienten. Die schattierten Bereiche stellen das vom Experten manuell annotierte VOT-Segment dar, die gestrichelten schwarzen Linien sind die Vorhersagen des Systems (nach Nachbearbeitung mit einem Medianfilter) und die farbigen geraden Linien sind spätere Wahrscheinlichkeiten des /p/ (rot), /t/ (grün) und /k/ (blau).*

Sprachaufgaben berücksichtigen, um andere akustische Phänomene zu analysieren. Eine der Einschränkungen dieser Arbeit ist die relativ geringe Anzahl von Aufnahmen, die für das Training berücksichtigt wurden. Techniken zur Datenerweiterung wurden in Betracht gezogen, um die Stichprobengröße zu erhöhen. Die Leistung des Modells war jedoch besser, wenn verrauschte Versionen der Originalsignale verwendet wurden. Ein Grund könnte sein, dass die Geräuschkomponente einen Teil der akustischen Eigenschaft zu entfernen scheint, die die Stoppkonsonanten charakterisiert, was zu zwei verschiedenen Situationen führt: Einerseits wirkt sich die reduzierte Phonempräzision der Patienten in Kombination mit dem Gaußschen Rauschen auf die Leistung des Modells bei der Vorhersage der korrekten Konsonantenfolge aus. Andererseits verbessert die Rauschkomponente die Erkennung des Beginns von Vokalen, was zu höheren F1-Score für die HC führt, da sie nicht so viele Fehlartikulationen produzieren wie die Patienten, z. B. geschwächte Konsonanten. Eine weitere Einschränkung besteht darin, dass Sprachaufzeichnungen von CI-Trägern nicht in die automatische Erkennung von VOT einbezogen wurden, da manuelle Annotationen nicht verfügbar waren.

4 Sprachanalyse von Parkinson-Patienten

Sprachstörungen infolge von PK wurden mit drei Hauptzielen analysiert: (1) automatische Klassifizierung von Patienten vs. gesunden Sprechern, (2) Regressionsanalyse zur Vorhersage des Dysarthrie-Levels und des neurologischen Zustands und (3) Sprechereinbettung zur Analyse des Fortschreitens der Sprachsymptome im Laufe der Zeit.

Die Ergebnisse zeigten, dass die Kombination der Informationen verschiedener Merkmalssätze und Sprachaufgaben die Leistung automatischer Methoden zur Erkennung von Sprachstörungen bei Parkinson-Patienten verbesserte. Bei der Klassifizierungsaufgabe wurde die höchste Leistung (Genauigkeit: 84%) mit der Kombination aus Phonation, Vokalartikulation, Stimmhaft/Stimmlos-Übergängen (Monolog) und phonemischen Merkmalen (Monolog und /pa-ta-ka/) erzielt. Für die Regressionsanalyse wurden zwei Aufgaben adressiert: die Vorhersage des mFDA(Dysarthrie)- und des MDS-UPDRS-III(neurologischer Zustand)-Levels. Die höchste Korrelation zwischen dem vorhergesagten mFDA und den Zielwerten wurde mit der Kombination von Merkmalen aus Lesen (phonemisch), DDK (phonemisch) und anhaltender Phonation von Vokalen (Pearsons r = 0.80; Spearmans ρ = 0.78) erzielt. Im Fall des neurologischen Zustands führte die Kombination von Artikulations- und Phonemmerkmalen zu einer besseren Vorhersage des MDS-UPDRS-III (Pearsons r = 0.40; Spearmans ρ = 0.53). Die Unterschiede in den Leistungen lassen sich erklären, wenn man bedenkt, dass die mFDA eine Skala ist, die sich ausschließlich auf die Bewertung von Sprachbehinderungen konzentriert. Im Gegensatz dazu enthält der MDS-UPDRS-III Sprache nur in einem von 33 Items. Daher sollten zukünftige Arbeiten die multimodale Analyse von PK-Patienten unter Verwendung anderer Biosignale wie Schreiben, Bewegung der Gliedmaßen, Gang berücksichtigen. Dennoch zeigt die automatische Sprachanalyse eine enge Beziehung zum allgemeinen klinischen Score. Abbildung 3 zeigt die Ergebnisse der Regressionsanalyse für die neurologische Skala (MDS–UPDRS-III) und die Dysarthrie-Skala (mFDA). Der Verlauf der Sprachsymptome von sieben Parkinson-Patienten wurde anhand von Kurzzeit- (4 Monate) und Langzeitaufzeichnungen (5 Jahre) bewertet. Die mFDA-Scores der Patienten wurden für jede Sprachaufnahme vorhergesagt. Dazu wurden Sprechereinbettungen, die üblicherweise bei Sprechererkennungs- und -überprüfungsaufgaben verwendet werden, mit Phonations-, Artikulations-, Prosodie- und phonemischen Merkmalen kombiniert. Insgesamt konnte der zeitliche Verlauf der Sprachsymptome erfasst werden. Die besten Ergebnisse wurden erzielt, wenn die Einbettungen mit phonemischen Merkmalen kombiniert wurden, die aus /pa-ta-ka/ extrahiert wurden (Pearsons r = 0.75; Spearmans ρ = 0.73), was anzeigt, dass es möglich ist, Sprachsymptome mit automatischen Methoden zu überwachen. Diese Arbeit berücksichtigte jedoch andere Aspekte wie die Medikamenteneinnahme nicht, die helfen können, die kurzfristigen (während des Tages oder der Woche) und langfristigen (während

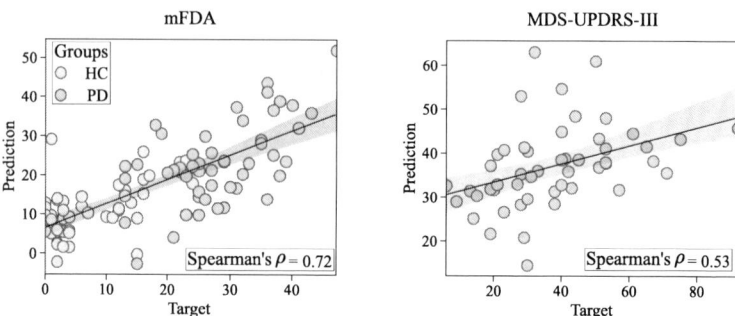

Abb. 3: *Regressionsdiagramme der besten Leistungen, die für die Schätzung des mFDA und des MDS-UPDRS-III erzielt wurden.*

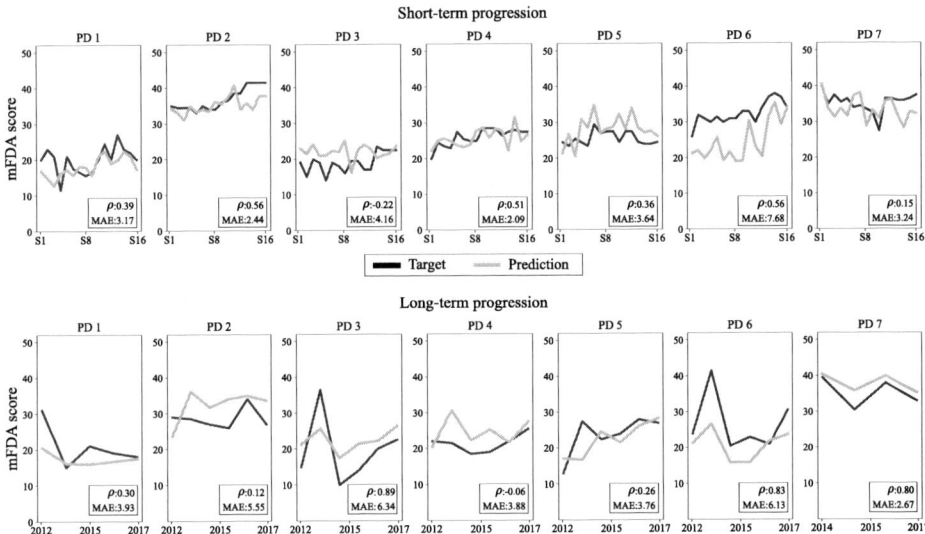

Abb. 4: *Vorhersage des Dysarthrie-Levels in den Kurz- und Langzeitaufzeichnungssitzungen.*

des Monats oder Jahres) motorischen Schwankungen zu verstehen. Ein weiterer Aspekt, der nicht berücksichtigt wurde, ist der Einfluss des Interviewers bei der Aufzeichnung des Sprachprotokolls. Beispielsweise kann es sein, dass die Einstellung eines Patienten gegenüber einem Interviewer zu einem vertrauteren Gespräch während der Monologaufgabe geführt hat oder der erfahrenere Interviewer weiß, wann bestimmte Aufgaben erfolgreich waren. Abbildung 4 zeigt die vorhergesagten mFDA-Scores.

5 Sprachproduktionsanalyse von Cochlea-Implantat-Trägern

Es wurde eine phonemische Analyse durchgeführt, um den Einfluss der Dauer und des Beginns der Taubheit auf die Sprachproduktion zu bewerten. Die Taubheitsdauer bezieht sich auf die Dauer zwischen dem Einsetzen der Taubheit und der Einsetzung des CIs: Bei einer langen Dauer betrug sie mehr als zwei Jahre, bei einer kurzen Dauer weniger als zwei Jahre. Der Beginn der Schwerhörigkeit bezieht sich darauf, ob der Hörverlust vor (prälingual) oder nach (postlingual) dem Erwerb der gesprochenen Sprache aufgetreten ist. Für die automatische Analyse wurde die Phonempräzision unter Verwendung der A-Posteriori-Wahrscheinlichkeiten quantifiziert, die aus dem auf Deutsch trainierten RNN berechnet wurden. Die Wahrscheinlichkeiten wurden aus einer Liste von 97 Wörtern berechnet, die jedes Phonem an verschiedenen Positionen innerhalb der Wörter enthielten (PLAKSS-Test). Im Vergleich zu den Normalhörern (NH) produzierten CI-Träger velare (wie /k/), palatinale (/j/) und postalveolare (/Sh/) Laute mit geringerer Präzision (geringe posteriore Wahrscheinlichkeit). Darüber hinaus gab es einen signifikanten Unterschied (p-Wert < 0,05) in der Produktion von postalveolaren Geräuschen; insbesondere produzieren postlingual ertaubte CI-Träger mit langer und kurzer Taubheitsdauer höhere Phonem-posterior-Wahrscheinlichkeiten als prälingual ertaubte CI-Träger. Abweichungen in der Produktion von postalveolaren Lauten wie /Sh/ wurden mit einer begrenzten spektralen Auflösung des Implantats in höheren Frequenzbändern in Verbindung gebracht: CI-Nutzer verschieben die Erzeugung der Zischlaute in den Frequenzbereich, den sie wahrnehmen. Diese Frequenzverschiebung könnte auch erklären, warum der Unterschied zwischen postlingual und prälingual ertaubten CI-Trägern größer ist, da letztere ihr Gehör vor dem Spracherwerb verloren haben und daher immer eine „verschobene" Version dieser Laute gehört haben. Im Gegensatz dazu hatten postlinguale CI-Träger die Standardversion der Laute gehört, bevor sie ihr Gehör verloren. Jedoch kann sich die Sprachwahrnehmung (und -produktion) im Laufe der Zeit aufgrund von Hörverlust und dem CI verändert haben. Dieses Ergebnis spiegelt die Rolle des auditiven Feedbacks bei der Sprachproduktion wider. Um diese Hypothese zu validieren, sollten jedoch Hörstatus und Daten des Implantats zusammen mit der Sprachanalyse berücksichtigt werden. Die phonemische Analyse scheint geeignet zu sein, um zu identifizieren, welche Laute für CI-Träger am schwierigsten zu produzieren sind. Somit kann die Logopädie stärker personalisiert werden, indem man auf diese speziellen Phoneme abzielt.

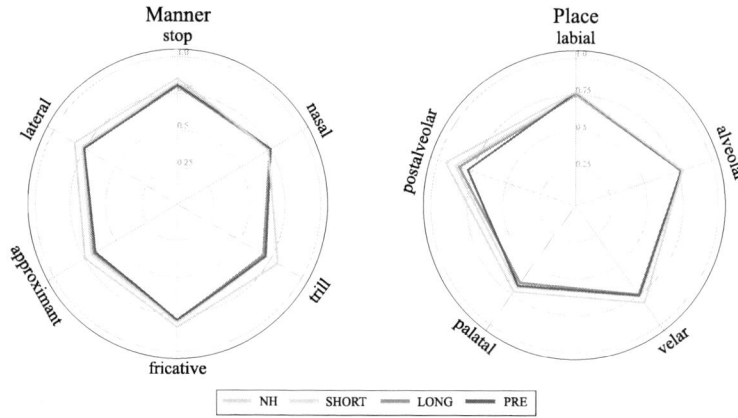

Abb. 5: *Radarplots der Phonempräzision (MaxPh) in der Wortliste, gelesen von normalhörenden Sprechern, prälingualen CI-Trägern, postlingual mit langer und kurzer Taubheitsdauer.*

Zusätzlich wurden Artikulations-, Prosodie- und Phonemanalysen durchgeführt, um zu zeigen, dass Cochlea-Implantat-Träger auch nach einer Hörrehabilitation eine veränderte Sprachproduktion aufweisen. Dazu wurden Sprachaufnahmen von postlingual ertaubten Erwachsenen beim Lesen eines Standardtextes betrachtet und ausgewertet. Bei der Sprachprosodie produzierten CI-Benutzer eine höhere Variabilität in der Dauer von Vokalen/Konsonanten und lasen den Text mit einer langsameren Stimmgeschwindigkeit als die NH-Sprecher. Einerseits produzierten männliche CI-Benutzer längere stimmhafte Segmente, was zu einer niedrigeren Stimmhaft-Rate (Anzahl der SH-Segmente pro Sekunde) führte. Andererseits war eine langsame Sprechgeschwindigkeit bei Frauen auf längere Pausen und Sprachsegmente innerhalb des Textes zurückzuführen. Einige Einschränkungen umfassen das Fehlen von Längsschnittdaten zur Überwachung der Sprachproduktion im Laufe der Zeit. Zusätzlich sollten Besonderheiten zum Hörzustand des Patienten, Seite der Implantation, Einführtiefe, aktive Elektroden, Hersteller, Filtereinstellungen der Eingangsfilter und

Dauer der CI-Nutzung als mögliche Einflüsse auf die Sprachproduktion berücksichtigt werden.

6 Altern und Sprache

Der Einfluss des Alterns auf die Sprachproduktion wurde im Kontext von PK evaluiert. Dazu wurden Phonation, Artikulation, Prosodie und phonemische Analysen in einer Gruppe von Parkinson-Patienten, gesunden älteren Menschen (EHC) und jungen Sprechern (YHC) durchgeführt. Die Phonationsanalyse scheint eher das Vorhandensein von PD als altersbedingte Veränderungen zu berücksichtigen (z.B. war nur der durchschnittliche Sound Pressure Level (SPL) bei Frauen aus der EHC-Gruppe im Vergleich zu jungen Sprechern signifikant niedriger: p-Wert $< 0{,}05$). Bei akustischen Merkmalen wie F0 und SPL unterscheidet sich die Stimme älterer Menschen jedoch tendenziell von der junger Sprecher. Die Vokalartikulationsanalyse ergab, dass der Vokalraum der männlichen älteren Sprecher (PD und EHC) eine kleinere Fläche hat als die der jungen Sprecher, was auf eine Verringerung der Artikulationsbewegungen hinweist. Während Phonationsmerkmale geeigneter erscheinen, um zwischen weiblichen Parkinson-Patienten und gesunden Sprechern zu unterscheiden, weist der Bereich des Vokalraums auf Defizite bei männlichen Parkinson-Patienten hin. Die genaue Ursache dieser Ergebnisse ist jedoch aufgrund fehlender Informationen über die physiologischen und anatomischen Veränderungen, die durch den normalen Alterungsprozess hervorgerufen werden, unklar. Die Ergebnisse der Prosodieanalyse zeigten, dass junge Sprecher ein höheres Verhältnis von stimmhaften, stimmlosen und Pausensegmenten aufweisen als ältere Sprecher (PK und EHC), was mit schnellerem Lesen verbunden ist. Darüber hinaus produzierten PK-Patienten längere Pausensegmente als die gesunden Kontrollen (EHC/YHC), und es gab eine Tendenz der Patienten, eine höhere Variabilität der Vokaldauer zu produzieren (nPVI – Vow). Außerdem produzierten männliche ältere Sprecher höhere F0-Werte als die YHC-Gruppe; PK-Patienten zeigten jedoch höhere F0-Werte als die gleichaltrigen gesunden Sprecher. Im Fall der Dauer stimmhafter Laute produzierten männliche Parkinson-Patienten längere Segmente, gefolgt von gesunden älteren Kontrollpersonen und jungen Sprechern. Bei weiblichen Sprechern gab es jedoch keinen signifikanten Unterschied zwischen PD-Patienten und älteren gesunden Sprechern. Die phonemische Analyse wurde in den Lese- und /pa-ta-ka/-Aufgaben durchgeführt. Im Allgemeinen war die Phonempräzision der älteren Sprecher (PK und EHC) geringer als die der jungen Sprecher. PD-Patienten und gesunde ältere Sprecher produzierten bei den meisten Phonemen niedrigere A-posteriori-Wahrscheinlichkeiten als die jungen Sprecher. Eine geringe Phonempräzision aufgrund von Alterung kann mit Änderungen in den zeitlichen Eigenschaften der Laute in Zusammenhang stehen, wie z.B. dem Schwächungsphänomen der Konsonanten, das bei der automatischen Erkennung von VOT beobachtet wird. Leider gab es in dieser Arbeit nicht genügend Daten, um den Alterungsprozess im Zusammenhang mit Hörverlust zu analysieren. Zukünftige Arbeiten sollten Sprachaufzeichnungen von älteren CI-Trägern, gleichaltrigen gesunden Sprechern und jungen Sprechern berücksichtigen, um Phonation, Artikulation, Prosodie und phonemische Produktion zu analysieren.

7 Smartphone-basierte Anwendungen für das Gesundheitswesen

Smartphones eignen sich, um den Verlauf von Sprachsymptomen zu überwachen. Die akustische Analyse muss nicht zwingend am Gerät erfolgen. Es besteht jedoch immer die Möglichkeit, Audiodateien in einen Cloud-Dienst zu exportieren und eine bessere Vorverarbeitung der Daten durchzuführen. Eine der Hauptbeschränkungen ist die Variabilität der akustischen Bedingungen der mit Smartphones erfassten Daten. Es wurde beispielsweise gezeigt, dass die aus den Onset/Offset-Übergängen extrahierten Filterbankmerkmale empfindlich auf das zur Erfassung der Daten verwendete Gerät und auf das Hintergrundrauschen reagieren. Der Grund dafür ist, dass MFCCs und GFCCs Merkmale sind, die verwendet werden, um eine komprimierte Spektrumsdarstellung zu erhalten; daher wird empfohlen, auf Spektraldarstellungen basierende Merkmale zu vermeiden, wenn die akustischen Bedingungen der Aufnahmen sehr variabel sind. Zusätzlich schienen Merkmale wie die Formantfrequenzen (die verwendet werden, um den tVSA zu konstruieren) und die Phonem-posterior-Wahrscheinlichkeiten durch das Hintergrundrauschen beeinflusst zu werden; Die Verwendung einer Rauschunterdrückungstechnik half jedoch, seinen Einfluss zu verringern. Zukünftige Arbeiten sollten sich auch auf die multimodale Analyse unter Verwendung der mit dem Smartphone erfassten Daten konzentrieren, um allgemeine motorische Beeinträchtigungen der PD-Patienten und den Hörstatus der CI-Träger zu bewerten. Darüber hinaus ist es notwendig, Strategien zur Datenerhebung zu entwickeln, die es ermöglichen, Daten zu erfassen, ohne das Verhalten des Patienten zu beeinflussen. Einige der Benutzer können die Sprachaufgabe im Laufe der Zeit lernen, und die Messungen könnten durch die Anpassungsfähigkeit der Benutzer an die Aufgabe beeinflusst werden, anstatt das Fortschreiten oder die Verbesserung der Sprachstörung zu erkennen. Die Daten sollten also so erfasst werden, dass sie für die Sprachbewertung geeignet sind, und gleichzeitig darf der Benutzer nicht wissen, um welche Art von Aufgabe es sich handelt.

Literaturverzeichnis

[AV22] Arias-Vergara, T.: Analysis of Pathological Speech Signals. Logos Verlag Berlin, Germany, 2022.

Tomás Arias-Vergara erhielt seinen B.Sc. in Electronics Engineering von der University of Antioquia (UdeA), Kolumbien, im 2014, seinen M.Sc. an derselben Universität im Jahr 2017 und seinen Ph.D. in einem gemeinsamen Programm (Cotutelle-Verfahren) der UdeA und der Friedrich-Alexander-Universität Erlangen-Nürnberg (FAU) im Jahr 2022. Seit 2015 konzentriert sich seine Forschung auf Sprachverarbeitung und Methoden des maschinellen Lernens zur Analyse pathologischer Sprachsignale, die auf neurologischen (z.B. Parkinson-Krankheit), strukturellen (z.B. Kinder mit Lippen-Kiefer-Gaumenspalten) und Wahrnehmungsstörungen (z.B. Hörverlust) zurückzuführen sind. Derzeit arbeitet er als wissenschaftlicher Mitarbeiter am Universitätsklinikum Erlangen an der Implementierung von Methoden des maschinellen Lernens zur Analyse von Stimmstörungen mittels Hochgeschwindigkeits-Videoendoskopie.

Algorithmische Methoden für kombinatorische chemische Bibliotheken

Louis Bellmann[1]

Abstract: Computergestützte Methoden sind seit Jahrzehnten ein integraler Bestandteil des Wirkstoffentwurfs. Hierfür werden große Molekülmengen digital prozessiert und zusammengefasst. Diese chemischen Bibliotheken werden beispielsweise nach Molekülen durchsucht, die interessante Eigenschaften im Rahmen einer bestimmten Anwendung aufweisen und als Leitstruktur für ein neues Medikament innerhalb eines Forschungsprojekts verwendet werden könnten. Hierbei spielt sowohl die Qualität als auch die Quantität der in einer Bibliothek enthaltenen Moleküle eine entscheidende Rolle. Klassischerweise wird die Molekülmenge einer Bibliothek enumeriert repräsentiert und durchsucht, das heißt jedes Molekül wird einzeln betrachtet. Dadurch skaliert der benötigte Speicherplatz und die beanspruchte Rechenzeit für die Durchsuchung der Bibliothek linear mit der Anzahl der enthaltenen Moleküle. In dieser Dissertation werden neuartige algorithmische Verfahren und Datenstrukturen entwickelt, die einen kombinatorischen Ansatz verfolgen. Dabei werden Ideen aus der kombinatorischen Chemie aufgegriffen: Durch eine begrenzte Menge chemischer Bausteine und Reaktionen wird ein kombinatorischer Raum von Produkten implizit aufgespannt, der diese um mehrere Größenordnung übersteigen kann. Die so gebildeten kombinatorischen Bibliotheken sind in der Lage mit weniger Ressourcen eine weitaus größere Anzahl von Molekülen abzubilden als klassische enumerierte Bibliotheken. Die drei in der Dissertation erarbeiteten algorithmischen Verfahren bieten jeweils neue Funktionalitäten für kombinatorische Bibliotheken und sind mit diesem Ansatz in der Lage auf Milliarden von Molekülen effizient zu operieren.

1 Einleitung

Seit den 1950er Jahren werden für den Wirkstoffentwurf chemische Daten in digitaler Form verarbeitet, gesammelt und computergestützte Methoden zu ihrer Durchsuchung entwickelt und verwendet. [RK57] Das „chemische Universum" aller synthetisch zugänglichen Moleküle und Naturstoffe wird auf über 10^{60} geschätzt [BMG96] und ist damit bei Weitem zu groß und unerforscht, um eine für ihn repräsentative Menge an Molekülen auf ihre Eignung als Wirkstoff-Kandidaten für neue Arzneimittel zu testen. Stattdessen werden Sammlungen von Molekülen, sogenannte chemische Bibliotheken verwendet, die bestimmte Gruppen von Molekülen, kommerziell verfügbare oder bereits identifizierte Wirkstoff-Kandidaten enthalten. Für die erfolgreiche Suche nach einem neuen Arzneimittel spielt dabei sowohl die Größe der chemische Bibliothek, als auch die Qualität der enthaltenen Moleküle eine entscheidende Rolle. Im Stand der Technik wird jedes Molekül einer Bibliothek enumeriert und zur Analyse sowie bei der Suche nach Wirkstoff-Kandidaten einzeln algorithmisch prozessiert. Damit skaliert der Ressourcenbedarf an Laufzeit und Speicherplatz linear mit der

---

[1] Universitätsklinikum Hamburg-Eppendorf, Institut für angewandte Medizininformatik, Christoph-Probst-Weg 1, 20251 Hamburg, Deutschland, l.bellmann@uke.de

Größe einer chemischen Bibliothek. Um dieses Problem zu lösen, wurden kombinatorische chemische Bibliotheken entwickelt. [RS01] Hierbei werden kleinere Moleküle, sogenannte chemische Bausteine, in der Bibliothek zusammengefasst. Zusätzlich wird eine Menge von chemischen Reaktionen definiert, mit denen die chemischen Bausteine synthetisch zu Produkten kombiniert werden können. Allerdings werden diese Produkte nicht explizit enumeriert, sondern nur implizit durch die Bausteine und Reaktionen beschrieben. Dadurch lässt sich mithilfe der kombinatorischen Explosion eine potenziell große Menge von Produkte durch eine begrenzte Anzahl chemischer Bausteine und Reaktionen beschreiben.

Da algorithmische Verfahren im Stand der Technik jedes Molekül einzeln prozessieren, wird eine kombinatorische Bibliothek durch diese Ansatz faktisch enumeriert und der positive Effekt der impliziten kombinatorischen Explosion negiert. Prominente kombinatorische Bibliotheken [En21; OT21; Wu21] enthalten Milliarden von Molekülen und sind damit nicht mehr praktikabel enumerierbar ohne einen großen Aufwand an Laufzeit und Speicherplatz aufzuwenden. [HG19] In dieser Dissertation [Be22a] wurden deshalb neue Methoden und Datenstrukturen entwickelt, die den kombinatorischen Charakter dieser Bibliotheken ausnutzen und damit einen deutlich geringeren Ressourcenbedarf erzielen oder die Prozessierung dieser Bibliotheken erst ermöglichen. Sie operieren auf chemischen Bausteinen und Reaktionen und explorieren dabei den kombinatorischen Raum der Produkte ohne diese explizit zu enumerieren. Hierbei werden drei Verfahren vorgestellt, die erstmals die Substruktur-basierte Ähnlichkeitssuche, die Schnittmengenberechnung und die Bestimmung physikochemischer Eigenschaftsverteilungen für kombinatorische Bibliotheken ermöglichen. Die resultierenden Software-Lösungen werden bereits in der Praxis angewandt und tragen damit durch neue Möglichkeiten für Medizinalchemiker aktiv zum computergestützten Wirkstoffentwurf bei.

2 Topologische Fragmenträume

Um algorithmischen Verfahren ein effizientes Prozessieren zu ermöglichen, erarbeiten wir zunächst den *topologischen Fragmentraum*, eine kompakte Datenstruktur für kombinatorische Bibliotheken. Hierbei werden Moleküle durch einen Graphen repräsentiert. Die Knoten eines Molekulargraphen stellen die Atome des Moleküls dar, seine Kanten die kovalenten Bindungen. Molekulargraphen chemischer Bausteine bezeichnen wir als *Fragmente*, sie enthalten zusätzlich sogenannte *Linker*. Linker markieren die Verknüpfungsstellen zwischen chemischen Bausteinen, die durch die verwendeten Reaktionen definiert sind. Durch die Hinzunahme der Linker und die daraus resultierende Präprozessierung der chemischen Reaktionen bildet ein Fragment einen Subgraph aller Produkte, die durch Kombination des Fragments mit anderen Fragmenten gebildet werden kann. Diese Datenstrukturen bauen auf einem früheren Konzept von Fragmenträumen [RS01] auf und erweitern dieses um die Kompatibilität mit Ringschluss-Reaktionen sowie den *Topologiegraphen*, eine übergeordnete Datenstruktur. Chemische Bausteine, die eine gleiche reaktive Gruppen besitzen, können innerhalb einer Reaktion an der gleichen Stelle verwendet werden. Folglich bilden sich natürlicherweise Gruppen von chemischen Bausteinen, deren Fragmente ebenfalls alle

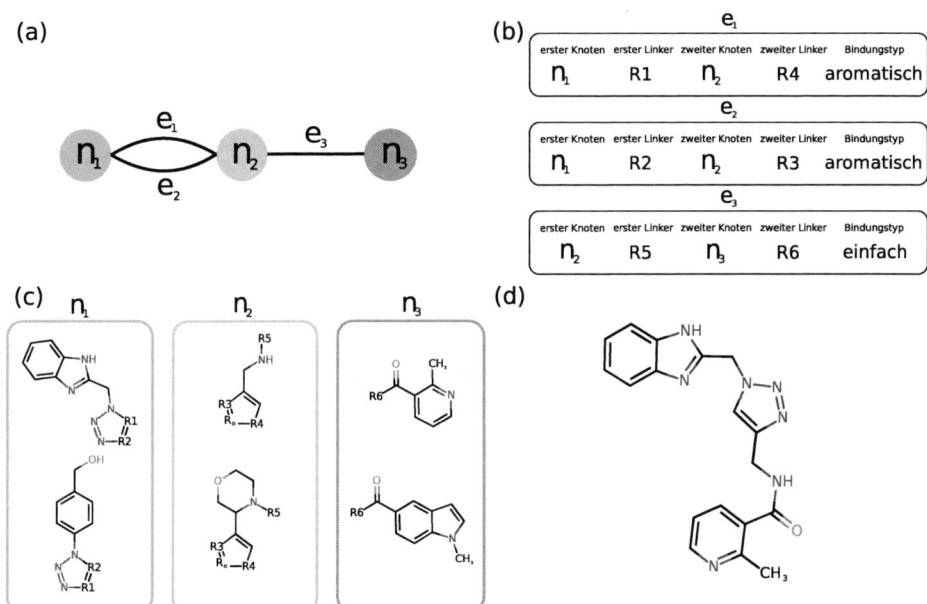

Abb. 1: (a) Ein Topologiegraph mit drei Knoten und drei Kanten. (b) Für jede Kante des Topologiegraph das Paar adjazenter Knoten, kompatibler Linker und der Bindungstyp der repräsentierten Bindung. (c) Die in den Knoten enthaltenen Fragmente. (d) Ein Beispielprodukt, enstanden aus der Kombination der drei obersten Fragmente.

die gleiche Linker-Konfiguration aufweisen. In Abbildung 1 (c) sind drei Gruppen mit jeweils zwei Fragmenten dargestellt. Diese Gruppen werden im Topologiegraphen durch Knoten repräsentiert. Die Kanten des Topologiegraphen stellen die kovalenten Bindungen dar, die während den Reaktionen zwischen den chemischen Bausteinen gebildet werden. Sie enthalten den Typ der geschlossenen Bindung, sowie ein paar von kompatiblen Linkern zwischen denen die Bindung geschlossen wird. Ein topologischer Fragmentraum besteht aus mindestens einem Topologiegraphen. Der Topologiegraph aus Abbildung 1 (a) enthält neben drei Knoten für die drei Fragment-Gruppen aus Abbildung 1 (c) noch drei Kanten, die in Abbildung 1 (c) definiert sind. Jedes Produkt entsteht somit aus einer Kombination von drei Fragmenten, bei der ein Ring zwischen den Fragmenten aus Gruppe n_1 und n_2 gebildet wird. Insgesamt lässt sich sowohl von einem Menschen, als auch von einem algorithmischen Verfahren anhand eines Topologiegraphen leicht die gemeinsame Struktur aller Produkte identifizieren, die mithilfe eines Syntheseprotokolls generiert werden können.

3 Kombinatorische topologische Ähnlichkeitssuche

Eine weitverbreitete Strategie zur Identifizierung von Wirkstoff-Kandidaten ist die Extraktion von Molekülen einer enumerierten chemischen Bibliothek, die zu einem Anfragemolekül ähnlich sind. Eines der prominentesten Werkzeug der Ähnlichkeitssuche sind molekulare Fingerabdrücke, [MM16; RH10] die ein Molekül mithilfe einer Menge von Hashwerten oder als Bitfolge repräsentieren. Hierbei steht jeder Hashwert bzw. jedes gesetzte Bit für eine bestimmte chemische Struktur, die als zusammenhängender, induzierter Teilgraph im Molekulargraphen des repräsentierten Moleküls vorkommt. Damit sind molekulare Fingerabdrücke sehr kompakt und eignen sich neben der topologischen Ähnlichkeitssuche auch für das maschinelle Lernen. [Ya19]

Ein Ziel dieser Dissertation ist die Entwicklung der ersten Methode für topologische Ähnlichkeitssuchen in kombinatorischen chemischen Bibliotheken. Zunächst erarbeiten wir allerdings den Connected Subgraph Fingerprint (CSFP), [BPR19] einen molekularen Fingerabdruck speziell für dieses Anwendungsfeld. Für die Erzeugung eines CSFP werden zunächst mithilfe eines Branch-and-Bound-Ansatzes alle zusammenhängenden, induzierten Teilgraphen eines Molekulargraphen bestimmt. Nun wird für jeden Teilgraphen ein Hashwert errechnet, wobei wir ein bekanntes Verfahren zur Kanonisierung von Molekulargraphen [WWW89] adaptieren. Zusätzlich zur topologischen Struktur des Teilgraphen enthält der Hashwert auch Informationen über die chemischen Eigenschaften der repräsentierten Atome und Bindungen. Durch die Betrachtung aller zusammenhängenden, induzierten Teilgraphen liefert der CSFP eine dichte Beschreibung der topologischen Charakteristik eines Moleküls. Daneben erfüllt der CSFP eine Teilmengenrelation, die für die in Abschnitt 4 vorgestellten Methoden sehr hilfreich ist: Der CSFP eines Fragments ist in den CSFPs aller Produkte enthalten, die mithilfe des Fragments in einem topologischen Fragmentraum generiert werden können. Dadurch lassen sich die topologischen Eigenschaften von Produkten durch die CSFPs von Fragmenten approximieren, ohne diese Produkte explizit zu enumerieren. Wir evaluieren die Eignung des CSFP für den Medikamentenentwurf mithilfe eines Benchmarks für molekulare Fingerabdrücke. [RL13] Hier konnte der CSFP zeigen, dass er in der enumerierten topologischen Ähnlichkeitssuche vergleichbar und teilweise besser als der Stand der Technik bei der Prädiktion von Bioaktivität abschneidet. Zusätzlich zeigen wir, dass auf einem repräsentativen Datensatz keine Hashkollisionen des CSFP vorkommen und damit auch einzelne chemische Substrukturen eindeutig repräsentiert werden.

Die kombinatorische algorithmische Methode SpaceLight [BPR21] baut direkt auf dem CSFP auf und verwendet somit ebenfalls eine auf chemischen Substrukturen basierende Beschreibung molekularer Ähnlichkeit. Die zwei bereits existierenden Verfahren zur kombinatorischen Ähnlichkeitssuche [RS01; SKR21] verfolgen die Strategie des größten gemeinsamen Teilgraphens [SKR21] bzw. einen Pharmakophor-basierten Ansatz [RS01] und unterscheiden sich damit stark von der hier erarbeiteten Methode SpaceLight. Für die Ähnlichkeitssuche mit SpaceLight sind ein oder mehrere Anfragemoleküle, sowie ein topologischer Fragmentraum gegeben. Das Ziel ist es nun die ähnlichsten Moleküle des Fragmentraums zu identifizieren, ohne alle Produkte explizit zu enumerieren. Im ersten Schritt wird das Anfragemolekül mit einer Branch-and-Bound-Strategie in zusammenhängende Teilgraphen partitioniert. Hierbei werden nur Partitionen P generiert, die topologisch ähnlich zu mindestens einem Topologiegraphen T des Fragmentraums sind. Dafür muss ein Isomorphismus ϕ zwischen T und dem Graphen G_P, der aus Kontraktion der Partitionsklassen von P entsteht, existieren. Im zweiten Schritt wird nun für jede topologisch ähnliche Partition P und jeden gefunden Isomorphismus ϕ eine Ähnlichkeitssuche durchgeführt. Hierbei wird der CSFP einer Partitionsklasse $p \in P$ mit den CSFPs aller Fragmente aus dem Knoten $v = \phi(p)$ verglichen und ein Ähnlichkeitswert berechnet. Die höchsten Ähnlichkeitswerte der Fragmente werden zu gewichteten Summe kombiniert, die den Ähnlichkeitswert des entsprechende Produkts ergeben. Insgesamt werden die Produkte mit den höchsten Ähnlichkeitswerten ausgegeben. Durch diese Strategie wird nur eine kleine Anzahl der ähnlichsten Fragmentkombinationen wirklich erzeugt und eine Enumeration des kompletten Produktraums verhindert.

Um SpaceLight zu validieren, vergleichen wir die generierten Ergebnisse mit denen einer enumerierten Ähnlichkeitssuche. Wir können zeigen, dass die Beschreibung von Ähnlichkeit durch Spacelight korreliert zum klassischen enumerierten Ansatz durch molekulare Fingerabdrücke ist. Im Folgenden untersuchen wir das Laufzeitverhalten von SpaceLight auf den REAL Space [En21] (10^{10} implizite Produkte) und dem KnowledgeSpace [De10] (10^{14} implizite Produkte). Beide Räume sind in einer SQLite Datenbank abgespeichert, die jeweils unter 2 GB Speicherplatz benötigt. 500 Moleküle wurden für die Anfrage zufällig ausgewählt [IS05]. Wir verwenden für die Ähnlichkeitssuche mit SpaceLight openSUSE Leap 15 auf einer Intel Core i5-6500 64-Bit-Architektur mit 3,2 GHz und 16 GB Arbeitsspeicher. Die Analyse wird sowohl sequenziell als auch mit drei parallelen Prozessen durchgeführt. Für den Vergleich ziehen wir neben dem CSFP auch den ECFP [RH10], einen prominenten molekularen Fingerabdruck heran. Die Ergebnisse aus Abbildung 2 (a) zeigen, dass SpaceLight mit drei parallelen Prozessen in weniger als zehn Sekunden die 10^{10} impliziten Produkte des REAL Space durchsucht. Ein Großteil der Laufzeit wird dabei auf das Einladen der Daten verwandt. Bei mehreren Anfragemolekülen muss allerdings, anders als bei diesem Laufzeitexperiment, der Fragmentraum nur ein einziges Mal eingelesen werden, weshalb dieser Schritt gesondert betrachtet werden kann. Nach Abzug verbleiben nur grob drei Sekunden für die eigentliche Ähnlichkeitssuche. Die Ergebnisse in Abbildung 2(b) für die Suche im KnowledgeSpace sind vergleichbar und teilweise sogar leicht besser. Da der Produktraum des KnowledgeSpace den des REAL Space um grob vier Größenordnungen übersteigt, zeigt dies die Stärke des kombinatorischen Ansatzes von SpaceLight. Die größte momentan existierende enumerierte chemische Bibliothek [Ir20] umfasst grob 10^9 Produkte, also ungefähr um eine bzw. fünf Größenordnungen kleinere Produktmenge. Zur Speicherung und Suche dieser Bibliothek werden über 100TB Festplattenspeicher und über 100 Prozessorkerne verwendet. Die Autoren veranschlagen für eine Ähnlichkeitssuche im Mittel mehrere Minuten. Gerade in diesem Vergleich zeigt sich die Effizienz der Methode SpaceLight, die mit handelsüblichen PCs auf deutlich größeren Bibliotheken innerhalb von Sekunden operieren kann.

4 Analyse und Vergleich kombinatorischer Bibliotheken

Neben der Durchsuchbarkeit chemischer Bibliotheken spielt auch deren Analyse eine große Rolle für den Medikamentenentwurf. Beispielsweise kann eine chemische Bibliothek mit im Mittel hydrophoben Molekülen für die Suche nach Wirkstoffen geeignet sein, die in den

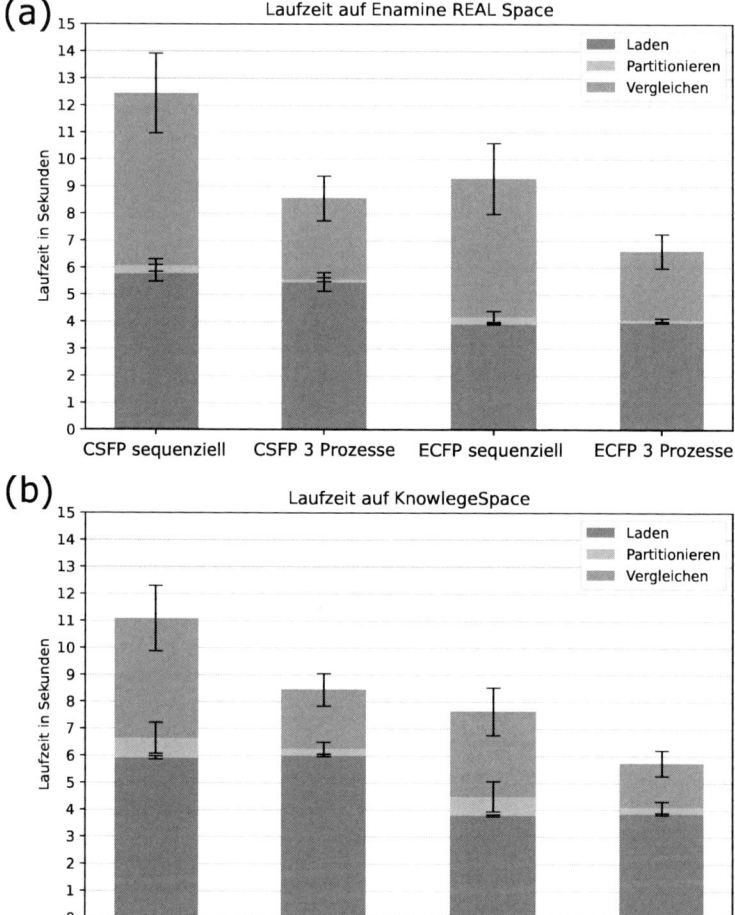

Abb. 2: Durchschnittliche Laufzeiten von SpaceLight auf dem REAL Space in (a) und KnowledgeSpace in (b). Die Laufzeit ist aufgeteilt in die Zeit zum Laden des Fragmentraums aus der Datenbank (blau), Partitionierung des Anfragemoleküls (orange) und Vergleich der molekularen Fingerabdrücke (grün).

Zellkern gelangen sollen. [Wa08] Die gleiche Bibliothek kann aber aufgrund der geringen Wasserlöslichkeit ihrer Moleküle für andere Projekte ungeeignet sein. Ebenfalls kann die Frage interessant sein, welche und wieviele Moleküle gemeinsam in zwei chemischen Bibliotheken existieren. Mit dieser Information kann beispielsweise Wissen über Synthese oder Bioaktivität verknüpft und Preise verglichen werden. Um diese Fragestellungen erstmals auch für kombinatorische Bibliotheken beantworten zu können, entwickeln wir zwei neuartige algorithmische Verfahren, die wie SpaceLight einen kombinatorischen Ansatz verfolgen.

Die innerhalb dieser Dissertation erarbeitete Methode SpaceCompare [Be22b] ermöglicht erstmals eine exakte Schnittmengenberechnung zweier kombinatorischer Bibliotheken ohne die Enumeration ihrer Produkte. Ähnlich wie bei SpaceLight werden hier chemische Substrukturen, repräsentiert durch den CSFP, verwendet. Hier wird die in Abschnitt 3 erläuterte Teilmengeneigenschaft des CSFP und dessen vollständige Beschreibung aller Substrukturen ausgenutzt. Zunächst werden alle sogenannten *kreuzende Subtrukturen* (induzierte, zusammenhängende Teilgraphen) identifiziert, die bei der Kombination von Fragmenten entstehen und nicht schon innerhalb der Fragmente als Teilgraph vorkommen. Wir konnten eine Strategie zur Identifikation aller kreuzenden Substrukturen erarbeiten, die einen Partitionierungsansatz verfolgt und die Enumeration des Produktraums vermeidet. Nun erzeugen wir für jedes Fragment F einen *erweiterten CSFP*, der aus dem ursprünglichen CSFP hervorgeht und zusätzlich einen CSFP Hashwert für jede kreuzende Substruktur enthält, die bei der Kombination von F mit weiteren Fragmenten entsteht. Damit sind alle Substrukturen eines Produkts in mindestens einem erweiterten CSFP eines seiner Fragmente enthalten. Sei P ein Produkt, dass in zwei topologischen Fragmenträumen $\mathbb{F}$ und $\mathbb{F}'$ enthalten ist. Seien $F = \{F_1, \ldots, F_n\}$ die zugrundeliegende Fragmentkombination in $\mathbb{F}$ und $F' = \{F'_1, \ldots, F'_m\}$ in $\mathbb{F}'$. Sei weiterhin $c(M)$ der CSFP eines Moleküls M und $c_e(M)$ dessen erweiterter CSFP. Dann ergibt sich insgesamt

$$c(F_1) \cup \cdots \cup c(F_n) \subseteq c(P) \subseteq c_e(F'_1) \cup \cdots \cup c_e(F'_m)$$
$$\Rightarrow c(F_1) \cup \cdots \cup c(F_n) \subseteq c_e(F'_1) \cup \cdots \cup c_e(F'_m)$$

In diesem Fall sprechen wir davon, dass F' F überdeckt. Dabei ist F' *minimal überdeckend*, wenn kein $F'' \subseteq F'$ ebenfalls F überdeckt. Damit haben wir eine notwendige Bedingung von Fragmenten und Fragmentkombinationen gefunden, damit sie zur Schnittmenge zweier Bibliotheken beitragen. Weiterhin ist diese Bedingung ohne explizite Betrachtung von Produkten überprüfbar.

Die Eingabe für SpaceCompare sind nun zwei topologische Fragmenträume $\mathbb{F}$ und $\mathbb{F}'$. In einem ersten Schritt werden Fragmente identifiziert und aussortiert, die durch keine Fragmentkombination des anderen Raums überdeckt werden. Dabei werden zu jedem verbleibenden Fragment alle minimal überdeckenden Kombinationen abgespeichert. In einem nächsten Schritt werden die überdeckten Fragmente in einer Branch-and-Bound-Strategie zu überdeckten Kombinationen erweitert. Im finalen Schritt werden die Produkte zu den überdeckten Kombinationen gebildet und deren Schnittmenge zwischen $\mathbb{F}$ und $\mathbb{F}'$ mithilfe einer kanonisierten Darstellung bestimmt. Auf diese Weise konnte erstmals die Schnittmenge dreier kommerzieller kombinatorischer Bibliotheken [En21; OT21; Wu21] bestimmt werden. Die drei Räume teilen sich weniger als 2% ihrer Produkte und tragen damit jeweils Milliarden von individuellen Produkten für den Medikamentenentwurf bei.

Das in dieser Dissertation vorgestellte algorithmische Verfahren SpaceProp [BKR22] ermöglicht erstmals eine exakte Berechnung physikochemischer Eigenschaftsverteilungen aller Produkte einer kombinatorischen Bibliothek. Hierbei werden die Wasserlöslichkeit und das Gewicht von Produkten untersucht, sowie ihre Fähigkeit Wasserstoffbrückenbindungen einzugehen. Der Eigenschaftswert eines Produktes ergibt sich als die Summe von Eigenschaftswerten seiner Atome. Dabei hängt der Wert eines Atoms von seinen chemischen Eigenschaften und auch seiner Umgebung ab. Vergleichbar zu den kreuzenden Substrukturen der SpaceCompare Methode, kann sich diese Umgebung teilweise erst durch Kombination von Fragmenten bilden. Die Idee von SpaceProp ist es, Fragmente in eine *interne Komponente* und *externe Komponente* zu unterteilen. Der Eigenschaftswert von Atomen der internen Komponente hängt nicht von der Kombination mit anderen Fragmenten ab. Für Atome der externen Komponente ist das Gegenteil der Fall. Nun können Fragmente mit der gleichen externen Komponente gruppiert und gleichzeitig prozessiert werden. Damit kann eine Enumeration des Produktraums verhindert und trotzdem eine exakte Eigenschaftsverteilung bestimmt werden. Mithilfe von SpaceProp konnten wir erstmalig zeigen, dass ein Großteil der Produkte prominenter kombinatorischer Bibliotheken [En21; OT21; Wu21] weitverbreitete Kriterien für die orale Verfügbarkeit [Li97] erfüllen und damit für die Arzneimittelforschung geeignet sind.

5 Fazit und Ausblick

Die in dieser Dissertation beschriebenen algorithmischen Verfahren dienen der Durchsuchung und Analyse von kombinatorischen chemischen Bibliotheken für den Medikamentenentwurf. Jede Methode bietet für ihre jeweilige Problemstellung neuartige Funktionalitäten, die bisher nicht für dieses Feld existierten. Im Gegensatz zu klassischen, auf Enumeration basierenden Ansätzen, sind diese Verfahren in der Lage Billionen und mehr Moleküle effizient algorithmisch zu prozessieren. Zusammen mit der wachsenden Zahl öffentlich verfügbarer kombinatorischer Bibliothken, [HG19] werden mit steigendem Interesse für diese Technologien Milliarden neuer Moleküle für die Medizinalforschung zugänglich gemacht. Ein nächster Schritt könnte die Entwicklung kombinatorischer Methoden im Bereich des räumlichen Strukturvergleichs sein. [Wa22] Damit wäre eine großer Teil der Methodiken des computergestützten Medikamentenentwurfs auch für kombinatorische Bibliotheken verfügbar. Hier könnte beispielsweise der kompakte räumliche Molekulardeskriptor *Ray Volume Matrix* [Pe20] mit dem Partitionierungsansatz von SpaceLight kombiniert werden, um Partitionsklassen von Proteinbindetaschen mit Volumenbeschreibungen von Fragmenten zu vergleichen.

Literaturverzeichnis

[Be22a] Bellmann, L.: Algorithmische Methoden für kombinatorische chemische Bibliotheken. Staats- und Universitätsbibliothek Hamburg Carl von Ossietzky, 2022.

[Be22b] Bellmann, L.; Penner, P.; Gastreich, M.; Rarey, M.: Comparison of Combinatorial Fragment Spaces and Its Application to Ultralarge Make-on-Demand Compound Catalogs. J. Chem. Inf. Model. 62/3, S. 553–566, 2022.

[BKR22]   Bellmann, L.; Klein, R.; Rarey, M.: Calculating and Optimizing Physicochemical Property Distributions of Large Combinatorial Fragment Spaces. J. Chem. Inf. Model./, 2022.

[BMG96]   Bohacek, R. S.; McMartin, C.; Guida, W. C.: The Art and Practice of Structure-Based Drug Design: a Molecular Modeling Perspective. Med. Res. Rev. 16/1, S. 3–50, 1996.

[BPR19]   Bellmann, L.; Penner, P.; Rarey, M.: Connected Subgraph Fingerprints: Representing Molecules Using Exhaustive Subgraph Enumeration. J. Chem. Inf. Model. 59/11, S. 4625–4635, 2019.

[BPR21]   Bellmann, L.; Penner, P.; Rarey, M.: Topological Similarity Search in Large Combinatorial Fragment Spaces. J. Chem. Inf. Model. 61/1, S. 238–251, 2021.

[De10]   Detering, C.; Claussen, H.; Gastreich, M.; Lemmen, C.: KnowledgeSpace-a Publicly Available Virtual Chemistry Space. J. Cheminformatics 2/1, S. 1–1, 2010.

[En21]   Enamine Ltd.: REAL Space, zuletzt zugegriffen 05/08/2021, 2021, URL: https://enamine.net/library-synthesis/real-compounds/real-space-navigator.

[HG19]   Hoffmann, T.; Gastreich, M.: The Next Level in Chemical Space Navigation: Going Far Beyond Enumerable Compound Libraries. Drug Discov. Today/, 2019.

[Ir20]   Irwin, J. J.; Tang, K. G.; Young, J.; Dandarchuluun, C.; Wong, B. R.; Khurelbaatar, M.; Moroz, Y. S.; Mayfield, J.; Sayle, R. A.: ZINC20-A Free Ultralarge-scale Chemical Database for Ligand Discovery. J. Chem. Inf. Model. 60/12, S. 6065–6073, 2020.

[IS05]   Irwin, J. J.; Shoichet, B. K.: ZINC- a Free Database of Commercially Available Compounds for Virtual Screening. J. Chem. Inf. Model. 45/1, S. 177–182, 2005.

[Li97]   Lipinski, C. A.; Lombardo, F.; Dominy, B. W.; Feeney, P. J.: Experimental and Computational Approaches to Estimate Solubility and Permeability in Drug Discovery and Development Settings. Adv. Drug Deliv. Rev. 23/1-3, S. 3–25, 1997.

[MM16]   Muegge, I.; Mukherjee, P.: An Overview of Molecular Fingerprint Similarity Search in Virtual Screening. Expert Opin. Drug Discov. 11/2, S. 137–148, 2016.

[OT21]   OTAVAchemicals Ltd.: CHEMriya, zuletzt zugegriffen 23/08/2021, 2021, URL: https://www.otavachemicals.com/products/chemriya.

[Pe20]   Penner, P.; Martiny, V.; Gohier, A.; Gastreich, M.; Ducrot, P.; Brown, D.; Rarey, M.: Shape-Based Descriptors for Efficient Structure-Based Fragment Growing. J. Chem. Inf. Model. 60/12, S. 6269–6281, 2020.

[RH10] Rogers, D.; Hahn, M.: Extended-Connectivity Fingerprints. J. Chem. Inf. Model. 50/5, S. 742–754, 2010.

[RK57] Ray, L. C.; Kirsch, R. A.: Finding Chemical Records by Digital Computers. Science 126/3278, S. 814–819, 1957.

[RL13] Riniker, S.; Landrum, G. A.: Open-Source Platform to Benchmark Fingerprints for Ligand-based Virtual Screening. J. Cheminf. 5/1, S. 26, 2013.

[RS01] Rarey, M.; Stahl, M.: Similarity Searching in Large Combinatorial Chemistry Spaces. J. Comput. Aided Mol. Des. 15/6, S. 497–520, 2001.

[SKR21] Schmidt, R.; Klein, R.; Rarey, M.: Maximum Common Substructure Searching in Combinatorial Make-on-Demand Compound Spaces. J. Chem. Inf. Model./, 2021.

[Wa08] Wasan, K. M.; Brocks, D. R.; Lee, S. D.; Sachs-Barrable, K.; Thornton, S. J.: Impact of Lipoproteins on the Biological Activity and Disposition of Hydrophobic Drugs: Implications for Drug Discovery. Nature Reviews Drug Discovery 7/1, S. 84–99, 2008.

[Wa22] Warr, W. A.; Nicklaus, M. C.; Nicolaou, C. A.; Rarey, M.: Exploration of Ultralarge Compound Collections for Drug Discovery. Journal of Chemical Information and Modeling 62/9, S. 2021–2034, 2022.

[Wu21] WuXi AppTec: GalaXi, zuletzt zugegriffen 05/08/2021, 2021, URL: https://www.labnetwork.com/frontend-app/p/#!/library/virtual.

[WWW89] Weininger, D.; Weininger, A.; Weininger, J. L.: SMILES. 2. Algorithm for Generation of Unique SMILES Notation. J. Chem. Inf. Comput. Sci. 29/2, S. 97–101, 1989.

[Ya19] Yang, M.; Tao, B.; Chen, C.; Jia, W.; Sun, S.; Zhang, T.; Wang, X.: Machine Learning Models Based on Molecular Fingerprints and an Extreme Gradient Boosting Method Lead to the Discovery of JAK2 Inhibitors. J. Chem. Inf. Model. 59/12, S. 5002–5012, 2019.

Louis Bellmann wurde am 12. September 1991 in Hamburg geboren. Er studierte an der Universität Hamburg Mathematik mit Schwerpunkt Graphentheorie und erhielt 2017 seinen Masterabschluss. Von 2018 bis 2022 promovierte er als wissenschaftlicher Mitarbeiter von Prof. Dr. Matthias Rarey in der Gruppe Algorithmisches Molekulardesign. In dieser Zeit entwickelte er Verfahren und Softwarelösungen, die bereits jetzt in der Arzneimittelforschung eingesetzt werden. Zurzeit arbeitet er als Postdoktorand am Universitätsklinikum Hamburg-Eppendorf an neuen Methoden zur Prävention und Analyse häufiger Krankheitsbilder. Zu seinen Forschungsschwerpunkten gehören Graphentheorie, Kombinatorik, Chemieinformatik und Medizininformatik.

Requirements Engineering für erklärbare Systeme[1]

Larissa Chazette[2]

Abstract: Digitale Systeme berühren fast alle Bereiche des alltäglichen Lebens, daher gewinnt die Qualität der Interaktion zwischen Menschen und Systemen immer stärker an Bedeutung. Erklärbarkeit bezeichnet die Fähigkeit eines Systems, Informationen zu geben, um einen bestimmten Aspekt eines Systems in einem bestimmten Kontext verständlich zu kommunizieren. Erklärbarkeit ist somit zu einer wichtigen Qualitätsanforderung geworden. Um Systeme zu entwickeln, müssen Softwareingenieure wissen, wie sie abstrakte Qualitätsziele in konkrete, reale Lösungen umsetzen können. Das Requirements-Engineering bietet hier einen strukturierten Ansatz, Qualitätsanforderungen besser zu verstehen und zu operationalisieren. Aktuell gibt es keine theoretische Basis und Empfehlungen für das Requirements Engineering, für den Entwurf von erklärbaren Systemen. Um diese Lücken zu schließen, schafft diese Dissertation zunächst die theoretische Basis und schlägt aufbauend darauf Maßnahmen vor.

1 Einleitung

Informationssysteme sind im modernen Leben allgegenwärtig und werden durch immer komplexere und oft schwer verständliche Algorithmen gesteuert. Diese Systeme haben mittlerweile einen so starken Einfluss auf unsere Gesellschaft, dass es fast unmöglich ist, sich einen Bereich vorzustellen, der noch nicht von Informationssystemen betroffen ist. Sie helfen Menschen im Alltag und unterstützen sie bei Entscheidungen. Neben fortwährenden Verflechtung von Software und Gesellschaft nimmt gleichzeitig auch die Komplexität dieser System stetig zu. Daher ist es von entscheidender Bedeutung, die Qualität dieser Systeme stärker in den Fokus zu rücken.

Softwarequalität ist der Grad, in dem ein System die erklärten und implizierten Bedürfnisse der Beteiligten erfüllt [IS11]. Anforderung bilden die Grundlage für gute Softwarequalität [Ru14]. Als Anforderung bezeichnet man eine dokumentierte Repräsentation eines wahrgenommenen Bedürfnisses eines Stakeholders bzw. einer Eigenschaft oder Fähigkeit, die ein System haben soll [Gl22].

Die benötigten Qualitätsanforderungen für die Systeme von heute gehen weit über die bloße *Herstellung* von Software hinaus und müssen nicht mehr nur frei von Bugs, Schwachstellen und anderen Fehlern sein [Oz21]. Im Laufe der Zeit tauchten neue Arten von Qualitätsanforderungen auf, die als Reaktion auf die steigenden Anforderungen der realen Welt immer

---

[1] Englischer Titel der Dissertation: Requirements Engineering for Explainable Systems
[2] Leibniz Universität Hannover, Fachgebiet Software Engineering, Welfengarten 1, 30163 Hannover, Deutschland larissa.chazette@inf.uni-hannover.de

wichtiger geworden sind. **Erklärbarkeit** ist ein Beispiel für so eine Qualitätsanforderung, die in den letzten Jahren aufgrund der zunehmenden Omnipräsenz von Informationssystemen an Bedeutung gewonnen hat und die die Bedeutung der Qualität der Mensch-Maschine-Kommunikation unterstreicht. Denn wenn Informationssysteme mit samt Ihrem Verhalten sowie den von ihnen gelieferten Informationen in unserer Gesellschaft immer wichtiger werden, ist es unerlässlich, dass die Nutzer dieser Systeme diese Informationen verstehen und nachvollziehen können.

Die Erklärbarkeit von Software-Entscheidungen wurde vor allem in der Data-Science-Gemeinschaft als wichtige Anforderung für Modelle des maschinellen Lernens intensiv debattiert. Modelle, Algorithmen oder Systeme, die sich auf den ersten Blick unverständlich verhalten, sind erklärbar wenn sie in der Lage sind, ihr Verhalten zu erklären. Die Erklärung muss hierbei auf die Empfänger und ihre Ziele ausgerichtet sein. Erklärbarkeit trägt maßgeblich zur Erreichung verschiedener anderer wichtiger Qualitätsaspekte wie z.B. Transparenz und Fairness in modernen Systemen bei.

Trotz der Bedeutung der Erklärbarkeit und der explosionsartigen Zunahme der Forschung in diesem Bereich in den letzten Jahren, fehlte jedoch immer noch eine theoretische Grundlage, die sie als Qualitätsanforderung betrachtet und Leitlinien für die Praxis liefert. Die Entwicklung erklärbarer Systeme erfordert ein gründliches Verständnis von Erklärbarkeit, der Taxonomie, der Wechselwirkungen mit anderen Faktoren der Systemqualität und praktischen Aspekten, die relevant sind. Um die Entwicklung qualitativ hochwertiger erklärbarer Systeme zu unterstützen, benötigen Software- und Requirements-Engineering Methoden, die ihnen bei der Analyse, Definition und Testen von Erklärbarkeitsanforderungen helfen.

Daher war das übergeordnete Ziel der Forschung im Rahmen meiner Dissertation, diese Lücken zu schließen und das Requirements-Engineering für erklärbare Systeme sowie die Entwicklung von erklärbaren Systemen in der Praxis zu unterstützen. Sowohl mit der notwendigen theoretischen Grundlage als auch mit anwendbaren Artefakten. Bei der Forschung wurde ein multimethodischer Ansatz verfolgt. Zum Einsatz kamen Literatur- und empirische Studien, Umfragen, Interviews und eine Fallstudie.

Im Abschnitt 3 diskutiere ich die Theorie hinter der Relevanz und dem Einfluss der Erklärbarkeit auf die Qualität eines Systems. Im Abschnitt 4 stelle ich ein Framework-Konzept vor, das die Softwareentwicklung in der Praxis unterstützen kann.

2 Hintergrund

Requirements-Engineering Requirements-Engineering ist eine Teildisziplin des Software-Engineering und ist sehr stark mit der Softwarequalität verbunden. Laut dem International Requirements Engineering Board (IREB) [Gl22], ist Requirements-Engineering der systematische und disziplinierte Ansatz zur Spezifikation und Verwaltung von Anforderungen mit dem Ziel, die Wünsche und Bedürfnisse der Beteiligten zu verstehen und das

Risiko zu minimieren, ein System zu liefern, das diese Wünsche und Bedürfnisse nicht erfüllt.

Anforderungen wirken sich unmittelbar auf den Systementwicklungsprozess aus und bilden die Basis für viele weitere Schritte wie die Kommunikation im Projekt, die Ermittlung von Rationalisierungspotenzialen, die Systemarchitektur sowie Tests und Abnahme [Ru14]. Eine der Hauptaufgaben der Anforderungsanalyse besteht darin, abstrakte Qualitätsaspekte (die auf realen Konzepten und Ideen beruhen) in Qualitätsanforderungen (oder „nichtfunktionale Anforderungen") und in konkrete Funktionalität zu übersetzen. Dies erfordert ein gemeinsames Verständnis der Stakeholder und eine effektive Kommunikation, um diese Aspekte zu verstehen und gemeinsame Designentscheidungen zu treffen.

Darüber hinaus ist Requirements-Engineering nicht nur ein Prozess der Erhebung und Spezifizierung von Anforderungen, sondern auch ein systematischer Ansatz der effektiven Kommunikation dieser Anforderungen zwischen verschiedenen Stakeholder-Gruppen. In heterogenen Gruppen ist ein gemeinsames Verständnis sowohl ein Schlüsselfaktor als auch eine Herausforderung, da die Gruppenmitglieder möglicherweise dieselben Wörter für unterschiedliche Konzepte oder unterschiedliche Wörter für dieselben Konzepte verwenden, ohne dies zu bemerken [BL13].

Dieses gemeinsames Verständnis zwischen Stakeholder (z.B.: Kunden, Entwicklern) ist eine entscheidende Voraussetzung für die erfolgreiche Entwicklung eines jeden Systems. Zudem ist es für eine effiziente Kommunikation, Verringerung von Risiken (z.B.: Unzufriedenheit der Stakeholder) und der Nachbesserung entscheidend. Artefakte wie Definition, Modelle und Frameworks können dabei helfen, ein gemeinsames Verständnis zu schaffen und zu verbessern [GF15]. Solche Artefakte helfen dabei, diese abstrakten Konzepte in Anforderungen und anschließend in konkrete Funktionalität zu übersetzen und zu prüfen, wie sich die spezifische Funktionalität auf die Qualität auswirkt [MZ11; PK04].

Erklärbarkeit und verwandte Begriffe Die weit verbreitete terminologische Verwirrung im Zusammenhang mit Erklärbarkeit war einer der Beweggründe für diese Arbeit. Qualitätsanforderungen sind nach wie vor eine große Herausforderung für die Praxis, denn es herrscht oft Unklarheit und Verwirrung in Bezug auf ihre Bedeutung, was wiederum ein gemeinsames Verständnis erschwert. Diese Mehrdeutigkeit ist auch im Fall der Erklärbarkeit vorhanden. Hier existieren verschiedene Begriffe für dieselbe Idee oder verschiedene Definitionen und Ideen für den Begriff *Erklärbarkeit*. Die Begriffe *Erklärbarkeit*, *Interpretierbarkeit*, *Verständlichkeit* und *Transparenz*[3] werden oft als Synonyme verwendet.

Nach Lipton [Li18] kann *Transparenz* informell als das Gegenteil von Opazität oder *Blackboxness* definiert werden. Blackboxness bezieht sich auf die Vorstellung, dass einige Modelle des maschinellen Lernens für uns so geheimnisvoll wie Blackboxen sein können, da ihr Innenleben undurchsichtig und schwer zu interpretieren und kaum nachzuvollziehen ist.

---

[3] Im Englischen: *explainability*, *interpretability*, *understandability*, and *transparency* jeweils.

Transparenz bedeutet daher, „durchzublicken", um die inneren Mechanismen zu verstehen (nachzuvollziehen), nach denen ein Algorithmus funktioniert oder was ein Modell gelernt hat.

Interpretierbarkeit kann definiert werden als das Maß, in dem der Nutzer die vom System gegebenen Erklärungen und die bereitgestellten Informationen versteht und nutzen kann [Ri18]. Sie wird auch als die Fähigkeit definiert, einem Menschen Informationen in verständlicher Form zu erklären oder zu präsentieren [DK17]. Die Begriffe *Interpretierbarkeit* und *Erklärbarkeit* werden oft verwendet, um sich auf dasselbe Konzept zu beziehen. Die zweite Definition von Interpretierbarkeit überschneidet sich mit dem Konzept von *Erklärbarkeit*, das definiert werden kann, als der Grad bis zu dem ein System Erklärungen für die Ursache seiner Entscheidungen oder Ausgaben liefern kann [Ri18]. Ich bevorzuge die frühere Definition von *Interpretierbarkeit*, weil sie eher mit den subjektiven Aspekten der Interpretation der präsentierten Informationen durch die Nutzer verbunden ist. Genauer gesagt, sind Erklärungen die Operationalisierungen der Erklärbarkeit. Erklärungen können durch die Vermittlung von Informationen die eher subjektiven Faktoren wie Interpretierbarkeit und Verständlichkeit des Systems beeinflussen.

Eine Definition für erklärbare Systeme Allerdings, brauchen Requirements-Engineering und Software-Engineering keine rein abstrakte Definition von Erklärbarkeit, sondern eine, die sich auf Anforderungen an erklärbare **Systeme** konzentriert. In dieser Arbeit schlage ich die folgende Definition für erklärbare Systeme vor:

Ein System S ist in Bezug auf einen Aspekt X von S relativ zu einem Adressaten A im Kontext C nur dann erklärbar, wenn es eine Entität E (den Erklärer) gibt, die es A durch Angabe eines Informationskorpus I (die Erklärung von X) ermöglicht, X von S in C zu verstehen.

3 Erklärbarkeit in der Qualitätslandschaft

Eine Qualitätslandschaft ist die Sammlung von Qualitätsanforderungen und deren Beziehungen und Verbindungen. Eine Qualitätslandschaft setzt sich aus einem Qualitätsspektrum (das von externer bis zu interner Qualität reicht, (vgl. [IS11])), Qualitätsdimensionen und Qualitätsanforderungen zusammen. Diese Konzepte bilden die Landschaftskomposition. Stakeholder sind hierbei die Akteure, die diese Landschaft schaffen, verändern und erleben.

Ich habe sieben Dimensionen identifiziert, die relevant sind für die Qualitätslandschaft: *Bedürfnisse und Erwartungen der Nutzer, kulturelle Werte, Unternehmenswerte, Gesetze und Normen, Domänenaspekte, Projektrestriktionen* und *Systemaspekte*. Diese Dimensionen beeinflussen die Identifizierung relevanter Qualitätsanforderungen innerhalb eines Systems, die Auswirkungen einer Qualitätsanforderung auf die Systemqualität und die Designentscheidungen zur Operationalisierung einer bestimmten Qualitätsanforderung.

Diese Dimensionen sind auch Perspektiven, aus denen man die Qualität eines Systems betrachten kann.

Um die Rolle und Bedeutung der Erklärbarkeit für moderne Systeme zu verstehen, war es zunächst notwendig, ihre möglichen Auswirkungen auf die Qualitätslandschaft zu untersuchen. Durch eine systematische Literaturrecherche und Workshops war es möglich, die Auswirkungen der Erklärbarkeit auf mehrere andere Qualitätsanforderungen zu ermitteln, die sich auf verschiedene Dimensionen der Softwarequalität auswirken. Dieses Wissen wurde ist eine Theorie geflossen, die sowohl in Form eines konzeptionellen Modells als auch eines Katalogs dargestellt wurde. Diese analytische Theorie, eingebettet in ein konzeptionelles Modell, hilft die Relevanz von Erklärbarkeit für die Softwarequalität zu verstehen und kann gleichzeitig ein unterstützendes Artefakt bei Erhebung und Verhandlung während der Anforderungsanalyse sein.

Die Studie hat gezeigt, dass Erklärbarkeit in Wechselwirkung mit mindestens 57 verschiedenen Qualitätsanforderungen steht, die alle Dimensionen der Qualitätslandschaft beeinflussen. Dies verdeutlicht die wichtige Bedeutung der Erklärbarkeit für Softwarequalität. Erklärbarkeit kann als „Hebel" oder als „Mittel zum Zweck" betrachtet werden, da sie ein Weg sein kann, um bestimmte Qualitätsanforderungen in einem System zu erreichen, was wiederum bedeutet, dass andere Qualitätsziele durch die Spezifikation und Erfüllung von Erklärbarkeitsanforderungen erfüllt werden können.

Abbildung 1 zeigt die Auswirkungen der Erklärbarkeit auf die verschiedenen Dimensionen, die sowohl die externe als auch die interne Qualität des Systems beeinflussen. Die Kästen in der Mitte der Abbildung zeigen einige Beispiele für die Qualitätsanforderungen, die von Erklärbarkeit beeinflusst werden können und die für jede Dimension relevant sind. Typische Stakeholder-Gruppen in jeder Dimension sind auch in den darunter liegenden Kästen aufgeführt. Eine vollständige Liste aller Qualitätsanforderungen, die durch Erklärbarkeit beeinflusst werden können, ist in meiner Dissertation zu finden (vgl. [Ch23]).

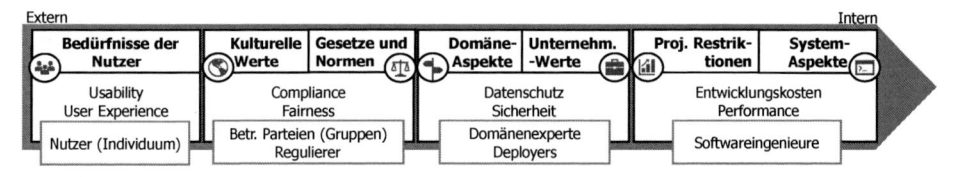

Extern							Intern
Bedürfnisse der Nutzer	Kulturelle Werte	Gesetze und Normen	Domäne-Aspekte	Unternehm.-Werte	Proj. Restriktionen	System-Aspekte	
Usability User Experience		Compliance Fairness		Datenschutz Sicherheit		Entwicklungskosten Performance	
Nutzer (Individuum)		Betr. Parteien (Gruppen) Regulierer		Domänenexperte Deployers		Softwareingenieure	

Abb. 1: Erklärbarkeit in der Qualitätslandschaft von Systemen (exemplarischer Ausschnitt des konzeptionelles Modells)

Bei den meisten dieser Qualitätsanforderungen **kann die Erklärbarkeit sowohl einen positiven als auch einen negativen Einfluss haben**, d.h., sie kann sowohl als synergetischer als auch als antagonistischer Aspekt der Qualität wirken. Auf der positiven Seite können Erklärungen zum Beispiel potenziell zur Erreichung vieler wichtiger Qualitätsanforderungen beitragen. Wenn Anforderungen an Erklärungen jedoch nicht ordnungsgemäß erhoben und analysiert werden, können sie sich aber auch negativ auf dieselben Qualitätsanforderungen auswirken.

Wenn also über die Integration von Erklärungen in ein System nachgedacht wird, kann die Absicht darin bestehen, die Verständlichkeit zu verbessern und damit die Benutzererfahrung mit dem System zu verbessern. Es kann aber auch einen gegenteiligen Effekt haben. Das Ergebnis wird in hohem Maße von den spezifizierten Anforderungen und den zur Umsetzung dieser Anforderungen getroffenen Designentscheidungen beeinflusst. Dies macht die Notwendigkeit einer sorgfältigen Herangehensweise in Bezug auf Erklärbarkeit in der Praxis deutlich. Daher habe ich einige Empfehlungen entwickelt, sowohl in Form von Praktiken, die während der Entwicklung angewendet werden können, als auch in Form eines Frameworks, das Praktikern helfen soll, mit Erklärbarkeitsanforderungen in der Praxis umzugehen.

4 Erklärbarkeit in der Praxis

Auf der Grundlage der Literatur und von Interviews mit Softwareingenieuren, habe ich ein Prozessreferenzmodell entwickelt. Während der Studie konnte sowohl in der Literatur als auch in den Interviews ein besonderer Schwerpunkt auf den Anforderungsprozess und die Validierung dieser Anforderungen festgestellt werden. Daher sollte den anforderungsbezogenen Aktivitäten im Prozess (ob in einem traditionellen oder agilen Umfeld) besondere Aufmerksamkeit geschenkt werden.

In diesem Modell schlage ich sechs Praktiken vor, die dazu beitragen, die Anforderungen an die Erklärbarkeit zu definieren und berücksichtigen:

1. Visionsdefinition: Fokus auf der Definition der Vision/Ziele im Hinblick auf die Qualität und Erklärbarkeit des Systems.
2. Trade-off-Analyse: Fokus auf der Interaktion der Erklärbarkeit mit anderen Qualitätszielen.
3. Stakeholder-Analyse: Fokus auf der Analyse der Bedürfnisse/Ziele der Stakeholder.
4. Backend-Analyse: Fokus auf Systemarchitektur und technischen Aspekten
5. Erklärbarkeitsdesign: Fokus auf Entwurfsentscheidungen zur Erfüllung der Anforderungen.
6. Evaluation: Fokus auf der Bewertung, ob die Anforderungen erfüllt werden

Durch die Integration dieser Praktiken verschiebt sich der Schwerpunkt der Systementwicklung dahin, die Ziele, Bedürfnisse und Wünsche der Nutzer oder Adressaten von Erklärungen in den Vordergrund zu stellen. Das ist wichtig, weil ein erklärbares System Erklärungen bietet, um Wissenslücken zu schließen, die für jeden Adressaten *sehr persönlich* sind und weil Erklärungen als Kommunikationskanal zwischen Mensch und Maschine dienen [Mu19].

Um diesen Prozess zu unterstützen, habe ich ein Framework mit drei Abstraktionsebenen vorgeschlagen, das auf der Grundlage der Literatur und einer Fallstudie erstellt wurde: *Abhängigkeiten, Merkmale* und *Bewertung*. Die ersten beiden Ebenen stehen in direktem Zusammenhang mit den Anforderungen an die Erklärbarkeit, während die dritte Ebene die Methoden zur Bewertung der Qualität von Erklärungen und ihrer Auswirkungen auf ein System zusammenfasst. Aber warum soll das Framework wichtig sein?

Nach Boehm [BBL76] erleichtert die Abbildung abstrakter Aspekte auf quantifizierbare Elemente während des Requirements-Engineerings die Entwicklung von Softwareprodukten und hilft dabei, konkrete Lösungen (d. h. Operationalisierungen) zur Erreichung eines gewünschten Qualitätsziels vorzuschlagen. Auf diese Weise ist es möglich, den Prozess des Requirements-Engineerings und der Rationalisierung von Entscheidungen zu unterstützen, indem man diesen Prozess, der eher abstrakt beginnt und sich konkretisieren muss, bis er zu einer richtigen Erklärung wird, fördert. Das Framework hilft bei der Umwandlung der abstrakten Spezifikation der Qualitätsanforderungen in feinere Konstrukte, die auf der untersten Ebene des Modells gemessen werden können. Abbildung 2 zeigt einen exemplarischen Ausschnitt des Frameworks und die empfohlenen Praktiken, die jede Ebene unterstützen können.

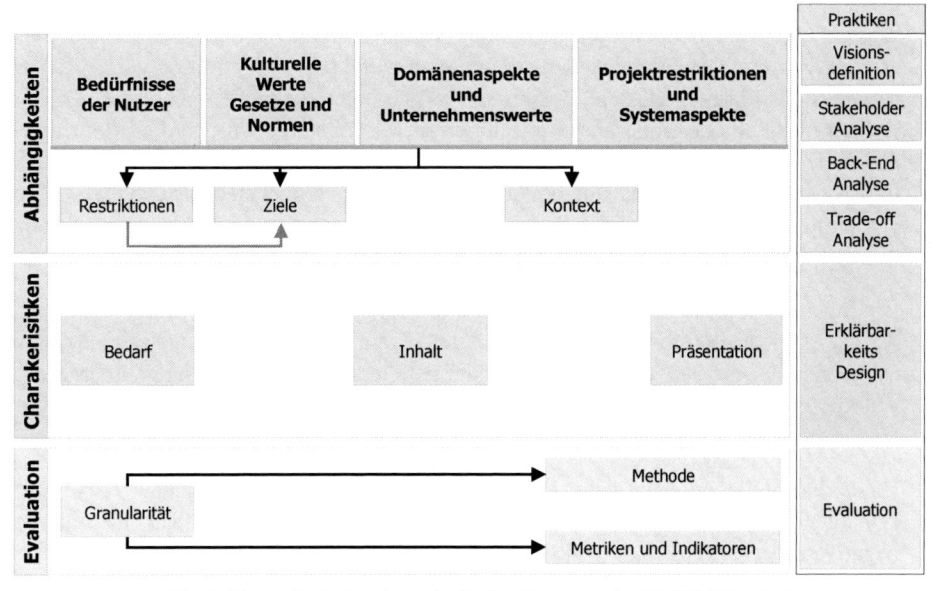

Abb. 2: Exemplarischer Ausschnitt des Frameworks für Erklärbarkeit

Jede Ebene ist in Kategorien unterteilt, die als eine Sammlung von Aspekten fungieren, die für diese Ebene wesentlich sind. Das Framework schlägt sechs Kategorien von Aspekten vor, die berücksichtigt werden sollten: der *Kontext*, in dem das System verwendet wird, die (Qualitäts-) *Ziele*, die möglicherweise vorhandenen *Restriktionen*, die die Ziele einschränken und beeinflussen, den *Bedarf*, der *Inhalt* von Erklärungen und Aspekte die *Präsentation*.

Darüber hinaus haben die übergeordneten Ebenen Auswirkungen auf die darunter liegenden Ebenen: Die Abhängigkeiten beeinflussen die Eigenschaften der Erklärungen (d.h. die Designentscheidungen) und beide beeinflussen die Wahl der Evaluierungsmethoden. Während der Evaluation, kann die Auswirkungen der Erklärbarkeit in zwei Granularitätsgraden bewertet werden: Man kann die Erklärungen als solche bewerten oder die Auswirkungen der Erklärungen auf das System messen. Um die Qualität zu bewerten, sollten sowohl die Methoden als auch die Metriken oder Indikatoren definiert werden.

Die Anwendung des vorgeschlagenen Frameworks wurde anhand einer Fallstudie in einem Softwareunternehmen demonstriert. Die Fallstudie hatte zwei Schwerpunkte: (1) die Evaluierung des Frameworks durch das Sammeln von Feedback von Praktikern in einem Workshop und (2) dem Entwicklungsprozess und der Evaluierung der Erklärungen, die mit Unterstützung des Frameworks entworfen wurden. Die Fallstudie erfolgte in Zusammenarbeit mit einem Softwareunternehmen (52 Mitarbeiter), die eine agile Entwicklungskultur pflegen. Die zum Einsatz kommende Software in der Fallstudie ist eine Navigationssoftware für Smartphones, die auf Schwarmintelligenz basiert und eines der Kernprodukte des Unternehmens darstellt.

Erstens wurde festgestellt, dass einige Qualitätsziele wie *Nutzungssteigerung*, *Streckenakzeptanz* und *Zufriedenheit* durch die Integration von mehr Erklärbarkeit in das System erreicht wurden. Das Framework wurde unterstützend bei der Definition von Anforderungen an die Erklärbarkeit, dem Design von Erklärungen, sowie der Wahl der geeigneten Evaluirungsmethode eingesetzt. Im Rahmen dieser Fallstudie wurden die Erklärungen in das System integriert und eine quantitative Bewertung auf Grundlage eines zweiwöchigen Experiments mit 9745 Endbenutzern durchgeführt. Wir verglichen die Ergebnisse zwischen den Gruppen von Teilnehmern, die verschiedene Arten von Erklärungen erhielten, um die Auswirkungen dieser Erklärungen auf die gesetzten Qualitätsziele zu bewerten.

Die integrierten Erläuterungen trugen dazu bei, alle gesetzten Qualitätsziele zu erreichen. Auf die Frage nach ihren Erfahrungen mit dem Framework berichteten die Praktiker, dass es ihnen half, über Nutzerprofile, Anwendungsfälle, Einschränkungen und übergeordnete Anforderungen nachzudenken, sowie über Strategien zur Bewertung der Auswirkungen von Erklärungen auf die festgelegten Qualitätsanforderungen nachzudenken.

Da die Fallstudie in einem realen Produkt stattfand und das Unternehmen im Live-Betrieb kein zu großes Risiko eingehen wollte, gab es einige Bedenken hinsichtlich einer möglichen negativen Auswirkungen der Erklärungen auf die Qualität des Systems. Aber tatsächlich wurden die Erklärungen so gut angenommen, dass mehrere der Erklärungen weiterentwickelt wurden und zum Zeitpunkt dieser Zusammenfassung immer noch vom Unternehmen eingesetzt werden. Dies deutet darauf hin, dass das angebotene Wissen über Erklärbarkeit als Softwarequalität dazu beigetragen hat, Erklärungen zu entwickeln, die für die Stakeholder Mehrwert anbieten.

5 Ausblick

Wir leben im algorithmischen Zeitalter. Die Fortschritte in der Robotik schreiten sehr schnell voran, und die Kommunikation mit Computersystemen wird wichtiger denn je sein. So sollten die Systeme in der Lage sein, Gesprächspartner zu sein, mit Menschen zu interagieren und ihre Entscheidungen und Beweggründe in angemessener Weise zu erklären. Das unterstreicht einmal mehr, wie wichtig Erklärbarkeit ist – nicht nur als ein weiterer Aspekt der Softwarequalität oder als ein „nice to have" – sondern als grundlegender Pfeiler in der Kommunikation und Interaktion zwischen Menschen und Informationssystemen. Selbst einfache und leicht zu integrierende Erklärungen können einen positiven Effekt auf wichtige Qualitätsziele haben. Aber gleichzeitig ist ein gründlicher Anforderungsprozess erforderlich, um die negativen Auswirkungen von Erklärungen zu vermeiden.

Der Einfluss der Erklärbarkeit auf so viele entscheidende Dimensionen verdeutlicht die wachsende Notwendigkeit, die Erklärbarkeit beim Entwurf eines Systems zu berücksichtigen. In diesem Sinne besteht der Beitrag dieser Arbeit in der Analyse von Erklärbarkeit aus der Perspektive des Requirements-Engineerings. Sie liefert Erkenntnisse, die eine Definition von Erklärbarkeit im Kontext von Softwaresystemen bringen, sowie Hinweise und Strategien für die Praxis, die Erklärbarkeit greifbar machen. Die vorgeschlagenen Theorien und Artefakte sind hilfreich für die Identifizierung von Anforderungen an Erklärbarkeit, die Auswahl des Erklärungsdesigns und die Bewertung der Qualität der bereitgestellten Erklärungen.

Literatur

[BBL76] Boehm, B. W.; Brown, J. R.; Lipow, M.: Quantitative Evaluation of Software Quality. In: Proceedings of the 2nd International Conference on Software Engineering. ICSE '76, IEEE Computer Society Press, San Francisco, California, USA, S. 592–605, 1976.

[BL13] Bittner, E. A. C.; Leimeister, J. M.: Why Shared Understanding Matters – Engineering a Collaboration Process for Shared Understanding to Improve Collaboration Effectiveness in Heterogeneous Teams. In: 2013 46th Hawaii international conference on system sciences. IEEE, Piscataway, S. 106–114, 2013, ISBN: 978-1-4673-5933-7.

[Ch23] Chazette, L.: Requirements engineering for explainable systems, Diss., Hannover : Institutionelles Repositorium der Leibniz Universität Hannover, 2023.

[DK17] Doshi-Velez, F.; Kim, B.: Towards A Rigorous Science of Interpretable Machine Learning, 2017.

[GF15] Glinz, M.; Fricker, S. A.: On shared understanding in software engineering: an essay. Computer Science - Research and Development 30/3, S. 363–376, Aug. 2015.

[Gl22] Glinz, Martin: A glossary of requirements engineering terminology, Techn. Ber. 2.0.1, International Requirements Engineering Board, Juli 2022.

[IS11]   ISO Central Secretary: ISO/IEC 25010:2011 Systems and Software Engineering-Systems and Software Quality Requirements and Evaluation (SQuaRE) - System and Software Quality Models, Standard ISO/IEC 25010:2011, International Organization for Standardization, 2011.

[Li18]   Lipton, Z. C.: The Mythos of Model Interpretability. Commun. ACM 61/10, S. 36–43, 2018.

[Mu19]   Mueller, S. T.; Hoffman, R. R.; Clancey, W.; Emrey, A.; Klein, G.: Explanation in Human-AI Systems: A Literature Meta-Review, Synopsis of Key Ideas and Publications, and Bibliography for Explainable AI, 2019.

[MZ11]   Mairiza, D.; Zowghi, D.: Constructing a Catalogue of Conflicts among Non-functional Requirements. In (Maciaszek, L. A.; Loucopoulos, P., Hrsg.): Evaluation of Novel Approaches to Software Engineering. Springer Berlin Heidelberg, Berlin, Heidelberg, S. 31–44, 2011, ISBN: 978-3-642-23391-3.

[Oz21]   Ozkaya, I.: Can We Really Achieve Software Quality? IEEE Software 38/3, S. 3–6, 2021.

[PK04]   Paech, B.; Kerkow, D.: Non-functional Requirements Engineering - Quality is Essential. In: 10th International Workshop on Requirements Engineering Foundation for Software Quality. 2004.

[Ri18]   Richard Tomsett; Dave Braines; Dan Harborne; Alun D. Preece; Supriyo Chakraborty: Interpretable to Whom? A Role-based Model for Analyzing Interpretable Machine Learning Systems. CoRR abs/1806.07552/, 2018.

[Ru14]   Rupp, C. et al.: Requirements-Engineering und -Management: Aus der Praxis von klassisch bis agil. Carl Hanser Verlag GmbH Co KG, 2014.

Larissa Chazette, geboren am 1. Juli 1991 in Belém, Pará, Brasilien, schloss 2011 ihr Bachelorstudium der Informatik an der Universidade da Amazônia in Belém ab. Dank ihrer herausragenden Leistungen erhielt sie ein Forschungsstipendium der brasilianischen Förderagentur für Hochschulbildung (CAPES) für ihr Masterstudium, das sie 2015 an der Universidade Federal do Pará abschloss. Im Jahr 2016 zog sie nach Deutschland, wo sie zunächst als studentische Hilfskraft an verschiedenen Forschungsprojekten arbeitete und später als wissenschaftliche Mitarbeiterin tätig war. Unter der Betreuung von Prof. Kurt Schneider schloss sie 2022 ihre Promotion an der Leibniz Universität Hannover mit *summa cum laude* ab. Während ihrer Promotionszeit veröffentlichte sie mehrere Artikel in hochrangigen Konferenzen und Fachzeitschriften im Bereich Software- und Requirements Engineering, darunter IEEE RE, REJ und JSS. Sie war auch an der Organisation wissenschaftlicher Veranstaltungen beteiligt und war maßgeblich an der Gründung der Workshop-Reihe "Requirements Engineering for Explainable Systems"(RE4ES) beteiligt.

Expressives und Effizientes Deep Learning auf Graph-Strukturierten Daten[1]

Matthias Fey[2]

Abstract: Dise Arbeit stellt neue Ansätze für das maschinelle Lernen auf unregelmäßig strukturierten Eingabedaten wie Graphen, Punktwolken und Mannigfaltigkeiten vor. Insbesondere löst sich diese Arbeit von der Beschränkung konventioneller Deep Learning-Techniken auf reguläre Daten und bietet Lösungen für den Entwurf, die Implementierung und die Skalierung von Deep Learning-Methodiken auf Graphen an, bekannt als *Graph Neural Networks (GNNs)*. Wir analysieren die Beziehung von GNNs zu traditionellen Verfahren des Deep Learnings und der Graph-Theorie, entwickeln skalierungsfähige GNN-Lösungen und stellen die *PyG*-Bibliothek für die effiziente Realisierung von GNNs vor.

1 Einleitung

Unsere Welt ist reich an Strukturen, aufgebaut aus Objekten, ihren Beziehungen und Hierarchien. So zerlegen sich beispielsweise Fahrkarten in Straßen und Kreuzungen, Webseiten im Internet referenzieren sich über Hyperlinks, und selbst chemische Verbindungen lassen sich durch eine Menge von Atomen und deren Wechselwirkungen beschreiben. Ein geeigneter Weg, solche strukturierten Informationen darzustellen, ist in Form eines *Graphen*, welcher durch eine Menge von *Knoten* und deren *Kanten* beschrieben wird.

Traditionell basieren Modelle des maschinellen Lernens insbesondere auf dem Ansatz des *Feature Engineerings*, bei dem Merkmale durch entwickelte Verfahren von Fachleuten extrahiert werden und zum Training eines Modells verwendet werden. In den letzten Jahren wurde dieses Verfahren größtenteils durch einen datengesteuerten *Representation Learning*-Ansatz mittels *Deep Learning* ersetzt, bei dem das Modell eigenständig in der Lage ist, die Rohdaten entsprechend der zugrunde liegenden Problemstellung zu transformieren.

Obwohl Graphen in unserer Welt allgegenwärtig sind, können die meisten gegenwärtigen Methoden des maschinellen Lernens solch reichhaltige strukturelle Darstellungen jedoch nicht verarbeiten, da insbesondere erwartet wird, dass Merkmale durch Vektoren fester Größe beschrieben werden. Daher sind existierende Modelle in der Lage nur eine kleine Teilmenge aller potenziellen Anwendungen zu verarbeiten, siehe Abb. 1.

---

[1] Englischer Titel der Dissertation: "On the Power of Message Passing for Learning on Graph-Structured Data"
[2] Technische Universität Dortmund, Lehrstuhl für Computergraphik, Otto-Hahn-Straße 16, 44227 Dortmund, Deutschland matthias.fey@udo.edu

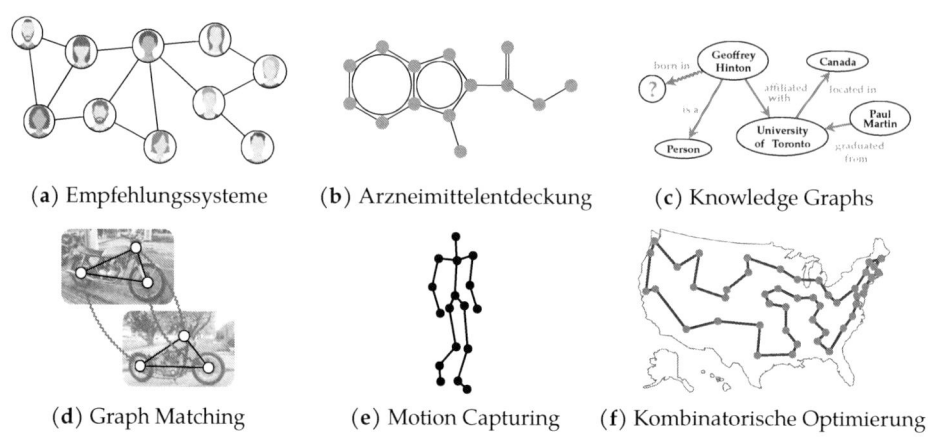

(a) Empfehlungssysteme (b) Arzneimittelentdeckung (c) Knowledge Graphs

(d) Graph Matching (e) Motion Capturing (f) Kombinatorische Optimierung

Abb. 1: **Beispielhafte Anwendungen für maschinelles Lernen auf Graphen.**

Diese Beobachtung erfordert die Entwicklung neuartiger neuronaler Netze, welche unter dem Namen *Graph Neural Networks (GNNs)* gruppiert werden [Ha20]. Trotz ihres reichhaltigen Potenzials bringen GNNs auch neue Herausforderungen mit sich. Da die meisten Bausteine neuronaler Netze eine feste Struktur als gegeben voraussetzen (insbesondere aufgrund ihrer effektiven Parallisierung auf der GPU), ist die Erweiterung und Verallgemeinerung ihrer Konzepte auf beliebig strukturierte Daten sowohl theoretisch als auch implementierungstechnisch schwierig.

Diese Arbeit baut auf dem allgemeinen Konzept von GNNs auf, analysiert ihre Fähigkeiten und entwirft neue Methodiken um ihre Leistung sowohl im Allgemeinen als auch in aufgabenspezifischen Anwendungen zu steigern. Insbesondere beschäftigt sich diese Arbeit auch mit dem Entwurf effizienter und skalierbarer GNN-Architekturen, um deren Anwendung in ressourcen-beschränkten Umgebungen zu ermöglichen.

Beiträge. Diese Arbeit fasst die folgenden Beiträge aus [Fe22] zusammen:

- Wir führen GNNs als neuronales *Message Passing*-Framework ein und entwickeln *SplineCNNs* [Fe18] als Schnittstelle zwischen GNNs und CNNs. SplineCNNs verbessern frühere Arbeiten, indem sie GNNs mit einem anisotropen Filter ausstatten, welcher für das Lernen auf Graphen, Superpixeln, Punktwolken und Mannigfaltigkeiten genutzt werden kann.

- Wir analysieren die Expressivität von GNNs aus theoretischer Sicht, indem wir sie mit der *Weisfeiler-Lehman (WL)* Graph-Isomorphie-Heuristik in Beziehung setzen [Mo19]. Die theoretischen Resultate zeigen, dass GNNs die gleiche Ausdrucksstärke wie die WL-Heuristik besitzen, um nicht-isomorphe (Teil-)Graphen zu unterscheiden. Basierend auf diesen Erkenntnissen entwickeln wir *k-GNNs*, eine Verallgemeinerung von GNNs mit nachweislich höherer Expressivität, welche Message Passing zwischen Teilgraph-Strukturen anstatt individueller Knoten erlaubt.

- Wir identifizieren inhärente Mängel von GNNs und zeigen, wie diese in der Praxis überwunden werden können [Fe19, FYW20, Fe20]. Insbesondere entwickeln wir ein Framework namens *GNNAutoScale (GAS)* [Fe21], welches in der Lage ist GNNs effizient auf riesige Datenmengen zu skalieren. Während alternative Lösungen für die Skalierbarkeit die Ausdrucksstärke von GNNs abschwächen, ist GAS nachweislich dazu in der Lage, die ursprüngliche Expressivität des GNN zu erhalten.

- Abschließend entwickeln wir die *PyTorch Geometric (PyG)* Bibliothek [FL19] für die effiziente Realisierung von Deep Learning-Verfahren auf unregelmäßig strukturierten Eingabedaten wie Graphen, Punktwolken und Mannigfaltigkeiten. PyG verfügt über eine allgemeine Message Passing-Schnittstelle, welche auf spärliche Graphen ausgelegt ist und alle Komponenten effizient parallelisiert. Alle Erkenntnisse dieser Arbeit sowie verwandte Forschungsarbeiten sind in der PyG-Bibliothek integriert, um das tiefe maschinelle Lernen auf Graphen auf breiter Basis einsetzbar zu machen. Bis heute wurden etwa 2000 Forschungsarbeiten unter Verwendung von PyG entwickelt. Die zukünftige Entwicklung wird von einem Team aus Kern-Entwicklern vorangetrieben und von mehr als 400 externen Mitwirkenden aus der ganzen Welt unterstützt. PyG wird derzeit von vielen verschiedenen Unternehmen, darunter Spotify, Netflix und AstraZeneca, erfolgreich in der Produktion eingesetzt.

2 Graph Neural Networks

Sei $\mathcal{G} = (\mathcal{V}, \mathcal{E})$ ein Graph mit Knotenmerkmalen $\mathbf{x}_v$ für alle $v \in \mathcal{V}$. Graph Neural Networks werden üblicherweise über ein neuronales *Message Passing* Framework definiert, welches benachbarte Knotenrepräsentationen iterativ aggregiert [Ha20]. Nach L Iterationen erfasst die Repräsentation eines Knotens sowohl Graph-Struktur als auch Merkmalsinformationen innerhalb seiner L-tiefen Nachbarschaft. Formal ist die ℓ-te Schicht eines GNNs definiert als

$$\mathbf{h}_v^{(\ell)} = f_\theta^{(\ell)}(\mathbf{h}_v^{(\ell-1)}, \{\mathbf{h}_w^{(\ell-1)} : w \in \mathcal{N}(v)\}) \tag{1}$$

$$= \text{Update}_\theta^{(\ell)}\left(\mathbf{h}_v^{(\ell-1)}, \bigoplus_{w \in \mathcal{N}(v)} \text{Message}_\theta^{(\ell)}\left(\mathbf{h}_w^{(\ell-1)}, \mathbf{h}_v^{(\ell-1)}\right)\right), \tag{2}$$

wobei $\mathcal{N}(v) = \{w : (w, v) \in \mathcal{E}\}$ die Nachbarschaft um $v \in \mathcal{V}$ definiert. Es gilt $\mathbf{h}_v^{(0)} = \mathbf{x}_v$. Graph Neural Networks lernen damit eine Knotenrepräsentation $\mathbf{h}_v^{(L)} \in \mathbb{R}^D$ für alle $v \in \mathcal{V}$, welche für die Vorhersage auf Knotenebene, Kantenebene oder Graphebene benutzt werden kann. Die meisten GNN-Operatoren $f_\theta^{(\ell)}$ können in differenzierbare und parametrisierte $\text{Message}_\theta^{(\ell)}$ und $\text{Update}_\theta^{(\ell)}$ Funktionen und permutations-invariante Aggregationen $\bigoplus$ zerlegt werden [Fe22]. Message, $\bigoplus$ und Update können je nach Aufgabenstellung auf unterschiedliche Weise gewählt werden.

2.1 Message Passing mit kontinuierlichen B-Spline Filtern

Graph Neural Networks nutzen sehr ähnliche Konzepte der Faltung auf regulären Domänen für das Erlernen von Repräsentationen. Insbesondere teilen sie die Prinzipien der *Lokalität* — traditionelle CNNs führen eine lernbare Transformation lokaler Patches durch, während GNNs eine lernbare Transformation lokaler Nachbarschaften durchführen. Darüber hinaus nutzen beide das Prinzip der *Gewichtsteilung*, welches zu Translations- und Permutationsäquivarianz im Bild- bzw. Graphbereich führt.

Im Vergleich zu CNNs sind häufig verwendete GNN-Operatoren jedoch auch restriktiver. Insbesondere fehlt den meisten GNN-Operatoren ein anisotroper Filter, der die Richtung der Kanten (z.B. unten rechts oder oben links) miteinbezieht. Als Lösung für dieses Problem wurde der *SplineCNN*-Operator [Fe18] entwickelt. SplineCNNs bezeichnen eine Variante von tiefen GNNs, die den traditionellen CNN-Faltungsoperator durch eine kontinuierliche Filter-Formulierung verallgemeinern und damit insbesondere CNNs auf diskreten Eingaben entsprechen.

SplineCNNs nutzen mehr-dimensionale Kantenmerkmale, um das Lernen anisotroper Filter-Funktionen zu ermöglichen. Beispielsweise sind bei Bildern oder Meshes zusätzliche Informationen wie die relativen Positionen der Knoten in den Eingabedaten vorhanden. Daher erwartet SplineCNN als zusätzliche Eingabe D-dimensionale Kantenmerkmale $\mathbf{e}_{w,v}$ für jede Kante $(w, v) \in \mathcal{E}$, die als Richtungsdeskriptoren verstanden werden können.

Der Spline-basierte Faltungsoperator nutzt dann eine *kontinuierliche* Filter-Formulierung $g_\theta^{(\ell)} : \mathbb{R}^D \to \mathbb{R}^{F \times F'}$, welcher die spezifische und anisotrope Transformation für jeden Nachbarsknoten $w \in \mathcal{N}(v)$ definiert, gegeben $\mathbf{e}_{w,v} \in \mathcal{E}$:

$$\mathbf{h}_v^{(\ell)} = \frac{1}{|\mathcal{N}(v)|} \sum_{w \in \mathcal{N}(v) \cup \{v\}} g_\theta^{(\ell)}(\mathbf{e}_{w,v}) \cdot \mathbf{h}_w^{(\ell-1)}. \tag{3}$$

Damit beschreiben die Kantenmerkmale $\mathbf{e}_{w,v}$ *wie* Information aggregiert werden soll, und Knotenmerkmale $\mathbf{h}_w^{(\ell-1)}$ *welche* Information aggregiert werden soll. Insbesondere verallgemeinert dieses Schema traditionelle CNNs auf graph-strukturierten Daten, da eine Transformations-Matrix über $g_\theta^{(\ell)}$ für *jeden beliebigen* Abtastpunkt $\mathbf{e}_{w,v}$ bestimmt werden kann, nicht nur an diskreten stationären Punkten.

Die konkrete Definition der Filter-Funktion $g_\theta^{(\ell)}$ nutzt das Konzept der *B-Spline Basisfunktionen*, welche durch eine konstante Anzahl an tranierbaren Parametern gesteuert wird (siehe [Fe18] für eine formale Definition von $g_\theta^{(\ell)}$). Das Konzept von *B-Spline Basisfunktionen* erweist sich als vorteilhaft für die effiziente Berechnung und Skalierbarkeit des SplineCNN-Operators, denn durch die lokale Unterstützungseigenschaft von B-Spline Basisfunktionen ist die Auswertung von $g_\theta^{(\ell)}$ *unabhängig* von der tatsächlichen Anzahl an Parametern θ. Abb. 2 visualisiert die spline-basierte Filter-Formulierung für unterschiedliche

Expressives und Effizientes Deep Learning auf Graph-Strukturierten Daten 45

(a) Lineare B-Spline Basisfunktion (b) Quadratische B-Spline Basisfunktion

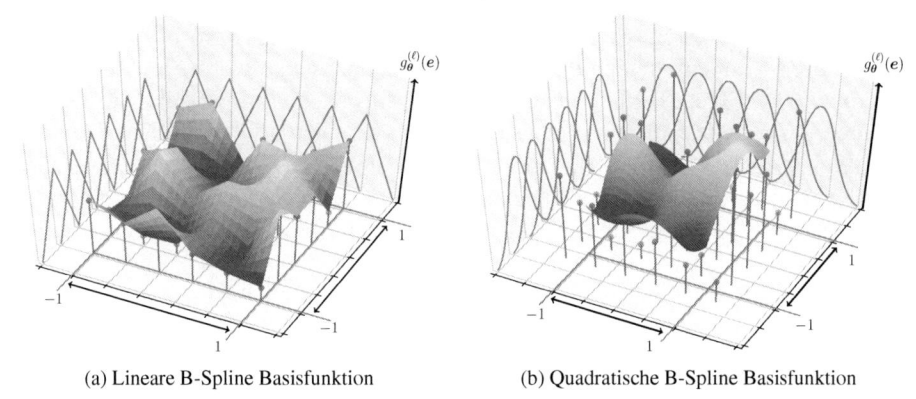

Abb. 2: **Beispiele für spline-basierte Filter mit Basisgrad (a) 1 und (b) 2 für Kantendimensionalität** $D = 2$. Die Höhe der roten Punkte beschreiben die trainierbaren Parameter θ. Für die finale Ausgabe werden sie mit den Elementen der B-Spline Tensorproduktbasis multipliziert [Fe18].

B-Spline Basisgrade. Der interessierte Leser sei auf [Fe18] für zusätzliche Information zur effizienten GPU-Parallelisierung dieses Schemas verwiesen.

Beziehung zu CNNs. SplineCNNs können als direkte Verallgemeinerung von CNNs für *ungerade* Filtergrößen in jeder Dimension verstanden werden. Auf einem D-dimensionalem Gitter-Graphen mit diagonalen, horizontalen und vertikalen Kanten entspricht $g_\theta^{(\ell)}$ mit B-Spline Basisgrad 1 und Filtergröße 3×3 der diskreten Faltung eines Bildes mit Filtergröße 3×3 (siehe [Fe22] für einen formalen Beweis). Dies gilt auch für weitere Filtergrößen, wenn die Nachbarschaften des Gitter-Graphen entsprechend modifiziert werden.

Anwendungen. SplineCNNs können auf unterschiedlichen Domänen angewendet werden. Wir haben SplineCNNs auf drei Domänen evaluiert: (1) Superpixel-Bilder, (2) Graphen und (3) Meshes (siehe [Fe22]). Beispielsweise können SplineCNNs geometrische Merkmale direkt aus den Mesh-Rohdaten lernen, während ähnliche Ansätze auf handgefertigte Merkmalsdeskriptoren als Eingabeknotenmerkmale angewiesen sind, was sowohl zu einer besseren Laufzeit und besseren Ergebnissen führt. In allen drei Domänen konnten SplineCNNs bisherige Ergebnisse steigern.

2.2 Maximal Expressive Graph Neural Networks

GNNs sind ein leistungsfähiges Werkzeug für die Aggregation von Merkmalen in graphstrukturierten Daten. Im Idealfall ist ein maximal expressives GNN in der Lage, isomorphe Graphen auf dieselbe Repräsentation abzubilden, während nicht-isomorphe Graphen auf unterschiedliche Repräsentation abgebildet werden. Eine solche Fähigkeit setzt jedoch voraus, dass GNNs das Problem der Graph-Isomorphie lösen können.

Wir können die Expressivität eines GNN bezüglich der Fähigkeit nicht-isomorphe Graph-Strukturen zu unterscheiden theoretisch analysieren, indem wir sie mit dem *Weisfeiler-Lehman (WL)*-Test [WL68] in Verbindung bringen, eine Heuristik, die den Graph-Isomorphismus-Test für eine breite Klasse von Graphen erfolgreich löst. Der WL-Test funktioniert wie folgt: Bei einer anfänglichen Färbung $c_v^{(0)}$ der Knoten zweier Graphen erhalten zwei Knoten mit der gleichen Färbung unterschiedliche Färbungen, wenn die Anzahl der identisch gefärbten Nachbarn nicht gleich ist:

$$c_v^{(\ell)} = \text{HASH}\left(c_v^{(\ell-1)}, \{c_w^{(\ell-1)} : w \in \mathcal{N}(v)\}\right). \tag{4}$$

Um zu testen, ob zwei Graphen $\mathcal{G}_1 = (\mathcal{V}_1, \mathcal{E}_1)$ und $\mathcal{G}_2 = (\mathcal{V}_2, \mathcal{E}_2)$ nicht-isomorph sind, wird Gleichung (4) "parallel" auf beiden Graphen bis zur Konvergenz ausgeführt und deren Farb-Histogramme miteinander verglichen.

Interessanterweise weist eine einzelne Iteration des WL-Tests große Ähnlichkeiten mit dem in GNNs verwendeten Message Passing-Schema auf, bei dem die HASH-Funktion durch differenzierbare und trainierbare MESSAGE- und UPDATE-Funktionen ersetzt wird.

Das erste theoretische Resultat in [Mo19] zeigt, dass ein GNN bezüglich der Unterscheidung nicht-isomorpher (Teil-)Graph nicht expressiver ist als der WL-Test:

Theorem 1 *Sei $\mathcal{G} = (\mathcal{V}, \mathcal{E})$ ein Graph. Dann gilt*

$$c_v^{(\ell)} = c_w^{(\ell)} \Rightarrow \mathbf{h}_v^{(\ell)} = \mathbf{h}_w^{(\ell)} \tag{5}$$

für alle $v, w \in \mathcal{V}$, für alle $\ell \geq 1$ und für alle Parameter θ, d.h. ein GNN ist höchstens so expressiv *wie der WL-Test.*

Wir können jedoch auch zeigen, dass bei geeigneter Parameter-Initialisierung ein GNN die gleiche Expressivität wie der WL-Test aufweist, was die Äquivalenz vervollständigt:

Theorem 2 *Sei $\mathcal{G} = (\mathcal{V}, \mathcal{E})$ ein Graph. Dann existiert eine Sequenz von Parametern $(\theta^{(1)}, \ldots \theta^{(\ell)})$, so dass*

$$\mathbf{h}_v^{(\ell)} = \mathbf{h}_w^{(\ell)} \iff c_v^{(\ell)} = c_w^{(\ell)} \tag{6}$$

für alle $v, w \in \mathcal{V}$ und für alle $\ell \geq 1$, d.h. ein GNN kann so expressiv sein *wie der WL-Test.*

In Anbetracht der obigen Ergebnisse aus [Mo19] können GNNs als eine Erweiterung des WL-Tests betrachtet werden, welche die gleiche Expressivität haben, aber flexibler sind in ihrer Fähigkeit sich an die gegebene Datenverteilung anzupassen. Dadurch können GNNs nicht nur verschiedene Strukturen unterscheiden, sondern auch lernen, ähnliche Graph-Strukturen auf ähnliche Repräsentation abzubilden und Abhängigkeiten zwischen Graph-Strukturen zu erfassen.

k-**dimensionale GNNs.** Da die Fähigkeiten des WL-Tests vollständig charakterisiert sind [Fe22], können diese Ergebnisse auch auf GNNs übertragen werden. So wird zum

Beispiel ersichtlich, dass sowohl der WL-Test als auch GNNs Schwierigkeiten darin haben, reguläre Graphen voneinander zu unterscheiden. Daher können GNNs nachweislich expressiver gestaltet werden, indem sie auf Grundlage des k-WL-Tests modelliert werden [Mo19]. Die sogenannten k-GNNs aggregrieren dabei Informationen nicht zwischen einzelnen Knoten, sondern zwischen Teilgraph-Strukturen (siehe [Fe22] für eine formale Definition). Dadurch kann diese "höhere Form" des Message Passings strukturelle Informationen erfassen, die auf der Knotenebene nicht sichtbar sind. Wir haben k-GNNs auf anspruchsvollen Benchmark-Datensätzen evaluiert, einschließlich molekularer Graph-Datensätze, in denen wir ihre bessere Leistung im Vergleich zu herkömmlichen GNNs zeigen.

3 Skalierbare Graph Neural Networks

Eine der Herausforderungen, die die breite Einführung von GNNs in industriellen und sozialen Anwendungen verhindern, ist die Schwierigkeit, sie auf große Graphen zu skalieren. Die Anwendung des stochastischen Mini-Batch-Trainings in GNNs ist besonders rechenintensiv, da die Repräsentation eines Knotens rekursiv von allen Repräsentationen seiner Nachbarn abhängt, ein Problem das durch den exponentiellen Wachstum als *Nachbarschaftsexplosion* bekannt ist. Daher sind Skalierungstechniken für die Anwendung von GNNs auf großen Graphen unverzichtbar. Dies funktioniert in der Regel über das *Sampling* von Knoten und Kanten, bei dem der ursprüngliche Teilgraph um einen Knoten auf eine geeignete Anzahl von Knoten und Kanten reduziert wird. Jedoch führt das Sampling dazu, dass GNNs ihre ursprüngliche Expressivität verlieren, da wertvolle strukturelle Informationen innerhalb der Teilgraphen verloren gehen können (siehe [Fe21] für einen formalen Beweis).

Daher stellt sich die Frage, ob es eine skalierbare GNN-Technik gibt, die nachweislich dazu in der Lage ist, die Expressivität des ursprünglichen GNNs zu erhalten. Eine solche Lösung ist in dem *GNNAutoscale (GAS)* Framework [Fe21] beschrieben. GAS erreicht dies, indem es Teilbäume der ursprünglichen Berechnung durch die Verwendung historischer Repräsentationen aus früheren Trainingsiterationen approximiert.

Sei $\mathbf{h}_v^{(\ell)}$ eine Repräsentation des Knotens $v \in \mathcal{B}$ in der ℓ-ten Schicht eines Mini-Batches $\mathcal{B} \subseteq \mathcal{V}$. Basierend auf Gleichung (1) kann die Ausführung einer Schicht im GNN dann wie folgt formuliert werden:

$$\mathbf{h}_v^{(\ell+1)} = f_\theta^{(\ell+1)}\left(\mathbf{h}_v^{(\ell)}, \{\mathbf{h}_w^{(\ell)} : w \in \mathcal{N}(v)\}\right) \qquad (7)$$

$$= f_\theta^{(\ell+1)}\left(\mathbf{h}_v^{(\ell)}, \{\mathbf{h}_w^{(\ell)} : w \in \mathcal{N}(v) \cap \mathcal{B}\} \cup \{\mathbf{h}_w^{(\ell)} : w \in \mathcal{N}(v) \setminus \mathcal{B}\}\right) \qquad (8)$$

$$\tilde{\mathbf{h}}_v^{(\ell+1)} \approx f_\theta^{(\ell+1)}\left(\mathbf{h}_v^{(\ell)}, \{\mathbf{h}_w^{(\ell)} : w \in \mathcal{N}(v) \cap \mathcal{B}\} \cup \underbrace{\{\bar{\mathbf{h}}_w^{(\ell)} : w \in \mathcal{N}(v) \setminus \mathcal{B}\}}_{\text{Historische Repräsentationen}}\right). \qquad (9)$$

Gleichung (8) separiert die Nachbarschaft in *zwei* Teile: (1) die Nachbarschaft $\mathcal{N}(v) \cap \mathcal{B}$, die ebenso Teil des aktuellen Mini-Batches $\mathcal{B}$ ist, und (2) Nachbarschaft $\mathcal{N}(v) \setminus \mathcal{B}$, die nicht im

(a) Mini-batch Auswahl   (b) GAS-Ausführung

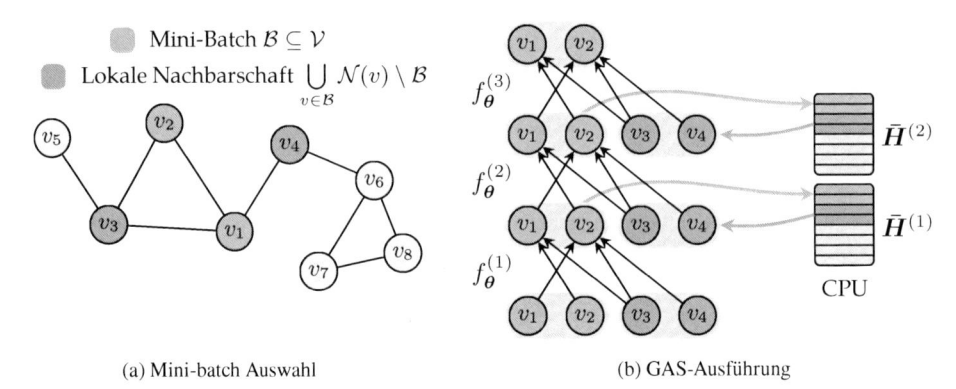

Abb. 3: **Mini-batch Verarbeitung von GNNs mit historischen Repräsentationen.**

aktuellen Mini-Batch enthalten ist. Die zweite Menge kann über historische Repräsentationen $\bar{\mathbf{h}}_w^{(\ell)}$ approximiert werden, welche in früheren Trainingsiterationen berechnet wurden (vgl. Gleichung (9)). Historische Repräsentation fungieren hierbei als *Offline-Speicher*. Nach jedem Trainingsschritt werden die neu berechneten Repräsentationen $\mathbf{h}_v^{(\ell+1)}$ in den Offline-Speicher geschrieben und dienen dann als historische Repräsentationen $\bar{\mathbf{h}}_w^{(\ell+1)}$ in zukünftigen Iterationen (siehe Abb. 3). Damit werden nur Knoten in $\mathcal{B}$ und ihre lokale Nachbarschaft für die Berechnung benutzt, unabhängig von der Tiefe des GNNs. Dies vermeidet das Problem der Nachbarschaftsexplosion und führt zu einem konstanten GPU-Speicherverbrauch in Bezug zur Eingabegröße.

Approximationsfehler. Die Anwendung von historischen Repräsentationen führt zu einem Approximationsfehler $\|\tilde{\mathbf{h}}_v^{(\ell)} - \mathbf{h}_v^{(\ell)}\|$ in der Ausgabe, der durch zwei Komponenten verursacht wird: (1) Der Approximationsfehler der Eingabe $\|\tilde{\mathbf{h}}_v^{(\ell-1)} - \mathbf{h}_v^{(\ell-1)}\|$ und der durch die historischen Repräsentationen induzierte Fehler $\|\bar{\mathbf{h}}_v^{(\ell-1)} - \tilde{\mathbf{h}}_v^{(\ell-1)}\|$. Nichsdestotrotz kann gezeigt werden, dass dieser Fehler beschränkt ist und daher auch weiterhin maximal expressive GNNs erlaubt:

Theorem 3 *Sei $f_\theta^{(L)}$ ein L Schichten tiefes Lipschitz-stetiges GAS-GNN. Dann existiert eine Funktion $\phi \colon \mathbb{R}^D \to \Sigma$, so dass $\phi(\tilde{\mathbf{h}}_v^{(L)}) = c_v^{(L)}$ für alle $v \in \mathcal{V}$.*

Theorem 3 zeigt, dass skalierbare GNNs, die historische Repräsentationen verwenden, auch weiterhin in der Lage sind, nicht-isomorphe Graphen (die durch den WL-Test unterscheidbar sind) zu unterscheiden. Als solches ist GAS die erste skalierbare Lösung, die nachweislich die Expressivität des zugrundeliegenden GNN erhält [Fe21].

Experimente. Es zeigt sich, dass GAS effizient auf tiefen GNNs angewendet werden kann und expressive Repräsentationen erlernen kann. Insbesondere ist GAS $\approx$160x schneller und verbraucht $\approx$10x weniger Speicher als GNNs mit vergleichbaren Sampling-Algorithmen.

Der Nutzen tiefer und expressiver GNNs zeigt sich besonders auf großen Graphdatensätzen, was den derzeitigen Stand der Technik auf diesen erheblich verbessert.

4 Effiziente Graph Neural Networks via PyTorch Geometric

Moderne Deep Learning-Softwarebibliotheken sind auf reguläre Strukturen und statische Matrix-Multiplikationen ausgerichtet. Dies macht die effiziente Realisierung von GNNs zu einer Herausforderung, da ein hoher GPU-Durchsatz bei sehr spärlichen und unregelmäßigen Daten unterschiedlicher Größe erreicht werden muss.

Um diese Ziele zu erreichen, haben wir die *PyTorch Geometric (PyG)*[3] Bibliothek entwickelt [FL19]. PyG bündelt alle Resultate aus [Fe22] und eine Vielzahl an verwandter Arbeiten und macht sie einer Breite Masse zugänglich. Dabei verbindet PyG die Tensor-zentrierte Perspektive von Deep-Learning-Frameworks mit dem spärlichen und unregelmäßigen Design-Paradigma von GNNs. Insbesondere erreicht PyG einen hohen GPU-Durchsatz durch die Nutzung eigens kreierter spärlicher GPU-Routinen.

Im Herzen von PyG steht eine allgemeine Message Passing-Schnittstelle, um ein schnelles und sauberes Prototyping von neuen Forschungsideen zu ermöglichen. Insbesondere ermöglicht die Schnittstelle die Definition beliebiger GNN-Schichten, indem MESSAGE, $\oplus$ und UPDATE in anpassbare und benutzerdefinierte Funktionen zerlegt werden. Im Allgemeinen bietet die Message Passing-Formulierung aus Gleichung (1) zwei Dimensionen der Parallelisierung: (1) Der "parallele Kantenraum" für die Berechnung von MESSAGE und (2) der "parallele Knotenraum" für die Berechnung von UPDATE, welche abwechselnd in einer allgemeinen GNN-Pipeline ausgeführt werden. Wir können durch effiziente parallele `scatter_`$\oplus$ und `gather`-Operationen leicht zwischen beiden Räumen wechseln. Insbesondere führt eine `gather`-Operation ein paralleles Lesen unter Verwendung von E Threads auf der GPU durch, wobei jeder Thread die Merkmale von Quell- und Zielknoten aus dem Speicher liest. In ähnlicher Weise führt eine `scatter_`$\oplus$-Operation eine parallele Aggregation unter Verwendung von E Threads mittels atomarer Funktionen durch.

Desweiteren stellt PyG eine Vielzahl an GNN-Schichten und Sampling-Operatoren bereit, und erlaubt effizientes Mini-Batching von Graph-Strukturen. Neben GNN-Schichten stehen ebenso Pooling und Explainability-Operationen zur Verfügung. PyG erlaubt das Lernen sowohl auf homogenen als auch heterogenen Graphen. Über 100 Beispiele, Blogs, Videos und Notebooks führen praktisch in die Welt des maschinellen Lernens auf Graphen ein. Bis heute wurden etwa 2000 Forschungsarbeiten unter Verwendung von PyG entwickelt. Die zukünftige Entwicklung wird von einem Team aus Kern-Entwicklern vorangetrieben und von mehr als 400 externen Mitwirkenden aus der ganzen Welt unterstützt. PyG wird derzeit von vielen verschiedenen Unternehmen, darunter Spotify, Netflix und AstraZeneca, erfolgreich in der Produktion eingesetzt.

---

[3] GitHub: https://github.com/pyg-team/pytorch_geometric

Literaturverzeichnis

[Fe18] Fey, M.; Lenssen, J. E.; Weichert, F.; Müller, H.: SplineCNN: Fast Geometric Deep Learning with Continuous B-Spline Kernels. In: Computer Vision and Pattern Recognition (CVPR). 2018.

[Fe19] Fey, M.: Just Jump: Dynamic Neighborhood Aggregation in Graph Neural Networks. In: ICLR Workshop on Representation Learning on Graphs and Manifolds (RLGM). 2019.

[Fe20] Fey, M.; Lenssen, J. E.; Masci, J.; Kriege, N. M.: Deep Graph Matching Consensus. In: International Conference on Learning Representations (ICLR). 2020.

[Fe21] Fey, M.; Lenssen, J. E.; Weichert, F.; Leskovec, J.: GNNAutoScale: Scalable And Expressive Graph Neural Networks via Historical Embeddings. In: International Conference on Machine Learning (ICML). 2021.

[Fe22] Fey, M.: On the Power of Message Passing for Learning on Graph-Structured Data. Dissertation, TU Dortmund University, 2022.

[FL19] Fey, M.; Lenssen, J. E.: Fast Graph Representation Learning with PyTorch Geometric. In: ICLR Workshop on Representation Learning on Graphs and Manifolds (RLGM). 2019.

[FYW20] Fey, M.; Yuen, J. G.; Weichert, F.: Hierarchical Inter-Message Passing for Learning on Molecular Graphs. In: ICML Workshop on Graph Representation Learning and Beyond (GRL+). 2020.

[Ha20] Hamilton, W. L.: Graph Representation Learning. Synthesis Lectures on Artificial Intelligence and Machine Learning, 14(3):1–159, 2020.

[Mo19] Morris, C.; Ritzert, M.; Fey, M.; Hamilton, W. L.; Lenssen, J. E.; Rattan, G.; Grohe, M.: Weisfeiler and Leman Go Neural: Higher-order Graph Neural Networks. In: Conference on Artificial Intelligence (AAAI). 2019.

[WL68] Weisfeiler, B.; Lehman, A. A.: A Reduction of a Graph to a Canonical Form and an Algebra Arising During this Reduction. Nauchno-Technicheskaya Informatsia, 2(9), 1968.

Matthias Fey ist ein Gründungsmitglied der Firma Kumo.ai, wo er daran arbeitet, die Anwendung von Graph Neural Networks auf Data Warehouses zu realisieren. Zuvor promovierte er am Lehrstuhl für Computergraphik an der Technischen Universität Dortmund. Sein Forschungsgebiet liegt in der Entwicklung neuer Deep-Learning-Methoden, die auf irregulären Daten wie Graphen, Punktwolken und Mannigfaltigkeiten angewendet werden können. Darüber hinaus ist er der Erfinder der PyG (PyTorch Geometric) Bibliothek, die viele der vorgeschlagenen Methoden in diesem Bereich bündelt. Er ist ebenso Mitglied des Open Graph Benchmark (OGB) Teams. Matthias studierte Informatik an der Technischen Universität Dortmund, an der er 2013 seinen Bachelor und 2017 seinen Master machte.

Irren ist menschlich:
Aber was, wenn Maschinen Fehler machen?[1]

Robert Geirhos[2]

Abstract: Seit Jahrzehnten wird unsere Gesellschaft immer stärker durch Informatik geprägt. Diese Entwicklung wird sich auch in Zukunft fortsetzen, nicht zuletzt durch den Einsatz von tiefen neuronalen Netzen, einem Teilgebiet der künstlichen Intelligenz. Wenn Maschinen mehr und mehr Entscheidungen treffen, heißt dies jedoch nicht, dass diese Entscheidungen auch für Menschen verständlich sind—ganz im Gegenteil. Das birgt das Risiko, dass das Tempo von Anwendungen schneller steigt als unser Verständnis anwächst. Um dieser Entwicklung entgegenzutreten und maschinelle Entscheidungsprozesse besser zu verstehen, habe ich Methoden entwickelt, mit denen Menschen und Algorithmen des maschinellen Lernens verglichen werden können. Am Beispiel der Objekterkennung zeigen sich einerseits fundamentale Unterschiede zwischen den beiden, andererseits aber auch Möglichkeiten, Unterschiede zu verringern. Irren ist menschlich—doch auch Maschinen machen Fehler. Umso wichtiger ist es, zu verstehen, wann und warum. Nur so kann sichergestellt werden, dass künstliche Intelligenz eine Bereicherung für unsere Gesellschaft ist.

1 Einleitung

Das maschinelle Lernen—die Wissenschaft und Kunst Algorithmen beizubringen, wie sie aus Daten lernen—steht vor einer großen Herausforderung. Es hat auf der einen Seite das Potenzial, bei der Lösung großer Probleme der Menschheit zu helfen, aber es kann auf der anderen Seite auch dazu verwendet werden, automatisierte Entscheidungen zu treffen, die Menschen weder verstehen noch anfechten können. Welchen dieser Wege wir einschlagen, hängt maßgeblich davon ab, ob unser *Verständnis* der maschinellen Entscheidungsfindung mit den *Anwendungen* des maschinellen Lernens, insbesondere dem Deep Learning, Schritt halten kann.

Ein besseres Verständnis der maschinellen Entscheidungsfindung wird natürlich nicht alle Probleme lösen. Insbesondere wird die Wirkung eines Werkzeugs immer von seinem Nutzer abhängen und es gibt viele fragwürdige Anwendungsfälle, für die maschinelles Lernen (aus-)genutzt werden kann. Umso wichtiger ist es, dass wir die Grenzen von aktuellen Anwendungen des maschinellen Lernens verstehen. Ein tragisches Beispiel dafür, welche Folgen es hat, wenn dies nicht der Fall ist, ist der Tod von Joshua D. Brown, als sein Tesla-Autopilot einen großen weißen Lastwagen fälschlicherweise für den hellen Horizont hielt [VB16]. Dies zeigt, wie wichtig es ist, zu verstehen, wie Anwendungen des maschinellen Lernens funktionieren und insbesondere, wo ihre Grenzen und Schwachstellen liegen.

---

[1] Englischer Titel der Dissertation: "To err is human? A functional comparison of human and machine decision-making" [Ge22]
[2] Google DeepMind, geirhos@google.com

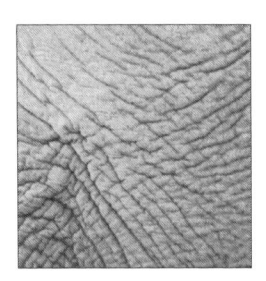

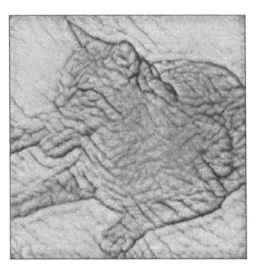

(a) Textur		(b) Form		(c) Textur-Form-Konflikt	
81.4%	Indischer Elephant	71.1%	Tabbykatze	63.9%	Indischer Elephant
10.3%	Indri	17.3%	Graufuchs	26.4%	Indri
8.2%	Schwarzer Schwan	3.3%	Siamkatze	9.6%	Schwarzer Schwan

Abb. 1: Klassifizierung eines tiefen neuronalen Netzes (ResNet-50) von (a) einem Texturbild (Elefantenhaut: nur Texturinformation); (b) einem normalen Bild einer Katze (mit Form- und Texturinformationen) und (c) einem Bild mit Textur-Form-Konflikt, das durch Stilübertragung (style transfer) zwischen den ersten beiden Bildern erzeugt wurde. Während Menschen hier nach wie vor eine (seltsame) Katze sehen, ist ResNet-50 überzeugt dass es sich um einen Elefanten handelt.

Ziel meiner Dissertation [Ge22] ist es daher, unser Verständnis von algorithmischen Entscheidungen zu verbessern. Insbesondere soll dies durch den Vergleich von maschinellem und menschlichen Verhalten bei der visuellen Objekterkennung erreicht werden. Dabei werden wir uns drei Fragen genauer ansehen: Wie erkennen Maschinen Objekte (Abschnitte 2 und 3)? Warum ist das so (Abschnitte 4 und 5)? Und schließlich: Wodurch können ihre Entscheidungen menschenähnlicher werden (Abschnitt 6)?

2 Textur oder Form: Wie erkennen Maschinen Objekte?

Die Fähigkeit, Objekte zuverlässig zu erkennen, ist eine wichtige Voraussetzung für viele Anwendungen des maschinellen Lernens, von der Robotik bis hin zum autonomen Fahren. Wie also erkennen Maschinen Objekte auf Bildern? Wenn Sie sich das Bild in Abbildung 1c ansehen, werden Sie keine Probleme haben, eine Katze in diesem (zugegebenermaßen merkwürdigen) Bild zu erkennen. Die darunter aufgeführten Prozentangaben lassen erkennen, was ein Deep-Learning-Algorithmus hier sieht: einen Elefanten. Wir werden uns nun gemeinsam auf die Suche nach Antworten begeben—Antworten auf die Frage, warum tiefe neuronale Netze Elefanten sehen, wo Menschen Katzen sehen. Darüber hinaus wird es um einen Paradigmenwechsel gehen in der Art und Weise, wie wir über Objekterkennung in tiefen neuronalen Netzen denken und wie wir diese Perspektive nutzen können, um neuronale Netze robuster und zuverlässiger zu machen.

Wie erkennen neuronale Netze eine Katze, beziehungsweise Objekte generell? Eine weithin akzeptierte Antwort auf diese Frage lautete: durch Erkennung der Objektform. Diese intuitive Erklärung war allgemein anerkannt und wurde beispielsweise in modernen Lehrbüchern wie dem Klassiker "Deep Learning" von Ian Goodfellow erklärt. Doch was, wenn die Formerkennung nicht die einzig mögliche Erklärung ist? Neben der Form haben Objekte in der Regel eine mehr oder weniger ausgeprägte Farbe, Größe und Textur.

All diese Faktoren könnten prinzipiell von einem neuronalen Netz genutzt werden, um Objekte zu erkennen. Während Farbe und Größe in der Regel nicht nur für eine bestimmte Objektkategorie typisch sind, weisen fast alle Objekte texturähnliche Elemente auf—bei Katzen das Fell, bei Elefanten die Haut, und bei Fahrzeugen das Reifenprofil. Könnte es sein, dass Texturen, nicht Objektformen, die wichtigste Rolle bei der Objekterkennung neuronaler Netze spielen? Textur oder Form—um diese Frage zu beantworten, habe ich eine Reihe an Experimenten konzipiert [Ge19]. Das Hauptexperiment basiert auf sogenannten Konfliktbildern wie der Katze mit Elefantenhaut, bei denen Form und Textur jeweils Indizien für verschiedene Objektkategorien liefern. Diese Bilder wurden durch Stiltransfer erzeugt, einer Technik, mit der ein Foto im Stile eines Künstlers maschinell "gemalt" werden kann. Wenn mal als Eingabe das Foto einer Elefantenhaut anstelle von einem Gemälde verwendet, kann die Methode jedoch auch benutzt werden, um eine Katze mit der Textur eines Elefanten zu erzeugen, wie in Abbildung 1 veranschaulicht ist.

Anhand solcher Konfliktbilder können wir nun messen, ob ein Bias bezüglich Form oder Textur vorliegt, indem wir uns die Klassifizierungsentscheidungen von tiefen neuronalen Netzen (TNNs) im Vergleich zu menschlichen Versuchspersonen ansehen. Das Experiment könnte man mit der folgenden Analogie beschreiben: Angenommen wir möchten herausfinden, ob jemand Arabisch oder Chinesisch spricht, aber wir dürften (oder könnten) nicht mit dieser Person reden. Was könnten wir tun? Eine Möglichkeit wäre, ein Stück Papier zu nehmen, auf Arabisch "Setzen Sie sich bitte" zu schreiben, daneben "Drehen Sie sich bitte um" auf Chinesisch, und dann zu beobachten, was die Person macht. In ähnlicher Weise können wir einem TNN ein Bild mit widersprüchlicher Form und Textur zeigen um herauszufinden, welche "Sprache" es spricht. Dadurch können wir messen, ob es die Form oder die Textur verwendet, um das Objekt zu identifizieren (hier: ob es die Katze mit der Elefantentextur für eine Katze oder einen Elefanten hält).

In einer Reihe von neun Experimenten ließen wir an die hundert menschliche Versuchspersonen gegen verschiedene neuronale Netze antreten. Ihre Aufgabe: tausende von Bildern mit widersprüchlichen Formen und Texturen zu klassifizieren. Die Ergebnisse ließen kaum Zweifel aufkommen. Neuronale Netze haben einen Texturbias, Menschen einen Formbias. Eine Katze mit Elefantenhaut für Menschen immer noch eine (seltsame) Katze, für tiefe neuronale Netze jedoch ein Elefant. Das mag auf den ersten Blick vielleicht nicht wie ein großes Problem wirken, schließlich sind in unserer Welt Katzen mit Elefantenhaut doch eher in der Minderheit. Allerdings ist auch ein Lastwagen mit aufgeklebtem Grasmuster (beispielsweise für eine Almwerbung) für ein neuronales Netz aufgrund der Textur eine Wiese und kein Fahrzeug, was nicht unbedingt die idealen Voraussetzungen für einen Einsatz im autonomen Fahren sind.

Wie unsere Studie gezeigt hat, stützen sich Deep-Learning-Techniken zur Objekterkennung in erster Linie auf Texturen statt auf Formen, und unterschieden sich dadurch grundlegend von der menschlichen Wahrnehmung.

Abb. 2: Bilder mit uninformativer Textur, die durch Stilübertragung erstellt wurden. **Links:** zufällig ausgewähltes normales Bild. **Rechts:** Beispiele von Bildern mit Form des linken Bildes und Stil/Textur von verschiedenen Gemälden. Hier liefert die lokale Textur nicht mehr zuverlässige Informationen über die Objektkategorie, während die globale Form tendenziell erhalten bleibt.

3 Wie können Maschinen lernen, auf Form zu achten?

Angesichts dieses großen Unterschieds zwischen menschlicher und maschineller Objekterkennung stellt sich die Frage, warum neuronale Netze überhaupt texturbasiert entscheiden. Unsere Hypothese war, dass TNNs Texturen verwendet, weil diese nützlich für die Objekterkennung sind. Verraten Texturen viel über die Identität von Objekten, so ist es vielleicht gar nicht nötig, darüber hinaus auf die Form zu achten. Wenn das Reifenprofil und die glänzende Oberfläche bereits verraten, dass ein Auto in einem Bild ist, warum sollte man dann noch prüfen, ob auch die Form passt? Aus diesem Grund haben wir eine einfache Methode entwickelt, um TNNs beizubringen, sich vorrangig auf Formen statt auf Texturen zu konzentrieren. Dazu verwendeten wir erneut Techniken zur Stilübertragung, welche es ermöglichen, die ursprüngliche Textur eines Bildes gegen eine beliebige andere auszutauschen (siehe Abbildung 2). In diesen Bildern ist die Textur nicht mehr informativ und somit ist die Objektform die einzig verbleibende nützliche Information, die zur Klassifizierung genutzt werden kann. Wenn ein TNN Objekte aus diesem neuen Trainingsdatensatz erkennen will, so unsere Vermutung, muss es nun mehr über Formen lernen.

Nachdem wir ein tiefes neuronales Netz auf Bildern mit beliebigen Texturen trainiert hatten, stellten wir fest, dass es tatsächlich eine Formvorliebe entwickelte: von ursprünglich 78% Texturbias / 22% Formbias hin zu zu 19% Texturbias / 81% Formbias. Eine Katze mit Elefantenhaut wird von diesem formorientierten Netzwerk weiterhin als Katze wahrgenommen. Das bedeutet, das Problem nicht etwa an den Algorithmen (TNNs) lag, sondern dass die Trainingsdaten die entscheidende Rolle beim Entstehen dieses Bias spielten.

Interessanterweise ergaben sich aus einem Formbias eine Reihe an nützlichen Vorteilen. So wurde das Netzwerk plötzlich besser bei der Erkennung von normalen Bildern [Ge19] sowie bei der Lokalisierung von Objekten [Mi19]. Am meisten überrascht waren wir jedoch davon, dass es lernte, besser mit verrauschten Bildern (etwa: Objekte hinter Regen oder Schneefall) umzugehen, ohne jemals verrauschte Bilder während des Trainings gesehen zu haben. Schon ein wenig Rauschen kann ausreichen, um ein Objekt drastisch zu verändern—zumindest wenn man auf die Textur schaut. Ein Reifenprofil im Schneesturm noch gut zu erkennen ist schwierig, die Form eines Autos ändert sich hingegen nicht. Dadurch, dass es sich auf die globalen Formen von Objekten statt auf lokale Texturen konzentriert, war dieses formbasierte Netzwerk das erste tiefe neuronale Netzwerk, das sich der menschlichen Robustheit gegenüber Bildrauschen annäherte. Die Vorliebe für Texturen, so scheint es, war vor allem eine Abkürzung, ein "shortcut".

4 Warum nehmen Maschinen Abkürzungen?

Im obigen Beispiel haben wir gesehen, wie tiefe neuronale Netze einerseits eine herausragende Fähigkeit erworben haben (die Objekterkennung). Andererseits verwenden sie dafür jedoch eine Strategie, die man als "shortcut", als Abkürzung, bezeichnen könnte. In einem Perspektivartikel [Ge20a] haben wir untersucht, in wieweit dies ein generelles Phänomen ist. Dabei haben wir festgestellt, dass TNNs in der Tat sehr widersprüchliche Ergebnisse liefern. Auf der einen Seite ist ihre Erfolgsgeschichte in Gesellschaft, Industrie und Wissenschaft unbestreitbar. Gleichzeitig häufen sich allerdings scheinbar unzusammenhängende Probleme.

Beispielsweise entwickelten Forschende ein neuronales Netzwerk, das der Lage war, Lungenentzündungen anhand von Röntgenaufnahmen einer Reihe von Krankenhäusern erfolgreich zu erkennen. Allerdings war die Erkennung bei Aufnahmen von neuen Krankenhäusern katastrophal schlecht [Ze18]. Das Modell hatte gelernt, bestimmte Krankenhaussysteme mit nahezu perfekter Genauigkeit zu identifizieren, etwa durch die Erkennung eines krankenhausspezifischen Zeichens auf der Aufnahme. Zusammen mit der Prävalenz von Lungenentzündungen verschiedenen Krankenhäusern konnte es gute Vorhersagen erzielen—ohne jedoch etwas über Lungenentzündungen zu lernen. Wenn etwa ein bestimmtes Krankenhaus spezialisiert auf schwere Lungenerkrankungen ist, dann liegt man meistens richtig wenn man vorhersagt dass bei einem Scan aus diesem Krankenhauses eine Lungenentzündung vorliegt. Das gleiche Problem tritt immer wieder auf: Wenn Daten eine Abkürzung zulassen (wie beispielsweise die Tatsache, dass mehr Männer in einem Unternehmen arbeiten), dann werden diese Abkürzungen oft von TNNs ausgenutzt (beispielsweise indem bevorzugt Männer für Neueinstellungen vorgeschlagen werden).

Oberflächlich betrachtet sind viele dieser Fehlschläge zunächst einmal unterschiedliche Phänomene und betreffen verschiedene Anwendungsbereiche, wie etwa Medizin und Recruiting in den obigen Beispielen. Wir glauben jedoch, dass viele dieser Fälle dadurch zusammenhängen, dass TNNs unbeabsichtigte "Shortcut-Strategien", also Abkürzungen, lernen. Abkürzungen führen bei bei Standard-Tests (sogenannten Benchmarks) oft zu hervorragenden Ergebnissen, versagen aber unter anspruchsvolleren Testbedingungen. Abkürzungen gibt es in vielen Varianten, Datensätzen und Anwendungsbereichen. Prinzipiell ist das kein neues Phänomen, so sind Varianten unter verschiedenen Begriffen wie "antikausales Lernen", "Lernen mit Verschiebung der Kovariate", "Datensatzbias" oder dem "Clever Hans Effekt" bekannt. Beim maschinellen Lernen sind die Lösungen, die ein Modell lernen kann, durch Daten, Modellarchitektur, Optimierer und Zielfunktion eingeschränkt. Diese Beschränkungen lassen in der Regel jedoch viele verschiedene Möglichkeiten, ein Problem zu lösen, zu. Darunter sind fast immer auch solche, die das Problem nur oberflächlich lösen: shortcuts, oder Abkürzungen.

Oft dienen solche Fehler als Beispiele dafür, warum Algorithmen des maschinellen Lernens nicht vertrauenswürdig sind. Wie wir bei unserer Recherche erfuhren, tritt Abkürzungslernen jedoch auch in der Biologie auf. In einem Experiment in einem Labor der Universität Oxford beobachteten Forschende zu ihrer großen Überraschung, dass nahezu farbblinde Ratten lernten, sich in einem komplexen Labyrinth zurechtzufinden.

Das sollte nur möglich sein, wenn sie subtile Farbunterschiede an den Labyrinthwänden erkannten. Eine eingehende Untersuchung dieses merkwürdigen Befundes ergab, dass die Ratten die Forschenden ausgetrickst hatten: Sie nutzten ihr visuelles System in dem Experiment überhaupt nicht und unterschieden die Farben stattdessen einfach anhand des Geruchs der Farbe, mit der die Wände des Labyrinths angestrichen waren. Sobald der Geruch überdeckt wurde, verschwand die bemerkenswerte Fähigkeit zur "Farbunterscheidung".

Forschende werden von Tieren oft ausgetrickst, wenn diese einen Versuch lösen, ohne dabei diejenige Fähigkeit zu nutzen, die man eigentlich untersuchen wollte. Dies unterstreicht, wie unglaublich schwierig es für Menschen sein kann, sich vorzustellen, eine Aufgabe auf eine andere als die menschliche Art und Weise zu lösen: Sicherlich mag es biologische Unterschiede zwischen der Farbunterscheidung von Ratten und Menschen geben. Auf der Ebene der Algorithmen wird jedoch oft stillschweigend angenommen, dass eine menschenähnliche *Leistung* eine menschenähnliche *Strategie* voraussetzt. Diese "Annahme gleicher Strategien" findet ihre Parallele im Deep Learning. Auch wenn sich die Bauweise von TNNs von biologischen Neuronen unterscheidet, so liegt es doch nahe anzunehmen, dass TNNs, die erfolgreich Objekte erkennen, dabei die gleiche Strategie wie Menschen verwenden (Erkennung der Objektform). Folglich müssen wir zwischen der Leistung in Bezug auf einen Datensatz und dem Erwerb einer Fähigkeit unterscheiden und große Vorsicht walten lassen, bevor wir Maschinen hochentwickelte Fähigkeiten wie "Objekterkennung" oder "Sprachverständnis" zuschreiben, da es manchmal eine deutlich einfachere Erklärung gibt: das Lernen einer Abkürzung.

5 Das Lernen von Abkürzungen erfordert eine Änderung der Art und Weise, wie wir Fortschritt messen

In der Vergangenheit wurde die Forschung im Bereich des maschinellen Lernens stark durch Benchmarks vorangetrieben, die Algorithmen vergleichbar machen. Dieser Ansatz hat zu enormen Fortschritten in sehr kurzen Zeiträumen geführt. Eine Auswirkung ist jedoch, dass das starke Anreize für Forschende schafft, sich mehr auf die Entwicklung neuer Algorithmen zu konzentrieren, die auf bestehenden Benchmarks besser abschneiden, als auf das Verständnis ihrer Algorithmen oder der Benchmarks. Diese Vernachlässigung des Verständnisses sehen wir als einen der Gründe, warum das Lernen von Abkürzungen zu einem so weit verbreiteten Problem beim Deep Learning geworden ist.

Benchmarks wie "ImageNet", die auf ähnlichen Daten wie die im Training gesehenen testen, wurden oft zum Synonym für den Fortschritt in der Objekterkennung. Erst in den letzten Jahren änderte sich dies langsam, als mehr und mehr Fehlschläge von TNNs auftauchten. Dabei stellte sich heraus, dass selbst große Datensätze oftmals keine echte Objekterkennung erfordern. Stattdessen können Objekte in vielen Fällen ebenso gut anhand ihres Hintergrunds (etwa: Gras bei Kühen), ihrer Textur oder einer anderen, für Menschen weniger offensichtlichen Abkürzung identifiziert werden.

Das Hauptproblem, das zum Lernen von Abkürzungen und den daraus resultierenden Generalisierungsfehlern führt, ist die Diskrepanz zwischen unserer Wahrnehmung einer

Aufgabe und dem, was sie Modellen tatsächlich als Anreiz zum Lernen bietet. Ein zentrales Manko vieler aktueller Benchmarks besteht darin, dass sie ausschließlich Bilder aus derselben Datenverteilung testen, die auch beim Training verwendet wurde. Diese Art der Auswertung erfordert nur eine schwache Form der Generalisierung. Was wir jedoch wollen, sind starke Generalisierungsfähigkeiten. Dafür benötigen wir gute Out-of-Distribution-Tests (O.O.D.-Tests), die herausfordernd sind (z.B. eine Kuh am Strand) und aufzeigen, wo Modelle eine Abkürzung lernen. Um unser Verständnis für das Abkürzungslernen zu verbessern, haben wir die folgenden Empfehlungen entwickelt:

(1) Verstehen, dass Abkürzungslernen allgegenwärtig ist:
Abkürzungslernen ist ein charakteristisches Merkmal von lernenden Systemen, sowohl von biologischen als auch von maschinellen. Viele der Probleme des Deep Learning hängen mit Abkürzungen zusammen—Modelle wählen nur einige wenige prädiktive Merkmale aus, anstatt alle verfügbaren Daten sorgfältig zu berücksichtigen, und leiden folglich unter (oft unerwarteten) Generalisierungsfehlern.

(2) Ergebnisse sorgfältig und vorsichtig interpretieren:
Die Entdeckung einer Abkürzung zeigt oft, dass es eine einfache Lösung für einen scheinbar komplexen Datensatz gibt. Wir argumentieren, dass wir sehr vorsichtig sein müssen, bevor wir Maschinen hochentwickelte Fähigkeiten wie "Objekterkennung" oder "Sprachverständnis" zuschreiben, da es manchmal eine viel einfachere Erklärung gibt.

(3) Verstehen, was eine Lösung einfach zu lernen macht:
TNNs lernen oft die einfachste Lösung für ein Problem, aber um zu verstehen, welche Lösungen einfach sind (und daher wahrscheinlich gelernt werden), müssen wir den Einfluss von Architektur, Trainingsdaten, Zielfunktion, Optimierungsverfahren sowie deren Wechselwirkungen besser verstehen.

(4) Testen der O.O.D. Generalisierung:
Die Bewertung der Modellleistung anhand von ähnlichen Testdaten (wie in vielen aktuellen Benchmarks) reicht nicht aus, um zwischen beabsichtigten und unbeabsichtigten Lösungen zu unterscheiden. Folglich müssen herausfordernde O.O.D.-Generalisierungstests zur Regel statt zur Ausnahme werden.

Das Vorhandensein von Abkürzungen bedeutet, dass Algorithmen oft Lösungen finden werden, unabhängig davon, ob die Aufgabe ethisch begründbar ist. So könnten sie beispielsweise versuchen, eine Abkürzung zu finden, um die Kreditwürdigkeit anhand von sensiblen demografischen Merkmalen (z.B. Hautfarbe oder ethnische Zugehörigkeit) zu bewerten. Dies ist besorgniserregend, da es falsche Annahmen und problematische Machtverhältnisse bei der Anwendung des maschinellen Lernens verstärken kann. Abkürzungen können solche ethisch fragwürdigen Aufgaben als perfekt lösbar erscheinen lassen. Die Fähigkeit von Algorithmen, eine Aufgabe mit hoher Leistung zu bewältigen, kann jedoch niemals die zugrunde liegenden Annahmen rechtfertigen. Wenn wir also beurteilen wollen, ob eine Aufgabe lösbar ist, müssen wir uns zunächst fragen: Soll sie gelöst werden? Und wenn ja, sollte sie von künstlicher Intelligenz gelöst werden?

6 Maschinen, die wie Menschen sehen: In welcher Richtung gibt es den größten Fortschritt?

Im obigen Text haben wir argumentiert, dass die Vorliebe von neuronalen Netzen, Abkürzungen zu nehmen, eine Änderung erfordert in der Art und Weise, wie wir Fortschritt messen: weg vom Testen auf ähnlichen Daten, hin zum Testen auf herausfordernden Daten. Solche Bilder werden als "Out-of-Distribution" (O.O.D.) bezeichnet, da sie systematisch von den Standardbildern abweichen, auf denen TNNs trainiert werden und somit mögliche Abkürzungen aufdecken. Menschen beispielsweise haben kaum Probleme, selbst stark verzerrte Bilder oder Objekte mit ungewöhnlichem Hintergrund zu erkennen. Wir haben beschlossen, dies genauer zu untersuchen. Zu diesem Zweck haben wir 17 umfangreiche Datensätze mit menschlichen Klassifizierungsdaten gesammelt, für die Versuchspersonen gebeten wurden, das Objekt in einem Bild zu identifizieren (Vogel? Fahrrad? Boot? ...). Die gesammelten Daten und Bilder haben wir als Open-Source-Python-Toolbox und O.O.D.-Benchmark namens "model-vs-human" öffentlich zugänglich gemacht [Ge21] und hierfür eine ganze Testbatterie an Daten gesammelt [Ge18, Ge19] sowie Analysemethoden entwickelt [GMW20, Ge20b].

Sei es der Bias neuronaler Netzwerke, Texturen zu lernen, Abkürzungen zu nehmen oder die hohe Fehlerquote auf verrauschten Bildern: Wie wir festgestellt haben, gibt es viele Bereiche, in denen sich die menschliche und die maschinelle Objekterkennung stark unterscheiden. Mithilfe der Werkzeuge in unserer "model-vs-human" Toolbox wollen wir untersuchen, ob es Indizien gibt, welche Richtung am vielversprechendsten scheint, um den Abstand zu menschlichen Wahrnehmungsfähigkeiten zu verringern: Sollten wir versuchen, all das Wissen, das wir über biologische Gehirne haben, in Maschinen einzubauen? Oder sollten wir lieber ignorieren, was wir über die menschliche Wahrnehmung gelernt haben, und einfach größere Modelle mit mehr Parametern trainieren, in der Hoffnung, dass sie durch das Training auf immer größeren Datensätzen das Problem selbst lösen? Um diese Fragen zu beantworten, haben wir die neueste Generation von Modellen des maschinellen Lernens getestet, darunter auch viele, die in gewisser Hinsicht ungewöhnlich sind. Einige von ihnen sind zum Beispiel insofern spannend, als dass sie gemeinsam auf Bildern und Text trainiert werden, während andere Modelle auf der neu entwickelten "Transformer"-Architektur basieren, die es ihnen erleichtert, sich auf globale Eigenschaften von Bildern zu konzentrieren.

Wie erwartet, zeigten Standardmodelle bei verzerrten Bildern viel mehr Fehler als Menschen und sie machten auch Fehler auf sehr unterschiedlichen Bildern—das heißt, sie erkannten einige Bilder nicht, bei denen alle menschlichen Versuchspersonen richtig lagen, aber sie erkannten auch einige Bilder richtig, die keine einzige Versuchsperson erkannte. Abseits der Standardmodelle gab es jedoch eine Reihe neuerer Modelle, die erhebliche Fortschritte aufwiesen und die Lücke zwischen Algorithmen und Menschen substantiell verkleinerten. Entgegen unseren Erwartungen war der wichtigste Faktor nicht die Art des Modells, sondern die schiere Menge der Trainingsdaten. Das Training von Standardmodellen auf extrem großen Datensätzen (mehrere Millionen bis zu einer Milliarde Bilder) reichte aus, um bei verzerrten Bildern, die sie während des Trainings nicht gesehen hatten, die menschliche Leistung zu erreichen oder zu übertreffen. Vielleicht noch überraschender ist, dass diese Modelle zunehmend bei denselben Bildern wie Menschen Fehler machten, wie das von uns entwickelte statistische Maß der Fehlerkonsistenz zeigte [GMW20]: Irren ist menschlich, und wenn Maschinen und Menschen auf den gleichen Bildern irren, dann ist das ein Indiz für tiefere Ähnlichkeiten in der Bildverarbeitung.

Diese Ähnlichkeit mit der menschlichen Objekterkennung ist besonders bedeutsam, wenn man bedenkt, dass keines der Modelle, die menschenähnliche Fehler machen, besonders biologietreu ist—und tatsächlich scheint die Verwendung eines größeren Datensatzes für das Modelltraining viel effektiver zu sein als eine biologisch inspirierte Form des Lernens (selbstüberwachtes Lernen), die auf der Vorstellung basiert, dass Menschen beim Erlernen der Objekterkennung nicht Millionen von korrekt beschrifteten Beispielen benötigen. Darüber hinaus enthält keines der Modelle mit menschenähnlichen Fehlermustern biologisch inspirierte Implementierungen, die oft als entscheidend angesehen wurden (wie die Verwendung von rekurrenten Verbindungen, die im Gehirn weit verbreitet sind).

Nach unserer Auffassung lässt sich daraus etwas Grundlegendes lernen. Beim heutigen maschinellen Lernen versuchen wir, geniale Leistungen der Natur (wie die Fähigkeit, Objekte unter schwierigen Bedingungen robust zu erkennen) technisch nachzubauen. In gewisser Weise erinnert dies an das uralte Ringen der Menschheit um das Fliegen: Seit Jahrhunderten haben Erfinder versucht, Flugobjekte zu bauen, die vom biologischen Flug inspiriert sind. Von den Flügeln des Ikarus und Dädalus aus Federn und Wachs bis hin zur detaillierten Skizze eines Flugapparats von Leonardo da Vinci ist es hochgradig verlockend, Vögel so genau wie möglich zu kopieren, einschließlich der Struktur und Form ihrer Flügel und ihrer Fähigkeit, mit diesen Flügeln zu schlagen.

Leider sind diese Versuche, so genial sie auch waren, in die so genannte "biologische Realismusfalle" getappt. Heutige Flugzeuge haben keine Federn und Flügelschläge, denn letztlich hat es sich als erfolgreicher erwiesen, die zentralen Prinzipien des Vogelflugs und des Fliegens im Allgemeinen (aerodynamische Kräfte, Strömungsdynamik und dergleichen) zu verstehen, anstatt das biologische Vorbild so genau wie möglich zu kopieren. Dies könnte eine wichtige Lektion für das maschinelle Lernen von heute sein. Sollten wir uns vielleicht mehr um das Verständnis der Kernprinzipien und algorithmischen Muster hinter komplexen Aufgaben kümmern und weniger um den Nachbau biologisch realistischer Implementierungen ("Flugzeuge mit Federn")? Unsere Ergebnisse deuten darauf hin, dass keines der erfolgreichsten Modelle eine besonders biologisch realistische Umsetzung hat, und tatsächlich scheint das Trainieren von Modellen auf immer größeren Datensätzen viel effektiver zu sein als beispielsweise biologisch motivierte Lernstrategien. Um es mit den Worten des kanadischen Wissenschaftlers Rich Sutton zu sagen: "Das einzubauen, was wir denken, wie wir denken, funktioniert auf lange Sicht nicht".

Zusammenfassung. Deep Learning hat enorme technische Fortschritte gemacht, doch unser Verständnis hinkt hinterher. Um dem entgegenzutreten, habe ich systematische Vergleiche zwischen der menschlichen und der maschinellen Objekterkennung durchgeführt. Dabei habe ich einerseits fundamentale Unterschiede zwischen den beiden entdeckt, andererseits aber auch Möglichkeiten gefunden, diese zu verringern. Irren ist menschlich—doch auch Maschinen machen Fehler. Nur wenn wir verstehen, wann und warum, können wir sicherstellen, dass sie eine Bereicherung für unsere Gesellschaft sind.

Literaturverzeichnis

[Ge18] Geirhos, Robert; Medina Temme, Carlos R; Rauber, Jonas; Schütt, Heiko H; Bethge, Matthias; Wichmann, Felix A: Generalisation in humans and deep neural networks. In: Advances in Neural Information Processing Systems 31. S. 7548–7560, 2018.

[Ge19] Geirhos, Robert; Rubisch, Patricia; Michaelis, Claudio; Bethge, Matthias; Wichmann, Felix A; Brendel, Wieland: ImageNet-trained CNNs are biased towards texture; increasing shape bias improves accuracy and robustness. In: International Conference on Learning Representations. 2019.

[Ge20a] Geirhos, Robert; Jacobsen, Jörn-Henrik; Michaelis, Claudio; Zemel, Richard; Brendel, Wieland; Bethge, Matthias; Wichmann, Felix A: Shortcut Learning in Deep Neural Networks. Nature Machine Intelligence, 2:665–673, 2020.

[Ge20b] Geirhos, Robert; Narayanappa, Kantharaju; Mitzkus, Benjamin; Bethge, Matthias; Wichmann, Felix A; Brendel, Wieland: On the surprising similarities between supervised and self-supervised models. In: NeurIPS Workshop on Shared Visual Representations in Human & Machine Intelligence. 2020.

[Ge21] Geirhos, Robert; Narayanappa, Kantharaju; Mitzkus, Benjamin; Thieringer, Tizian; Bethge, Matthias; Wichmann, Felix A; Brendel, Wieland: Partial success in closing the gap between human and machine vision. In: Advances in Neural Information Processing Systems 34. 2021.

[Ge22] Geirhos, Robert: To err is human? A functional comparison of human and machine decision-making. University of Tübingen, 2022.

[GMW20] Geirhos, Robert; Meding, Kristof; Wichmann, Felix A: Beyond accuracy: quantifying trial-by-trial behaviour of CNNs and humans by measuring error consistency. In: Advances in Neural Information Processing Systems 33. 2020.

[Mi19] Michaelis, Claudio; Mitzkus, Benjamin; Geirhos, Robert; Rusak, Evgenia; Bringmann, Oliver; Ecker, Alexander S; Bethge, Matthias; Brendel, Wieland: Benchmarking Robustness in Object Detection: Autonomous Driving when Winter is Coming. In: NeurIPS Workshop on Machine Learning for Autonomous Driving. 2019.

[VB16] Vlasic, Bill; Boudette, Neal: Self-Driving Tesla Was Involved in Fatal Crash, U.S. Says. The New York Times, 2016.

[Ze18] Zech, John R; Badgeley, Marcus A; Liu, Manway; Costa, Anthony B; Titano, Joseph J; Oermann, E K: Variable generalization performance of a deep learning model to detect pneumonia in chest radiographs: a cross-sectional study. PLoS medicine, 15:1–17, 2018.

Dr. Robert Geirhos ist Research Scientist bei Google DeepMind in Toronto, Kanada. Seine Promotion an der Universität Tübingen und der International Max Planck Research School for Intelligent Systems wurde mit dem Dissertationspreis der Universität Tübingen ausgezeichnet, wo er mit Felix Wichmann, Matthias Bethge und Wieland Brendel zusammengearbeitet hat. Robert hat einen MSc-Abschluss in Informatik mit Auszeichnung und einen BSc-Abschluss in Kognitionswissenschaft von der Universität Tübingen. Seine Forschung zielt darauf ab, ein besseres Verständnis der Biases und Grenzen tiefer neuronaler Netze zu entwickeln und dieses Verständnis zu nutzen, um sie robuster, interpretierbarer und zuverlässiger zu machen.

Leistungsbewertung von Data Plane Architekturen der nächsten Generation sowie ihrer Komponenten[1]

Stefan Geißler[2]

Abstract: Die Verfügbarkeit von zuverlässigem und hochperformantem Breitband-Internet ist längst ein nicht mehr wegzudenkender Aspekt unserer Gesellschaft. Für viele Aktivitäten, sowohl im Privatleben als auch im Beruf, ist der Zugang zu schnellem Internet mitunter zwingend erforderlich. Gleichermaßen steigt die Belastung der Netzinfrastrukturen in Heim- und Rechenzentrumsumgebungen sowie in Weitverkehrs- und Mobilfunknetzen durch die Einführung neuer, ressourcenintensiver Anwendungen wie Videostreaming oder Cloud-Gaming kontinuierlich an. Um dieser steigenden Belastung zu begegnen, entwickeln wir im Rahmen der diesem Dokument zugrundeliegenden Dissertation Mechanismen und Methodiken zur Überwachung, sowie zur Modellierung und simulativen Leistungsbewertung eben der Netzinfrastruktur, die für die Bereitstellung von allgegenwärtiger Konnektivität unersetzlich ist. Im Rahmen zahlreicher Messstudien, Testaufbauten und Implementierungsarbeiten entwickeln und validieren wir Methoden, die es erlauben, die Leistungsfähigkeit der für uns so kritischen Infrastruktur zu bewerten und zu optimieren.

Einleitung

Seit der Einführung dessen, was heute als Internet bekannt ist, hat die Zahl der aktiven Nutzer im März 2021 5,2 Milliarden erreicht [St18]. Dabei ist der Zustrom intelligenter Geräte, die im Rahmen von Industrie 4.0, Smart Cities und dem Internet der Dinge im Allgemeinen eingesetzt werden, noch nicht berücksichtigt. Darüber hinaus wird die Belastung der Netzinfrastrukturen sowohl in WAN- als auch in Rechenzentrumsumgebungen durch die Einführung neuer, ressourcenintensiver Anwendungen wie Videostreaming oder Cloud-Gaming noch verstärkt. In den Jahren 2020 und 2021 hat der Wechsel zur Fernarbeit aufgrund der COVID-19-Pandemie einmal mehr gezeigt, wie wichtig ein zuverlässiger und allgegenwärtiger Zugang zu Breitband-Internet in unserer vernetzten Welt ist.

All diese Gründe – wachsende Nachfrage, steigende Anwendungsanforderungen, zunehmende gesellschaftliche Abhängigkeit – treiben Betreiber, Industrie und Wissenschaft dazu, Netzinfrastrukturen, -systeme und -mechanismen ständig neu zu erfinden, um Lösungen zu entwickeln, die den ständig wachsenden Anforderungen der Nutzer gerecht werden. Je nach Interessengruppe muss eine Vielzahl unterschiedlicher und konkurrierender Kriterien berücksichtigt werden. Netzbetreiber streben einen hohen Dienstgütegrad (Quality of

---

[1] Englischer Titel der Dissertation: "Performance Evaluation of Next Generation Data Plane Architectures and their Components"
[2] Julius-Maximilians-Universität Würzburg, Lehrstuhl für Kommunikationsnetze, Sanderring 2, 97070 Würzburg, Deutschland stefan.geissler@uni-wuerzburg.de

Service, QoS) an, indem sie ihren Kunden eine äußerst zuverlässige Netzanbindung bieten. Dienstbetreiber streben nach maximaler Nutzerzufriedenheit (Quality of Experience, QoE). Schließlich erwarten die Endnutzer zuverlässige Dienste unter Verwendung verschiedener, heterogener Endgeräte und Zugangstechnologien. Gleichzeitig muss die Kosteneffizienz aller an diesen komplexen Systemen beteiligten Komponenten so hoch wie möglich sein.

Um diese Ziele zu erreichen, wurden in den letzten Jahren mehrere neuartige Paradigmen zur Softwarisierung vorgeschlagen und untersucht. Ursprünglich bestand das Ziel softwarebasierter Netze (Software-defined Networking, SDN) darin, die Datenebene physisch und logisch von der Steuerungsebene zu trennen und offene Schnittstellen zu definieren, um eine herstellerunabhängige Programmierbarkeit zu ermöglichen. Zu diesem Zweck wurden die Steuerungskomponenten aus den Geräten der Datenebene entfernt und stattdessen in einer logisch zentralisierten Steuereinheit zusammengefasst [KF13]. Diese Art der Steuerungszentralisierung ermöglicht eine neue, dynamische Netzkonfiguration und -rekonfiguration, da die Controller nun in der Lage sind, globales Wissen über die Systeme zu erhalten und Weiterleitungsentscheidungen auf der Grundlage dieses globalen Wissens zu treffen. Gleichzeitig werden die Geräte auf der Datenebene immer einfacher, da die Geräte lediglich Anweisungen von einer lokalen Steuerungsinstanz entgegennehmen und keine eigenen Entscheidungen auf der Grundlage begrenzter Kenntnisse treffen müssen.

Der nächste Schritt in dieser Softwarisierung von Netzen ist die Einführung der Virtualisierung und Softwarisierung von Netzfunktionen (Network Function Virtualization, NFV). Während man in den Anfängen von SDN davon ausging, dass es sich bei den Geräten der Datenebene größtenteils um dedizierte Hardwarekomponenten handeln würde, zielt NFV darauf ab, applikationsspezifische Hardwarekomponenten (ASICs) durch Softwarelösungen zu ersetzen, die auf kommerzieller Hardware ausgeführt werden können. Diese Verwendung von Software anstelle von statischen Middleboxen soll die Effizienz von Netzen verbessern, da Softwarekomponenten dynamisch auf der Grundlage der aktuellen Anforderungen skaliert werden können. Darüber hinaus sind Software-Tools einfacher zu warten und zu aktualisieren als Hardware-Middleboxen, was die Kosten für den Betrieb von Netzen weiter senkt.

Die Verarbeitung des Netzverkehrs in Software ist jedoch im Allgemeinen weniger leistungsfähig als dedizierte Hardwareanwendungen und bringt neue Herausforderungen mit sich. Einerseits sind neuartige Überwachungsansätze erforderlich, um die Leistung von Funktionen sowohl vor als auch nach der Anschaffung und Installation von Lösungen zuverlässig zu bewerten. Andererseits sind Mechanismen und Modelle zur zuverlässigen und genauen Abschätzung der Leistung softwarebasierter Netzfunktionen von entscheidender Bedeutung für die Entwicklung, die Dimensionierung und den Betrieb softwarebasierter Netzinfrastrukturen.

Neben den Leistungsaspekten von Softwarelösungen muss auch die Interoperabilität mit bestehenden, potenziell veralteten Netzinfrastrukturen gewahrt bleiben, um einen zuverlässigen Netzbetrieb zu gewährleisten. Der Betrieb von Netzen, die aus Legacy-Geräten, programmierbarer Hardware sowie softwarebasierten Elementen bestehen, erfordert die Untersuchung neuer Mechanismen der Steuerebene [Xi15].

Schließlich spielen die Softwarisierung von Netzen und Netzkomponenten sowie die Netzvirtualisierung eine zentrale Schlüsselrolle für Mobilfunknetze der 5. Generation, sowie zukünftige Netze wie 6G. Die in dieser Arbeit entwickelten Konzepte ermöglichen eine hohe Flexibilität und Programmierbarkeit der Netze sowie eine Reduzierung der Gesamtkosten, d. h. Investitionsausgaben (CAPEX) und Betriebskosten (OPEX). Gerade auch in zukünftigen Netzen können mit diesen Schlüsseltechnologien die geforderte Nachhaltigkeit erreicht werden, z.B. durch Reduktion von Energie- und CO_2-Verbrauch, ohne dass die Leistung und Dienstgüte darunter leiden. Allerdings fehlen in der Praxis Ansätze und in der Forschung wissenschaftliche Methoden, um die Leistungsfähigkeit der Netze zu messen, zu modellieren und vorherzusagen.

Die zugrundeliegende Monographie behandelt sowohl technische als auch analytische Mechanismen zur Bewertung der Leistung softwarebasierter Netzfunktionen sowie komplexer Funktionsketten bestehend aus mehreren Einzelfunktionen im Bereich der Microservice-Architekturen. Wir schlagen einen neuartigen Monitoring-Ansatz vor, der die Überwachung von Leistungsmetriken hochperformanter, softwarebasierter Netzfunktionen ermöglicht, ohne dabei selbst viele Ressourcen zu beanspruchen. Anschließend wenden wir diesen Ansatz an, um Messungen mit dem Ziel durchzuführen, ein detailliertes, zeitdiskretes Modell eines Software-Routers unter Verwendung modernster Beschleunigungstechniken zu entwickeln. Wir zeigen, dass die Integration von Softwarelösungen in bestehende Netze unter Beibehaltung der Systemleistung möglich ist. Durch die Abstraktion von Komponenten der Datenebene kann ein standardisierter SDN-Controller zur Verwaltung einer heterogenen Landschaft von Geräten verwendet werden. Schließlich führen wir eine detaillierte, simulative Leistungsbewertung einer komplexen Microservice-Architektur im Kontext IoT durch. Wir schlagen Simulationsmodelle sowohl für das Arbeitslastprofil als auch für die Systemarchitektur vor, um die Untersuchung verschiedener, zentraler Leistungsindikatoren (Key Performance Indicator, KPI) zu ermöglichen. Zusammenfassend identifizieren wir die folgenden Forschungsfragen und tragen zu deren Beantwortung bei.

- Wie kann die Verarbeitungsleistung von softwarebasierten Netzfunktionen effizient überwacht werden?

- Wie lassen sich kritische KPIs von softwarebasierten Netzfunktionen unter verschiedenen Laststufen vorhersagen?

- Wie kann die Interoperabilität von Softwarelösungen, programmierbarer Hardware und SDN-fähigen Geräten sichergestellt werden?

- Wie kann die Leistung von komplexen Microservice-basierten Paketverarbeitungsarchitekturen modelliert und bewertet werden?

Diese und weitere Fragen sowie die Methodik zu deren Beantwortung werden im Folgenden skizziert. Für eine umfassende Bearbeitung der Problemstellungen referenzieren wir auf die zugrundeliegende Dissertationsschrift mit dem Titel *Performance Evaluation of Next Generation Data Plane Architectures and their Components* [Ge22].

1 Wissenschaftlicher Beitrag

In den folgenden Abschnitten werden die wissenschaftlichen Beiträge in jedem der in dieser Arbeit behandelten Bereiche skizziert. Beachten Sie, dass eine detailliertere Beschreibung der Beiträge und der untersuchten Forschungsfragen jeweils zu Beginn der einzelnen Kapitel zu finden ist. Abbildung 1 zeigt eine Auswahl von Forschungsaktivitäten im Rahmen dieser Arbeit. Dabei sind die einzelnen Forschungsbereiche entlang der x-Achse nach ihrem jeweiligen Forschungsgegenstand, NFV, SDN oder Anwendungen im Kontext von NFV kategorisiert. Zusätzlich zeigt die y-Achse die angewandte Methodik: Modellierung, Messungen und Simulation. Die Abbildung zeigt außerdem den spezifischen Forschungsbereich als Titel jedes Kästchens und das Kapitel der zugrundeliegenden Dissertation, in dem jedes der Themen bearbeitet wird, durch die eingekreiste Nummer.

Monitoring von Leistungsparametern. Um unser Verständnis für die Leistungsmerkmale softwarebasierter Netzfunktionen zu vertiefen, sind neue Überwachungsmechanismen, die die Bewertung relevanter Kennzahlen ermöglichen, von entscheidender Bedeutung. Zu diesem Zweck stellen wir im ersten Teil dieser Monographie einen neuartigen Ansatz zur Überwachung der genauen Paketverarbeitungszeiten von Netzfunktionen vor. Unser Ansatz der In-Stack-Überwachung beruht auf der Überwachung von Paketeingangs- und -ausgangsereignissen direkt im verwendeten Netzwerkstack, um eine Überwachung mit geringem Aufwand sowohl während der Entwicklung als auch nach dem Ausrollen einer Funktion durchzuführen. Die Implementierung der Netzwerkfunktionalität ist ein zentraler Baustein der softwarebasierten Paketverarbeitung. Da, um die Bearbeitung von Paketen auf Anwendungsschicht überhaupt zu ermöglichen, das zugrundeliegende Betriebssystem sämtliche Pakete empfangen, verarbeiten und der entsprechenden Anwendung zuweisen muss, wird hier ohnehin ein großer Teil der Arbeit, die zum Überwachen der Verarbeitungsfunktionalität nötig ist durchgeführt. Basierend auf dieser Beobachtung entwickeln wir KOMon [Ge19b], eine Proof-of-Concept-Implementierung, die auf dem im Linux-Kernel verwendeten NAPI-Stack basiert. Wir bewerten sowohl die Genauigkeit als auch den Overhead unseres Ansatzes durch Messungen und diskutieren seine Anwendung und Einschränkungen in der Praxis. Die Ergebnisse der durchgeführten Studie zeigen, dass die sich die Methodik der In-Stack-Überwachung auf eine vielzahl verschiedener Netzfunktionen anwenden lässt. Ferner ermöglicht der geringe Einfluss auf das überwachte System die Anwendung zur Laufzeit, was eine Echtzeitüberwachung verschiedenster Funktionen ermöglicht. Die durchgeführte Parametstudie hat schließlich gezeigt, dass der entwickelte

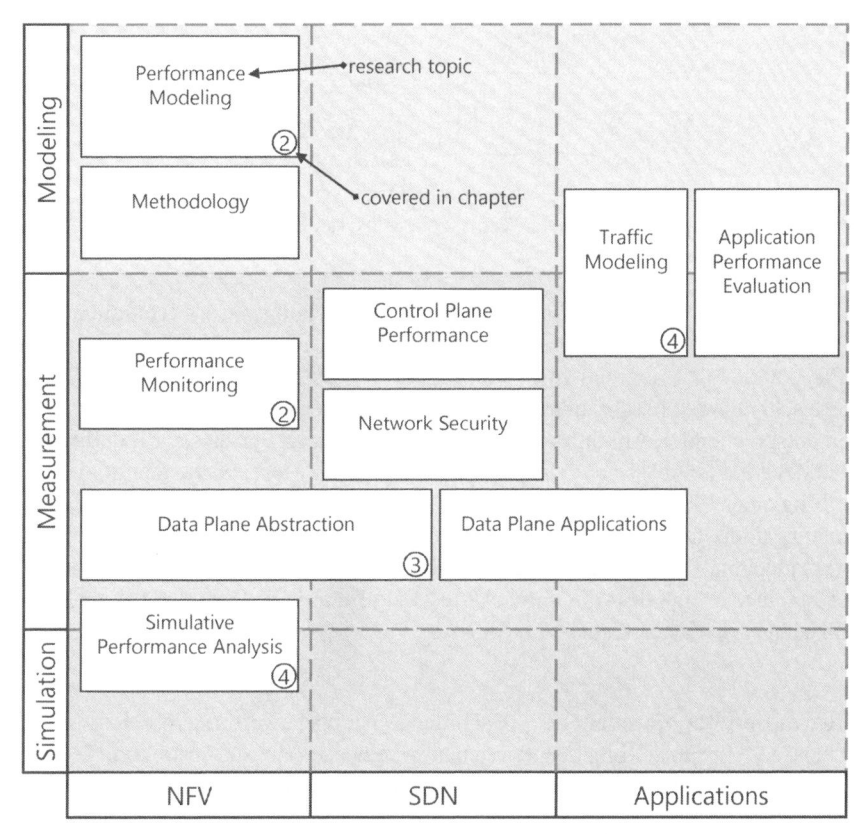

Abb. 1: Einordnung der vom Autor durchgeführten Forschungsarbeiten. Die in grauer Schrift vermerkten Referenzen werden in diesem Manuskript nicht behandelt. Die eingekreisten Ziffern unten rechts verweisen auf das Kapitel, in dem die jeweiligen Veröffentlichungen behandelt werden.

Prototyp in der Lage ist, die genaue Verteilung der Bedienzeiten verschiedener Funktionen mit sehr hoher genauigkeit nachzubilden.

Modellierung von Leistungsparametern. Anschließend wenden wir den zuvor entwickelten Überwachungsansatz an, um Messwerte für einen modernen Software-Router zu erhalten. Auf der Grundlage der erhaltenen Verarbeitungszeitmessungen entwickeln wir ein präzises, zeitdiskretes Modell von Cisco's Vector Packet Processessor (VPP), das in der Lage ist, mehrere wichtige Leistungsindikatoren vorherzusagen [Ge21a; La19]. Dazu gehören die Größe der Warteschlange, die Antwortzeit, die Wartezeit sowie die Wahrscheinlichkeit von Paketverlusten bei unterschiedlichen Laststufen und Systemparametern. Wir präsentieren eine detaillierte Beschreibung unseres Modells und validieren seine Vorhersagegenauigkeit anhand der zuvor erhaltenen Messwerte. Das entwickelte Modell

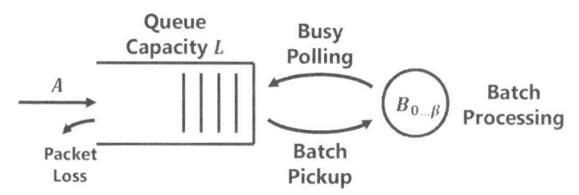

Abb. 2: Darstellung des modellierten Warteschlangensystems und seinen zentralen besonderheiten.

in Kombination mit dem vorgeschlagenen Überwachungsansatz ermöglicht sowohl die genaue Überwachung der Netzfunktionsleistung als auch die Vorhersage von relevanten KPIs. Abbildung 2 zeigt das zugrundeliegende Warteschlangenmodell, bestehend aus einer Warteschlange mit beschränkter Länge, einer Bedieneinheit mit Batchverarbeitung sowie den entsprechenden Ankunfts- sowie Bedienprozessen. Für dieses Modell lässt sich mit Methoden der zeitdiskreten Analyse eine eingebettete Markovkette identifizieren, die sich mithilfe einer Fixpunktiteration lösen lässt. Im Weiteren lassen sich die oben erwähnten Leistungsindikatoren aus der stationären Zustandsverteilung des Warteschlangensystems direkt ableiten. Die durchgeführte Modellierung, unterstützt durch Messungen am echten System, hat gezeigt, dass das entwickelte Modell sämtliche Leistungsparameter mit hoher Präzision vorhersagen kann.

Abstraktion der Datenebene. Nach der Leistungsbewertung von Netzfunktionen bestehend aus einzelnen Komponenten stellen wir einen Ansatz zur Abstraktion der Datenebene vor. Hier wird das allgemeine Konzept der Abstraktion der Datenebene durch Protokollübersetzung vorgestellt und der Entwurf unserer Proof-of-Concept-Implementierung skizziert [Ge17; Ge19a]. Das vorgestellte Konzept basiert auf der Idee des aktiven Abfangens von Kontrollnachrichten verschiedener Protokolle zwischen Steuer- und Datenebene. Vor der Weiterleitung der abgefangenen Nachrichten werden verschiedene Modifikationen am Inhalt vorgenommen, um eine transparente Abbildung zwischen verschiedenen Technologien der Datenebene und Anwendungen der Steuerungsebene zu ermöglichen. Wir demonstrieren damit die Praktikabilität der Übersetzung zwischen OpenFlow [Mc08] und P4 [Bo14] sowie Hardware- und Softwarelösungen. Wir demonstrieren auch die Möglichkeit, virtuelle Geräte für die Steuerungsebene zu emulieren, während die Operationen der Datenebene durch mehrere, potenziell heterogene Geräte der Datenebene realisiert werden. Schließlich führen wir Leistungsmessungen durch und diskutieren die Auswirkungen unseres Konzepts auf die Leistung der Steuerungsebene.

Verkehrsmodellierung. Um eine genaue Leistungsbewertung eines komplexen Systems, bestehend aus mehreren paketverarbeitenden Komponenten, durchführen zu können, wird das dem System auferlegte Arbeitslastprofil identifiziert. Zu diesem Zweck führen wir eine umfassende Analyse einer 31 Tage langen Netzaufzeichnung durch, die mehr als

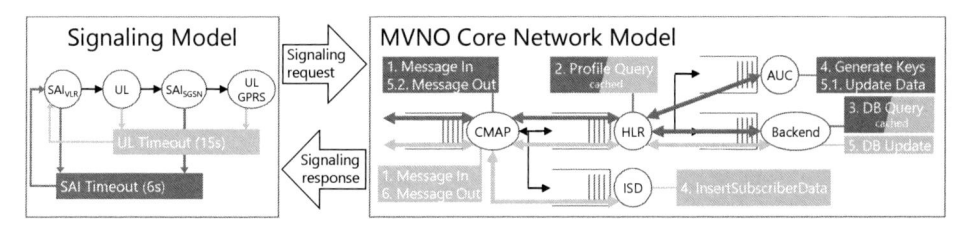

Abb. 3: Schematische Darstellung der beiden entwickelten Modelle sowie deren Interaktionen.

1,4 Milliarden Nachrichten und über sieben Terabyte an Rohdaten enthält [Ge21b]. Der Mitschnitt wurde am Ingress eines realen Mobilfunkkernnetzes gewonnen. Wir analysieren den Mitschnitt hinsichtlich der Nachrichtenverteilung und identifizieren ein Feature-Set, das die Klassifizierung einzelner IoT-Geräte anhand ihres mobilen Signalisierungsverkehrs ermöglicht. Basierend auf den identifizierten Merkmalen wenden wir Methoden des maschinellen Lernens an und bewerten die Unterschiede im Geräteverhalten zwischen den resultierenden Gerätegruppen. Schließlich heben wir kritische Eigenschaften des aggregierten Ankunftsprozesses hervor, der sich aus der Überlagerung des Signalverkehrs der einzelnen Geräte ergibt. Wir zeigen, dass die in Standardisierung und Literatur übliche Markov-Annahme in der Praxis nicht unbedingt zutrifft, aber durch eine vorangestellte Geräteklassifizierung wiederhergestellt werden kann.

Simulative Leistungsbewertung. Nach der Erstellung eines Arbeitslastprofils stellt der letzte Teil der Arbeit schließlich ein allumfassendes Simulationsmodell sowie eine Fallstudie zur Anwendbarkeit dieses Modells vor. Hier skizzieren wir die Architektur des realen Systems und stellen eine geeignete Abstraktion vor. Anschließend werden sowohl ein Signalisierungsmodell, das das Verhalten einzelner Geräte vorgibt, als auch ein Kernnetzmodell, das die verfügbaren Ressourcen sowie deren Interaktionen beschreibt, eingeführt [**geissler2023mvno**]. Nach der Validierung der Genauigkeit des vorgeschlagenen Simulationsmodells durch Messungen sowohl in speziellen Testumgebungen als auch in einem produktiven System führen wir eine Fallstudie zur Systemdimensionierung durch. Schließlich bewerten wir verschiedene Überlastregelungsmechanismen im Hinblick auf ihre Fähigkeit, einen effizienten Betrieb unter extremen Überlastbedingungen zu gewährleisten. Unsere Validierung und Untersuchung von Überlastkontrollmechanismen zeigt, dass das entwickelte Simulationsmodell in der Lage ist, die Bedingungen im realen System genau nachzubilden. Daher kann das Modell zur Untersuchung komplexer Erweiterungen des Systems verwendet werden, um Effizienzprobleme zu identifizieren und so das Optimierungspotenzial des Systems zu erhöhen. Eine schematische Darstellung der entwickelten Modelle zur Lastgenerierung sowie der Kernnetzmodellierung ist in Abbildung 3 zu sehen. Die im Rahmen dieser Arbeit entwickelten Mechanismen zur Überlastregelung wurden in Kooperation mit dem Mobilfunkbetreiber in dessen Produktivsystem integriert und tragen dort zu einer massiven zuverlässigkeitssteigerung der Netzinfrastruktur bei.

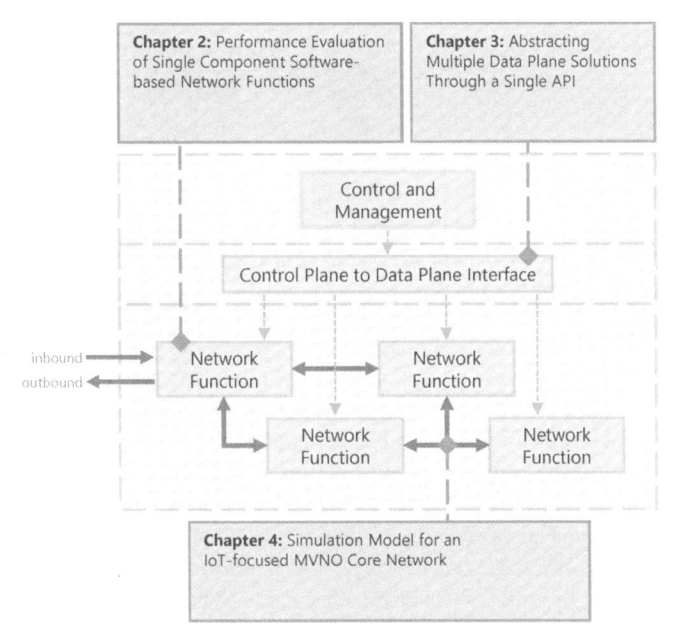

Abb. 4: Abstrakte Systemarchitektur mit Annotationen, welches Kapitel der Dissertation welchen Aspekt des Systems abdeckt.

2 Gliederung der zugrundeliegenden Monographie.

Im Folgenden geben wir einen kurzen Überblick über die in dieser Arbeit geleisteten Beiträge. Abbildung 4 gibt einen abstrakten Überblick über das System, das in den Kapiteln der Monographie untersucht wird. Die Anmerkungen in roten Kästchen beschreiben das Kapitel, in dem jeder Teil des Systems behandelt wird. Die Abbildung zeigt die Komponenten der Datenebene und ihre Interaktionen in Grün. Jede Netzfunktion kann dabei mit Software, programmierbarer Hardware oder SDN-fähigen Whitebox-Switches realisiert werden. Wie in modernen, softwarisierten Netzen üblich, wird die Steuerungseinheit durch eine logisch zentralisierte Steuerungs- und Managementeinheit realisiert, die oben in der Abbildung dargestellt ist.

Kapitel 2 der Arbeit befasst sich mit der Leistungsbewertung von softwarebasierten Netzfunktionen aus einzelnen Komponenten. Zu diesem Zweck führen wir Messungen durch und entwickeln analytische Modelle, um unser allgemeines Verständnis für das Verhalten solcher Netzkomponenten zu verbessern.

Nach der Erstellung präziser Leistungsmodelle für einzelne Netzfunktionen beleuchtet Kapitel 3 die Machbarkeit der Integration mehrerer, potenziell technologisch heterogener Netzfunktionen in eine einzige Datenebene. Zu diesem Zweck entwickeln wir ein Abstraktionswerkzeug, das zwischen Steuerungs- und Datenebene vermittelt. Wir zeigen die

Machbarkeit von Mehrkomponenten- und Multitechnologie-Lösungen für die Datenebene und diskutieren die Auswirkungen unseres Abstraktionsansatzes auf die Leistung des Systems.

Schließlich wird in Kapitel 4 die Leistungsbewertung eines komplexen Systems aus mehreren softwarebasierten Netzfunktionen am Beispiel eines Mobilfunkkernnetzes behandelt. Um dies zu erreichen, erstellen wir ein Lastprofil durch eine detaillierte Analyse eines umfangreichen Verkehrsmitschnitts, das von einem produktiven Kernnetz stammt. Anschließend wenden wir die gewonnenen Erkenntnisse an, um ein detailliertes Simulationsmodell des realen Netzes zu entwickeln. Wir zeigen die Anwendungsmöglichkeiten unseres Modells für die Erkennung von Engpässen, die Systemdimensionierung sowie die Untersuchung von systemischen Erweiterungen wie Überlastkontrollmechanismen.

Literatur

[Bo14] Bosshart, P.; Daly, D.; Gibb, G.; Izzard, M.; McKeown, N.; Rexford, J.; Schlesinger, C.; Talayco, D.; Vahdat, A.; Varghese, G. et al.: P4: Programming Protocol-independent Packet Processors. ACM SIGCOMM Computer Communication Review/, 2014.

[Ge17] Geißler, S.; Herrnleben, S.; Bauer, R.; Gebert, S.; Zinner, T.; Jarschel, M.: TableVisor 2.0: Towards Full-featured, Scalable and Hardware-Independent Multi Table Processing. In: IEEE Conference on Network Softwarization (NetSoft). 2017.

[Ge19a] Geißler, S.; Herrnleben, S.; Bauer, R.; Grigorjew, A.; Zinner, T.; Jarschel, M.: The Power of Composition: Abstracting a Multi-device SDN Data Path Through a Single API. IEEE Transactions on Network and Service Management/, 2019.

[Ge19b] Geißler, S.; Lange, S.; Wamser, F.; Zinner, T.; Hoßfeld, T.: KOMon — Kernel-based Online Monitoring of VNF Packet Processing Times. In: International Conference on Networked Systems (NetSys). 2019.

[Ge21a] Geißler, S.; Lange, S.; Linguaglossa, L.; Rossi, D.; Zinner, T.; Hoßfeld, T.: Discrete-time Modeling of NFV Accelerators that Exploit Batched Processing. ACM Transactions on Modeling and Performance Evaluation of Computing Systems/, 2021.

[Ge21b] Geißler, S.; Wamser, F.; Bauer, W.; Krolikowski, M.; Gebert, S.; Hoßfeld, T.: Signaling Traffic in Internet-of-Things Mobile Networks. In: IFIP/IEEE International Symposium on Integrated Network Management (IM). 2021.

[Ge22] Geißler, S.: Performance Evaluation of Next-Generation Data Plane Architectures and their Components, Diss., Universität Würzburg, 2022.

[KF13] Kim, H.; Feamster, N.: Improving Network Management with Software Defined Networking. IEEE Communications Magazine/, 2013.

[La19]   Lange, S.; Linguaglossa, L.; Geißler, S.; Rossi, D.; Zinner, T.: Discrete-time Modeling of NFV Accelerators that Exploit Batched Processing. In: IEEE INFOCOM 2019-IEEE Conference on Computer Communications. 2019.

[Mc08]   McKeown, N.; Anderson, T.; Balakrishnan, H.; Parulkar, G.; Peterson, L.; Rexford, J.; Shenker, S.; Turner, J.: OpenFlow: Enabling Innovation in Campus Networks. ACM SIGCOMM computer communication review/, 2008.

[St18]   Stats, I. W.: Internet Users in the World by Regions. Miniwatts Marketing Group/, 2018.

[Xi15]   Xie, J.; Guo, D.; Hu, Z.; Qu, T.; Lv, P.: Control Plane of Software Defined Networks: A Survey. Computer communications/, 2015.

Stefan Geißler wurde am 23. Dezember 1989 geboren. Nach dem Abitur studierte er Informatik im Bachelor an der Julius-Maximilians-Universität (JMU) Würzburg, den er im Oktober 2012 abschloss. Das anschließende Masterstudium absolvierte Geißler zu Teilen an der JMU und der Universidade do Minho in Guimarães, Portugal. Sein Masterstudium schloss er im Februar 2016 an der JMU ab, wo er direkt im Anschluss die Promotion unter Prof. Dr.-Ing. Phuoc Tran-Gia am Lehrstuhl für Kommunikationsnetze antrat. Während seiner Zeit am Lehrstuhl veröffentliche Geißler Arbeiten auf international renommierten Konferenzen, Workshops und in Journals. Seine Arbeiten im Bereich der Leistungsbewertung software-basierter Netze wurden bereits während der Promotion mit drei Best Paper Awards ausgezeichnet. In diesem Forschungsbereich ist auch seine Arbeit mit dem Titel *Leistungsbewertung von Data Plane Architekturen der nächsten Generation sowie ihrer Komponenten* verankert, mit der er im April 2022 die Promotion unter Prof. Dr. Tobias Hoßfeld abschloss. Für seine Dissertation erhielt Geißler zahlreiche Preise, unter anderem den VDE Bayern Award für herausragende Leistungen im Bereich Wissenschaft sowie den Promotionspreis der Unterfränkischen Gedenkjahrstiftung und der JMU Würzburg. Schließlich wurde ihm in seiner Funktion als Postdoc am Lehrstuhl für Kommunikationsnetze im April 2023 der Universitäts-Förderpreis der Mainfränkischen Wirtschaft für seine Forschung im Bereich der Optimierung von Mobilfunkarchitekturen für das Internet der Dinge verliehen.

Korrektheit von Datenflüssen in Asynchronen Verteilten Systemen – Modellprüfung und Synthese[1]

Manuel Gieseking[2]

Abstract: Die Korrektheit von informationstechnischen Systemen spielt aufgrund deren wachsenden Einbindung in unser alltägliches Leben eine zunehmend wichtige Rolle und ist nicht zuletzt für sicherheitskritische Systeme entscheidend. Insbesondere *asynchrone verteilte Systeme* sind, aufgrund ihrer Vielzahl von unabhängig voneinander agierenden Komponenten, ohne computergestützte Analyseverfahren schwer korrekt zu implementieren. In der Dissertation führen wir, basierend auf *Petri-Netzen* bzw. *Petri-Spielen* und CTL*, neue Modellierungs- und Spezifikationsformalismen ein, die es ermöglichen, Anforderungen an den unbeschränkten lokalen Datenfluss in asynchronen verteilten Systemen zu stellen. Wir stellen Lösungsalgorithmen für die entsprechenden *Modellprüfungs-* und *Syntheseprobleme* zur Verfügung, zeigen deren Korrektheit und Komplexität und bieten Werkzeugunterstützung für Teilklassen dieser Probleme.

1 Einleitung

Die Verbreitung und gesellschaftliche Abhängigkeit von Computersystemen hat in den letzten Jahrzehnten rapide zugenommen. Die Systeme haben sich von spezialisierten Werkzeugen für einige wenige zu einem unverzichtbaren Teil unseres alltäglichen Lebens entwickelt. Wir benutzen die Technologien zum Beispiel ganz selbstverständlich in unseren Handys oder verlassen uns auf ihre Funktionalität, wenn wir Hochgeschwindigkeitszüge benutzen. Die *Korrektheit* solcher Systeme ist entscheidend und eine äußerst anspruchsvolle Aufgabe. Während ein defektes Handy bestenfalls ärgerlich ist, kann ein Fehler im Notbremssystem des Zuges einen immensen Schaden anrichten.

Aufgrund der ständigen Verfügbarkeit von Netzwerken und des immer geringeren Platzbedarfs leistungsfähiger Geräte setzen sich moderne Computersysteme zunehmend aus einer Vielzahl vernetzter Computer zusammen. Auch wenn das System selbst als eine einzige kohärente Einheit erscheint, agieren die Komponenten eines solchen *verteilten Systems* häufig autonom. Um eine ständige Kommunikation jeder einzelnen Komponente mit einer zentralen Steuerung zu vermeiden, werden die Systeme immer öfter dezentralisiert aufgebaut. Dies hat jedoch den Preis, dass die Komponenten nur noch ein unvollständiges Wissen über den Gesamtzustand des Systems haben. Im Gegensatz zu einem *synchronen* System, wo die einzelnen, unabhängigen Komponenten in einem gemeinsamen festen Rhythmus

---

[1] Englischer Titel der Dissertation: "Correctness of Data Flows in Asynchronous Distributed Systems – Model Checking and Synthesis"
[2] Carl von Ossietzky Universität Oldenburg, gieseking@informatik.uni-oldenburg.de

voranschreiten, schreitet in einem *asynchronen* verteilten System jede Komponente in ihrem eigenen individuellen Tempo voran (möglicherweise unterbrochen durch Synchronisationen mit anderen Komponenten). Dies macht es besonders schwierig, Algorithmen für asynchrone verteilte Systeme korrekt zu implementieren, da die Komponenten zwischen den Synchronisationen nicht die Zustände der anderen Komponenten kennen.

Die zunehmende Größe und Komplexität dieser Systeme macht es für den Menschen nochmals schwieriger, Steuerungen für die einzelnen Komponenten *korrekt* zu implementieren. Folglich ist die Nachfrage nach Computerunterstützung für die Entwicklung solcher Systeme in den letzten Jahren deutlich gestiegen. Die *Modellprüfung* (*Model Checking*) und die *Synthese* stellen dabei zwei etablierte und vollautomatische Ansätze zur Entwicklung von korrekten Implementierungen aus mathematisch präzisen und eindeutigen formalen Modellen und Spezifikationen dar. Bei der Modellprüfung wird eine gegebene Implementierung daraufhin überprüft, ob sie die Korrektheitsspezifikation erfüllt, wohingegen der Syntheseansatz aus einer gegebenen Spezifikation automatisiert eine korrekte Implementierung erzeugt.

In der Dissertation [Gi22] führen wir neue Modellierungs- und Spezifikationssprachen für die Modellprüfung und die Synthese von asynchronen verteilten Systemen ein. Wir entwickeln mehrere Algorithmen für die zugehörigen Verifikations- und Syntheseprobleme und beweisen deren Korrektheit. Im Synthesefall waren wir in der Lage, erstmalig entscheidbare Lösungsalgorithmen zu erarbeiten, die ermöglichen das zugrunde liegende Modell um Spezifikationen zu erweitern, die über Sicherheitsanforderungen (die Vermeidung von unerwünschten Situationen) hinaus gehen. Die Implementierungen der Algorithmen und zugehörigen Benchmarks sind quelloffen und haben die Artifakt-Evaluations-Badges der Konferenzen CAV, TACAS und ATVA erhalten. Ein Webinterface[3] ermöglicht einen einfachen und interaktiven Zugang zu einer Auswahl an Funktionalitäten der im Rahmen der Arbeit entwickelten Kommandozeilen-Werkzeuge.

2 Hintergrund

2.1 Modellprüfung (Model Checking)

Die Modellprüfung ist ein Verfahren zur Verifikation von nebenläufigen Systemen mit endlichem Zustandsraum, das in den frühen 1980er Jahren von Clarke und Emerson [CE81] sowie von Queille und Sifakis [QS82] unabhängig voneinander entwickelt wurde. Es basiert auf einem *Modell*, welches beschreibt, *wie* sich das System *tatsächlich* verhält, und einer *Spezifikation*, die vorschreibt *was* das *gewünschte* Verhalten des Systems sein soll. Mit diesen Eingabeparametern kann ein Programm, der *Modellprüfer*, daraufhin vollautomatisch feststellen, ob das Modell die Spezifikation erfüllt. Falls eine Anforderung verletzt ist, kann

---
[3] http://adam.informatik.uni-oldenburg.de

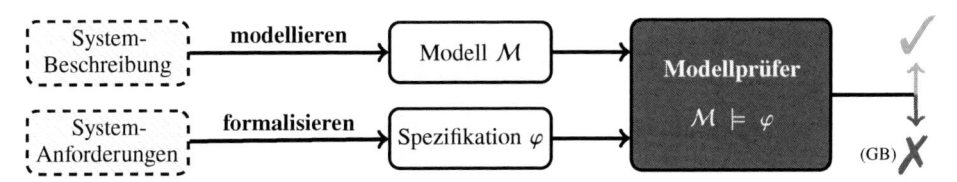

```
┌─────────────┐                    ┌──────────┐      ┌──────────────┐      ✓
│  System-    │  modellieren       │ Modell M │ ──→  │              │      ↑
│ Beschreibung│ ──────────→        └──────────┘      │ Modellprüfer │      ↓
└─────────────┘                                      │    M ⊨ φ     │
┌─────────────┐  formalisieren     ┌──────────────┐  │              │   (GB) ✗
│  System-    │ ──────────→        │Spezifikation φ│──→              │
│Anforderungen│                    └──────────────┘  └──────────────┘
└─────────────┘
```

Abb. 1: Schematischer Überblick über das Verfahren der Modellprüfung. Zunächst wird ein mathematisch präzises Modell aus dem tatsächlichen System erstellt und die Anforderungen an das System werden in einer mathematisch eindeutigen Spezifikation formalisiert. Bei Ausführung prüft der Modellprüfer vollautomatisch, ob das Modell die Spezifikation erfüllt. Im negativen Fall wird ein Gegenbeispiel (GB) erstellt, welches das spezifikationsverletzende Verhalten beschreibt.

ein Gegenbeispiel automatisch geliefert werden. Dies ermöglicht eine einfachere Diagnose des fehlerhaften Verhaltens. Dieser Ablauf ist in Abb. 1 schematisch dargestellt.

Die Modelle dieser Arbeit basieren auf *Petri-Netzen*, einem etablierten Modell für asynchrone verteilte Systeme. Ein Petri-Netz ist ein gerichteter bipartiter Graph mit Plätzen, die den aktuellen Zustand eines Prozesses im System speichern, und Transitionen, die die Zustandsänderungen ausführen. Marken stellen die nebenläufigen Prozesse des Systems dar und werden durch die Transitionen von Platz zu Platz bewegt.

Als Spezifikationssprache werden häufig temporale Logiken verwendet. Eine temporale Logik erweitert die klassische Aussagenlogik um Operatoren, die sich auf das Verhalten des Systems über die Zeit beziehen. Dadurch können wir Eigenschaften angeben wie „Eine unerwünschte Situation tritt nie ein" oder „Unter bestimmten Umständen tritt ein bestimmtes Verhalten unendlich häufig auf". Die Spezifikationssprachen dieser Dissertation bauen auf der *branching-time temporal logic (CTL*)* [EH86] und ihren Fragmenten, die *linear-time temporal logic (LTL)* [Pn77] und der *computation tree logic (CTL)* [CE81] auf. Eine große Herausforderung bei der Definition von Spezifikationen besteht darin, alle Anforderungen, die das System erfüllen soll, abzudecken.

2.2 Synthese

Während Verifikationsansätze die Korrektheit einer gegebenen Implementierung in Bezug auf eine gegebene Spezifikation *prüfen*, *leiten* Syntheseansätze die Implementierung automatisch aus einer gegebenen Spezifikation ab oder stellen ihre Nichtimplementierbarkeit fest. Dies führt zu Implementierungen, die „correct-by-construction" sind. Mit dem Syntheseansatz können sich Entwickler*innen also darauf konzentrieren, *was* die Merkmale des Systems sind, und nicht darauf, *wie* diese Merkmale durch die tatsächliche Implementierung realisiert werden.

Bei der *spielbasierten* Synthese wird das Syntheseproblem als unendliches Spiel zwischen zwei Spielern über einem endlichen Graphen formuliert. Eine Spielerin, welche das *System* repräsentiert, versucht die gegebene Spezifikation zu erfüllen, während die andere Spielerin, welche die *Umgebung* repräsentiert, versucht die Spezifikation zu verletzen. Die Zustände des Spiels sind Knoten in einem Graphen, der als *Spielarena* bezeichnet wird. Jeder Knoten ist eindeutig entweder der Umgebung oder dem System zugeordnet. Ein Spiel auf der Arena läuft in Runden ab. In jeder Runde wählt die Spielerin, der der aktuelle Knoten zugeordnet ist, einen Nachfolgeknoten. Die Spielerin kann diese Entscheidung mit vollständigem Wissen über die Spielarena und alle bisherigen Spielzüge tätigen. In *reaktiven* Systemen, also in Systemen, wo es eine permanente Interaktion mit der Umgebung gibt, sind solche Spiele im Allgemeinen von unendlicher Dauer. Die hier betrachteten Spiele sind also unendlich im Sinne der Spielabläufe, aber endlich im Sinne des Zustandsraums, d. h. der Spielarena, auf der sie gespielt werden. Eine *Strategie* für die Systemspielerin, das Spiel gegen alle möglichen Züge der Umgebung zu gewinnen, entspricht einer Implementierung, die die Spezifikation erfüllt.

Für *synchrone* verteilte Systeme haben Pnueli and Rosner gezeigt, dass das Syntheseproblem im Allgemeinen unentscheidbar ist [PR90]. Finkbeiner und Schewe identifizieren „information forks" in der Kommunikationsarchitektur als hinreichendes Kriterium für die Unentscheidbarkeit solcher Systeme [FS05]. Die Komplexität für entscheidbare Architekturen, dazu gehören z.B. „pipelines" [PR90], „two-way pipelines" und „one-way ring"-Architekturen [KV01], ist *nicht elementar* [FS05].

Für *asynchrone* verteilte Systeme baut der Syntheseteil der Arbeit auf *Petri-Spielen* [FO17] auf. Petri-Spiele sind ein Mehrspieler-Spielmodell mit einer lokalen Sicherheitsgewinnbedingung und einem *kausalitätsbasierten* Speichermodell, d.h. anfänglich wissen die Spieler nichts voneinander, nur während einer gemeinsamen Synchronisation tauschen sie ihre gesamte kausale Vergangenheit aus. Die Spieler des Spiels sind die Marken in einem klassischen Petri-Netz. In Petri-Spielen gibt es zwei Teams: die Umgebungsspieler und die Systemspieler. Das gemeinsame Ziel der Systemspieler ist es, so zusammenzuarbeiten, dass jeder Spieler seine lokale Sicherheitsspezifikation erfüllt und das gegen alle möglichen Verhaltensweisen der Umgebungsspieler. Eine erfolgreiche Strategie der Systemspieler besteht aus einer korrekten lokalen Steuerung für jeden Systemspieler. Die Suche nach solchen Lösungen ist nicht trivial, da die Spieler zu jedem Zeitpunkt des Spiels einen unterschiedlichen Informationsstand über die anderen Spieler und den globalen Zustand des Systems haben können. Darüber hinaus kann sich dieser Informationsstand, abhängig von den Entscheidungen der Spieler für Synchronisationen, im Laufe der Zeit dynamisch ändern. Obwohl das Problem im Allgemeinen unentscheidbar ist, gibt es Unterklassen von Petri-Spielen, bei denen das Problem der verteilten Synthese entscheidbar ist [FO17]. Bei Petri-Spielen mit einem Umgebungsspieler, einer begrenzten Anzahl von Systemspielern und einer lokalen Sicherheitsbedingung ist das Problem *EXPTIME-vollständig* [FO17].

3 Beitrag der Arbeit

Die Arbeit trägt zu der Entwicklung von asynchronen verteilten Systemen und deren Korrektheitsanalyse mit Hilfe von Modellprüfungs- und Syntheseverfahren bei. Zum einen wird ein Modell und eine Spezifikationssprache für den lokalen Datenfluss von Prozessen in asynchronen verteilten Systemen entwickelt und Modellprüfungsalgorithmen zur Verifikation der Korrektheit solcher Systeme bereitgestellt. Zum anderen werden, aufbauend auf dem vorherigen Modell und der Spezifikationssprache, Eingabesprachen für die Synthese von asynchronen verteilten Systemen mit kausalem Speicher entwickelt. Des Weiteren werden Lösungsalgorithmen zur automatischen Generierung korrekter Implementierungen von lokalen Steuerungen für die jeweiligen Prozesse im System eingeführt. Die praktische Nutzbarkeit wird durch Werkzeugunterstützung für beide Teile untermauert.

3.1 Modellprüfung lokaler Datenflüsse

Wir führen ein neues Verfahren zur Modellprüfung von asynchronen verteilten Systemen mit lokalen Datenflüssen ein. Das Hauptziel besteht darin, eine übersichtliche Modellierungstechnik zu haben, die die globale Konfiguration des Systems und den lokalen Datenfluss der Prozesse im System trennt und gleichzeitig praktikable Modellprüfungsalgorithmen mit vertretbarer Komplexität bereitstellt.

Die neu eingeführten *Petri-Netze mit Transits* [Fi19] ermöglichen diese Trennung, indem sie die Flussrelation von klassischen Petri-Netzen um eine sogenannte *Transitrelation* erweitern. Die globale Konfiguration des Systems und dessen Steuerung werden mit einem klassischen Petri-Netz spezifiziert, während der lokale Datenfluss der Prozesse mit den Transits spezifiziert wird. Betrachten wir zum Beispiel ein Rechnernetzwerk mit Switches, die Datenpakete gemäß einer bestimmten Routing-Konfiguration weiterleiten. Der Routing-Prozess und die möglichen Aktualisierungen seiner Konfiguration stellen die globale Steuerung des Systems dar, während der Weiterleitungsprozess der unbegrenzten Anzahl von Paketen, die zu jederzeit in das Netz eintreten können, den Datenfluss darstellt.

Die neu eingeführte temporale Logik *Flow-CTL** [Fi20b] erlaubt es uns, mit LTL das globale Verhalten des Systems zu spezifizieren, z. B. um Maximalitäts- und Fairnessannahmen zu definieren. Außerdem kann CTL* genutzt werden, um die Korrektheit des lokalen Datenflusses der entsprechenden Läufe zu spezifizieren. Schlussendlich ist eine Spezifikation aus einzelnen Anforderungen an den Datenfluss zusammensetzbar, die dabei abhängig von verschiedenen Kontrollläufen sein können. Im Netzwerkszenario können sich Entwickler*innen beispielsweise auf unterschiedliche nebenläufige Aktualisierungsroutinen für den Routing-Prozess mit separaten Spezifikationen konzentrieren. Die Modellprüfungsalgorithmen können dann z. B. sicher stellen, dass das Ausrollen dieser Aktualisierungen keine Paketverluste oder Routing-Schleifen im Netz verursacht.

Wir stellen spezielle Modellprüfungsalgorithmen für die verschiedenen Fragmente von Flow-CTL* zur Verfügung. Der Algorithmus für das Linear-Time-Fragment *Flow-LTL* [Fi19] hat eine *einfach-exponentielle* Zeitkomplexität. Viele Anforderungen realer Probleme lassen sich durch Spezifikationen mit linearer Zeit ausdrücken. Zum Beispiel werden die gewünschten Anforderungen des Netzwerkszenarios in der Arbeit mit Flow-LTL

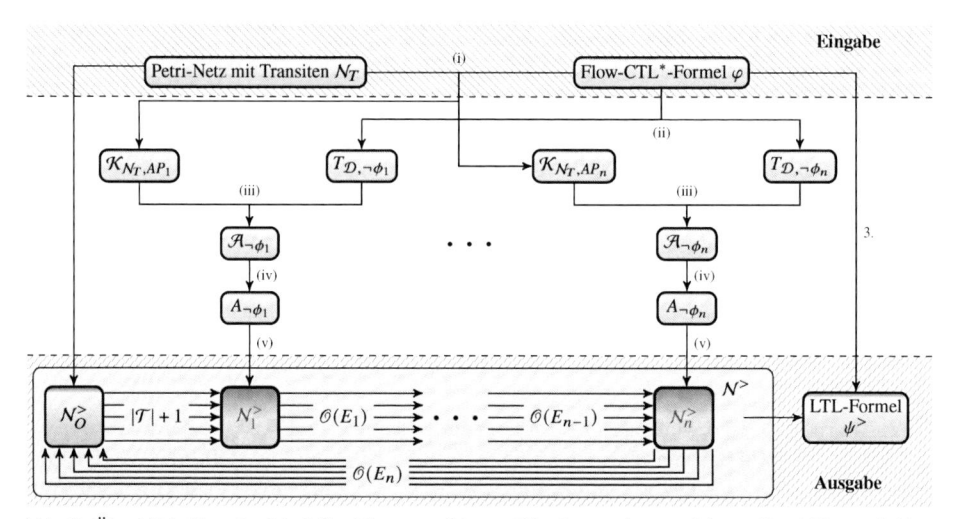

Abb. 2: Überblick über das Modellprüfungsverfahren: Für ein gegebenes sicheres Petri-Netz mit Transits $\mathcal{N}_T$ und eine Flow-CTL*-Formel φ, wird ein klassisches Petri-Netz $\mathcal{N}^>$ und eine LTL-Formel $\psi^>$ erstellt: Für jede Datenfluss-Teilformel $\mathbb{A}\,\phi_i$, wird *(i)* die beschriftete Kripke-Struktur $\mathcal{K}_{\mathcal{N}_T,AP_i}$ und *(ii)* der alternierende Baumautomat $T_{\mathcal{D},\neg\phi_i}$ konstruiert, daraus wird der alternierende Wortautomat $\mathcal{A}_{\neg\phi_i} = \mathcal{K}_{\mathcal{N}_T,AP_i} \times T_{\mathcal{D},\neg\phi_i}$ erzeugt, und daraus *(iv)* der Büchi-Automat $A_{\neg\phi_i}$ mit Kanten E_i, welcher dann in ein Petri-Netz $\mathcal{N}_i^>$ umgewandelt wird. Diese Teilnetze werden so zu einem Gesamt-Petri-Netz $\mathcal{N}^>$ zusammengesetzt, dass sie für jede im originalen Netz gefeuerte Transition sequentiell aktiviert werden. Die konstruierte Formel $\psi^>$ überspringt für den globalen Teil von φ diese sequentiellen Schritte und prüft die Akzeptanz des erratenen Datenflussbaums für jeden Automaten im entsprechenden Teilnetz. Das anfängliche Modellprüfungsproblem wird dann durch Prüfung von $\mathcal{N}^> \models_{\mathrm{LTL}} \psi^>$ gelöst.

spezifiziert. Die gewünschten Anforderungen für die andere in der Arbeit vorgestellte Anwendungsdomäne, die Zugangskontrolle für Gebäude, werden durch das Branching-Time-Fragment *Flow-CTL* [Fi20b] ausgedrückt. Hier stellt der Datenfluss die möglichen Wege von Personen in einem Gebäude dar. Der entsprechende Modellprüfungsalgorithmus hat eine *doppelt-exponentielle* Zeitkomplexität. Für die vollständige Flow-CTL*-Logik hat der bereitgestellte Algorithmus eine *dreifach-exponentielle* Zeitkomplexität.

Wir reduzieren das Problem, ob ein Petri-Netz mit Transits eine Flow-CTL*-Formel erfüllt auf das Problem, ob ein klassisches Petri-Netz eine LTL-Formel erfüllt. Für Flow-CTL* und Flow-CTL, basiert diese Reduktion auf einer Folge von Automatenkonstruktionen für jede einzelne Anforderung an den Datenfluss. Eine Übersicht über die Reduktion ist in Abb. 2 gegeben. Für Flow-LTL stellen wir zwei verschiedene Algorithmen zur Verfügung, die beide die komplexe Automatenkonstruktionen vermeiden. Bei der ersten Konstruktion handelt es sich um einen Algorithmus mit *einfach-exponentieller* Laufzeit, der die nötigen Teilnetze für jede einzelne Anforderung an den Datenfluss in einer sequentiellen Reihenfolge verknüpft [Fi19]. Die zweite Konstruktion verknüpft die Teilnetze parallel, was zu einem Algorithmus mit *doppelt-exponentieller* Laufzeit für Spezifikationen mit mehr als einer einzelnen Anforderung an den Datenfluss führt [Fi20a]. Der zweite Exponent ist jedoch nur von der Anzahl der in der Formel verwendeten separaten Anforderungen an den Datenfluss abhängig. Bei den Beispielen aus dem Netzwerkszenario, deren Spezifikationen nur wenige solcher Anforderungen enthalten, ist dieser Ansatz in der Praxis – trotz schlechterer theoretischer Komplexität – immer noch deutlich schneller als der sequentielle Ansatz.

Schlussendlich reduzieren wir das Modellprüfungsproblem für sichere Petri-Netze und LTL mit Stellen und Transitionen als atomare Präpositionen auf ein Hardware-Modellprüfungsproblem, indem wir das Petri-Netz in einen Schaltkreis kodieren [Fi19]. Auf diese Weise können wir die aktuellen Algorithmen und Werkzeugboxen, die es in diesem Umfeld gibt, nutzen um unser anfängliches Modellprüfungs-Problem zu lösen. Die Korrektheit aller Reduktionen ist mit Hilfe ausführlicher Beweise nachgewiesen. Die Implementierung der Algorithmen in dem Tool ADAMMC [Fi20a; GHY21] ermöglichte es, Beispielspezifikationen für nebenläufige Aktualisierungsroutinen in Netzwerktopologien zu verifizieren und falsifizieren. Das Tool konzentriert sich auf die Ansätze bezüglich der Flow-LTL-Spezifikationen und bietet aktuell für Flow-CTL-Spezifikationen nur Algorithmen in einem frühen Entwicklungsstadium an.

3.2 Synthese von Verteilten System mit lokalen Bedingungen

Auf der Grundlage der Ergebnisse des vorherigen Teils, geht dieser Teil von der Verifikation zur Synthese über. Wir stellen ein neues Verfahren für die Synthese von asynchronen verteilten Systemen mit kausalem Speicher und lokalen Datenflüssen vor. Das Modell, genannt *Petri-Spiele mit Transits*, kombiniert die Eigenschaften von Petri-Spielen [FO17] und Petri-Netzen mit Transits [Fi19]. In Petri-Spielen tragen die Marken beim Fließen durch das Netz Informationen über ihre kausale Vergangenheit mit sich. Diese Informationen können von den Spieler*innen verwendet werden, um sich für die nächsten Züge zu entscheiden. In Petri-Spielen mit Transits definiert der Datenfluss eine weitere Ebene des Informationsflusses. Diese Ebene wird verwendet, um die Anforderungen an die Korrektheit des Systems zu spezifizieren.

Für die neuen Gewinnbedingungen erlauben wir eine *existentielle* Sicht (*gibt* es im System einen Fluss, der das Ziel erfüllt?) und eine *universelle* Sicht (erfüllen *alle* Flüsse im System das Ziel?). Wir definieren Sicherheits-, Erreichbarkeits-, Büchi-, Co-Büchi- und Paritätsbedingungen jeweils in beiden Sichten. Außerdem beschränken wir die Spezifikationssprache Flow-LTL [Fi19] auf ihr lokales Fragment und erweitern sie um die existentielle Sicht.

Wir lösen das Syntheseproblem mit lokalen Spezifikationen für 1-beschränkte Petri-Spiele mit Transits, die einen Umgebungsspieler, eine begrenzte Anzahl von Systemspielern und keine gemischte Kommunikation haben. Letztere Eigenschaft bedeutet, dass eine Systemspielerin niemals eine Kommunikation mit der Umgebung anbieten und gleichzeitig ein selbständiges Fortschreiten mit anderen Systemspielerinnen erlauben darf. Dies ermöglicht es uns, erstmals Petri-Spiele mit Gewinnbedingungen zu lösen, die über Sicherheitsanforderungen hinausgehen. Darüber hinaus können in Petri-Spielen mit Transits eine

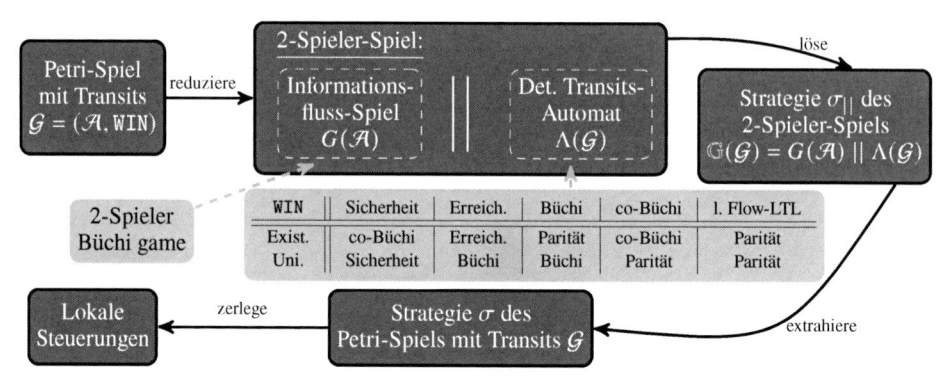

Abb. 3: Ein Überblick über das Entscheidungsverfahren für Petri-Spiele mit Transits und lokalen Gewinnbedingungen. Aus dem Petri-Spiel mit Transits $\mathcal{G} = (\mathcal{A}, \text{WIN})$ wird zunächst das Produkt aus einem Büchi-Spiel mit zwei Spielern $G(\mathcal{A})$, das die generellen Eigenschaften einer Strategie abbildet, und dem deterministischen Transits-Automaten $\Lambda(\mathcal{G})$, der die lokale Gewinnbedingung WIN des Datenflusses abbildet, gebildet. Die unterschiedlichen Gewinnbedingungen von $\mathcal{G}$ führen zu unterschiedlichen Akzeptanzbedingungen von $\Lambda(\mathcal{G})$. Eine Strategie $\sigma_{\|}$ für den Spieler 0 des Produktspiels kann (falls vorhanden) durch Anwendung von klassischen Spiellösungs-Verfahren ermittelt werden. Diese Strategie wird verwendet, um die Gewinnstrategie σ für die Systemspieler von $\mathcal{G}$ zu ermitteln. Wenn in der Arena $\mathcal{A}$ jede Stelle zu einem passenden Prozess zugeordnet wurde, dann kann σ leicht in die lokalen Steuerungen der einzelnen Prozesse zerlegt werden.

unbeschränkte Anzahl von Datenflüssen modelliert werden. Eine unbeschränkte Anzahl von Marken macht Petri-Spiele [FO17] (und damit auch Petri-Spiele mit Transits) dagegen unentscheidbar. Damit bieten Petri-Spiele mit Transits die Möglichkeit, unbeschränkte Merkmale zu modellieren und haben dabei trotzdem ein entscheidbares Syntheseproblem.

Das Syntheseproblem für Petri-Spiele mit Transits und lokalen Gewinnbedingungen wird auf das Syntheseproblem eines Zwei-Spieler-Spiels über einem endlichen Graphen mit vollständiger Information reduziert. Der Lösungsalgorithmus reduziert das komplizierte kausale Speichermodell der Spieler im Petri-Spiel mit Transits auf ein vollständiges Informationsmodell, das von der Gewinneigenschaft der Strategie losgelöst ist. Dies ermöglicht es uns, die allgemeine Existenz einer Strategie für die Systemspieler im Petri-Spiel mit Transits auf die Lösung eines Büchi-Spiels mit zwei Spielern zu reduzieren, während die Gewinneigenschaft der Strategie auf die Akzeptanz durch geeignet konstruierte Automaten reduziert wird. Diese Trennung und die Generalität der Beweise trägt zur Allgemeinheit des vorgestellten Lösungsalgorithmuses bei und ermöglicht eine einfachere Erweiterbarkeit auf weitere Gewinnbedingungen. Ein Überblick über die Reduktion ist in Abb. 3 dargestellt. Die Komplexität des Synthesealgorithmuses hängt von der Gewinnbedingung des Petri-Spiels mit Transits ab. Für die existentiellen und universellen Gewinnbedingungen ist das Syntheseproblem für Petri-Spiele mit Transits *EXPTIME-vollständig*. Für lokale Flow-LTL Gewinnbedingungen ist die Komplexität *einfach-* bzw. *doppelt-exponentiell* in der Größe des Petri-Spiels mit Transits und *doppelt-* bzw. *dreifach-exponentiell* in der Größe der

Formel. Dies ist abhängig davon, ob in der Formel eine Mischung aus existentiellen und universellen lokalen Datenflussspezifikationen verwendet wird.

Das Werkzeug ADAMSYNT [FGO15; Fi17; GHY21] bietet BDD-basierte Algorithmen zum Lösen des verteilten Syntheseproblems für 1-beschränkte Petri-Spiele mit einem Umgebungsspieler, einer begrenzten Anzahl von Systemspielern, keiner gemischten Kommunikation und einer lokalen Sicherheitsbedingung. Darüber hinaus haben wir Algorithmen für High-Level-Petri-Spiele [GO21] (eine kompakte Darstellung von Mengen von Petri-Spielen) implementiert, welche die Symmetrien im System [GOW20; GW21] (die theoretischen Ergebnisse sind nicht Teil dieser Arbeit) ausnutzen. BDD-basierte Algorithmen für Teilklassen von Petri-Spielen mit Transits sind in einem frühen Entwicklungsstadium.

4 Schlussfolgerung

Diese Arbeit leistet einen Beitrag zur *korrekten* Entwicklung von *asynchronen verteilten Systemen* durch zwei sich ergänzende Ansätze: *Modellprüfung* und *Synthese*. Für beide Ansätze haben wir neue *Modellierungs-* und *Spezifikations*-Formalismen entwickelt, die es ermöglichen, Anforderungen an den unbeschränkten Datenfluss in asynchronen verteilten Systemen zu stellen. Die Arbeit stellt bewiesen korrekte *Lösungsalgorithmen* für die entsprechenden Modellprüfungs- und Syntheseprobleme zur Verfügung, die trotz der unbegrenzten Eigenschaften des Datenflusses und des unvollständigen Wissens der Systemkomponenten über die Umgebung in asynchronen verteilten Systemen eine angemessene Zeitkomplexität aufweisen. Die Implementierungen dieser Algorithmen behandeln das Problem der Zustandsraumexplosion, welches sich aus den unterschiedlichen Ausführungsreihenfolgen der asynchronen Komponenten in einem verteilten System ergibt, mit Hilfe einer Reduktion auf ein Hardware-Modellprüfungsproblem bzw. durch symbolische Algorithmen.

Literaturverzeichnis

[CE81]   Clarke, E. M.; Emerson, E. A.: Design and Synthesis of Synchronization Skeletons Using Branching-Time Temporal Logic. In: Logics of Programs. S. 52–71, 1981.

[EH86]   Emerson, E. A.; Halpern, J. Y.: "Sometimes" and "Not Never" revisited: on branching versus linear time temporal logic. J. ACM 33/1, S. 151–178, 1986.

[FGO15] Finkbeiner, B.; Gieseking, M.; Olderog, E.: Adam: Causality-Based Synthesis of Distributed Systems. In: Proc. of CAV. S. 433–439, 2015.

[Fi17]   Finkbeiner, B.; Gieseking, M.; Hecking-Harbusch, J.; Olderog, E.: Symbolic vs. Bounded Synthesis for Petri Games. In: Proc. of SYNT. S. 23–43, 2017.

[Fi19]   Finkbeiner, B.; Gieseking, M.; Hecking-Harbusch, J.; Olderog, E.: Model Checking Data Flows in Concurrent Network Updates. In: Proc. of ATVA. S. 515–533, 2019.

[Fi20a]   Finkbeiner, B.; Gieseking, M.; Hecking-Harbusch, J.; Olderog, E.: AdamMC: A Model Checker for Petri Nets with Transits against Flow-LTL. In: Proc. of CAV. S. 64–76, 2020.

[Fi20b]   Finkbeiner, B.; Gieseking, M.; Hecking-Harbusch, J.; Olderog, E.: Model Checking Branching Properties on Petri Nets with Transits. In: Proc. of ATVA. S. 394–410, 2020.

[FO17]   Finkbeiner, B.; Olderog, E.: Petri games: Synthesis of distributed systems with causal memory. Inf. Comput. 253/, S. 181–203, 2017.

[FS05]   Finkbeiner, B.; Schewe, S.: Uniform Distributed Synthesis. In: Proc. of LICS. S. 321–330, 2005.

[GHY21]   Gieseking, M.; Hecking-Harbusch, J.; Yanich, A.: A Web Interface for Petri Nets with Transits and Petri Games. In: Proc. of TACAS. S. 381–388, 2021.

[Gi22]   Gieseking, M.: Correctness of Data Flows in Asynchronous Distributed Systems - Model Checking and Synthesis, Diss., University of Oldenburg, 2022.

[GO21]   Gieseking, M.; Olderog, E.: High-Level Representation of Benchmark Families for Petri Games. In: Model Checking, Synthesis, Learning. S. 115–137, 2021.

[GOW20]   Gieseking, M.; Olderog, E.; Würdemann, N.: Solving high-level Petri games. Acta Informatica 57/3-5, S. 591–626, 2020.

[GW21]   Gieseking, M.; Würdemann, N.: Canonical Representations for Direct Generation of Strategies in High-Level Petri Games. In: Proc. of PETRI NETS. S. 95–117, 2021.

[KV01]   Kupferman, O.; Vardi, M. Y.: Synthesizing Distributed Systems. In: Proc. of LICS. S. 389–398, 2001.

[Pn77]   Pnueli, A.: The Temporal Logic of Programs. In: 18th Annual Symposium on Foundations of Computer Science. S. 46–57, 1977.

[PR90]   Pnueli, A.; Rosner, R.: Distributed Reactive Systems Are Hard to Synthesize. In: Proc. of FOCS. S. 746–757, 1990.

[QS82]   Queille, J.; Sifakis, J.: Specification and verification of concurrent systems in CESAR. In: International Symposium on Programming. S. 337–351, 1982.

Manuel Gieseking hat sein Studium an der Hochschule Bremen als Medieninformatiker begonnen. Die theoretischen Inhalte verlockten jedoch zu sehr, sodass er an die Carl von Ossietzky Universität nach Oldenburg wechselte, um dort Mathematik und Informatik zu studieren. Nach seinem Master in der Informatik hat er dort auch seine Promotion absolviert. Neben der großen Freude an der Lehre hat er während seiner Promotion die theoretischen Ergebnisse immer wieder gerne in Werkzeuge gegossen, die sich quelloffen gesammelt auf folgender GitHub-Seite befinden: https://github.com/adamtool.

Papierabruf, Zusammenfassung und Zitaterzeugung [1]

Nianlong Gu[2]

Abstract: Diese Arbeit präsentiert ein integriertes System für effizienten Abruf, Zusammenfassung und Erzeugung von Zitaten wissenschaftlicher Literatur. Wir schlagen ein Zwei-Stufen-Zitationsempfehlungssystem vor, das Geschwindigkeit und Genauigkeit ausbalanciert. Darüber hinaus stellen wir ein leichtgewichtiges Modell auf Basis von verstärkendem Lernen vor, um wissenschaftliche Artikel effizient zusammenzufassen. Wir präsentieren auch ein steuerbares Modell zur Zitaterzeugung, das durch bestimmte Zitatattribute gesteuert wird. Schließlich werden diese Teilsysteme in einer benutzerfreundlichen Benutzeroberfläche vereint, die zur KI-gesteuerten wissenschaftlichen Schlussfolgerung beiträgt und Autoren beim wissenschaftlichen Schreiben unterstützt.

1 Einleitung

Wissenschaftliche Schlussfolgerung kombiniert Beobachtung mit Vorwissen, um Schlussfolgerungen zu ziehen. Dieser Prozess führte zur Entdeckung von Neptun, als Unregelmäßigkeiten in der Umlaufbahn von Uranus auf ein unbekanntes Objekt hinwiesen. Diese Errungenschaft, die Newtons Gravitationsgesetz hervorhebt, hat seitdem zu anderen bedeutenden wissenschaftlichen Fortschritten wie der Quantenphysik und der Relativitätstheorie geführt. Wissenschaftliches Denken ist ein komplexer Prozess, der erhebliche Zeit erfordert, um relevante Literatur zu lesen und das erforderliche Vorwissen zu erlangen. Dennoch können menschliche kognitive Einschränkungen immer noch zu unzureichendem Wissen für unvoreingenommene, vernünftige Schlussfolgerungen führen. In dieser Studie untersuchen wir das Potenzial des Einsatzes künstlicher Intelligenz (KI), um wissenschaftliche Schlussfolgerungen zu automatisieren und damit diese Herausforderungen anzugehen.

Wissenschaftliche Schlussfolgerungen in wissenschaftlichen Arbeiten werden exemplarisch im Diskussionsteil des Manuskripts dargestellt, der oft auf den Ergebnisteil folgt, wie es in 63% der biomedizinischen Artikel im PubMed Central Open Access-Subset zu beobachten ist. Autoren vergleichen in der Regel experimentelle Ergebnisse mit verwandter Literatur, um Schlussfolgerungen zu ziehen. Dieser Prozess, der Ergebnisse als Beobachtungen, Literatur als Vorwissen und Diskussionsaussagen als Schlussfolgerungen umfasst, verkörpert wissenschaftliche Schlussfolgerungen. Da all diese Komponenten in natürlicher Sprache vorliegen, ist eine Automatisierung des Schreibens von Diskussionen mithilfe von Natural Language Processing (NLP)-Techniken möglich.

---

[1] Englischer Titel der Dissertation: "Paper Retrieval, Summarization and Citation Generation"
[2] ETH Zürich, Department of Information Technology and Electrical Engineering, Winterthurerstrasse 190, 8057 Zürich, Switzerland nianlong@ini.ethz.ch

Die Generierung von Diskussionsteilen durch NLP-Modelle stellt aufgrund der komplexen Natur der Abschnitte Ërgebnisseünd "Diskussionërhebliche Herausforderungen dar. Bestehende Sequence-to-Sequence-Modelle wie Transformers stoßen an Grenzen bei der Verarbeitung langer Eingabe- und Ausgabezeichenfolgen, die in der Regel auf 512 bis 1024 Tokens begrenzt sind. Anstatt darauf abzuzielen, den gesamten Diskussionsteil zu generieren, konzentriert sich dieser Artikel auf eine vorläufige Aufgabe: die Generierung von Zitatsätzen, die relevante Literatur referenzieren und diskutieren. Diese Entscheidung basiert darauf, dass das Zitieren und Diskutieren relevanter Arbeiten wesentliche Bestandteile des Diskussionsteils sind. Darüber hinaus kann das Verfassen von Zitatsätzen als mikroskopische wissenschaftliche Schlussfolgerung betrachtet werden, bei der Beobachtungen aus dem Kontext des Manuskripts und Vorwissen aus relevanten Arbeiten kombiniert werden, um Schlussfolgerungen oder Aussagen zu bilden. Diese Dissertation wurde in der ETH-Bibliothek veröffentlicht [Gu23].

2 Probleme und Motivation

Die Forschung in natürlicher Sprachverarbeitung (NLP) unterstützt Wissenschaftler, passende Artikel zu finden und zu zitieren. Es gibt Methoden, die allgemeine Informationen über Artikel nutzen, während andere auf spezifische Kontexte abzielen. Neuronale Modelle helfen, den Kerninhalt von Dokumenten zu verdichten und können verschiedene Textarten, auch wissenschaftliche Artikel, zusammenfassen. Die Zusammenfassungen können entweder ausgewählte Originalsätze [Zh20] oder neu erstellte Kurztexte sein [Hu21]. Ein besonderes Modell unterstützt Wissenschaftler beim Zitieren, indem es spezifische Textabschnitte und Zusammenfassungen der zitierten Artikel nutzt. Dieser Ansatz wurde um zusätzliche Informationen erweitert. Einige Studien erstellen auch einen Abschnitt über verwandte Arbeiten.

Trotz Fortschritten in automatischer Literaturrecherche, Zusammenfassung und Zitatgenerierung gibt es immer noch Herausforderungen bei der Nutzung dieser NLP-Techniken, um Forscher und Autoren bei der Erstellung wissenschaftlicher Artikel in der Praxis zu unterstützen.

2.1 Papierabruf

Die zunehmende Menge an wissenschaftlicher Literatur stellt eine Herausforderung für Empfehlungssysteme für Publikationen dar. Zum Beispiel enthalten Datenbanken wie S2ORC [Lo20] und PubMed Central Open Access (PMCOA) [Me03] Millionen von Artikeln, und diese Zahlen nehmen täglich zu. Während diese Fülle an Literatur den Forschern mehr Möglichkeiten bietet, erschwert sie gleichzeitig die Suche nach relevanten Papieren im Zeitalter der Informationsüberlastung.

Empfehlungsmodelle wie Graph Convolutional Networks (GCNs) [Je19] und große, vorab trainierte Sprachmodelle wie BERT [De19] können Zielzitate präzise abrufen. Allerdings sind diese Modelle rechentechnisch komplex, um mit einer großen Anzahl von Artikeln umzugehen. Andererseits bewerten Embedding-basierte Methoden [Gö20; PGJ18] Dokumente basierend auf ihrer Ähnlichkeit zu einer Abfrage mithilfe von Techniken wie Kosinus-Ähnlichkeit oder euklidischem Abstand. Diese Methoden sind effizient, da Dokumenten-Embeddings vorberechnet werden können und die Suche nach ähnlichsten Nachbarn beschleunigt werden kann. Allerdings sind sie, wie in Guo et al. [Gu19] diskutiert wird, weniger genau als BERT-basierte Abrufmethoden. Die Balance zwischen Genauigkeit und Geschwindigkeit ist entscheidend bei der Entwicklung eines praktischen Empfehlungssystems für wissenschaftliche Veröffentlichungen.

2.2 Wissenschaftliche Arbeiten zusammenfassen

Diese Studie konzentriert sich auf extraktive Zusammenfassungen, die in Syntax und Inhalt zuverlässiger sind als abstrakte Zusammenfassungen. Die Hauptherausforderung bei der extraktiven Zusammenfassung wissenschaftlicher Literatur ist die Länge der Dokumente. Unsere Forschung [GAH22] zeigt, dass wissenschaftliche Artikel aus dem arXiv-Datensatz durchschnittlich 5.206 Wörter und 206 Sätze im Hauptteil umfassen. Im Gegensatz dazu haben Dokumente im häufig verwendeten Dokumenten-Summary-Benchmark CNN/DM durchschnittlich nur 692 Wörter und 35 Sätze. Die längere Länge wissenschaftlicher Artikel erfordert ein Zusammenfassungsmodell, das effizient mit Dokumenten umgeht, die Hunderte von Sätzen und Tausende von Tokens enthalten.

Die Anwendung von Transformer-basierten Modellen wie BERT zur Textzusammenfassung stößt oft auf Herausforderungen aufgrund ihrer Beschränkungen hinsichtlich der Sequenzlängen. Die meisten dieser Modelle können Sequenzen von maximal 512 oder 1024 Tokens verarbeiten. Diese Beschränkung ergibt sich aus der hohen Speicherkomplexität, die in den Aufmerksamkeitsmechanismen dieser Modelle zum Einsatz kommt.

Die Speicherkomplexität stellt einen Hauptfaktor dar, der die Kapazität dieser Modelle bei der Verarbeitung langer Textsequenzen einschränkt. Die Aufmerksamkeitsmechanismen generieren Abfrage-, Schlüssel- und Wertmatrizen:

$$\text{Attention}(Q, K, V) = \text{softmax}\left(\frac{QK^T}{\sqrt{d_k}}\right)V \tag{1}$$

$Q, K, V \in R^{n \times d_k}$ repräsentieren die Abfrage-, Schlüssel- und Wertmatrizen in jeder Aufmerksamkeitsschicht für jedes Token in der Sequenz, wobei d_k die verborgene Dimension darstellt. Da die Speicherkomplexität proportional zum Quadrat der Anzahl der Tokens ist ($O(n^2)$), steigt der Speicherbedarf mit zunehmender Sequenzlänge rapide an.

Um diese Herausforderung zu überwinden, haben Huang et al. [2021] einen effizienten Transformer vorgeschlagen, der die Speicherkomplexität durch eine modifizierte Aufmerksamkeitsberechnung auf einen linearen Faktor reduziert. Obwohl dieser Ansatz dazu beiträgt, die Einschränkungen herkömmlicher Transformer-Modelle zu überwinden, hat er immer noch viele trainierbare Parameter, was das Training von Grund auf erschwert und den Inferenzprozess verlangsamt.

Um diese Herausforderungen zu adressieren, schlagen wir ein Modell für die extraktive Zusammenfassung vor, das speziell darauf abzielt, lange wissenschaftliche Dokumente effizient zusammenzufassen. Unser Modell ist auf die Optimierung von Speicher- und Rechenzeit ausgelegt und erfordert keine Trunkierung langer Dokumente. Damit bietet es eine schnelle und effiziente Lösung für die Zusammenfassung von wissenschaftlichen Texten.

2.3 Erzeugung von Zitaten

Die Zitaterzeugung zielt darauf ab, eine Reihe von Zitaten zu erstellen, die innerhalb des Kontexts eines Manuskripts auf ein Papier verweisen und es diskutieren. Traditionell wurde diese Aufgabe als Problem der abstrakten Zusammenfassung angegangen. Zum Beispiel schlug [Ge21; XFW20] ein Sequence-to-Sequence-Modell vor, das kontextuelle Sätze aus dem Manuskript und die Zusammenfassung des zitierten Artikels als Eingabe nimmt und einen Zitatssatz als Ausgabe generiert. Diese Herangehensweise vernachlässigt jedoch, dass die Art und Weise, wie ein Papier zitiert wird, von verschiedenen bedingten Faktoren abhängen kann. Diese Faktoren umfassen die Zitationsabsicht (z. B. Einführung in den Hintergrund, Beschreibung der Methode oder Vergleich der Ergebnisse), die Schlüsselwörter, die zur Zitation eines bestimmten Papiers führen, und relevante Phrasen im Text des zitierten Papiers, die Details enthalten, auf die der Autor verweisen möchte. Wir argumentieren, dass Zitationsmodelle, die in diesem vereinfachten Kontext trainiert wurden, Schwierigkeiten haben können, die generierten Zitate an benutzerspezifische Bedingungen anzupassen, was ihre Nützlichkeit in realen Szenarien einschränkt, in denen Autoren Hilfe bei der Zitierung von Artikeln benötigen.

Anstatt sich ausschließlich auf die Automatisierung zu konzentrieren, wie in früheren Studien von Xing et al. [XFW20], ist unser Ziel die Entwicklung eines Zitationssystems mit größerer Kontrolle. Dieses System kann unterschiedliche Zitate generieren, wenn Benutzer verschiedene Attribute für den gewünschten Satz von Zitaten angeben. Die verbesserte Kontrollierbarkeit unseres Zitationssystems ermöglicht es Benutzern, die generierten Zitate flexibel anzupassen und so die Wahrscheinlichkeit zu erhöhen, dass geeignete Zitatsätze erzeugt werden, die den Zitationsanforderungen des Autors entsprechen.

2.4 Lösung für gemeinsames Retrieval, Zusammenfassung und Erstellung von Zitaten

Die Unterstützung von wissenschaftlichen Schreibprozessen durch getrennte NLP-gestützte Funktionen kann komplex und ineffizient sein. Forscher müssen häufig unterschiedliche Tools und Plattformen nutzen, um relevante Literatur zu finden, Zusammenfassungen zu erstellen und Zitiersätze zu generieren. Ein solcher fragmentierter Ansatz kann eine Barriere für die Akzeptanz und Nutzung dieser fortschrittlichen Tools darstellen.

Deshalb zielt diese Arbeit darauf ab, eine integrierte Plattform zu entwickeln, die den gesamten Prozess der wissenschaftlichen Literaturrecherche und -schreibung in einer einzigen, umfassenden Umgebung unterstützt. Dazu gehören das Durchsuchen von Literatur, das Lesen und Zusammenfassen relevanter Artikel und das Erzeugen von Zitattexten.

Wir planen, unsere entwickelten Module für Literaturrecherche, extraktive Zusammenfassung und Zitiergenerierung in die Plattform zu integrieren. Diese kombinierte Plattform wird den Nutzern ermöglichen, relevante Artikel zu suchen, wichtige Punkte herauszufiltern und Referenztexte zu generieren, alles in einem einzigen System.

Darüber hinaus bietet diese Plattform die Flexibilität, weitere NLP-gestützte Funktionen einzuführen, um die Benutzererfahrung weiter zu verbessern und den gesamten wissenschaftlichen Schreibprozess zu vereinfachen. Diese integrative Herangehensweise wird es Autoren ermöglichen, ihre Forschungs- und Schreibprozesse effizienter und produktiver zu gestalten.

3 Beiträge der Dissertation

Diese Studie untersucht umfassend vier Unterkategorien: 1) Entwurf und Implementierung eines Papierabrufsystems, das einen Ausgleich zwischen Geschwindigkeit und Genauigkeit erzielt; 2) Erforschung effizienter extraktiver Zusammenfassungsmodelle für lange wissenschaftliche Dokumente, die Redundanz effektiv reduzieren, ohne den Text übermäßig zu verkürzen; 3) Entwicklung eines steuerbaren Modells zur Generierung von Zitattexten, das Benutzern die Kontrolle über Eigenschaften wie Absicht, Schlüsselwörter und relevante Phrasen ermöglicht; 4) Entwurf und Implementierung einer Online-Plattform, die die Funktionen für Abruf, Zusammenfassung und Zitaterzeugung in einen nahtlosen Arbeitsablauf integriert.

3.1 Effizientes System zur Empfehlung lokaler Zitate für die Dokumentensuche [GGH22]

Um das optimale Verhältnis zwischen Effizienz und Genauigkeit bei der Papierempfehlung zu erreichen, haben wir einen zweistufigen Prozess vorgeschlagen. Er besteht aus einer

Prefetching-Phase, bei der wir eine kleine Kandidatenauswahl mit einem schnellen Abruf-Algorithmus erstellen. Die zweite Phase ist das Reranking, bei dem wir die Kandidaten neu bewerten und ordnen, basierend auf einem genaueren Ähnlichkeitsmodell. Hier nutzen wir ein auf Einbettungen basierendes System, das mittels eines siamesischen Textkodierers Vektoreinbettungen für jedes Paper berechnet. Unser Reranking verwendet ein fein abgestimmtes SciBERT-Modell, welches die Verbindung zwischen der Suchanfrage und dem Papier ermittelt und bewertet.

Um das Fehlen von umfangreichen Trainingsdatensätzen auszugleichen, haben wir einen neuen Datensatz erstellt. Dieser enthält 1,7 Millionen arXiv-Papiere und 3,2 Millionen lokale Zitatsätze, sowie Titel und Zusammenfassungen der zitierenden und zitierten Artikel. Wir haben auch die Auswirkungen unterschiedlicher Trainingsverluste auf die Leistung der Empfehlung analysiert und Strategien zur Verbesserung der Trainingskonvergenz entwickelt.

Unser Prefetching-System mit HAtten-Technologie hat in Vergleichstests besser abgeschnitten als alle anderen getesteten Systeme. Es profitiert zudem von der Kompatibilität mit GPU-Beschleunigung. Unsere Studie hat gezeigt, dass ein leistungsfähiges Prefetching-Modell für groß angelegte Zitationsempfehlungs-Pipelines von entscheidender Bedeutung ist. Es ermöglicht den Reranking-Modellen, weniger Kandidaten zu bewerten, ohne die Empfehlungsleistung zu beeinträchtigen. Dies führt zu einem besseren Gleichgewicht zwischen Geschwindigkeit und Genauigkeit.

3.2 Leichtgewichtige Dokumentenzusammenfassung mit Kenntnis der Extraktionsgeschichte [GAH22]

Um ein effizientes und redundanzresistentes extraktives Zusammenfassungssystem zu entwickeln, haben wir uns von der menschlichen Leseweise inspirieren lassen. Wir sind davon ausgegangen, dass Menschen nach dem Lesen eines Dokuments Satz für Satz eine Zusammenfassung erstellen und dabei bereits gewählte Sätze berücksichtigen. Redundanzen vermeiden sie intuitiv. Dieses Verhalten kann man als Markov-Entscheidungsprozess modellieren, bei dem die Auswahlhistorie zur Vermeidung redundanter Sätze hilft. Zudem betonen wir die Bedeutung eines effizienten Modells für die Zusammenfassung langer Dokumente, ohne den Text stark zu reduzieren.

Entsprechend dieser Leitlinien haben wir MemSum vorgestellt, ein Modell, das extraktive Zusammenfassungen als mehrstufigen episodischen Markov-Entscheidungsprozess behandelt. Es betrachtet ein Dokument als Liste von Sätzen und bewertet diese iterativ. Der Satz mit der höchsten Bewertung wird in die Zusammenfassung aufgenommen. Die Bewertungen der restlichen Sätze werden bei jeder Auswahl aktualisiert, basierend auf dem Satztext, dem globalen Kontext im Dokument und der Auswahlhistorie.

Unsere Ergebnisse zeigen, dass MemSum mit Hilfe der Auswahlhistorie kompaktere und redundanzfreiere Zusammenfassungen erstellen kann als Modelle ohne diese Historie. Dank eines effizienten Modells auf Basis bidirektionaler LSTMs und eines flachen Aufmerksamkeitsnetzes konnten wir auch lange wissenschaftliche Dokumente speichereffizient zusammenfassen. Unsere Fallstudien und menschlichen Bewertungen zeigen, dass die von MemSum erstellten Zusammenfassungen qualitativ hochwertiger sind als die konkurrierender Ansätze und weniger Redundanzen aufweisen.

3.3 Steuerbare Generierung von Zitationstexten [GH22]

Unser Konzept für ein kontrollierbares Zitiersystem basiert auf der Untersuchung konditionaler generativer Modelle. Die Idee ist, bedingte Eingaben zu nutzen, um die Generierung bestimmter Ausgaben zu fördern, wie dies in früheren Arbeiten gezeigt wurde.

Wir übertragen diesen Ansatz auf die Generierung von Zitaten. Dafür führen wir eine Reihe von zitatbezogenen Attributen als bedingten Eingabetext ein, wenn wir das Encoder-Decoder-Modell trainieren. Speziell entwickeln wir ein Conditional Citation Generation (CCG)-Modell, das kontextuellen Text aus dem Manuskript sowie den Titel und die Zusammenfassung der zitierten Arbeit als Grundeingaben und Zitierattribute der Zielzitate als bedingte Eingaben verwendet. Das CCG-Modell wird trainiert, um den Zielzitatensatz zu generieren, der die zitierte Arbeit im Kontext des Manuskripts zitiert.

Außerdem schlagen wir ein auf SciBERT basierendes Modul zur Vorschlag von Attributen vor. Es kann mögliche Schlüsselwörter, Sätze und die wahrscheinlichste Zitierabsicht vorschlagen. Das Modul ermöglicht es dem Benutzer, die vorgeschlagenen Attribute auszuwählen, um die Generierung durch das CCG-Modul zu steuern.

Unsere Experimente zeigen, dass unser CCG-Modul eine gute Kontrolle über die verschiedenen angebotenen Zitierattribute ermöglicht und unser Attributvorschlagsmodul effektiv relevante Zitierattribute vorschlägt.

3.4 SciLit: Integrierte Plattform für kollaboratives Retrieval, Zusammenfassung und Zitatgenerierung [akzeptiert von ACL 2023]

In dieser Systemvorstellung präsentieren wir SCILIT, eine Plattform für die Suche, Zusammenfassung und Zitierung wissenschaftlicher Arbeiten. SCILIT besteht aus einem NLP-Backend und einem benutzerfreundlichen Frontend, das mit React JS erstellt wurde.

Für das Backend haben wir Algorithmen entwickelt, die auf unserer aktuellen Forschung basieren, für das Durchsuchen von Artikeln, das Zusammenfassen und das Generieren von Zitaten. Mehr als 136 Millionen wissenschaftliche Arbeiten aus S2ORC haben wir verarbeitet und indexiert, um Nutzern eine umfangreiche Datenbank zum Durchsuchen, Zusammenfassen und Zitieren von Arbeiten zu bieten.

Wir haben die Effizienz von SCILIT in Bezug auf die Literatursuche, Artikelzusammenfassung und Zitatgenerierung bewertet und einen Absatz zur Generierung verwandter Arbeiten demonstriert, um unseren vorgeschlagenen Arbeitsablauf zu illustrieren. Zudem haben wir unsere Datenbank und die Algorithmen, die wir zur Erstellung unseres Systems verwendet haben, der Öffentlichkeit durch Open-Sourcing zur Verfügung gestellt.

4 Schlussfolgerung und Ausblick

In dieser Arbeit haben wir den Einsatz von NLP-Techniken zur Unterstützung von Autoren beim Durchsuchen, Zusammenfassen und Zitieren wissenschaftlicher Artikel erforscht. Durch die Untersuchung von drei separaten Forschungsthemen - Zitierempfehlung, extraktive Zusammenfassung langer Dokumente und steuerbare Zitiergenerierung - haben wir das Potenzial von NLP-Techniken für die Automatisierung wissenschaftlicher Inferenzen evaluiert.

Unsere Studien haben eine Grundlage für weitere Forschung in diesem Bereich gelegt und den Weg für die Entwicklung eines ganzheitlichen Systems sowie einer Webplattform geebnet. Diese ermöglicht es Benutzern, unseren Arbeitsablauf effizient zu nutzen.

Wir betrachten die Generierung von Zitaten als einen speziellen Fall wissenschaftlicher Inferenz auf mikroskopischer Ebene. Das Lösen dieses Problems könnte den Prozess des Schreibens des Diskussionsteils wissenschaftlicher Artikel erleichtern, was die Möglichkeit einer vollautomatischen Diskussionsgenerierung und KI-gesteuerten wissenschaftlichen Inferenz auf der Ebene von Abschnitten oder Kapiteln eröffnet.

Für zukünftige Arbeiten schlagen wir vor, effektivere Triplet-Mining-Strategien für das Auffinden von Dokumenten in großen Datenbanken zu erforschen, speichereffiziente Reranking-Systeme zu untersuchen und eine Pipeline für die extraktive und abstrakte Zusammenfassung wissenschaftlicher Dokumente zu entwickeln. Des Weiteren planen wir, das Training des Attributvorschlagsmoduls und des bedingten Zitiermoduls zu integrieren, um die Systemleistung zu verbessern.

Darüber hinaus ist die Verwendung von großen vortrainierten Sprachmodellen wie Galactica oder ChatGPT für die Aufgabe der automatischen wissenschaftlichen Inferenz ein wichtiger Bereich von Interesse für zukünftige Forschungen.

Literatur

[De19]   Devlin, J.; Chang, M.-W.; Lee, K.; Toutanova, K.: BERT: Pre-training of Deep Bidirectional Transformers for Language Understanding. arXiv:1810.04805 [cs]/, arXiv: 1810.04805, Mai 2019, URL: http://arxiv.org/abs/1810.04805, Stand: 11.03.2020.

[GAH22] Gu, N.; Ash, E.; Hahnloser, R.: MemSum: Extractive Summarization of Long Documents Using Multi-Step Episodic Markov Decision Processes. In: Proceedings of the 60th Annual Meeting of the Association for Computational Linguistics (Volume 1: Long Papers). Association for Computational Linguistics, Dublin, Ireland, S. 6507–6522, Mai 2022, URL: https://aclanthology.org/2022.acl-long.450.

[Ge21] Ge, Y.; Dinh, L.; Liu, X.; Su, J.; Lu, Z.; Wang, A.; Diesner, J.: BACO: A Background Knowledge- and Content-Based Framework for Citing Sentence Generation. In: Proceedings of the 59th Annual Meeting of the Association for Computational Linguistics and the 11th International Joint Conference on Natural Language Processing (Volume 1: Long Papers). Association for Computational Linguistics, Online, S. 1466–1478, Aug. 2021, URL: https://aclanthology.org/2021.acl-long.116, Stand: 22.04.2022.

[GGH22] Gu, N.; Gao, Y.; Hahnloser, R. H. R.: Local Citation Recommendation with Hierarchical-Attention Text Encoder and SciBERT-Based Reranking. In (Hagen, M.; Verberne, S.; Macdonald, C.; Seifert, C.; Balog, K.; Nørvåg, K.; Setty, V., Hrsg.): Advances in Information Retrieval. Springer International Publishing, Cham, S. 274–288, 2022, ISBN: 978-3-030-99736-6.

[GH22] Gu, N.; Hahnloser, R. H.: Controllable Citation Text Generation. arXiv preprint arXiv:2211.07066/, 2022.

[Gö20] Gökçe, O.; Prada, J.; Nikolov, N. I.; Gu, N.; Hahnloser, R. H.: Embedding-based Scientific Literature Discovery in a Text Editor Application. In: Proceedings of the 58th Annual Meeting of the Association for Computational Linguistics: System Demonstrations. Association for Computational Linguistics, Online, S. 320–326, Juli 2020, URL: https://aclanthology.org/2020.acl-demos.36.

[Gu19] Guo, J.; Fan, Y.; Pang, L.; Yang, L.; Ai, Q.; Zamani, H.; Wu, C.; Croft, W. B.; Cheng, X.: A Deep Look into Neural Ranking Models for Information Retrieval. arXiv:1903.06902 [cs]/, arXiv: 1903.06902, Juni 2019, URL: http://arxiv.org/abs/1903.06902, Stand: 01.04.2020.

[Gu23] Gu, N.: Paper Retrieval, Summarization and Citation Generation, en, Doctoral Thesis, Zurich: SNF, 2023.

[Hu21] Huang, L.; Cao, S.; Parulian, N.; Ji, H.; Wang, L.: Efficient Attentions for Long Document Summarization. In: Proceedings of the 2021 Conference of the North American Chapter of the Association for Computational Linguistics: Human Language Technologies. Association for Computational Linguistics, Online, S. 1419–1436, Juni 2021, URL: https://aclanthology.org/2021.naacl-main.112.

[Je19] Jeong, C.; Jang, S.; Shin, H.; Park, E.; Choi, S.: A Context-Aware Citation Recommendation Model with BERT and Graph Convolutional Networks. arXiv:1903.06464 [cs]/, arXiv: 1903.06464, März 2019, URL: http://arxiv.org/abs/1903.06464, Stand: 17.03.2020.

[Lo20]   Lo, K.; Wang, L. L.; Neumann, M.; Kinney, R.; Weld, D.: S2ORC: The Semantic Scholar Open Research Corpus. In: Proceedings of the 58th Annual Meeting of the Association for Computational Linguistics. Association for Computational Linguistics, Online, S. 4969–4983, Juli 2020, URL: https://www.aclweb.org/anthology/2020.acl-main.447.

[Me03]   of Medicine, B. (N. L.: PMC Open Access Subset [Internet], https://www.ncbi.nlm.nih.gov/pmc/tools/openftlist/, Accesses: 2022-07-30, 2003.

[PGJ18]   Pagliardini, M.; Gupta, P.; Jaggi, M.: Unsupervised Learning of Sentence Embeddings Using Compositional n-Gram Features. In: Proceedings of the 2018 Conference of the North American Chapter of the Association for Computational Linguistics: Human Language Technologies, Volume 1 (Long Papers). Association for Computational Linguistics, New Orleans, Louisiana, S. 528–540, Juni 2018, URL: https://www.aclweb.org/anthology/N18-1049.

[XFW20]   Xing, X.; Fan, X.; Wan, X.: Automatic Generation of Citation Texts in Scholarly Papers: A Pilot Study. In: Proceedings of the 58th Annual Meeting of the Association for Computational Linguistics. Association for Computational Linguistics, Online, S. 6181–6190, Juli 2020, URL: https://aclanthology.org/2020.acl-main.550, Stand: 04. 10. 2021.

[Zh20]   Zhong, M.; Liu, P.; Chen, Y.; Wang, D.; Qiu, X.; Huang, X.: Extractive Summarization as Text Matching. In: Proceedings of the 58th Annual Meeting of the Association for Computational Linguistics. Association for Computational Linguistics, Online, S. 6197–6208, Juli 2020, URL: https://www.aclweb.org/anthology/2020.acl-main.552.

Nianlong Gu hat seinen Doktortitel in Informationstechnologie und Elektrotechnik von der ETH Zürich im Jahr 2023 erlangt. Während seines Promotionsstudiums hat er Forschung im Bereich Natural Language Processing durchgeführt, insbesondere in den Bereichen Information Retrieval, Textzusammenfassung und Zitaterzeugung. Derzeit ist Nianlong Mitglied des NCCR@LiRI-Teams, wo er als Spezialist für maschinelles Lernen tätig ist. In dieser Funktion bietet er Beratung und Unterstützung für die Wissenschaftler des NCCR Evolving Language, insbesondere auf dem Gebiet des Sprachwandels, einschließlich Themen wie vokale Segmentierung unter Verwendung von maschinellem Lernen.

Visuelle Erklärungen hochdimensionaler und zeitabhängiger Prozesse[1]

Andreas Hinterreiter[2]

Abstract: Erkenntnisgewinn aus Daten ist die Hauptmotivation sowohl für Forschung im Bereich der Datenvisualisierung als auch im maschinellen Lernen. Die Mittel, mit denen dieses Ziel erreicht werden soll, unterscheiden sich jedoch erheblich zwischen diesen Feldern. Während das maschinelle Lernen in der Regel versucht Entscheidungen zu automatisieren, rückt die Visualisierung den Menschen in den Mittelpunkt. Eine Kombination dieser unterschiedlichen Ansätze kann Nutzer:innen dabei unterstützen, effektive Einblicke in Daten zu erhalten. Diese Dissertation fasst die Ergebnisse aus fünf Arbeiten zusammen, in denen Visualisierung und maschinelles Lernen kombiniert werden – mit Fokus auf zeitliche und/oder hochdimensionale Prozesse. Dabei spannen diese Arbeiten den Bogen von Visualisierungen zur Modellanalyse bis hin zur Datenverarbeitung für Visualisierung.

1 Einführung

In seinem 1962 erschienen Positionspapier *The Future of Data Analysis* beschrieb der Statistiker John Tukey seine Vision einer neuen Disziplin, die er *data analysis* taufte. Darunter verstand er „sämtliche Prozeduren zum Analysieren von Daten, Techniken zum Interpretieren der Ergebnisse solcher Prozeduren [...] sowie sämtliche Maschinerie und Ergebnisse (mathematischer) Statistik, welche zum Analysieren von Daten angewandt werden" [Tu62, p. 2].

Tukeys facettenreiche Vision der Datenanalyse stellte sich als Katalysator für die sogenannte „Wiedergeburt der Datenvisualisierung" (engl. *rebirth of data visualization*) heraus. Unter diesem Titel fasste der Psychologe Michael Friendly eine Reihe von Entwicklungen zusammen, die im Zeitraum zwischen 1950 und 1975 dazu führten, dass die Datenvisualisierung aus ihrem jahrzentelangen Dornröschenschlaf erwachte [Fr08]. Interessanterweise leisteten Wissenschaftler im selben Zeitraum Pionierarbeit im Bereich des maschinellen Lernens (ML). So stellte zum Beispiel Rosenblatt 1958 das Perzeptron vor [Ro58] und Werbos führte 1974 die Fehlerrückführung ein [We74]. Die Entwicklungen in den beiden Bereichen der Datenvisualisierung und des maschinellen Lernens zu dieser Zeit waren durch ein gemeinsames Ziel getrieben, nämlich ein besseres Verständnis dafür, wie aus Daten Erkenntnisse gewonnen werden können.

Obwohl sich beide Disziplinen seither rasant weiterentwickelt haben, bleibt dieses Ziel des Erkenntnisgewinns aus Daten ihr gemeinsamer Nenner. Die Mittel, die in den beiden

---
[1] Englischer Titel der Dissertation: „Visual Explanations of High-dimensional and Temporal Processes"
[2] Institut für Computergrafik, Johannes Kepler Universität Linz, andreas.hinterreiter@jku.at

Feldern angewandt werden, unterscheiden sich jedoch erheblich. Datenvisualisierungen sind visuelle Repräsentationen von Datensätzen, die *Menschen* beim Durchführen verschiedener Aufgaben unterstützen sollen [Mu14]. Maschinelles Lernens konzentriert sich eher auf die Entwicklung prädiktiver Modelle, um die Lösung bestimmter Aufgaben möglichst zu *automatisieren* [Ng22].

Im Laufe der letzten Jahrzehnte wurde immer deutlicher, dass der auf den Menschen ausgelegte Ansatz der Visualisierung nicht mit den auf Automatisierung fokussierten Methoden des ML in Konkurrenz stehen muss. Vielmehr birgt eine Kombination der unterschiedlichen Ansätze ein enormes Potential. In der Literatur werden Arbeiten, die aus dem Zusammenspiel von Visualisierung und ML entstehen, eingeteilt in *ML4Vis* and *Vis4ML* – je nachdem welche Disziplin im konkreten Fall der anderen zuträglich ist.

2 Forschungsfrage

Die hier zusammengefasste Dissertation [Hi22a] beschäftigt sich mit der Betrachtung hochdimensionaler und zeitabhängiger Prozesse im Grenzbereich zwischen Visualisierung und maschinellem Lernen. Die Relevanz sowohl hochdimensionaler als auch zeitabhängiger Daten lässt sich aus der Beziehung der beiden Disziplinen herleiten.

In der Literatur finden sich bereits mehrere Übersichtsarbeiten, in denen die Forschungslandschaft für ML4Vis und Vis4ML kartographiert wird [Ch20; En17; Ho18; Wa22]. Ein Klasse von Methoden, die sogenannte Dimensionsreduktion (DR), sticht in diesen Übersichtsarbeiten heraus. DR bezeichnet Verfahren, die hochdimensionale Daten mit möglichst geringem Informationsverlust in einen niedrigdimensionalen Raum überführen. DR wird sowohl als Beispiel für ML4Vis als auch für Vis4ML genannt, da sie von beiden zugrundeliegenden Disziplinen – Visualisierung und ML – vereinnahmt wurde und jeweils zur Unterstützung von Methoden der anderen Disziplin verwendet wird. Die Ausnamhestellung von DR ist Resultat der Wichtigkeit hochdimensionaler Prozesse und deren notwendiger Vereinfachung im Grenzbereich zwischen Visualisierung und ML.

Moderne Visualisierungssysteme sind keine statischen Schaubilder, sondern laden die Nutzer:innen ein, sich durch Interaktion direkt am Prozess der Datenanalyse zu beteiligen. Hierdurch ergeben sich komplexe Wechselwirkungsschleifen, in denen Nutzer:innen ihr geistiges Modell der Daten zeitlich voranschreitend verfeinern. Diese Rückkopplungsschleifen, welche bereits in verschiedenen Modellen formalisiert wurden [En17; Li17; Sa14; Sa17], unterscheiden sich konzeptuell wenig von Optimisierungsprozessen für Modelle des ML. Die Zeitabhängigkeit sowohl der Modelloptmierung im ML als auch der visuellen Analyse legt nahe, Prozesse zeitlich aufgelösten zu betrachten.

Die Forschungsfrage, die sich aus den obigen Überlegungen ergibt und welche im Rahmen der Dissertation aus verschiedenen Perspektiven betrachtet wurde, lautet:

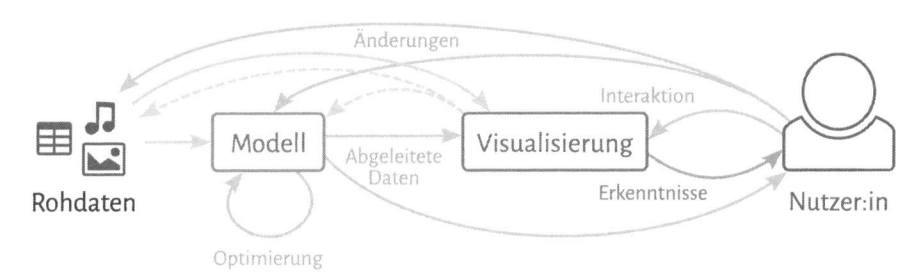

Abb. 1: Prozessmodell für die interaktive Analyse hochdimensionaler und/oder zeitlicher Daten, basierend auf Keim et al. [Ke10].

Wie können Visualisierung, maschinelles Lernen und Dimensionsreduktion verknüpft werden, um Nutzer:innen zu einem besseren Verständnis von hochdimensionalen und zeitlichen Prozessen zu verhelfen?

In der Dissertation werden mehrere Systeme und Techniken als Antworten vorgestellt. Jede Arbeit lässt sich dabei anhand des in Abb. 1 gezeigten Modells formal in den größeren Zusammenhang der Dissertation einordnen. In diesem Prozessmodell werden Rohdaten in ein ML-Modell eingespeist. Durch das Modell und dessen Optimierung entstehen abgeleitete Daten, die – gegebenenfalls gemeinsam mit Rohdaten – visualisiert werden. Die Nutzer:innen gewinnen durch Interaktion mit der Visualisierung Erkenntnisse über die zugrundeliegenden Daten und können diese in der Folge direkt oder indirekt aktualisieren.

3 Ergebnisse

Fünf Arbeiten, die auch jeweils eigenständig publiziert wurden, bilden den Kern der Dissertation. Sie beantworten die gemeinsame Forschungsfrage aus verschiedenen Perspektiven und werden nachfolgend kurz vorgestellt.

3.1 ConfusionFlow

Wie bereits erwähnt handelt es sich bei der Optimierung von ML-Modellen, unter denen Klassifizierungsmodelle zu den meistgenutzten gehören, um einen zeitlichen, inkrementellen Prozess. Bestehende Methoden zur visuellen Modellanalyse konzentrieren sich meist auf den Endzustand des Modells. So bleiben interessante Informationen und zeitliche Entwicklungen, die zu diesem Endzustand geführt haben, verborgen. Eine ganzheitlichere Analyse von Klassifizierungsmodellen erfordert also auch eine Darstellung des zeitlichen Verlaufs des Trainings.

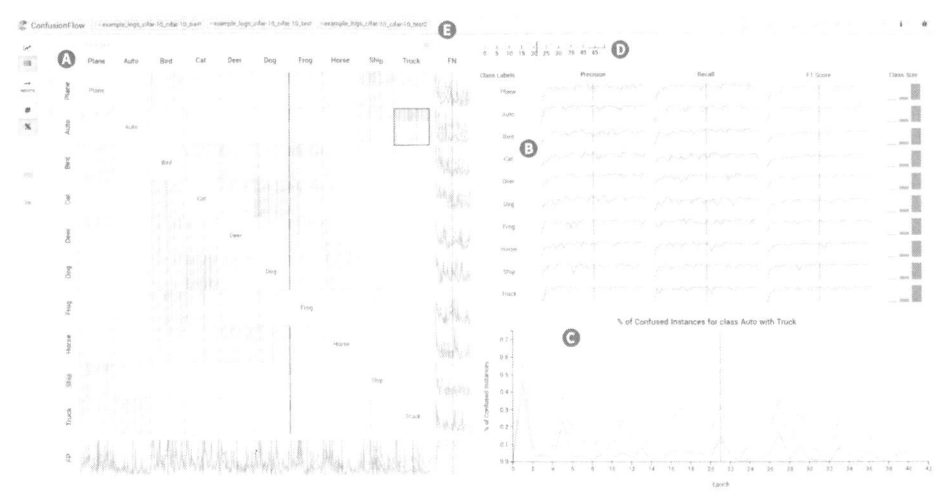

Abb. 2: Anwendungsoberfläche von ConfusionFlow [Hi22b]: (A) adaptierte Konfusionsmatrix; (B) Liniendiagramme weiterer Qualitätsmetriken; (C) interaktive Detailansicht; (D) Epochenregler; und (E) Bedienelement zur Datenauswahl.

ConfusionFlow [Hi22b] ermöglicht den Entwicklern von ML-Modellen eine zeitliche und vergleichende Analyse auf der Klassenebene. ConfusionFlow basiert auf der traditionellen Konfusions- oder Verwechslungsmatrix, die angibt, wie oft Instanzen einer bestimmten Klasse einer anderen Klasse zugeordnet wurden. Dabei erweitert die ConfusionFlow-Matrix die klassische Konfusionsmatrix um eine Zeitachse, sodass statt einzelner Einträge in den Zellen der Matrix nun kompakte Visualisierungen erscheinen, die den zeitlichen Verlauf der Verwechslungen darstellen. Durch überlagerte Liniendiagramme oder übereinander gestellte Heatmaps wird so auch das Vergleichen der Ergebnisse mehrerer Klassifizierungsmodelle unterstützt. Diese adaptierte Matrix ist das Kernstück von ConfusionFlow (siehe Abb. 2). Ergänzt wird sie um verknüpfte Visualisierungen weiterer klassenbezogener Qualitätsmetriken (Precision, Recall, F_1-Score) sowie um eine interaktive Detailansicht.

In Bezugnahme auf des Prozessmodell in Abb. 1 visualisiert ConfusionFlow die Sequenzen von Konfusionsmatrizen als abgeleitete Daten, die aus dem Optimierungsprozess entstehen. Nutzer:innen erhalten so ein besseres Verständnis des zeitlichen Verlaufs der Optimierung, welches sie zum Verbessern des Modells oder der zugrundeliegenden Daten verwenden können. Die Nützlichkeit von ConfusionFlow wird in der Dissertation im Rahmen mehrerer Anwendungsfälle gezeigt.

3.2 InstanceFlow

Wie im vorherigen Abschnitt beschrieben, zielt ConfusionFlow auf eine Analyse von zeitlichen Klassifizierungsdaten ab, die auf der Klassenebene aggregiert sind. Mit Confusi-

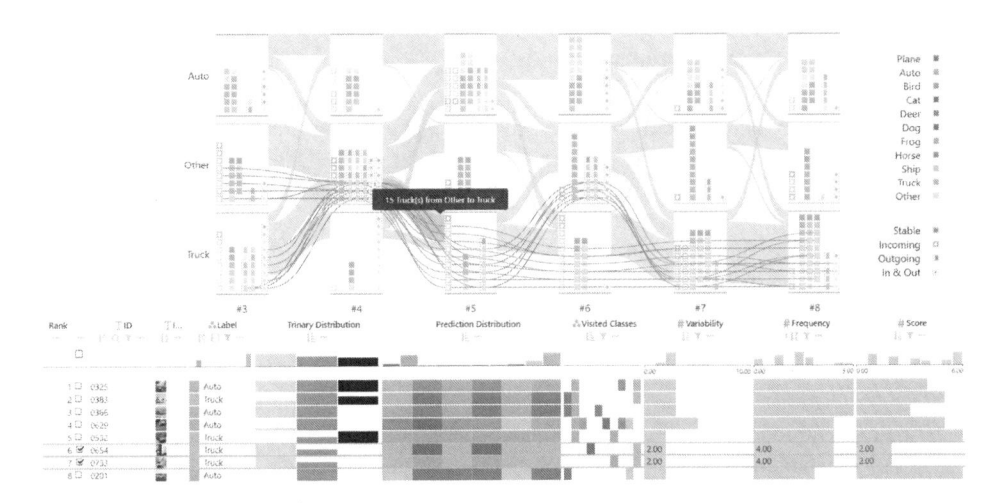

Abb. 3: Anwendungsoberfläche von InstanceFlow [PHS20]. Oben: Flussdiagramm mit aktivierten Glyphen und Pfaden für ausgewählte Instanzen. Unten: tabellarische Ansicht zum Suchen, Filtern und Auswählen relevanter Instanzen.

onFlow alleine können sich Modellentwickler deshalb zwar eine guten Überblick verschaffen (vor allem bei Problemen mit unausgeglichenen Datensätzen oder besonders schwierigen Klassenpaaren), aber für ein tieferes Verständnis des Klassifizierungsprozesses ist es nötig, den Detailierungsgrad auf einzelne Instanzen zu erhöhen.

InstanceFlow [PHS20] wurde entwickelt, um eine solche zeitliche Analyse von Klassifizierungsmodellen auf Instanzebene zu erlauben. Dazu wird der „Fluss" einzelner Instanzen durch die verschiedenen Klassen über die Zeit visualisiert. Eine Instanz „fließt" dabei von einer Klasse A in eine andere Klasse B, wenn das Modell für sie in einem Zeitschritt der Optimierung die Klasse A voraussagt und im darauffolgenden Zeitschritt die Klasse B. Daraus ergibt sich ein übersichtliches Flussdiagramm sämtlicher Instanzen, das auf Wunsch der Nutzer:innen um detaillierte Informationen zu einzelnen Instanzen erweitert werden kann. In der vollsten Detailstufe wird jede Instanz durch eine Glyphe repräsentiert und die Pfade der einzelnen Instanzen werden über dem Flussdiagramm angezeigt (siehe Abb. 3). Zum effizienten Auffinden relevanter Instanzen wird das Flussdiagramm um eine tabellarische Ansicht aller Instanzen ergänzt.

Ähnlich wie bei ConfusionFlow handelt es sich bei InstanceFlow um eine Visualisierung abgeleiteter Klassifizierungsdaten, durch deren Analyse Nutzer:innen das Modell oder die Ausgangsdaten verstehen lernen und dann entsprechend verbessern können.

3.3 Projection Path Explorer

ConfusionFlow und InstanceFlow sind als spezialisierte Visualisierungen auf abgeleitete Daten aus Modelloptimierungsprozessen beschränkt. Diese Daten können allerdings ganz generell als Sequenz hochdimensionaler Zustände betrachtet werden, die aus komplexen Prozessen resultieren. Es stellte sich die naheliegende Frage, ob es für diese Daten nicht auch eine generellere Darstellungsform gibt, die unabhängig von der Datenherkunft ist. Insbesondere sollte diese Darstellungsform geeignet sein, sehr viele Prozesse auf einen Blick vergleichend zu analysieren, was durch ConfusionFlow nur in bedingtem Ausmaß ermöglicht wurde.

Der *Projection Path Explorer* [Hi21] entstand als Antwort auf diese Frage. In vielen Prozessen führen bewusste Entscheidungen oder algorithmische Vorschriften dazu, dass ein System von einem Zustand in den nächsten übergeführt wird. Die resultierende Trajektorie durch den hochdimensionalen Zustandsraum kann mit Hilfe von Dimensionsreduktion veranschaulicht werden. Bisherige Ansätze haben sich dabei auf die Selbstähnlichkeit einzelner Trajektorien konzentriert. Im Unterschied dazu ist der Projection Path Explorer eine Visualisierung mit Fokus auf generalisierbare Muster, die aus der gleichzeitigen Betrachtung *vieler* eingebetteter (bzw. projizierter) Trajektorien entstehen. Zusätzlich zu den Trajektorien können Nutzer:innen visuelle Zusammenfassungen der Ausgangsdaten

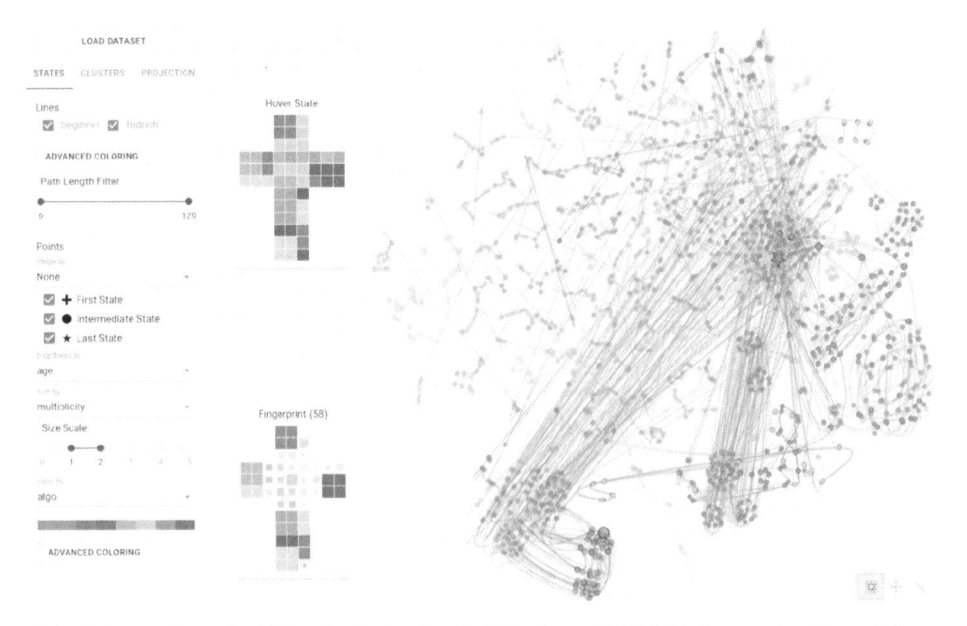

Abb. 4: Anwendungsoberfläche des Projection Path Explorers [Hi21]. Rechts werden die projizierten Trajektorien hochdimensionaler Prozesse angezeigt. In der Mitte zeigt der sogenannte „Fingerprint", eine kompakte Repräsentation der ursprünglichen Daten bzw. deren Ähnlichkeit.

abrufen, die einen Zusammenhang zwischen niedrig- und hochdimensionalen Datenräumen herstellen. In der Dissertation werden die möglichen visuellen Muster ausführlich dargelegt. Die Nützlichkeit des Projection Space Explorer wird anhand verschiedener Datentypen gezeigt.

Im Prozessmodell aus Abb. 1 stellt der Projection Space Explorer eine Visualisierung dar, die Ergebnisse einer Dimensionsreduktion, also eines Modells des unbeaufsichtigten ML, für Nutzer:innen zugänglich macht. So gewinnen Nutzer:innen nicht nur ein besseres Verständnis für die zugrundeliegenden Daten, sondern auch für den DR-Prozess selbst.

3.4 Projective Latent Interventions

Der Projection Path Explorer beruht auf einer Beobachtung der niedrigdimensional eingebetteten Repräsentationen hochdimensionaler Daten. Diese Beobachtung ist zwar interaktiv, aber passiv in dem Sinne, dass der Prozess, aus dem die Daten stammen, nicht direkt manipuliert werden kann. Im Gegensatz dazu sollen mit sogenannten *Projective Latent Interventions* (PLIs) [HSK20] aktive Manipulationen hochdimensionaler Prozesse auf Basis der niedrigdimensionalen Visualisierungen möglich werden. Gleichzeitig sollen die PLIs das Verständnis des Zusammenhangs zwischen ML-Modell und projektionsbasierter Visualisierung stärken.

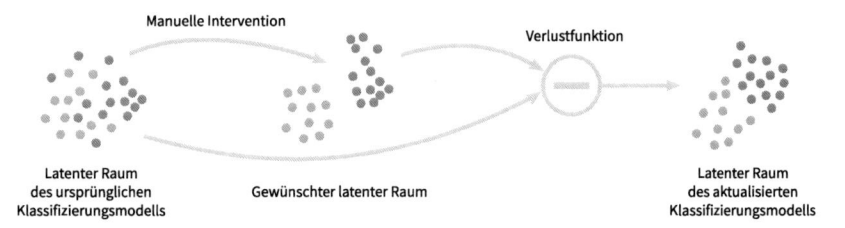

Abb. 5: Das Konzept hinter Projective Latent Interventions [HSK20]: Nutzer:innen manipulieren die niedrigdimensionale Repräsentation des latenten Raumes eines ML-Modells; danach wird das Modell so neu trainiert, dass der latente Raum dem Nutzer:innenvorschlag möglichst gut entspricht.

Zu Beginn des PLI-Ablaufs werden den Nutzer:innen Punktdiagramme des projizierten latenten Raumes eines ML-Modells gezeigt. Die Anwender:innen definieren nun sogenannte Interventionen – etwa Verschiebungen und/oder Kontraktionen von Klassen-Gruppen. Danach wird das ML-Modell auf eine Art neu optimiert, die sicherstellen soll, dass der neue projizierte latente Raum dem vorgeschlagenen möglichst gut entspricht (siehe Abb. 5). Um die Interventionen vom niedrigdimensionalen Raum auf das ursprüngliche Modell „zurückrechnen" zu können, bedurfte es parametrisierter (auf neuronalen Netzwerken basierender) Varianten bekannter Dimensionsreduktionsverfahren, die im Rahmen der Dissertation implementiert wurden. Durch die Anwendung von PLIs kann in vielen Fällen die Genauigkeit eines Klassifizierungsmodell zielgerichtet erhöht werden. Auch wenn keine Erhöhung der Genauigkeit möglich ist, können PLIs Nutzer:innen abschätzen lassen, wie stark die niedrigdimensionale Repräsentation des latenten Raumes mit der Wirkungsweise des Modells korreliert. In Bezugnahme auf Abb. 1 stellen PLIs also eine Aktualisierung des Modells direkt über die Visualisierung dar.

3.5 ParaDime

Wie oben erwähnt waren für die Umsetzung von Projective Latent Interventions parametrisierte Versionen etablierter Dimensionsreduktionsverfahren nötig. Ein weiterer Vorteil parametrisierter Modelle ist, dass neue Daten zu bestehenden Einbettungen problemlos hinzugefügt werden können. Damit kann Dimensionsreduktion effizient auf sehr große Datensätze oder auf laufend aktualisierte Datensätze angewendet werden.

ParaDime [Hi23] ist inspiriert von Ähnlichkeiten bestehender Algorithmen zur Dimensionsreduktion. Es vereinheitlicht parametrisierte Versionen dieser Algorithmen und macht sie in einer gemeinsamen Programmierschnittstelle für Endnutzer:innen leicht zugänglich. Die ParaDime-Grammatik, die in der Dissertation ausführlich beschrieben wird, definiert, wie Nutzer:innen personalisierte DR-Verfahren spezifizieren können. ParaDime legt also den Fokus auf die Entwicklung von DR-Modellen, die im weiteren Verlauf die Basis für allgemeine Analyseprozesse wie in Abb. 1 bilden können.

4 Fazit

Visualisierung und maschinelles Lernen werden von der gemeinsamen Motivation getrieben, Erkenntnisse aus Daten zu gewinnen. Die Methoden der beiden Disziplinen unterscheiden sich jedoch – Visualisierung rückt den Menschen in den Mittelpunkt, während ML auf Automatisierung setzt. Die verschiedenen Arbeiten, die den Kern dieser Dissertation bilden, kombinieren auf unterschiedliche Weise Methoden der beiden Disziplinen. Die Synergien reichen dabei von relativ simplen Visualisierungen für die Analyse von Modelloptimierungsprozessen bis hin zu komplexen Interventionsmethoden, in denen Visualisierung, Dimensionsreduktion und ML eng verwoben sind. Die Arbeiten zeigen allesamt, wie eine Kombination der gegensätzlich scheinenden Ansätze von Visualisierung und ML Nutzer:innen dabei unterstützen kann, hochdimensionale und zeitabhängige Prozesse besser zu verstehen.

Literaturverzeichnis

[Ch20] Chatzimparmpas, A.; Martins, R. M.; Jusufi, I.; Kerren, A.: A survey of surveys on the use of visualization for interpreting machine learning models. Information Visualization 19/3, S. 207–233, Juli 2020.

[En17]   Endert, A.; Ribarsky, W.; Turkay, C.; Wong, B. W.; Nabney, I.; Blanco, I. D.; Rossi, F.: The State of the Art in Integrating Machine Learning into Visual Analytics: Integrating Machine Learning into Visual Analytics. Computer Graphics Forum/, März 2017.

[Fr08]   Friendly, M.: A Brief History of Data Visualization. In (Chen, C.-h.; Härdle, W.; Unwin, A., Hrsg.): Handbook of Data Visualization. Springer, Berlin, S. 15–56, 2008, ISBN: 978-3-540-33036-3.

[Hi21]   Hinterreiter, A.; Steinparz, C. A.; Schöfl, M.; Stitz, H.; Streit, M.: Projection Path Explorer: Exploring Visual Patterns in Projected Decision-Making Paths. ACM Transactions on Interactive Intelligent Systems 11/3–4, Article 22, 2021.

[Hi22a]   Hinterreiter, A.: Visual Explanations of High-dimensional and Temporal Processes, Diss., Johannes Kepler University Linz, 2022, URL: https://epub.jku.at/obvulihs/id/8248358.

[Hi22b]   Hinterreiter, A.; Ruch, P.; Stitz, H.; Ennemoser, M.; Bernard, J.; Strobelt, H.; Streit, M.: ConfusionFlow: A Model-Agnostic Visualization for Temporal Analysis of Classifier Confusion. IEEE Transactions on Visualization and Computer Graphics 28/2, S. 1222–1236, 2022.

[Hi23]   Hinterreiter, A.; Humer, C.; Kainz, B.; Streit, M.: ParaDime: A Framework for Parametric Dimensionality Reduction. Computer Graphics Forum (EuroVis '23) 42/3, 2023.

[Ho18]   Hohman, F.; Kahng, M.; Pienta, R.; Chau, D. H.: Visual Analytics in Deep Learning: An Interrogative Survey for the Next Frontiers. IEEE Transactions on Visualization and Computer Graphics 25/8, S. 2674–2693, 21. Jan. 2018.

[HSK20]   Hinterreiter, A.; Streit, M.; Kainz, B.: Projective Latent Interventions for Understanding and Fine-tuning Classifiers. In (Cardoso, J. et al., Hrsg.): Interpretable and Annotation-Efficient Learning for Medical Image Computing. Proceedings of the 3rd Workshop on Interpretability of Machine Intelligence in Medical Image Computing (iMIMIC 2020). Bd. 12446. Lecture Notes in Computer Science, Springer, S. 13–22, 2020, Best Paper Award at iMIMIC 2020.

[Ke10]   Keim, D. A.; Bak, P.; Bertini, E.; Oelke, D.; Spretke, D.; Ziegler, H.: Advanced visual analytics interfaces. In: Proceedings of the International Conference on Advanced Visual Interfaces - AVI '10. ACM Press, S. 3, 2010, Stand: 16. 09. 2022.

[Li17]   Liu, S.; Maljovec, D.; Wang, B.; Bremer, P. T.; Pascucci, V.: Visualizing High-Dimensional Data: Advances in the Past Decade. IEEE Transactions on Visualization and Computer Graphics 23/3, S. 1249–1268, März 2017.

[Mu14]   Munzner, T.: Visualization Analysis and Design. CRC Press, Taylor & Francis Group, 2014, ISBN: 978-1-4665-0891-0.

[Ng22]   Ngo, Q. Q.; Dennig, F. L.; Keim, D. A.; Sedlmair, M.: Machine learning meets visualization – Experiences and lessons learned. it - Information Technology 64/4, S. 169–180, 26. Aug. 2022.

[PHS20]   Pühringer, M.; Hinterreiter, A.; Streit, M.: InstanceFlow: Visualizing the Evolution of Classifier Confusion at the Instance Level. In: 2020 IEEE Visualization Conference — Short Papers. IEEE, 2020.

[Ro58]   Rosenblatt, F.: The perceptron: A probabilistic model for information storage and organization in the brain. Psychological Review 65/6, S. 386–408, 1958.

[Sa14]   Sacha, D.; Stoffel, A.; Stoffel, F.; Kwon, B. C.; Ellis, G.; Keim, D. A.: Knowledge Generation Model for Visual Analytics. IEEE Transactions on Visualization and Computer Graphics 20/12, S. 1604–1613, Dez. 2014.

[Sa17]   Sacha, D.; Zhang, L.; Sedlmair, M.; Lee, J. A.; Peltonen, J.; Weiskopf, D.; North, S. C.; Keim, D. A.: Visual Interaction with Dimensionality Reduction: A Structured Literature Analysis. IEEE Transactions on Visualization and Computer Graphics (InfoVis '16) 23/1, S. 241–250, 2017.

[Tu62]   Tukey, J. W.: The Future of Data Analysis. The Annals of Mathematical Statistics 33/1, S. 1–67, 1962.

[Wa22]   Wang, Q.; Chen, Z.; Wang, Y.; Qu, H.: A Survey on ML4VIS: Applying MachineLearning Advances to Data Visualization. IEEE Transactions on Visualization and Computer Graphics 28/12, S. 5134–5153, 2022.

[We74]   Werbos, P.: Beyond Regression: New Tools for Prediction and Analysis in the Behavioral Science, Diss., Harvard University, 1974.

Andreas Hinterreiter ist Universitätsassistent im Visual Data Science Lab der Johannes Kepler Universität (JKU) Linz. Sein Forschungsschwerpunkt liegt auf dem Zusammenführen verschiedener Methoden der Visualisierung und des maschinellen Lernens. Er interessiert sich insbesondere für Dimensionsreduktion und Explainable AI.

Er erlangte seinen Masterabschluss in Technischer Physik an der JKU Linz, wo er an der strukturellen und chemischen Analyse von Oberflächen arbeitete. Nachdem er sich zunehmend für Visualisierung und maschinelles Lernen interessierte, entschied er sich dazu, für seine Dissertation in diesen Bereich zu wechseln.

Seine Doktorarbeit entstand im Rahmen einer Kollaboration mit dem Imperial College London, wo er ein Jahr in der Biomedical Image Analysis (BioMedIA) Gruppe verbrachte. Er promovierte im Dezember 2022 an der JKU mit der Dissertation „Visual Explanations of High-dimensional and Temporal Processes".

Logische Methoden für die Hierarchie der Hyperlogiken[1]

Jana Hofmann[2]

Abstract: Durch die immer prominenter werdende Rolle digitaler Systeme in unserem Alltag muss der Begriff der Korrektheit neu gedacht werden. Digitale Systeme werden in häufig sensiblen Bereichen eingesetzt; ein moderner Korrektheitsbegriff muss daher gesellschaftliche Aspekte wie Datenschutz- und Gerechtigkeitsfragen mit einschließen. Viele dieser Eigenschaften sammeln sich unter dem Dach der Hypereigenschaften, welche mehrere Ausführungen eines Systems in Relation setzen. Während rein pfadbasierte, nicht-relationale Eigenschaften in den letzten Jahrzehnten ausführlich erforscht wurden, sind Hypereigenschaften ein relativ junges Konzept, das noch nicht vollständig verstanden ist. Die hier vorgestellte Dissertation gliedert das Spektrum der Hypereigenschaften anhand einer Hierarchie von Logiken, die verschieden komplexe Klassen von Hypereigenschaften ausdrücken können. Diese Klassifizierung ermöglicht es, Hypereigenschaften unabhängig von ihren jeweiligen Einsatzgebieten zu analysieren und klare Grenzen der Entscheidbarkeit zu ziehen. Basierend auf der entstandenen Hierarchie beschreibt diese Dissertation Algorithmen für die Entwicklung formal korrekter Systeme am Beispiel von Smart Contracts.

1 Einleitung

Digitale Systeme nehmen eine immer prominentere Rolle in unserem Alltag ein und werden gleichzeitig zunehmend komplexer. Maschinengelernte Systeme treffen Personalentscheidungen, autonome Fahrzeuge nehmen am Verkehr teil und in der Cloud werden höchst sensible Gesundheitsdaten verarbeitet. Zusammen mit dieser Entwicklung muss sich auch ein neuer Korrektheitsbegriff für digitale Systeme etablieren. Korrektheit darf heutzutage nicht mehr nur bedeuten, dass ein Computer arithmetisch korrekt rechnet. Ein umfassender Korrektheitsbegriff muss auch komplexe Aspekte wie Datensicherheits- und Gerechtigkeitsfragen berücksichtigen.

Viele dieser Eigenschaften gehören zu der Klasse der sogenannten *Hypereigenschaften* [CS08]. Die hier vorstellte Dissertation [Ho22] untersucht, wie Hypereigenschaften in Logiken — also formalen Spezifikationssprachen — ausgedrückt werden können. Zum einen klassifizieren wir die Landschaft der Hypereigenschaften in einer Hierarchie von Logiken. Zum anderen untersuchen wir die sich daraus ergebenen Obergrenzen des algorithmisch Machbaren und schlagen Lösungswege vor, mit denen automatisch korrekte Systeme erzeugt werden können.

---

[1] Englischer Titel der Dissertation: „Logical Methods for the Hierarchy of Hyperlogics"
[2] Microsoft Research, 21 Station Road, Cambridge CB1 2FB, United Kingdom, t-jhofmann@microsoft.com

1.1 Hypereigenschaften

Dass Korrektheit mehr bedeuten muss als korrekte Funktionalität, zeigte sich besonders eindrücklich an den viel diskutierten Meltdown [Li18] und Spectre [Ko19] Attacken, die 2018 entdeckt wurden und bis heute weitreichende Konsequenzen haben. Diese Attacken offenbarten, dass eine Vielzahl moderner Prozessoren zwar funktional korrekt rechnet, dabei jedoch anfällig für Datenlecks über Seitenkanäle ist. Um die Abwesenheit von Seitenkanälen auszudrücken, braucht es Informationsflusseigenschaften wie Nichtinterferenz. Nichtinterferenz besagt, dass für jedes Paar initialer Prozessorkonfigurationen, die in Bezug auf nicht-sensible, beobachtbare Daten übereinstimmen, die sich ergebenden beobachtbaren Ausgaben des Prozessors die gleichen sein müssen.

Der entscheidende Punkt bei Nichtinterferenz ist, dass hier zwei Eingaben und die dazugehörigen Ausgaben verglichen werden. Als mengentheoretische Generalisierung solcher Informationsflusseigenschaften schlugen Clarkson und Schneider 2008 den Begriff der *Hypereigenschaften* vor [CS08]. Erst später wurde klar, dass eine Vielzahl weiterer Eigenschaften aus diversen Gebieten der Informatik ebenfalls zu den Hypereigenschaften zählt. Beispiele sind Gerechtigkeit in automatisierten Entscheidungsprozessen, Robustheit cyber-physischer Systeme und Serialisierbarkeit in Datenbankabfragen. Gerechtigkeit kann zum Beispiel so formuliert werden, dass zwei Bewerber(innen) mit den gleichen Kenntnissen die gleichen Chancen auf ein Bewerbungsgespräch haben müssen, unabhängig, zum Beispiel, von ihrem Geschlecht.

In der Vergangenheit wurden einzelne Hypereigenschaften hauptsächlich isoliert in ihren jeweiligen Domänen untersucht. Logiken als neutrale mathematische Sprache abstrahieren von den Details einer spezifischen Domäne und ermöglichen es dadurch, Eigenschaften zu vergleichen, sie in ihrer Komplexität einzuordnen und übergreifend Algorithmen zu entwickeln. Wir nennen Logiken für Hypereigenschaften *Hyperlogiken*. HyperLTL [Cl14] ist die erste und bisher prominenteste Hyperlogik. Sie basiert auf *linear temporal logic* (LTL) [Pn77] und ermöglicht es als solche, über die zeitliche Abfolge von Ereignissen zu argumentieren. Nichtinterferenz kann wie folgt in HyperLTL ausgedrückt werden:

$$\forall \pi \forall \pi'. beoInit_\pi = beoInit_{\pi'} \rightarrow \Box (\bigwedge_{a \in beo\_Ausg} a_\pi = a_{\pi'}) \tag{1}$$

Die Formel drückt aus, dass für jedes Paar (π, π') an Prozessorausführungen, für die der beobachtbare initiale Zustand der gleiche ist ($obsInit_\pi = obsInit_{\pi'}$), auch die beobachtbaren Ausgaben in allen Schritten (bezeichnet durch den „globally" Operator $\Box$) die gleichen sein müssen ($\bigwedge_{o \in obs\_Ausg} o_\pi = o_{\pi'}$).

1.2 Formale Methoden für Hypereigenschaften

Formale Methoden sind ein Sammelbegriff für alle beweisgestützten Methoden, die (automatisiert) die Korrektheit eines Systems etablieren. Diese Arbeit untersucht zwei klassische, rein auf logischen Spezifikationen basierende formale Methoden: das Erfüllbarkeitsproblem und das Syntheseproblem — jeweils für passende Hyperlogiken.

Das *Erfüllbarkeitsproblem* einer Logik fragt, ob es ein System gibt, das eine gegebene Spezifikation erfüllt. Es ermöglicht Plausibilitätsprüfungen, um beispielsweise Spezifikationsfehler zu finden, und kann logische Beziehungen zwischen Spezifikationen aufzeigen. Das *Syntheseproblem* [Ch57] beruht auf der Beobachtung, dass eine umfangreiche Spezifikation eines Systems ausreichend ist, um daraus automatisch eine Implementierung zu erzeugen. Diese Idee ist vor allem für Bereiche, in denen formale Korrektheit essenziell ist, extrem attraktiv. Gleichzeitig verdeutlicht es auch die grundlegende Problematik bei der Entwicklung von Logiken: Eine Logik muss ausdrucksstark genug sein, um alle relevanten Eigenschaften ausdrücken zu können, aber gleichzeitig müssen Algorithmen basierend auf diesen Spezifikationen praktikabel bleiben.

Sowohl das Erfüllbarkeitsproblem als auch das Syntheseproblem sind für HyperLTL Spezifikationen im Allgemeinen unentscheidbar. Das liegt daran, dass HyperLTL über Mengen und nicht wie LTL über einzelne Ausführungspfade argumentiert, was die algorithmische Handhabung um ein Vielfaches erschwert. Um für diese Probleme dennoch Lösungen zu entwickeln, gibt es zwei mögliche Ansätze. Entweder es gibt hinreichend ausdrucksstarke Fragmente, für die das Problem entscheidbar wird, oder man approximiert das Problem — optimalerweise so, dass gefundene Lösungen beweisbar korrekt sind.

1.3 Beitrag

Diese Dissertation untersucht die Ausdrucksmächtigkeit verschiedener Hyperlogiken und entwickelt auf Basis der sich ergebenden logischen Hierarchie Algorithmen für deren Erfüllbarkeits- und Syntheseprobleme. Die wichtigsten Beiträge der Arbeit lassen sich wie folgt zusammenfassen. Im Anschluss gehen wir auf jeden dieser Beiträger genauer ein.

Die Hierarchie der Hyperlogiken. Im ersten Teil analysieren wir verschiedene Mechanismen für die Konstruktion von Hyperlogiken. Wir zeigen, dass sich quantorenbasierte temporale Hyperlogiken und Hyperlogiken erster und zweiter Ordnung strikt anhand ihrer Ausdrucksmächtigkeit ordnen lassen. Diese Hierarchie gruppiert Hypereigenschaften nach den logischen Fragmenten, in denen sie ausgedrückt werden können, und bietet damit ein Maß für ihre Komplexität. Außerdem untersuchen wir temporale Logiken mit Teamsemantik als einen nicht-quantorenbasierten Ansatz für die Konstruktion von Hyperlogiken. Diese fügen sich nicht strikt in die Hierarchie ein; es gibt jedoch Fragmente, in denen sich ihre Ausdrucksmächtigkeit mit der quantorenbasierter Logiken überschneidet.

Das Erfüllbarkeitsproblem von HyperLTL. Als neuen Ansatz für das im Allgemeinen hoch unentscheidbare Erfüllbarkeitsproblem von HyperLTL definieren wir die sogenannten *temporal Safety* und *temporal Liveness* Fragmente. Im Gegensatz zu der traditionellen Definition von Hypersafety dürfen temporal Safety Spezifikationen Quantorenalternierungen enthalten. Wir zeigen, dass das Problem co-semi-entscheidbar und damit signifikant vereinfacht wird. Außerdem entwickeln wir einen Algorithmus zum Finden kleinster erfüllender Modelle für Spezifikationen des $\forall\exists^*$ Fragments von HyperLTL.

Synthese von Smart Contracts. Als konkretes Anwendungsbeispiel für Hypereigenschaften entwickeln wir Logiken und Synthesealgorithmen für Smart Contract Eigenschaften. Smart Contracts wickeln digitale Verträge mithilfe einer Blockchain ab, wodurch die Kontrolle durch eine dritte Instanz (z.b. einer Bank) überflüssig wird. Durch das Fehlen dieser Instanz muss von technischer Seite sichergestellt werden, dass keine Partei die andere betrügen kann. Smart Contracts waren in der Vergangenheit oft fehleranfällig, ein Problem, dem eine Entwicklung mithilfe von formalen Methoden entgegenwirken kann.

Wir definieren verschiedene Logiken, die auf *temporal stream logic* (TSL) [Fi19] basieren und sowohl nicht-relationale Eigenschaften als auch Hypereigenschaften von Smart Contracts ausdrücken können. Für diese Logiken entwickeln wir Synthesealgorithmen, die automatisch formal korrekte Smart Contract-Implementierungen erzeugen. Für klassische, nicht-relationale Eigenschaften beschreiben wir einen Algorithmus, der das unendliche Zustandssystem eines Smart Contracts endlich darstellt und dieses, um Kosten bei der Ausführung gering zu halten, in kleinere, verteilte Systeme aufteilt. Für Hypereigenschaften schlagen wir ein mehrstufiges Verfahren vor, das zunächst testet, ob sich die Eigenschaft durch simplere, nicht-relationale Spezifikationen ausdrücken lässt. Falls dem nicht so ist, entwerfen wir einen Reparaturmechanismus, der eine Überapproximation des Systems in Bezug auf die Hypereigenschaften korrigiert.

2 Die Hierarchie der Hyperlogiken

Die meisten temporalen Logiken wie LTL können einer Logik erster oder zweiter Ordnung zugeordnet werden, die in Bezug auf die Ausdrucksmächtigkeit äquivalent ist. Das bekannteste dieser Resultate ist Kamps Theorem [Ka68, Ga80], das diese Aussage für LTL und Logik erster Ordnung mit dem $<$ Prädikat (FO[$<$]) zeigt. Der wahrscheinlichste Kandidat für ein ähnliches Theorem für HyperLTL ist FO[$<,E$], das FO[$<$] um ein Ebenenprädikat E ergänzt und damit Hypereigenschaften ausdrücken kann. Erstaunlicherweise ist FO[$<,E$] jedoch strikt ausdrucksstärker als HyperLTL [FZ17].

Angeregt durch dieses unerwartete Resultat initiieren wir eine systematische Untersuchung der beiden Mechanismen für die Definition von Hyperlogiken: Einerseits ergänzen wir eine temporale Logik mit vorangestellten Pfadquantoren (wie HyperLTL auf LTL beruht); andererseits erweitern wir die jeweils äquivalente Logik erster oder zweiter Ordnung mit dem Ebenenprädikat. Die Äquivalenzen, auf denen wir aufbauen, sind in Abb. 1a für lineare und in Abb. 1b für verzweigende (branching-time) Logiken abgebildet.

Zwei strikt geordnete Hierarchien. Nicht alle Logiken lassen sich auf nur eine Art zu einer Hyperlogik erweitern. Wir definieren zwei Varianten von HyperQPTL, beziehungsweise HyperQCTL*, da Quantifizierung über atomare Propositionen für Hypereigenschaften unterschiedlich strikt aufgefasst werden kann [Fi20a]. Unsere Ergebnisse sind in Abb. 1c für lineare Hyperlogiken und in Abb. 1d für verzweigende Hyperlogiken aufgeführt. Tatsächlich zeigt sich, dass das Ebenenprädikat E strikt ausdrucksstärkere Hyperlogiken erzeugt als vorangestellte Pfadquantoren für temporale Logiken. Eine Logik, die schon vorher ausdrucksstärker war als eine andere, bleibt dies auch in ihrer Hyper-Variante.

```
S1S = QPTL [KP95]
         ∨                    S1S[E] = HyperQPTL⁺        MSO[E] = HyperQCTL*
FO[<] = LTL [Ka68, Ga80]             ∨                          ∨
        (a)                      HyperQPTL                  HyperQ̃CTL*
                                     ∨                          ∨
MSO = QCTL* [LM14]              FO[<,E]                    MPL[E]
         ∨                       ∨ [FZ17]                       ∨
MPL = CTL* [MR99]                HyperLTL                   HyperCTL*
        (b)                         (c)                         (d)
```

Abbildung 1: Die Hierarchien der (a) linearen nicht-relationalen Logiken, (b) verzweigenden nicht-relationalen Logiken, (c) linearen Hyperlogiken und (d) verzweigenden Hyperlogiken [Co19].

Logiken als Klassifizierung von Hypereigenschaften. Die lineare Ordnung dieser Hyperlogiken ermöglicht es uns, verschiedene Hypereigenschaften logisch zu kategorisieren. Zum Beispiel brauchen epistemische Hypereigenschaften, also Eigenschaften über das Wissen verschiedener Parteien in einem verteilten System, die Ausdrucksstärke der Logik FO[<,E]. ω-reguläre Hypereigenschaften fallen hingegen in die Kategorie von HyperQPTL. Außerdem erhalten wir strikte Grenzen der Entscheidbarkeit für Probleme wie das Model-Checking Problem.

Theorem 1. *Die ausdrucksstärkste Logik der in Abb. 1c aufgeführten Logiken, für die das Model-Checking Problem entscheidbar ist, ist HyperQPTL.*

Teamsemantiken in der Hierarchie der linearen Hypereigenschaften. Als dritte Art von Hyperlogik untersuchen wir LTL mit *Teamsemantik* [Kr18]. Anders als die bisher vorgestellten Logiken drückt TeamLTL Hypereigenschaften ohne die Hilfe vorangestellter Quantoren aus. Dafür verwendet sie den ∨-Operator zum Spalten der Menge (des *Teams*) an Ausführungspfaden. Die Logik kann außerdem mit einer Reihe zusätzlicher Operationen kontrolliert in ihrer Ausdrucksmächtigkeit erweitert werden. TeamLTL und HyperLTL sind orthogonal in ihrer Ausdrucksmächtigkeit [Kr18]. Wir zeigen jedoch, dass gewisse Erweiterungen von TeamLTL in die Ausdrucksmächtigkeit von HyperQPTL und HyperQPTL⁺ fallen.

Theorem 2. *HyperQPTL⁺ ist strikt ausdrucksstärker als TeamLTL($\oslash, A^l, \sim\!\perp$) und HyperQPTL ist strikt ausdrucksstärker als TeamLTL($\oslash, A^l$).*

TeamLTL($\oslash, A^l$) und TeamLTL($\oslash, A^l, \sim\!\perp$) beschreiben Erweiterungen von TeamLTL um einen klassischen disjunktiven Operator $\oslash$, eine Evaluation von Teilformeln unter LTL Semantik (A^l) und einen Operator $\sim\!\perp$, der leere Teams verbietet [Vi21]. Diese Erweiterungen sind wohldefiniert in dem Sinne, dass sie alle (nach unten abgeschlossenen) Bool'sche Relationen ausdrücken können und weiterhin unvergleichbar zu HyperLTL sind.

3 Das Erfüllbarkeitsproblem von HyperLTL

Das Erfüllbarkeitsproblem von HyperLTL ist hoch unentscheidbar, nämlich Σ_1^1-vollständig [Fo21]. Der Grund dafür sind geschachtelte Quantoren, insbesondere ∀-Quantoren gefolgt von ∃-Quantoren. Gerade dieses Fragment enthält jedoch wichtige Eigenschaften wie zum Beispiel eine generalisierte Form von Nichtinterferenz oder Programmverfeinerung.

Zur Vereinfachung des Erfüllbarkeitsproblems definieren wir neue HyperLTL Fragmente, die wir *temporal Safety* und *temporal Liveness* nennen. Die Idee für diese Fragmente beruht darauf, dass insbesondere das Safety Fragment für LTL die Komplexität vieler formaler Methoden stark reduziert. Intuitiv beschreiben Temporale Safety Eigenschaften, dass nichts „Schlechtes" passieren darf. Die Variante für Hypereigenschaften, Hypersafety [CS08], eignet sich nicht für eine Vereinfachung des Erfüllbarkeitsproblems, da allein das Erkennen von Hypersafety Eigenschaften Π_1^1-vollständig und damit nicht leichter als das eigentliche Erfüllbarkeitsproblem ist.

Das temporal Safety Fragment verlangt nur, dass der temporale Teil einer HyperLTL Formel eine Safety Eigenschaft ist, die Quantoren können beliebig geschachtelt sein.

Definition 1. Eine HyperLTL Formel $\forall/\exists \pi_1 \ldots \forall/\exists \pi_n . \psi$ ist eine *temporal Safety* Formel genau dann, wenn ψ eine Safety Eigenschaft beschreibt.

Die Definition von temporal Liveness ist analog zu der von temporal Safety. Tatsächlich können wir zeigen, dass Unerfüllbarkeit einer temporal Safety Formel aufzählbar ist.

Theorem 3. *Das Erfüllbarkeitsproblem des temporal Safety Fragments von HyperLTL ist coRE-vollständig.*

Für die Zugehörigkeit in coRE zeigen wir, dass sich das Problem auf das Erfüllbarkeitsproblem der Logik erster Ordnung reduzieren lässt, wodurch klassische Tableau- und Resolutionstechniken auch für HyperLTL anwendbar werden. coRE-Schwere gilt schon für sehr einfache Formeln mit nur einem □-Operator gefolgt von geschachtelten ○ (next) Operatoren. Im Gegensatz zum temporal Safety Fragment, hat das temporal Liveness Fragment (überraschenderweise) bereits die volle Komplexität des Erfüllbarkeitsproblems.

Theorem 4. *Das Erfüllbarkeitsproblem des temporal Liveness Fragments von HyperLTL ist Σ_1^1-vollständig.*

Neben den hier präsentierten Resultaten schlägt die vorgestellte Dissertation auch einen Algorithmus zum Finden kleinster erfüllender Modelle des ∀∃* Fragments von HyperLTL vor. Wir verweisen hierfür auf [Ho22, Kapitel 4.3] und [Be22].

4 Synthese von Smart Contracts

Smart Contract sind kleine Programme, die dezentral auf der Blockchain operieren und Verträge zwischen mehreren Parteien umsetzen. Sie bilden die Grundlage für monetäre

Transaktionen wie Geldbörsen, Crowdfundings und Auktionen, werden aber auch für den Einsatz bei Wahlen diskutiert. Obwohl Smart Contracts oft wenig umfangreich sind, haben sie sich in der Vergangenheit als extrem fehleranfällig erwiesen.

Das formale Syntheseproblem bietet eine Möglichkeit, das Vertrauen in Smart Contracts zu steigern. Unser Ziel ist es, automatisch das zugrundeliegende Transitionssystem eines Contracts zu erzeugen; dieses beschreibt die korrekte Reihenfolge von Methodenaufrufen, aber auch Zugriffsrechte und den Datenfluss in den Feldern des Contracts. Dafür entwickeln wir zwei Logiken: eine für temporale, nicht-relative Eigenschaften, und eine, um die Hypereigenschaften des Smart Contracts auszudrücken. Basierend auf diesen Logiken präsentieren wir approximative Synthesealgorithmen.

Parametrisiertes TSL. TSL [Fi19] ist eine temporale Logik mit einem Zellmechanismus, mit dem Werte aus einer unendlichen Menge gespeichert werden können. Wir erweitern TSL um Parameter, um zwischen Methodenaufrufen mit unterschiedlichen Argumenten unterscheiden zu können. Damit können wir zum Beispiel ausdrücken, dass bei einer Wahl mit zwei Kandidaten A und B, jeder Wähler m nur einmal wählen darf, und dass eine Stimme für Kandidat A einen entsprechenden Zähler erhöhen muss:

$$\forall \mathtt{m}.\, \mathtt{wahl}(\mathtt{m},\mathtt{A}) \to [\![\mathtt{stimmen}(\mathtt{A}) \hookleftarrow \mathtt{stimmen}(\mathtt{A}) + 1]\!] \land \bigcirc \square \neg (\mathtt{wahl}(\mathtt{m},\mathtt{A}) \lor \mathtt{wahl}(\mathtt{m},\mathtt{B}))$$

Die obige Formel stammt, wie alle unsere Smart Contract Spezifikationen, aus dem Safety Fragment. Leider ist das Syntheseproblem für dieses Fragment selbst ohne zusätzliche Parameterquantifizierung unentscheidbar.

Theorem 5. *Das Syntheseproblem für das Safety Fragment von TSL ist unentscheidbar.*

Synthese von parametrisierten TSL Spezifikationen. Um dennoch eine Lösung zu generieren, approximieren wir das Problem, sodass erhaltene Lösungen beweisbar korrekt sind. Dafür muss beachtet werden, dass m in der obigen Formel aus unendlich vielen Werten gewählt werden kann und die Spezifikation daher ein unendliches System beschreibt.

Für eine Formel der Form $\forall \mathtt{m}_1, \ldots, \mathtt{m}_n.\, \psi$ synthetisieren wir daher zunächst ein endliches System für ψ mithilfe einer (korrekten, aber nicht vollständigen) Reduktion [Fi19] auf das Safety Fragment von LTL. Unter gewissen Bedingungen können wir das erhaltene System in mehrere kleinere Systeme aufteilen, abhängig von der Anzahl an Parametern eines Methodenaufrufs. Die Anzahl der Parameter repräsentiert das „Wissen", das für die nächste Transition des Transitionssystems verfügbar ist. Diese Repräsentation als verteiltes System stellt sicher, dass bei der Ausführung des automatisch generierten Contracts maximal eine Transition pro Methodenaufruf durchgeführt werden muss und so möglichst wenig laufende Kosten verursacht werden.

HyperTSL. Typische Hypereigenschaften eines Smart Contracts sind zum Beispiel Gerechtigkeit („Kein Kandidat wird vom Contract bevorzugt.") oder Determinismus („Der Gewinner einer Wahl hängt nur von den eingegangenen Stimmen ab."). Wir definieren

HyperTSL als Logik für software-basierte Hypereigenschaften. Da HyperTSL auf TSL basiert, erbt sie deren Fähigkeit, besonders gut Eigenschaften über die Felder eines Contracts beschreiben zu können. Gerechtigkeit bei einer Wahl mit zwei Kandidaten können wir in HyperTSL als Symmetrieeigenschaft wie folgt ausdrücken.

$$\forall \pi \forall \pi'. ((\llbracket \texttt{gewinner} \hookleftarrow \texttt{A} \rrbracket_\pi \leftrightarrow \llbracket \texttt{gewinner} \hookleftarrow \texttt{B} \rrbracket_{\pi'}) \wedge$$
$$(\llbracket \texttt{gewinner} \hookleftarrow \texttt{B} \rrbracket_\pi \leftrightarrow \llbracket \texttt{gewinner} \hookleftarrow \texttt{A} \rrbracket_{\pi'})) \, \mathcal{W} \, (\texttt{wahl(A)}_\pi \leftrightarrow \texttt{wahl(B)}_{\pi'})$$

Die Formel besagt, dass für zwei Ausführungspfade, auf denen die Stimmen für A und B getauscht sind, auch der Gewinner getauscht gewählt sein muss.

Synthese von HyperTSL Spezifikationen. Da schon das Syntheseproblem von TSL unentscheidbar ist [Fi19], gilt dies auch für HyperTSL. Theoretisch ist es zwar möglich, Fragmente von HyperTSL auf das Syntheseproblem von HyperLTL zu reduzieren [Co23], für das es Approximationen gibt, die das Problem aufzählen [Fi20b]. Unser Ziel ist es jedoch nicht, Systeme zu synthetisieren, die nur Hypereigenschaften erfüllen. Stattdessen können wir ausnutzen, dass wir auch Synthesemechanismen für die nicht-relativen Eigenschaften eines Smart Contracts haben. Wir definieren zwei approximative Mechanismen.

Zunächst testen wir, ob eine Spezifikation eine *Pseudo-Hypereigenschaft* beschreibt. Diese können wir genauso gut mit einer einfacheren TSL Formel beschreiben:

Definition 2. Eine HyperTSL Formel φ beschreibt ein Pseudo-Hypereigenschaft, wenn es eine TSL Formel ψ gibt, sodass jedes System φ genau dann erfüllt, wenn es ψ erfüllt.

Wir zeigen, dass wenn φ eine Pseudo-Hypereigenschaft beschreibt, die entsprechende TSL Formel ψ einfach berechenbar ist. Der im Allgemeinen unentscheidbare Test auf Äquivalenz kann dann korrekt, aber nicht vollständig, auf den entsprechenden (entscheidbaren) Test für HyperLTL reduziert werden.

Für „echte" $\forall^*$ HyperTSL Eigenschaften schlagen wir einen Reparaturmechanismus vor: Wir synthetisieren zunächst das maximale System, dass alle nicht-relativen, in TSL beschriebenen Eigenschaften erfüllt. Dieses System kann Nichtdeterminismus enthalten. Wenn möglich, lösen wir diesen Nichtdeterminismus dann so auf, dass die HyperTSL Eigenschaft erfüllt wird.

5 Schlussfolgerung

Die hier vorgestellte Dissertation ist die erste Arbeit, die die Landschaft der Hypereigenschaften mithilfe verschiedener Logiken systematisch klassifiziert. Diese Klassifizierung zeigt die Grenzen der Entscheidbarkeit auf (zum Beispiel die des Model-Checking Problems) und ermöglicht es, die Komplexität verschiedener Hypereigenschaften einzuordnen und gegeneinander zu vergleichen. Außerdem schafft sie die Grundlage für weitere systematische Analysen, z.B. in Bezug auf asynchrone, irrationale oder Fixpunkt Hypereigenschaften.

Die Entwicklung effizienter Algorithmen für Hypereigenschaften ist eine weitere Herausforderung. Diese Dissertation zeigt, wie trotz der allgemeinen Unentscheidbarkeit vieler Probleme Algorithmen für Hypereigenschaften erfolgreich sein können. Dabei sind zwei Herangehensweisen besonders interessant: Zum einen ein Fokus auf Safety Eigenschaften, welche weite Teile der relevanten Eigenschaften abdecken und mit einer passenden Definition auch im Bereich der Hypereigenschaften algorithmische Vorteile haben. Zum anderen können Hypereigenschaften in Kombination mit anderen, nicht-relationalen Eigenschaften betrachtet werden, um so den Suchbereich für mögliche Lösungen zu verkleinern.

Literaturverzeichnis

[Be22] Beutner, Raven; Carral, David; Finkbeiner, Bernd; Hofmann, Jana; Krötzsch, Markus: Deciding Hyperproperties Combined with Functional Specifications. LICS. ACM, 2022.

[Ch57] Church, Alonzo: Applications of Recursive Arithmetic to the Problem of Circuit Synthesis. In: Summaries of the Summer Institute of Symbolic Logic. 1957.

[Cl14] Clarkson, Michael R.; Finkbeiner, Bernd; Koleini, Masoud; Micinski, Kristopher K.; Rabe, Markus N.; Sánchez, César: Temporal Logics for Hyperproperties. POST (ETAPS). Springer, 2014.

[Co19] Coenen, Norine; Finkbeiner, Bernd; Hahn, Christopher; Hofmann, Jana: The Hierarchy of Hyperlogics. LICS. IEEE, 2019.

[Co23] Coenen, Norine; Finkbeiner, Bernd; Hofmann, Jana; Tillman, Julia: Smart Contract Synthesis Modulo Hyperproperties. To appear at CSF. IEEE, 2023.

[CS08] Clarkson, Michael R.; Schneider, Fred B.: Hyperproperties. CSF. IEEE, 2008.

[Fi19] Finkbeiner, Bernd; Klein, Felix; Piskac, Ruzica; Santolucito, Mark: Temporal Stream Logic: Synthesis Beyond the Bools. CAV. Springer, 2019.

[Fi20a] Finkbeiner, Bernd; Hahn, Christopher; Hofmann, Jana; Tentrup, Leander: Realizing Omega-regular Hyperproperties. CAV. Springer, 2020.

[Fi20b] Finkbeiner, Bernd; Hahn, Christopher; Lukert, Philip; Stenger, Marvin; Tentrup, Leander: Synthesis from Hyperproperties. Acta Informatica, 2020.

[Fo21] Fortin, Marie; Kuijer, Louwe B.; Totzke, Patrick; Zimmermann, Martin: HyperLTL Satisfiability is Σ_1^1-complete, HyperCTL* Satisfiability is Σ_1^2-complete. MFCS. Schloss Dagstuhl - Leibniz-Zentrum für Informatik, 2021.

[FZ17] Finkbeiner, Bernd; Zimmermann, Martin: The First-Order Logic of Hyperproperties. STACS. Schloss Dagstuhl - Leibniz-Zentrum für Informatik, 2017.

[Ga80] Gabbay, Dov; Pnueli, Amir; Shelah, Saharon; Stavi, Jonathan: On the Temporal Analysis of Fairness. POPL. ACM, 1980.

[Ho22] Hofmann, Jana: Logical Methods for the Hierarchy of Hyperlogics. Dissertation, Saarland University, Germany, 2022.

[Ka68] Kamp, Hans W.: Tense Logic and the Theory of Linear Order. Dissertation, Computer Science Department, University of California at Los Angeles, USA, 1968.

[Ko19] Kocher, Paul; Horn, Jann; Fogh, Anders; Genkin, Daniel; Gruss, Daniel; Haas, Werner; Hamburg, Mike; Lipp, Moritz; Mangard, Stefan; Prescher, Thomas; Schwarz, Michael; Yarom, Yuval: Spectre Attacks: Exploiting Speculative Execution. S&P. IEEE, 2019.

[KP95] Kesten, Yonit; Pnueli, Amir: A Complete Proof Systems for QPTL. LICS. IEEE, 1995.

[Kr18] Krebs, Andreas; Meier, Arne; Virtema, Jonni; Zimmermann, Martin: Team Semantics for the Specification and Verification of Hyperproperties. MFCS. Schloss Dagstuhl - Leibniz-Zentrum für Informatik, 2018.

[Li18] Lipp, Moritz; Schwarz, Michael; Gruss, Daniel; Prescher, Thomas; Haas, Werner; Fogh, Anders; Horn, Jann; Mangard, Stefan; Kocher, Paul; Genkin, Daniel; Yarom, Yuval; Hamburg, Mike: Meltdown: Reading Kernel Memory from User Space. USENIX Security Symposium, 2018.

[LM14] Laroussinie, François; Markey, Nicolas: Quantified CTL: Expressiveness and Complexity. Logical Methods in Computer Science, 2014.

[MR99] Moller, Faron; Rabinovich, Alexander Moshe: On the Expressive Power of CTL. LICS. IEEE, 1999.

[Pn77] Pnueli, Amir: The Temporal Logic of Programs. FOCS. IEEE, 1977.

[Vi21] Virtema, Jonni; Hofmann, Jana; Finkbeiner, Bernd; Kontinen, Juha; Yang, Fan: Linear-Time Temporal Logic with Team Semantics: Expressivity and Complexity. FSTTCS. Schloss Dagstuhl - Leibniz-Zentrum für Informatik, 2021.

Jana Hofmann wurde am 4. Januar 1995 in Bonn geboren und studierte Informatik an der Universität des Saarlandes. Für ihren darauffolgenden Masterabschluss an der University of Edinburgh wurde sie 2017 mit dem Claire Jones Prize ausgezeichnet. Sie promovierte an der Universität des Saarlandes unter der Supervision von Bernd Finkbeiner, während sie am CISPA Helmholtz Zentrum für Informationssicherheit tätig war. Während ihres Studiums und Promotion betreute sie als Mentorin im MentoMint Programm informatikinteressierte Schülerinnen und war ehrenamtlich für den Mathematik Vorkurs mitverantwortlich. Dafür erhielt sie 2017 den BeStE Preis der Universität des Saarlandes für besonderes studentisches Engagement. Seit September 2022 forscht sie bei Microsoft Research an der Spezifikation von Hypereigenschaften zur Entdeckung und Verhinderung von Seitenkanälen in modernen Prozessoren.

Zertifikate und Zeugen im Probabilistischen Model Checking[1]

Simon Jantsch[2]

Abstract: Model Checking ist eine Methode der formalen Verifikation, deren Ziel es ist, vollautomatisiert zu prüfen, ob ein System eine gegebene Eigenschaft erfüllt. Zertifikate, Zeugen und Gegenbeispiele können zusätzliche, über eine reine Ja/Nein-Antwort hinausgehende, Informationen über das Ergebnis eines Model Checkers geben. Dadurch ermöglichen sie höheres Vertrauen in die Antwort von Model Checkern, und können außerdem erklären, *warum* eine Eigenschaft (nicht) erfüllt ist. Die vorgestellte Dissertation führt neue Methoden zur Zertifizierung und Bezeugung für die Analyse von probabilistischen Systemen ein. Insbesondere wird eine neue Klasse von Zertifikaten, genannt Farkas Zertifikate, für das probabilistische Model Checking definiert. Ein Zusammenhang zwischen diesen Zertifikaten und so genannten bezeugenden Subsystemen wird hergestellt, welcher in neuen Algorithmen zu Berechnung von bezeugenden Subsystemen mündet. Schließlich wird gezeigt, dass die Komplexität der Berechnung von minimalen Zeugen schon für stark eingeschränkte Klassen von probabilistischen Systemen NP-vollständig ist.

1 Einführung

Die Frage danach wann und wie entschieden werden kann, ob ein gegebenes Programm fundamentale Eigenschaften wie "Korrektheit", "Sicherheit" und "Terminierung" erfüllt, hat die Informatik seit ihrer Geburtsstunde beschäftigt. Ein Ansatz um diese Fragen zu beantworten, ist die formale Verifikation. Model Checking [BK08, Cl18] ist eine Teildisziplin der formalen Verifikation und zeichnet sich dadurch aus, dass Programme als Transitionssysteme beschrieben werden, und ihre Eigenschaften in temporalen Logiken wie LTL (für *linear temporal logic*) oder CTL (für *computation tree logic*). Dieser Ansatz erlaubt eine mathematisch genaue Beschreibung des Verifikationsproblems, und baut auf der langen Tradition von logikbasierten Methoden in der Informatik.

Eine wichtige Klasse von Programmen, die schon lange im Model Checking studiert wird, sind probabilistische Programme. Sie beschreiben Systeme in denen Übergänge durch Wahrscheinlichkeitsverteilungen definiert sind. Diese können etwa eine Fehlerwahrscheinlichkeit in einem eingebetteten System darstellen, oder bestimmte probabilistische Annahmen an die Umgebung des Systems, die für die Analyse berücksichtigt werden sollen. Das Einbeziehen probabilistischer Phänomene in die Verifikation von Programmen und Systemen wird zunehmend wichtiger. Dies liegt in großen Teilen daran, dass diese Systeme immer stärker

---

[1] Englischer Titel der Dissertation: "Certificates and Witnesses for Probabilistic Model Checking"
[2] Technische Universität Dresden, Institut für Theoretische Informatik, Nöthnitzer Straße 46, 01187 Dresden simon.jantsch@tu-dresden.de

integriert sind in eine komplexe, unsichere und im Allgemeinen nicht genau spezifizierbare Umgebung. Wenn etwa ein Roboter in einer ihm unbekannten Umgebung versucht eine Zielfunktion zu optimieren, (z.b. das Navigieren von A nach B in kürzester Zeit) muss er die ihm zu Verfügung stehenden Sensordaten nutzen um ein Modell der Umgebung zu konstruieren und die Effekte seiner Handlungsoptionen einzuschätzen. Dieses Modell ist in aller Regel probabilistisch. Das probabilistische Model Checking hat zum Ziel, Garantien über das Verhalten von solchen probabilistischen Systemen zu liefern.

Eine der meistgenutzen mathematischen Abstraktionen für probabilistische Programme sind *Markov Entscheidungsprozesse* (abgekürzt MDP, für *Markov decision process*). Sie erlauben sowohl probabilistische als auch nicht-deterministische (bzw. kontrollierbare oder nicht-kontrollierbare) Verzweigung, und eignen sich daher besonders gut für die Modellierung von verteilten Systemen. Eine Subklasse von MDPs sind *Markovketten*, die ausschließlich probabilistische Verzweigung enthalten.

Gegenbeispiele, Zeugen und Zertifikate. Ein "Killerfeature" des Model Checking, insbesondere für industrielle Anwendungen, sind *Gegenbeispiele und Zeugen*. Wenn ein Model Checker zu dem Schluss kommt, dass das gegebe Programm die gegebene Eigenschaft *nicht* erfüllt, dann kann er üblicherweise auch ein Gegenbeispiel dafür zurückgeben. Dies ist im klassischen Fall eine konkrete Ausführung des Programms, die die gewünschte Eigenschaft verletzt. Mit einem Gegenbeispiel kann meist einfach nachvollzogen werden, *warum* das Programm die Eigenschaft nicht erfüllt.

Eine typische Eigenschaft im probabilistischen Model Checking ist: "Die Wahrscheinlichkeit einen Fehlerzustand zu erreichen ist kleiner als λ", für ein $\lambda \in [0, 1]$. Gegenbeispiele für solche Eigenschaften lassen sich im Allgemeinen nicht durch einen einzelnen Pfad des Systems ausdrücken. Vielmehr müsste man eine *Menge von Pfaden* des Systems angeben, die alle einen Fehlerzustand erreichen und deren gemeinsame Wahrscheinlichkeit λ übersteigt. Es spielt hier, im Unterschied zum klassischen Model Checking, keine entscheidende Rolle, ob eine Eigenschaft widerlegt oder bezeugt werden soll (in beiden Fällen muss letztendlich eine Menge von Pfaden beschrieben werden). Daher werden wir im folgenden Text nicht von einem Gegenbeispiel für Eigenschaft A sprechen, sondern von einem *Zeugen* für $\neg A$.

Im Gegenzug zu einem Zeugen, dient ein *Zertifikat* nicht in erster Linie dazu zu erklären, warum eine Eigenschaft gilt. Vielmehr ermöglicht ein Zertifikat eine unabhängige und effiziente Validierung des Ergebnisses eines Model Checkers. Gerade bei Verifikationsalgorithmen (die auch in Software implementiert werden!) ist es besonders wichtig sicherzustellen, dass ihre Ergebnisse vertrauenswürdig sind. Wenn ein Model Checker mit einem Ergebnis ein Zertifikat mitliefert wird dieses Vertrauen deutlich erhöht, da das Ergebnis unabhängig geprüft werden kann.

Das Angeben von Gegenbeispielen und Zeugen wird in der Praxis als einer der entscheidenden Eigenschaften von Model-Checking-Algorithmen gesehen, der es erlaubt unerwartete und fehlerhafte Ausführungen eines Programmes zu erkennen und ggf. zu beheben. Daher hat jeder Fortschritt in Bezug auf Zeugen im probabilistischen Model Checking direkt positive Auswirkung auf die praktische Anwendbarkeit dieser Algorithmen. Darüber hinaus werden Zeugen nicht ausschließlich zur Erklärung von Ergebnissen eines Model Checkers benutzt. Eine wichtige Klasse von Algorithmen, die auf einer Abstraktion des gegebenen Programms beruhen, nutzen die Analyse von Zeugen und Gegenbeispielen um schrittweise die gewählte Abstraktion zu verfeinern [Cl03]. Solche Ansätze sind ein wichtiger Baustein, um die Analyse von Programmen mit großen Zustandsräumen zu ermöglichen. Nur mit einer fortgeschrittenen Theorie zu Zeugen und Zertifikaten im probabilistischen Model Checking, können sie auch zur Analyse probabilistischer Systeme genutzt werden.

Die vorgestellte Dissertation [Ja22] macht fundamentale Schritte in diese Richtung. Sie führt neue Begriffe für Zertifikate und Zeugen für Erreichbarkeitseigenschaften im probabilistischen Model Checking ein, bringt sie in Zusammenhang mit bestehenden Methoden, und untersucht die Komplexität ihrer Berechnung. Darauf aufbauend werden neue Algorithmen für das Berechnen von Zeugen vorgestellt, welche auch im Tool SWITSS[3] implementiert wurden. Mit Hilfe von experimentellen Studien wird belegt, dass SWITSS im Vergleich zu bekannten Tools sowohl in Bezug Berechnungszeit als auch auf die Größe der Berechneten Zeugen gleich gut oder besser abschneidet. Außerdem unterstützt es als einziges Tool auch die Berechnung von Zeugen für MDPs.

Verwandte Arbeiten. Zeugen im probabilistischen Model Checking können als Mengen von (erfüllenden) Pfaden des Systems beschrieben werden [HK07, Al11]. Ein entscheidender Nachteil dieser Darstellung ist, dass die Anzahl der Pfade die für einen Zeugen benötigt werden sehr groß werden kann. Insbesondere ist sie nicht immer durch die Größe des Systems beschränkt, sondern hängt auch von der Eigenschaft ab.

Eine Möglichkeit diesen Nachteil zu umgehen ist es, *bezeugende Subsysteme* [Ja11] zu betrachten. Ein bezeugendes Subsystem ist ein Teil des betrachteten Systems, und stellt in kompakter Weise eine Menge von erfüllenden Pfaden dar, deren Wahrscheinlichkeit die geforderte Schranke überschreitet. Sowohl exakte als auch heuristische Methoden zur Berechnung von minimalen und kleinen Subsystem wurden betrachtet [Wi12] und in dem Tool COMICS implementiert [Ja12]. Die Implementierung ist jedoch beschränkt auf Markovketten. Die Heuristiken beruhen auf dem Aufzählen von erfüllenden Pfaden im System, welche dann zu einem Subsystem zusammengefügt werden, während die exakten Verfahren *gemischt-ganzzahlig lineare Programmierung* nutzen. Die Berechnung eines minimalen Subsystems ist für MDPs NP-hart [CV10, Wi12], jedoch war die Komplexität im Spezialfall von Markovketten offen [Wi12, Wi14]. Zertifizierende Algorithmen für probabilistsches Model Checking sind bisher nicht betrachtet worden.

---

[3] https://github.com/simonjantsch/switss

Abb. 1

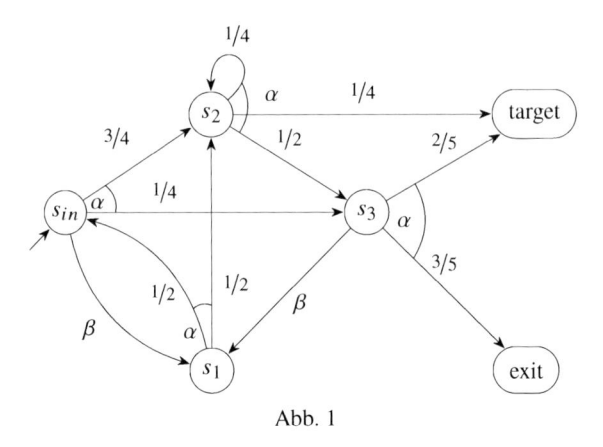

Übersicht der Ergebnisse.

- Die erste Methode zur Zertifizierung von Ergebnissen im probabilistischen Model Checking wird präsentiert. Die entsprechenden Zertifikate, genannt *Farkas Zertifikate*, sind Lösungen von Ungleichungssystemen, die sich aus den Transitionswahrscheinlichkeiten des betrachteten MDP ergeben.

- Ein Zusammenhang zwischen Farkas Zertifikaten und bezeugenden Subsystemen wird hergestellt. Damit lässt sich die Berechnung von kleinen bezeugenden Subsystemen auf die Berechnung von Farkas Zertifikaten reduzieren. Darauf aufbauend werden sowohl exakte als auch heuristische Verfahren eingeführt. Im Vergleich zu bekannten Methoden sind diese zertifizierend, nicht auf Markovketten beschränkt, und die Heuristiken liefern in vielen Fällen schneller bessere Ergebnisse.

- Die Komplexität der Berechnung von minimalen bezeugenden Subsystem wird genau untersucht. Insbesondere wird gezeigt, dass das Berechnen von minimal Zeugen schon für die Klasse von azyklischen Markovketten NP-hart ist. Dies beantwortet eine offene Frage aus [Wi12]. Ein weiteres Ergebnis ist, dass das Problem selbst für Klassen von Markovketten mit konstanter Baumweite NP-hart bleibt.

- Schließlich führt die Arbeit einen Begriff für bezeugende Subsysteme für probabilistische gezeitete Automaten ein. Diese Subsysteme korrespondieren zu bezeugenden Subsystemen in einem Quotienten-MDP des gezeiteten Automaten. Dadurch lassen sich auch hier Algorithmen zur Berechnung kleiner Zeugen angeben, die auf der Berechnung von Farkas Zertifikaten beruhen.

2 Farkas Zertifikate

Wir betrachten probabilistische Erreichbarkeitseigenschaften für MDPs, welche durch Formeln folgender Art beschrieben werden:

$$\mathbf{Pr}^{\mathfrak{m}}_{s_{in}}(\Diamond\, \text{target}) \bowtie \lambda$$

Hierbei ist $\mathfrak{m} \in \{\min, \max\}$, $\bowtie \in \{<, \leq, >, \geq\}$, $\lambda \in [0, 1]$, und s_{in} ist der initiale Zustand des betrachteten MDP $\mathcal{M}$. Der Ausdruck "$\Diamond$ target" beschreibt die Menge der Pfade in $\mathcal{M}$, welche den Zustand "target" erreichen.

Diese Formel besagt, dass die maximale (oder minimale) Wahrscheinlichkeit den Zielzustand "target" zu erreichen von unten (oder von oben) beschränkt sein soll durch λ. Maximal, bzw. minimal, bezieht sich hier auf die erreichbaren Wahrscheinlichkeitswerte unter verschiedenen *Schedulern*, welche die nicht-deterministische Verzweigung auflösen. Abb. 1 zeigt ein Beispiel eines MDP. In Zuständen s_{in}, s_1 und s_2 hat ein Scheduler sowohl die Möglichkeit Aktion α, als auch β, zu wählen. Der Scheduler, der immer α wählt, erreicht in diesem Beispiel die maximale Erreichbarkeitswahrscheinlichkeit.

Für diese Klasse von Eigenschaften definieren wir eine neue Form von Zertifikaten, gennant *Farkas Zertifikate*. Der Name bezieht sich auf das *Farkas' Lemma* [Fa02] aus der linearen Algebra, welches zur Herleitung der Zertifikatsbedingung benutzt wird. Farkas Zertifikate sind Lösungen von linearen Ungleichungssystemen (siehe Tab. 1). Die erste Zeile der Tabelle besagt etwa: Die Eigenschaft $\mathbf{Pr}^{\min}_{s_{in}}(\Diamond\, \text{target}) \gtrsim \lambda$ gilt genau dann wenn es einen Vektor $\mathbf{z} \in \mathbb{R}^S_{\geq 0}$ gibt, welcher die Ungleichung $\mathbf{A}\mathbf{z} \leq \mathbf{t} \wedge \mathbf{z}(s_{in}) \gtrsim \lambda$ erfüllt. Dabei ist $\mathbf{A}$ eine Matrix, welche einfach aus den Übergangswahrscheinlichkeiten von $\mathcal{M}$ berechnet werden kann, und $\mathbf{t}$ ist der Vektor, der für jeden Zustand die Wahrscheinlichkeit enthält, in einem Schritt zu "target" zu gelangen. Der Vektor $\delta_{s_{in}}$ enhält den Eintrag 1 für den Zustand s_{in}, und sonst Nullen.

Zertifikate müssen einfach unabhängig validiert werden können. Das ist für Farkas Zertifikate erfüllt: Um ein vermeintliches Farkas Zertifikat zu validieren, muss nur geprüft werden, ob die entsprechende Zertifikatsbedingung erfüllt ist. Dies kann in linearer Zeit in der Größe des Systems und des Zertifikats erfolgen. Ein zertifizierender probabilistischer Model Checking Algorithmus kann also zusammen mit dem Ergebnis (etwa "Die Eigenschaft gilt!") auch ein entsprechendes Farkas Zertifikat mitliefern.

In der Dissertation wird auch genauer darauf eingegangen, wie und inwieweit sich gängige Algorithmen des probabilistischen Model Checkings (sowie die Werte- oder Strategieiteration) anpassen lassen, sodass sie Zertifikate produzieren. Darüber hinaus werden Zertifikate für Eigenschaften über bestimmte Erwartungswerte in einem gewichteten MDP betrachtet, und eine Zertifizierungsmethode für die Berechnung der maximalen Endkomponenten.

Tab. 1: Definition von Farkas Zertifikaten. Dabei ist S die Menge der Zustände, $\mathcal{E}$ die Menge der Zustands-Aktions-Paare, $\gtrsim \in \{\geq, >\}$ und $\lesssim \in \{\leq, <\}$.

Eigenschaft	Dimension	Zertifikatsbedingung
$\mathbf{Pr}^{\min}_{s_{in}}(\Diamond \text{ target}) \gtrsim \lambda$	$\mathbf{z} \in \mathbb{R}^{S}_{\geq 0}$	$\mathbf{Az} \leq \mathbf{t} \wedge \mathbf{z}(s_{in}) \gtrsim \lambda$
$\mathbf{Pr}^{\max}_{s_{in}}(\Diamond \text{ target}) \gtrsim \lambda$	$\mathbf{y} \in \mathbb{R}^{\mathcal{E}}_{\geq 0}$	$\mathbf{yA} \leq \delta_{s_{in}} \wedge \mathbf{yt} \gtrsim \lambda$
$\mathbf{Pr}^{\min}_{s_{in}}(\Diamond \text{ target}) \lesssim \lambda$	$\mathbf{y} \in \mathbb{R}^{\mathcal{E}}_{\geq 0}$	$\mathbf{yA} \geq \delta_{s_{in}} \wedge \mathbf{yt} \lesssim \lambda$
$\mathbf{Pr}^{\max}_{s_{in}}(\Diamond \text{ target}) \lesssim \lambda$	$\mathbf{z} \in \mathbb{R}^{S}_{\geq 0}$	$\mathbf{Az} \geq \mathbf{t} \wedge \mathbf{z}(s_{in}) \lesssim \lambda$

3 Neue Methoden für bezeugende Subsysteme

Bezeugende Subsysteme werden für *untere Schranken* an die optimale Erreichbarkeitswahrscheinlichkeit betrachtet, also für Eigenschaften der Form:

$$\mathbf{Pr}^{\mathfrak{m}}_{s_{in}}(\Diamond \text{ target}) \geq \lambda,$$

wobei $\mathfrak{m} \in \{\min, \max\}$. Ein Subsystem von $\mathcal{M}$ ist ein MDP, welcher aus $\mathcal{M}$ gewonnen werden kann indem man Transitionen in $\mathcal{M}$ zu einem dedizierten Zustand "exit" umleitet (siehe Abb. 2).

Ein Subsystem $\mathcal{M}'$ von $\mathcal{M}$ ist ein Zeuge für die Eigenschaft $\mathbf{Pr}^{\mathfrak{m}}_{s_{in}}(\Diamond \text{ target}) \geq \lambda$, wenn die gleiche Eigenschaft in $\mathcal{M}'$ gilt. Da die (minimale und maximale) Wahrscheinlichkeit "target" zu erreichen in einem Subsystem nur abnehmen kann, impliziert dies tatsächlich, dass die Eigenschaft im Ursprungssystem ebenfalls gilt. Intuitiv: Im Subsystem selbst ist schon "genug Wahrscheinlichkeit" angesammelt, um die untere Schranke zu erfüllen. Ein bezeugendes Subsystem hebt also einen (im besten Fall kleinen) Teil des Systems hervor, in dem die gewünschte Eigenschaft bereits gilt.

Eines der wichtigsten Ergebnisse der Dissertation ist, dass es einen Zusammenhang zwischen bezeugenden Subsystemen und Farkas Zertifikaten für die gleiche Eigenschaft gibt.

> Bezeugende Subsysteme mit *wenig Zuständen* korrespondieren zu Farkas Zertifikaten mit *wenigen Einträgen größer Null*.

Insbesondere *induziert* jedes Farkas Zertifikat ein bezeugendes Subsystem. Dieses bekommt man, indem alle Zustände behalten werden, die im Zertifikat einen positiven Eintrag haben. Abb. 3 zeigt einen MDP mitsamt einem Subsystem, welches den Zustand u nicht enthält (a), und die Mengen der Farkas Zertifikate für eine Eigenschaft, die von dem Subsystem erfüllt wird (b-c). Die Farkas Zertifikate, die für Zustand u einen Null-Eintrag haben, induzieren das gegebene Subsystem und zeigen damit, dass es tatsächlich ein Zeuge für die Eigenschaft ist.

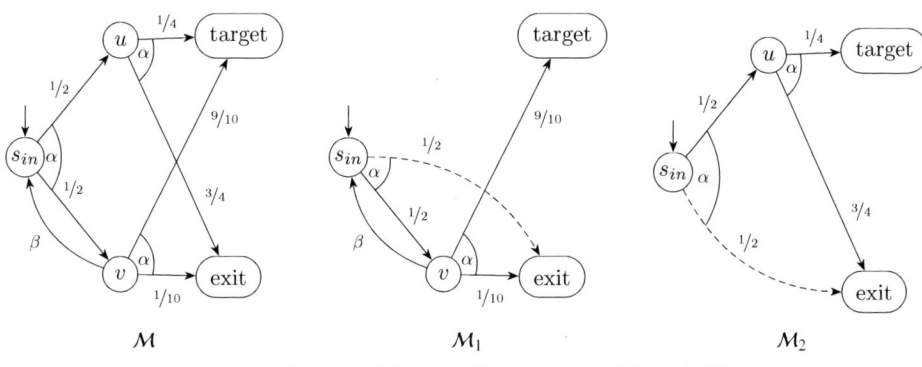

Abb. 2: Ein MDP $\mathcal{M}$ mit zwei subsystemen $\mathcal{M}_1$ und $\mathcal{M}_2$

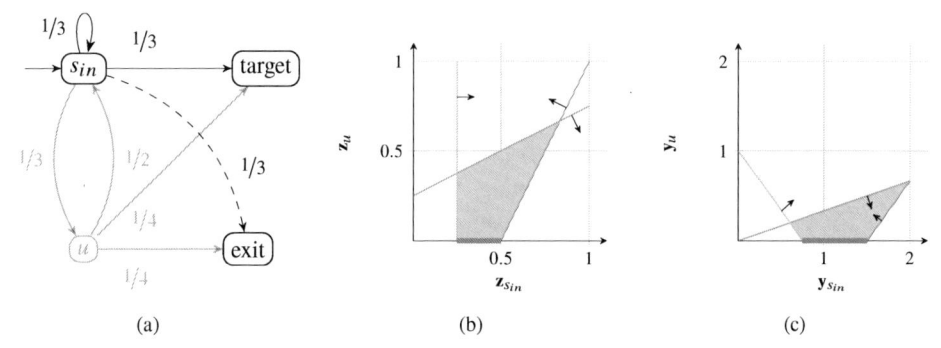

Abb. 3: In (a) sehen wir einen MDP, und angedeutet das Subsystem, welches durch Entfernen von u entsteht. Die Polytope in (b) und (c) zeigen den Lösungsraum der Ungleichungssysteme, welche Farkas Zertifikate für die Eigenschaft $\mathbf{Pr}_{s_{in}}^{\mathfrak{m}}(\lozenge\,\text{target}) \geq 1/4$ definieren. (In (b) ist $\mathfrak{m}$ = min und in (c) ist $\mathfrak{m}$ = max). Da der MDP ausschließlich probabilistische Verzweigung hat (es ist eine Markovkette), fallen die zwei Eigenschaften zusammen. Die roten Linien enthalten Farkas Zertifikate, welche das Subsystem in (a) induzieren, da sie für Eintrag u jeweils eine Null enthalten.

Die Berechnung von minimalen Zeugen lässt sich also reduzieren auf die Berechnung einer Lösung eines Ungleichungssystems mit möglichst vielen Null-Einträgen. Daraus lassen sich sowohl heuristische, als auch exakte Methoden zur Berechnung minimaler Zeugen herleiten. Als Teil der Dissertation wurden diese neuen Verfahren im Tool SWITSS implementiert, gemeinsam mit Funktionen zur Berechnung und Validierung von Farkas Zertifikaten. Mit einer experimentelle Studie wurde gezeigt, dass es in Bezug auf die Berechnungszeit und auf die Größe von berechneten Zeugen gleich gut oder besser abschneidet, als bekannte Verfahren. Außerdem unterstützt es die volle Klasse von MDPs, und nicht nur Markovketten.

Die Heuristik, die in SWITSS implementiert sind, nennen wir die *Quotienten-summe*

Heuristik (QS-Heuristik). Sie beruht auf der Lösung einer Folge von linearen Programmen[4]. Zur Veranschaulichung, sei $\mathcal{P} \subseteq \mathbb{R}^n_{\geq 0}$ ein Polytop und sei $\mathbf{o}_1 = (1, \ldots 1) \in \mathbb{R}^n$. Die Heuristik löst zuerst das lineare Programm: $\mathbf{v}_1 := \min \mathbf{o}_1 \cdot \mathbf{v}$ unter der Nebenbedingung $\mathbf{v} \in \mathcal{P}$. Im zweiten Schritt wird die Zielfunktion wie folgt angepasst: $\mathbf{o}_2(i) := \frac{1}{\mathbf{v}_1(i)}$ für alle i, sodass $\mathbf{v}_1(i) > 0$. Alle restlichen Einträge von $\mathbf{o}_2$ werden mit einer sehr großen Konstante initialisiert. Die Idee ist es, Einträge von $\mathbf{v}_1$, welche zwar positiv, aber sehr klein sind, mit einem entsprechend hohen Wert in der folgenden Zielfunktion zu belegen. Damit werden sie möglicherweise in der Lösung des folgenden linearen Programms tatsächlich auf Null gesetzt. Dieses Verfahren kann zur Berechnung von kleinen bezeugenden Subsystemen benutzt werden, in dem für $\mathcal{P}$ die Menge von Farkas Zertifikaten für die entsprechende Eigenschaft gewählt wird.

In der Dissertation werden erstmalig auch bezeugende Subsysteme für Invarianzeigenschaften betrachtet, welche folgende Form haben:

$$\mathbf{Pr}^m_{s_{in}}(\Box \neg \text{ exit}) \geq \lambda.$$

Hier steht "$\Box \neg$ exit" für die Menge der Pfade, die "exit" nie erreichen. Untere Schranken für Invarianzeigenschaften korrespondieren zu *oberen Schranken* für Erreichbarkeitseigenschaften, wie sich mit der Gleichung $\mathbf{Pr}^{\max}_{s_{in}}(\Box \neg \text{ exit}) = 1 - \mathbf{Pr}^{\min}_{s_{in}}(\Diamond \text{ exit})$ zeigen lässt. Die Berechnung von Zeugen für Invarianzeigenschaften unterscheidet sich dann von dem vorher beschriebenen Fall, wenn es in dem MDP nicht-triviale Endkomponenten gibt. Eine Endkomponente ist eine Menge von Zuständen, in denen ein Scheduler sich für immer aufhalten kann.

4 Komplexität der Berechnung minimaler Zeugen

Wenn es um die Komplexität der Berechnung von minimalen Zeugen geht, interessieren wir uns für folgendes Berechnungsproblem. Gegeben ist ein MDP $\mathcal{M}$ mit Startzustand s_{in}, eine rationale Zahl λ, eine natürliche Zahl K und $\mathfrak{m} \in \{\min, \max\}$. Die Frage ist: Gibt es ein bezeugendes Subsystem für $\mathbf{Pr}^{\mathfrak{m}}_{s_{in}}(\Diamond \text{ target}) \geq \lambda$ mit höchstens K Zuständen? Dieses Problem nennen wir das *Zeugen-Problem*.

Das Zeugen-Problem (und alle Varianten, die uns beschäftigen) liegt in NP, da wir ein entsprechendes Subsystem raten, und in polynomieller Zeit überprüfen können. Es ist aus der Literatur bekannt, dass das Zeugen-Problem für die gesamte Klasse von MDPs auch NP-hart ist [CV10, Wi12]. Ob dies jedoch auch für Markovketten gilt, war lange offen [Wi12]. Wir zeigen, dass das Zeugen-Problem sogar für *azyklische* Markovketten NP-hart ist. Das sind Markovketten, die keine Zyklen in ihrem Übergangsgraphen enthalten (bis auf die Zustände "target" und "exit", die außer sich selbst keine Nachfolger haben dürfen). Unter Nutzung dieses Ergebnisses konnten wir auch ein ähnliches Problem über die Komplexität

---

[4] Ein lineares Programm beschreibt ein Optimierungsproblem mit linearer Zielfunktion und Nebenbedingung.

der Berechnung minimaler *Kerne* lösen, bei dem der Spezialfall für Markovketten ebenfalls offen war [KM20].

Als weitere Einschränkung kann man die Klasse von Markovketten betrachten, dessen Übergangsgraph einen Baum bildet. Dann ist das Zeugen-Problem in polynomieller Zeit lösbar, wie wir zeigen konnten. Diese Erkenntnis führt natürlicherweise zur Frage, ob sich das Problem effizient lösen lässt, wenn man Markovketten mit beschränkter Baumweite betrachtet. Die Baumweite ist ein Parameter von Graphen, der die Ähnlichkeit zu einem Baum misst, und dessen Beschränkung in der Graphentheorie oft zu effizienten Algorithmen führt [Bo97].

Es stellt sich heraus, dass das Zeugen-Problem sogar für Markovketten mit konstanter Baumweite NP-hart bleibt. Um dies zu zeigen führen wir ein neues Problem ein, gennant das *Matritzen-Paare* Problem. Gegeben sind n Paare von Matrizen, ein Punkt $\mathbf{p}$ und eine Halbebene $\mathcal{H}$. Die Frage ist, ob sich aus jedem Paar eine Matrix wählen lässt, sodass die Multiplikation der gewählten Matrizen den Punkt $\mathbf{p}$ auf einen Punkt in $\mathcal{H}$ abbildet. Wir zeigen, dass dieses Problem für nichtnegative 3×3 Matritzen NP-hart ist, und dass es sich in polynomieller Zeit auf das Zeugen-Problem für eine Klasse von Markovketten mit konstanter Baumweite reduzieren lässt.

5 Ausblick

Die beschriebene Dissertation beschäftigt sich vorranging mit Erreichbarkeitseigenschaften. Methoden dafür bilden im probabilistischen Model Checking üblicherweise die Grundbausteine für die Betrachtung reicherer Eigenschaften. Die Weiterentwicklung der vorgelegten Methoden für probabilistische Logiken wie PCTL (für *probabilistic computation tree logic*), für die es so gut wie keine Methoden für die Zertifizierung und Bezeugung gibt, ist ein spannendes Forschungsthema. Außerdem wäre es interessant, ausdrucksstärkere Systemmodelle wie stochastische Erreichbarkeitsspiele zu betrachten, in denen sowohl kontrollierbare und nicht-kontrollierbare Verzweigung gemischt vorkommen.

Literaturverzeichnis

[Al11] Aljazzar, Husain; Leitner-Fischer, Florian; Leue, Stefan; Simeonov, Dimitar: DiPro - A Tool for Probabilistic Counterexample Generation. In: Model Checking Software. Lecture Notes in Computer Science. Springer, 2011.

[BK08] Baier, Christel; Katoen, Joost-Pieter: Principles of Model Checking (Representation and Mind Series). The MIT Press, 2008.

[Bo97] Bodlaender, Hans L.: Treewidth: Algorithmic Techniques and Results. In: Mathematical Foundations of Computer Science, 22nd International Symposium, (MFCS). Lecture Notes in Computer Science. Springer, 1997.

[Cl03] Clarke, Edmund; Grumberg, Orna; Jha, Somesh; Lu, Yuan; Veith, Helmut: Counterexample-Guided Abstraction Refinement for Symbolic Model Checking. Journal of the ACM, 50(5):752–794, September 2003.

[Cl18] Clarke, Edmund M.; Henzinger, Thomas A.; Veith, Helmut; Bloem, Roderick, Hrsg. Handbook of Model Checking. Springer, 2018.

[CV10] Chadha, Rohit; Viswanathan, Mahesh: A Counterexample-Guided Abstraction-Refinement Framework for Markov Decision Processes. ACM Transactions on Computational Logic, 12(1):1:1–1:49, November 2010.

[Fa02] Farkas, Julius: Theorie der einfachen Ungleichungen. Journal für die reine und angewandte Mathematik (Crelles Journal), 1902(124):1–27, Januar 1902.

[HK07] Han, Tingting; Katoen, Joost-Pieter: Counterexamples in Probabilistic Model Checking. In: Tools and Algorithms for the Construction and Analysis of Systems, 13th International Conference (TACAS). Lecture Notes in Computer Science. Springer, 2007.

[Ja11] Jansen, Nils; Ábrahám, Erika; Katelaan, Jens; Wimmer, Ralf; Katoen, Joost-Pieter; Becker, Bernd: Hierarchical Counterexamples for Discrete-Time Markov Chains. In: Automated Technology for Verification and Analysis, 9th International Symposium (ATVA). Lecture Notes in Computer Science. Springer, 2011.

[Ja12] Jansen, Nils; Ábrahám, Erika; Volk, Matthias; Wimmer, Ralf; Katoen, Joost-Pieter; Becker, Bernd: The COMICS Tool – Computing Minimal Counterexamples for DTMCs. In: Automated Technology for Verification and Analysis - 10th International Symposium (ATVA). Lecture Notes in Computer Science. Springer, 2012.

[Ja22] Jantsch, Simon: Certificates and Witnesses for Probabilistic Model Checking. Dissertation, Technische Universität Dresden, August 2022.

[KM20] Křetínský, Jan; Meggendorfer, Tobias: Of Cores: A Partial-Exploration Framework for Markov Decision Processes. Logical Methods in Computer Science, 16(4), 2020.

[Wi12] Wimmer, Ralf; Jansen, Nils; Ábrahám, Erika; Becker, Bernd; Katoen, Joost-Pieter: Minimal Critical Subsystems for Discrete-Time Markov Models. In (Flanagan, Cormac; König, Barbara, Hrsg.): Tools and Algorithms for the Construction and Analysis of Systems - 18th International Conference (TACAS). Lecture Notes in Computer Science, Springer, Berlin, Heidelberg, S. 299–314, 2012.

[Wi14] Wimmer, Ralf; Jansen, Nils; Ábrahám, Erika; Katoen, Joost-Pieter; Becker, Bernd: Minimal Counterexamples for Linear-Time Probabilistic Verification. Theoretical Computer Science, 549:61–100, September 2014.

Simon Jantsch absolvierte sein Bachelorstudium der technischen Informatik an der TU Wien, bevor er im Masterstudium "Computational Logic" an der TU Dresden und der Freien Universität Bozen-Bolzano studierte. Von der TU Dresden wurde er mit der Lohrmann-Medaille für sein Masterstudium ausgezeichnet. Im Anschluss promovierte er bei Prof. Christel Baier im Bereich formale Verifikation probabilistischer Systeme. Seit Oktober 2022 arbeitet er an der Entwicklung von Verifikationssoftware für Hardwareschaltungen bei Siemens EDA in München.

Der vorhersagende Schwarm: Künstliche Evolution kollektiver Verhaltensweisen für Roboterschwärme durch Minimierung von Überraschung[1]

Tanja Katharina Kaiser[2]

Abstract: Roboterschwärme bieten im Vergleich zu monolithischen Robotern größeres Potenzial für Robustheit und Skalierbarkeit. Doch die Implementierung von Steuerungen für Roboterschwärme ist durch schwer vorhersehbare und schwer modellierbare Rückkopplungsprozesse herausfordernd. Eine vielversprechende Alternative ist die automatische Generierung der Steuerungen mithilfe evolutionärer Algorithmen. Die Belohnung für den Optimierungsprozess muss sorgfältig definiert werden, um ungewünschte Nebeneffekte zu vermeiden. Statt spezifische Roboterverhalten zu belohnen, kann eine aufgabenunabhängige Belohnung verwendet werden. So können vielfältige und innovative Schwarmrobotersteuerungen entstehen. In unserer aufgabenunabhängigen Minimize-Surprise-Methode (dt. etwa: Überraschungsminimierung) belohnen wir die Güte der Sensorvorhersagen der Schwarmroboter. Wir zeigen in simplen Simulationen und in Experimenten mit echten Robotern, dass vielfältige, robuste und skalierbare Schwarmverhalten im Optimierungsprozess als Nebenprodukt entstehen. Zudem zeigen wir auf, dass die Minimize-Surprise-Methode trotz ihres explorativen Charakters für ingenieurtechnische Problemlösung eingesetzt werden kann.

1 Einführung

Die Natur dient häufig als Inspirationsquelle für die Entwicklung innovativer technischer Systeme. Unsere hier präsentierte Forschung ist im Bereich der Schwarmrobotik [Ha18], die von natürlichen Schwärmen wie z. B. Ameisenkolonien inspiriert ist, zu verorten. Roboterschwärme sind dezentrale kollektive Systeme, die aus einfachen verkörperten Agenten bestehen. Die Schwarmroboter handeln autonom und stützen sich nur auf lokale Informationen. Dadurch sind Roboterschwärme potenziell robuster und bieten bessere Skalierbarkeit als monolithische Roboter. Eine große Herausforderung bei der Implementierung von Steuerungen für Schwarmroboter ist das sog. Mikro-Makro-Problem [BDT99]. Ein gewünschtes Schwarmverhalten wird vom Nutzer auf der Makro-Ebene (Schwarmebene) spezifiziert, aber die Robotersteuerungen müssen auf der Mikro-Ebene (individuelle Ebene) unter Beachtung von schwer vorhersagbaren Interaktionen und Rückkopplungsprozessen implementiert werden.

Eine vielversprechende Alternative ist die automatische Generierung der Schwarmrobotersteuerungen. Es ist trotz aktueller Fortschritte schwierig, Robotersteuerungen für komplexe

---
[1] Englischer Titel der Dissertation: "The Predicting Swarm: Evolving Collective Behaviors for Robot Swarms by Minimizing Surprise"
[2] Universität Konstanz, tanja-katharina.kaiser@uni-konstanz.de

Aufgaben und kollektive Robotersysteme mit Methoden des maschinellen Lernens zu generieren. Evolutionäre Algorithmen [ES15] sind kompetitiv zu Methoden des klassischen maschinellen Lernens [RS19] und eine erfolgversprechende Alternative. In dieser Arbeit verwenden wir Methoden der evolutionären Schwarmrobotik [Tr08], d. h. wir setzen evolutionäre Algorithmen im Bereich der Schwarmrobotik ein. Schwarmrobotersteuerungen werden dabei in einem iterativen Prozess optimiert, der durch eine sog. Fitnessfunktion gesteuert wird. Häufig wird eine aufgabenspezifische Fitnessfunktion definiert, die die Erfüllung einer spezifischen Aufgabe belohnt. Da der evolutionäre Algorithmus Fitness potenziell auf jedem möglichen Weg maximiert, muss die Fitnessfunktion sorgfältig spezifiziert werden, um ungewünschte Nebeneffekte zu verhindern [DM14]. Aufgabenunabhängige Fitnessfunktionen vermeiden die Formulierung von Belohnungen für spezifische Verhalten. Der evolutionäre Prozess hat hier die Freiheit vielfältige und innovative Verhalten zu generieren; die Entstehung gewünschter Verhaltensweisen kann aber nicht garantiert werden.

In unserer Minimize-Surprise-Methode [Ha14] verwenden wir eine aufgabenunabhängige Fitnessfunktion, die lose von Karl Fristons Prinzip der Freien Energie inspiriert ist [Fr10]. Im evolutionären Prozess werden die Roboter belohnt Überraschung zu minimieren. Überraschung, hier in ihrer einfachsten Form, ist die Differenz zwischen beobachteten und vorhergesagten Sensorwerten. Schwarmverhalten entstehen im Optimierungsprozess als Nebenprodukt. In diesem Beitrag fassen wir die zentralen Ergebnisse der diesem Text zugrunde liegenden Doktorarbeit [Ka23] zusammen. Wir zeigen das Potenzial der Methode in einem simplen simulierten Selbstassemblierungsszenario sowie die Anwendbarkeit in der realen Welt auf Basis von Experimenten mit Schwärmen physischer Roboter.

2 Die Minimize-Surprise-Methode

In unserer Minimize-Surprise-Methode verwenden wir eine aufgabenunabhängige Fitnessfunktion, die die Minimierung des Vorhersagefehlers bzw. die Maximierung der Güte der Sensorvorhersagen belohnt. Zu diesem Zweck statten wir jedes Schwarmmitglied (Agent oder Roboter) mit einem Aktor-Prädiktor-Paar künstlicher neuronaler Netze (KNN) aus, siehe Abb. 1. Der Aktor ist ein vorwärtsgerichtetes KNN mit drei Schichten und dient als Robotersteuerung. Als Eingaben erhält der Aktor die aktuellen Sensorwerte des Schwarmmitglieds sowie die letzten Aktionswerte. Die Ausgaben des KNNs bestimmen die nächsten Aktionswerte (z. B. Motorgeschwindigkeiten) des Schwarmmitglieds. Der Prädiktor ist ein rekurrentes KNN mit drei Schichten und trifft Vorhersagen über die Sensorwerte des Roboters im nächsten Zeitschritt. Als Eingaben erhält es die aktuellen Sensorwerte des Schwarmmitglieds sowie die nächsten Aktionswerte.

Unsere Fitnessfunktion F belohnt die Güte der Sensorvorhersagen und ist definiert als

$$F = \sum_{t=0}^{T-1} \sum_{n=0}^{N-1} \sum_{r=0}^{R-1} (1 - |p_r^n(t) - s_r^n(t)|) \quad (1)$$

(a) Aktor (b) Prädiktor

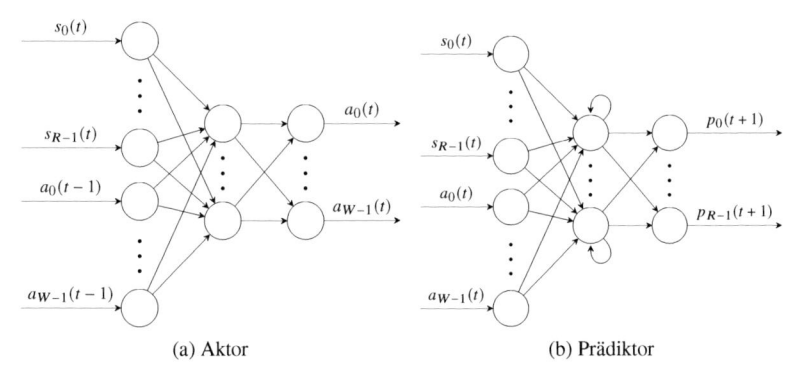

Abb. 1: Aktor-Prädiktor-Paar jedes Schwarmmitglieds. Der Aktor (a) bestimmt W Aktionswerte $a_0(t), \ldots, a_{W-1}(t)$ und der Prädiktor (b) gibt Vorhersagen $p_0(t+1), \ldots, p_{R-1}(t+1)$ für die R Sensorwerte des Schwarmmitglieds im nächsten Zeitschritt $t+1$ aus. Eingaben der KNNs sind die R Sensorwerte $s_0(t), \ldots, s_{R-1}(t)$ im Zeitschritt t und die Aktionswerte $a_0(t-1), \ldots, a_{W-1}(t-1)$ des letzten Zeitschritt $t-1$ (Aktor) bzw. $a_0(t), \ldots, a_{W-1}(t)$ für den aktuellen Zeitschritt t (Prädiktor).

mit Evaluierungsdauer T, Schwarmgröße N, Anzahl der Sensoren pro Schwarmmitglied R, Vorhersage $p_r^n(t)$ des Werts von Sensor r des Schwarmmitglieds n für Zeitschritt t und tatsächlicher Sensorwert $s_r^n(t)$. Direkter Selektionsdruck wird durch die Fitnessfunktion nur auf den Prädiktor ausgeübt. Aktoren werden durch die Verbindung mit einem Prädiktor indirekt belohnt und Schwarmverhalten entstehen als Nebenprodukt. Hohe Fitness wird von den KNN-Paaren erreicht, wenn das durch den Aktor bewirkte Schwarmverhalten zu Sensorwerten führt, die der Prädiktor vorhersagt. Wir optimieren die Aktor-Prädiktor-Paare mithilfe einfacher evolutionärer Algorithmen. Die Nutzung komplexerer evolutionärer Algorithmen ist als Teil zukünftiger Forschungsarbeiten geplant.

3 Analyse der Methode

In einer simplen Simulation analysieren wir zunächst das Potenzial unserer Minimize-Surprise-Methode.

3.1 Simulationsszenario

Auf einer 2D Torus-Gitterwelt bewegt sich ein Schwarm von $N = 100$ simplen Agenten. Jede Gitterzelle kann dabei von maximal einem Agenten besetzt werden. Die Gitterwelt ermöglicht eine einfache Positionierung der Agenten und erlaubt Selbstassemblierung [WG02], d. h. die Bildung von Mustern durch die Agenten. Pro Zeitschritt entscheidet der Aktor, ob der Agent sich entweder um ±90° auf der Stelle drehen oder eine Gitterzelle vorwärts bewegen soll. Die Vorwärtsbewegung ist nur möglich, wenn die Ziel-Gitterzelle frei ist. Andernfalls verbleibt der Agent auf der aktuellen Gitterzelle.

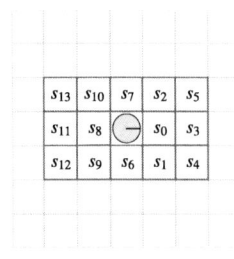

Abb. 2: Sensormodell

Jeder Agent hat $R = 14$ binäre Sensoren (Abb. 2), die angeben, ob benachbarte Gitterzellen mit Agenten besetzt sind (1) oder nicht (0). In unseren Experimenten studieren wir den Effekt der Schwarmdichte auf die entstehenden Aktor-Prädiktor-Paare, indem wir die Größe der Gitterwelt variieren. Wir testen quadratische Gitterwelten mit Seitenlängen zwischen 11 und 30 Gitterzellen, d. h. Schwarmdichten zwischen 0,83 und 0,11 Robotern pro Gitterzelle.

Wir optimieren die Aktor-Prädiktor-Paare mit einem einfachen evolutionären Algorithmus. Jeder evolutionäre Lauf wird nach 100 Generationen terminiert und jeder Lösungskandidat (Genom) zehnmal für je 500 Zeitschritte evaluiert. Als Fitness eines Genoms setzen wir die minimale erreichte Fitness dieser zehn Evaluationen. Wir verwenden eine Populationsgröße von 50, altersbasierte Umweltselektion, fitnessproportionale Elternselektion, Elitismus von eins und eine Mutationsrate von 0,1. Für unsere Auswertung evaluieren wir am Ende des evolutionären Laufs das beste evolvierte Genom nach. Für jede Gitterweltgröße $L \in [11..30]$ führen wir 50 unabhängige evolutionäre Läufe durch.

Die entstehenden Schwarmverhalten klassifizieren wir anhand ihrer größten Übereinstimmung mit einem der folgenden neun Muster: Linien, Paare, Aggregation, Gruppen, lose Gruppierung, Quadrate, Dreiecksgitter, Wirbel und zufällige Dispersion. Für eine mathematische Beschreibung der verschiedenen Muster sei auf die dem Artikel zugrunde liegende Dissertation verwiesen [Ka23].

3.2 Ergebnisse

(a) Beste Fitness über Generationen g ($L = 12$)

(b) Beste Fitness per Gitterweltgröße $L \times L$

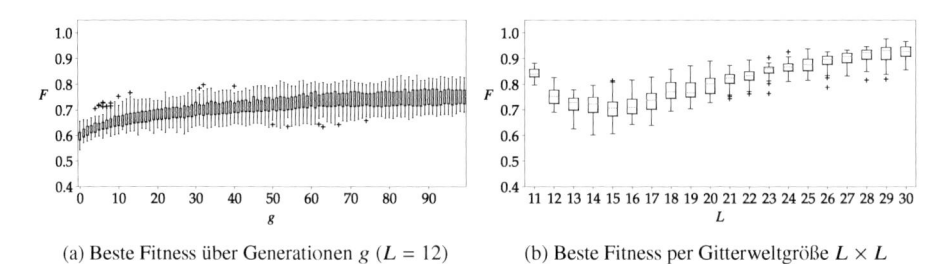

Abb. 3: Beste Fitness F (a) über Generation g für die 12×12 Gitterwelt und (b) per Größe $L \times L$, $L \in [11..30]$ der Gitterwelt für jeweils 50 unabhängige evolutionäre Läufe. Rote Linien in den Boxen kennzeichnen Medianwerte [KH21].

Die Fitness ist ein erster Indikator für den Erfolg unserer Methode. Abb. 3a visualisiert den Verlauf der besten Fitness über Generationen für die 12×12 Gitterwelt und ist repräsentativ für alle Gitterweltgrößen. Abb. 3b zeigt die beste Fitness in der letzten Generation pro Gitterweltgröße $L \times L$, $L \in [11..30]$. Wir finden Medianwerte zwischen 0,71

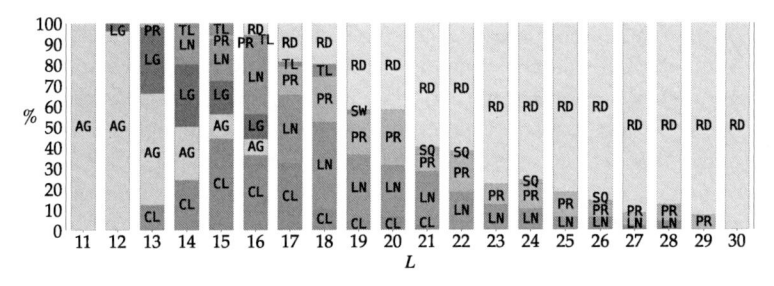

Abb. 4: Verteilung der entstehenden Schwarmverhalten (d. h. Prozentzahl der geformten Muster) für Gitterweltgrößen $L \times L$, $L \in [11..30]$ und den neun Mustern: Linien (LN), Paare (PR), Aggregation (AG), Gruppen (CL), lose Gruppierung (LG), Quadrate (SQ), Dreiecksgitter (TL), Wirbel (SW) und zufällige Dispersion (RD).

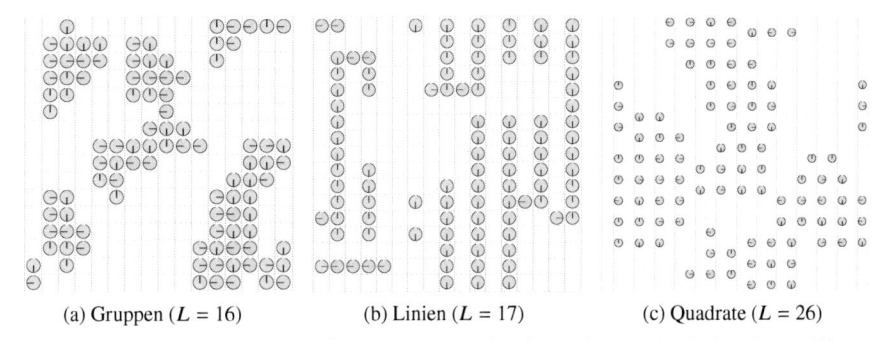

(a) Gruppen ($L = 16$)   (b) Linien ($L = 17$)   (c) Quadrate ($L = 26$)

Abb. 5: Beispiele sich formender Muster. L gibt die Seitenlänge der quadratischen Torus-Gitterwelt an. Die Farbe und die Linie in den Agenten kennzeichnet deren Orientierung.

($L = 15$) und 0,93 ($L = 29$) in der letzten Generation. Somit werden mindestens 71 % der Sensorwerte vom Prädiktor korrekt vorhergesagt. Die Vorhersage ist am einfachsten für hohe ($L \in \{11, 12\}$) und niedrige ($L \in [18..30]$) Schwarmdichten. Für mittlere Schwarmdichten ($L \in [13..17]$) ist die Vorhersage schwieriger und wir finden niedrigere Fitnesswerte (d. h. geringere Vorhersagegenauigkeit).

Entsprechend der unterschiedlichen Fitness je Gitterweltgröße finden wir auch Unterschiede in der Verteilung der entstehenden Verhalten (Aktoren), siehe Abb. 4. In höheren Schwarmdichten, d. h. auf kleineren Gitterwelten ($L = \{11, 12\}$), finden wir überwiegend Gruppierungsverhalten (Aggregation, Gruppen (Abb. 5a) und lose Gruppierung). In niedrigen Schwarmdichten ($L > 18$) überwiegen zufällige Dispersion, Linien (Abb. 5b) und Paare. Mittlere Schwarmdichten führen zur größten Verhaltensvielfalt. Für Gitterweltgrößen $L = 16$ und $L = 15$ finden wir sieben bzw. sechs von neun möglichen Mustern. Quadrate (Abb. 5c), Dreiecksgitter und Wirbel entstehen auf allen Gittergrößen nur selten.

Die Entstehung der Muster können wir durch die Vordefinition der Prädiktorausgaben beeinflussen. Wir setzen Teile oder alle der Sensorvorhersagen auf feste Werte. Hohe Fitness kann erreicht werden, wenn das durch den Aktor bewirkte Schwarmverhalten zu den vorgegebenen Sensorwerten führt. So können beispielsweise Gruppierungsverhalten (Aggregation, Gruppen, lose Gruppierung) evolviert werden, indem alle Sensorvorhersagen $p_0(t), \ldots, p_{R-1}(t)$ auf 1 gesetzt werden (d. h. es wird vorhergesagt, dass die Gitterzellen durch Agenten besetzt sind). Werden nur die Vorhersagen für Sensoren s_0, s_3, s_8 und s_{11} auf 1 und alle restlichen Sensorvorhersagen auf 0 festgesetzt (vgl. Abb. 2), so formen die Agenten Linien. Die Festsetzung von einigen oder allen Sensorvorhersagen bietet somit einen einfachen und intuitiven Weg, die Optimierung in Richtung der Entstehung eines gewünschten Schwarmverhaltens zu beeinflussen.

In weiteren Experimenten haben wir gezeigt, dass unsere Minimize-Surprise-Methode die Ergebnisse von zufälliger Suche übertrifft. Entstehende Verhalten sind robust gegen Beschädigungen der Struktur und der evolutionäre Prozess robust gegen Sensorrauschen. Zudem sind die entstandenen Verhalten skalierbar mit der Schwarmdichte, d. h., die evolvierten Aktoren können in anderen Schwarmdichten wiederverwendet und damit Entwicklungsaufwand eingeschränkt werden. Minimize Surprise führt zu ähnlicher Verhaltensvielfalt wie Novelty Search [LS08]. Die Kombination von MAP-Elites [MC15] und Minimize Surprise generiert Verhaltensvielfalt innerhalb von Aufgaben und über verschiedene Aufgaben hinweg. Für Details zu diesen Experimenten sei die Leser:in auf Kapitel 4 bis 6 der Dissertation [Ka23] verwiesen.

4 Experimente mit echten Robotern

Unsere Experimente zur Analyse des Potenzials unserer Minimize-Surprise-Methode haben wir in einer einfachen Simulationsumgebung durchgeführt. Um die Relevanz unserer Methode für die Schwarmrobotik zu zeigen, demonstrieren wir anhand erster Experimente mit physischen Robotern die Anwendbarkeit von Minimize Surprise in der echten Welt.

4.1 Versuchsaufbau

In unseren Experimenten verwenden wir einen Schwarm von $N = 4$ erweiterten Thymio II Robotern [Ri13] in einer 1,1 m × 1,1 m großen Arena. Die Thymio II Roboter haben wir mit einem Raspberry Pi, einer externen Batterie, einer Schaufel aus Legosteinen und einem Drucksensor erweitert, siehe Abb. 6a. Der Raspberry Pi ermöglicht uns die Programmierung des Roboters mit Python 3. Mit der Schaufel können die Roboter in der Arena verteilte 2,5 cm × 2,5 cm × 2,5 cm große Holzwürfel schieben und die Anzahl der geschobenen Holzwürfel mithilfe des Drucksensors detektieren. Damit interagieren die Roboter in diesem Szenario nicht nur miteinander, sondern auch mit passiven Objekten in ihrer Umwelt. Die Arena wird durch eine Spiegelfolie begrenzt, welche die Roboter durch zwei nach unten gerichtete Infrarot (IR)-Sensoren detektieren können, siehe Abb. 6b. Andere

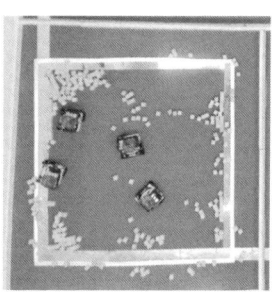

(a) Thymio II Roboter [Ka20]   (b) initiale Arena   (c) Kreiseln

Abb. 6: Versuchsaufbau für die Experimente mit physischen Robotern: (a) Thymio II Roboter erweitert mit einem Raspberry Pi, einer externen Batterie, einer Schaufel und einem Drucksensor, (b) 1,1 m × 1,1 m große Arena im Zustand zu Beginn des evolutionären Laufs. Die Arena wird durch Spiegelfolie begrenzt. In der Arena befinden sich Holzwürfel mit 2,5 cm Seitenlänge und ein Schwarm von $N = 4$ Thymio II Robotern. (c) Kreisel-Verhalten der Roboter am Ende eines evolutionären Laufs.

Roboter können durch die fünf nach vorne und zwei nach hinten gerichteten horizontalen IR-Sensoren detektiert werden. Wir verwenden alle zehn Sensoren als Eingaben für das Aktor-Prädiktor-Paar und der Prädiktor trifft Vorhersagen für alle Sensorwerte. Der Aktor bestimmt die Geschwindigkeiten für die zwei Differenzialmotoren des Thymio II.

Um Schäden an den Robotern zu verhindern, führen wir eine Hardwareschutz-Ebene ein. Diese löst ein Fluchtverhalten aus, wenn Robotern anderen Robotern zu nahe kommen. Detektiert der Roboter mehr als 10 Holzwürfel oder die Arenagrenze, wird er zu einer Drehung auf der Stelle gezwungen. Da wir bei Rückwärtsfahrt der Roboter die Anzahl der geschobenen Holzwürfel nicht detektieren können, wird der Roboter nach 9 s Rückwärtsfahrt gestoppt.

Zusätzlich zu den vier Thymio II Robotern nutzen wir einen Master-Roboter außerhalb der Arena zur Koordination des zentralisierten Online-Evolutionsprozesses [ES15]. Der Evolutionsprozess wird damit während des Betriebs der Roboter (*online*) und direkt auf dem Roboter (*onboard*) ausgeführt. Der Master-Roboter verteilt die Genome an den Schwarm zur Evaluierung, sammelt die Fitness-Werte von jedem Schwarmmitglied ein, bildet die Gesamtfitness und führt Selektion und Mutation durch. Unser in Abschnitt 3.1 verwendeter evolutionärer Algorithmus ist für Experimente mit echten Robotern nicht geeignet. Die große Anzahl der Evaluierungen wäre zu zeitaufwendig und würde die Roboterhardware stark abnutzen. Deshalb verwenden wir hier einen evolutionären Algorithmus mit (1+1)-Selektion [He16]. Die Elternpopulation besteht aus der aktuell besten Lösung. In jeder Evaluation wird mit einer Wahrscheinlichkeit von 80 % durch Mutation ein Nachkommen erzeugt und evaluiert. Erreicht der Nachkomme in der Evaluation höhere Fitness als die bisher beste Lösung, ersetzt der Nachkomme diese und bildet die neue Elternpopulation. Mit einer Wahrscheinlichkeit von 20 % wird die aktuell beste Lösung reevaluiert. Jeder

(a) niedrige Holzwürfeldichte (b) hohe Holzwürfeldichte

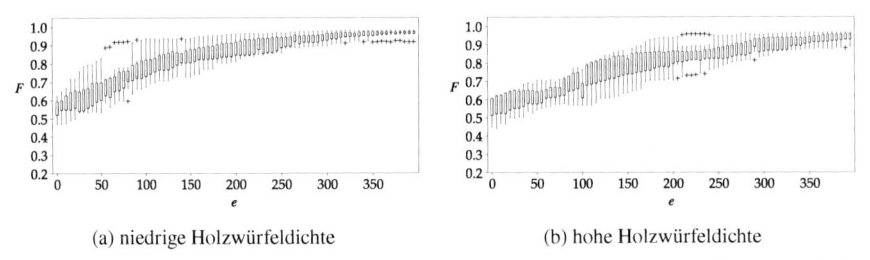

Abb. 7: Beste Fitness F über Evaluationen e für (a) die niedrige Holzwürfeldichte und (b) die hohe Holzwürfeldichte für jeweils acht unabhängige evolutionäre Läufe. Rote Linien in den Boxen kennzeichnen Medianwerte.

evolutionäre Lauf wird nach 400 Evaluationen beendet. Wir testen zwei verschiedene Holzwürfeldichten mit 55 bzw. 220 Holzwürfeln pro Quadratmeter. Pro Holzwürfeldichte führen wir acht unabhängige evolutionäre Läufe durch. Am Ende des evolutionären Laufs evaluieren wir die beste Lösung nach, um die entstandenen Verhalten zu analysieren. Die Roboter und Holzwürfel sind zu Beginn der Nachevaluierung an ihrer letzten Position des evolutionären Laufs.

4.2 Ergebnisse

Abb. 7 visualisiert den Verlauf der besten Fitness über Evaluationen für die beiden Holzwürfeldichten. Der Median der besten Fitness in der letzten Evaluation liegt bei 0,97 für die niedrige Holzwürfeldichte und bei 0,94 für die hohe Holzwürfeldichte. Somit wird auch bei der Online-Evolution auf echten Robotern die Vorhersagegenauigkeit der Sensorwerte erfolgreich optimiert.

Wir finden drei verschiedene Verhalten: Kreiseln (Abb. 6c), Rückwärtsfahrt und Random Walk (dt. etwa Zufallsbewegung). In beiden Holzwürfeldichten finden wir hauptsächlich Kreisel-Verhalten. Rückwärtsfahrt entsteht in drei Läufen mit der niedrigen Holzwürfeldichte. Random Walk entsteht einmal in der niedrigen Holzwürfeldichte und zwei Mal in der hohen Holzwürfeldichte. Obwohl Random Walk potenziell zum Verschieben von Holzwürfeln durch die Roboter führt, können wir dies in der Nachevaluierung nicht beobachten. Über den Verlauf der Evolution schieben die Roboter die Holzwürfel zusammen oder aus der Arena heraus und so können während der Nachevaluierung keine Holzwürfel mehr manipuliert werden.

In weiteren Experimenten in realistischen Simulatoren konnten wir zeigen, dass die Schwarmverhalten und Sensorvorhersagen vom evolutionären Prozess an die veränderte Umwelt angepasst werden. Die durch unsere Minimize-Surprise-Methode ermöglichte Adaptivität ist essenziell für den Einsatz von Robotersystemen in der sich schnell verändernden echten Welt.

5 Fazit

Mit unserer Minimize-Surprise-Methode können vielfältige, robuste und skalierbare Schwarmverhalten generiert werden. Durch die Gestaltung der Umwelt können Verhalten für eine Vielzahl von Anwendungsszenarien evolviert werden, wie der hier gezeigten Selbstassemblierung und der Objektmanipulation. In der diesem Text zugrunde liegenden Dissertation [Ka23] evolvieren wir zudem Verhalten für kollektives Bauen in einer 2D Gitterwelt, für kollektive Wahrnehmung in einem realistischen Simulator und für Standardschwarmverhalten (z. B. Aggregation und Dispersion) auf echten Robotern. Somit haben wir sowohl Szenarien mit reiner Roboter-Roboter-Interaktion als auch Szenarien mit Roboter-Umwelt-Interaktionen betrachtet. Unsere aufgabenunabhängige Belohnung für die Minimierung von Überraschung bzw. die Maximierung der Vorhersagegenauigkeit bewirkt, dass repetitive Verhalten entstehen. Eine Möglichkeit zur Generierung von dynamischeren Verhalten ist die Einführung von zusätzlichem indirekten Selektionsdruck, wie beispielsweise eine Limitierung der Batteriekapazität, wodurch Roboter hohe Fitness nur erreichen können, wenn sie im Laufe der Evaluierung eine Ladestation besuchen. In ersten Experimenten konnten wir mit diesem Ansatz vielversprechende Ergebnisse erzielen (vgl. Kapitel 7 in [Ka23]). In Experimenten in realistischen Simulationen und mit echten Roboterschwärmen haben wir gezeigt, dass unsere Minimize-Surprise-Methode auch in der Realität eingesetzt werden kann. Auf Basis der in der Dissertation gezeigten Ergebnisse möchten wir unsere Minimize-Surprise-Methode in Zukunft für immer komplexere Szenarien der realen Welt einsetzen, beispielsweise für Arbeitsteilung in Roboterkollektiven. Unser Ansatz hat das Potenzial, adaptive Multi-Roboter-Systeme zu realisieren, die sich an eine sich beständig verändernde Umwelt anpassen können. Damit kann unsere Minimize-Surprise-Methode zur Lösung der Herausforderungen der Robotik beitragen.

Literatur

[BDT99] Bonabeau, E.; Dorigo, M.; Théraulaz, G.: Swarm Intelligence: From Natural to Artificial Systems. Oxford University Press, 1999.

[DM14] Doncieux, S.; Mouret, J.-B.: Beyond Black-Box Optimization: A Review of Selective Pressures for Evolutionary Robotics. Evolutionary Intelligence 7/2, S. 71–93, 2014.

[ES15] Eiben, A. E.; Smith, J. E.: Introduction to Evolutionary Computing. Springer, Berlin, Heidelberg, 2015.

[Fr10] Friston, K.: The Free-Energy Principle: A Unified Brain Theory? Nature Reviews Neuroscience 11/2, S. 127–138, 2010.

[Ha14] Hamann, H.: Evolution of Collective Behaviors by Minimizing Surprise. In (Sayama, H. et al., Hrsg.): 14th Int. Conf. on the Synthesis and Simulation of Living Systems (ALIFE 2014). MIT Press, S. 344–351, 2014.

[Ha18]   Hamann, H.: Swarm Robotics: A Formal Approach. Springer Int. Publishing, Cham, 2018.

[He16]   Heinerman, J. et al.: On-line Evolution of Foraging Behaviour in a Population of Real Robots. In (Squillero, G.; Burelli, P., Hrsg.): Applications of Evolutionary Computation. Springer, Cham, S. 198–212, 2016.

[Ka20]   Kaiser, T. K. et al.: An Innate Motivation to Tidy Your Room: Online Onboard Evolution of Manipulation Behaviors in a Robot Swarm (plots and video), Zenodo, https://doi.org/10.5281/zenodo.4569503, 2020.

[Ka23]   Kaiser, T. K.: The Predicting Swarm: Evolving Collective Behaviors for Robot Swarms by Minimizing Surprise. Dissertation, University of Lübeck, 2023.

[KH21]   Kaiser, T. K.; Hamann, H.: Innate Motivation for Robot Swarms by Minimizing Surprise: From Simple Simulations to Real-World Experiments (plots, data and video), Zenodo, https://doi.org/10.5281/zenodo.6541371, 2021.

[LS08]   Lehman, J.; Stanley, K. O.: Exploiting Open-endedness to Solve Problems Through the Search for Novelty. In (Bullock, S. et al., Hrsg.): Artif. Life XI: Proc. 11th Int. Conf. on the Simulation and Synthesis of Living Systems. MIT Press, S. 329–336, 2008.

[MC15]   Mouret, J.-B.; Clune, J.: Illuminating Search Spaces by Mapping Elites. arXiv/, 2015, eprint: `1504.04909` (cs.AI).

[Ri13]   Riedo, F. et al.: Thymio II, a Robot That Grows Wiser with Children. In: 2013 IEEE Workshop on Adv. Robot. and its Social Impacts. IEEE, S. 187–193, 2013.

[RS19]   Risi, S.; Stanley, K. O.: Deep Neuroevolution of Recurrent and Discrete World Models. In: Proc. of the Genetic and Evolutionary Comp. Conf. GECCO '19, ACM, Prague, Czech Republic, S. 456–462, 2019.

[Tr08]   Trianni, V.: Evolutionary Swarm Robotics - Evolving Self-Organising Behaviours in Groups of Autonomous Robots. Springer, Berlin, DE, 2008.

[WG02]   Whitesides, G. M.; Grzybowski, B.: Self-Assembly at All Scales. Science 295/ 5564, S. 2418–2421, 2002.

Tanja Katharina Kaiser absolvierte von 2011 bis 2014 ein duales Bachelorstudium der Informatik an der Dualen Hochschule Baden-Württemberg in Stuttgart und bei der Hewlett-Packard GmbH in München. Im Anschluss vertiefte sie ihre Kenntnisse im Bereich Intelligente Systeme im Masterstudium an der Technischen Universität Berlin. Von 2017 bis 2022 promovierte Tanja in der Gruppe von Prof. Dr.-Ing. Heiko Hamann an der Universität zu Lübeck und setzte im Anschluss ihre Forschung als Postdoktorandin an der Universität Konstanz fort.

Interpretation von Black-Box Maschinellen Lernens Modelle mit Entscheidungsregeln und Wissensgraph Reasoning[1]

Md. Rezaul Karim[2]

Abstract: Komplexe Modelle des maschinellen Lernens (ML) und tiefer neuronaler Netze (DNN) sind in der Regel weniger interpretierbar und werden zunehmend zu *black-box* Methoden. Bei der Verwendung eines Blackbox-Modells in vielen Situationen unakzeptabel (z. B. in klinischen Situationen, in denen KI erhebliche Auswirkungen auf das Leben von Menschen haben kann). Angesichts der sich schnell verändernden rechtlichen Rahmenbedingungen, wie z. B. der Datenschutzgrundverordnung (DSVGO) in der EU, sind Erklärbarkeit, Transparenz und Fairness wünschenswerte Eigenschaften von KI, die auch zu rechtlichen Anforderungen geworden sind. Erklärbare künstliche Intelligenz (XAI) zielt darauf ab, ML-Modelle transparenter und verständlicher zu machen, indem sie interpretiert, wie *black-box* Modelle Entscheidungen treffen. Ziel dieser Arbeit ist die Verbesserung der Interpretierbarkeit und Erklärbarkeit von *black-box* ML-Modellen. Wir schlagen einen neurosymbolischen KI-Ansatz vor, der symbolische und konnektionistische KI-Paradigmen kombiniert: Ein konnektionistisches Modell lernt zunächst die Zuordnung von Eingaben zu Ausgaben, um die Vorhersagen zu erstellen, die dann mit Domänenwissen in einer schwach überwachten Weise validiert werden. Eine Domänenontologie und ein Wissensgraph (KG) werden durch die Integration von Fakten aus der wissenschaftlichen Literatur und Wissensdatenbanken erstellt. Eine Reasoning-Engine wird eingesetzt, um die Assoziation signifikanter Merkmale mit verwandten Klassen auf der Grundlage von Beziehungen im KG zu validieren. Schließlich werden evidenzbasierte Regeln durch die Kombination von Entscheidungsregeln, kontrafaktischen Fakten und Inferenz erstellt.

1 Einleitung

Künstliche Intelligenz (KI)-Systeme, die auf Machine Learning (ML) und Neural Networks (DNNs) basieren, werden zunehmend in zahlreichen Anwendungsbereichen eingesetzt, wie beispielsweise im Militär, in der Cybersicherheit, im Gesundheitswesen und so weiter [Ka22b]. Ein komplexes DNN-Modell kann komplexe Probleme lösen - dank seiner Fähigkeit, Merkmale zu extrahieren und nützliche Repräsentationen aus hochdimensionalen Datensätzen zu lernen. Mit zunehmender Komplexität tendieren DNN-Modelle jedoch dazu, immer weniger interpretierbar zu sein und als *Black-Box*-Methoden zu enden. Vorhersagen, die von *Black-Box*-Modellen gemacht werden, können nicht zurückverfolgt werden, so dass unklar ist, wie oder warum sie zu einem bestimmten Ergebnis gekommen sind [Ka21]. Die *Black-Box*-Natur wirft praktische Fragen hinsichtlich Transparenz und Rechenschaftspflicht von KI auf. Darüber hinaus tendieren Menschen dazu, auf kontrafaktische Weise zu denken: *"Wie wäre die Entscheidung ausgefallen, wenn die Eingabe anders gewesen wäre?"*.

---

[1] Englischer Titel der Dissertation: "Interpreting Black-Box Machine Learning Models with Decision Rules and Knowledge Graph Reasoning"
[2] Information Systems & Databases, RWTH Aachen University, Aachen, Germany rezaul.karim@rwth-aachen.de

Solche Fragen können nur in Form von kontrafaktischen oder konstruktiven Erklärungen beantwortet werden[3]. Die Inferenzzeit für große *Black-Box*-Modelle ist sehr hoch, während ein KI-System möglicherweise oft abgefragt werden muss, um das Verhalten des zugrunde liegenden Modells zu verstehen und seine innere Logik zu rekonstruieren. Daher wird ein leichtgewichtiges Modell benötigt, das gleichzeitig hoch interpretierbar und genau ist.

Erklärbare künstliche Intelligenz (XAI) zielt darauf ab, AI-Systeme transparenter und verständlicher zu machen, indem sie interpretiert, wie *Black-Box*-Modelle Entscheidungen treffen [HL22]. Erklärbarkeit ist die Fähigkeit eines ML-Modells, auf 'Warum'-Fragen von menschlichen Nutzern basierend auf dem Wissen darüber, was eine Eigenschaft repräsentiert und ihrer Bedeutung für die Leistung eines Modells, Antworten zu liefern. Interpretierbarkeit bezieht sich darauf, in welchem Ausmaß die Beziehung zwischen Ursachen und Wirkungen innerhalb des Modells beobachtet werden kann [Ka22b]. In wissenschaftlichen Bereichen, einschließlich der Biomedizin, reicht es nicht aus, eine hohe Genauigkeit zu erreichen, sondern man muss auch die biologischen Mechanismen von krebserregenden Stoffen verstehen. Außerdem ist es wichtig, die biologische Bedeutung der identifizierten Faktoren zu validieren [Ka22b]. Darüber hinaus müssen sich Fachleute möglicherweise auf Wissen aus externen Quellen verlassen, z. B. sind Fakten über Medikamente, Gene, Proteine und ihre Mechanismen über strukturierte und unstrukturierte Quellen verteilt [Ka22b]. Eine weitere potenzielle Herausforderung besteht darin, dass Erkenntnisse und Wissen oft veraltet sind, da neue Studien alte ersetzen. Daher sollten Experten auf aktuelles Wissen vertrauen.

Wissensbasierte Systeme bilden nicht nur die Grundlage für symbolische KI-Systeme, sondern liefern auch leicht interpretierbare Modelle mit hoher Ausdruckskraft. Im Gegensatz dazu sind konnektionistische Modelle zwar effizienter, aber weniger interpretierbar. Außerdem können sie nicht beantworten oder begründen, warum ein Modell bestimmte Ergebnisse für bestimmte Informationen oder Anfragen von menschlichen Anwendern liefert. Dies liegt offensichtlich daran, dass ML-Modelle in der Regel anhand von Daten trainiert und durch Optimierung verbessert werden, ohne dass dabei Domänenwissen einbezogen wird [Ka22a]. Obwohl ein interpretierbares ML-Modell wichtige Faktoren und Wechselwirkungen aufzeigen kann, die seine Ergebnisse beeinflussen, ermöglicht die Erklärbarkeit nicht notwendigerweise die Schlussfolgerung eines verbindungsorientierten Modells. Lineare Modelle, Entscheidungsbäume (DTs) und regelbasierte Systeme sind zwar einfach und von Natur aus interpretierbar, aber sie sind im Vergleich zu DNNs weniger genau, was einen Kompromiss zwischen Genauigkeit und Interpretierbarkeit darstellt.

Obwohl symbolische KI-Systeme mit weniger effizienten Methoden ausgestattet sind, bieten sie mehrere Vorteile gegenüber ihren konnektionistischen Gegenstücken. Zum Beispiel sind sie in der Lage, externe Fakten darzustellen und liefern Grundlagen für Wissensrepräsentation und Argumentationsfähigkeit. Wenn ein Modell selbst aus den Daten gelernt hat und wenn Expertenwissen bereits verfügbar ist, kann ein interpretiertes Modell Ergebnisse erklären und statistisch signifikante Merkmale identifizieren. Die Integration eines ML-Modells

---
[3] ML-Modelle, die statistische Ausgaben generieren, basieren auf korrelativer statt kausaler Inferenz.

mit einem wissensbasierten System würde menschlichen Nutzern Argumentations- und Fragestellungs-Fähigkeiten bieten. Insbesondere das Paradigma der *Neuro-Symbolischen KI*, das sowohl symbolische als auch konnektionistische KI-Systeme kombiniert, kann Folgefragen auf Basis von Fakten und Wissen aus einem Wissensgraphen (KG) beantworten. Zum Beispiel kann die natürliche Sprachanfrage: *Gegeben eine Repräsentation des Problems und einer Anfrage, welche Gründe liegen der Entscheidung oder dem Ergebnis zugrunde?"* formalisiert werden als: *Was sind die Details und Gründe für das Modell f, das Ergebnis o für gegebene Informationen i und Anfrage q liefert?"*.

2 Problemstellung

Die Entwicklung eines neuro-symbolischen KI-Systems erfordert die Lösung kritischer Herausforderungen: i) der Abwägung zwischen Genauigkeit und Interpretierbarkeit, ii) Black-Box und praktische Konsequenzen, iii) Modellgröße und Inferenzzeit, iv) adversariale Anfälligkeit, v) Unfähigkeit zur Entscheidungsfindung und vi) Black-Box und rechtliche Aspekte. Diese Arbeit [Ka22b] zielt darauf ab, ein allgemeines Problem zu lösen: *"Wie können wir die Interpretierbarkeit eines Black-Box-ML-Klassifikators für hochdimensionale und multimodale Daten verbessern, ohne dabei eine signifikante Genauigkeitseinbuße in Kauf zu nehmen, und gleichzeitig die Vorhersagen auf der Grundlage von Expertenwissen validieren?"*, indem folgende Forschungsfragen formuliert und beantwortet werden:

- Q_1: *Wie können multimodale Daten präzise Entscheidungsfindung unterstützen?*
- Q_2: *Wie kann ein Black-Box-Modell interpretiert und bewertet werden, um Transparenz und Erklärbarkeit sicherzustellen?*
- Q_3: *Wie kann man adversariell robuste Black-Box-Modelle erstellen?*
- Q_4: *Wie können Entscheidungen verständlich erklärt werden?*
- Q_5: *Wie können Entscheidungen eines Modells mit Expertenwissen validiert werden?*

Die oben genannten Fragen basieren auf mehreren Hypothesen (siehe Kapitel 1), die im Falle ihrer Bestätigung zu Lösungen führen sollten. Da es unmöglich ist, ein ML-Modell zu entwickeln, das sowohl hochpräzise als auch interpretierbar ist, wird in dieser Arbeit versucht, ein Gleichgewicht zwischen Genauigkeit und Interpretierbarkeit herzustellen, indem eine ausreichend hohe Genauigkeit und Verallgemeinerbarkeit erreicht und gleichzeitig die Erklärbarkeit maximiert wird. Das Hauptziel dieser Arbeit ist es: i) einige der oben genannten Herausforderungen durch die Entwicklung eines neuro-symbolischen Ansatzes anzugehen und dabei symbolische und konnektionistische Systeme in einer einzigen Architektur zu integrieren, ii) interpretierbare ML-Methoden zu entwickeln, um Erklärungen aus *black-box* Modellen zu generieren und KG-basierte Argumentationsfähigkeiten in ein konnektionistisches Modell einzuführen. Da es sich bei einer domänenspezifischen KG um eine explizite Konzeptualisierung eines spezifischen Begriffs handelt, wird unser Ansatz mit Schwerpunkt auf der Unterstützung der Krebsdiagnose evaluiert.

3 Methodik

Unser neuro-symbolischer KI-Ansatz kombiniert sowohl symbolische als auch konnektionistische KI-Paradigmen: Ein konnektionistisches Modell lernt die Zuordnung von Eingaben zu Ausgaben, um Vorhersagen zu generieren. Die Vorhersagen werden dann schwach überwacht mit symbolischem Denken validiert. Abbildung 1 skizziert den Workflow unserer Methodik. Sei $D = (\tilde{X}, \tilde{Y})$ ein Datensatz, wobei $\tilde{X}$ ein N-Tupel von M-Instanzen ist, X die Menge aller Instanzen in $\tilde{X}$ und $\tilde{Y}$ ein N-Tupel von Labels $l \in L$ ist. Ein *Modell f* ist eine parametrische Funktion $f : X \times \Theta \rightarrow \mathbb{R}$, die eine Eingabeinstanz x aus ihrem Merkmalsraum X auf eine Entscheidung $y \in L$ abbildet, wobei $(Name, Wert)$ ein Parameterpaar ist und Θ eine Menge von Parametern ist. Wir konstruieren und trainieren[4] einen multimodalen Convolutional Autoencoder (MCAE) Klassifizierer f_b in einem *black-box* Umfeld (①). Um sicherzustellen, dass f_b robust gegenüber Angriffen ist, werden sowohl proaktive (z. B. adversariales Training) als auch reaktive (z. B. Identifikation) Maßnahmen ergriffen (②). Wir nehmen dabei als Hypothese an, dass ein gut angepasstes und adversarisch robustes Modell eine konsistente und zuverlässige Krebsdiagnose (Vorhersagen) liefern kann.

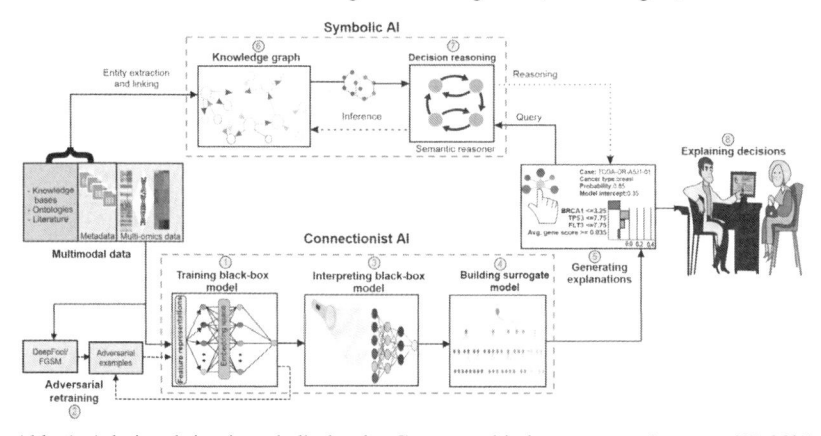

Abb. 1: Arbeitsschritte innerhalb der der Gesamtarchitektur unseres Ansatzes [Ka22b]

Um die algorithmische Transparenz und Erklärbarkeit des MCAE-Modells zu verbessern, wenden wir interpretierbare ML-Methoden wie Sondierung und Störungstechniken an (③). Der globale Aufmerksamkeitsmechanismus wird auf den Latent Space angewendet, der einen Aufmerksamkeitsgewichtsvektor erzeugt, den wir zerlegen, um modalitätsspezifische Feature-Attributionen zu berechnen. Um eine schnellere Inferenz zu ermöglichen, wird ein interpretierbares Ersatzmodell trainiert (④). Entscheidungsregeln und Gegentatsachen werden dann aus dem Ersatzmodell generiert und verwendet, um menscheninterpretierbare Erklärungen zu liefern (⑤). Um symbolische Schlussfolgerungsfähigkeiten in das konnektionistische Modell einzuführen, wird ein KG erstellt (⑥), indem Wissen und Fakten aus verschiedenen Quellen integriert werden. Eine symbolische Inferenzmaschine wird verwendet, um hierarchische Beziehungen zwischen Konzepten im KG abzuleiten (⑦) und die

---
[4] Wir haben mehrere andere DNN-Modells trainiert, sowohl in unimodalen als auch in multimodalen ML-Einstellungen.

Verknüpfung relevanter mit verschiedenen Klassen basierend auf den erlernten Beziehungen zu validieren. Evidenzbasierte Erklärungen werden generiert, indem Modellvorhersagen und Schlussfolgerungen kombiniert werden, um Ärzten Empfehlungen zu liefern, bevor sie individuelle Entscheidungen den Endbenutzern erklären (⑧).

3.1 Konstruktion und Training eines Black-Box-Modells

Unser Ansatz zur Schulung des MCAE-Klassifikators beinhaltet ein Vortraining zur Projektion eines multimodalen Eingangs in einen gemeinsamen Einbettungsraum, gefolgt von einer überwachten Feinabstimmung. Das Vortraining ist ähnlich wie das Training von zweistufigen Faltungsautoencodern (CAE): Die erste Stufe repräsentiert modalitätsspezifisches Lernen, die zweite Stufe entspricht Cross-Modalität. Wir parametrisieren f_θ mit einer Darstellungslernmethode namens latente Darstellung[5] Konkatenation(LRC). Sei $X_k \in \mathbb{R}^D$ für jede der $k \in \mathbb{R}^K$ Modalitäten eine Eingabe, die aus n Stichproben besteht. Eingabe X_k wird in das Encoder-Modul f_θ eingespeist, so dass jede Eingangsmodalität X_k in eine modalitätsspezifische Latent-Repräsentation Z_k transformiert wird, mit einer nichtlinearen Abbildung $f_\theta : X \to Z_k$, wobei $Z_k \in \mathbb{R}^K$ die gelernte Einbettung ist, in der $K \ll X_k$ ist. Eine Faltungs-Schicht berechnet die Merkmalskarte, auf der eine Max-Pooling-Operation P mit Schalter-Variablen durchgeführt wird [ZF11], die die Merkmalskarte z durch das Nehmen von Maximalwerten in jedem nicht überlappenden Teilgebiet abtastet. Dies ergibt gepoolte Karten p und Schalter s, die den Ort der Maximalwerte aufzeichnen [ZF11].

Die latente Repräsentation $Z_k = g_\phi(X_k)$ im Engpass des Netzwerks gelernt wobei X_k in einen niedrigdimensionalen Einbettungsraum $Z_k = h_k = g_\phi(Xk) = \sigma(Wk \oslash X_k + b_k)$ abgebildet wird. Unser Datensatz besteht aus drei Modalitäten X_c, X_e und X_r. Jede Eingangsmodalität wird in ihre versteckten Repräsentationen transformiert $h_c = \sigma(W_c \oslash X_m + b_c)$, $h_e = \sigma(W_e \oslash X_e + b_e)$, $h_r = \sigma(W_r \oslash X_r + b_r)$, wobei $\{W_c, W_e, W_r\}$ Gewichtsmatrizen des Encoders und $\{b_c, b_e, b_r\}$ modalitätsspezifische Bias-Vektoren sind. Bei der Crossmodalität werden die einzelnen Repräsentationen zu einem Einbettungsraum $h_{mcae} = \sigma(W_{mcae}[h_m \oplus h_e \oplus h_r] + b_{mcae})$ unter Verwendung der Verkettung $\oplus$ zusammengeführt. Latente Vektor h_{mcae} wird in eine vollständig verbundene Softmax-Schicht zur Klassifikation. MCAE-Klassifizierer wird vorab trainiert, so dass die Ausgänge der finalen De-Konvolution auf h_{mcae} die ursprüngliche Repräsentation rekonstruieren: $[\hat{h}m \oplus \hat{h}e \oplus \hat{h}r] = \Psi\left(\hat{W}mcae \odot h_{mcae} + \hat{b}mcae\right)$. Diese Repräsentation wird in modalspezifische Repräsentationen aufgeteilt: $\hat{X}c = \Psi\left(\hat{W}_c \odot \hat{h}m + \hat{b}m\right)$, $\hat{X}e = \Psi\left(\hat{W}e \odot \hat{h}e + \hat{b}e\right)$; $\hat{X}r = \Psi\left(\hat{W}r \odot \hat{h}r + \hat{b}r\right)$, wobei $\{\hat{W}_c, \hat{W}_e, \hat{W}_r\}$ die Gewichtsmatrizen des Decoders sind, $\{\hat{b}_c, \hat{b}_e, \hat{b}_r\}$ die modalspezifischen Bias-Vektoren sind und Ψ die Sigmoid Funktion ist. Während der Decodierung wird eine Unpooling U_s auf gepoolten Karten p und Schaltern s durchgeführt, die gepoolte Werte an den entsprechenden Stellen von z einfügt.

---
[5] z. B. Umfassen gemeinsame latente Darstellung (SLR) und tiefe orthogonale fusion (DOF)[BV21].

3.2 Adversariales Retraining

Negative Beispiele werden mit der Fast Gradient Sign Method (FGSM) [Go14] und DeepFool[MDF16] erzeugt. Anschließend wird ein adversariales Training von f_b durchgeführt, um adversariales Input zu erkennen. Schließlich wird die Robustheit des neu trainierten f_b-Modells in einem ungezielten Angriffsszenario bewertet.

3.3 Interpretation von black-box Modellen

Latente Repräsentationen durch MCAE Modelle sind nicht interpretierbar, während ihre Entflechtung Einblicke darüber geben kann, welche Merkmale von den Repräsentationen erfasst werden und auf welchen Merkmalen die Klassifizierung basiert. Self-Attention Network (SAN) [Šk] wenden Aufmerksamkeit auf ursprünglichen Merkmalsraum an und berücksichtigen somit nicht Fluch der Daten-Dimensionalität. Aufmerksamkeitsschicht $l_2 = \sigma\left(W_2 \cdot \left(\alpha\left(W_{|F|} \cdot \Omega(X) + bl1\right)\right) + bl2\right)$ bildet reelle Werte auf Teile des für den Menschen verständlichen Eingaberaums ab, wobei α eine Aktivierungsfunktion, b_{li} eine schichtspezifische Verzerrung und Ω die erste Netzwerkschicht ist, die Verbindungen mit den Eingabe-Merkmalen X aufrechterhält. Im Vorwärtsdurchlauf wird ein elementweises Produkt mit X berechnet, das Vorhersagen $\hat{y}$ trifft, wobei zwei aufeinanderfolgende dichte Schichten l_1 und l_2 zu Vorhersagen beitragen. Im Gegensatz zum SAN wenden wir Aufmerksamkeit auf den modalitätsspezifischen und kreuz-modalen latenten Raum an. Wir stellen die Hypothese auf, dass ein globaler Aufmerksamkeitsvektor erzeugt werden kann, indem ein Aufmerksamkeitsmechanismus auf die Flaschenhals-Schicht des Encoders angewendet wird. Die Aufmerksamkeitsoperation im Einbettungsraum erhält die Verbindung zwischen latenten Merkmalen aufrecht als $\Omega(Z) = \frac{1}{k} \bigoplus_k \left[Z \otimes \text{softmax}\left(W_{l_{\text{att}}}^k Z + bl\text{att}^k\right)\right]$, wobei $\otimes$ und $\oplus$ sind Hadamard-Produkte und die Summation, bzw. erfolgt über k Aufmerksamkeitsköpfe. Die Softmax-Funktion auf das i-te Element des Gewichtsvektors v_z angewendet wird als $\frac{\exp(vzi)}{\sum_{i=1}^{|Z|} \exp(vzi)}; vzi \in \mathbb{R}^{|Z|}$ [Va17]. Nach dem überwachten Feinabstimmungsvorgang werden Gewichte der globalen Aufmerksamkeitsschicht mithilfe von Softmax $R_l = \frac{1}{k} \bigoplus_k \left[\text{softmax}\left(\text{diag}\left(W_{l_{\text{att}}}^k\right)\right)\right]$, wobei $W_{l_{\text{att}}}^k \in \mathbb{R}^{|Z| \times |Z|}$. Die Merkmalsrelevanz wird als Diagonale des globalen Aufmerksamkeitsvektors $W_{l_{\text{att}}}^k$ extrahiert bezüglich der Gewichte.

3.4 Erstellen interpretierbarer Ersatzmodelle

Modellkomprimierungstechniken wie die Wissensdestillation berechnen im Allgemeinen die Vorhersagen des Lehrermodells, wobei der verfügbare Datensatz mit diesen Vorhersagen als Wissen bezeichnet wird und die Vorhersagen selbst oft als weiche Ziele bezeichnet werden. Anhand des gewonnenen Wissens wird ein kleineres Modell, das Schülermodell, trainiert. Die zugrunde liegende Modellstruktur bleibt jedoch ähnlich wie beim Lehrer. In komplexen Modellierungsszenarien kann es außerdem vorkommen, dass das resultierende Modell den Lehrer nicht genau abbildet, was zu falschen Vorhersagen führt. Wir haben eine neuartige Methode zur Erstellung eines interpretierbaren Ersatzmodells vorgeschlagen, die die Erstellung einer einfacheren Version eines komplexen *black-box* Modells durch Angleichung seiner Vorhersagekraft in einer Lehrer-Schüler-Architektur.

Anstatt den Studenten auf Originaldaten zu trainieren, trainieren wir ihn auf einem vereinfachten Merkmalsraum (d. h. einer vereinfachten Version der Daten, die nur die vom MCAE-Modell identifizierten Top-k-Merkmale enthält). Dadurch können wir sowohl antehoc als auch post-hoc interpretierbare-Methoden in einer einzigen Pipeline-Einstellung kombinieren. Sei X^* eine Stichprobe aus dem Originaldatensatz X und Y seien die wahren Werte. Wir trainieren DTs, geboostete Bäume (GBT) und Random Forest (RF) Klassifikatoren als Ersatzmodelle. Wir verwenden das beste Ersatzmodell, um die endgültigen Vorhersagen zu generieren. Zusätzlich werden Entscheidungsregeln und Gegenfakten extrahiert, um erklärungsbasierte Vorlagen zu generieren. Wir messen den R^2 als Indikator für Anpassungsgüte. Wenn $R^2 \approx 1$ (geringer Fehler) ist, approximiert das Ersatzmodell das *Black-Box* sehr gut. Daher kann es anstelle der Black-Box verwendet werden. Wenn $R^2 \approx 0$ (hoher Fehler) ist, scheitert das Ersatzmodell an der Approximation der *Black-Box*.

3.5 Generierung von Erklärungen

Eine Erklärung e für eine Vorhersage $\hat{y} = f(x)$ ist ein Objekt für das Modell f unter Verwendung einer Erklärungsfunktion $\sigma(\cdot, \cdot)$, die über f und x für y argumentiert, so dass $e = \sigma(f, x)$ und $e \in E$, wobei E der Bereich der Erklärungen ist. Sei a_i ein Merkmal in x und A die Menge der Merkmale. Die Bedeutungsfunktion $h : A \rightarrow [0, 1]$ ordnet jedem a_i eine nicht-negative Zahl zwischen 0 und 1 zu. Ein Wert ≈ 1 bedeutet höhere Bedeutung für a_i. Lokale Merkmalsbedeutung für x ist eine Menge von Merkmal- und Bedeutungspaaren $\bar{I}_X = \{(a_1, \bar{p}_1), (a_2, \bar{p}_2), \ldots, (a_k, \bar{p}_M)\}$, für alle $a_i \in x$. Globale Merkmalsbedeutung für X ist eine Menge von Merkmal- und Bedeutungspaaren $\bar{I}_X = \{(a_1, \bar{p}_1), (a_2, \bar{p}_2), \ldots, (a_k, \bar{p}_M)\}$, wobei $\bar{p}_i$ die mittlere lokale Merkmalsbedeutung von a_i ist. Die top-k Merkmale sind ein k-Tupel, so dass für alle $i \leq k \leq m$ gilt, $I[k[i]] \geq I[k[m+1]]$ und $I[k[i]] \geq I[k[i+1]]$, und die bottom-k Merkmale sind ein k-Tupel s.t. für alle $i \geq k \geq m$ gilt, $I[k[i]] \leq I[k[m+1]]$ und $I[k[i]] \leq I[k[i+1]]$, wobei k die Anzahl der Top-Merkmale ist.

Sei $r : p \rightarrow y$ eine Entscheidungsregel für eine Instanz x und x' sei der gestörte Vektor (z.B. W-Störung[6]). Eine *gegenfaktische Regel* $r^{\updownarrow}$ für die booleschen Bedingungen p ist eine Regel der Form $r^{\updownarrow} : p[\delta] \rightarrow y'$ für $y' = f(x')$ mit $y' \neq y$, wobei δ eine *gegenfaktische* Entscheidung für die ursprüngliche Entscheidung $y = f(x)$ des Modells f ist. Wir stellen globale Erklärungen für die Top-k- und Bottom-k-Merkmale zur Verfügung. Sei f ein Modell, $\hat{y} = f(x)$ die Vorhersage für die Instanz x, $\bar{I}$ und $\bar{T}$ seien die Mengen der globalen Merkmals- *Bedeutungen* und *Auswirkungen* für die Menge der

---
[6] Änderungen an bestimmten Funktionen können zu kontrastiv oder unterschiedlichen (kontrafaktischen) Ergebnissen führen.

Vorhersagen $\hat{Y}$, $\bar{I}_{k_t} = (a_1, \bar{q}_{1_t}), (a_2, \bar{q}_{2_t}), \ldots, (a_k, \bar{q}_{k_t})$ sei die Menge der Top-k-Merkmale und $\bar{I}_{k_b} = (a_1, \bar{q}_{1_b}), (a_2, \bar{q}_{2_b}), \ldots, (a_k, \bar{q}_{k_b})$ die Menge der Bottom-k-Merkmale. Eine globale Erklärung e_g ist ein Paar $\langle \bar{I}_{k_t}, \bar{I}_{k_b} \rangle$. Bereich E_g von e_g ist ein Paar $(\bar{I}, \bar{T})$. Wir stellen lokale Erklärungen zur Verfügung, um einzelne Vorhersagen zu erklären. Sei f ein interpretierbares Modell, $\hat{y}$ die Vorhersage, r eine *Entscheidungsregel* für $\hat{y}$, Φ die Menge der *kontrafaktischen Regeln* für r und I die Menge der *lokalen Merkmalsbedeutungen* für $\hat{y}$. Eine lokale Erklärung e ist ein Tripel (I, r, Φ). Der Bereich E_ℓ von e ist ein N-Tupel von Tripeln $(e_1, e_2, \cdots, e_N)$, wobei N die Anzahl Instanzen in X ist.

3.6 Entscheidungsfindung mit Wissensgraphen

Um symbolische Schlussfolgerungen in unser konnektionistisches Modell zu integrieren, konstruieren wir eine KG über Krebs, indem wir zusätzliches Wissen und Fakten aus Literatur, Wissensdatenbanken und Metadaten integrieren. Darüber hinaus haben wir eine Domänen-Ontologie namens OncoNet Ontology (ONO) entwickelt. Wir berücksichtigen mehrere Merkmale und zugehörige Annotationen, die Beziehungen zwischen Konzepten und Entitäten verschiedener Klassen aufzeigen. Annotationen helfen dabei, die Ontologie mit Wissen über Konzepte und ihre Beziehungen (z. B. Krankheiten und Gene) anzureichern, was komplexere Schlussfolgerungen ermöglicht. Die Gene für verschiedene Krebsarten verantwortlich sind, werden in Kategorien Onkogene, Proteincodierung und POTSF eingeteilt. Wir extrahieren einzelne Biomarker und ihre Bedeutung in Bezug auf bestimmte Krebsarten. Wir ziehen krebsspezifische Wissensdatenbanken, PubMed und CancerIndex als Beweisquellen heran. Die ONO keine spezifischen Merkmale über einige Biomarker hat, wird die KG mit zusätzlichen Fakten aus aktuellen PubMed-Artikeln angereichert.

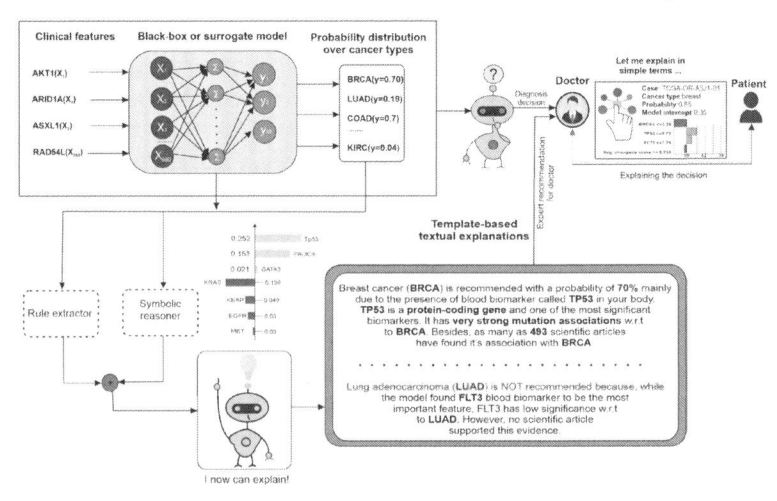

Abb. 2: Die Erklärung einer Entscheidung in natürlicher Sprache, wobei die Vorhersage von kontrastierenden Erklärungen und Argumentationen begleitet wird (basierend dem KG) [Ka22b]

Wir verwenden eine BERT-basierte Methode zur Informationsextraktion, bei der Bio-BERT [LYK19] und SciBERT [Be19] auf die Artikel abgestimmt und als Named Entity Recognition (NER)-Modelle verwendet werden. Wir ordnen benannte Entitäten ihren Standardkonzepten in unserer ONO-Ontologie zu. Schließlich extrahieren wir die Entitätsinformationen in Form von RDF-Tripeln in unserem Wissensgraph. Der Wissensgraph ist definiert als $G = \{E, R, T\}$, wobei E, R, T die Mengen von Entitäten, Relationen bzw. Triples sind und Triples als $(u, e, v) \in T$ dargestellt werden, wobei $u \in E$ der Kopfknoten, $v \in E$ der Endknoten und $e \in R$ die Kante ist, die u und v verbindet. Da unser Wissensgraph Triples enthält (ein Beispiel[7]), kann es als diskrete symbolische Repräsentation von Wissen betrachtet werden [Ho20]. Wir fragen das KG nach Biomarkern ab, die als Antezedenzien in Entscheidungsregeln oder Kontrafaktizitäten dienen. Inferenzregeln (IRs) werden verwendet, um IF-THEN-artige Konsequenzen zu kodieren: $p \rightarrow y$, wobei sowohl der Körper als auch der Kopf Graphmustern folgen. Damit sind IRs ein Weg, um einen automatischen Zugang zu deduktivem Wissen zu ermöglichen. Wir führen symbolische Schlussfolgerungen in zwei Schritten durch, wobei der Reasoner die Kette von Inferenzregeln validiert, die einen Biomarker mit Krebsarten assoziieren. Für eine gegebene Anfrage q zu Informationen i und prognostiziertem Ergebnis o, folgern wir die Inferenz $o : KG \cup i \models o$. Schließlich werden evidenzbasierte Entscheidungsregeln durch Erweiterung des Bereichs der lokalen Erklärung mit Schlussfolgerungen generiert. Eine evidenzbasierte Erklärung e^+ ist Tripel: (r, Φ, Ψ), wobei $r = (p \rightarrow y)$ eine Entscheidungsregel ist, $\Phi = p[\delta_1] \rightarrow y', p[\delta_2] \rightarrow y', \ldots, p[\delta_v] \rightarrow y'$ eine Menge von Gegenfakten für r ist und Ψ eine erststufige Theorie des Hintergrundwissens ist, die Menge von Prädikaten definiert und semantisch unserer KG.

4 Diskussion und weitere Arbeiten

Diese Arbeit hat durch die Entwicklung unseres neuro-symbolischen KI-Ansatzes mehrere Beiträge geleistet. Wir haben robuste *black-box-* und interpretierbare Ersatzmodelle entwickelt, indem wir verschiedene repräsentative Lerntechniken aus hochdimensionalen Omics-Daten eingesetzt haben. Durch proaktive und reaktive Maßnahmen stellen wir sicher, dass unsere Modelle robust gegenüber Angriffen sind und sich wie beabsichtigt verhalten. Wir haben neue interpretierbare ML-Methoden entwickelt, um wichtige Biomarker zu bewerten und lokale und globale Erklärungen zu liefern. Zusätzlich zu einem gut angepassten Surrogatmodell, das den Lehrer annähert. Wir entwickeln eine domänenspezifische Ontologie und eine KG und kombinieren Modellvorhersagen mit Schlussfolgerungen, um evidenzbasierte Regeln zu erstellen. Ein Domänenexperte kann die Diagnoseentscheidung in natürlicher Sprache erklären, indem er kontrastive Beispiele kombiniert. Unser Ansatz ermöglicht es einem Fachmann, die Entscheidung in natürlicher Sprache zu erklären, indem er kontrastierende Beispiele kombiniert. Unser neurosymbolischer KI-Ansatz zur Unterstützung der Krebsdiagnose ist potenziell bahnbrechend, da wir unseres Wissens nach die ersten sind, die ihn vorschlagen (Abb. 2 [Ka22a]). Letztendlich verbessern wir

---

[7] Semantisches Parsing mit Beschreibungslogik & abstrakter Bedeutungsrepräsentation, Banarescu *et al.*, 2013.

die Entscheidungsfairness des Modells, indem wir i) Stichprobenverzerrungen vor dem Training der Modelle, ii) Vorhersageverzerrungen durch Erhöhung der Varianz und iii) Modellauswahlverzerrungen vor der Generierung von Erklärungen abmildern.

Literaturverzeichnis

[Be19] Beltagy, Iz: SciBERT: Pretrained Language Model for Scientific Text. In: EMNLP. 2019.

[BV21] Braman, Nathaniel; Venkataraman, Jagadish: Deep Orthogonal Fusion: Multimodal prognostic biomarker discovery. In: International Conference on Medical Image Computing and Computer-Assisted Intervention. Springer, S. 667–677, 2021.

[Go14] Goodfellow, Ian: Explaining & harnessing adversarial examples. arXiv:1412.6572, 2014.

[HL22] Han, Henry; Liu, Xiangrong: The challenges of explainable AI in biomedical data science. BMC bioinformatics, 22(12):1–3, 2022.

[Ho20] Hogan, Aidan; Blomqvist, Eva; Cochez, Michael; d'Amato, Claudia; Kirrane, Sabrina; Neumaier, Sebastian; Polleres, Axel et al.: Knowledge graphs. arXiv:2003.02320, 2020.

[Ka21] Karim, Md Rezaul; Jiao, Jiao; Beyan, Oya; Rebholz-Schuhmann, Dietrich; Decker, Stefan: DeepKneeExplainer: explainable knee osteoarthritis diagnosis from radiographs and magnetic resonance imaging. IEEE Access, 9:39757–39780, 2021.

[Ka22a] Karim, Md; Islam, Tanhim; Rebholz-Schuhmann, Dietrich; Decker, Stefan: Explainable AI for Bioinformatics: Methods, Tools, and Applications. arXiv:2212.13261, 2022.

[Ka22b] Karim, Md Rezaul: Interpreting Black-Box Machine Learning Models with Decision Rules and Knowledge Graph Reasoning. RWTH Aachen University, June 2022.

[LYK19] Lee, Jinhyuk; Yoon, Wonjin; Kang, Jaewoo: BioBERT: a pre-trained biomedical language representation model for biomedical text mining. Bioinformatics, 2019.

[MDF16] Moosavi-Dezfooli, Seyed-Mohsen; Frossard, Pascal: DeepFool: a simple and accurate method to fool deep neural networks. In: IEEE ICVPR. S. 2574–2582, 2016.

[Šk] Škrlj, Blaž: Feature importance with self-attention networks. arXiv:2002.04464.

[Va17] Vaswani, Ashish; Shazeer, Noam; Parmar, Niki; Gomez, Aidan N; Kaiser, Łukasz; Polosukhin, Illia: Attention is all you need. NeuralIPS, 2017.

[ZF11] Zeiler, Matthew D; Fergus, Rob: Adaptive deconvolutional networks for mid and high-level feature learning. In: ICCV. IEEE, S. 2018–2025, 2011.

Rezaul Karim ist ein Senior Datenwissenschaftler bei ALDI SÜD - Global Data & Analytics und ein Gastforscher an RWTH Aachen University, Deutschland. Zuvor arbeitete er als ML Engineer am Insight Centre for Data Analytics, Irland. Davor war er als Lead Engineer bei Samsung Electronics, Südkorea. Er hat seinen Doktortitel von der RWTH Aachen University erlangt, einen MEng. von Kyung Hee University, Südkorea und einen BSc. Abschlüsse von University of Dhaka, Bangladesch. Seine Forschungsinteressen umfassen Wissensgraphen und erklärbare KI (XAI).

Nutzung von Web-Archiven zur Bewältigung ausgewählter gesellschaftlicher Herausforderungen[1]

Johannes Kiesel[2]

Abstract: Die Dissertation trägt mit Daten, Algorithmen und Konzepten dazu bei, die große Datenmenge und temporale Protokollierung von Web-Archiven zu nutzen, um gesellschaftliche Herausforderungen zu bewältigen. Wir haben drei solcher Herausforderungen ausgewählt, die die zentralen Probleme der Archivqualität, des Datenvolumens und der Datenvielfalt hervorheben: (1) Für die Bewahrung digitaler Kultur untersucht und verbessert diese Arbeit die automatische Qualitätsbestimmung einer Webseiten-Archivierung, sowie die weitere Aufbereitung der resultierenden Archivdaten für automatische Auswertungen. (2) Für die kritische Bewertung von Informationen untersucht diese Arbeit große Datensätze von Wikipedia- und Nachrichtenartikeln und stellt neue Verfahren zur Bestimmung von Qualität und Einseitigkeit/Parteilichkeit vor. (3) Für die digitale Sicherheit und den Datenschutz nutzt diese Arbeit die Vielfalt der Inhalte im Internet, um die Sicherheit von mnemonischen Passwörtern zu quantifizieren, und analysiert das datenschutzfreundliche Wiederauffinden der verschiedenen gesehenen Inhalte mit Hilfe von privaten Web-Archiven.

1 Einleitung

Mit der wachsenden Bedeutung des World Wide Webs betreffen die großen Herausforderungen unserer Gesellschaft zunehmend auch die digitalen Bereiche unseres Lebens. Einige der zugehörigen Probleme können durch die Informatik, und einige von diesen speziell durch datengetriebene Forschung, angegangen werden. Dazu müssen jedoch offene Fragen im Zusammenhang mit der Qualität der Archive und der großen Menge und Vielfalt der enthaltenen Daten gelöst werden.

In dieser Arbeit wird der Begriff „gesellschaftliche Herausforderung" für Themen verwendet, die die meisten, wenn nicht sogar alle Mitglieder einer Gesellschaft betreffen, entweder jetzt oder in einer wahrscheinlichen Zukunft. Neben dem Programm Horizont 2020 der Europäischen Union,[3] aus dem dieser Begriff stammt, haben mehrere Organisationen gesellschaftliche Herausforderungen aufgelistet, um den Fortschritt bei deren Bewältigung zu verfolgen. Unter anderem die Vereinten Nationen,[4] das Weltwirtschaftsforum,[5] oder, speziell für die Informatik, die Gesellschaft für Informatik.[6] Aus diesen Listen wurden die Herausforderungen für diese Arbeit ausgewählt.

---

[1] Englischer Titel der Dissertation: "Harnessing Web Archives to Tackle Selected Societal Challenges"
[2] Bauhaus-Universität Weimar, johannes.kiesel@uni-weimar.de
[3] Europäische Kommission. Horizon 2020, Societal Challenges. https://perma.cc/PWB5-Z3VB
[4] Vereinte Nationen, Department of Economic and Social Affairs. Sustainable Development, The 17 Goals. https://perma.cc/C8Q6-UR59
[5] WEF, Strategic Intelligence. Global Issues. https://perma.cc/ML7Q-DJBA
Und WEF. The Global Risks Report 2021. https://perma.cc/CZG2-V9AC
[6] Gesellschaft für Informatik. Die Grand Challenges der Informatik. https://perma.cc/Q9BR-H9EW

In dieser Dissertation werden webarchivbasierte Ansätze für drei der gesellschaftlichen Herausforderungen aus den oben genannten Listen diskutiert, die große Mengen an Daten aus dem öffentlichen Bereich erfordern: die Bewahrung digitaler Kultur, die kritische Bewertung von Informationen und die digitale Sicherheit und Datenschutz. In den folgenden Abschnitten werden die Forschungsfragen der Dissertation [Ki22] im Kontext dieser drei Herausforderungen und die eigenen Beiträge zusammengefasst.

2 Nutzung von Web-Archiven zur Bewahrung digitaler Kultur

Die Herausforderung der Bewahrung digitaler Kultur ergibt sich aus der Heterogenität, der Vergänglichkeit und dem Umfang digitaler Inhalte. Obwohl sich diese Dissertation auf Web-Inhalte konzentriert, sind digitale Inhalte bereits vor dem Internet zu einem wichtigen Bestandteil verschiedener Kulturen geworden, was ihre Bewahrung erforderlich macht.

Web-Archive ermöglichen die Bewahrung digitaler Kultur, wie sie im World Wide Web zu finden ist. Die leichte Abrufbarkeit von Webseiten täuscht jedoch über die Schwierigkeit hinweg, Webseiten über einen längeren Zeitraum zu erhalten. Ein erstes Problem besteht in der technischen Komplexität von Webseiten. Darstellungssoftware (Browser) veraltet innerhalb weniger Jahre und stellt dann neuere Webseiten falsch dar. Ein weiteres Problem besteht darin, dass Webseiten aus verschiedenen Quellen (und Servern) zusammengestellt werden und unterschiedliche Inhalte enthalten, unter anderem aufgrund der früheren Interaktionen des Betrachters, seines Standorts (oft durch IP-Adressen identifiziert) oder einfach der Tageszeit. Aufgrund dieser Problematik kann die archivierte Webseite ganz anders aussehen als die Webseite, die für eine bestimmte URL erwartet wird. Bei der Beurteilung der oben genannten Probleme einer Webseite ist jedoch zu beachten, dass Webseiten keine atomaren Objekte sind, sondern aus mehreren Segmenten bestehen, die unterschiedlichen Zwecken dienen und teilweise unterschiedlich schwer zu erhalten sind.

2.1 Wie misst man die Wiedergabequalität von Web-Archiven?

Wir stellen die erste Operationalisierung einer vergleichenden Wiedergabequalität von Web-Archiven vor. Die zugrundeliegende Idee ist, dass die Qualität der Wiedergabe einer Webseite aus einem Web-Archiv umso höher ist, je näher die wiedergegebene Webseite der Live-Webseite (zum Zeitpunkt der Archivierung) aus Sicht des Nutzers ist. Die vorgestellte Operationalisierung verwendet menschliche Qualitätsurteile über die Unterschiede zwischen zwei Screenshots einer Webseite, nämlich der Live-Seite und der wiedergegebenen Webseite. Abbildung 1 illustriert die fünf verwendeten Qualitätsstufen. Darüber hinaus stellen wir den ersten Datensatz und Benchmarking-Ansätze für die Automatisierung einer solchen Bewertung vor, wobei ein Ansatz, der auf einem neuronalen Netz aus dem Bereich der Computer Vision basiert, eine hohe Korrelation mit menschlichen Qualitätsbewertungen erreicht (siehe Tabelle 1; Pearson's $r = 0.57$). Ein eigener heuristischer Ansatz für die Wiedergabe von Webseiten (daher die Zuordnung von Browseranfragen zu Daten aus dem Web-Archiv) konnte in unserer Auswertung leicht bessere Ergebnisse als die geläufige Standard-Software erzielen (siehe Abbildung 2).

Nutzung von Web-Archiven für gesellschaftliche Herausforderungen   143

Abb. 1: Beispiele für Bildschirmaufnahmen während der Archivierung (links) und der Wiedergabe aus dem Archiv (rechts). Jeweils ein Beispiel pro Qualitätsstufe der Wiedergabe (von oben/am Besten nach unten/am Schlechtesten), deren Bewertung in der Dissertation durch ein neuronales Netz gelernt wird: (1) animierte Schaltfläche in anderen Zustand; (2) fehlende Werbung; (3) fehlende Links zu verwandten Seiten und fehlende Schaltflächen für soziale Medien; (4) fehlende Inhalte weiter unten auf der Seite; und (5) fehlender Hauptinhalt (hier: Video).

Q.	Maschinell bestimmte Wiedergabequalität					Σ
	1	2	3	4	5	
1	5359	230	1	0	4	5594
2	535	2762	0	5	5	3307
3	62	294	55	2	9	422
4	33	183	0	95	7	318
5	57	218	1	4	79	359
Σ	6046	3687	57	106	104	10000

Tab. 1: Konfusionsmatrix der von Menschen annotierten Wiedergabequalität (Q.; 1 = am Besten) und Maschinell bestimmter Wiedergabequalität für den eigenen Neuronalen Ansatz. Für jede Webseite wurde die jeweils beste Wiedergabesoftware verwendet.

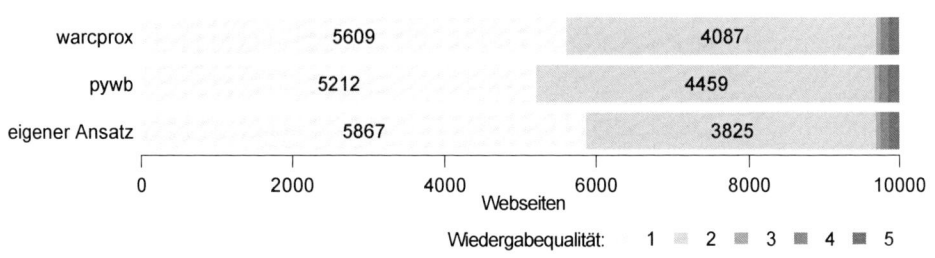

Abb. 2: Maschinell bestimmte Wiedergabequalität (1 = am Besten) von 10000 Webseiten unter Verwendung unterschiedlicher Wiedergabesoftware.

2.2 Wie häufig sind verschiedene Arten unerwünschter Inhalte in Web-Archiven?

Wir führen die erste Analyse zu unerwünschten Inhalte in allgemeinen Web-Archiven durch. Dabei handelt es sich um visuelle Elemente der Webseite, die normalerweise nicht zur Webseite gehören, aber durch technische Fehler, Crawling-Blocker, Pop-ups oder andere Effekte auf der Webseite platziert werden und oft den eigentlich erwarteten Inhalt ersetzen. Zu diesem Zweck untersuchen wir fünf Anzeichen für unerwünschte Inhalte (reine Werbungsseiten, Ladeindikatoren, seitenfüllende Pop-ups, den Zugang blockierende CAPTCHAs und dominante Fehlermeldungen) und bieten eine erste statistische Analyse dieser Anzeichen durch eine Crowdsourced Annotation von 10.000 Webseiten. Unsere Analyse zeigt, dass die Anzeichen recht häufig sind (siehe Tabelle 2) und auf etwa 10% der Webseiten auf unerwünschte Inhalte hinweisen: ein großes Problem für die Archivierung.

2.3 Wie kann man Segmente einer Webseite definieren und identifizieren?

Wir führen eine tiefgreifende Untersuchung der Segmentierung von Webseiten durch. Eine gewöhnliche Webseite besteht aus mehreren Segmenten (z.B. Werbung, Navigation, Hauptinhalt, verwandte Seiten oder Kommentare), die unterschiedliche Methoden für ihre

Art des Unerwünschten Inhalts	Übereinstimmung der Annotatoren	Verteilung der Annotationen			% Webseiten mit Fehler
		Nein	Ja		
Reine Werbungsseite	0.65	9895	**105**		1.1
Ladeindikatoren	0.89	9950	**50**		0.5
		Nicht	Teilweise	Extrem	
Pop-ups	0.82	9297	315	**388**	3.9
CAPTCHAs	0.91	9865	60	**75**	0.8
Fehlermeldungen	0.89	9554	83	**363**	4.5

Tab. 2: Übereinstimmung der Annotatoren, Verteilung der gemittelten Annotationen in den 10000 analysierten Webseiten, und Prozentzahl der Webseiten deren jeweilige Annotation auf einen Fehler hindeutet (entsprechende Annotationen sind in den vorangegangenen Spalten fett markiert).

Evaluationseinheit (Anwendung)	1Seg	VIPS	HEPS	Cor.	MMD.	MV1	MV2	MV3	MV4
Zeichen (z.B. für Textextraktion)	0.52	**0.67**	0.50	0.61	0.61	0.59	0.62	0.40	0.39
Pixel (z.B. für Design Mining)	0.24	0.38	0.33	0.36	**0.42**	0.30	0.39	0.30	0.28

Tab. 3: Evaluationsergebnisse (F_1) von sechs verschiedenen Segmentierungsalgorithmen für zwei der fünf in der Arbeit untersuchten Evaluationseinheiten. MVX ist das in der Dissertation entwickelte Ensembleverfahren Min-Vote mit Granularitätsparameter X von 1 (feingranular) bis 4 (grob).

Erhaltung erfordern, von unterschiedlicher Bedeutung für die Beurteilung der Wiedergabequalität sind und auch beim Abruf (daher beim Zugriff auf die digitale Kultur) teilweise anders behandelt werden sollten. Wir führen eine neue Konzeptualisierung von Websegmenten aus der Sicht des Nutzers ein, welche neun unterschiedlich Definitionen eines Websegmentes aus der Literatur generalisiert und vereinheitlicht, wodurch eine vereinheitlichte Evaluationsmethodik ermöglicht wird. Zudem erstellen wir den bisher größten von Menschen annotierten Datensatz für diese Aufgabe, der zugleich der erste Datensatz ist, der auf Web-Archiven basiert und damit erstmals die reproduzierbare Evaluation moderner browserbasierter Algorithmen ermöglicht. In einem Benchmark bestehender Algorithmen zeigen wir, dass der fast 20 Jahre alte VIPS-Algorithmus meist noch am besten abschneidet, aber auch dass neue neuronale Ansätze ein großes und noch unerforschtes Potenzial für die Bewältigung dieser Aufgabe haben (siehe Tabelle 3). Im Rahmen der Vereinheitlichung der Evaluationsmethodik führen wir hierbei die Verwendung verschiedener Evaluationseinheiten ein, welche sich an die verschiedene Anwendungen einer Segmentierung richten. So ist fpr eine Anwendung wie die Textextraktion nur wichtig ob der Text (präziser: die Zeichen) richtig segmentiert ist, während für Anwendungen wir Design Mining die Segmentierung der Pixel ausschlaggebend ist. Weiterhin stellen wir ein eigens entwickeltes Ensemble-Verfahren vor, mit dessen Parameter die Granularität der Segmentierung angepasst werden kann.

3 Nutzung von Web-Archiven zur kritischen Informationsbewertung

Die Herausforderung, (Online-)Informationen als Privatperson zu bewerten, ergibt sich aus der Undurchsichtigkeit, mit der sich Informationen im World Wide Web verbreiten. Der Wahrheitsgrad ist ein Kriterium zur Beurteilung von Informationen, aber insbesondere bei Meinungen sind auch Kriterien wie Autorität der Quelle und Kontroversität wichtig. Besondere Überlegungen sind für das World Wide Web aufgrund seiner besonderen kognitiven Herausforderungen erforderlich, insbesondere wegen intransparenter Empfehlungen, des Fehlens sozialer Hinweise (insbesondere Blickkontakt), der unklaren epistemischen Qualitätssicherung (z.b. ob es Redakteure gibt oder wer sie sind) und der Tendenz, falsche Vorstellungen über die Verbreitung von Meinungen hervorzurufen.

Web-Archive bewahren den Kontext von Informationen, was besonders für die Herkunftsanalyse als auch generell für die kritische Bewertung der Informationen von Nutzen sein kann. Die Aufbewahrung der Webseite, die eine Information enthält, ermöglicht es, Änderungen im Laufe der Zeit zu verfolgen, z.B. Korrekturen an einem Nachrichtenartikel. Eine Momentaufnahme einer Webseite, die von einer vertrauenswürdigen dritten Partei zur Verfügung gestellt wird, bietet auch die Möglichkeiten zur Durchsetzung einer Rechenschaftspflicht und einen zuverlässigen Weg, die Informationen wissenschaftlich zu zitieren. In Verbindung mit einer Technologie, die Reaktionen von Webseiten zu anderen Webseiten verfolgt, ermöglicht diese Zuverlässigkeit eine genaue Aufzeichnung der Diskussionen über Informationen und die Bereitstellung dieser Diskussionen für den Besucher. Einige Webseiten - allen voran Wikipedia - bauen sogar auf solchen Diskussionen auf, um die Qualität ihrer Inhalte zu verbessern, und archivierte Diskussionen können unter anderem Aufschluss über die Kontroversität einer Information geben. Darüber hinaus ermöglichen Web-Archive die Verfolgung des Informationsflusses durch das World Wide Web, was den Informationen auf einer Webseite weiteren Kontext verleihen kann. So kann die Anzeige der Verbreitungs-Historie einer Information darauf aufmerksam machen, wenn man zunehmend Informationen von extremistischen Quellen aufnimmt.

3.1 Wie lassen sich Informationen anhand der Bearbeitungshistorie bewerten?

Wir stellen einen neuartigen Ansatz vor, um verschiedene Arten von gut- und böswilligen Bearbeitungen in Wikipedia anhand der Artikelhistorie zu unterscheiden. Die vorgeschlagene automatische Unterscheidung basiert auf sieben regulären Mustern von Artikel-Zurücksetzungen (siehe Abbildung 3). Wird eine alte Version eines Artikel wieder hergestellt (dargestellt als Pfeil in der Abbildung), so kann dies darauf hinweisen, dass dadurch eine böswillige Bearbeitung rückgängig gemacht werden soll. Die Wikipedia Richtlinien schlagen für böswillige Bearbeitungen eben eine solche Wiederherstellung (oder "Zurücksetzung") vor. Die Muster beschreiben jedoch Fälle, in denen vermutlich keine böswillige Bearbeitung vorliegt, zum Beispiel wenn ein Editor die eigene Änderung wieder zurücksetzt, eine Zurücksetzung verlängert (z.B. weil an anderer Stelle im Artikel schon früher böswillige editiert wurde), eine Zurücksetzung selbst böswillig war und korrigiert wurde, oder mehrere Editoren um die Meinung der anderen zum Artikel nicht akzeptieren (sogenannte Edit Wars: hier ist bei den Beteiligten üblicherweise kein böser Wille gegenüber den Artikel vorhanden, die Meinung wird allerdings nicht wie von Wikipedia gewollt über Talk-pages verteidigt und diskutiert sondern direkt durch Zurücksetzung). Nur 25% der zurückgesetzten Bearbeitungen fallen in keines der Muster und sind nach interner Evaluation in 83% der Fälle tatsächlich vermutlich böswilliger Natur. Darüber hinaus zeigen wir, wie diese Bewertung vergangener Bearbeitungen Einblicke in Korrelationen zwischen böswilliger Informationsbearbeitung und Kontextvariablen - in diesem Fall die Tageszeit und der Standort des Bearbeiters - geben kann, die dann als Teil von On-the-Fly-Bewertungstechnologien eingesetzt werden können. Abbildung 4 zeigt Beispiele für analysierte Verläufe. Die Analyse zeigt, dass der Anteil der mutmaßlich böswilligen Änderungen (Vandalismus) an Werktagen und während der Arbeitszeiten am höchsten ist, mit größteteil geringen Unterschieden zwischen Ursprungsländern.

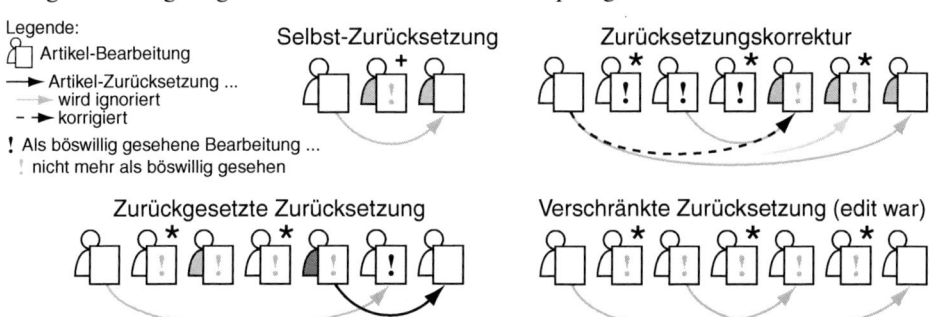

Abb. 3: Illustrationen von vier der sieben analysierten Zurücksetzungsmuster. Ein * steht für beliebig viele Bearbeitungen, ein + für mindestens eine, und gleiche Farben für gleiche Editoren.

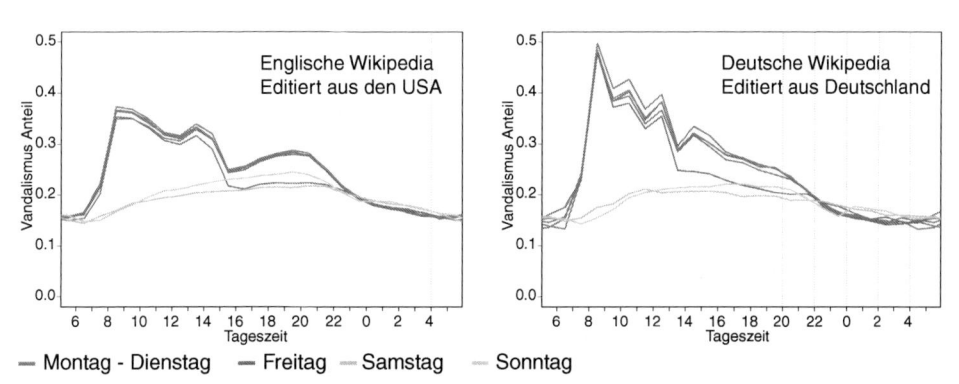

Abb. 4: Zwei Beispielverläufe des Anteils erkannter böswilliger Bearbeitungen („Vandalismus") im durchschnittlichen Tagesverlauf je Wochentag. Mit Hilfe einer historischen IP-Geolokalisierung wurde das Ursprungsland von Bearbeitungen identifiziert. Insgesamt wurden die sieben größten Spracheditionen von Wikipedia über 13 Jahre analysiert. Eine interaktive Visualisierung is erreichbar unter: https://demo.webis.de/wikipedia-vandalism

Klassifizierer	Genauigkeit	Präzision		Trefferquote		F_1	
		hyp.	main.	hyp.	main.	hyp.	main.
Stil-basiert	0.75	0.69	0.86	0.89	0.62	0.78	0.72
Thema-basiert	0.71	0.66	0.79	0.83	0.60	0.74	0.68
Baseline alles hyp.	0.49	0.49	-	1.00	0.0	0.66	-
Baseline alles main.	0.51	-	0.51	0.0	1.00	-	0.68

Tab. 4: Vergleich der Leistung von stil- und themenbasierten Klassifikationsmodellen für die Einstufung von Nachrichtenartikeln als überparteilich (hyperpartisan) oder nicht (mainstream) im Vergleich zu Basismethoden, die alle Artikel gleich einstufen. Die Datenbasis bilden 1627 von Journalisten annotierte englischsprachige Nachrichtenartikel aus Online-Medien. Die verwendeten Bewertungsmaße sind Genauigkeit (Accuracy), Präzision (Precision), Trefferquote (Recall) und das harmonische Mittel aus Präzision und Trefferquote (F_1).

3.2 Wie lassen sich extremistische (übermäßig parteiische) Inhalte in Nachrichtenarchiven erkennen?

Wir leisten einen Beitrag zur automatischen Einordnung von Nachrichtenartikeln als übermäßig parteilich („hyperpartisan") anhand von Archiven von Online-Nachrichten. Wir definieren die zugehörige Klassifikationsaufgabe und stellen zu ihrer Bewältigung einen Ansatz basierend auf Themen- und Stilmerkmalen sowie zwei Datensätze vor. Unsere Analyse zeigt die Effektivität von stilistischen Textmerkmalen zur Unterscheidung zwischen übermäßig parteilichen (sowohl konservativen als auch liberalen) und „normalen" Nachrichtenartikeln (siehe Tabelle 4). So liefert der stilbasierte Ansatz etwas bessere Ergebnisse, gleichzeitig ist die Themenunabhängigkeit in der praktischen Anwendung ein großer Vorteil, um auch Artikel zu neuen Themen klassifizieren zu können.

Darüber hinaus wurde als Teil der Dissertation ein ersten internationalen Wettbewerbs zur automatischen Einordnung von Nachrichtenartikeln als übermäßig parteilich durchgeführt. 42 Teams haben Ansätze zur Bewältigung der Aufgabe eingereicht.

4 Nutzung von Web-Archiven für Online-Sicherheit und Datenschutz

Die Herausforderung der Online-Sicherheit und des Schutzes der Privatsphäre ergibt sich aus den Gefahren, denen Einzelpersonen im Internet ausgesetzt sind. Geht es bei der Online-Sicherheit darum, direkte Risiken und Schäden wie Identitätsdiebstahl und Softwaremanipulation zu verhindern, so geht es beim Schutz der Online-Privatsphäre darum, unerwünschte Verfolgung und Sammlung persönlicher Daten zu verhindern.

Web-Archive bieten einerseits die für einige empirische Sicherheitsanalysen benötigten öffentlichen Daten in großem Umfang und andererseits die Möglichkeit, die Privatsphäre zu wahren. Die Systemsicherheit hängt oft von einer engen Definition des normalen Verhaltens ab, um abnormale und potenziell bösartige Aktivitäten zu erkennen. Ein sicheres Empfehlungssystem darf sich zum Beispiel nicht durch automatisierte oder bezahlte

Bewertungen beeinflussen lassen, was Modelle zur Identifizierung "normaler" Kundenrezensionen erfordert. Web-Archive bieten dabei für viele alltägliche Situationen die größten Datensätze menschlicher Aktivitäten. Wichtig ist dabei, dass Korrelationen in menschlichen Aktivitäten genutzt werden können, um die Sicherheit von Systemen zu untersuchen, selbst wenn keine Daten für ein spezifisches System verfügbar sind. So können, in begrenztem Maße, statistische Erkenntnisse zu generischem Schreibverhalten zwischen Online-plattformen übertragen werden. Im Hinblick auf den Schutz der Privatsphäre bieten Web-Archive die Möglichkeit, auf Webinhalte zuzugreifen, ohne verfolgbar zu sein. Web-Archive können zwar nicht zu diesem Zweck eingesetzt werden, wenn der Benutzer Informationen an den Server senden möchte oder wenn die Webseite Inhalte nach einer Benutzerinteraktion lädt, aber Web-Archive ermöglichen es, Inhalte abzurufen, auf die der Benutzer oder eine andere Person zuvor zugegriffen hat, ohne dass jemand außer dem (vertrauenswürdigen) Archivserver dies bemerkt.

4.1 Wie kann man die Sicherheit von Passwörtern, die mit Hilfe von zufällig gewählten Merksätzen erstellt wurden, einschätzen?

Wir bewerten mit Hilfe von Web-Archiven erstmals eine häufig empfohlene Richtlinie für die Erstellung von Passwörtern. Passwörter sind immer noch die vorherrschende Form der Online-Authentifizierung, und es gibt verschiedene Ratschläge für die Erstellung sicherer Passwörter. Es fehlen jedoch Sicherheitsschätzungen für einige Arten von durch Menschen zufällig gewählte Passwörter. Unter Verwendung der riesigen Menge und der großen Vielfalt von Sätzen, die durch Web-Archive zur Verfügung gestellt werden, quantifizieren wir die Sicherheit einer bestimmten Empfehlung - nehme den ersten Buchstaben jedes Worts in einem zufällig ausgewählten Merksatz - und stellen fest, dass diese so genannten "mnemonischen" Passwörter ungefähr die Sicherheit eines 12- bis 13-seitigen Würfels pro Passwortzeichen bieten - viel weniger als das, was das Alphabet mit seinen 26 Zeichen bieten könnte (siehe Tabelle 5). Eine Erweiterung des Zeichenraumes mit Sonderzeichen bringt nur einen kleinen Zuwachs an Sicherheit.

	Kleinbuchstaben		ASCII	
Sprachmodell	H_1	Ppl.	H_1	Ppl.
Uniformverteilung	4.70	26.0	6.55	94.0
Ordnung 0	4.15	17.8	5.09	34.1
Ordnung 8	3.71	13.1	3.98	15.8
Ordnung 8, Positionsabhängig	3.65	12.6	3.70	13.0

Tab. 5: Zeichenweise Entropie- (H_1) und Perplexitäts- (Ppl.) Abschätzung für Passwörter nach Sprachmodell. Zur Abschätzung wurden Passwörter der Länge 12 aus dem Webis-Sentences-17-Korpus verwendet, die aus dem ersten Zeichen jedes Wortes gebildet wurden. Die Uniformverteilung entspricht der optimalen (am sichersten) Verteilung über 26 bzw. 94 Zeichen. Eine Perplexität von X bedeutet die Sicherheit gegen offline Angriffe entspricht in etwa der von Passwörtern bei denen aus X Zeichen gleichverteilt gewählt wird.

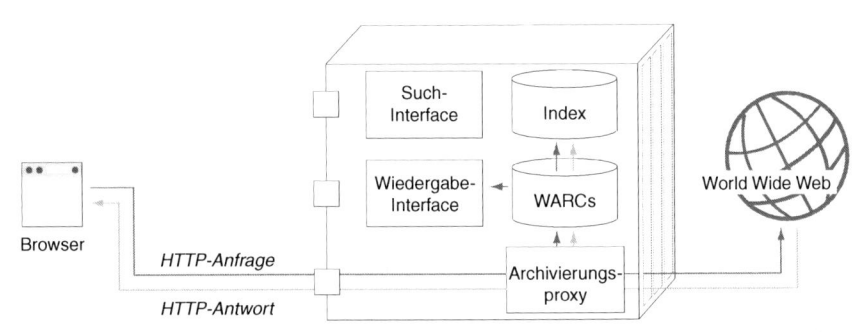

Abb. 5: Bestandteile eines Privates Web-Archiv und Informationsströme während der regulären Internetnutzung. Der Archivierungsproxy speichert Anfragen und Antworten als WARC-Dateien und indiziert diese. Das Suchinterface (spezielle Webseite) bietet eine Volltextsuche mittels Index und leitet auf das Wiedergabeinterface weiter, welches Webseiten aus den WARCs wiederherstellt.

4.2 Wie kann man ein privates Web-Archiv erstellen und nutzen?

Wir untersuchen den Einsatz von Web-Archivierungstechnologie, um eine durchsuchbare Offline-Kopie dessen zu bieten, was man online gesehen hat. Dadurch können sie erneut auf Webseiten zugreifen, ohne online verfolgbar zu sein. Webdienste (einschließlich Suchmaschinen) unterstützen häufig das Wiederauffinden von Informationen durch die Aufzeichnung der Aktivitäten des Nutzers. Methoden, die die Nachverfolgung von Nutzern zu Datenschutzzwecken deaktivieren, deaktivieren daher oft auch die Wiederauffindungsfunktion. Private Web-Archive ermöglichen es jedoch, Informationen wiederzufinden, ohne sich mit dem Internet zu verbinden. Dadurch werden Wiederauffindungsfunktionen wieder möglich, die Privatsphäre des Benutzers bleibt jedoch geschützt. Unsere Fallstudie zeigt die Möglichkeiten und derzeitigen Grenzen eines solchen Systems auf.

Literaturverzeichnis

[Ki22] Kiesel, Johannes: Harnessing Web Archives to Tackle Selected Societal Challenges. Dissertation, Bauhaus-Universität Weimar, Juni 2022.

Johannes Kiesel war ab 2008 Student der Informatik an der Bauhaus-Universität Weimar. Ab 2014 war er dort als wissenschaftlicher Mitarbeiter bei Prof. Benno Stein angestellt, bei dem er 2022 promovierte. Seitdem ist er dort als wissenschaftlicher Mitarbeiter mit Leitungsaufgaben beschäftigt. Seine Hauptinteressengebiete sind Argumentationstechnologien, konversationelle Suche und Webarchive. Als Beitrag zu Open Science hat er bereits mehr als 20 Datensätze veröffentlicht und ist seit 2021 Junior Mitglied des ACM SIGIR Artifact Evaluation Committee. Er hat mehrere internationale Wettbewerbe organisiert, darunter zwei im Rahmen des renommierten SemEval Workshop (2019 und 2023) mit jeweils rund 40 Teams. Zu seinen Auszeichnungen gehören der KI 2019 Best Paper Award, der JCDL 2019 Best Poster Award und der TKFDM 2020 „FAIRest Dataset" Award.

Automatisierte Lösungsmethoden für komplexe Personalplanungsprobleme aus realen Anwendungen[1]

Lucas Kletzander[2]

Abstract: Problemstellungen aus der realen Welt mit Optimierungsmethoden zu modellieren und zu lösen ist ein komplexer und schwieriger Prozess, da eine Vielzahl an Regeln und Zielen zu berücksichtigen sind, die teilweise nicht klar definiert sind und sich oft ändern. Leistungsfähige, maßgeschneiderte Methoden können diese Probleme effizient oder sogar optimal lösen, sind aber dann schwer an geänderte Rahmenbedingungen anpassbar. Im ersten Teil der Arbeit werden solche spezifischen Methoden entwickelt, um erweiterte und neue komplexe Problemstellungen zu lösen. Im zweiten Teil wird eine Architektur präsentiert, die es erlaubt, intervallbasierte Probleme auf allgemeine Weise darzustellen und flexibel auf Regeländerungen zu reagieren. Bausteine von Algorithmen können von allgemeinen Methoden aus der Klasse der Hyper-Heuristiken dynamisch zu effizienten Lösungsmethoden zusammengesetzt werden. Zahlreiche neue Bausteine werden zunächst mit bestehenden Hyper-Heuristiken untersucht, schließlich wird eine neue Hyper-Heuristik basierend auf verstärkendem Lernen eingeführt, die sowohl höchst flexibel auf akademischen und realen Instanzen einsetzbar ist als auch über verschiedene Problemstellungen hinweg hochqualitative Lösungen liefert.

1 Einleitung

Optimierungsprobleme in realen Anwendungen sind oft sehr schwer zu modellieren und lösen, da viele verschiedene Bedingungen und Ziele zu berücksichtigen sind, die aus unterschiedlichen Quellen kommen und unter Umständen häufig geändert und angepasst werden müssen. Obwohl maßgeschneiderte Lösungen wichtig sind, um etwa das Erreichen einer optimalen Lösung zu beweisen oder Grenzen für den Abstand zum Optimum zu erhalten, ist sehr aufwendig, diese für veränderte Probleme anzuwenden. Dies zeigt einen Bedarf für allgemeine Lösungsmethoden mit geringem Anpassungsaufwand.

Personalzeitplanung ist ein sehr herausforderndes Aufgabengebiet, in dem die Lösungen große Auswirkungen auf Leben und Wohlbefinden der Mitarbeiter*innen ebenso wie auf Profite haben. Schichtarbeit macht es schwierig, mit dem sozialen Umfeld in Kontakt zu bleiben [Ar19] und kann auch negative Auswirkungen auf die Gesundheit haben, daher ist es äußerst wichtig, negative Faktoren in den Lösungsmethoden zu berücksichtigen und zu vermeiden. Andererseits sind Mitarbeiter*innen oft der größte Kostenpunkt für Unternehmen [Va13], und Verbesserungen können große Einsparungen bringen.

---

[1] Englischer Titel der Dissertation: "Automated Solution Methods for Complex Real-life Personnel Scheduling Problems"
[2] Christian Doppler Labor für Künstliche Intelligenz und Optimierung in Planung und Scheduling, DBAI, TU Wien, Österreich, lucas.kletzander@tuwien.ac.at

Diese Arbeit [Kl22] trägt sowohl zum Stand der Technik für problemspezifische als auch allgemeine Methoden für komplexe reale Probleme aus dem Anwendungsbereich der Personalzeitplanung bei, indem die folgenden Forschungsziele untersucht werden:

1. Formale Spezifizierung von komplexen Problemen aus realen Anwendungen: Die Schwierigkeit, Regelungen in mathematische Formulierungen zu bringen, führt immer wieder dazu, dass in der Literatur vereinfachte Versionen von Problemen behandelt werden, deren Lösungen dann aber kaum in der realen Welt angewandt werden können. Deshalb werden mehrere Beispielprobleme aus der Personalzeitplanung um Bedingungen und Optimierungsziele aus der realen Anwendung ergänzt oder komplexe Probleme völlig neu modelliert.

2. Lösungsmethoden, die den Stand der Technik erweitern: Für die komplexen Problemstellungen sollen jeweils spezifische Lösungsmethoden entwickelt werden, die bestehende Lösungen verbessern und neue Lösungen liefern. Dafür werden verschiedene Methoden wie Constraint Programming, Mixed Integer Programming, sowie für größere Probleme Techniken wie Branch and Price oder auch Metaheuristiken verwenden. Die Lösungen werden auf öffentlich verfügbaren Instanzen getestet und bei Bedarf neue Instanzen generiert und veröffentlicht.

3. Analyse und Selektion von Algorithmen: Wenn mehrere Algorithmen für ein Problem angewandt werden, sollen deren Stärken und Schwächen im Detail untersucht werden, sowie automatische Selektion der Algorithmen basierend auf definierten Eigenschaften von Problemstellungen angewandt werden.

4. Allgemeine Lösungsmethoden: Eine Architektur für die allgemeine Darstellung der Probleme aus den zuvor genannten Punkten soll entworfen werden, um intervallbasierte Probleme in einer flexiblen Art lösen zu können. In dieser Architektur sollen nicht nur vollständige Algorithmen, sondern auch Bausteine von Algorithmen definiert werden, die dann automatisiert zu angepassten Lösungsmethoden für verschiedene Problemstellungen zusammengesetzt werden.

2 Problemstellungen und Lösungsmethoden

Im ersten Teil dieser Arbeit werden drei große Problemstellungen der Personalzeitplanung behandelt und jeweils um Bedingungen aus der realen Anwendung erweitert oder neu in ihrer vollen Komplexität definiert.

2.1 Constraint Modeling für Rotierende Personalzeitplanung

Das erste Problem behandelt die Erweiterung des rotierenden Schichtplanungsproblems [Ba76; MSS18], wo fixe Schichten einem rotierenden Plan zugeteilt werden müssen, mit zusätzlichen Bedingungen und Optimierungszielen aus der Praxis.

Typ	Mo	Di	Mi	Do	Fr	Sa	So
D	1	1	1	1	1	1	1
A	1	1	1	1	1	1	0
N	1	1	1	1	1	1	1

Tab. 1: Beispielbedarf für drei Schichttypen

Tabelle 1 zeigt eine Bedarfstabelle als Beispiel dieser Problemstellung. Für drei Schichttypen D, A und N müssen jeden Tag bestimmte Mitarbeiter*innen gemäß der Tabelle zugeteilt werden. Es sollen 4 Mitarbeiter*innen eingesetzt werden, allerdings nur nach bestimmten Regeln wie 5 bis 7 Tagen Arbeit gefolgt von 2 bis 4 Tagen frei.

MA	Mo	Di	Mi	Do	Fr	Sa	So
1	D	D	D	D	N	N	-
2	-	-	A	A	A	A	N
3	N	N	-	-	D	D	D
4	A	A	N	N	-	-	-

Tab. 2: Beispiellösung für vier Mitarbeiter*innen

Tabelle 2 zeigt eine mögliche Lösung. Nach der jeweiligen Zeile rotiert jede*r Mitarbeiter*in in die nächste Zeile, nach der letzten Zeile wieder zur ersten.

Diese Problemstellung wurde nun mittels Constraint Programming in der Modellierungssprache MiniZinc formuliert und auf zahlreiche Arten erweitert: Zusätzliche Bedingungen erlauben eine schnelle Erkennung von unlösbaren Aufgaben, was Planenden ermöglicht, Fehler in der Aufgabenstellung rasch zu erkennen und zu beheben. Die wöchentliche Ruhezeit, eine sehr häufige Anforderung, wurde zur Problemstellung hinzugefügt. Statt eine Menge an gültigen Lösungen zu berechnen und dann manuell eine Auswahl treffen zu müssen, wurde das Problem mit verschiedenen Optimierungszielen erweitert, die die Anzahl und Verteilung der freien Wochenenden im Ergebnis optimieren. Damit können neben der Abdeckung des Bedarfs auch die Bedürfnisse der Mitarbeiter*innen verstärkt berücksichtigt werden. Unsere Ergebnisse zeigen, dass diese zusätzlichen Erweiterungen mit dem Constraint Programming Solver Chuffed rasch und effizient gelöst werden können.

Nachdem sich aber mit verschiedenen Lösungsmodellen unterschiedliche Performance gezeigt hat, wurde eine detaillierte Analyse der Stärken und Schwächen der zwei Constraint Programming Modelle sowie eines heuristischen Lösungsverfahrens mit Hilfe der Instanzraumanalyse [SM21] untersucht. Um diese anzuwenden, mussten zunächst sinnvolle Eigenschaften von Instanzen dieses Problems definiert werden, mit denen die potentielle Schwierigkeit dieser Instanzen numerisch beschrieben werden kann, ein Beispiel dafür ist die mögliche Variation der Länge von Blöcken aus Arbeit und anschließender Freizeit - ist diese Variation groß, gibt es viele Möglichkeiten, Pläne zu erstellen, ist sie klein, sind die Möglichkeiten sehr eingeschränkt.

Mit der Instanzraumanalyse wurden dann die bestehenden Instanzen untersucht und festgestellt, dass diese den Raum nicht gut abdecken sowie einige reale Problemstellungen nicht von den künstlichen Instanzen repräsentiert wurden. Darauf wurde ein neues, diverseres Set an Instanzen generiert und die Analyse wiederholt. Es zeigen sich unterschiedliche Stärken und Schwächen der Algorithmen, die vor allem auf die Grenze zwischen lösbaren und unlösbaren Instanzen zurückzuführen ist.

2.2 Netzwerkmodellierung für das Design minimaler Schichten

Die Schichten, die zuvor an Mitarbeiter*innen zugeteilt wurden, müssen allerdings zunächst definiert werden. Im Aufgabengebiet des Designs minimaler Schichten soll dafür ein vorgegebener Bedarf mit Schichten unter bestimmten Einschränkungen so abgedeckt werden, dass auch die Anzahl unterschiedlicher Schichten minimiert wird [MSS04].

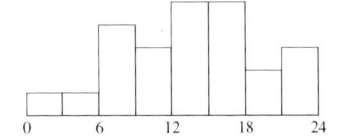

Schichttyp	t_1	t_2
Min Beginn	6:00	12:00
Max Beginn	6:00	21:00
Min Länge	6:00	6:00
Max Länge	12:00	12:00

Abb. 1: Beispielinstanz für das Design minimaler Schichten

In Abbildung 1 ist eine Beispielinstanz für dieses Problem gegeben. Links ist der Bedarf je nach Tageszeit gegeben, während rechts die Regeln für gültige Schichten definiert werden.

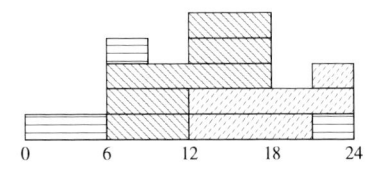

Beginn	Ende	Anzahl MA
6:00	18:00	3
12:00	24:00	2
21:00	9:00	1

Abb. 2: Optimale Lösung für die Beispielinstanz

Abbildung 2 zeigt die optimale Lösung für diese Instanz. Mit drei Schichten, die jeweils 1 bis 3 Mitarbeiter*innen zugewiesen haben, lässt sich der Bedarf exakt abdecken. Bei komplexeren Aufgabenstellungen ist es allerdings oft nicht möglich den Bedarf exakt abzudecken, stattdessen wird die Über- und Unterdeckung minimiert. Zusätzlich soll die Anzahl der verschiedenen Schichten minimiert werden, um die Komplexität bei der Zuordnung einzelner Mitarbeiter*innen später nicht unnötig zu erhöhen.

Für dieses Problem wurden mehrere Modellierungen erstellt und evaluiert, unter anderem eine direkte Modellierung, ein Zählmodell, sowie ein Modell basierend auf dem Fluss durch ein Netzwerk.

Abbildung 3 zeigt dieses Modell für die Beispielinstanz. Mögliche Schichten entsprechen den Kanten zwischen nicht benachbarten Knoten, die Kanten zwischen benachbarten Knoten

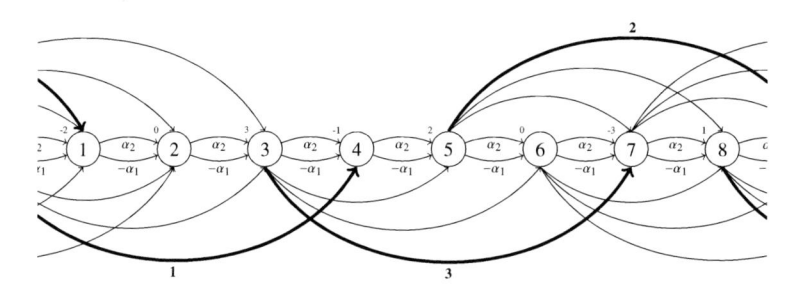

Abb. 3: Netzwerkflussmodell für die Beispielinstanz

modellieren Über- und Unterdeckung. Die fetten Kanten markieren die optimale Lösung. Verschiedene Lösungsmethoden wurden evaluiert, das Netzwerkflussmodell zusammen mit MIP-Lösern wie Gurobi konnte erstmals optimale Lösungen für alle Benchmark-Instanzen in kurzer Rechenzeit liefern (für fast alle Instanzen unter einer Minute).

Außerdem wurde ein zusätzliches Optimierungsziel eingeführt, dass in der Praxis sehr wichtig ist, in der Literatur aber bisher fast vollständig ignoriert wurde. Dabei geht es darum, die durchschnittliche Schichtlänge in bestimmten Grenzen zu halten. Wird dies nicht beachtet, kann z.B. eine Vielzahl an kurzen Schichten zwar eine leichtere Abdeckung des Bedarfs ermöglichen, später aber nicht verwendet werden, um diese Schichten an Vollzeitmitarbeiter*innen zu verteilen, da diese längere Schichten benötigen, um ihre erforderlichen Stunden zu erreichen.

2.3 Metaheuristiken und Branch and Price für Busfahrer*innenplanung

Mit dem Busfahrer*innenplanungsproblem basierend auf einem österreichischen Kollektivvertrag bietet diese Arbeit die formale Definition eines neuen Problems mit sehr komplexen Bedingungen für Pausen im Vergleich zu anderen Arbeiten in der Literatur [Ib15].

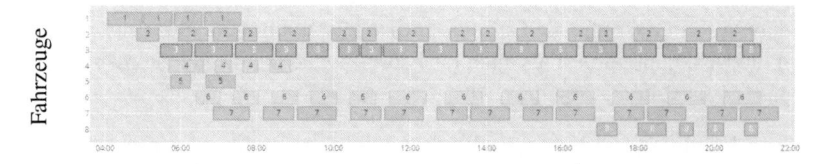

Abb. 4: Fahrzeuge einer Beispielinstanz für Busfahrer*innenplanung

Abbildung 4 zeigt eine Instanz dieses Problems, bei dem die Pläne der Busse über den Tag hinweg bereits gegeben sind. Jede Zeile bildet dabei einen Bus ab. Der Plan für jedes Fahrzeug besteht aus Segmenten und Stehzeiten dazwischen. Das Ziel ist, Busfahrer*innen zu diesen Segmenten zuzuordnen. Dazu müssen allerdings besonders viele Regeln zu deren

Zuteilungen und benötigten Pausen eingehalten werden, die aus verschiedenen gesetzlichen Regeln sowie dem Kollektivvertrag stammen.

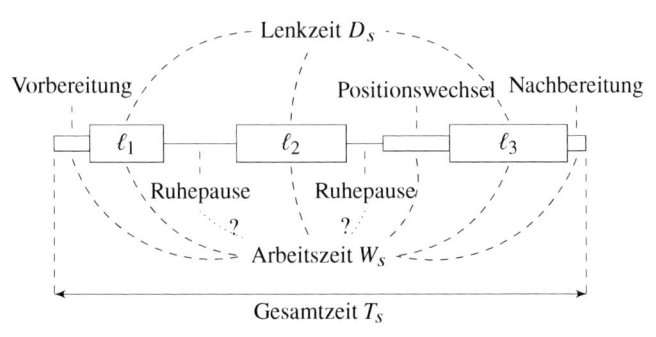

Abb. 5: Beispielschicht für Busfahrer*innen

Abbildung 5 zeigt die Bestandteile einer Schicht. Die Fahrsegmente (große Rechtecke) bilden die Lenkzeit des Fahrers, davon abhängig müssen Lenkpausen genommen werden, die auch geteilt werden können. Die Gesamtzeit setzt sich aus der Arbeitszeit und gewissen unbezahlten Zeiten zusammen. Zur Arbeitszeit gehören auch Vor- und Nachbereitung sowie Positionswechsel und manche der Pausen. Ruhepausen unterbrechen die Arbeitszeit und sind unbezahlt, je nach deren Position in der Schicht sowie der Gesamtlänge der Schicht und der Gesamtlänge aller Ruhepausen in der Schicht.

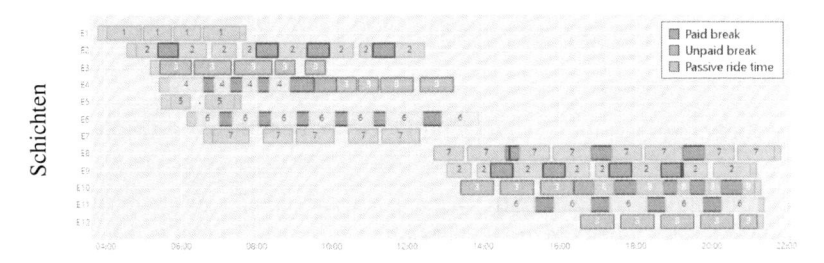

Abb. 6: Optimale Lösung für die Beispielinstanz

Abbildung 6 zeigt die optimale Lösung für die Beispielinstanz unter einer Zielfunktion, die sowohl die Kosten minimiert als auch für Fahrer*innen unangenehme Schichteigenschaften wie lange unbezahlte Pausen möglichst vermeidet.

Für dieses Problem wurde eine detaillierte Analyse der Problemeigenschaften durchgeführt, die unter anderem gezeigt hat, dass die übliche Verteilung des Bedarfs mit hohem Bedarf am Morgen sowie späteren Nachmittag schwer mit den Bedingungen für gute Schichten zu vereinbaren ist, sowie die Notwendigkeit nicht nur nach Kosten zu optimieren, da so Pläne entstehen, die für die Mitarbeiter*innen äußerst unangenehm zu arbeiten sind.

Basierend auf diesen Erkenntnissen über die Eigenschaften realer Instanzen wurde ein neues

Vergleichsset von Instanzen geschaffen und veröffentlicht. Lösungen wurden zunächst mit Metaheuristiken erzielt, vor allem mit Simulated Annealing, dann mit der Lösungsmethode Branch and Price [Ba98], die das Problem in ein Hauptproblem (Set Partitioning) sowie ein Unterproblem (Resource Constrained Shortest Path) zerlegt. Das Hauptproblem wählt aus einem Set möglicher Schichten die richtige Kombination aus, während das Unterproblem die besten möglichen Schichten auswählt, um das Hauptproblem zu ergänzen. Durch die Komplexität des Problems müssen im Unterproblem 11 verschiedene Ressourcen berücksichtigt werden, wodurch die Komplexität sehr hoch wird. Deshalb war es notwendig, zahlreiche Optimierungen für das Unterproblem zu entwickeln, die auch allgemein für ähnliche Probleme anwendbar sind. Mit dieser Methode konnten exakte Lösungen für kleine Instanzen sowie hochqualitative Lösungen mit sehr kleiner bekannter Abweichung zum Optimum für mittlere bis etwas größere Instanzen erreicht werden.

3 Hyper-Heuristiken

Im ersten Teil wurden verschiedene exakte und heuristische Methoden auf bestimmte Problemstellungen angewandt, um möglichst gute Ergebnisse zu erzielen. Allerdings kann es sehr mühsam sein, diese Methoden auf geänderte Problemeigenschaften anzupassen oder gar für andere Probleme zu verwenden. Gerade in realen Anwendungen kommt es aber sehr häufig vor, dass sich Teile der Problemstellung ändern. Das Ziel in diesem Teil der Arbeit ist somit eine klare Trennung von Lösungsmethoden und den problemspezifischen Bedingungen und Optimierungszielen.

Im ersten Schritt wird dafür die Architektur für ein intervallbasiertes Gerüst präsentiert, in dem alle drei Beispielprobleme, aber auch andere Probleme, in einem modularen Rahmen dargestellt werden können, der es ermöglicht, Bedingungen flexibel auszutauschen und Algorithmen auf unterschiedliche Probleme mit geringem Anpassungsaufwand anzuwenden. Dieses Gerüst verwendet das Konzept von Intervallen, die beispielsweise eine Schicht, oder aber ein Fahrsegment darstellen können. Intervalle werden in geordneten Sequenzen zusammengefasst, dann wiederum werden Eigenschaften dieser Sequenzen definiert. Eigenschaften können beispielsweise die Anzahl der Intervalle, die Summe der Längen aller Intervalle, die Spanne vom Beginn des ersten bis zum Ende des letzten Intervalls, oder beliebige andere Definitionen sein. Bedingungen werden dann auf diese Eigenschaften definiert, zum Beispiel ein Maximum für die Summe der Längen der Intervalle.

Wir verwenden dieses Gerüst um mehrere neue Heuristiken für die drei Probleme als algorithmische Bausteine einzuführen, die dann mit der allgemeinen Methode der Hyper-Heuristiken [Bu19] verwendet werden können, die aus diesen Bausteinen dynamisch neue Lösungsmethoden generiert. Die Besonderheit bei der Anwendung von Hyper-Heuristiken ist die strikte Domänenbarriere, wodurch die Hyper-Heuristik nur die algorithmischen Bausteine und deren Kategorie kennt, aber keine Details über deren Anwendung. Nach der Ausführung eines Bausteins ist nur die Änderung der Zielfunktion sowie die Dauer des Aufrufs bekannt, und mit der Zeit lernt die Hyper-Heuristik, welche Kombinationen der

Bausteine in welcher Situation zu einer Verbesserung der Zielfunktion führen. Mit den neuen Bausteinen wurden zunächst mehrere Hyper-Heuristiken auf dem Stand der Technik evaluiert, die gute Ergebnisse auch auf den realistischen Domänen dieser Arbeit bieten und gleichzeitig allgemein anwendbar sind.

Schließlich wurde die neue Hyper-Heuristik LAST-RL eingeführt, die verstärkendes Lernen basierend auf einer umfangreichen Repräsentation des aktuellen Zustands verwendet. Die strikte Domänenbarriere macht es für die Hyper-Heuristik schwer, ein gutes Bild des aktuellen Zustands der Suche zu erhalten, deshalb wurden bisher für diese Anwendung nur sehr simple Zustände verwendet. Allerdings bietet der Verlauf der Zielfunktion während der Suche sehr wohl die Möglichkeit, mehr Informationen zu sammeln. Zu diesem Zweck wurden 15 neue Eigenschaften eingeführt, die diesen Zustand beschreiben und unter anderem Information wie den Anteil an Baustein-Aufrufen mit Verbesserungen oder ohne Veränderungen, oder verschiedene Größenordnungen von Verbesserungen im gesamten Verlauf der Suche ebenso wie in den letzten 10 Aufrufen verarbeiten. Mittels verstärkendem Lernen und Ketten von Baustein-Aufrufen verschiedener Längen werden dann die vielversprechenden Kombinationen der Bausteine für den jeweiligen Zustand der Suche gelernt.

Da allerdings während der Suche gelernt wird und das Zeitfenster dafür beschränkt ist, wird zusätzlich die Exploration des verstärkten Lernens mit Wahrscheinlichkeiten unterstützt, die auf der Methode Iterated Local Search basieren. Hier wird angenommen, dass zunächst größere Veränderungen der Lösung durchgeführt werden um lokalen Optima zu entkommen, gefolgt von Anwendungen lokaler Suche um zu neuen lokalen Optima zu finden. Diese Abfolge von Bausteinen wird von LAST-RL mit größerer Wahrscheinlichkeit versucht.

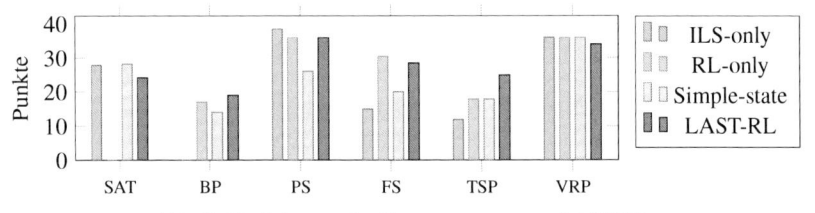

Abb. 7: Evaluierung der Komponenten von LAST-RL

Abbildung 7 zeigt die Evaluierung der wichtigsten Komponenten der neuen Hyper-Heuristik auf einem akademischen Benchmark, bei dem Punkte in 6 verschiedenen Domänen gesammelt werden [Bu11]. ILS-only, ohne verstärkendem Lernen, hat klare Schwächen bei BP, FS und TSP. RL-only, ohne der Exploration mittels ILS, hat Schwächen bei SAT und TSP. Simple-state, eine Variante mit einem Zustand aus nur einer Eigenschaft (der zuvor genutzte Baustein), hat Schwächen bei PS, FS und TSP. LAST-RL in voller Ausprägung erzielt gute Ergebnisse in allen Domänen, und insbesondere TSP zeigt, dass nur die Kombination der Komponenten den vollen Erfolg erzielt. Insgesamt übertrifft LAST-RL auf diesem Benchmark die Ergebnisse anderer auf verstärkendem Lernen basierender Methoden.

Die neue Methode wurde letztendlich erfolgreich auf den drei realen Problemen dieser

Arbeit angewandt, wo neue beste Ergebnisse für die rotierende Personalzeitplanung sowie die Busfahrer*innenplanung erzielt werden konnten. Dies zeigt das große Potential für die Anwendung solcher allgemeiner Methoden für komplexe reale Problemstellungen, auch wenn sich deren Bedingungen ändern oder neue Problemstellungen hinzukommen.

4 Zusammenfassung

Zunächst wurden in dieser Arbeit bestehende Problemstellungen mit weiteren Bedingungen und Optimierungszielen aus der realen Anwendung erweitert, damit die Resultate auch praktische Anwendung finden. Mit verschiedenen Methoden, darunter Constraint Programming, Netzwerkflussformulierungen, sowie komplexen Methoden wie Branch and Price können auch erweiterte realistische Problemstellungen effizient gelöst werden und hochqualitative, teilweise sogar optimale Lösungen gefunden werden.

Allerdings ändern sich Problemstellungen in der Realität sehr häufig und es ist wichtig, rasch und flexibel auf solche Änderungen reagieren zu können. Daher wurde eine intervallbasierte Architektur präsentiert, die eine flexible Darstellung und Änderung von sowohl Problemen als auch Algorithmen ermöglicht. Neue algorithmische Bausteine wurden von Hyper-Heuristiken zu individualisierten Lösungsmethoden verknüpft, dafür wurden sowohl bestehende Hyper-Heuristiken evaluiert als auch eine neue Hyper-Heuristik entworfen, die eine reichhaltige Zustandsdarstellung für verstärkendes Lernen verwendet und dies mit einer Exploration nach dem Prinzip von Iterated Local Search verknüpft, um sowohl bei akademischen als auch realen Domänen hochqualitative Ergebnisse zu erzielen.

Mit der Bandbreite von spezifischen, exakten Methoden bis hin zu flexiblen, heuristischen Methoden wird eine große Menge von Anwendungen abgedeckt, da je nach Situation die geeignete Lösungsmethode ausgewählt werden kann. Da unsere Methoden in Kooperation mit unserem Industriepartner XIMES GmbH entwickelt wurden, sind nicht nur laufend die realen Anforderungen eingeflossen, sondern die entwickelten Methoden sind bereits in verschiedenen Produkten aktiv im Einsatz und profitieren von der großen Flexibilität.

Literatur

[Ar19] Arlinghaus, A.; Bohle, P.; Iskra-Golec, I.; Jansen, N.; Jay, S.; Rotenberg, L.: Working Time Society consensus statements: Evidence-based effects of shift work and non-standard working hours on workers, family and community. Industrial Health 57/2, S. 184–200, 2019.

[Ba76] Baker, K. R.: Workforce allocation in cyclical scheduling problems: A survey. Journal of the Operational Research Society 27/1, S. 155–167, 1976.

[Ba98] Barnhart, C.; Johnson, E. L.; Nemhauser, G. L.; Savelsbergh, M. W.; Vance, P. H.: Branch-and-price: Column generation for solving huge integer programs. Operations research 46/3, S. 316–329, 1998.

[Bu11]   Burke, E. K.; Gendreau, M.; Hyde, M.; Kendall, G.; McCollum, B.; Ochoa, G.; Parkes, A. J.; Petrovic, S.: The Cross-Domain Heuristic Search Challenge – An International Research Competition. In (Coello, C. A. C., Hrsg.): Learning and Intelligent Optimization. Springer Berlin Heidelberg, Berlin, Heidelberg, S. 631–634, 2011.

[Bu19]   Burke, E. K.; Hyde, M. R.; Kendall, G.; Ochoa, G.; Özcan, E.; Woodward, J. R.: A classification of hyper-heuristic approaches: Revisited. In: Handbook of Metaheuristics. Springer, S. 453–477, 2019.

[Ib15]   Ibarra-Rojas, O.; Delgado, F.; Giesen, R.; Muñoz, J.: Planning, operation, and control of bus transport systems: A literature review. Transportation Research Part B: Methodological 77/, S. 38–75, Juli 2015.

[Kl22]   Kletzander, L.: Automated Solution Methods for Complex Real-life Personnel Scheduling Problems, Dissertation, TU Wien, 2022.

[MSS04]   Musliu, N.; Schaerf, A.; Slany, W.: Local search for shift design. European Journal of Operational Research 153/1, S. 51–64, Feb. 2004.

[MSS18]   Musliu, N.; Schutt, A.; Stuckey, P. J.: Solver Independent Rotating Workforce Scheduling. In: International Conference on the Integration of Constraint Programming, Artificial Intelligence, and Operations Research. Springer, S. 429–445, 2018.

[SM21]   Smith-Miles, K.; Muñoz, M. A.: Instance Space Analysis for Algorithm Testing: Methodology and Software Tools, http://dx.doi.org/10.13140/RG.2.2.33951.48805, Mai 2021.

[Va13]   Van den Bergh, J.; Beliën, J.; De Bruecker, P.; Demeulemeester, E.; De Boeck, L.: Personnel scheduling: A literature review. European Journal of Operational Research 226/3, S. 367–385, Mai 2013.

Lucas Kletzander wurde am 27. August 1993 geboren. Er schloss das Bachelorstudium Software & Information Engineering sowie das Masterstudium Logic and Computation an der TU Wien ab und wurde für diesen Abschluss mit dem Würdigungspreis des Wissenschaftsministeriums ausgezeichnet. Er verfolgte seine Interessen im Bereich der Lösung komplexer Planungsprobleme mit dynamischen und adaptiven Lösungsmethoden in seinem Doktoratsstudium im Rahmen eines Christian Doppler Labors, das anwendungsorientierte Grundlagenforschung in Kooperation mit Industriepartnern ermöglicht. Er schloss das Doktorat mit der Promotio sub auspiciis ab, der höchstmöglichen Auszeichnung für Studienleistungen in Österreich. Nun ist er als PostDoc tätig, um die Problemlösungsmethoden und deren Praxistauglichkeit weiter voranzutreiben.

Effiziente Interaktive und Automatische Produktlinienkonfiguration[1]

Sebastian Krieter[2]

Abstract: Moderne, hochgradig konfigurierbare Systeme umfassen eine enorme Anzahl von Varianten, die aus einer gemeinsamen Codebasis erstellt und auf spezifische Benutzeranforderungen zugeschnitten werden. Die Verwaltung und Benutzung dieser hohen Variabilität stellt sowohl die Benutzer als auch die Entwickler dieser Systeme vor Herausforderungen, da es für die meisten Systeme nicht möglich ist, alle möglichen Kombinationen von Konfigurationsoptionen zu testen oder auch nur zu berücksichtigen. In dieser Arbeit betrachten wir dieses Problem, indem wir Werkzeugunterstützung für automatische und halbautomatische Konfigurationsprozesse von konfigurierbaren Systemen untersuchen. Wir führen dazu neue Datenstrukturen, Algorithmen und Metriken ein, die sowohl die Effizienz als auch die Effektivität bisherige Ansätze deutlich steigern. Damit erleichtern wir den automatischen und halbautomatischen Konfigurationsprozess, insbesondere im Bezug auf das Testen und der Analyse konfigurierbarer Systeme.

1 Einleitung und Problemstellung

Konfigurierbare Systeme, wie zum Beispiel Software-Produktlinien, ermöglichen es den Benutzern, das Verhalten eines Softwaresystems an ihre besonderen Anforderungen anzupassen. Zu diesem Zweck umfasst ein konfigurierbares System eine gemeinsame Codebasis mit mehreren Konfigurationsoptionen (*Features*), die auf entsprechende Implementierungsartefakte abgebildet werden [Ap13; CE00]. Ein Benutzer kann eine *Konfiguration* bereitstellen, die den Zustand jedes Features definiert, um die gewünschte Variante des Systems zu erstellen [Ap13; CE00]. Moderne konfigurierbare Systeme können Tausende von Features umfassen, was zu einer enormen Anzahl von verschiedenen möglichen Varianten führt [Be10; Be13; HXC12; STS20]. Typischerweise weisen die Features komplexe Abhängigkeiten auf, die sich aus ihren, in einem *Feature-Modell* definierten, Beziehungen und den Interaktionen ihrer jeweiligen Implementierungsartefakte ergeben [Kn17; Na15]. In Abb. 1 zeigen wir ein Beispiel für ein Feature-Modell mit zehn Features, das insgesamt zehn Varianten beschreibt.

Die hohe Variabilität und die komplexen Abhängigkeiten stellen sowohl die Entwickler moderner konfigurierbarer Systeme als auch deren Benutzer vor Herausforderungen [BBR06; YL05]. Die Nutzer eines konfigurierbaren Systems müssen einen Konfigurationsprozess

---
[1] Englischer Titel der Dissertation: "Efficient Interactive and Automated Product-Line Configuration"
[2] Otto-von-Guericke-Universität Magdeburg, Arbeitsgruppe Datenbanken und Software Engineering, Universitätsplatz 2, 39106 Magdeburg, Deutschland sebastian.krieter@uni-ulm.de

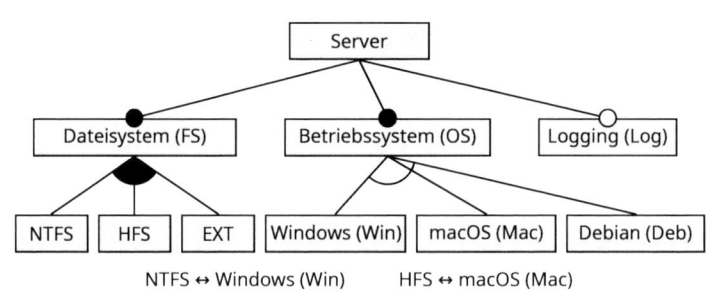

Abb. 1: Beispiel eines Feature-Modells für eine kleine Server-Produktlinie

durchführen, um eine für ihre Bedürfnisse geeignete Variante abzuleiten. Während dieses Prozesses müssen sie alle relevanten Abhängigkeiten zwischen den von ihnen gewählten Features berücksichtigen, um eine funktionierende Systemvariante abzuleiten. So können sich beispielsweise einige Features gegenseitig ausschließen oder voneinander abhängig sein. Dies kann den Konfigurationsprozess sehr mühsam und fehleranfällig machen, da einige Kombinationen von Features unmöglich sind oder unerwünschte Interaktionen auslösen können [BBR06]. Für Entwickler solcher Systeme ist dieses Problem noch komplexer, da sie sicherstellen müssen, dass sich jede konfigurierbare Variante entsprechend ihrer Spezifikationen verhält und sie keine unvorhergesehenen Interaktionen oder Fehler enthält. Eine einfache Überprüfung aller möglichen Varianten ist aufgrund der enormen Anzahl von Konfigurationen eines Systems meist nicht durchführbar. Die Lösung dieser Probleme erfordert automatisierte Analysen und Werkzeugunterstützung während der Entwicklung und des Konfigurationsprozesses.

Mit Hilfe von Werkzeugen kann ein halbautomatischer Konfigurationsprozess ermöglicht werden, der Benutzern bei ihren Entscheidungsfindungen unterstützt. So kann unter Anderem das Risiko ungültige Konfigurationen zu erstellen vermindert und der manuellen Aufwand für die Benutzer verringert werden. Ein halbautomatischer Konfigurationsprozess unterstützt Entwickler auch bei der Analyse der Variabilität eines Systems, dem Testen von Varianten und der Optimierung von Parametern. In der Arbeit, betrachten wir dabei vor allem *Decision-Propagation* [Ba05]. Diese Technik berechnet zu einer gegeben Auswahl oder Abwahl eines Features in einem Konfigurationsprozess (Decision) die Menge der Features, die durch diese *Decision* aus- oder abgewählt werden müssen, um am Ende des Prozesses eine gültige Konfiguration zu erhalten. Werkzeugunterstützung kann auch einen vollautomatischen Konfigurationsprozess ermöglichen, bei dem die Konfigurationen vollständig von einem Algorithmus auf der Grundlage einer bestimmten Eingabe generiert werden. So kann ein Algorithmus beispielsweise zufällige Konfigurationen (z.B. zu Testzwecken), Konfigurationen, die ein bestimmtes Coverage-Kriterium erfüllen (z.B. *statement* oder *T-Wise Interaction Coverage*) oder Konfigurationen, die zuvor erstellten Konfigurationen ähneln (z.B. zur Parameteroptimierung) erzeugen [Oh17].

In der Arbeit betrachten wir insbesondere die Verbesserung von *Sampling-Algorithmen* mit dem Schwerpunkt auf Erstellung von Konfigurationen zu Testzwecken. Sampling-Algorithmen versuchen das Problem der hohen Variantenanzahl zu umgehen, indem sie eine kleine Liste von Konfigurationen erstellen (d.h. ein *Sample*), die den gültigen Variantenraum repräsentiert. Es gibt eine Reihe verschiedener Sampling-Strategien zur Erzeugung repräsentativer Samples [Va18]. Eine vielversprechende Sampling-Technik ist das *T-Wise Interaction Sampling*, das darauf abzielt, ein minimales Sample zu erzeugen, das alle möglichen Interaktionen von t Features abdeckt (z.B. alle ausgewählt, alle abgewählt, genau eins ausgewählt usw.).

Gerade für moderne konfigurierbare Systeme mit einer hohen Anzahl von Features stellen die oben genannten Werkzeuge eine notwendige Unterstützung für Entwickler und Benutzer dar. Allerdings ist gerade bei diesen Systemen die Anwendung von existieren Techniken aufgrund der enorme Anzahl von möglichen Konfigurationen schwierig. Decision-Propagation bietet zwar eine hilfreiche Unterstützung in einem interaktiven Konfigurationsprozess, ist aber auch ein rechenintensiver Algorithmus, da das zugrundeliegende Problem, gültige Belegungen für Variablen in einer Booleschen Formel zu finden (Erfüllbarkeitsproblem), NP-vollständig ist [Co71]. Aus diesem Grund versuchen wir, die Leistung von Decision-Propagation durch neuartige Datenstrukturen zu verbessern.

Ein vollautomatischer Konfigurationsprozess mittels Sampling ist eine wertvolle Technik zum Testen konfigurierbarer Systeme. Selbst für kleine Werte von t (d.h. $t \leq 3$) erzeugt T-Wise Interaction Sampling ein effektives Sample für das Testen. Bei hochgradig konfigurierbaren Systemen mit Tausenden von Features kann das Sampling jedoch selbst bei kleinen Werten von t eine unzumutbare Berechnungszeit in Anspruch nehmen und Sample mit einer zu großen Anzahl von Konfigurationen erzeugen. Daher untersuchen wir die Steigerung der Effizienz von T-Wise Interaction Sampling-Algorithmen durch die Verbesserung ihrer allgemeinen Leistung und die Einführung zusätzlicher Parameter zur Feinabstimmung eines Sampling-Prozesses für ein bestimmtes konfigurierbares System.

Ein weiteres Problem bei der Verwendung des T-Wise Interaction Sampling besteht darin, dass es ausschließlich mit den Features arbeitet, die durch das Feature-Modell eines konfigurierbaren Systems definiert sind. Das bedeutet, dass reguläres T-Wise Interaction Sampling die Implementierungsartefakte eines Systems, wie Quellcode, Modelle und Testfälle, nicht berücksichtigt. Dies kann zu unnötig großen Samples und einem unnötig hohen Berechnungsaufwand führen. Darüber hinaus können die resultierenden Samples die tatsächlichen Interaktionen der Implementierungsartefakte nicht genau wiedergeben und können dadurch weniger effektiv für das Testen eines Systems sein. Wir versuchen diese Probleme zu lösen, indem wir ein neues Coverage-Kriterium für das einen Sampling einführen, um effizientere und effektivere Samples erstellen zu können.

2 Hauptbeiträge

Das Hauptziel der Arbeit ist die Verbesserung der Werkzeugunterstützung für den Konfigurationsprozess von konfigurierbaren Systemen. Zu diesem Zweck führen wir drei neue Techniken ein, um den halb- und vollautomatischen Konfigurationsprozess zu erleichtern [Kr22]. Erstens führen wir *modale Implikationsgraphen (MIGs)* ein, um den (halb)automatischen Konfigurationsprozess zu unterstützen. MIGs sind eine Erweiterung von regulären Implikationsgraphen und ermöglichen die einfache Identifizierung paarweiser Beziehungen zwischen Features, was den Rechenaufwand zur Bestimmung der Gültigkeit einer Konfiguration stark reduzieren kann. Zur Anwendung von MIGs stellen wir einen Algorithmus für *Decision-Propagation* innerhalb eines Interaktiven Konfigurationsprozesses vor, der MIGs verwendet. Zweitens stellen wir einen neuen Sampling-Algorithmus zur effizienten Erzeugung von Samples für T-Wise Interaction Coverage vor. Unser neuer Sampling-Algorithmus *YASA* zielt darauf ab, die Sampling-Zeit und die Sample-Größe im Vergleich zu aktuellen State-of-the-Art-Algorithmen durch die Verwendung von MIGs und anderen Optimierungen zu reduzieren. Außerdem ermöglichen wir die Anpassung von YASA durch Laufzeitparameter und eine modulare Architektur. Dies führt dazu, dass der Nutzer mehr Kontrolle über die Sampling-Zeit, die Sample-Größe, sowie über andere Eigenschaften des erstellten Samples hat (z.B. über die Ähnlichkeiten zwischen Konfigurationen innerhalb eines Samples) und somit in der Lage ist, das Sample für ein bestimmtes System abzustimmen. Drittens, schlagen wir ein neues Coverage-Kriterium (*T-Wise Presence Condition Coverage*) vor, das eine bessere Abschätzung des Potenzial eines Samples zur Aufdeckung von Softwarefehlern liefern soll als das bisher genutzte T-Wise Interaction Coverage. Anstatt nur die Interaktionen zwischen Features zu betrachten, berücksichtigt unser neues Kriterium die Interaktionen zwischen den konkreten Implementierungsartefakten. Wir erweitern YASA, so dass für jedes System ein Sample mit einer 100% T-Wise Presence Condition Coverage erzeugt werden kann.

Wir stellen fünf Forschungsfragen auf, anhand derer wir die drei Hauptbeiträge unserer Arbeit evaluieren:

RQ_1 Kann die Effizienz der Konfigurationsgenerierung in einem interaktiven und automatisierten Konfigurationsprozess mithilfe von MIGs erhöht werden?

RQ_2 Kann den initialen Rechenaufwand zur Erstellung eines MIGs durch einen optimierten Erstellungsprozess verringert werden?

RQ_3 Kann die Effizienz der Konfigurationserstellung in einem automatisierten Konfigurationsprozess mit YASA erhöht werden?

RQ_4 Kann die Sample-Größe und die Sampling-Zeit von YASA durch Anpassung der Parameter sinnvoll beeinflusst werden?

RQ_5 Kann die Testeffizienz und -effektivität durch den Einsatz von T-Wise Presence Condition Coverage erhöht werden?

2.1 Modale Implikationsgraphen

Viele der relevanten Analysen für Feature-Modelle, wie z.b. das Berechnen von Decision-Propagation sind NP-schwere Probleme, was bedeutet, dass derzeit kein Verfahren bekannt ist, das diese effizient lösen kann [Co71]. Dennoch versuchen wir, Analysen von Feature-Modellen in vertretbarer Zeit durchzuführen, indem wir uns zwei ihrer Eigenschaften zunutze machen. Erstens können die meisten Feature-Modell-Analysen gelöst werden, indem man sie auf eine oder mehrere Instanzen des *Erfüllbarkeitsproblems (SAT)* oder anderer bekannter Probleme, wie das *Constraint Satisfaction Problem (CSP)* oder das Zählproblem zum Erfüllbarkeitsproblem (#SAT) reduziert [Be07; Me09]. Zweitens sind die durch die Reduktion entstehenden SAT-Instanzen für viele reale Feature-Modelle relativ einfach zu lösen [MWC09]. Dennoch sind die meisten SAT-basierten Analysen aufwendig zu berechnen, da sie auf mehrere SAT-Instanzen reduziert werden müssen. Eine mögliche Effizienzverbesserung für diese Analysen liegt daher in der Verringerung der Anzahl der SAT-Instanzen, die zur Berechnung erforderlich sind.

Durch die Modellierung der Beziehungen zwischen Features innerhalb eines *Modalen Implikationsgraphen (MIG)* versuchen wir die Anzahl von notwendigen SAT-Instanzen innerhalb von SAT-basierten Analysen zu reduzieren. MIGs sind eine Erweiterung von regulären Implikationsgraphen und ermöglichen die einfache Identifizierung paarweiser Beziehungen zwischen Features. Pro Feature enthält ein MIG zwei Knoten, die die An- und Abwahl des Features in einer Konfiguration repräsentieren. Impliziert die An- oder Abwahl eines Feature die An- oder Abwahl eines anderen Features, so werden die entsprechenden Knoten durch eine *starke* Kante verbunden. Ist die Implikation abhängig von dem Zustand anderer Feature so werden die Knoten mit einer *schwachen* Kante verbunden. Abb. 2 zeigt einen MIG für das Feature-Modell in Abb. 1. Um einen MIG für ein beliebiges Feature-Modell zu konstruieren, haben wir einen vollständigen und einen optimierten Build-Prozess entwickelt, die einen vollständigen bzw. einen unvollständigen MIG erstellen. Weiterhin haben wir einen inkrementellen Build-Prozess entwickelt, um einen bestehenden MIG nach einer Änderung am Feature-Modell zu aktualisieren.

Zur Anwendung von MIGs stellen wir einen Algorithmus für *Decision-Propagation* innerhalb eines interaktiven Konfigurationsprozesses vor, der MIGs verwendet. Durch das Traversieren eines MIG können ausgehend von einem Startknoten alle direkt implizierten, potentiell implizierten und nicht erreichbaren Knoten identifiziert werden. Dadurch müssen nur noch SAT-Instanzen für die Menge der potentiell implizierten Knoten gelöst werden.

Als Ergebnis unserer Evaluierung von MIGs und ihres Build-Prozesses haben wir einige wichtige Erkenntnisse über das Konzept gewonnen. (1) Die Konstruktion eines MIG erfordert einen gewissen zusätzlichen Zeitaufwand, der von dem jeweiligen Build-Prozess abhängt. Mit dem optimierten Build-Prozess kann ein unvollständiger und nicht-minimaler MIG effizient erstellt werden. Der vollständige Build-Prozess erstellt einen vollständigen und minimalen MIG, erfordert jedoch deutlich mehr Zeit. Der inkrementelle Build-Prozess ist wesentlich schneller als der vollständige Build-Prozess und gleichauf mit dem optimierten.

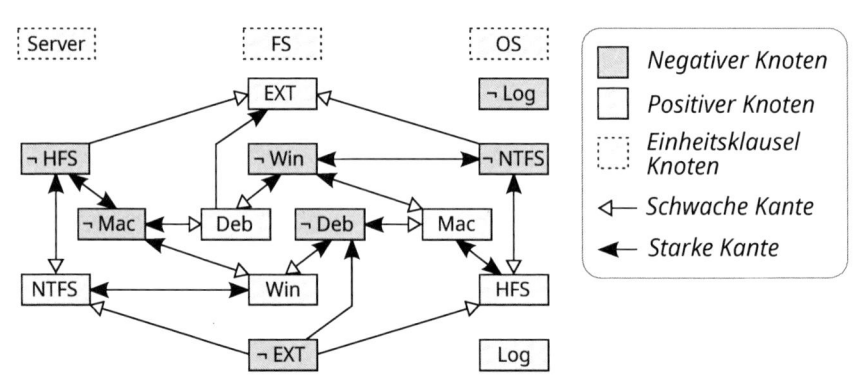

Abb. 2: Modaler Implikationsgraph für die Server-Produktlinie

Allerdings kann der Grad der Minimalität und Vollständigkeit eines inkrementell erstellten MIGs höher sein als bei einem MIG, der mit dem optimierten Build-Prozess erstellt wurde. (2) Die Verwendung eines MIGs kann die Ausführungszeit von Decision-Propagation erheblich verringern. Im Vergleich zur regulären SAT-basierten Decision-Propagation können wir hohe Effizienzsteigerung feststellen. Dies gilt sogar für unvollständige und nicht minimale MIGs, die durch den optimierten bzw. den inkrementellen Build-Prozess erstellt wurden. (3) Der Unterschied in der Effizienz von Decision-Propagation eines minimalen und vollständigen MIG im Vergleich zu einem nicht-minimalen und unvollständigen MIG relativ gering. Die Vollständigkeit eines MIGs kann die Leistung einiger Analysen erheblich steigern, aber für Decision-Propagation ist sogar ein unvollständiger MIG ausreichend. (4) Für die meisten Szenarien die Verwendung eines unvollständigen MIGs, der aus unserem optimierten oder inkrementellen Build-Prozess resultiert, am besten geeignet ist. Die Verwendung eines reinen SAT-basierten Ansatzes ohne MIG ist nur dann geeignet, wenn Decision-Propagation nur wenige Male für ein Feature-Modell durchgeführt wird. Im Gegensatz dazu ist die Verwendung eines vollständigen und minimalen MIGs nur dann geeignet, wenn die Decision-Propagation viele Male verwendet wird oder wenn die anfängliche Erstellungszeit irrelevant ist. Für die meisten Szenarien scheint also ein unvollständiger MIG den besten Kompromiss zwischen der für seine Erstellung benötigten Zeit und der während der Analyse eingesparten Zeit zu bieten.

2.2 YASA

Mit *YASA (Yet Another Sampling Algorithm)* stellen wir einen effizienten und flexiblen Algorithmus für T-Wise Interaction Sampling vor. Das Design von YASA soll möglichst schnell kleine Samples erzeugen, die an bestimmte Nutzeranforderungen angepasst werden können. Zu diesem Zweck bietet YASA eine Reihe von Parametern, wie z.B. Gruppierung von Features, Anzahl an Resamplings und Angabe eines initialen Samples, die dem Benutzer mehr Kontrolle über die Sampling-Zeit, die Sampling-Größe und andere Eigenschaften des

Samples geben. Außerdem besteht YASA aus einer modularen Architektur, die es ermöglicht, bestimmte Strategien innerhalb des Algorithmus zu ersetzen, um die Eigenschaften des berechneten Samples weiter zu beeinflussen.

Die Evaluierung von YASA zeigt einige wichtige Erkenntnisse auf. (1) YASA ist effizienter oder mindestens genauso effizient wie andere Algorithmen, die dem Stand der Technik entsprechen. Das Ausmaß der Verringerung der Sampling-Zeit im Vergleich zu anderen Algorithmen hängt von den Parametereinstellungen von YASA ab. Der Parameter für die Anzahl von Resamplings korreliert invers linear zur Sampling-Zeit. Ein niedriger Wert beschleunigt die Erstellung eines Samples, kann aber auch die resultierende Sample-Größe erhöhen. Wird die Anzahl der Features, die von YASA betrachtet werden sollen verringert, so verringert sich auch die Anzahl der in einem Sample berücksichtigten Interaktionen, so dass sich die Sampling-Zeit erheblich verkürzt. Allerdings verringert sich dadurch auch die erreichte Coverage, was nur in einigen Anwendungsfällen akzeptabel sein kann. (2) Die von YASA erzeugten Samples sind im Vergleich zu anderen Algorithmen für T-Wise Interaction Sampling meist kleiner. Die Sampling-Größe ist ebenfalls von den Parametereinstellungen von YASA abhängig. Die Wahl eines hohen Wertes für die Anzahl an Resamplings kann die Sampling-Größe verringern, während gleichzeitig die Sampling-Zeit erhöht wird. (3) Die Nutzer von YASA haben mehr Kontrolle über Sampling-Zeit, Sampling-Größe und Coverage als bei anderen Algorithmen. Durch die Wahl spezifischer Parametereinstellungen können Nutzer das Verhalten von YASA an das konkrete Anwendungsszenario anpassen. (4) Es gibt derzeit eine Grenze für die Skalierbarkeit von YASA hinsichtlich der Sampling-Zeit. Für Feature-Modelle mit mehr als 10.000 Features und einem t-Wert von ≥ 2 kann die Sampling-Zeit von YASA für viele Anwendungen nicht praktikabel sein. Dies kann jedoch durch eine geeignete Parameterwahl gemildert werden. Wird zum Beispiel die Menge der betrachteten Features auf der Grundlage von Domänenwissen eines konfigurierbaren Systems beschränkt, könnte dies eine praktikable Lösung für die Erstellung von Samples auch für große Feature-Modelle sein.

2.3 T-Wise Presence Condition Coverage

Um die Testeffektivität und -effizienz für konfigurierbare Systeme zu verbessern haben wir das Coverage-Kriterium *T-Wise Presence Condition Coverage* eingeführt. Im Gegensatz zum interaction coverage betrachtet presence condition coverage den Lösungsraum eines konfigurierbaren Systems, indem es die Bedingungen unter denen Implementierungsartefakte in einer Variante enthalten sind (presence conditions) berücksichtigt. Dieses Coverage-Kriterium kann verwendet werden, um festzustellen in welchem Maße ein gegebenes Sample die Kombinationen konkreter Implementierungsartefakte abdeckt und damit das Fehlererkennungspotenzial des Samples besser abschätzen. Darüber hinaus haben wir unseren Algorithmus YASA so erweitert, dass er Samples mit einem T-Wise Presence Condition Coverage von 100% erzeugen kann.

Nach der Evaluierung des neuen Kriteriums und unserer Erweiterungen zu YASA erlangen wir zu einigen wichtigen Erkenntnisse. (1) Samples mit einer 100%igen T-Wise Presence Condition Coverage sind in der Lage, mehr Fehler zu erkennen als Samples mit einer 100%igen T-Wise Interaction Coverage für den gleichen Wert für t. Somit scheint T-Wise Presence Condition Coverage ein besserer Indikator für die Effektivität eines Samples bei der Erkennung von Fehlern während des Testens zu sein. (2) YASA ist in der Lage, ein Sample mit einem 100%igen T-Wise Presence Condition Coverage zu erzeugen. Andere Algorithmen erreichen im Durchschnitt nur 97%. Daher decken die Samples dieser Algorithmen einige Interaktionen zwischen Implementierungsartefakten nicht ab, die dann nicht getestet werden können. (3) Die von YASA erzeugten Samples für die T-Wise Presence Condition Coverage sind im Durchschnitt kleiner als die Samples von Algorithmen für T-Wise Interaction Coverage. Somit führen die durch T-Wise Presence Condition Sampling erzeugten Samples zu einer erhöhten Testeffizienz. (4) Die Sampling-Zeit von YASA ist für T-Wise Presence Condition Coverage vergleichbar schnell oder schneller als T-Wise Interaction Coverage mit YASA. Somit ist die Sampling-Effizienz für das T-Wise Presence Condition Sampling etwa gleich hoch wie das für reguläres T-Wise Interaction Sampling.

3 Fazit

Mit den oben beschriebenen Erkenntnissen sind wir in der Lage, unsere Eingangs gestellten Forschungsfragen zu beantworten. RQ_1 MIGs sind gut geeignet, um Decision-Propagation im halbautomatischen Konfigurationsprozess zu beschleunigen. Indem sie die Effizienz von Decision-Propagation erhöhen, erleichtern sie den gesamten interaktiven Konfigurationsprozess eines Nutzers. Darüber hinaus lassen sich MIGs auch in unserem Sampling-Algorithmus YASA einsetzen. So können wir die MIGs auch zur Steigerung der Effizienz des vollautomatischen Konfigurationsprozesses nutzen.

RQ_2 Während die Erstellung eines funktionierenden, aber unvollständigen und nicht minimalen MIGs nur einen vernachlässigbaren Rechenaufwand erfordert, ist die Erstellung eines vollständigen und minimalen MIGs wesentlich rechenintensiver. Andererseits verbessert die Verwendung eines vollständigen MIGs dessen Wirksamkeit im Vergleich zu einer unvollständigen Version nur geringfügig. Wir können also die Effektivität und die Erstellungszeit eines MIGs durch die Wahl eines geeigneten Build-Prozesses steuern. Der Kompromiss zwischen zusätzlicher Erstellungszeit und Effektivität ist jedoch stark zugunsten der Erstellung unvollständiger MIGs verzerrt, die etwas weniger effektiv sind. In den meisten Szenarien kann ein MIG den Konfigurationsprozess unterstützen und gleichzeitig schnell erstellt und aktualisiert werden. Nur in bestimmten Szenarien ist die Erstellung eines vollständigen MIGs den erforderlichen Rechenaufwand wert.

RQ_3 Mit YASA können wir Konfigurationen effizienter erzeugen als mit anderen Sampling-Algorithmen, die dem Stand der Technik entsprechen. Dies gilt für die Berechnung von Samples mit gleicher Coverage wie bei anderen Sampling-Algorithmen. Wenn wir jedoch die Coverage durch bestimmte Parametereinstellungen verringern, können wir Samples noch schneller berechnen. So gelingt es uns, den vollautomatischen Konfigurationsprozess mit YASA zu erleichtern.

RQ$_4$ YASA ist in der Lage, kleinere Samples zu produzieren und auch schneller zu sein als existierende Sampling-Algorithmen, allerdings nicht immer gleichzeitig. Das Verhalten von YASA kann durch seine Parametereinstellungen gesteuert werden, die einen Kompromiss zwischen Sampling-Größe und Sampling-Zeit ermöglichen. Insbesondere der Parameter für die Anzahl von Resamplings hat einen großen Einfluss auf beide Eigenschaften. Ein hoher Wert für diesen Parameter erzeugt kleinere Samples, erhöht aber auch die Sampling-Zeit und umgekehrt. Damit ermöglichen wir Nutzern, die Sampling-Zeit, Sampling-Größe und Coverage eines Samples zu durch entsprechende Parametereinstellungen zu kontrollieren.

RQ$_5$ Mit T-Wise Presence Condition Coverage sind wir in der Lage, kleine Samples zu erstellen, die in Bezug auf ihr Fehlererkennungspotenzial effektiver sind als Samples für T-Wise Interaction Coverage. Die Sampling-Zeit ist dabei gleich oder schneller als bei der Erstellung von Samples für T-Wise Interaction Coverage. Somit sind wir in der Lage, sowohl die Testeffizienz als auch die Testeffektivität für konfigurierbare Systeme zu erhöhen, indem wir T-Wise Presence Condition Sampling verwenden.

Literatur

[Ap13]   Apel, S.; Batory, D.; Kästner, C.; Saake, G.: Feature-Oriented Software Product Lines. Springer, 2013.

[Ba05]   Batory, D.: Feature Models, Grammars, and Propositional Formulas. In: SPLC. Springer, S. 7–20, 2005.

[BBR06] Batory, D.; Benavides, D.; Ruiz-Cortés, A.: Automated Analyses of Feature Models: Challenges Ahead. Comm. ACM 49/12, S. 45–47, 2006.

[Be07]   Benavides, D.: On the Automated Analysis of Software Product Lines Using Feature Models - A Framework for Developing Automated Tool Support, Diss., University of Seville, 2007.

[Be10]   Berger, T.; She, S.; Lotufo, R.; Wąsowski, A.; Czarnecki, K.: Variability Modeling in the Real: A Perspective from the Operating Systems Domain. In: ASE. ACM, S. 73–82, 2010.

[Be13]   Berger, T.; Rublack, R.; Nair, D.; Atlee, J. M.; Becker, M.; Czarnecki, K.; Wąsowski, A.: A Survey of Variability Modeling in Industrial Practice. In: VaMoS. ACM, 7:1–7:8, 2013.

[CE00]   Czarnecki, K.; Eisenecker, U.: Generative Programming: Methods, Tools, and Applications. Addison-Wesley, 2000.

[Co71]   Cook, S. A.: The Complexity of Theorem-Proving Procedures. In: STOC. ACM, 1971.

[HXC12] Hubaux, A.; Xiong, Y.; Czarnecki, K.: A User Survey of Configuration Challenges in Linux and eCos. In: VaMoS. ACM, S. 149–155, 2012.

[Kn17] Knüppel, A.; Thüm, T.; Mennicke, S.; Meinicke, J.; Schaefer, I.: Is There a Mismatch Between Real-World Feature Models and Product-Line Research? In: ESEC/FSE. ACM, S. 291–302, 2017.

[Kr22] Krieter, S.: Efficient interactive and automated product-line configuration, Diss., Otto-von-Guericke University Magdeburg, Germany, 2022.

[Me09] Mendonça, M.: Efficient Reasoning Techniques for Large Scale Feature Models, Diss., University of Waterloo, 2009.

[MWC09] Mendonça, M.; Wąsowski, A.; Czarnecki, K.: SAT-Based Analysis of Feature Models is Easy. In: SPLC. Software Engineering Institute, S. 231–240, 2009.

[Na15] Nadi, S.; Berger, T.; Kästner, C.; Czarnecki, K.: Where Do Configuration Constraints Stem From? An Extraction Approach and an Empirical Study. TSE 41/8, S. 820–841, 2015.

[Oh17] Oh, J.; Batory, D.; Myers, M.; Siegmund, N.: Finding Near-Optimal Configurations in Product Lines by Random Sampling. In: FSE. S. 61–71, 2017.

[STS20] Sundermann, C.; Thüm, T.; Schaefer, I.: Evaluating #SAT Solvers on Industrial Feature Models. In: VaMoS. ACM, 3:1–3:9, 2020.

[Va18] Varshosaz, M.; Al-Hajjaji, M.; Thüm, T.; Runge, T.; Mousavi, M. R.; Schaefer, I.: A Classification of Product Sampling for Software Product Lines. In: SPLC. ACM, S. 1–13, 2018.

[YL05] Ye, H.; Liu, H.: Approach to Modelling Feature Variability and Dependencies in Software Product Lines. IEE Proceedings - Software 152/3, S. 101–109, 2005.

Sebastian Krieter wurde am 18. Oktober 1990 in Magdeburg geboren. Er absolvierte dort im Jahr 2009 sein Abitur am Werner-von-Siemens-Gymnasium. Von 2010 bis 2015 studierte er Informatik an der Otto-von-Guericke-Universität Magdeburg. Ebenda promovierte er zwischen 2016 und 2022 unter Prof. Dr. Gunter Saake in der Arbeitsgruppe Datenbanken und Software Engineering. Zur Zeit seiner Promotion war er ebenfalls an der Hochschule Harz in Wernigerode im Fachbereich Automatisierung und Informatik bei Prof. Dr. Thomas Leich als wissenschaftlicher Mitarbeiter und Lehrender tätig. Nach seiner Promotion arbeitet er als Postdoktorand an der Universität Ulm im Institut für Softwaretechnik und Programmiersprachen mit dem Fokus auf Forschung im Bereich Testen und Analyse von Produktlinien.

Analyse von WebAssembly-Binärprogrammen[1]

Daniel Lehmann[2]

Abstract: WebAssembly ist ein hardwarenaher, plattformunabhängiger Bytecode, der mächtige Webanwendungen ermöglicht, auf Servern und in unabhängigen Laufzeitumgebungen ausgeführt werden kann, und stark an Popularität gewinnt. Die neue Sprache bringt aber auch offene Fragen mit sich, insbesondere in Bezug auf Programmanalyse und Sicherheit, die diese Dissertation in fünf Teilprojekten beantwortet und Softwareentwickler mit konkreten Werkzeugen und Datensätzen unterstützt. Da WebAssembly-Programme häufig aus unsicheren Quellsprachen wie C++ kompiliert werden, widmet sich das erste Teilprojekt der Frage wie Code mit Speicherschwachstellen übersetzt wird, wobei wir fehlende Schutzmaßnahmen und neuartige Angriffe finden. Der zweite Teil stellt die Ergebnisse auf eine breitere Datenbasis mit *WasmBench*, dem bis dato größten Datensatz realistischer WebAssembly-Programme. Als vielfältiges Werkzeug für Softwareentwickler stellt der dritte Teil *Wasabi* vor, ein dynamisches Analyse-Framework basierend auf typ-korrekter statischer Instrumentierung. Zur Erkennung und Verhinderung von Schwachstellen entwickeln wir im vierten Teilprojekt einen Fuzzer und nachträgliche Härtung für WebAssembly. Im letzten Teilprojekt rekonstruieren wir schließlich mittels maschinellen Lernens detaillierte Datentypen aus WebAssembly-Binärprogrammen, um so Entwickler beim Verständnis und Reverse Engineering zu unterstützen.

1 Einführung

Das *World Wide Web* wird immer mächtiger und komplexer. Früher waren Webseiten im wesentlichen Textdokumente, zwar „verlinkt", aber nicht besonders interaktiv. Heute ist das Web eine Softwareplattform für leistungsstarke Anwendungen, von Videostreaming, über sozialen Medien, zu Navigationsdiensten und Bürosoftware, nur um einige Beispiele zu nennen. Die Unternehmen, die diese Dienste anbieten, sind außerordentlich erfolgreich und profitabel, mit Gewinnen in Milliarden- und Börsenwerten in Billionenhöhe. Abseits der wirtschaftlichen Aspekte bieten Webanwendungen aber auch viele Vorteile für Nutzer und Entwickler: Anders als klassische Desktop-Software müssen Webanwendungen nicht erst installiert werden, sind aus Sicherheitsgründen vom Rest des Systems isoliert und laufen auf verschiedensten Geräten, Betriebssystemen und Hardwarearchitekturen.

Ermöglicht wurden solche Webanwendungen durch Browser, die nicht nur Inhalte anzeigen, sondern darin eingebettete *JavaScript*-Programme auch ausführen können. Seitdem hat sich JavaScript auch außerhalb des Browsers als viel genutzte Programmiersprache etabliert, zum Beispiel in serverseitige Node.js-Anwendungen und in einer Vielzahl von Paketen auf NPM.[3] Dabei war JavaScript keineswegs mit großen Ambitionen gestartet, sondern in nur zehn Tagen als „silly little brother language" zu existierenden Sprachen wie Java entwickelt worden [Se12]. Obwohl stetig erweitert und stark beschleunigt durch optimierende Just-in-Time-Compiler, treten allmählich die Grenzen der Sprache zutage:

---

[1] Englischer Titel der Dissertation: „Program Analysis of WebAssembly Binaries"
[2] Promotion an der Universität Stuttgart, jetzt bei Google Germany GmbH, mail@dlehmann.eu
[3] https://nodejs.org/, https://www.npmjs.com/

```
1   (module                                    ;; Module sind klar gekapselt.
2     (import "host" "print" (func $0 (param i32)))   ;; Importierte Funktion des Hosts.
3     (global $1 (i32) (i32.const 0))          ;; Globale 32-bit Integer Variable mit Wert 0.
4     (func $2 (param i32) (result i32)        ;; Statisch typisiert, aber primitive Typen.
5       local.get 0                            ;; Instruktionen operieren auf einem impliziten Stack.
6       if                                     ;; Ungewöhnlich: strukturierte Kontrollflusskonstrukte.
7         global.get 0                         ;; i32 ist auch der Typ von Zeigern.
8         i32.load                             ;; Lade aus dem sog. linearen Speicher.
9       else
10        i32.const 0                          ;; Blöcke können Resultate haben.
11      end)
12    (func $3      ;; Programmelemente wie Funktionen werden via Indizes referenziert.
13      i32.const 1
14      call $2     ;; Funktionen können (mehrere) Parameter und Resultate haben.
15      call $0)                               ;; Aufruf in die Host-Umgebung.
16    (export "main" (func $3$)))              ;; Export, kann vom Host aus aufgerufen werden.
```

List. 1: Ein einführendes Beispiel im WebAssembly-Textformat.

Die genannten JIT-Compiler sind hochkomplex und damit ein attraktives Ziel für Angreifer; das Textformat ineffizient für große Anwendungen; und immer mehr JavaScript-Code wird gar nicht von Hand geschrieben, sondern aus anderen Sprachen übersetzt, z.B. um neue Sprachfeatures oder statische Typen nutzen zu können. Sogar C und C++ lassen sich in (eine Untermenge von) JavaScript übersetzen. Beeindruckend, aber eigentlich nur dem Umstand geschuldet, dass für Webanwendungen kein Weg an JavaScript vorbeiführte.

1.1 WebAssembly

Um JavaScript zu ergänzen und den genannten Problemen abzuhelfen, kündigten 2015 die vier großen Browserhersteller WebAssembly an, einen neuen, plattformunabhängigen aber hardwarenahen Bytecode. Seit 2017 ist WebAssembly in allen wichtigen Browsern implementiert, 2019 offiziell vom W3C standardisiert und Stand Februar 2023 wird WebAssembly von mehr als 96 % aller weltweit installierten Browser unterstützt.[4] Mehrere große Webanwendungen verwenden WebAssembly bereits, darunter kommerzielle Produkte und ehemalige Desktop-Anwendungen wie AutoCAD, Google Earth und Adobe Photoshop. Auch außerhalb des Browsers stößt WebAssembly auf großes Interesse, zum Beispiel im Cloud-Computing, dann ausgeführt in unabhängigen Laufzeitumgebungen wie Wasmtime.[5] In der Forschung wird WebAssembly ebenfalls zusehend behandelt. Die erste wissenschaftliche Veröffentlichung [Ha17], welche die Sprache einführt, wurde über 500 Mal zitiert, und trotz der jungen Geschichte hat WebAssembly bereits den ACM SIGPLAN Programming Languages Software Award erhalten. WebAssembly ist zweifelsohne eine spannende Technologie, die in den kommenden Jahren eine große Rolle spielen wird.

Um eine kurze Einführung zu geben, demonstriert Listing 1 wesentliche Eigenschaften der Sprache. WebAssembly-Programme werden typischerweise in einem kompakten Binärformat kodiert, zum menschlichen Verständnis lassen sich diese auch in das hier dargestellte Textformat übersetzen. Ein WebAssembly-Modul definiert unter anderem Funk-

---

[4] https://webassembly.org/, https://www.w3.org/TR/wasm-core-1/, https://caniuse.com/wasm
[5] https://wasmtime.dev/, https://github.com/bytecodealliance/wasmtime

tionen, globale Variablen und Speicher. Funktionen und Instruktionen sind statisch typisiert, es gibt allerdings nur vier primitive Datentypen für Ganz- und Gleitkommazahlen. WebAssembly-Instruktionen werden auf einer Stack-basierten virtuellen Maschine ausgeführt, das heißt sie erhalten ihre Argumente von einem impliziten Stack und legen ihre Ergebnisse anschließend darauf ab. In der Praxis wird WebAssembly-Bytecode in effizienten Maschinencode übersetzt, der dann ohne Stack ausgeführt wird. Die Ausführung ist so nur unwesentlich langsamer als von nativen Programmen. Allgemein operiert die Sprache auf einer niedrigen Abstraktionsebene. So gibt es anders als z.B. in Java-Bytecode keine Konzepte wie Klassen oder Objekte und keine *Garbage Collection*. Der Speicher eines WebAssembly-Programms ist stattdessen ein lineares Array von Bytes, welches vom Programm selbst verwaltet werden muss. Folglich werden WebAssembly-Programme oft nicht von Hand geschrieben, sondern aus anderen Sprachen übersetzt, zum Beispiel aus C und C++ mittels des Compilers *Emscripten*, welcher auf LLVM aufbaut.[6] Während der Ausführung kann ein WebAssembly-Programm nur auf seine eigenen Daten und Funktionen zugreifen. Mit dem umliegenden System, der *Host-Umgebung*, kann es aber über importierte Funktionalität kommunizieren, im obigen Beispiel die Funktion print.

1.2 Herausforderungen und offene Fragen

WebAssembly unterscheidet sich in mehreren Aspekten sowohl von nativem Maschinencode, als auch von Bytecode- und dynamischen Sprachen wie Java oder JavaScript. Daraus, aus dem Nutzungsszenario im Web und dem jungen Alter ergeben sich neue Herausforderungen und offene Fragen, insbesondere in Bezug auf Sicherheit und Programmanalyse, die in dieser Dissertation untersucht werden.

Sicherheit und Angriffsmodell Im Web führen Nutzer ständig Code von Webseiten aus, der zunächst nicht vertrauenswürdig ist. Aus diesem Grund ist es wichtig, dass WebAssembly-Programme nicht die Sicherheit und Privatsphäre der Nutzer gefährden. Zwar gibt es in Browsern bereits eine *Sandbox*, die JavaScript und WebAssembly nur eingeschränkt Zugriff auf das System gewährt. Unklar ist aber, ob diese Sandbox alleine WebAssembly-Programme „sicher genug" macht oder ob es neue Angriffsszenarien durch WebAssembly gibt. Falls ja, was sind potenzielle Auswirkungen dieser Angriffe, und was sind geeignete Schutzmaßnahmen um diese einzudämmen?

Datenbasis Als neue Sprache mangelt es an Studien und einer soliden Datenbasis zu WebAssembly. Zum einen stellen sich Fragen nach der Verwendung der Sprache. Für welche Anwendungen eignet sich WebAssembly und wird bereits in der Praxis eingesetzt? Welche Sprachfeatures werden dabei genutzt? Aus welchen Quellsprachen werden WebAssembly-Programme übersetzt? Zum anderen mangelt es an realistischen Programmen, um Programmanalysen und andere Werkzeuge zu testen und zu evaluieren. Und schließlich braucht es für Ansätze des maschinellen Lernens große Korpora, um z.B. neuronale Netze mit gelabelten Daten zu trainieren.

Binärformat Da WebAssembly-Programme aus verschiedenen Quellsprachen übersetzt und in verschiedenen Umgebungen ausgeführt werden, ist es sinnvoll für Programmana-

---
[6] https://emscripten.org/, https://llvm.org/

lysen an der gemeinsamen Schnittstelle, dem Bytecode, anzusetzen. Dabei gibt es jedoch einige Schwierigkeiten. Zunächst mangelt es an Werkzeugen, um das Format zu analysieren und zu modifizieren. Gerade für Webentwickler, die mit einer solchen Programmrepräsentation nicht vertraut sind, ist es zudem schwer verständlich, z.b. weil Funktionen und Variablen nicht benannt, sondern lediglich über numerische Indizes identifiziert werden. Zwar gibt es Typinformation, allerdings beschränkt sich diese auf primitive Zahlen, die in Doppelfunktion auch für Zeiger und Indizes von Programmelementen verwendet werden.

Spezifische Sprachmerkmale   Schließlich hat WebAssembly einige spezifische Sprachmerkmale, die es von anderen Sprachen unterscheidet. Ungewöhnlich für eine hardwarenahe Sprache ist z.b. die Verwendung von strukturiertem Kontrollfluss mit geschachtelten Blöcken und relativen Sprungmarken, statischen Typen und polymorphen Stack-Operationen. Als Folge können nicht einfach bestehende Analysen und Werkzeuge unverändert angewendet werden. Um WebAssembly-Programme z.b. für dynamische Analyse zu instrumentieren, also zusätzliche Instruktionen einzufügen, müssen Typen beachtet werden. WebAssemblys Konzept des *linearen Speichers* unterscheidet sich sowohl von virtuellem Speicher in nativen Programmen, als auch von automatischer Speicherverwaltung in dynamischen Sprachen. Zur Analyse und Modifikation von WebAssembly-Programmen sind daher neue Techniken und Werkzeuge erforderlich.

1.3   Beiträge der Arbeit und Gliederung

Diese Dissertation [Le22] gliedert sich in fünf Teilprojekte, die jeweils Beiträge zu den obigen Herausforderungen und Fragen leisten. Davon wurden vier Projekte bereits als Fachartikel begutachtet und international veröffentlicht. Ein Ergebnis sind neue Erkenntnisse und Best-Practices für Entwickler, die WebAssembly nutzen, aber auch für Entwickler der Sprache und von Compilern selbst. Außerdem sind alle gesammelten Datensätze, die Quelltexte der geschriebenen Werkzeuge und trainierten neuronalen Netze öffentlich und unter freizügigen Open-Source-Lizenzen veröffentlicht, um Reproduzierbarkeit zu gewährleisten und als Basis für weitere Forschung zu dienen. Im Folgenden eine kurze Auflistung der Projekte, die dann in den späteren Abschnitten näher erläutert werden.

Everything Old is New Again: Binary Security of WebAssembly   Veröffentlicht bei *USENIX Security 2020* [LKP20]. Das Projekt zeigt fundamentale Defizite von WebAssemblys linearem Speicher auf, und weist darauf hin, dass im Hinblick auf Sicherheit bisher ausschließlich auf die Grenze zwischen WebAssembly und dem Host-System geachtet wurde, Speicherfehler innerhalb von WebAssembly-Programmen selbst jedoch vernachlässigt wurden. Die Ergebnisse und demonstrierten Angriffe sind verfügbar unter https://github.com/sola-st/wasm-binary-security. Die Arbeit wurde bisher über 70 Mal zitiert und führte zu Gastvorträgen unter anderem beim Google Chrome Security Team, OWASP LA, an der Northeastern University, Harvard, und weiteren Einrichtungen.

An Empirical Study of Real-World WebAssembly Binaries: Security, Languages, Use Cases   Veröffentlicht bei *The Web Conference 2021* [HLP21]. Im Projekt *WasmBench* stellen wir mehr als 8000 realistische WebAssembly-Programme aus verschiedenen Quellen zusammen, u.a., durch das Crawlen von Webseiten, von GitHub, aus NPM-Paketen und aus Browser-Erweiterungen. Dies stellt den größten Datensatz von WebAssembly-Programmen bisher dar. Wir untersuchen anschließend z.b. aus welchen Quellsprachen die Programme übersetzt wurden und für welche Zwecke WebAssembly verwendet wird. Der Datensatz, unsere Analysen und die Ergebnisse sind verfügbar unter https://github.com/sola-st/WasmBench und wurden bereits von mehreren unabhängigen Arbeitsgruppen und von einem der ursprünglichen WebAssembly-Entwickler verwendet.

Wasabi: A Framework for Dynamically Analyzing WebAssembly Veröffentlicht bei *ASPLOS 2019* [LP19], dort mit einem *Best Paper Award* ausgezeichnet. Zur dynamischen Analyse von WebAssembly-Programmen entwickeln wir *Wasabi*, welches, um unabhängig sowohl von Quellsprachen als auch Ausführungsumgebungen zu sein, auf statischer Instrumentierung des Bytecodes basiert. Dafür lösen wir mehrere technische Probleme, z.B. wie Analysefunktionen mit monomorphen Typen für die Beobachtung von polymorphen Instruktionen typkorrekt in das Programm eingefügt werden können. Auf Github unter https://github.com/danleh/wasabi wurde Wasabi über 300 Mal als Favorit markiert und wird von anderen Forschern und Entwicklern verwendet.

Fuzzm: Finding Memory Bugs through Binary-Only Instrumentation and Fuzzing of WebAssembly Um auch konstruktiv gegen Schwachstellen vorzugehen, stellen wir *Fuzzm* vor, den ersten Fuzzer und eine nachträgliche Härtung für WebAssembly-Binärprogramme [LTP21]. Dazu integrieren wir *AFL* mit eigener statischer Instrumentierung um Information über die Ausführung zu extrahieren und neue Eingaben zum Testen zu generieren. Da manche Speicherfehler, anders als in nativen Programmen, in WebAssembly unentdeckt bleiben, fügen wir zudem fehlende *Stack und Heap Canaries* in Funktionen und Speicherroutinen ein. Wir zeigen, dass diese effektiv Angriffe aus dem ersten Teilprojekt verhindern. Fuzzm ist verfügbar unter https://github.com/fuzzm/fuzzm-project.

Finding the Dwarf: Recovering Precise Types from WebAssembly Binaries Veröffentlicht bei *PLDI 2022* [LP22]. Neben den „klassischen" Programmanalysetechniken der vorherigen Projekte, nutzen wir in diesem Projekt maschinelles Lernen um Typinformationen aus WebAssembly-Programmen zu rekonstruieren. Die zentrale Neuerung ist dabei auch übertragbar auf andere Binärformate. Anders als vorhergehende Arbeiten, verwenden wir nicht Klassifikation in wenige, unpräzise Typen wie *Pointer*, sondern generieren komplexe Typen als Sequenzen aus einer ausdrucksstarken Sprache, z.B. *Pointer auf Const Struct, mit Namen FILE*. Um das neuronale Netz zu trainieren, haben wir außerdem tausende Pakete aus den Ubuntu-Repositories nach WebAssembly kompiliert, und daraus einen Datensatz mit mehr als 800 Millionen Instruktionen und 6.3 Millionen gelabelten Samples generiert. Der Datensatz, die Ergebnisse und trainierten Modelle sind verfügbar unter https://github.com/sola-st/wasm-type-prediction.

2 Zur Laufzeitsicherheit von WebAssembly-Programmen [LKP20]

Wie eingangs beschrieben, ist WebAssembly eine hardwarenahe Programmiersprache, primär um eine schnelle Ausführung zu ermöglichen. Viele WebAssembly-Programme werden deshalb aus Sprachen wie C oder C++ übersetzt. Leider hat die Vergangenheit gezeigt, dass eben jene Quellsprachen häufig zu Programmfehlern, insbesondere in der Speicherverwaltung führen, wie z.B. *Buffer Overflows*, *Use-After-Free* oder *Double-Free*. In Designdokumenten für WebAssembly wird argumentiert, dass die Ausführung in einer Sandbox vor den Folgen dieser Fehler schützt und deshalb Schutzmechanismen wie *Stack Canaries* nicht notwendig sind. Der Fokus bezüglich der Sicherheit von WebAssembly liegt also oft auf dem Schutz vor bösartigen WebAssembly-Programmen (der *Host-Sicherheit*) und nicht auf dem Schutz der WebAssembly-Binärprogramme selbst.

Unsere Arbeit zeigt auf, dass diese Argumentation zu kurz greift. Wir untersuchen zunächst die Programmiersprache, insbesondere den sogenannten linearen Speicher, und wie der Compiler diesen Speicher verwaltet. In diesem einfachen Speichermodell sind alle Zeiger bis zur aktuellen Größe des Speichers gültig, auch solche in bisher nicht verwendeten Bereichen, z.B. zwischen Stack und Heap. Anders als in nativen Programmen ist es nicht möglich den Zugriff auf einzelne Speicherseiten zu verhindern. Es gibt also prinzipbedingt keine *Guard Pages*, die ein Überlaufen des Stacks oder ein Dereferenzieren des Nullzeigers verhindern könnten. Überraschenderweise ist zudem der gesamte lineare Speicher immerzu schreibbar, einschließlich vermeintlich konstanter, statisch allozierter Daten, wie z.B. String-Literale im Programmtext.

Wir zeigen, dass diese fundamentalen Beschränkungen und das Fehlen von bekannten Schutzmechanismen zu praktischen Angriffen führen. Dazu entwickeln wir eine Bibliothek von neuen Angriffsprimitiven, die wir anschließend in *Proof-of-Concept Exploits* einsetzen. Wir demonstrieren diese gegen WebAssembly-Programme auf drei unterschiedlichen Plattformen: im Browser, Node.js und einer unabhängigen Laufzeitumgebung. Die Angriffe führen zu *Cross-Site-Scripting*, *Remote Code Execution* und dem ungewollten Überschreiben von Dateien. Außerdem evaluieren wir quantitativ, wie wahrscheinlich es ist, dass Angriffe auch gegen größere Programme möglich sind. Unter anderem messen wir, dass Funktionen oft Daten auf dem *Unmanaged Stack* im linearen Speicher ablegen (die dann ungeschützt sind) und dass oft, trotz Typüberprüfung, Funktionszeiger auf nicht intendierte Funktionen umgebogen werden können.

WebAssembly ist also keineswegs so sicher, wie ursprünglich angenommen. Abschließend diskutieren wir mögliche Lösungen zur Verbesserung, sowohl auf Compiler-, Sprach- als auch Entwicklerseite.

3 WasmBench: Datensatz zu WebAssembly in der Praxis [HLP21]

Ausgehend von der ernüchternden Feststellung, dass WebAssembly-Programme nicht automatisch sicher sind, stellt sich die Frage, wie viele tatsächlich aus den Sprachen C und C++ übersetzt werden. Außerdem hat uns interessiert, wofür die Sprache in der Praxis verwendet wird, insbesondere da eine erste Studie vor allem *Cryptomining* als Nutzung identifizierte. Dazu haben wir in Zusammenarbeit mit einem Bachelorstudenten einen Datensatz von über 8000 deduplizierten WebAssembly-Programmen zusammengestellt und analysiert. Dies stellt den bisher größten WebAssembly-Datensatz überhaupt dar, 58 Mal größer als eine vorherige Arbeit aus dem Jahr 2019.

Wir sammeln WebAssembly-Programme unter anderem durch automatisches Crawlen der eine Million populärsten Webseiten, aus über 40000 gespeicherten URLs im *HTTPArchive*, aus öffentlichem Quellcode auf GitHub und von Software-Paketverwaltungssystemen, z.B. aus NPM-Paketen und Firefox-Erweiterungen. Tatsächlich zeigt sich, dass zwei Drittel aller gefundenen WebAssembly-Programme aus C und C++, also unsicheren Quellsprachen, übersetzt wurden. Nur knapp 15 % wurden in Rust geschrieben, was oben genannte Speicherfehler in der Regel verhindert. Viele Programme nutzen zudem unsichere Speicherverwaltungsbibliotheken wie *emmalloc*, die verwundbar gegen Angriffe aus dem vorherigen Kapitel sind. Außerdem stellen wir fest, dass viele WebAssembly-Programme schwer verständlich sind, da Namen für Funktionen und andere Programmteile (also Debug-Information) entfernt wurden. Dies motiviert auch die spätere Arbeit zur Typrekonstruktion. Im Web stellen wir fest, dass WebAssembly kaum mehr für illegitimes Cryptomining verwendet wird, sondern z.b. um Programmierumgebungen bereitzustellen, für Codecs, Visualisierung oder für rechenintensive Teile von populären JavaScript-Bibliotheken.

4 Wasabi: Dynamische Analyse für WebAssembly [LP19]

Neben den Erkenntnissen der vorherigen Kapitel liefern die folgenden Kapitel auch konkrete Werkzeuge, um Softwareentwickler ganz praktisch dabei zu unterstützen, Programme zu analysieren und gegen Angriffe abzusichern. Den Anfang macht dabei Wasabi, als generisches Framework für die dynamische Analyse von WebAssembly-Programmen. Dynamische Analyse ist eine wichtige Standardtechnik, zum Beispiel um *Coverage* zu messen und damit die Qualität von Testsuites auszuwerten, um Programme verständlich zu machen, z.B. durch Erstellung von *Call Graphs*, oder um unerwünschtes Verhalten zur Laufzeit zu identifizieren und das Programm zu beenden. Statt jede dieser Analysen von Grund auf neu zu implementieren, gibt es für viele Programmiersprachen generische Analyse-Frameworks, die lediglich um kleine, Analyse-spezifische Teile ergänzt werden müssen und somit den Entwicklungsaufwand erheblich senken. Ein ebensolches Framework für WebAssembly stellt Wasabi erstmalig bereit. Es erlaubt die Beobachtung von jeder WebAssembly-Instruktion mit allen Eingaben und Ausgaben, und stellt eine benutzerfreundliche API bereit, um Analysen in JavaScript zu implementieren.

Wasabi löst dabei mehrere technische Herausforderungen, um tatsächlich das gesamte Programm beobachten zu können. Wir fügen die Analyse-Funktionalität in das WebAssembly-Programm mittels statischer Instrumentierung ein, um den Aufwand zur Laufzeit zu minimieren. Dazu müssen wir für jede Instruktion des Originalprogramms potenziell einen Funktionsaufruf zur vom Nutzer geschriebene Analyse einfügen. Einzelne Instruktionen in WebAssembly können polymorph sein, d.h., verschiedene Typen als Eingabe und Ausgabe haben. Die eingefügten Analyse-Funktionen müssen allerdings monomorphe Typen haben. Unsere Lösung ist es parallel zum Instrumentieren die Typen der Instruktionen zu ermitteln, und mehrere Instanzen der Analysefunktionen für jede Verwendung einer polymorphen Instruktion zu generieren. Andere technische Herausforderungen sind z.B. das Auflösen von WebAssemblys Sprungbefehlen, deren Ziel, anders als in Maschinencode, nicht als Adresse kodiert ist, sondern als relative Verschachtelungstiefe des Zielblocks.

Um Analysen einfacher zu gestalten, übersetzen wir diese *relativen Branch-Labels* bereits statisch in absolute Zielmarken im Originalprogramm.

Zur Evaluierung von Wasabi haben wir mehrere dynamische Analysen implementiert und Laufzeit sowie Codegröße nach der Instrumentierung gemessen. Auch andere Forscher haben Wasabi bereits genutzt. Auf PLDI 2019 haben wir dafür auch ein mehrstündiges Tutorial angeboten; die Materialien sind verfügbar unter http://wasabi.software-lab.org/tutorial-pldi2019/.

5 Fuzzm: Fuzzing und Härtung von Binärprogrammen [LTP21]

Um die Sicherheit von WebAssembly-Programmen zu erhöhen, haben wir mit *Fuzzm* den ersten *Greybox-Fuzzer* entwickelt, der WebAssembly-Programme mit generierten Eingaben ausführt, um Speicherfehler zu finden. Dieser ist in Zusammenarbeit mit Martin Torp, ebenfalls Doktorand, entstanden. Beim Greybox-Fuzzing wird ein Programm mit vielen tausenden Eingaben ausgeführt, die auf Basis der letzten Ausführungen generiert werden, insbesondere sodass möglichst viele Codepfade abgedeckt werden.

Die Arbeit besteht aus drei wesentlichen Komponenten. Zum Ersten gilt es die aktuelle Ausführung zu beobachten, und daraus Eingaben für die nächste Ausführung zu generieren. Um Eingaben zu generieren, nutzen wir *AFL*, einen äußerst erfolgreichen Greybox-Fuzzer für native Programme. Dafür extrahieren wir Coverage-Information, indem wir das WebAssembly-Programm wieder statisch instrumentieren und die Ausführung protokollieren, z.B. bei Funktionsaufrufen und Sprüngen. Zum Zweiten benötigt erfolgreiches Fuzzing gute *Test-Orakel*, d.h., Funktionen, die die Korrektheit der Ausführung überprüfen. Für native Programme können viele Speicherfehler bereits durch *Guard Pages* oder *Sanitizer* erkannt werden, diese existieren jedoch nicht für WebAssembly. Wir haben deshalb eigene Orakel implementiert, die Stack- und Heap-Überläufe erkennen und das Programm terminieren. Auch diese fügen wir mittels statischer Instrumentierung in das WebAssembly-Programm ein. Die letzte Komponente ist die Verbindung der Ausführung in einer virtuellen Maschine mit dem nativen Fuzzer.

In Kombination kann Fuzzm WebAssembly-Programme mit ähnlich hoher Ausführungsgeschwindigkeit wie native Programme testen und findet dabei bekannte Sicherheitslücken in verwundbaren Testprogrammen. Außerdem zeigen wir, dass die eingefügten Canaries die Ausführungsgeschwindigkeit nur wenig beeinflussen und Angriffe aus dem ersten Teilprojekt der Arbeit erfolgreich erkennen bzw. durch Beenden des Programms verhindern.

6 SnowWhite: Typrekonstruktion mittels neuronaler Netze [LP22]

Im letzten Teilprojekt der Arbeit, *SnowWhite*, geht es schließlich um die statische Rekonstruktion von Typinformation aus WebAssembly-Binärprogrammen. Wie in WasmBench festgestellt, enthalten viele realistischen Programme keine Debug-Informationen mehr, und auch die Typinformationen in WebAssembly selbst sind so hardwarenah, dass sie nur wenig zum Verständnis des Programms beitragen. Auch für andere Maschinencode-Formate wie x86 existieren bereits Ansätze, die Typinformationen rekonstruieren. Bestehende Ansätze, die auf maschinelles Lernen aufbauen, beschreiben das Problem jedoch oft als Klassifikationsaufgabe, bei der Typen lediglich aus einer kleinen, festen Menge von Auswahlmöglichkeiten vorhergesagt werden können. Wir stellen demgegenüber eine neue Methode vor, die Typen als eine Sequenz aus einer detaillierten Typsprache generiert.

Dazu beschreiben wir zunächst unsere Typsprache, die viele Eigenschaften von Typen aus Quellcode abbilden kann. Unter anderem rekonstruieren wir verschachtelte Typen, also z.B. Zeiger auf andere Typen, Eigenschaften wie *const*, präzise Größen und Vorzeichen, die Unterscheidung von *struct* und *class*, und sogar häufige Namen, wie *size_t* oder *FILE*, die zusätzliche Semantik für das Reverse Engineering und zum Verständnis enthalten. Zum Trainieren eines neuronalen Netzes benötigen wir zudem eine große Menge an Beispielen, die wir generieren, indem wir mehrere Tausend Ubuntu-Pakete nach WebAssembly mit Debug-Informationen kompilieren, und anschließend die Typinformationen aus den Debug-Informationen extrahieren.

Im Ergebnis kann unser Ansatz den exakten Typen von Funktionsargumenten in 45 % der Fälle rekonstruieren und die von Rückgabewerten in über 58 % der Fälle. Für den Fall, dass die ersten fünf Vorhersagen des Netzes akzeptabel sind, können wir sogar 75 % bzw. 80 % der Argument- und Rückgabetypen vorhersagen. Wir erreichen damit die Genauigkeit von bestehenden Ansätzen, jedoch mit deutlich mehr Detailtiefe der resultierenden Typen.

7 Zusammenfassung und Ausblick

Zusammenfassend liefert diese Dissertation wesentliche neue Erkenntnisse und Techniken in Bezug auf Programmanalyse und Sicherheit von WebAssembly. So zeigt sich zum Beispiel, dass das bisherige Angriffsmodell zu sehr fokussiert auf Host-Sicherheit war, und nicht auf den Speicher der WebAssembly-Programme selbst. Die Eigenschaften der Sprache können zu Angriffen führen, die selbst in nativen Programmen nicht möglich sind. Dies untermauern wir auch mit quantitativen Analysen einer großen Anzahl an realen WebAssembly-Programmen. Neben neuen Erkenntnissen liefert diese Arbeit auch mehrere konkrete, praktische Artefakte: *Wasabi* als vielfältig einsetzbares Framework für dynamische Programmanalyse, *Fuzzm* zum Fuzzen und Härten bestehender WebAssembly-Programme und *SnowWhite* um detaillierte Typen aus Binärprogrammen statisch zu rekonstruieren. Schließlich liefern wir umfangreiche Datensätze wie *WasmBench*, die zum Beispiel für die Entwicklung und zum Testen neuer Analysewerkzeuge oder als Trainingsdaten für maschinelles Lernen genutzt werden können.

Dass diese Ergebnisse für die Zukunft relevant sind, zeigt sich auch darin, dass die wissenschaftlichen Arbeiten bereits vielfach zitiert wurden, die veröffentlichten Tools von Entwicklern und Forschern genutzt und zum Teil sogar Code beigesteuert wurde, und am allgemeinen Interesse, zum Beispiel durch Einladung zu Vorträgen. Wir hoffen vor allem durch das freie Verfügbarmachen von Programmcode, Datensätzen, und Ergebnissen, dass diese noch vielfältig Basis für zukünftige Forschung sein können.

Literaturverzeichnis

[Ha17] Haas, Andreas; Rossberg, Andreas; Schuff, Derek L; Titzer, Ben L; Holman, Michael; Gohman, Dan; Wagner, Luke; Zakai, Alon; Bastien, JF: Bringing the Web up to Speed with WebAssembly. In: Proceedings of the 38th ACM SIGPLAN Conference on Programming Language Design and Implementation. PLDI 2017. ACM, pp. 185–200, 2017.

[HLP21] Hilbig, Aaron; Lehmann, Daniel; Pradel, Michael: An Empirical Study of Real-World WebAssembly Binaries: Security, Languages, Use Cases. In: Proceedings of the Web Conference 2021. WWW '21. ACM, pp. 2696–2708, 2021.

[Le22] Lehmann, Daniel: Program Analysis of WebAssembly Binaries. Dissertation, Universität Stuttgart, 2022.

[LKP20] Lehmann, Daniel; Kinder, Johannes; Pradel, Michael: Everything Old is New Again: Binary Security of WebAssembly. In: Proceedings of the 29th USENIX Security Symposium. USENIX Association, pp. 217–217, 2020.

[LP19] Lehmann, Daniel; Pradel, Michael: Wasabi: A Framework for Dynamically Analyzing WebAssembly. In: Proceedings of the Twenty-Fourth International Conference on Architectural Support for Programming Languages and Operating Systems. ASPLOS '19. ACM, pp. 1045–1045, 2019.

[LP22] Lehmann, Daniel; Pradel, Michael: Finding the Dwarf: Recovering Precise Types from WebAssembly Binaries. In: Proceedings of the 43rd ACM SIGPLAN International Conference on Programming Language Design and Implementation. PLDI '22. ACM, 2022.

[LTP21] Lehmann, Daniel; Torp, Martin Toldam; Pradel, Michael: Fuzzm: Finding Memory Bugs through Binary-Only Instrumentation and Fuzzing of WebAssembly. 2021. Pre-print auf arXiv, arXiv:2110.15433v1 [cs.CR].

[Se12] Severance, Charles: JavaScript: Designing a Language in 10 Days. Computer, 45(2):7–8, 2012.

Daniel Lehmann arbeitet zu den Gebieten Softwaretechnik, Programmiersprachen, und IT-Sicherheit. Sein Ziel ist, dass Softwareentwicklung Spaß macht, einfach ist und dass die resultierenden Programme korrekt, sicher und performant sind. Aktuell arbeitet er bei Google an *V8*, der JavaScript und WebAssembly-Engine in Google Chrome und Node.js. Seine Promotion hat er 2022 bei Prof. Dr. Michael Pradel an der Universität Stuttgart mit *summa cum laude* abgeschlossen. Er hat zwei Masterabschlüsse von der Technischen Universität Darmstadt. Seine Masterarbeit zum automatischen Testen von Debuggern hat mehr als 20 Bugs in Firefox und Chrome gefunden, wurde bei ESEC/FSE veröffentlicht, und mit dem Datenlotsen-Preis ausgezeichnet. Die Ergebnisse seiner Bachelorarbeit wurden bei USENIX Security und auf den BlackHat Briefings USA vorgestellt und führten zu Verbesserungen in Microsoft EMET. Für Praktika war er bei Microsoft Research und Oracle Labs in den USA und bei Google München, und während des Studiums für einen Austausch am IIT Delhi in Indien. Er ist Hauptentwickler von *Wasabi*, einem dynamischen Analyseframework für WebAssembly, und hat Artikel in ASPLOS (Best Paper Award), ESEC/FSE, ISSTA, PLDI, IEEE Security & Privacy, USENIX Security und The Web Conference veröffentlicht.

Multimodales Repräsentationslernen für diversifizierte Synthese mit tiefen generativen Modellen[1]

Shweta Mahajan[2]

Abstract: Die Herausforderungen beim Erlernen multimodaler Repräsentationen ergeben sich aus der Heterogenität der verfügbaren Datensätze, bei denen die Informationen aus verschiedenen Modalitäten oder Bereichen stammen, z. B. aus visuellen oder textuellen Signalen. In dieser Arbeit entwickeln wir das Feld des multimodalen Repräsentationslernens für eine diversifizierte Synthese mit Anwendungen in den Domänen Sehen und Sprache sowie komplexer Bildverarbeitung weiter [Ma22]. Wir verfolgen einen probabilistischen Ansatz und nutzen tiefe generative Modelle, um die Multimodalität der zugrundeliegenden wahren Datenverteilung zu erfassen, was einen großen Vorteil beim Lernen aus nicht annotierten Daten bietet. Wir entwickeln ein gemeinsames tiefes generatives Framework, um die gemeinsamen Repräsentationen der beiden Verteilungen entsprechend der unterschiedlichen generativen Prozesse zu kodieren. Obwohl populäre tiefe generative Modelle wie GANs und VAEs für Bildverteilungen große Fortschritte gemacht haben, gibt es immer noch Lücken bei der Erfassung der zugrunde liegenden wahren Datenverteilung. Um die Einschränkungen zu beheben, konstruieren wir im zweiten Teil der Arbeit leistungsstarke so genannte "normalizing flows" und autoregressive Ansätze für Bildverteilungen.

1 Einführung

Motiviert durch die Beobachtung, dass Menschen komplexe Aufgaben lösen können, wie z. B. das Beschreiben dessen, was sie sehen, mit Hilfe von Sprache oder das Erkennen von Objekten ausgehend von Beschreibungen, auch wenn die Objekte noch nie zuvor gesehen wurden, ist im Bereich des maschinellen Lernens das Forschungsgebiet des multimodalen Lernens entstanden, das darauf abzielt, Informationen aus visuellen und textuellen Quellen für das Verständnis von Szenen zu nutzen. Die Nutzung der aus den komplexen multimodalen Bilddaten gewonnenen Informationen ermöglicht es den KI-Systemen, ein allgemeineres Verständnis der Szene zu erreichen. Das Verständnis des semantischen Inhalts ermöglicht es, Informationen wie das Vorhandensein oder Nichtvorhandensein bestimmter Objekte im Bild oder die Erkennung von Objekten abzuleiten, was die Identifizierung der Position eines Objekts im Bild oder räumliche Beziehungen im Bildinhalt einschließt. Um bei domänenübergreifenden Aufgaben eine dem Menschen vergleichbare Leistung zu erzielen, sind maschinelle Lernmodelle in hohem Maße von Algorithmen für das Repräsentationslernen abhängig, die automatisch relevante Merkmale aus den Eingabedaten lernen können, um eine bestimmte Aufgabe zu erfüllen. Abgesehen von der Herausforderung, aussagekräftige

---
[1] Englischer Titel der Dissertation: Multimodal Representation Learning for Diverse Synthesis with Deep Generative Models
[2] University of British Columbia, Vancouver, Canada, shweta.nith@outlook.com

Repräsentationen zu lernen, besteht ein weiteres Hindernis beim domänenübergreifenden Lernen darin, dass die verfügbaren annotierten Daten begrenzt und teuer zu erheben sind. Im Zusammenhang mit datenintensiven Ansätzen, bei denen die Leistung stark von der Datenmenge abhängt, kann dies ein Nachteil sein, da sich das Modell an die Besonderheiten der gesehenen Daten anpassen würde und nicht an die zuvor ungesehenen Daten. Diese Eigenschaft des Modells, auch zuvor nicht gesehene Szenarien zu erfpassen, wird als Generalisierung bezeichnet. In Form von digitalen Bildern stößt man auf weitaus mehr unannotierte Daten, und daher ist es wünschenswert, maschinelle Lernansätze zu entwickeln, die nicht nur so viele Informationen wie möglich aus domänenübergreifenden gepaarten Daten Signal in Form eines *supervision*-Signals nutzen können, sondern auch die Konzepte, die in der einzelnen Domäne komplexer, aber dennoch strukturierter digitaler Bilder vorhanden sind, ausschöpfen können.

Um die Probleme zu lösen, die mit dem Ansatz des Merkmalsdesigns verbunden sind, ist es wünschenswert, Algorithmen zu entwickeln, die Informationen direkt aus den rohen Eingabedaten nutzen und automatisch die relevanten Merkmale entdecken können. Aus probabilistischer Sicht ist das Forschungsproblem des Lernens nützlicher Repräsentationen gleichbedeutend mit der Modellierung des generativen Prozesses der zugrunde liegenden Datenverteilung und der Kodierung der Variabilität in den Konzepten der Eingabedaten. In dieser Arbeit entwickeln wir das Feld des multimodalen Repräsentationslernens für die diversifizierte Synthese mit Anwendungen in den Bereichen Sehen, Sprache und komplexe Bildverarbeitung weiter. Wir verfolgen einen probabilistischen Ansatz und nutzen tiefe generative Modelle, um die Multimodalität der zugrunde liegenden wahren Datenverteilung zu erfassen. Durch unsere Forschungsarbeiten auf dem Gebiet derdomänenübergreifenden tiefen generativen Modellierung haben wir festgestellt, wie wichtig ein starkes tiefes domänenspezifisches generatives Modell ist, um die wahre zugrunde liegende Verteilung zu erfassen. Mit der Absicht, komplexe Bildverteilungen zu modellieren, hat unsere Forschung im Bereich der tiefen generativen Modelle für komplexe Bilder die Grenzen im Bereich der exakten Inferenzmodelle verschoben.

2 Herausforderungen

2.1 Domänenübergreifende Darstellungen

Die verschiedenen Faktoren und Herausforderungen, die die Qualität der latenten Raumstruktur im Kontext der tiefen generativen Modellierung beeinflussen, werden im Folgenden erörtert.

Strukturierter latenter domänen und Verallgemeinerung. Die Aufgabe, domänenübergreifende Repräsentationen von Bildern und Texten zu lernen, wird als ein Ranking-Problem in einem vollständig überwachten Bild-Text-Matching-Rahmen formalisiert. Dieses Verfahren schränkt die Robustheit und Verallgemeinerbarkeit der erhaltenen domänenübergreifenden Einbettungen ein, da sie an die Besonderheiten eines Datensatzes angepasst sind. Ohne strukturelle Einschränkungen innerhalb einer Domäne kann die semantische Ähnlichkeit innerhalb jeder Domäne im Einbettungsraum nicht erhalten bleiben.

Auswirkung des Priors. Die Ansätze mit latenten Variablen für das Lernen domänenübergreifender Repräsentationen erzwingen Gaußsche Prioritäten im latenten Raum. Domänenübergreifende Verteilungen, von insbesondere Bildern und Text, folgen jedoch unterschiedlichen, im Allgemeinen nicht-gaußschen generativen Prozessen. Gaußsche a-priori-Verteilungen können in solchen Fällen zu starken Einschränkungen führen und die Kapazität des Modells bei der Kodierung der wahren Verteilung einschränken, was die Vielfalt und die generative Kapazität begrenzt.

Begrenzte Trainingsdaten. Bisherige Ansätze sind stark von annotierten, gepaarten Trainingsdaten abhängig, so dass die wahre Multimodalität des zugrunde liegenden generativen Prozesses nicht vollständig erfasst wird. Zum Beispiel ist das Sammeln umfassender Annotationen, selbst wenn sie sich auf Beschreibungen in englischer Sprache beschränken, für ein einzelnes Bild nicht praktikabel. Wir machen hierzu eine wichtige Beobachtung bei den verfügbaren Trainingsdaten von Bildern und Text: In Datensätzen wie dem COCO-Datensatz gibt es Beschreibungen, die nach Entfernung der Objektinformationen aus dem Text den Kontext anderer, nicht gepaarter Bilder im Datensatz beschreiben und damit Modelle potenziell anreichern können.

2.2 Exakte Inferenzmodelle für Bilder

Theoretisch können exakte Inferenzmodelle die wahre Multimodalität der zugrunde liegenden Verteilung genau modellieren. In der Praxis bringt die Modellierung komplexer Funktionsformen mit tiefen neuronalen Netzen jedoch ihre eigenen Herausforderungen mit sich, die wir im Folgenden erläutern.

Repräsentative Kraft. So genannte "normalizing flows" bieten einen theoretisch fundierten Rahmen für die Modellierung exakter Dichten der Datenverteilung durch Integration durch Substitution. In der Praxis sind diese normalisierende Flüsse, wenn sie durch ein neuronales Netzwerk realisiert werden, jedoch durch die Invertierbarkeitsbeschränkungen der funktionalen Form, die in der neuronalen Netzwerkarchitektur gelernt wurde, und die hohe Dimensionalität der Daten eingeschränkt. Aktuelle Architekturen, die auf "Split-coupling Flows" (SCF) für die exakte Inferenz hochdimensionaler Bilder basieren, instanziieren die Dimensionen als Gaußverteilung in einer mehrstufigen Architektur [KD18]. Dabei wird die Hälfte der Dimensionen auf jeder Ebene nicht mehr weiter transformiert. Dies schränkt die Repräsentationskraft dieser Modelle ein, auch wenn es rechnerisch effizient ist, Stichproben aus solchen Modellen zu erzeugen.

Rechnerische Effizienz. Autoregressive Modelle können komplexe und weitreichende Abhängigkeiten zwischen den Dimensionen der Verteilung erfassen. Im Falle von Bildern wird der Wert eines Pixels von allen vorhergehenden Pixeln abhängig gemacht, sobald die sequentielle Reihenfolge der Dimensionen festgelegt ist. Die größte Einschränkung dieses Ansatzes besteht darin, dass die Synthese sequentiell erfolgt und somit die Erzeugung von Stichproben sehr langsam ist.

Bildtreue. Sowohl auf normalisierenden Flüssen basierende Modelle als auch autoregressive Modelle liefern hoch-qualitative Dichteschätzungen, die architektonischen Beschränkungen unterliegen, um bestimmte Funktionsformen zu modellieren. Normalisierende Flüsse können aufgrund von Invertierbarkeitsbeschränkungen keine komplexen Korrelationen erfassen, und autoregressive Modelle erzwingen eine bestimmte sequentielle Ordnung der Dimensionen. Diese Ansätze bleiben daher noch hinter den tiefen generativen Modellen wie GAN in Bezug auf die Qualität der Bildsynthese zurück. Der block-autoregressive Ansatz PixelPyramids macht die autoregressiven Modelle auf hochauflösende Bilder anwendbar.

3 Beiträge zur Dissertation

Das zentrale Forschungsthema dieser Arbeit ist die effektive Modellierung multimodaler komplexer Verteilungen, die von domänenübergreifenden (Bilder und Text) bis hin zu stark multimodalen Bildverteilungen reichen. Wir leisten die folgenden technischen Beiträge:

Gemeinsame Wasserstein-Autokoder für die Angleichung multimodaler Einbettungen. Aktuelle Ansätze formulieren die Aufgabe des Lernens multimodaler Repräsentationen von Bildern und Text in einem Bild-Text-Matching-Rahmen, in dem eine Ranking-Verlustfunktion in einer vollständig überwachten Umgebung minimiert wird. Die Abhängigkeit von der Wahl der Negativbeispiele schränkt die Robustheit und Generalisierung der erhaltenen multimodalen Einbettungen ein; sie passen sich an die Besonderheiten eines Datensatzes an. Wir schlagen vor, dieses Problem durch eine gemeinsame Gaußsche Regularisierung der latenten Repräsentationen zu lösen [Ma19]. Wir erzwingen, dass die latenten Einbettungen einem Gauß-Prior ähneln, der für beide Domänen gleichermaßen gilt, um eine kompatible Kontinuität der kodierten semantischen Repräsentationen von Bildern und Texten sicherzustellen. Wir minimieren dabei die Diskrepanz zwischen den kodierten Repräsentationen jeder Modalität und dem Gauß-Prior, wofür wir Wasserstein-Autoencoder (WAEs) einsetzen. Der semantische Abgleich wird durch die Überwachung von passenden Bild-Text-Paaren erreicht. Um die Vorteile unserer halb-überwachten Repräsentation zu zeigen, wenden wir sie auf die modalitätsübergreifende Suche und die Lokalisierung von Phrasen an. Wir erreichen nicht nur eine deutlich verbesserte Genauigkeit, sondern auch eine deutlich bessere Generalisierung über verschiedene Datensätze hinweg, was auf die semantische Kontinuität des latenten Raums zurückzuführen ist. Um zu zeigen, dass unsere Methode sinnvolle Repräsentationen mit Kontinuität im latenten Raum erlernt, testen wir die datensatzübergreifende Generalisierungsfähigkeit unserer Methode. Für die datenübergreifende Generalisierung wird das Modell auf der Trainingsmenge eines Datensatzes, z. B. COCO, trainiert und auf der Testmenge eines anderen Datensatzes, z. B. Flickr30k, getestet. Wir stellen hier fest, dass frühere Methoden, die auf globalen Repräsentationen basieren citepwang2018learning, eine niedrige Generalisierungsleistung mit einer Top-10-Recall von

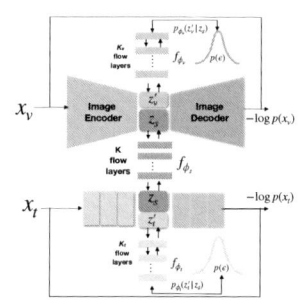

Abb. 1: Unsere LNFMM-Architektur. Sie besteht aus zwei domänenspezifischen Kodierern zum Lernen der domänenspezifischen latenten a-posteriori-Verteilungen $q_{\theta_2}(z'_t|x_t, z_s)$ und $q_{\theta_3}(z'_v|x_t, z_s)$.

nur 12,2 % haben, verglichen mit 49,1 % mit unserer Methode beim Testen auf Flickr30k für ein auf COCO trainiertes Modell.

Latente normalisierende Flüsse für domänenübergreifende Zuordnungen von vielen zu vielen. Frühere Ansätze können zwar überwachte Informationen in einem gemeinsamen latenten Raum modellieren, aber sie bewahren keine domänenspezifischen Informationen. Da jedoch die betrachteten Domänen, d.h. Bilder und Text, unterschiedlichen Generierungsprozessen folgen, ergeben sich natürlich mehrdeutige Zuordnungen - es gibt viele mehrdeutige Bildunterschriften für ein bestimmtes Bild und umgekehrt gibt es viele Bild, die zu einer bestimmten Bildunterschrift passen.. Daher ist es von entscheidender Bedeutung, auch domänenspezifische Variationen im latenten Raum zu kodieren, um die daraus resultierenden Many-to-many-Mappings zu ermöglichen. Wir nutzen normalisierende Flüsse, um die Einschränkungen bestehender domänenübergreifender generativer Modelle bei der Erfassung heterogener Verteilungen zu überwinden, und führen ein neuartiges halbüberwachtes *Latent Normalizing Flows for Many-to-Many Mappings (LNFMM)* Framework ein [MGR20]. Wir nutzen normalisierende Flüsse, um komplexe gemeinsame Verteilungen im latenten Raum unseres Modells zu erfassen. Da die betrachteten Domänen, d.h. Bilder und Texte, unterschiedliche generative Prozesse aufweisen, wird die latente Repräsentation für jede Verteilung so modelliert, dass sie sowohl gemeinsame domänenübergreifende als auch domänenspezifische Informationen enthält. Die latenten Dimensionen, die durch überwachte Informationen aus gepaarten Daten beschrieben werden, modellieren die gemeinsamen (semantischen) Informationen über Bilder und Texte hinweg. Die Vielfalt innerhalb der Bild- und Textverteilungen, d. h. unterschiedliche visuelle oder textuelle Stile, werden in den restlichen latenten Dimensionen kodiert, wodurch die domänenspezifische Variation erhalten bleibt. Wir illustrieren unser vollständiges Modell in Abb. 1. Wir können

Methode	B-4	B-3	B-2	B-1	C	R	M	S
POS	0.316	0.425	0.569	0.739	1.045	0.532	0.255	0.188
LNFMM (unsere)	0.318	0.433	0.582	0.747	1.055	0.538	0.247	0.188
COS-CVAE (unsere)	**0.348**	**0.468**	**0.616**	0.774	**1.120**	**0.561**	**0.267**	**0.201**

Tab. 1: Konsensuelle Re-ranking von Untertiteln für den COCO-Datensatz mit CIDEr.

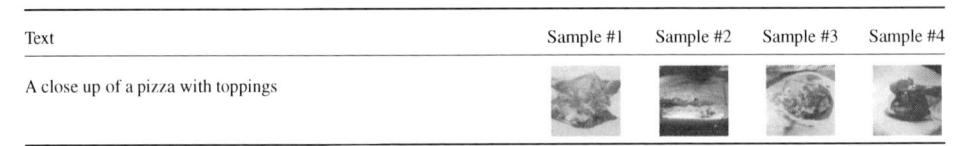

Text	Sample #1	Sample #2	Sample #3	Sample #4
A close up of a pizza with toppings				

Abb. 2: Von unserem LNFMM-Modell erzeugte Beispielbilder, die die Vielfalt hervorheben.

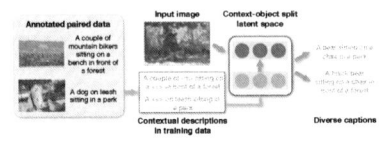

Abb. 3: Kontext-Objekt aufgeteilter latenter Raum unserer COS-CVAE.

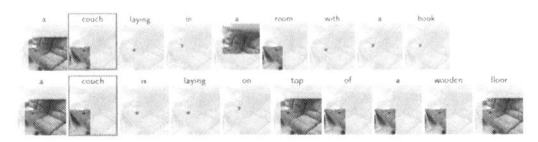

Abb. 4: COS-CVAE zur Beschreibung von Bildern mit neuartigen Objekten.

verschiedenartige Stichproben aus einer Verteilung gegeben ein Referenzpunkt in der anderen Domäne in unserem Many-to-Many-Setup ziehen. Wir zeigen die Vorteile unserer erlernten latenten Räume für reale Bildbeschreibungs- und Text-zu-Bild-Syntheseaufgaben auf dem COCO-Datensatz. Unser Modell übertrifft den aktuellen Stand der Technik für Bildbeschreibungen bzgl. der BLEU-und CIDEr-Metriken für Genauigkeit (Tab. 1) sowie auf verschiedenen Diversitätsmetriken. Darüber hinaus zeigen wir auch Verbesserungen der Diversitätsmetriken gegenüber dem Stand der Technik bei der Text-Bild-Erzeugung. Qualitative Beispiele in Abb. 2 zeigen, dass unser LNFMM-Modell vielfältige Bilder erzeugt. Außerdem sehen wir, dass die von unserem LNFMM-Modell generierten Bilder bei Vorliegen einer Bildunterschrift eine detailliertere Semantik der Testbilder erfassen als die von AttnGAN generierten Bilder, was die Repräsentativität unseres latenten Raums zeigt.

Bild	Bildunterschrift	Bild	Bildunterschrift
	• Two elephants standing next to each other in a river. • A herd of elephants in a grassy area of water. • Two elephants walking through a river while standing in the water.		• A living room filled with furniture and a large window. • A room with a couch and a large wooden table. • A living room filled area with furniture and a couch and chair.

Tab. 2: Von unserem Modell generierte Beispielbildunterschriften.

Diversifizierte Bildunterschriften mit Kontext-Objekt-faktorisierter latenten Räumen.
Die Modellierung domänenübergreifender Beziehungen, wie die von Bildern und Texten, findet in vielen realen Aufgaben Anwendung, z. B. bei der Beschriftung von Bildern. Für solche domänenübergreifenden Aufgaben sind Many-to-many-Beziehungen typisch, bei denen ein Datenpunkt in einer Domäne mehrere mögliche Korrespondenzen in der anderen Domäne haben kann und umgekehrt. Dies gilt insbesondere für die Beschriftung von Bildern. Bei einem Bild gibt es viele plausible Sätze, die die zugrunde liegende Semantik des Bildes beschreiben können. Es ist daher wünschenswert, diese multimodale bedingte Verteilung von Bildunterschriften (Texten) für ein Bild zu modellieren, um plausible, vielfältige Bildunterschriften zu erzeugen. Unser LNFMM-Ansatz erlaubt es, zusätzliche ungepaarte

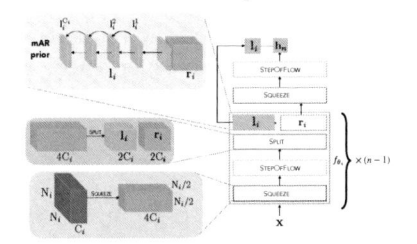

Abb. 5: SCF-Fluss mit mAR-Prior, angewandt entlang der Kanäle von l_i, d.h. auf jeder Ebene.

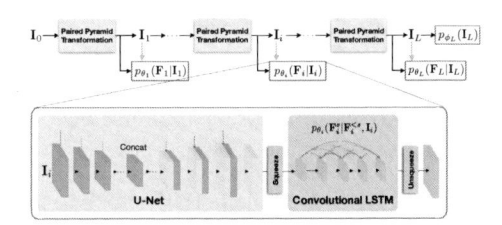

Abb. 6: PixelPyramids – Mehrskaliges generatives Block-Autoregressionsmodell.

Daten von Bildern oder Texten einzubeziehen, wobei die Vielfalt für ein bestimmtes Bild wiederum auf die gepaarten annotierten Daten beschränkt ist. Da Standard-Zielfunktionen nur die generierten Beschriftungen belohnen, die zur Grundwahrheit gehören, kann die zugrundeliegende Multimodalität der bedingten Bild- und Textverteilungen im latenten Raum besser erfasst werden, wenn man Zugang zu mehr gepaarten annotierten Daten hat. In dieser Arbeit entwickeln wir ein neuartiges faktorisiertes latentes Variablenmodell, genannt *context-object split conditional variational autoencoder (COS-CVAE)* [MGR20], um Objekt- und Kontextinformationen für Bild-Text-Paare in einem faktorisierten latenten Raum (Abb. 3) zu kodieren. Wir leisten die folgenden Beiträge: *(i)* Unser COS-CVAE-Framework nutzt kontextuelle Ähnlichkeiten zwischen den Bildern und Beschriftungen innerhalb des Datensatzes in einem pseudo-überwachten Setup. Insbesondere nutzt die COS-Faktorisierung zusätzlich zu den annotierten, gepaarten Daten verschiedene kontextuelle Beschreibungen von Bildunterschriften, die ähnliche kontextuelle Informationen enthalten, und kodiert so die Unterschiede in den menschlichen Bildunterschriften, die auf die vielen Möglichkeiten zur Beschreibung der Kontexte zurückzuführen sind. *(ii)* Dies ermöglicht die Erweiterung von COS-CVAE auf bisher ungesehene (neue) Objekte in Bildern (Abb. 4). Soweit wir wissen, ist dies der erste Framework, der es erlaubt, Bilder mit neuartigen Objekten in einem Setup für diversifizierte Beschriftungsgenerierung zu beschreiben. *(iii)* Wir zeigen die Vorteile unseres Ansatzes auf dem COCO-Datensatz, mit einer signifikanten Steigerung der Genauigkeit (Tab. 1) und Vielfalt. Darüber hinaus können verschiedene Stichproben effizient und parallel erzeugt werden.

Normalisierung der Flüsse mit autoregressiven mehrskalige a-priori-Verteilungen.
Autoregressive Modelle [DKA08] und normalisierende flussbasierte generative Modelle [KD18] sind exakte Inferenzmodelle, die die exakte Log-Likelihood der Daten optimieren. Autoregressive Modelle können komplexe und weitreichende Abhängigkeiten zwischen den Dimensionen einer Verteilung erfassen, z.B. im Falle von Bildern, da der Wert eines Pixels von einem großen Kontext benachbarter Pixel abhängt. Die größte Einschränkung dieses Ansatzes besteht darin, dass die Bildsynthese sequentiell erfolgt und daher schwer zu parallelisieren ist. Kürzlich vorgeschlagene normalisierendeflussbasierte Modelle wie NICE, Real NVP und Glow ermöglichen exakte Inferenz, indem sie die Eingabedaten durch eine Reihe invertierbarer Transformationen auf eine bekannte Basisverteilung, z.B. eine Gaußverteilung, abbilden. Diese Modelle nutzen invertierbare SCF-Schichten,

bei denen bestimmte Dimensionen durch die invertierbare Transformation unverändert bleiben, während andere Dimensionen keine weiteren Transformationen erfahren. Dies ermöglicht eine wesentlich einfachere Parallelisierung sowohl der Inferenz- als auch der Generierungsprozesse. Allerdings bleiben diese Modelle bei der Dichteschätzung hinter autoregressiven Modellen zurück.

Autoregressive Modelle [DKA08] und normalisierende flussbasierte generative Modelle [KD18] sind exakte Inferenzmodelle, die die exakte Log-Likelihood der Daten optimieren. Indieser Arbeit [Bh20]: *(i)* schlagen wir mehrskalige autoregressive a-priori-Modelle für invertierbare Flussmodelle mit geteilten koppelnden Flussschichten vor, die wir als *mAR-SCF* bezeichnen, um die begrenzte Modellierungsleistung von nicht-autoregressiven invertierbaren Flussmodellen zu verbessern [DSB17]; *(ii)* wenden wir unseren mehrskaligen autoregressiven Prior nach jeder SPLIT-Operation an, so dass die Rechenkosten von Stichproben linear mit den räumlichen Dimensionen des Bildes wachsen, verglichen mit den quadratischen Kosten traditioneller autoregressiver Modelle (bei ausreichenden parallelen Ressourcen); unsere Experimente zeigen, dass wir bei MNIST, CIFAR10 und ImageNet im Vergleich zu früheren, auf invertierbarem Fluss basierenden Ansätzen die besten Ergebnisse bei der Dichteschätzung erzielen; und schließlich *(iv)* zeigen wir, dass unser mehrskaliger autoregressiver Prior zu einer besseren Stichprobenqualität führt, gemessen an der FID-Metrik und dem Inception-Score, wodurch der Abstand zu GAN-Ansätzen deutlich verringert wird.

PixelPyramiden: Exakte Inferenzmodelle aus verlustfreien Bildpyramiden. Autoregressive Modelle faktorisieren die gemeinsame Zielverteilung in ein Produkt aus bedingten Verteilungen mit einer bestimmten Ordnung über die Dimensionen und kodieren so komplexe Abhängigkeiten in der Datenverteilung für eine effektive Dichteschätzung. Die sequentielle Abhängigkeitsstruktur erschwert jedoch eine effiziente Parallelisierung. In dieser Arbeit schlagen wir *PixelPyramids* [MR21] vor - ein ausdrucksstarkes und rechnerisch effizientes block-autoregressives Modell für die diskrete gemeinsame Verteilung von Pixeln in Bildern. Wir leisten die folgenden Beiträge: *(i)* Unsere PixelPyramiden nutzen Ideen aus der verlustfreien Bildcodierung, insbesondere eine Multiskalendarstellung mit geringer Entropie, die auf so genannten gepaarten Pyramiden [TM89] basiert, um Bilder von grob zu fein zu Kodieren, wobei das bedingte generative Modell auf jeder Pyramidenskala auf das grobe(e) Bild der vorherigen Ebene Abb. 6 bedingt ist. Die unterabgetasteten Bilder und die skalenspezifischen Komponenten werden mit der gleichen Anzahl von Pixeln und auf der gleichen Quantisierungsebene wie das Originalbild kodiert, was zu einem effizienten exakten Inferenzansatz für die Dichteschätzung führt. Das bedingte generative Modell für die feinen Komponenten auf jeder Skala nutzt eine U-Net-Architektur, um den globalen Kontext aus den gröberen Skalen zu kodieren. Ein Conv-LSTM wird verwendet, um die räumlichen Pixelabhängigkeiten innerhalb jeder feinen Komponente zu erfassen. Durch die Konditionierung auf die gröberen Skalen wird die räumliche Abhängigkeitsstruktur der Feinkomponente auf jeder Skala stärker lokalisiert, insbesondere wenn wir zu höheren Auflösungen in der Pyramide übergehen. Somit können weitreichende Abhängigkeiten

Abb. 7: Zufallsstichproben aus 8-Bit CelebA-HQ (1024 × 1024).

Methode	Trainingsgeschw.	Samplinggeschw.
PixelCNN++ [Sa17]	$(1.35 \pm 0.10) \times 10^2$	$(6.00 \pm 0.02) \times 10^6$
PixelPyramids	$(1.98 \pm 0.16) \times 10^1$	$(7.00 \pm 0.10) \times 10^1$

Tab. 3: Vergleich der Trainings- und Samplinggeschwindigkeiten (ms/Bild).

auf jeder Skala mit weniger autoregressiven Schritten in einem rechnerisch effizienten Aufbau modelliert werden. Ein wesentlicher Vorteil der PixelPyramiden besteht darin, dass die Feinkomponenten auf verschiedenen Skalen voneinander unabhängig sind und daher parallel trainiert werden können. Dies macht das Modell für die Dichteschätzung und die Synthese von hochauflösenden Bildern einsetzbar. PixelPyramiden benötigen $O(\log N)$ Rechen zum Sampeln eines $N \times N$ Bilde, was wesentlich effizienter ist als die $O(N^2)$ sequentiellen Schritte voll autoregressiver Ansätze. Schließlich zeigen wir, dass unsere PixelPyramiden hoch-qualitative Dichteschätzungen und eine qualitativ hochwertige Bildsynthese auf Standard-Bilddatensätzen wie CelebA-HQ, LSUN und ImageNet sowie auf dem hochauflösenden 1024 × 1024 CelebA-HQ-Datensatz (Abb. 7) mit einem viel geringeren Rechenaufwand als frühere exakte Inferenzmodelle (Tab. 3) liefern.

4 Zusammenfassung

In dieser Arbeit haben wir hochmoderne Methoden entwickelt, die Bild-Text-Beziehungen kodieren, die über die aus gepaarten Trainingsdaten verfügbaren Beziehungen in einem strukturierten und multimodalen latenten Raum hinausgehen, was zu einer größeren Diversität bei generativen Aufgaben führt und sich sogar auf zuvor ungesehene (neue) Objekte in Bildern erstreckt. Wir haben leistungsstarke tiefe generative Modelle mit exakter Inferenz für komplexe Pixelverteilungen eingeführt. Unsere Ansätze liefern hoch-qualitative Dichteschätzungen und eine hohe visuelle Wiedergabetreue in einem rechnerisch effizienten Setup mit Anwendbarkeit auf hochauflösende Bilder. Der leistungsstarke multimodale latente Raum, den wir in unserer Arbeit entwickelt haben, wurde erfolgreich in den Bereichen Sprache und Medizin eingesetzt, um komplexe Beziehungen zwischen und innerhalb der Datendomänen zu kodieren, was die Allgemeingültigkeit unserer Ansätze und ihre breite Anwendbarkeit in verschiedenen Szenarien zeigt.

Literatur

[Bh20] Bhattacharyya, A.; Mahajan, S.; Fritz, M.; Schiele, B.; Roth, S.: Normalizing Flows With Multi-Scale Autoregressive Priors. In: Proceedings of the IEEE/CVF Conference on Computer Vision and Pattern Recognition. Virtual, S. 8412–8421, Juni 2020.

[DKA08]   Domke, J.; Karapurkar, A.; Aloimonos, Y.: Who killed the directed model? In: Proceedings of the IEEE Conference on Computer Vision and Pattern Recognition. Anchorage, Alaska, Juni 2008.

[DSB17]   Dinh, L.; Sohl-Dickstein, J.; Bengio, S.: Density estimation using Real NVP. In: Proceedings of the 5th International Conference on Learning Representations. Toulon, France, Apr. 2017.

[KD18]   Kingma, D. P.; Dhariwal, P.: Glow: Generative Flow with Invertible 1x1 Convolutions. In (Bengio, S.; Wallach, H.; Larochelle, H.; Grauman, K.; Cesa-Bianchi, N.; Garnett, R., Hrsg.): Advances in Neural Information Processing Systems. Bd. 31, S. 10215–10224, 2018.

[Ma19]   Mahajan, S.; Botschen, T.; Gurevych, I.; Roth, S.: Joint Wasserstein Autoencoders for Aligning Multi-modal Embeddings. In: ICCV Workshop on Cross-Modal Learning in Real World. Seoul, Korea, S. 4561–4570, Okt. 2019.

[Ma22]   Mahajan, S.: Multimodal Representation Learning for Diverse Synthesis with Deep Generative Models, Diss., Darmstadt: Technische Universität Darmstadt, 2022.

[MGR20]   Mahajan, S.; Gurevych, I.; Roth, S.: Latent Normalizing Flows for Many-to-Many Cross-Domain Mappings. In: Proceedings of the Eighth International Conference on Learning Representations. Addis Ababa, Ethiopia, Apr. 2020.

[MR21]   Mahajan, S.; Roth, S.: PixelPyramids: Exact Inference Models from Lossless Image Pyramids. In: Proceedings of the Eighteenth IEEE International Conference on Computer Vision. Virtual, S. 6619–6628, Okt. 2021.

[Sa17]   Salimans, T.; Karpathy, A.; Chen, X.; Kingma, D. P.: PixelCNN++: Improving the PixelCNN with Discretized Logistic Mixture Likelihood and Other Modifications. In: Proceedings of the 5th International Conference on Learning Representations. Toulon, France, Apr. 2017.

[TM89]   Torbey, H. H.; Meadows, H. E.: System for Lossless Digital Image Coding/Decoding. In: Visual Communications and Image Processing IV. Bd. 1199, International Society for Optics und Photonics, SPIE, S. 989–1002, 1989.

Shweta Mahajan wurde 1991 in Nurpur (Indien) geboren. Sie erhielt ihren Master-Abschluss an der Universität des Saarlandes in Saarbrücken. Als Doktorandin in der Visual Inference Group arbeitete sie auf dem Gebiet der tiefen generativen Modelle für Computer Vision und Sprache und und schloss ihre Promotion im Juni 2022 an der Technischen Universität Darmstadt ab. Sie hat auf zahlreichen hochkarätigen Konferenzen veröffentlicht, darunter ICCV, ICLR, NeurIPS und CVPR. Derzeit ist sie Postdoktorandin in der Computer Vision Group an der University of British Columbia, Kanada, wo sie sich mit tiefen generativen Modellen für Videos und Text beschäftigt.

Formale Verifikation von strukturell komplexen Multiplizierern[1]

Alireza Mahzoon[2]

Abstract: Diese Dissertation befasst sich mit den anspruchsvollen Aufgaben der Verifikation und Fehlersuche bei strukturell komplexen Multiplizierern. Im Bereich der Verifikation werden zunächst die Herausforderungen der auf *Symbolischer Computeralgebra* (SCA) basierenden Verifikation untersucht, wenn es darum geht, die Korrektheit von Multiplizierern zu beweisen. Anschließend werden drei Techniken vorgeschlagen, um SCA zu verbessern und zu erweitern: die Entfernung verschwindender Monomere, Reverse Engineering und dynamisches Rückwärtsschreiben. Als Ergebnis kann eine Vielzahl von Multiplizierern, einschließlich hochkomplexer und optimierter industrieller Benchmarks, verifiziert werden. Im Bereich der Fehlersuche wird ein vollständiger Prozess zur Fehlersuche vorgeschlagen, einschließlich Fehlerlokalisierung und -korrektur, um die Platzierung von Fehlern in strukturell komplexen Multiplizierern zu finden und Korrekturen vorzunehmen.

1 Einführung

Mit der Erfindung des Transistors im Jahr 1947 wurde der Grundstein für die digitale Revolution gelegt. Als essentielles Baustein löste der Transistor die Entwicklung digitaler Schaltungen aus. Die Massenproduktion digitaler Schaltungen revolutionierte den Bereich der Elektronik und führte schließlich zu zur Entwicklung von Computern, eingebetteten Systemen und dem Internet. Die Auswirkungen der digitalen Hardware auf die Gesellschaft und die Wirtschaft waren und sind enorm. In den letzten Jahrzehnten hat die Komplexität integrierter Schaltungen erwartungsgemäß weiter zugenommen. Da moderne elektronische Geräte immer allgegenwärtiger werden, gewinnt die grundlegende Frage der funktionalen Korrektheit mehr denn je an Bedeutung. Dies wird durch viele öffentlich bekannte Beispiele von Elektronikfehlern mit katastrophalen Folgen bewiesen. Dazu gehören beispielsweise der Intel-Pentium-Bug im Jahr 1994, der Stromausfall in New York im Jahr 2003 und ein Designfehler im Sandy-Bridge-Chipsatz von Intel im Jahr 2011.

Solche kostspieligen Fehler lassen sich nur durch eine rigorose Verifikation der Schaltkreise verhindern, bevor sie in die Produktion gelangen. Sowohl die akademische als auch die industrielle Forschung hat große Anstrengungen unternommen, um effiziente Verifikationstechniken zu entwickeln. Erst in jüngster Zeit hat die Industrie die zeutrale Bedeutung der formalen Verifikation erkannt (siehe z.B. Normen für funktionale Sicherheit wie ISO 26262). Daher ist dieser Forschungsbereich in den letzten Jahren immer aktiver geworden. Im Wesentlichen zielt die formale Verifikation darauf ab, in einem mathematischen Sinne zu beweisen, dass eine Implementierung in Bezug auf ihre Spezifikation korrekt ist. Die

---

[1] English title of the dissertation: "Formal Verification of Structurally Complex Multipliers"
[2] University of Bremen, mahzoon@uni-bremen.de

formale Verifikation ist eine wesentliche Aufgabe in jeder Phase des Entwurfsablaufs, um die Korrektheit einer Implementierung sicherzustellen.

Die formale Verifikation von arithmetischen Schaltungen ist eines der schwierigsten Probleme im Bereich der Verifikation. Obwohl die auf *Boolescher Satisfiabilität* (SAT) und *Binären Entscheidungsdiagrammen* (BDD) basierende Verifikation vielversprechende Ergebnisse für ganzzahlige Addierer lieferte, blieb die formale Verifikation von ganzzahligen Multiplizierern und Divisoren lange Zeit ungelöst. In den letzten sechs Jahren haben auf *Symbolischer Computeralgebra* (SCA) basierende Verifikationsmethoden viele Erfolge beim Nachweis der Korrektheit von strukturell einfachen Multiplizierern erzielt. Die vorgeschlagenen Verfahren können einen sehr großen Multiplizierer in wenigen Sekunden verifizieren. Bei der Verifizierung strukturell komplexer Multiplizierern versagen sie jedoch entweder völlig oder unterstützen nur eine begrenzte Anzahl von Benchmarks.

Diese Dissertation befasst sich mit der anspruchsvollen Aufgabe, strukturell komplexe Multiplizierern zu verifizieren. Der Schwerpunkt dieser Dissertation liegt insbesondere auf der Erreichung von drei Zielen: 1) Erweiterung der grundlegenden SCA-basierten Verifikation, um die Herausforderungen des Korrektheitsnachweises von strukturell komplexen Multiplizierern zu bewältigen, 2) die Kombination von SCA und SAT zur Lokalisierung und Behebung von Fehlern in strukturell komplexen Multiplizierern, und 3) Analyse der Leistung von SCA und Bestimmung der notwendigen Bedingungen, um die polynomiale Verifikation von strukturell komplexen Multiplizierern zu gewährleisten.

2 Hintergrund und Motivationen

In diesem Abschnitt geben wir zunächst einen Überblick über den Hintergrund der formalen Verifikation von Multiplizierern und die Herausforderungen.

2.1 Methoden der formalen Verifikation

Es wurden mehrere formale Verifikationsmethoden vorgeschlagen, um die Korrektheit einer Schaltungsbeschreibung zu beweisen. Diese Methoden können in drei Gruppen eingeteilt werden:

- **Äquivalenzprüfung**: Das Ziel der formalen Äquivalenzprüfung ist der Nachweis, dass eine Schaltungsbeschreibung funktional äquivalent zu einer Spezifikation (Goldenes Modell) ist. Die Spezifikation ist in der Regel eine korrekte Beschreibung auf der gleichen oder einer höheren Abstraktionsebene. Wenn z.B. die Beschreibung auf Gatterebene *A* korrekt ist, ist auch die Beschreibung auf Gatterebene *B* korrekt, wenn *A* und *B* funktional äquivalent sind. Ein weiteres Beispiel ist, dass die Spezifikation auf Gatterebene und die Spezifikation auf höherer Systemebene äquivalent sein müssen, da sonst die Beschreibung auf Gatterebene nicht korrekt ist. Die Äquivalenzprüfung ist bei der automatisierten formalen Verifikation sowohl von kombinatorischen als auch von sequentiellen digitalen Schaltungen weit verbreitet.

- **Modellprüfung**: Das Ziel der Modellprüfung ist es, sicherzustellen, dass eine Eigenschaft für eine Schaltkreisbeschreibung auf einer bestimmten Abstraktionsebene gilt. Dazu gehören Sicherheitseigenschaften ("nichts Falsches passiert jemals") und Liveness-Eigenschaften ("etwas Richtiges passiert irgendwann"). Bei der Modellprüfung wird die Schaltungsbeschreibung als Übergangssystem erfasst, das ihr Verhalten in verschiedenen Zuständen spezifiziert. Außerdem wird die Eigenschaft in Form einer zeitlichen Logikformel ausgedrückt, und ein Modellprüfprogramm wird verwendet, um zu prüfen, ob die Eigenschaft verletzt wird oder nicht. Die Modellprüfung wird häufig bei der automatisierten formalen Verifikation von sequentiellen digitalen Schaltungen eingesetzt.

- **Theorembeweisen**: Das Ziel des Theorembeweisens bei der Verifikation ist es, durch mathematische Schlussfolgerungen zu beweisen, dass eine Schaltungsbeschreibung ihre Spezifikation erfüllt. Die Beschreibung und die Spezifikation werden als Formeln in einer formalen Logik ausgedrückt. Dann wird die erforderliche Beziehung zwischen ihnen (logische Äquivalenz oder logische Implikation) als Theorem beschrieben, das im Rahmen eines Beweiskalküls zu beweisen ist. Um dieses Ziel zu erreichen, wird ein Beweissystem verwendet, das aus Axiomen und Schnittstellenregeln (z.B. Vereinfachung, Umschreiben und Induktion) besteht.

2.2 Formale Verifikation von Multiplizierern

Die formale Verifikation von arithmetischen Schaltungen ist eines der beliebtesten und anspruchsvollsten Themen im Bereich der Verifikation. Arithmetische Schaltungen werden in vielen Systemen eingesetzt, z.B. für die Signalverarbeitung und Kryptographie sowie für zukünftige KI-Lösungen, die maschinelles Lernen und Deep Learning einsetzen. Sie machen auch einen großen Teil einer *Arithmetischen Logikeinheit* (ALU) aus, die das rechnerische Herzstück einer *Zentraleinheit* (CPU) ist. Bei arithmetischen Schaltungen ist die Spezifikation auf hoher Ebene in der Regel ein mathematischer Ausdruck, der die Funktion einer arithmetischen Schaltung auf der Grundlage ihrer primären Ein- und Ausgänge bestimmt. Unter der Annahme, dass A und B zwei n-Bit-Eingänge und S ein $(n+1)$-Bit-Ausgang sind, beschreibt der Ausdruck $S = A + B$ einen ganzzahligen Addierer auf der höchsten Abstraktionsebene. Die Spezifikation auf hoher Ebene wird von einem Design- oder Arithmetikgenerator in die Registerübertragungsebene umgewandelt. Schließlich wird die Schaltung in Beschreibungen auf Gatterebene und dann auf Transistorebene synthetisiert. Die formale Verifikation von arithmetischen Schaltungen auf der Registertransferebene (wo die hierarchischen Informationen verfügbar sind) und auf der Gatterebene (wo keine hierarchischen Informationen vorliegen) steht im Mittelpunkt vieler Forschungsarbeiten.

Ganzzahlige Multiplizierer gehören zu den am häufigsten verwendeten arithmetischen Schaltungen in einer Vielzahl von Anwendungen. Die meisten dieser Anwendungen erfordern sehr große Multiplizierer, die eine breite Palette ganzer Zahlen unterstützen. Außerdem variieren die Multiplizierer-Architekturen je nach den Entwicklungszielen der verschiedenen Anwendungen. Es wurden mehrere Multiplikationsalgorithmen entwickelt, um die Anforderungen der Gemeinschaft an schnelle, flächeneffiziente und stromsparende Designs zu erfüllen oder einen Kompromiss zwischen verschiedenen Designparametern zu finden. Der Einsatz dieser Algorithmen führt in der Regel zur Erzeugung sehr komplexer Architekturen. Die formale Verifikation großer und strukturell komplexer Multiplizierern ist einerseits notwendig, um die Korrektheit des endgültigen Entwurfs sicherzustellen. Andererseits ist dies eine große Herausforderung, bei der die meisten der vorhandenen formalen Methoden völlig versagen.

In den letzten 30 Jahren wurden mehrere formale Verifikationsmethoden auf der Grundlage von Äquivalenztests und Theorembeweisen vorgeschlagen, um die Korrektheit von arithmetischen Schaltungen zu gewährleisten. Obwohl diese Methoden in vielen Bereichen große Erfolge erzielt haben, sind sie bei der Verifikation von ganzzahligen Multiplizierern stark eingeschränkt:

- Äquivalenzprüfungsmethoden, die BDDs oder SAT verwenden, stellen die Korrektheit sicher, indem sie beweisen, dass ein ganzzahliger Multiplizierer äquivalent zu einer korrekten Multipliziererbeschreibung ist. Sie sind jedoch nicht skalierbar und funktionieren nur für sehr kleine Benchmarks.

- Äquivalenzprüfungsmethoden, die *Binäre Momentendiagramme* (BMDs) verwenden, stellen die Korrektheit sicher, indem sie beweisen, dass ein ganzzahliger Multiplizierer und seine Spezifikation auf hoher Ebene äquivalent sind. Diese Methoden sind für strukturell einfache Multiplizierer skalierbar. Sie versagen jedoch bei strukturell komplexen Multiplizierern, da sie mit zunehmender Größe des Multiplizierers einen Speicherblow-up erfahren.

- Theorem-Beweisverfahren verwenden eine Bibliothek von Umschreibregeln, um zu beweisen, dass eine Multipliziererbeschreibung ihre Spezifikation korrekt implementieren kann. Für neue Multiplizierer-Architekturen muss die Datenbank der Umschreibregeln jedoch aktualisiert werden. Andernfalls kann der Theorembeweiser den Beweis nicht abschließen. Sie erfordern also einen hohen manuellen Aufwand. Außerdem benötigen diese Methoden hierarchische Informationen, die in der Registertransferbeschreibung vorhanden sind. Daher können sie nicht zur Verifizierung der Gatterebene-Beschreibung eines Multiplizierers verwendet werden.

In jüngster Zeit haben SCA-basierte Verifikationsmethoden sehr gute Ergebnisse beim Nachweis der Korrektheit großer, aber strukturell einfacher ganzzahliger Multiplizierer gezeigt. Sie wurden auch bei der Verifikation von Gleitkomma-Multiplizierern, Finite-Field-Multiplizierern und -Teilern sowie bei der Fehlersuche in fehlerhaften ganzzahligen Multiplizierern und Finite-Field-Multiplizierern eingesetzt.

Die SCA-basierte Verifikation wird als Äquivalenzprüfungsansatz kategorisiert und besteht aus drei Hauptschritten:

1. Die Funktion eines Multiplizierers wird auf der Grundlage seiner primären Ein- und Ausgänge als *Spezifikationspolynom* (*SP*) dargestellt.

2. Die logischen Gatter (oder Knoten eines *AND-Inverter Graphen* (AIG)) werden als eine Menge von Polynomen P_G erfasst.
3. Die Gröbner-Basistheorie wird verwendet, um die Zugehörigkeit von *SP* zu dem durch P_G erzeugten Ideal zu beweisen.

Der dritte Schritt besteht aus der schrittweisen Division von *SP* durch P_G (bzw. der Substitution von Variablen in *SP* durch P_G), der so genannten Rückwärtsumschreibung, und schließlich der Auswertung des Rests. Wenn der Rest Null ist, ist der Multiplizierer korrekt. Andernfalls ist er fehlerhaft. Die SCA-basierte Verifikation beweist, dass die Gatterbeschreibung eines Multiplizierers und seine Spezifikation auf hoher Ebene (dargestellt in Form von *SP*) äquivalent sind.

In dieser Arbeit werden drei wichtige Beiträge zu SCA geleistet, die sich drei Bereichen zuordnen lassen: Verifikation, Fehlersuche und Komplexität.

3 Beiträge zur SCA-basierten Verifikation

In diesem Abschnitt werden die drei wichtigsten Beiträge der Dissertation zum SCA erläutert.

3.1 Verifikation

SCA-basierte Methoden haben strukturell einfache Multiplizierer (d.h. Multiplizierer, deren zweite und dritte Stufe nur aus Halbaddierern und Volladdierern bestehen) erfolgreich verifiziert. Die Verifikation strukturell komplexer Multiplizierer (d.h. Multiplizierer, deren zweite und dritte Stufe nicht vollständig aus Halbaddierern und Volladdierern besteht) stellt jedoch eine große Herausforderung für diese Methoden dar, weil die Anzahl der Monome während des Rückwärtsumschreibens explodiert. Dies stellt ein großes Hindernis für den industriellen Einsatz dar, da industrielle Multiplizierer in der Regel strukturell komplex sind.

Im Allgemeinen steht die SCA-basierte Verifikation vor zwei kritischen Herausforderungen, wenn es um die Verifikation von strukturell komplexen Multiplizierern geht:

- Die Erzeugung redundanter Monome, so genannter verschwindender Monome, führt dazu, dass die Größe der Zwischenpolynome während der Rückwärtsumschreibung aufgebläht wird. Diese Monome werden während der Verifikation erzeugt und nach vielen Schritten auf Null reduziert. Die große Anzahl der verschwindenden Monome vor der Stornierung führt jedoch zu einer Explosion der Berechnungen.

- Für die Ersetzung von Gatter-/Knotenpolynomen im Zwischenpolynom während der Rückwärtsumschreibung gibt es in der Regel viele mögliche Anordnungen. Einige dieser Anordnungen erhöhen die Größe des Zwischenpolynoms drastisch, während andere die Größe klein halten.

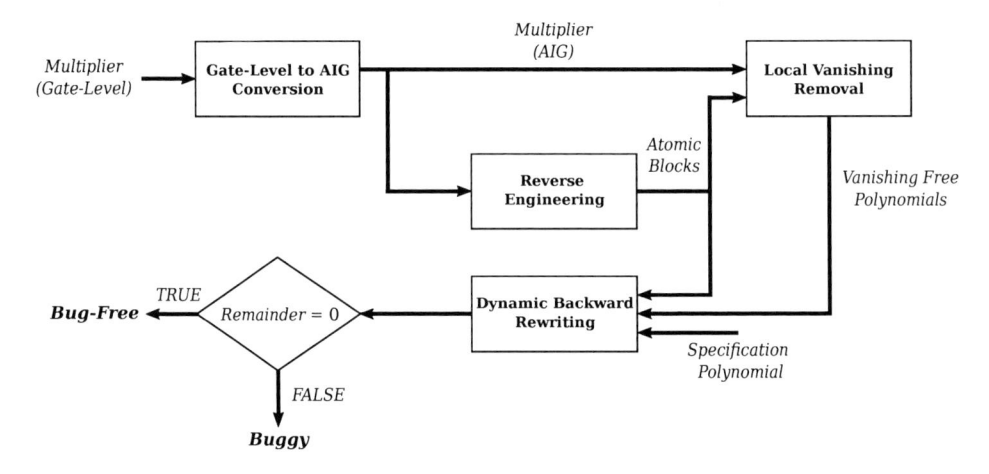

Abb. 1: vorgeschlagene SCA-basierte Verifikation

In letzter Zeit hat es einige Versuche gegeben, die erste Herausforderung zu überwinden oder beide Herausforderungen durch Designänderungen vollständig zu vermeiden. Die Anwendung dieser Methoden ist jedoch begrenzt, da sie die Verifikation von strukturell komplexen Multiplizierern nur teilweise unterstüzt. Insbesondere is sie nicht robust, wenn es um die Verifikation von optimierten Multiplizierern geht. Daher besteht derzeit ein hoher Bedarf an einer SCA-basierten Verifikationsmethode, die beide Herausforderungen meistert und strukturell komplexe Multiplizierer, einschließlich der in der Industrie verwendeten optimierten Architekturen, erfolgreich verifiziert. **In dieser Arbeit entwickeln wir innovative Theorien, Algorithmen und Datenstrukturen für SCA, um strukturell komplexe Multiplizierer zu verifizieren (Beitrag I).**

Abb. 1 stellt die vorgeschlagene Methode zur Verifikation von strukturell komplexen Multiplizierern dar, die den ersten Beitrag dieser Arbeit darstellt. Die Methode erweitert die grundlegende SCA-basierte Verifikation durch die Einführung von drei Techniken:

- **Reverse engineering:** Atomare Blöcke, d.h. Halbaddierer, Volladdierer und Kompressoren werden in der AIG-Darstellung durch eine spezielle Reverse-Engineering-Technik identifiziert. Diese Blöcke erleichtern die Erkennung von verschwindenden Monomen und beschleunigen die globale Rückwärtsumschreibung erheblich.

- **Entfernen Sie lokale verschwindende Monomere:** Verschwindende Monome, die eine der Hauptursachen für die Explosion von Monomen bei der Verifikation sind, werden erkannt und lokal entfernt. Infolgedessen wird die globale Rückwärtsumschreibung ohne Verschwinden von Monomen durchgeführt.

- **Dynamische Rückwärtsumschreibung:** Die Reihenfolge der polynomiellen Substitutionen wird während der globalen Rückwärtsumschreibung dynamisch festgelegt. Außerdem werden die schlechten Substitutionen, die die Größe der Zwischen-

Tab. 1: Ergebnisse der Verifikation der industriellen Multiplizierer

Source	Size	#Nodes	Run-times (seconds)		
			RevSCA-2.0	Commercial	State-of-the-arts
Synopsys DesignWare Library	16 × 16	2,432	0.25	40.00	T.O.
	32 × 32	7,240	1.79	T.O.	T.O.
	48 × 48	16,086	13.13	T.O.	T.O.
	64 × 64	27,658	41.24	T.O.	T.O.
	96 × 96	61,180	366.082	T.O.	T.O.
	128 × 128	106,949	1,468.01	T.O.	T.O.
	160 × 160	166,492	3,813.43	T.O.	T.O.
	192 × 192	238,920	8,393.28	T.O.	T.O.
	256 × 256	422,077	26,117.7	T.O.	T.O.
EPFL mul.	64 × 64	27,190	52.07	T.O.	T.O.

T.O.: Time-Out

polynome drastisch erhöhen, wiederhergestellt. Dadurch wird es möglich, die Größe der Zwischenpolynome zu kontrollieren.

Die vorgeschlagene Methode, die die drei vorgenannten Techniken umfasst, ist in dem SCA-basierten Prüfprogramm RevSCA-2.0 implementiert. Das Werkzeug empfängt einen ganzzahliger Multiplizierer auf Gatterebene, der keine hierarchischen Informationen enthält, und prüft seine Korrektheit. RevSCA-2.0 unterstützt die Verifikation verschiedener strukturell komplexer Multiplizierer, einschließlich optimierter und industrieller Designs.

Tab. 1 zeigt die Ergebnisse der Verifikation von industriellen Multiplizierern mit RevSCA-2.0 und anderen modernen Verifikationsverfahren. Während RevSCA-2.0 die Verifikation von hochkomplexen industriellen Designs unterstützt, versagen die anderen Methoden völlig.

3.2 Fehlersuche

Wenn eine formale Verifikation beweist, dass eine arithmetische Schaltung fehlerhaft ist, werden die Lokalisierung und die Behebung von Fehlern zu den wichtigsten nachfolgenden Aufgaben. Obwohl der Verifikation von arithmetischen Schaltungen, einschließlich ganzzahliger Multiplizierer, große Aufmerksamkeit geschenkt wurde, ist die Zahl der Forschungsarbeiten zur Fehlersuche bei arithmetischen Schaltungen sehr begrenzt. Kürzlich haben Forscher versucht, SCA bei der Fehlersuche in ganzzahliger Multiplizierer einzusetzen.

Dabei wird der Null verschiedene Rest am Ende der Rückwärtsumschreibung genutz, um Fehler zu lokalisieren und zu beheben. Allerdings is diese Methode in vielen Fällen nicht anwendbar:

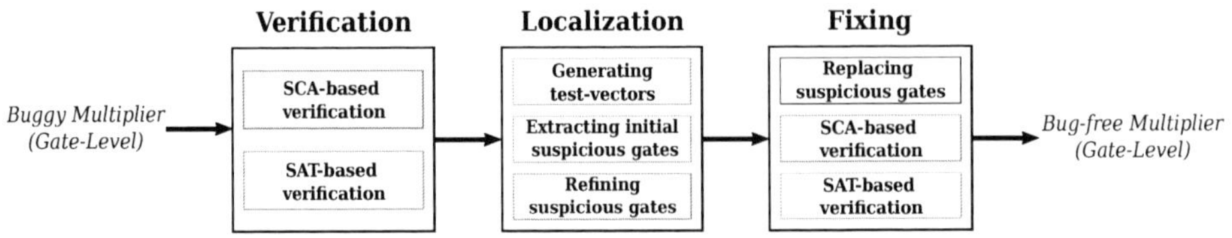

	Verification	Localization	Fixing	
Buggy Multiplier (Gate-Level) →	SCA-based verification / SAT-based verification	Generating test-vectors / Extracting initial suspicious gates / Refining suspicious gates	Replacing suspicious gates / SCA-based verification / SAT-based verification	→ Bug-free Multiplier (Gate-Level)

Abb. 2: vorgeschlagener Ablauf der Fehlersuche

- Misserfolg bei der Fehlersuche in fehlerhaften Architekturen, wenn der Fehler die Ausbreitung von verschwindenden Monomen auf den Restwert verursacht. Infolgedessen wird die Fehlerlokalisierung mit Hilfe des Restes unmöglich.

- Misserfolg bei der Fehlersuche in fehlerhaften Multiplizierern, wenn der Fehler nicht in der Nähe der Primäreingänge liegt. Der Fehler fügt der Rückwärtsumschreibung mehrere neue Monomiale hinzu, was schließlich zu einer Explosion der Anzahl der Monomiale führt.

Daher können die SCA-basierten Fehlersuchmethoden nur in sehr begrenzten Fällen zur Lokalisierung und Behebung von Fehlern verwendet werden. Das Fehlen eines vollständigen automatisierten Prozesses zur Fehlersuche bei Multiplizierern ist ein ernsthaftes Problem, da die manuelle Fehlersuche sehr zeit- und kostenaufwendig ist. **In dieser Arbeit wird ein komplettes Fehlerfindungsverfahren auf der Grundlage von SCA und SAT entwickelt, um Fehler sowohl in strukturell einfachen als auch in komplexen Multiplizierern zu lokalisieren und zu korrigieren, unabhängig davon, wo sich die Fehler befinden (Paper II).**

Die vorgeschlagene Methode deckt den kompletten Prozess der Fehlersuche ab, bestehend aus Verifikation, Lokalisierung und Behebung. Jede Aufgabe wird durch eine Kombination von SCA und SAT ausgeführt, um die Leistung zu maximieren und die Probleme der reinen SCA-basierten Fehlersuche zu vermeiden. Abb. 2 stellt unseren vorgeschlagenen Prozess der Fehlersuche vor, der aus drei Hauptaufgaben (d.h. Verifikation, Lokalisierung und Behebung) und mehreren Unteraufgaben besteht. Die Teilaufgaben in den blauen Kästen werden von SCA ausgeführt, während die Teilaufgaben in den roten Kästen von SAT ausgeführt werden. Die Fehlersuchmethode kann Fehler in einer Vielzahl von strukturell komplexen Multiplizierern auf Gatterebene lokalisieren und beheben, unabhängig davon, wo sich die Fehler befinden.

3.3 Komplexität

Die Leistung formaler Verifikationsmethoden wird in der Regel durch experimentelle Bewertungen beurteilt. Forscher berichten über die Laufzeit und den Speicherverbrauch der von ihnen vorgeschlagenen Methoden, wenn sie auf verschiedene Benchmarks angewendet werden. Ohne die Berechnung der Zeit- und Raumkomplexität ist es jedoch unmöglich, die Skalierbarkeit einer formalen Verifikationsmethode zu garantieren. Insbesondere ist es bei einigen Anwendungen entscheidend, dass eine formale Methode die Verifikation eines bestimmten Entwurfs in polynomialer Zeit und auf polynomialem Raum unterstützt. Die Implementierung von Systemen (z.b. CPUs), die in polynomieller Zeit vollständig verifizierbar sind, ist eines der neuen Forschungsgebiete im Bereich der Verifikation. Leider sind die Zeit- und Raumkomplexitäten vieler formaler Methoden unbekannt, wenn es um die Verifikation ganzzahliger Multiplizierer geht. In einigen Fällen ist es sogar unmöglich, die Komplexität zu berechnen, da einige Verifikationsmethoden Heuristiken in ihrem Ablauf nutzen. Daher können sie nicht verwendet werden, wenn eine polynomielle Verifikation gewährleistet werden muss. **In dieser Arbeit analysieren wir die Leistungsfähigkeit der SCA-basierten Verifikation für strukturell komplexe Multiplizierer und bestimmen die notwendigen Bedingungen, um eine polynomielle Verifikation zu gewährleisten (Beitrag III).** Wir beweisen theoretisch, dass die Verifikation mit SCA und BDD in polynomialem Raum und in polynomialer Zeit durchgeführt werden kann, wenn die Architektur des Multiplizierers sauber (nicht optimiert) ist und die Entwurfshierarchie verfügbar ist.

Der von uns vorgeschlagene SCA-Prüfer RevSCA-2.0 prüft eine breite Palette von sauberen und unsauberen (optimierten) Multiplizierern, ohne Informationen über die Entwurfshierarchie zu haben. Seine Komplexität kann jedoch aufgrund einiger Heuristiken in seinem Ablauf nicht berechnet werden. Daher ist es nicht anwendbar, wenn eine polynomiale formale Verifikation Pflicht ist. Um die polynomiale Verifikation zu gewährleisten, sind zwei wichtige Bedingungen erforderlich: die Architektur ist sauber (nicht optimiert) und die Entwurfshierarchie ist verfügbar. Wenn diese Bedingungen erfüllt sind, kann die letzte Stufe eines Multiplizierers mit BDD-basierter Äquivalenzprüfung verifiziert werden. Dann wird er durch einen Carry-Ripple-Addierer ersetzt und die Korrektheit des neuen strukturell einfachen Multiplizierers wird durch SCA sichergestellt. Auf diese Weise können wir die Raum- und Zeitkomplexität für verschiedene Architekturen berechnen und eine polynomiale Verifikation gewährleisten.

4 Fazit

Im Jahr 1970 hatte ein Intel 4004 Prozessor 2.250 Transistoren. Er konnte nur eine begrenzte Anzahl von Befehlen unterstützen und arbeitete mit einer sehr niedrigen Frequenz. Heutzutage sind die digitalen Schaltungen jedoch viel größer und bestehen manchmal sogar aus Milliarden von Transistoren. Außerdem werden sie in der Regel auf der Grundlage anspruchsvoller Algorithmen entwickelt, was zu schnellen, aber komplexen Architekturen führt. Die große Größe und die hohe Komplexität moderner digitaler Schaltungen machen sie in den verschiedenen Entwurfsphasen extrem fehleranfällig. Die Implementierung und Produktion fehlerhafter Schaltungen kann zu einer Katastrophe führen, die enorme finanzielle Verluste verursacht und Menschenleben gefährdet. Folglich ist die formale Verifikation eine wichtige Aufgabe, um die Korrektheit einer digitalen Schaltung sicherzustellen.

Diese Arbeit [Ma22] befasst sich mit der anspruchsvollen Aufgabe, strukturell komplexe Multiplizierer zu verifizieren. Der Schwerpunkt dieser Arbeit lag insbesondere auf der Erreichung von drei Zielen: 1) Erweiterung der grundlegenden SCA-basierten Verifikation, um die Herausforderungen des Korrektheitsnachweises von strukturell komplexen

Multiplizierern zu bewältigen, 2) die Kombination von SCA und SAT zur Lokalisierung und Behebung von Fehlern in strukturell komplexen Multiplizierern, und 3) Analyse der Leistung von SCA und Bestimmung der notwendigen Bedingungen, um die polynomiale Verifikation von strukturell komplexen Multiplizierern zu gewährleisten.

Um den ersten Beitrag (d.h. die Verifikation) zu leisten, haben wir SCA mit drei neuen Techniken erweitert und verbessert. Diese Techniken sind in dem SCA-basierten Verifizierer RevSCA-2.0 implementiert. RevSCA-2.0 kann ein breites Spektrum strukturell komplexer Multiplizierer verifizieren, einschließlich hoch optimierter industrieller Designs. Um den zweiten Beitrag (d.h. die Fehlersuche) zu erreichen, haben wir einen vollständigen Prozess zur Fehlersuche entwickelt, der Fehler in Multiplizierern lokalisieren und beheben kann. Um den dritten Beitrag (Komplexität) zu leisten, haben wir eine Verifikation entwickelt, die SCA und BDDs integriert, um strukturell komplexe Multiplizierer in polynomieller Zeit und Raum zu verifizieren.

Literaturverzeichnis

[Ma22] Mahzoon, Alireza: Formal Verification of Structurally Complex Multipliers. Dissertation, University of Bremen, 2022.

Alireza Mahzoon erhielt seinen Dr.-Ing. in Informatik von der Universität Bremen im Jahr 2022. Er blieb als Post-Doktorand in der Gruppe für Rechnerarchitektur (Leitung: Prof. Dr. Rolf Drechsler) an der Universität Bremen. Im Dezember 2022 wurde er leitender Ingenieur bei Infineon Technologies, München, Deutschland. Er veröffentlichte mehrere Beiträge auf internationalen Konferenzen und in Fachzeitschriften, wie DATE, ICCAD, DAC und TCAD. Sein derzeitiges Forschungsinteresse gilt der formalen Verifikation und der Fehlersuche in arithmetischen Schaltungen mit Schwerpunkt auf hochkomplexen und industriellen Multiplizierern. Er erhielt den Preis für das beste Paper auf der ICCAD 2018.

Von komplexen Sätzen zu einer formalen semantischen Repräsentation mittels syntaktischer Textvereinfachung und Open Information Extraction[1]

Christina Niklaus[2]

Abstract: Moderne Systeme, die sich mit Inferenzen in Texten beschäftigen, benötigen automatisierte Methoden zur Extraktion von Bedeutungsrepräsentationen aus großen Textkorpora. Open Information Extraction (IE) ist eine führende Methode, um sämtliche in einem Text vorhandenen Relationen zu extrahieren. Open-IE-Ansätze haben sich im Laufe der Jahre weiterentwickelt, um Beziehungen zu erfassen, die über einfache Subjekt-Prädikat-Objekt-Tripel (SPO) hinausgehen. Dabei ist jedoch ein genauerer Blick auf die Extraktion von Verknüpfungen zwischen Klausen und Phrasen innerhalb eines komplexen Satzes vernachlässigt worden. Um diese Lücke zu schließen, wird ein neuartiges Open-IE-Framework vorgestellt, das komplexe Textdaten in eine leichtgewichtige semantische Repräsentation in Form von normalisierten und kontextwahrenden relationalen Tupeln transformiert. Das Framework nutzt einen diskursorientierten Ansatz, um komplexe Sätze in eine semantische Hierarchie von Minimalaussagen zu überführen. Diese weisen eine kanonische SPO-Struktur auf, wodurch die Extraktion von relationalen Tupeln erleichtert wird, was zu einer verbesserten Genauigkeit (engl. *"precision"*) (bis zu 32%) und einer höheren Erkennungsrate (engl. *"recall"*) (bis zu 30%) der extrahierten Relationen in einem großen Benchmark-Korpus führt. Darüber hinaus wird der semantische Kontext der extrahierten Tupel in Form von rhetorischen Strukturen und hierarchischen Beziehungen erfasst. Auf diese Weise wird die oberflächliche semantische Darstellung aktueller Open-IE-Systeme mit zusätzlichen Metainformationen angereichert und so wichtige Kontextinformationen bewahrt, die zur Extraktion von korrekten, aussagekräftigen und kohärenten relationalen Tupeln erforderlich sind.

1 Einführung

Nach Angaben des Weltwirtschaftsforums wird die täglich weltweit generierte Datenmenge bis zum Jahr 2025 voraussichtlich 463 Exabyte erreichen, wobei ein Großteil dieser Daten in Form von unstrukturiertem Text vorliegt.[3] Um diese Daten effektiv nutzen zu können, müssen sie in ein strukturiertes Format überführt werden, das von Maschinen gelesen und analysiert werden kann. Open IE ist eine führende Methode zur Transformation unstrukturierter Informationen in eine strukturierte Repräsentation in Form von Prädikaten und zugehörigen Argumenten. Diese bilden die grundlegenden Komponenten einer semantischen Darstellung eines Satzes und ermöglichen die automatische Verarbeitung der Daten. Die vorliegende Dissertation befasst sich daher mit der Frage, wie unstrukturierte Textdaten in Form von komplexen Sätzen in eine formale semantische Repräsentation überführt werden können, die von Maschinen interpretiert werden kann.

---
[1] Englischer Titel der Dissertation: "From Complex Sentences to a Formal Semantic Representation using Syntactic Text Simplification and Open Information Extraction" [Ni22]
[2] Universität Passau & Universität St.Gallen, christina.niklaus@unisg.ch
[3] https://www.weforum.org/agenda/2019/04/how-much-data-is-generated-each-day-cf4bddf29f/

Forschungslücken Diese Arbeit wird durch folgende Beobachtungen motiviert:

- *Fehlende Beziehungen und inkorrekte Extraktionen*: Lange, verschachtelte Satzstrukturen stellen ein großes Problem für Open-IE-Anwendungen dar. Studien haben gezeigt, dass die Erfassung von Relationen, die sich über solch komplexe Strukturen erstrecken oder in nicht-kanonischer Form vorliegen, eine schwierige Aufgabe ist, weshalb diese Beziehungen von den derzeitigen Ansätzen oft übersehen oder inkorrekt extrahiert werden.
- *Fehlender Kontext*: Bisherige Arbeiten im Bereich Open IE haben sich hauptsächlich auf die Extraktion isolierter relationaler Tupel konzentriert. Unter Vernachlässigung des kohäsiven Charakters von Texten, in denen wichtige Kontextinformationen über Klausen oder Sätze hinweg verteilt sind, generieren aktuelle Open-IE-Ansätze in der Regel nur eine unzusammenhängende Menge von Tupeln und damit unvollständige, uninformative oder inkohärente Extraktionen.

Beiträge Um diese Einschränkungen zu überwinden, haben wir ein Open-IE-Framework entwickelt, das komplexe Textdaten in eine neuartige leichtgewichtige semantische Repräsentation in Form von normalisierten und kontextwahrenden relationalen Tupeln transformiert. Mit unserer Arbeit leisten wir einen doppelten Beitrag: (1) Wir präsentieren einen diskursorientierten Ansatz zur Zerlegung von Sätzen, der eine semantische Hierarchie von syntaktisch vereinfachten Propositionen erstellt. Mit Hilfe klausaler und phrasaler Zerlegungsmechanismen werden komplexe Ausgangssätze in kleinere Einheiten mit einer kanonischen Syntax untergliedert. Die daraus resultierende normalisierte SPO-Struktur der vereinfachten Sätze kann von Open-IE-Anwendungen leichter verarbeitet werden. Dadurch wird die Komplexität bei der Bestimmung von Prädikat-Argument-Strukturen reduziert, was zu einer verbesserten Genauigkeit und höheren Erkennungsrate der extrahierten relationalen Tupel führt. (2) Um die Extraktion aussagekräftiger Tupel zu unterstützen, die eine sinngetreue Interpretation in nachgelagerten Anwendungen ermöglichen, führen wir eine Methode ein, die den vereinfachten Sätzen eine semantische Ebene hinzufügt, indem sie den semantischen Kontext und die Beziehungen zu anderen Einheiten in Form von rhetorischen Beziehungen erfasst. Diese Repräsentation wird anschließend verwendet, um relationale Tupel in ihrem semantischen Kontext zu extrahieren und so die Ausgabe aktueller Open-IE-Systeme mit zusätzlichen Metainformationen anzureichern, wodurch wichtige Kontextinformationen der extrahierten relationalen Tupel gewahrt werden. Auf diese Weise erhalten wir eine innovative leichtgewichtige semantische Repräsentation für Open IE, die die Extraktion von korrekten, aussagekräftigen und kohärenten Tupeln unterstützt.

2 Diskursorientierte Zerlegung komplexer Satzstrukturen

In einem ersten Schritt wird ein diskursorientierter Ansatz zur Zerlegung komplexer Sätze vorgestellt. Dieser wandelt Sätze, die eine komplexe Struktur aufweisen, in eine semantische Hierarchie von syntaktisch vereinfachten Minimalaussagen um. Das Framework unterscheidet sich von bisherigen Ansätzen durch einen linguistisch fundierten Transformationsprozess, der unter Verwendung von klausalen sowie phrasalen Zerlegungsmechanismen komplexe englische Sätze in atomare Aussagen mit einer kanonischen SPO-Struktur überführt. Dabei nimmt es einen Satz als Eingabe entgegen und führt einen rekursiven Transformationsprozess auf der Grundlage von 35 manuell definierten Grammatikregeln durch, die aus der Struktur von Sätzen abgeleitete syntaktische und lexikalische Merkmale kodieren. Jede Regel spezifiziert, (i) wie die Eingabe in syntaktisch vereinfachte Sätze zu zerlegen ist und (ii) wie eine kontextuelle Hierarchie zwischen den aufgespaltenen Komponenten aufzubauen und die semantische Beziehung zwischen ihnen zu ermitteln ist.

2.1 Auflösen komplexer Satzstrukturen: Zerlegung in Minimalaussagen

Komplexe verschachtelte Satzstrukturen stellen eine große Herausforderung für Open-IE-Anwendungen dar. Experimente haben gezeigt, dass es schwierig ist, Beziehungen zu erfassen, die sich über diese Strukturen hinweg erstrecken oder in nicht standardmäßiger Form vorliegen. Daher werden solche Beziehungen von aktuellen Ansätzen häufig übersehen oder inkorrekt extrahiert. Um dieser Einschränkung entgegenzuwirken, stellen wir einen Ansatz zur Textvereinfachung (engl. *"Text Simplification"*, TS) vor, der darauf abzielt, die Struktur komplexer Sätze zu vereinfachen, indem sie in atomare Einheiten zerlegt werden, die jeweils eine kanonische SPO-Struktur aufweisen. Dabei müssen die resultierenden vereinfachten Sätze folgende Eigenschaften besitzen: (i) syntaktische Korrektheit, (ii) semantische Korrektheit und (iii) Minimalität.

TRANSFORMATIONSREGEL	TREGEX-MUSTER	EXTRAHIERTER SATZ
Extraktor für koordinierte Verbphrasen	ROOT <<: (S < (NP $.. (VP < +(VP) (VP > VP ?$.. CC & $.. **VP**))))	NP + **VP**.
Extraktor für dem Hauptsatz nachgestellte Adverbialsätze	ROOT <<: (S < (NP $.. (VP < +(VP) (SBAR < (S < (NP $.. *VP*))))))	S < *(NP $.. VP)*.

Tab. 1: Eine Auswahl von Transformationsregeln. Ein fettgedrucktes Muster repräsentiert denjenigen Teil des Eingabesatzes, der extrahiert und in einen eigenständigen Satz umformuliert wird. Das umrahmte Muster verweist auf seinen Referenten. Ein unterstrichenes Muster (durchgezogene Linie) wird aus dem verbleibenden Teil der Eingabe gelöscht. Das mit einer gepunkteten Linie unterstrichene Muster dient als Schlagwortphrase für die Identifizierung der rhetorischen Beziehung. Ein kursives Muster wird als Kontextsatz gekennzeichnet.

Während die ersten beiden Eigenschaften vergleichsweise einfach zu charakterisieren sind, erfordert letztere eine genauere Definition. Wir haben daher eine umfassende linguistische Analyse durchgeführt, um die Eigenschaft der Minimalität sowohl auf syntaktischer[4] als auch semantischer[5] Ebene detailliert zu spezifizieren. Auf der Grundlage dieser Analyse haben wir dann insgesamt 35 linguistisch fundierte Grammatikregeln für die Zerlegung klausaler und phrasaler Komponenten und deren Umwandlung in eigenständige Sätze definiert. Zwei Beispiele für solche Transformationsregeln sind in Tabelle 1 zu finden.

---

[4] Aus syntaktischer Sicht ist ein Minimalsatz ein einfacher Satz, der auf seine wesentlichen Bestandteile reduziert wurde, d.h. auf diejenigen Elemente, die Teil seines Satztyps sind.
[5] Semantisch betrachtet kann ein Minimalsatz als eine Aussage verstanden werden, die ein einzelnes Ereignis beschreibt, das aus einem Prädikat und seinen zugehörigen Kernargumenten besteht.

Die Transformationsregeln definieren sowohl die Punkte, an denen ein Satz aufzuspalten ist, als auch die zur Rekonstruktion grammatikalisch korrekter Sätze erforderlichen Umformulierungen. Jede Regel nimmt den Parsebaum eines Satzes als Eingabe entgegen und spezifiziert ein Muster, das im Falle einer Übereinstimmung bestimmte Konstituenten aus dem Baum extrahiert. Die segregierten Komponenten sowie die verbleibenden Elemente werden anschließend in syntaktisch wohlgeformte, eigenständige Sätze transformiert. Zum besseren Verständnis des Zerlegungsverfahrens ist in Abbildung 1 das Ergebnis des ersten Transformationsschrittes für den Beispielsatz aus Abbildung 2 dargestellt.

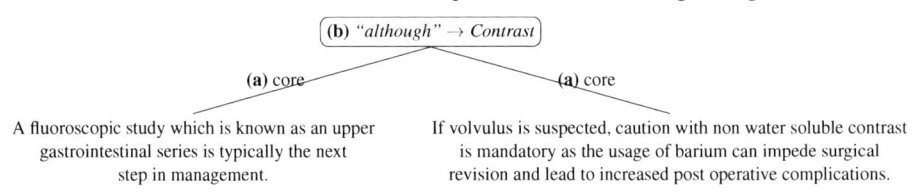

```
                    (b) "although" → Contrast
                    /                        \
              (a) core                    (a) core
A fluoroscopic study which is known as an upper      If volvulus is suspected, caution with non water soluble contrast
   gastrointestinal series is typically the next        is mandatory as the usage of barium can impede surgical
              step in management.                    revision and lead to increased post operative complications.
```

Abb. 1: Semantische Hierarchie nach dem ersten Transformationsdurchgang.

Beiträge Mit der Satzteilung wird eine Operation adressiert, die im Bereich der Textvereinfachung noch weitgehend unerforscht ist. Darüber hinaus wird die Aufgabe der Zerlegung von Sätzen erstmalig um das Konzept der Minimalität erweitert, einschließlich einer detaillierten Spezifikation dieser Eigenschaft sowohl auf syntaktischer als auch semantischer Ebene. Außerdem wird eine systematische Analyse der syntaktischen Phänomene komplexer Satzkonstruktionen durchgeführt, deren Ergebnis in einem Satz von 35 linguistisch begründeten Vereinfachungsregeln materialisiert wird. Schließlich hat eine umfassende Evaluierung unter Einbeziehen aktueller TS-Systeme gezeigt, dass der hier präsentierte Ansatz den Stand der Technik im Bereich der strukturellen Textvereinfachung übertrifft und zu einer vereinfachten Ausgabe führt, die weitgehend grammatikalisch korrekt ist, aus atomaren Sätzen besteht und die Bedeutung der Eingabe bewahrt.

2.2 Einbeziehen von Kontextinformationen: Aufbau einer semantischen Hierarchie

Wenn komplexe Eingabesätze in eine Abfolge selbstständiger Propositionen ohne Beibehaltung ihres semantischen Kontexts zerlegt werden, kann dies dazu führen, dass inkohärente Aussagen entstehen, denen Kontextinformationen fehlen. Diese sind für eine korrekte Interpretation jedoch erforderlich. Daher können solche isolierten Aussagen leicht zu falschen Schlussfolgerungen in nachgelagerten Open-IE-Anwendungen führen. Um dieser Herausforderung zu begegnen, entwickeln wir eine neuartige kontextwahrende Repräsentation, die eine semantische Ebene über die vereinfachten Sätze legt, indem sie eine semantische Hierarchie zwischen ihnen aufbaut. Zu diesem Zweck wird die Diskursstruktur eines Satzes bestimmt durch (i) das Errichten einer kontextuellen Hierarchie zwischen den aufgespaltenen Komponenten und (ii) die Identifizierung rhetorischer Beziehungen, die zwischen ihnen bestehen.

Aufbau einer kontextuellen Hierarchie Um die Kohärenz der zerlegten Einheiten zu wahren, wird eine kontextuelle Hierarchie zwischen den aufgespaltenen Sätzen aufgebaut. Hierfür werden sie mit Informationen über ihren Konstituententyp verbunden, die die relative Wichtigkeit des in der jeweiligen Proposition ausgedrückten Inhalts angeben: Zwei Texteinheiten gleicher Relevanz werden als *Kernsätze* (engl. *"core"*) bezeichnet; dasselbe gilt für Einheiten, die die Hauptaussage der Eingabe widerspiegeln. Im Gegensatz dazu werden Aussagen, die eine Hintergrundinformation liefern, als *Kontextsätze* (engl. *"context"*) bezeichnet. Um zwischen diesen beiden Arten von Konstituenten zu unterscheiden, kodieren die Transformationsregeln eine syntaxbasierte Methode, bei der untergeordnete Klausen und Phrasen als Kontextsätze klassifiziert werden, während ihre übergeordneten Gegenstücke sowie koordinierte Klausen und Phrasen als Kernsätze bezeichnet werden.[6] Dieser Ansatz ermöglicht die Unterscheidung zwischen Schlüsselinformationen, die die Kernaussage der Eingabe enthalten, und Kontextinformationen, die Zusatzinformationen liefern, was zu einer zweistufigen hierarchischen Darstellung in Form von Kernfakten und begleitenden Kontextinformationen führt.

Bewahren der semantischen Beziehungen Um die semantischen Beziehungen zwischen den zerlegten Komponenten aufrechtzuerhalten, werden die rhetorischen Relationen, die zwischen den vereinfachten Sätzen bestehen, identifiziert und klassifiziert. Dabei werden sowohl syntaktische als auch lexikalische Merkmale, die in den Transformationsregeln kodiert sind, verwendet. Lexikalische Merkmale werden basierend auf der Arbeit von [KD94] aus dem Parsebaum in Form von Schlagwörtern bzw. -phrasen extrahiert. Anhand einer vordefinierten Liste von rhetorischen Stichwörtern [TD13] werden dann die Arten von rhetorischen Beziehungen ermittelt. Die zweite Regel in Tabelle 1 gibt beispielsweise an, dass im Beispielsatz aus Abbildung 1 *"although"* (dt. *"obwohl"*) als Stichwort dient, welches auf eine *Gegensatz*-Beziehung abgebildet wird (siehe (b)). Darüber hinaus sind einige der Regeln explizit darauf ausgelegt, ausgewählte rhetorische Beziehungen zu identifizieren, die stark auf syntaktischen Merkmalen beruhen, darunter die Beziehungen *"Zweck"* und *"Zuschreibung"*. In einem solchen Fall wird kein Schlagwort extrahiert. Stattdessen erfolgt die Bestimmung der zugehörigen rhetorischen Relation anhand der Struktur des Parsebaums.

Verknüpfter Propositionsbaum als Ergebnis Abbildung 1 zeigt das Ergebnis des ersten Transformationsdurchgangs für den Beispielsatz aus Abbildung 2, bei dem eine semantische Hierarchie zwischen dem aufgegliederten Satzpaar aufgebaut wird. Die resultierenden Blattknoten werden anschließend rekursiv in einem Top-down-Ansatz weiter

---

[6] Dabei sind jedoch zwei Ausnahmen zu beachten. Im Falle einer Zuschreibung (z. B. *"Obama noted that he would resign his Senate seat."*) wird die untergeordnete Klause, die die Schlüsselinformation des Ausgangssatzes enthält (*"He would resign his Senate seat."*), mit einem Kernlabel versehen, während die übergeordnete Klause, die die sich äußernde Entität benennt (*"Obama announced"*), als Kontextinformation gekennzeichnet wird, da sie als weniger relevant angesehen wird. Darüber hinaus werden bei der Zerlegung von Adverbialsätzen des Gegensatzes (engl. *"Contrast"*) sowohl die über- als auch die untergeordnete Klause als Kernsatz gekennzeichnet (siehe (a) in Abbildung 1). Dies erfolgt in Übereinstimmung mit der Rhetorischen Strukturtheorie (RST) [MT88], bei der Textabschnitte, die in einer Gegensatz-Beziehung stehen, beide als Kern angesehen werden.

vereinfacht und damit schrittweise in ihre grundlegenden semantischen Bausteine mit einer kanonischen SPO-Struktur zerlegt. Wenn keine der Transformationsregeln mehr mit den vereinfachten Sätzen übereinstimmt, hält der Algorithmus an und gibt den generierten verknüpften Propositionsbaum (engl. *"Linked Proposition Tree"*, *LPT*) aus. Der finale Baum unseres Beispiels ist im oberen Teil von Abbildung 2 zu sehen. Seine Blattknoten repräsentieren die im Zuge des Transformationsprozesses generierten minimalen Propositionen *prop* $\in$ *PROP*. Interne Knoten werden durch Kästchen dargestellt, die den Konstituententyp sowie die identifizierte rhetorische Relation *rel* $\in$ *REL* enthalten, die die zugehörigen Sätze miteinander verbindet. Jeder Knoten des Baumes ist durch eine Kante mit seinem Elternknoten verbunden, die ein Kern- oder Kontextlabel $c \in CL$ darstellt.

Beiträge Es wird eine feingranulare Darstellung komplexer Sätze erzeugt in Form von (i) hierarchisch geordneten und (ii) semantisch miteinander verknüpften Sätzen. Dies ist das erste Mal, dass syntaktisch komplexe Sätze innerhalb ihres semantischen Kontexts zerlegt werden, so dass eine neuartige kontextwahrende Repräsentation entsteht, die eine semantische Schicht über die vereinfachten Sätze legt.

3 Extraktion semantisch typisierter Relationen

In einem zweiten Schritt nutzen wir die semantische Hierarchie von Minimalaussagen für die *Extraktion semantisch typisierter relationaler Tupel*. Dieser Ansatz basiert auf der Idee, dass die feingranulare Repräsentation komplexer Aussagen in Form von hierarchisch geordneten und semantisch verknüpften Sätzen mit einer vereinfachten Syntax die Aufgabe von Open IE in zweierlei Hinsicht unterstützt: (1) Verbesserung der Genauigkeit und der Erkennungsrate der extrahierten Relationen und (2) Generieren einer kontextwahrenden Repräsentation durch das Anreichern der Ausgabe mit semantischen Informationen.

3.1 Anreichern der Ausgabe mit semantischen Informationen

Um semantisch typisierte relationale Tupel aus einem komplexen Satz zu extrahieren, wird nacheinander jede im vorherigen Schritt generierte minimale Proposition *prop* $\in$ *PROP* als Eingabe an das Open-IE-System gesendet, dessen Ausgabe mit semantischen Informationen angereichert werden soll. Nach der Identifikation der Prädikat-Argument-Strukturen in den vereinfachten Sätzen müssen die extrahierten relationalen Tupel nun auf ihren semantischen Kontext abgebildet werden. Dieser kann dem Propositionsbaum *LPT* in Form von semantischen Beziehungen *rel* $\in$ *REL* zwischen den aufgespaltenen Propositionen *prop* $\in$ *PROP* und ihrer hierarchischen Ordnung $c \in CL$ entnommen werden. Da Open-IE-Systeme oft mehr als ein relationales Tupel unterschiedlicher Granularität aus einem gegebenen vereinfachten Satz extrahieren, muss zunächst bestimmt werden, welches von ihnen die Hauptaussage des zugrunde liegenden Minimalsatzes darstellt. Diese Entscheidung wird auf Basis folgender Heuristik getroffen: Es wird angenommen, dass eine Extraktion die Hauptaussage eines Satzes verkörpert, wenn (1) das Hauptverb des Eingabesatzes in der relationalen Phrase *rel_phrase* des extrahierten Tupels enthalten ist (z. B.

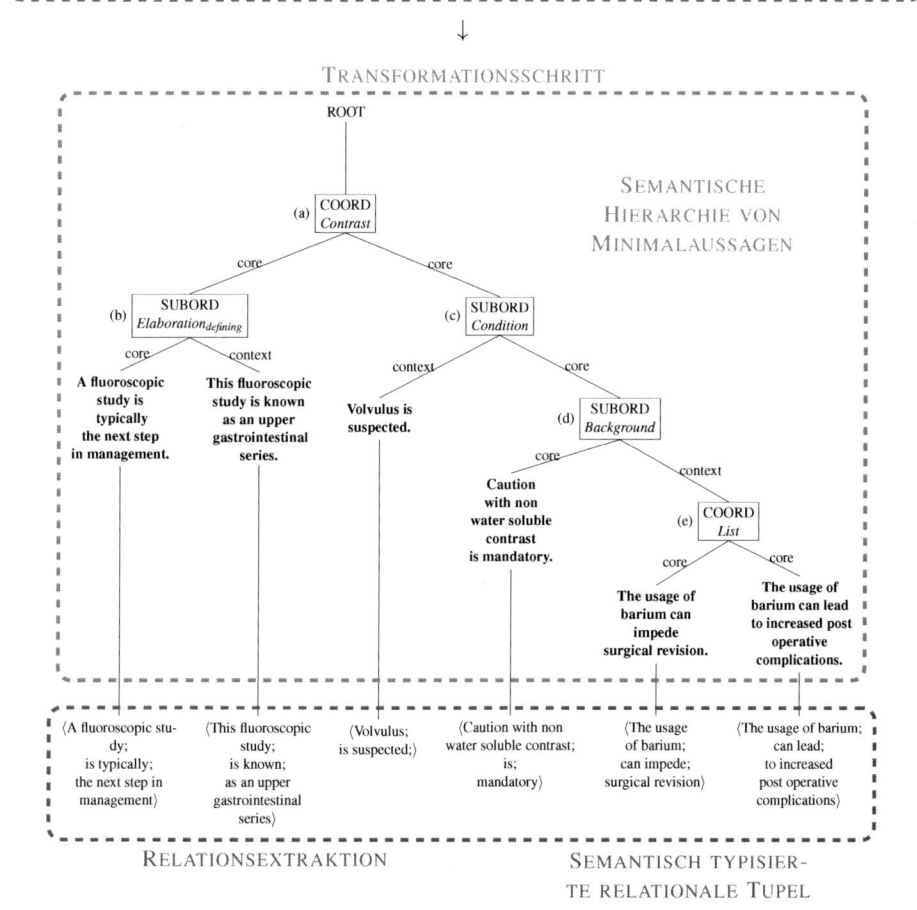

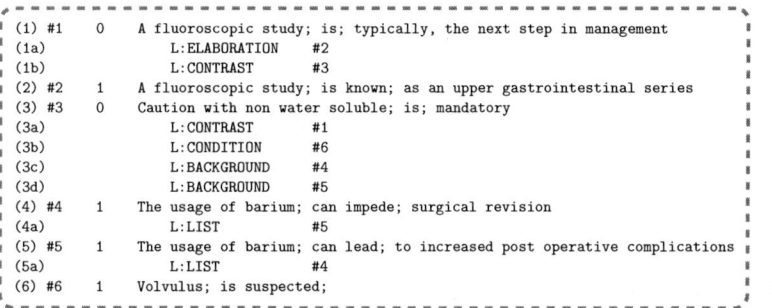

EINGABE: SATZ MIT KOMPLEXER SYNTAX

A fluoroscopic study which is known as an upper gastrointestinal series is typically the next step in management, although if volvulus is suspected, caution with non water soluble contrast is mandatory as the usage of barium can impede surgical revision and lead to increased post operative complications.

↓

TRANSFORMATIONSSCHRITT

ROOT

(a) COORD *Contrast*

SEMANTISCHE HIERARCHIE VON MINIMALAUSSAGEN

(b) SUBORD *Elaboration$_{defining}$*

(c) SUBORD *Condition*

A fluoroscopic study is typically the next step in management.

This fluoroscopic study is known as an upper gastrointestinal series.

Volvulus is suspected.

(d) SUBORD *Background*

Caution with non water soluble contrast is mandatory.

(e) COORD *List*

The usage of barium can impede surgical revision.

The usage of barium can lead to increased post operative complications.

⟨A fluoroscopic study; is typically; the next step in management⟩

⟨This fluoroscopic study; is known; as an upper gastrointestinal series⟩

⟨Volvulus; is suspected;⟩

⟨Caution with non water soluble contrast; is; mandatory⟩

⟨The usage of barium; can impede; surgical revision⟩

⟨The usage of barium; can lead; to increased post operative complications⟩

RELATIONSEXTRAKTION

SEMANTISCH TYPISIERTE RELATIONALE TUPEL

↓

```
(1) #1  0  A fluoroscopic study; is; typically, the next step in management
(1a)       L:ELABORATION    #2
(1b)       L:CONTRAST       #3
(2) #2  1  A fluoroscopic study; is known; as an upper gastrointestinal series
(3) #3  0  Caution with non water soluble; is; mandatory
(3a)       L:CONTRAST       #1
(3b)       L:CONDITION      #6
(3c)       L:BACKGROUND     #4
(3d)       L:BACKGROUND     #5
(4) #4  1  The usage of barium; can impede; surgical revision
(4a)       L:LIST           #5
(5) #5  1  The usage of barium; can lead; to increased post operative complications
(5a)       L:LIST           #4
(6) #6  1  Volvulus; is suspected;
```

AUSGABE: RDF REPRÄSENTATION

Abb. 2: TS-Open-IE-Pipeline. Ein komplexer Eingabesatz wird zunächst in eine semantische Hierarchie von Minimalpropositionen zerlegt. Diese dient Open-IE-Systemen anschließend als Grundlage zur Extraktion semantisch typisierter relationaler Tupel. Auf diese Weise werden komplexe Textdaten in eine neuartige leichtgewichtige Bedeutungsrepräsentation in Form von normalisierten und kontextwahrenden Prädikat-Argument-Strukturen überführt.

⟨*Volvulus*; *is suspected*; ⟩); oder (2) das Hauptverb des Eingabesatzes dem Objektargument arg_{obj} des extrahierten Tupels entspricht (z. B. ⟨*Volvulus*; *is*; *suspected*⟩).

Jede Extraktion, die eines der oben genannten Kriterien erfüllt, fungiert als Haupttupel *htuple(s)* des entsprechenden vereinfachten Satzes *s* und wird somit auf diesen abgebildet. Sobald die Zuordnung von Extraktionen zu den Minimalaussagen $prop \in PROP$ aus dem verknüpften Propositionsbaum *LPT* erfolgt ist, kann die kontextuelle Hierarchie $c \in CL$ sowie die semantische Beziehung $rel \in REL$, die zwischen einem Paar von zerlegten Satzeinheiten besteht, direkt auf die extrahierten relationalen Tupel übertragen werden. Auf diese Weise werden sie in den semantischen Kontext, der aus dem Ausgangssatz abgeleitet wurde, eingebettet. Extraktionen, die kein Haupttupel darstellen, werden verworfen. Das Ergebnis des Relationsextraktionsschritts ist im mittleren Teil von Abbildung 2 dargestellt.

Standardisiertes Open-IE-Ausgabeschema Die von einem Open-IE-System aus einer Menge vereinfachter Sätze extrahierten relationalen Tupel werden anschließend in eine leichtgewichtige Bedeutungsrepräsentation in Form von semantisch typisierten Prädikat-Argument-Strukturen umgewandelt. Ein binäres relationales Tupel $t \leftarrow (arg_{subj}, rel\_phrase, arg_{obj})$ wird dabei erweitert um (i) einen eindeutigen Bezeichner *id*, (ii) Informationen über die kontextuelle Hierarchie, die sog. *Kontextschicht cl*, sowie (iii) zwei Arten von semantisch klassifizierten Kontextargumenten, C_S (*einfache Kontextargumente*) und C_L (*verlinkte Kontextargumente*). Die aus einem komplexen Satz extrahierten Tupel werden damit als eine Menge von (id, cl, t, C_S, C_L)-Tupeln repräsentiert, wobei die *Kontextschicht cl* die hierarchische Ordnung von Kern- und Kontextfakten kodiert. Tupel der Kontextebene 0 enthalten die Kerninformationen eines Satzes, während Tupel der Kontextschicht $cl > 0$ Kontextinformationen über Extraktionen der Kontextebene $cl - 1$ bereitstellen. Beide Arten von Kontextargumenten, C_S und C_L, liefern semantisch klassifizierte Kontextinformationen über die in *t* ausgedrückte Aussage. Während ein einfaches Kontextargument $c_S \in C_S, c_S \leftarrow (s, rel)$ eine Texteinheit *s* enthält, die durch die semantische Beziehung *rel* klassifiziert ist, bezieht sich ein verlinktes Kontextargument $c_L \in C_L, c_L \leftarrow (id(z), rel)$ auf den Inhalt, der in einem anderen relationalen Tupel *z* wiedergegeben wird.

Die Bedeutungsrepräsentation des Beispielsatzes ist im unteren Teil von Abbildung 2 zu sehen. Relationale Tupel werden durch tabulatorgetrennte Zeichenfolgen repräsentiert, die den Identifikator *id*, die Kontextebene *cl* und die durch ein binäres relationales Tupel $t \leftarrow (arg_{subj}, rel\_phrase, arg_{obj})$ repräsentierte Kernextraktion (z. B. #1 und #2) spezifizieren. Kontextargumente (C_S und C_L) werden durch eine zusätzliche Einrückungsebene zu ihren übergeordneten Tupeln gekennzeichnet (z. B. #1a und #1b). Ihre Darstellung besteht aus einer Typzeichenkette und einem durch Tabulatoren getrennten Inhalt. Der Typ-String kodiert sowohl den Kontexttyp (S für ein einfaches Kontextargument $c_S \in C_S$ und L für ein verknüpftes Kontextargument $c_L \in C_L$) als auch die klassifizierte semantische Beziehung (z. B. *Ursache*, *Zweck*). Der Inhalt eines einfachen Kontextarguments ist eine einzelne Phrase (z. B. "*[This was] on August 6, 2009.*"), während der Inhalt eines verknüpften Kontextarguments der Bezeichner der jeweiligen Zielextraktion ist, der wiederum ein vollständiges relationales Tupel repräsentiert (z. B. #1a).

Beispiel Auf diese Weise kann jedes beliebige Open-IE-System das diskursorientierte TS-Framework nutzen, um seine Extraktionen mit semantischen Informationen anzureichern. Die semantisch typisierte Ausgabe, die von dem Open-IE-System RnnOIE [St18] bei Verwendung des Frameworks erzeugt wird, ist im unteren Teil von Abbildung 2 dargestellt. Im Vergleich dazu zeigt Abbildung 3 die Menge der von RnnOIE ausgegebenen Tupel, wenn es direkt mit dem komplexen Ausgangssatz arbeitet. In diesem Fall wird lediglich eine unzusammenhängende Anordnung von relationalen Tupeln generiert, die schwer zu interpretieren und damit anfällig für falsche Schlussfolgerungen sind, da sie den Kontext ignorieren, in dem eine Extraktion vollständig und korrekt ist. So ist es beispielsweise für ein korrektes Verständnis des Beispielsatzes wichtig, zwischen Informationen, die im Satz direkt festgestellt werden, und Informationen, die nur bedingt wahr sind, zu unterscheiden, wie z. B. im Falle der von der vorangestellten *if*-Klausel abhängigen Aussage *"caution with non water soluble contrast is mandatory."* Wie die in Abbildung 3 dargestellte Ausgabe zeigt, ist RnnOIE jedoch nicht in der Lage, diese Beziehung zu erfassen. Mit Hilfe der vom TS-Ansatz generierten semantischen Hierarchie kann die Ausgabe jedoch leicht mit Kontextinformationen angereichert werden, die es ermöglichen, die semantische Beziehung zwischen den extrahierten Relationen zu erfassen und somit ihre Interpretierbarkeit in nachgelagerten Anwendungen zu erhalten.

```
RnnOIE (eigenständig):
(1) (A fluoroscopic study; known; as an upper gastrointestinal series)
(2) (caution with non water soluble contrast; is; mandatory as the usage of barium)
(3) (as the usage; of barium can impede; surgical revision and lead)
(4) ( ; to increased; post operative complications)
```

Abb. 3: Von RnnOIE extrahierte relationale Tupel *ohne* Verwendung des TS-Ansatzes.

3.2 Verbessern der Genauigkeit und Erkennungsrate der extrahierten Relationen

In einer umfassenden vergleichenden Analyse aktueller Open-IE-Systeme auf zwei großen Open-IE-Benchmark-Korpora [SD16] [BAM19] wird gezeigt, dass die kanonische Struktur der vereinfachten Sätze die Extraktion von relationalen Tupeln erleichtert. Es wird eine um bis zu 32% höhere Genauigkeit erzielt, woraus sich schließen lässt, dass Open-IE-Systeme bei Verwendung des TS-Ansatzes in der Lage sind, fehlerhafte Extraktionen zu korrigieren. Die um bis zu 30% höhere Erkennungsrate zeigen darüber hinaus, dass nun Relationen, die zuvor aufgrund komplexer Strukturen von den Open-IE-Systemen übersehen wurden, erkannt und korrekt extrahiert werden.

4 Fazit

Diese Arbeit befasst sich mit der Herausforderung, unstrukturierte Textdaten in Form von komplexen Sätzen in eine formale semantische Repräsentation zu überführen, die von Maschinen interpretiert werden kann. Sie ist motiviert durch die Unzulänglichkeiten bestehender Open-IE-Systeme, die häufig (i) Beziehungen übersehen oder inkorrekte Extraktionen produzieren, wenn sie auf langen, verschachtelten Satzstrukturen arbeiten; und (ii) keine Kontextinformationen berücksichtigen, was zu unvollständigen, uninformativen oder inkohärenten Extraktionen führt. Um diese Einschränkungen zu überwinden, präsentieren wir ein Open-IE-Framework, das eine neuartige leichtgewichtige semantische Repräsentation in Form von normalisierten und kontextwahrenden relationalen Tupeln erstellt. Unser Ansatz leistet zwei wesentliche Beiträge. Erstens stellen wir eine diskursorientierte Methode zur Zerlegung komplexer Sätze vor, durch die die Komplexität der Extraktion von Relationen reduziert wird. Zweitens führen wir einen Ansatz ein, der den vereinfachten Sätzen eine semantische Ebene hinzufügt, indem er ihren semantischen Kontext erfasst, was zu einer informativeren Ausgabe führt, die wichtige Kontextinformationen der extrahierten relationalen Tupel bewahrt. Unser Framework stellt somit eine innovative Lösung für Open-IE dar, die die Extraktion von korrekten, aussagekräftigen und kohärenten relationalen Tupeln unterstützt.

Literaturverzeichnis

[BAM19] Bhardwaj, Sangnie; Aggarwal, Samarth; Mausam, Mausam: CaRB: A Crowdsourced Benchmark for Open IE. In: Proceedings of the 2019 Conference on Empirical Methods in Natural Language Processing and the 9th International Joint Conference on Natural Language Processing. ACL, Hong Kong, China, S. 6262–6267, November 2019.

[KD94] Knott, Alistair; Dale, Robert: Using linguistic phenomena to motivate a set of coherence relations. Discourse processes, 18(1):35–62, 1994.

[MT88] Mann, William C; Thompson, Sandra A: Rhetorical structure theory: Toward a functional theory of text organization. Text-Interdisciplinary Journal for the Study of Discourse, 8(3):243–281, 1988.

[Ni22] Niklaus, Christina: From Complex Sentences to a Formal Semantic Representation using Syntactic Text Simplification and Open Information Extraction. Dissertation, University of Passau, 2022.

[SD16] Stanovsky, Gabriel; Dagan, Ido: Creating a Large Benchmark for Open Information Extraction. In: Proceedings of the 2016 Conference on Empirical Methods in Natural Language Processing. ACL, Austin, Texas, S. 2300–2305, November 2016.

[St18] Stanovsky, Gabriel; Michael, Julian; Zettlemoyer, Luke; Dagan, Ido: Supervised Open Information Extraction. In: Proceedings of the 2018 Conference of the North American Chapter of the ACL. ACL, New Orleans, Louisiana, S. 885–895, Juni 2018.

[TD13] Taboada, Maite; Das, Debopam: Annotation upon Annotation: Adding Signalling Information to a Corpus of Discourse Relations. D&D, 4(2):249–281, 2013.

Christina Niklaus wurde 1987 in Schweinfurt geboren. Sie studierte Informatik an der Otto-Friedrich-Universität Bamberg, der Universität Passau und der ENSEEIHT Toulouse. Anschließend begann sie 2016 an der Universität Passau ihre Promotion in der von Prof. Siegfried Handschuh geleiteten Natural Language Processing and Semantic Computing Gruppe. Zwei ihrer insgesamt 20 Publikationen wurden ausgezeichnet (Best Survey Paper Award COLING 2018, Honourable Mention Award CHI 2020). 2022 schloss sie ihre Promotion an der Universität Passau mit Auszeichnung ab. Seit 2022 ist sie Assistenzprofessorin für Informatik mit Fokus auf Datenbanken und Data Engineering an der Universität St.Gallen.

Eine neurokognitive Perspektive auf Programmverständnis[1]

Norman Peitek[2]

Abstract: Programmverständnis ist der kognitive Prozess des Verstehens von Code, der nur mit erheblichen Schwierigkeiten zuverlässig beobachtet werden kann. Diese Dissertation bedeutet für Software-Engineering einen Fortschritt durch ein besseres Erfassen von Programmverständnis mit Hilfe von neuartigen human-bildgebenden Verfahren, wie die funktionelle Magnetresonanztomographie (fMRT). Dazu wird ein Framework für Experimente zum Programmverständnis, die mit Human-Bildgebung, Psychophysiologie, Eyetracking und Verhaltensmethoden durchgeführt werden, entwickelt. Dieses bietet eine detaillierte, objektive und multimodale Sicht auf das Programmverständnis. Zudem wird der zugrunde liegende kognitive Prozess des Programmverständnisses durch den Einsatz des aufgestellten Frameworks analysiert, insbesondere des effizienten Top-Down-Verstehens von Code. Zusätzlich wird die Kognition beim Programmieren mit gängigen Komplexitätsmetriken von Code verknüpft und im Zusammenhang ausgewertet. Insgesamt wird demonstriert, wie das entwickelte Framework und fMRT als Methode im Software-Engineering verwendet werden können, um in langjährigen Debatten objektive Daten zu bieten. Diese Dissertation bietet eine belastbare Grundlage für die weitere Untersuchung der neurokognitiven Perspektive auf das Gehirn von Programmierer*innen. Diese Perspektive ermöglicht eine kognitiv ausgerichtete Lehre, maßgeschneiderte Tools in der tagtäglichen Entwicklung von Software sowie eine objektivere Einschätzung von Fähigkeiten während des Einstellungsprozesses.

1 Einführung

Software ist ein fester Bestandteil der heutigen Welt mit einer immer wichtiger werdenden Bedeutung. In der Zukunft des Internets der Dinge werden Milliarden von Geräten mit dem Internet verbunden und mit von Menschen geschriebener Software betrieben. Das Gerätespektrum reicht von winzigen Sensoren bis hin zu riesigen Anlagen wie Kernkraftwerken. Das moderne Leben ist infolgedessen zunehmend von funktionierender und möglichst fehlerfreier Software abhängig. Deshalb ist die Pflege aller Software-Artefakte eine wichtige und große Herausforderung für das Software-Engineering.

Die entscheidende Bedeutung qualitativ hochwertiger Software wurde bereits vor vielen Jahrzehnten auf der NATO-SE-Konferenz erkannt, die als Gründungsmoment des Software-Engineerings galt. Software-Engineering ist die Disziplin, die auf eine korrektere, zuverlässigere und qualitativ hochwertigere Software hinarbeiten muss. Während die Software-Engineering-Forschung in vielen technischen Aspekten erhebliche Fortschritte gemacht hat, ist es uns immer noch nicht gelungen, unzählige menschliche Aspekte der Software-Engineering zu enträtseln. Wir haben insbesondere ein unzureichendes Verständnis der zugrunde liegenden kognitiven Prozesse, die Teil des Software-Engineering-Prozesses sind [Si20]. Ein Großteil der täglichen Arbeit beim Programmieren besteht darin, Software zu

---

[1] Englischer Titel der Dissertation: "A Neuro-Cognitive Perspective of Program Comprehension" [Pe22a]
[2] Universität des Saarlandes, E1.1, 66123 Saarbrücken, peitek@cs.uni-saarland.de

verstehen [MML15]. Dieser interne kognitive Prozess ist jedoch von Natur aus schwer zu messen, was zu erheblichen Wissenslücken führt. Ein weithin bekanntes Phänomen sind zum Beispiel "10xer". Das sind Programmierer*innen, die trotz ähnlicher Ausgangssituationen eine vielfache Produktivität ihrer Kolleg*innen zeigen. Wie unterscheiden sich ihre Denkprozesse, damit sie solche Leistungen erbringen können? Können wir diese Art von Fähigkeiten vermitteln? Um solche Fragen zu beantworten, fehlt uns aktuell noch das Verständnis der kognitiven Prozesse beim Programmieren.

In dieser Dissertation beleuchten wir den internen kognitiven Prozess des Programmverständnisses. Wir werden eine neue *neurokognitive* Perspektive auf Programmverständnis erforschen und evaluieren. Im Gegensatz zu herkömmlichen Messmethoden, die in den letzten Jahrzehnten verwendet wurden, ist die Untersuchung des Gehirns von Programmierer*innen ein vielversprechender Weg, zugrunde liegende kognitive Prozesse *objektiv* zu messen. Langfristig würde uns dies erlauben, entscheidende Fragen des Programmverständnisses systematisch anzugehen. Das Verstehen des Programmverständnisses wiederum führt zu einer besseren Ausbildung und Schulung von Programmierer*innen. Langfristig sind wir auch in der Lage, Programmiersprachen und Implementierungsansätze zu optimieren, damit sie besser dem menschlichen Verständnis von Software entsprechen.

1.1 Programmverständnis

Programmverständnis als grundlegender kognitive Prozess des Verstehens von Code ist wichtig zu erfassen, da der größte Teil der täglichen Arbeit damit verbracht wird. Aufgrund seiner Bedeutung beschäftigen sich Forschende seit Jahrzehnten mit dem Programmverständnis. Frühere Forschungen haben zu wertvollen Modellen des Programmverständnisses geführt, wie z. B. *Top-Down*-Verständnis und *Bottom-Up*-Verständnis. Viele Auswirkungen und Aspekte des Programmverständnisses sind trotz jahrzehntelanger Forschung jedoch immer noch unklar. Insbesondere wurde keine der entwickelten Theorien über Programmverständnis umfassend validiert. Trotz der bisherigen Theorien gibt es einen bemerkenswerten Mangel an robusten, quantifizierbaren Antworten auf kritische praktische Fragen im Bereich der Programmierung. Welche Implementierungsansätze (z.B. Rekursion oder Iteration) sollten beispielsweise zuerst gelehrt werden, damit neue Programmierer*innen Konzepte schneller verstehen?

Eine Herausforderung beim Erforschen von Programmverständnis besteht darin, dass es sich um einen komplexen kognitiven Prozess handelt, der von Natur aus schwer zu beobachten und objektiv zu messen ist. Herkömmliche Methoden wie das Beobachten des Programmiererverhaltens (z. B. Antwortzeit, Antwortkorrektheit) können Unterschiede zwischen Aufgaben, Teilnehmenden oder Teilnehmergruppen identifizieren, erklären jedoch häufig nicht, *warum* solche Unterschiede bestehen. Forschende müssen sich qualitativen Maßnahmen wie Interviews zuwenden, um Hypothesen aufzustellen, die die beobachteten Phänomene erklären. Dies ist jedoch ebenso problematisch, da die Selbstreflexion insbesondere bei komplexen kognitiven Aufgaben unvollständig oder ungenau sein kann.

Eine vielversprechende Lösung besteht darin, neue Wege zur Messung von Programmverständnis zu erforschen, um das Programmverständnis aus einer anderen Perspektive zu beleuchten. In den vergangenen Jahren stand Eyetracking im Vordergrund, insbesondere um die visuelle Aufmerksamkeit und Lesemuster beim Programmieren zu untersuchen. Ein weiterer Ansatz besteht darin, die physiologischen Reaktionen von Programmierer*innen auf Programmieraufgaben zu beobachten, indem beispielsweise die elektrodermale Aktivität als Indikator für ihre Stresslevel gemessen wird. Während Eyetracking und physiologische Reaktionen in ihren Beobachtungen objektiv sind, können sie dennoch die kognitiven Prozesse des Programmverständnisses nicht erklären.

1.2 Beiträge der Dissertation

In dieser Dissertation werden wir eine neurokognitive Perspektive mit funktioneller Magnetresonanztomographie (fMRT) untersuchen, die es uns ermöglicht, das Gehirn von Programmierer*innen zu beobachten. Anhand ihrer Gehirnaktivität können wir grundlegende kognitive Prozesse des Programmverständnisses erkennen und objektiv messen. Zum einen wird ein Framework für Experimente zum Programmverständnis, die mit Human-Bildgebung, Psychophysiologie, Eyetracking und Verhaltensmethoden durchgeführt werden, entwickelt. Bei der Human-Bildgebung konzentrieren wir uns auf fMRT, da es kognitive Prozesse mit hoher Detailschärfe entschlüsseln kann. Das entwickelte Framework bietet eine detaillierte, multimodale Sicht auf das Programmverständnis, die es ermöglicht, selbst kleine Effekte zu untersuchen. Zum anderen wird der zugrunde liegende kognitive Prozess des Programmverständnisses durch den Einsatz des aufgestellten Frameworks analysiert. Ein Hauptaugenmerk liegt dabei auf dem Erfassen des effizienten Top-Down-Verstehens von Code. Zusätzlich wird die Kognition beim Programmieren mit gängigen Komplexitätsmetriken von Code verknüpft und im Zusammenhang ausgewertet. In den folgenden Abschnitten werden die einzelnen Beiträge detaillierter vorgestellt.

2 Multi-Modales Framework für Studien von Programmverständnis

In der bisherigen Forschung zu Programmverständnis wurden hauptsächlich herkömmliche Maße wie Antwortzeit oder Antwortkorrektheit verwendet. Da sie nur das Ergebnis einer Aufgabe betrachten, ist es schwierig, Einblicke in die zugrunde liegenden kognitiven Prozesse zu geben. Daher setzten Forschende auch auf Selbstreflexionsmaßen wie Interviews, um Daten zu kognitiven Prozessen zu sammeln. Bei kognitiv anspruchsvollen Aufgaben wie dem Verstehen von Programmen sind diese jedoch eher unzuverlässig.

In der Neurowissenschaft haben Forschende damit begonnen, psychophysiologische und human-bildgebende Methoden zu erforschen um kognitive Prozesse *objektiv* zu messen. In den letzten Jahren erfolgte eine Adaption der Methoden in das Software-Engineering. So ermöglichte Eyetracking beispielsweise, Augenbewegungen von Programmierer*innen zu beobachten während diese Code verstehen [Bu15]. Funktionelle Nahinfrarotspektroskopie (fNIRS) [Fa18] und Elektroenzephalogramm (EEG) [Pe22b] liefern Einblicke in die kognitive Belastung beim Programmieren. Siegmund et al. standen an der Spitze bei der Einführung der fMRT als eine weitere Methode, um das Gehirn beim Programmieren zu

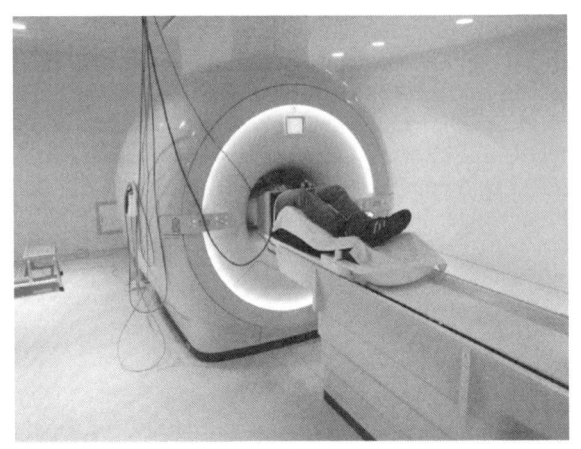

Abb. 1: Teilnehmer in unserem fMRT-Scanner. Über einen Spiegel an der Kopfspule können die Teilnehmer Code auf einem Bildschirm sehen. Die Teilnehmer antworten auf Aufgaben mit Tasten.

verstehen. In dieser Dissertation haben wir die erste fMRT-Studie als Grundlage genommen um ein robustes Framework für zukünftige Studien zu entwickeln.

Während fMRT sehr detaillierte Einblicke in laufende kognitive Prozesse liefert, besteht Programmieren aus äußerst komplexen kognitiven Prozessen, die zusätzliche Herausforderungen mit sich bringen. Das Verhalten eines Teilnehmenden im fMRT erscheint den Forschenden als Blackbox, da wir die spezifische Strategie zur Lösung einer gestellten Aufgabe nicht erfassen können. Während wir sicherstellen, dass Proband*innen die Aufgabe lösen können, entgehen uns während der 30 bis 60 Sekunden andauernden Aufgabe wichtige Details. Dies liegt auch an der zeitlichen Auflösung von fMRT (je nach Protokoll 1 bis 2 Sekunden). Somit kann es passieren, dass einige schnelle kognitive Prozesse nicht gemessen werden, wenn Programmieren nur mit fMRT beobachtet wird.

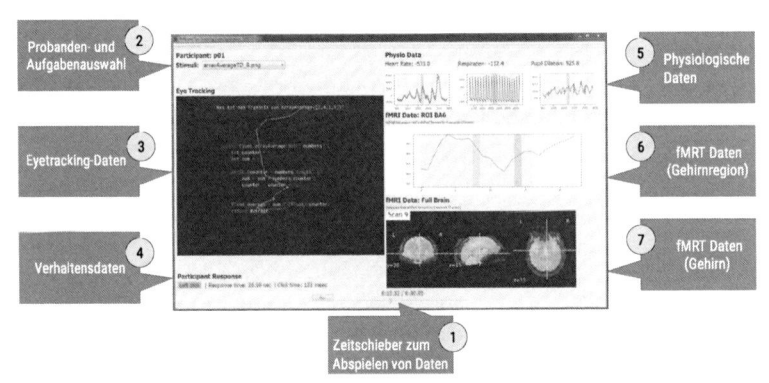

Abb. 2: Screenshot von CODERSMUSE. Oben rechts kann der Benutzer eine Aufgabe ② auswählen. Ein Zeitschieber ermöglicht, Daten über die Zeitachse einer Aufgabe zu untersuchen ①. Dann werden mehrere Datenströme angezeigt: Eyetracking-Daten ③, Verhaltensdaten ④, psychophysiologische Daten ⑤ und fMRT-Daten ⑥ ⑦.

In dieser Dissertation haben wir mehrere Verbesserungen entwickelt und getestet, vor allem das gleichzeitige Eyetracking um auch kleine und kurzzeitige Effekte beobachten zu können. Dazu zeigen wir mögliche Auswertungsmethoden, in der zum Beispiel Eyetracking genutzt wird um die fMRT-Daten zu interpretieren. Zudem skizzieren wir eine multimodale Zukunft, in der auch Psychophysiologie mit eingesetzt wird, und die Stärken mehrerer Modalitäten kombiniert werden. Als Schritt in diese Zukunft haben wir CODERSMUSE entwickelt (siehe Abb. 2), ein Tool um multimodale Daten zu explorieren [Pe19]. Abschließend beschreiben wir weitere Schritte, die unser Framework im Kontext des Software-Engineerings weiter etabliert und es Forschenden ermöglicht, selbst kleine Effekte objektiv zu untersuchen.

3 Neurokognitive Perspektive auf Programmverständnis

Im vorherigen Aufgabenbereich haben wir unser neues Framework für fMRT-Studien von Programmverständnis vorgestellt. In diesem Aufgabenbereich werden wir die Anwendung vom Framework darstellen, um Programmierer*innen aus einer neurokognitiven Perspektive zu beobachten. Dieser und der nächste Aufgabenbereich werden zeigen, wie eine neurokognitive Perspektive auf Programmieren neue Einblicke in die zugrunde liegenden kognitiven Prozesse liefert. Dieses Öffnen einer zuvor verschlossenen Blackbox erleichtert es Forschenden, Lehrenden und Programmierer*innen, zuverlässigeren Code zu entwickeln und zukünftige Programmierer*innen besser auszubilden.

3.1 Top-Down-Verständnis

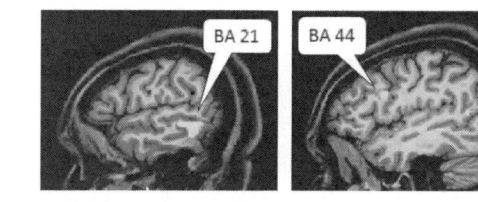

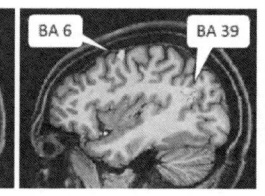

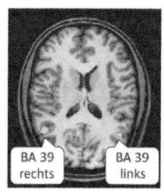

Abb. 3: Signifikante Gehirnaktivierung während Top-Down-Verständnis. BA 6, 21, 44 sind in der linken Hemisphäre.

Im Folgenden stellen wir zunächst unsere fMRT-Studie zur Validierung der Theorie des Top-Down-Verständnisses vor [Si17]. Top-Down-Verständnis ist ein sehr effizienter Prozess zum Verstehen von Code im Vergleich zu dem langwierigen, Schritt-für-Schritt-Prozess, der während des Bottom-Up-Verständnisses verwendet wird. In dieser Studie replizierten wir eine fMRT-Studie, um unser Verständnis von Programmverständnis zu vertiefen. Erstens konnten wir die Ergebnisse der ersten fMRT-Studie replizieren und die Rolle mehrerer Gehirnbereiche und verwandter kognitiver Prozesse für das Bottom-up-Programmverständnis bestätigen. Wir visualisieren involvierte Gehirnbereiche in Abb. 3. Diese Replikation stärkt die Rolle von fMRT als wichtiges Messinstrument in der Software-Engineering-Forschung.

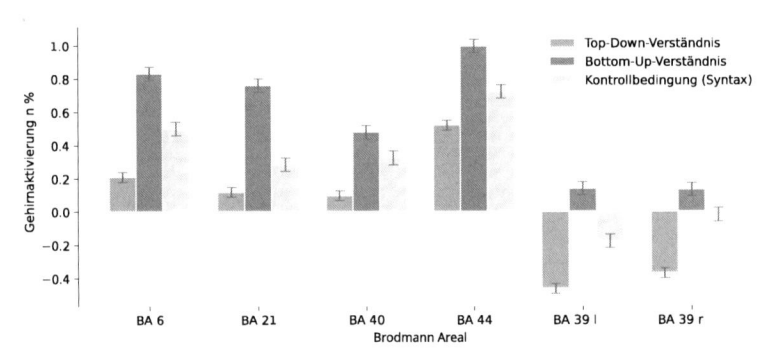

Abb. 4: Durchschnittliche Gehirnaktivierung von unterschiedlichen Programmverständnisaufgaben. Brodmann Areal (BA) 6, 21, 40 und 44 sind in der linken Hemisphäre.

Zweitens fanden wir heraus, dass Top-Down-Verständnis zu einer geringeren Aktivierungsstärke führt als Bottom-Up-Verständnis (siehe Abb. 4). Dies unterstützt die Hypothese, dass Top-Down-Verständnis zur sogenannten neuronalen Effizienz führt. Wir liefern somit objektive Beweise, dass Top-Down-Verständnis die kognitive Belastung beim Programmieren reduziert. Wir zeigen aber auch, dass die zugrunde liegenden kognitiven Prozesse prinzipiell mit dem Bottom-Up-Verständnis ähnlich sind, da die gleichen Gehirnbereiche aktiviert werden. Abschließend fanden wir keine Beweise, dass Funktionsnamen oder Codelayout den Verständnisprozess signifikant beeinflussen. Es kann jedoch sein, dass diese Effekte zu klein sind, um sie mit unserem damals zur Verfügung stehenden Versuchsaufbau zu erkennen.

3.2 Linearität der Lesereihenfolge beim Programmverständnis

Abb. 5: Zwei Codebeispiele. Der linke Code erfordert, dass die Augen des Programmierers vertikal zwischen den Methoden springen, um dem Ausführungsfluss zu folgen während der rechte Code linear ist (visualisiert mit →).

Nachdem wir den neuronalen Unterschied zwischen Bottom-Up- und Top-Down-Verständnis validiert haben, widmeten wir uns in einer weiteren Studie der nächste Wissenslücke: Wann und wie können Programmierer*innen Top-Down-Verständnis anwenden? Wir haben eine Eyetracking-Studie durchgeführt, die untersucht wie Programmierer*innen Code *lesen*. Eyetracking hat sich als nützlich erwiesen, um Programmierer*innen beim Lesen von Code zu beobachten und grundlegenden Forschungsfragen zum Programmverständnis zu beantworten. Busjahn et al. zeigte beispielsweise, dass die *Linearität der Lesereihenfolge* ein Indikator dafür ist, wie effizient Code verstanden wird [Bu15]. Die Studie zeigte, dass Programmierer*innen Code weniger linear lesen als natürlicher Text und dass erfahrene Programmierer*innen Code weniger linear lesen als Anfänger.

In unserer Studie untersuchen wir genauer die Linearität der Lesereihenfolge. Insbesondere zielen wir darauf ab zu verstehen, wie die Verständnisstrategie und die Codestruktur selbst auf das Leseverhalten einwirkt. Das Verständnis aller Faktoren, die die Linearität der Lesereihenfolge beeinflussen, ist entscheidend, um das Programmverständnis mit Eyetracking genauer zu messen. Unsere Ergebnisse zeigen, dass die Codestruktur ein treibender Faktor ist, der die Lesereihenfolge bestimmt. Die individuelle Erfahrung der Programmierer*innen sowie die Verständnisstrategie spielen eine untergeordnete Rolle. Der dominierende Effekt der Codestruktur hebt hervor, wie wichtig es ist, dass die Codestruktur an die Erwartungen von Programmierer*innen angepasst wird um unnötige Augenbewegungen zu vermeiden.

Während unsere Studien einige Schlüsselfaktoren des Programmverständnisses beleuchten, gibt es noch viele weitere Forschungsfragen zu beantworten. Mit unserem vorgestellten Framework und den durchgeführten Studien bieten wir eine Vorlage für zukünftige Studien, die weitere wichtige Elemente des Programmverständnisses untersuchen.

4 Praktische Anwendung auf aktuelle Fragestellungen

Nachdem wir unser Framework vorgestellt haben und mit dem Framework durchgeführte Studien mit einem Fokus auf Theoriebildung präsentiert haben, wenden wir unser Framework in diesem Aufgabenbereich auf praktische Fragestellungen an.

4.1 Komplexitätsmetriken

In einer weiteren fMRT-Studie untersuchen wir häufig verwendete Code-Komplexitätsmetriken und beleuchten ihre unklare Verbindung zur Kognition beim Programmieren [Pe20]. Komplexitätsmetriken sind für die Forschung und Praxis gleichermaßen relevant. Trotz ihrer weit verbreiteten Anwendung wird die Gültigkeit und Nützlichkeit von Komplexitätsmetriken in Frage gestellt. Um diese Fragen mit objektiven, empirischen Daten zu beantworten, haben wir in einer fMRT-Studie 41 Komplexitätsmetriken und ihre Verhaltens- und neuronalen Korrelate von Programmverständnis untersucht [Pe21].

Insgesamt bestätigen unsere Ergebnisse die kritische Sicht auf Komplexitätsmetriken. Die Komplexitätsmetriken korrelieren meist nur gering mit der Korrektheit und Antwortzeit. Die aktivierten Gehirnbereiche sowie die deaktivierten Gehirnbereiche (als Maß von kognitiver Belastung) zeigen ebenso nur schwache bis mittlere Korrelationen. Auch die sub-

		Komplexitätsmetriken			
		LOC	Halstead	McCabe	DepDegree
Gehirnaktivierung	BA 6	.26 (.05)	.38 (.20)	.04 (.00)	.32 (.11)
	BA 21	.43 (.39)	.32 (.27)	.09 (.04)	.41 (.24)
	BA 39	.17 (.10)	.40 (.18)	.07 (.01)	.36 (.21)
	Broca	.15 (.04)	.17 (.06)	−.04 (.00)	.22 (.09)
Gehirndeaktivierung	BA 31	−.30 (.21)	−.30 (.11)	.05 (.00)	−.24 (.04)
	BA 32	−.39 (.24)	−.42 (.22)	.04 (.00)	−.29 (.04)
Verhaltensdaten	Korrektheit	−.46 (.29)	−.45 (.26)	−.09 (.02)	−.41 (.22)
	Antwortzeit	.22 (.10)	.24 (.09)	.06 (.00)	.26 (.07)
Subjektive Komplexität		.16 (.04)	.20 (.04)	−.07 (.01)	.16 (.04)

Tab. 1: Kendalls τ und die erklärte Varianz (r^2, in Klammern) der abhängigen Variablen Variablen. Eine dunklere Zellschattierung weist auf eine stärkere Korrelation hin: keine ($\tau < 0.1$), schwach ($0.1 < \tau < 0.3$), mittel ($0,3 < \tau < 0,5$) und stark ($0,5 < \tau$).

jektive Einschätzung der Komplexität stimmt nicht mit den Komplexitätsmetriken überein. In Table 1 zeigen wir stellvertretend vier viel genutzte Komplexitätsmetriken.

Da wir mit fMRT das Gehirn beim Programmieren beobachten, können wir eine neue Perspektive bieten und erklären *warum* bestimmte Aspekte von Code schwer zu verstehen sind. Diese menschlichen Schwierigkeiten werden jedoch von Komplexitätsmetriken nicht oder nur unzureichend bewertet. Im Ergebnis haben wir festgestellt, dass Komplexitätsmetriken die Kognition beim Programmieren in unterschiedlichem Maße erklären können. Größenbasierte und wortschatzbasierte Metriken korrelieren mit der Erwartung von komplexem Code. Einfache Kontrollflussmetriken (z. B. Anzahl der Verzweigungen) sagen die kognitive Belastung besser voraus als komplexere Kontrollflussmetriken (z. B. McCabe). Datenflussmetriken zeigen am besten die höheren kognitiven Anforderungen in einem Netzwerk von Gehirnbereichen. Im Allgemeinen berücksichtigen nicht viele Komplexitätsmetriken den Datenfluss, der einen starken Aspekt der Kognition erfasst. Unsere Studie hat umfangreiche Verbesserungsvorschläge zu Komplexitätsmetriken herausgearbeitet. Zudem bietet die Studie eine Vorlage zu weiteren Untersuchungen. Zukünftige Arbeiten sollten herausfinden, wie individuelle Programmierkenntnisse mentale Abkürzungen ermöglichen, welche die allgemeine Genauigkeit von Komplexitätsmetriken schmälert. In Kombination mit der weiteren Erforschung der Datenflussmetriken zeigt unsere Studie eine Vorlage für einen erfolgversprechenden Weg für weitere Forschung.

4.2 Weitere Anwendungen

Zusätzlich zu der Studie von Komplexitätsmetriken, haben wir weitere Untersuchungen durchgeführt. Unter anderem verwenden wir Daten aus drei fMRT-Studien erneut, um zu beweisen, wie unterschiedliche Ebenen der Datenaggregation die Ergebnisse signifikant beeinflussen [Si21]. Dies ist insbesondere relevant für zukünftigen Studien von Programmverständnis, da dieser Effekt sorgfältig berücksichtigt werden muss, wenn Kosten und Zuverlässigkeit von Experimenten abzuwägen sind.

In der letzten Untersuchung stellen wir einen alternativen Ansatz zur Analyse von fMRT-Daten vor [Ne21]. Wir zeigen, wie die Anatomie der Teilnehmer verwendet werden kann um die Signalstärke zu erhöhen. Dies ist nicht nur für Studien im Software-Engineering relevant, sondern trägt allgemein zur Forschung in der Neurowissenschaft bei.

In diesem Aufgabenbereich haben wir das Framework auf drei praktische Fragestellungen angewandt. Zunächst führten wir eine spezielle fMRT-Studie zu Komplexitätsmetriken durch. Aus abstrakterer Sicht zeigte diese Studie, wie Forschende fMRT nutzen können, um kritische, offene Fragen im Software-Engineering beantworten zu können. Der in dieser Dissertation vorgestellte Rahmen und die durchgeführten Studien zeigen den Wert einer neurokognitiven Perspektive. Neben direkten Beiträgen zum Software-Engineering lieferten unsere interdisziplinären Projekte weitere Erkenntnisse für die empirische Software-Engineering-Forschung mit menschlichen Teilnehmern. Während die neurokognitive Perspektive von Programmierer*innen und ihre Methodik noch am Anfang sind, zeigten wir in diesem Teil bereits wie wir einen wertvollen Beitrag zu Fragestellungen in der Industrie und Forschung leisten können.

5 Schlussfolgerung

Das Verständnis der zugrunde liegenden kognitiven Prozesse beim Programmieren ist von grundlegender Bedeutung, um die zukünftige Ausbildung und Praxis zu gestalten. Während das Programmverständnis als Kernaktivität der Programmierung im Mittelpunkt jahrzehntelanger Forschung stand, haben herkömmliche Methoden die Forschende eingeschränkt. In dieser Dissertation haben wir eine neuartige neurokognitive Perspektive des Programmverständnisses eingeführt, die methodische Standards für die Verwendung von fMRT in Kombination mit anderen Modalitäten etabliert. Wir demonstrierten das Potenzial unseres Frameworks mit mehreren Studien, die ein neues Licht auf unser bestehendes Wissen von Programmverständnis werfen. Zusammenfassend wurden mit dieser Dissertation bereits Fortschritte in mehreren Schlüsselbereichen gemacht, aber es gibt noch viele offene Herausforderungen im Software-Engineering, die mit unserem Framework erforscht werden sollten. Insbesondere kann mit der neurokognitive Perspektive die Ausbildung und Lehre von zukünftigen Programmierer*innen ausgerichtet werden. Darüber hinaus ist es ebenso möglich Tools und Programmiertechniken objektiv auf menschliches Denken zu optimieren. Wir sind davon überzeugt, dass die neurokognitive Perspektive ihren Wert für die Forschung und Praxis von Software-Engineering weiter unter Beweis stellen wird.

Literaturverzeichnis

[Bu15]   Busjahn, Teresa; Bednarik, Roman; Begel, Andrew; Crosby, Martha; Paterson, James; Schulte, Carsten; Sharif, Bonita; Tamm, Sascha: Eye Movements in Code Reading: Relaxing the Linear Order. In: Proc. Int'l Conf. Program Comprehension (ICPC). IEEE, S. 255–265, 5 2015.

[Fa18]   Fakhoury, Sarah; Ma, Yuzhan; Arnaoudova, Venera; Adesope, Olusola: The Effect of Poor Source Code Lexicon and Readability on Developers' Cognitive Load. In: Proc. Int'l Conf. Program Comprehension (ICPC). IEEE, S. 286–296, 2018.

[MML15]   Minelli, Roberto; Mocci, Andrea; Lanza, Michele: I Know What You Did Last Summer-An Investigation of How Developers Spend Their Time. In: Proc. Int'l Conf. Program Comprehension (ICPC). IEEE, S. 25–35, 2015.

[Ne21]   Neumann, André; Peitek, Norman; Brechmann, André; Tabelow, Karsten; Dickhaus, Thorsten: Utilizing Anatomical Information for Signal Detection in Functional Magnetic Resonance Imaging. WIAS Preprints, S. 1–15, 2021.

[Pe19]   Peitek, Norman; Apel, Sven; Brechmann, André; Parnin, Chris; Siegmund, Janet: CodersMUSE: Multi-Modal Data Exploration of Program-Comprehension Experiments. In: Proc. Int'l Conf. Program Comprehension (ICPC), S. 126–129. ACM, 2019.

[Pe20]   Peitek, Norman; Siegmund, Janet; Apel, Sven; Kästner, Christian; Parnin, Chris; Bethmann, Anja; Leich, Thomas; Saake, Gunter; Brechmann, André: A Look into Programmers' Heads. IEEE Trans. Softw. Eng., 46(4):442–462, 2020.

[Pe21]   Peitek, Norman; Apel, Sven; Parnin, Chris; Brechmann, André; Siegmund, Janet: Program Comprehension and Code Complexity Metrics: An fMRI Study. In: Proc. Int'l Conf. Software Engineering (ICSE), S. 524–536. ACM, 2021.

[Pe22a]   Peitek, Norman: A Neuro-Cognitive Perspective of Program Comprehension. Dissertation, Technische Universität Chemnitz, 2022.

[Pe22b]   Peitek, Norman; Bergum, Annabelle; Rekrut, Maurice; Mucke, Jonas; Nadig, Matthias; Parnin, Chris; Siegmund, Janet; Apel, Sven: Correlates of Programmer Efficacy and their Link to Experience: A Combined EEG and Eye-Tracking Study. In: Proc. Joint Meeting on Foundations of Software Engineering (ESEC/FSE). ACM, S. 120–131, 2022.

[Si17]   Siegmund, Janet; Peitek, Norman; Parnin, Chris; Apel, Sven; Hofmeister, Johannes; Kästner, Christian; Begel, Andrew; Bethmann, Anja; Brechmann, André: Measuring Neural Efficiency of Program Comprehension. In: Proc. Europ. Software Engineering Conf./Foundations of Software Engineering (ESEC/FSE). ACM, S. 140–150, 2017.

[Si20]   Siegmund, Janet; Peitek, Norman; Brechmann, André; Parnin, Chris; Apel, Sven: Studying Programming in the Neuroage: Just a Crazy Idea? Commun. ACM, 63(6):30–34, 2020.

[Si21]   Siegmund, Janet; Peitek, Norman; Siegmund, Norbert; Apel, Sven: Conducting and Analyzing Human Studies: The Role of Variation and Aggregation. ACM Trans. Softw. Eng. & Methodology, 30(1):1–40, Dezember 2021.

Norman Peitek wurde am 14. November 1989 geboren. Er studierte von 2009 bis 2014 Wirtschaftsinformatik an der Otto-von-Guericke-Universität Magdeburg. Anschließend arbeitete Norman Peitek mehrere Jahre als Softwareentwickler bevor er 2016 mit der Promotion begann. Diese entstand in einem Gemeinschaftsprojekt des Leibniz-Institut für Neurobiologie Magdeburg sowie der Technische Universität Chemnitz. Im Rahmen der Promotion veröffentlichte Norman Peitek 14 begutachtete Paper und gewann unter anderem ein ACM SIGSOFT Distinguished Paper Award (ICSE 2021) sowie ein Best Tool Paper Award (ICPC 2019). Für seine Dissertation mit der Bewertung *summa cum laude* erhielt er zudem den Universitätspreis der Technischen Universität Chemnitz. Seit Januar 2022 ist Norman Peitek als Postdoc an der Universität des Saarlandes beschäftigt.

Lernen mit differenzierbaren Algorithmen[1]

Felix Petersen[2]

Abstract: Klassische Algorithmen und maschinelle Lernsysteme wie neuronale Netze begegnen uns beide häufig im Alltag. Während klassische Algorithmen für die präzise Ausführung genau definierter Aufgaben wie dem Finden des kürzesten Wegs in einem Graphen geeignet sind, ermöglichen neuronale Netze das Lernen aus Daten, um die wahrscheinlichste Antwort in komplexeren Aufgaben wie der Bildklassifizierung vorherzusagen. Um das Beste aus beiden Welten zu vereinen, kombiniert diese Arbeit beide Konzepte, was zu robusteren, leistungsfähigeren, interpretierbareren, recheneffizienteren und dateneffizienteren Architekturen führt. Bei der Integration eines Algorithmus in eine neuronale Architektur ist es wichtig, dass der Algorithmus differenzierbar ist, sodass die Architektur Ende-zu-Ende trainiert werden kann. Um Algorithmen differenzierbar zu machen, präsentiert diese Arbeit ein allgemeines Verfahren zur stetigen Relaxierung von Algorithmen. Überdies präsentiert diese Arbeit konkrete differenzierbare Algorithmen wie differenzierbare Sortier-Netzwerke, differenzierbare Renderer, und differenzierbare Logik-Gatter-Netzwerke.

1 Einleitung

Vor 4000 Jahren erfanden die Ägypter einen Algorithmus zur Multiplikation von zwei Zahlen, die früheste Aufzeichnung eines Algorithmus [Ne69]. 1843 veröffentlichte Ada Lovelace den ersten Computer-Algorithmus und sah moderne Anwendungen von Computern wie Kunst und Musik voraus, zu einer Zeit, als ein solcher Computer noch nicht einmal gebaut war [ML43]. Ein Jahrhundert später, 1943, entwickelten McCulloch und Pitts [MP43] das erste mathematische Modell von neuronalen Netzen aufgrund von Beobachtungen biologischer Prozesse im Gehirn. In den letzten Jahren haben sich Ansätze basierend auf künstlichen neuronalen Netzwerken in der Forschung großer Beliebtheit erfreut. Dieser Wiederaufschwung kann auf Fortschritte in der Hardware [KWM16], Software [Pa19], der Entwicklung von CNNs [Fu80, Le99] und der Effektivität von Deep Learning bei vielen Aufgaben (z.B. Bildklassifizierung [KSH12]) zurückgeführt werden.

Sowohl klassische Algorithmen als auch maschinelle Lernsysteme wie neuronale Netze sind mittlerweile im Alltag allgegenwärtig. Klassische Algorithmen sind besonders für die präzise Ausführung genau definierter Aufgaben wie dem Finden des kürzesten Wegs in einem großen Graphen geeignet. Neuronale Netze ermöglichen das Lernen aus Daten, um die wahrscheinlichste Antwort in komplexeren Aufgaben wie der Bildklassifizierung vorherzusagen — Aufgaben, die nicht auf einen exakten Algorithmus reduziert werden können. Um das Beste aus beiden Welten zu vereinen, wird in der hier zusammengefassten Dissertation [Pe22a] die Kombination von *klassischen Informatik-Algorithmen* und *neuronalen Netzen*, oder allgemeiner, maschineller Lernsysteme, untersucht. Dies führt zu

---

[1] Englischer Titel der Dissertation: "Learning with Differentiable Algorithms"
[2] Stanford University, USA. mail@felix-petersen.de

robusteren, besser performenden, interpretierbareren, recheneffizienteren und dateneffizienteren Architekturen. Hierbei kann Robustheit eines Modells erreicht werden, indem ein beweisbar korrekter Algorithmus auf Vorhersagen eines neuronalen Netzes angewendet wird. Gleichzeitig kann die Effizienz eines Modells erhöht bzw. die Rechenkomplexität reduziert werden, indem ein Teil eines neuronalen Netzwerkes durch einen schnelleren Algorithmus ersetzt wird. Auch hinsichtlich der Genauigkeit kann das Modell verbessert werden, da durch den Einsatz eines Algorithmus das Risiko von Fehlern reduziert werden kann und das Domain-Wissen des Algorithmus das Modell unterstützt. Entsprechend können diese Modelle auch interpretierbarer sein, da die Eingabe zu Algorithmen (im Gegensatz zu versteckten Schichten) interpretierbar ist. Die algorithmische Überwachung, welche in der Dissertation formalisiert wird, ist eine Form von schwach überwachtem Lernen, wodurch die Modelle daten-/label-effizienter sind.

Normalerweise werden neuronale Netze mit stochastischem Gradientenabstieg (SGD) oder präkonditionierten SGD-Methoden wie dem Adam-Optimierungsverfahren [KB15] trainiert. Diese Methoden basieren auf der Berechnung des Gradienten (d.h. der Ableitung) einer Verlustfunktion in Bezug auf die Parameter des Modells. Dieser Gradient zeigt die Richtung des steilsten Anstiegs der Verlustfunktion. Da das Minimieren der Verlustfunktion das Modell verbessert, kann das Modell optimiert werden, indem die Parameter in die entgegengesetzte Richtung des Gradienten bewegt werden, also ein Gradientenabstieg. Die Ableitung der Verlustfunktion bezüglich der Modellparameter kann effizient mithilfe des Rückpropagationsverfahrens [RHW86] berechnet werden, der in den heutigen Deep-Learning-Frameworks [Pa19] als rückwärtsgerichtete automatische Differenzierung implementiert ist.

Gradientenbasiertes Lernen erfordert, dass alle beteiligten Operationen differenzierbar sind; jedoch sind viele interessante Operationen wie Sortieralgorithmen nicht differenzierbar. Das liegt daran, dass bedingte Verzweigungen wie `if` stückweise konstant sind, d.h. sie haben eine Ableitung von 0, mit Ausnahme der Übergänge (d.h. "Sprünge") zwischen `true` und `false`, bei denen ihre Ableitung nicht definiert ist. Dementsprechend ist gradientenbasiertes Lernen mit (nicht-differenzierbaren) Algorithmen im Allgemeinen nicht möglich. Daher konzentriert sich die Dissertation darauf, Algorithmen durch kontinuierliche Relaxierung und Approximationen differenzierbar zu machen, um sie in neuronale Netze zu integrieren und so die Vorteile beider Ansätze zu nutzen. Die Grundidee der kontinuierlichen Relaxierung ist, ein Maß an Unsicherheit in einen Algorithmus einzuführen, was z.B. zu glatten Übergängen zwischen `true` und `false` bei if-Anweisungen führen kann, wodurch der Algorithmus vollständig differenzierbar wird.

Das Lernen mit differenzierbaren Algorithmen kann in zwei Disziplinen unterteilt werden:

- Differenzierbare Algorithmen, d.h. die Untersuchung, wie durch Algorithmen zurückpropagiert werden kann und sinnvolle Gradienten bestimmt werden können.

- Algorithmische Überwachung, d.h. die Integration von Algorithmen und algorithmischem Wissen in das Lernen von neuronalen Netzwerken.

Die folgenden beiden Abschnitte behandeln *differenzierbare Algorithmen* und die *algorithmische Überwachung*.

2 Differenzierbare Algorithmen

Im Allgemeinen besteht die Herausforderung beim Ende-zu-Ende Training von neuronalen Architekturen mit integrierten Algorithmen darin, die Gradienten des jeweiligen integrierten Algorithmus zu bestimmen, z.B. durch eine differenzierbare Approximation.

Die Kernidee hinter den meisten differenzierbaren Algorithmen ist die Glättung, d.h. die Störung durch eine Wahrscheinlichkeitsverteilung. Differenzierbare Algorithmen können in zwei große methodologische Schulen unterteilt werden:

- Glättung durch stochastische Störungen durch Sampling.
- Glättung durch analytische Störungen, die in geschlossener Form gelöst werden.

Der primäre Fokus der Dissertation liegt auf analytischen Störungen, die in geschlossener Form gelöst werden, behandelt jedoch auch stochastische Sampling-Methoden.

Diese Störungen können an zwei verschiedenen Stellen eingeführt werden, was zu zwei konzeptionell verschiedenen mathematischen Modellannahmen führt:

- Störungen der Eingaben eines Algorithmus.
- Störungen von Variablen / Bedingungen in einem Algorithmus.

Das Glätten der Eingaben eines Algorithmus bedeutet, einen Algorithmus $f(x)$ zu glätten zu $\mathbb{E}[f(x+\varepsilon)]$, wobei ε aus einer bestimmten Verteilung gezogen wird (z.B. der Gauß-Verteilung). Dementsprechend erfordert das Glätten der Eingaben eines Algorithmus in der Regel keine Annahmen über einen Algorithmus und kann mit stochastischer Glättung gelöst werden: Diese Methode ist unabhängig vom verwendeten Algorithmus, vorausgesetzt, der Algorithmus ist korrekt und löst das entsprechende Problem.

Auf der anderen Seite entspricht das Glätten von Variablen und Bedingungen in einem Algorithmus dem Relaxieren von Aussagen wie if $x > 0$ zu if $x+\varepsilon > 0$. Somit kann ein Ausdruck wie z.B. a = y if $x > 0$ else z relaxiert und wie folgt in geschlossener Form berechnet werden (z.B. für ε aus einer logistischen Verteilung mit CDF σ): a = $\sigma(x) \cdot y + (1 - \sigma(x)) \cdot z$. In diesem Fall hängt die resultierende Funktion von der konkreten Wahl des Algorithmus für ein bestimmtes Problem ab. Das bedeutet, dass bei einer guten Wahl des Algorithmus (z.B. Bellman-Ford) das Glätten von Variablen und Bedingungen zu besseren Entspannungen führen kann als das Glätten von Eingaben; jedoch bei einer schlechten oder unangemessenen Wahl des Algorithmus (z.B. Dijkstra) ein unreflektierendes Glätten von Eingaben besser funktionieren würde.

Während sich das Glätten von Eingaben für stochastische Glättung eignet und für analytische Propagationsmethoden unlösbar sein kann, ist das Glätten von Variablen mit stochastischen Methoden schwierig, während es mithilfe analytischer Propagationsmethoden ausgewertet werden kann. Die Beiträge in der hier zusammengefassten Arbeit konzentrieren sich in erster Linie auf das Glätten von Variablen in einem Algorithmus; das Glätten von Eingaben wird jedoch auch untersucht.

	Variablen	Eingaben
analytisch	[Pe21a] [Pe21b] [Pe22d] [Pe22c] [Pe22e] [Pe19] [Li19] [Ch19]	([CSL10])
stochastisch	[Li21]	[ALT16] [Be20] [Ni19] [Co21]

Abb. 1: Klassifikation einer Auswahl differenzierbarer Algorithmen in analytische vs. stochastische Berechnung und Modellannahmen von Störungen der Variablen vs. Eigaben. ([CSL10] bestimmt keine Gradienten.)

Abb. 1 klassifiziert eine Auswahl von auf Störungen basierenden differenzierbaren Algorithmen hinsichtlich der Methode (analytische vs. stochastische Störungen) und Annahmen (Störungen von Eingaben vs. Störungen von Variablen). Die meisten Methoden nutzen entweder analytische Störungen von Variablen oder stochastische Störungen von Eingaben. Im Folgenden werden diese Klassifikation und Alternativen anhand einiger Beispiele diskutiert:

Im Bereich des differenzierbaren Renderings [Pe19, Ka20, Pe22f] ist die Methode der annähernden analytischen Störungen beliebt, da Methoden wie die stochastische Glättung aufgrund der hohen Dimension des betroffenen Raums (Bildraum und Raum von 3D-Modellen) typischerweise unlösbar sind. Entsprechend modellieren diese Methoden Störungen von Variablen. Das Modellieren von Eingabestörungen mit analytischen Methoden wäre aufgrund der Komplexität der Rendering-Algorithmen unlösbar. Die hier zusammengefasste Arbeit liefert Indizien, dass Störungen der Variablen besser sind als Störungen der Eingaben, wenn ein adäquater Algorithmus für ein bestimmtes Problem verfügbar ist. Es gibt auch differenzierbare Renderer, die auf Monte-Carlo-Sampling basieren [Li18, Ni19, Zh21] und Lidec et al. [Li21] modellieren Störungen der Variablen mit der auf Sampling basierenden stochastischen Glättungsmethode. Im Bereich der differenzierbaren Sortierung gibt es Methoden, die alternative Methoden zur Glättung verwenden. Beispiele hierfür sind die heuristischen differenzierbare Sortieralgorithmen wie NeuralSort [Gr19] und SoftSort [PE20]. Eine weitere Methode, von Cuturi et al. [CTV19] vorgestellt, reduziert die Sortierung auf optimalen Transport (OT) und führt eine entropische Regularisierung ein, die das OT-Problem relaxiert und dadurch die Sortierung differenzierbar macht.

3 Algorithmische Überwachung

Künstliche neuronale Netze haben ihre Fähigkeit gezeigt, verschiedene Probleme zu lösen, von klassischen Aufgaben in der Informatik, wie maschinellem Übersetzen [Va17] und Objekterkennung [Re16], bis hin zu vielen anderen Themen in der Wissenschaft, wie Protein-Faltung [Se20]. Gleichzeitig gibt es klassische Algorithmen, welche typischerweise bestimmte Aufgaben anhand einer vordefinierten Steuerstruktur lösen, wie Sortieren oder das Berechnen des kürzesten Weges und für welche Garantien über ihr Verhalten abgeleitet werden können. Kürzlich hat die Forschung begonnen, beide Elemente durch die Integration algorithmischer Konzepte in neuronale Netzarchitekturen zu kombinieren.

Diese Ansätze ermöglichen es, neuronale Netze mit alternativen Überwachungs-Strategien zu trainieren, wie z.B. das Lernen von 3D-Darstellungen über einen differenzierbaren Renderer oder das Trainieren von neuronalen Netzen mit Ordnungsinformationen. Die zusammengefasste Arbeit vereinigt diese alternativen Überwachungs-Strategien, welche Algorithmen in das Trainingsziel integrieren, als algorithmische Überwachung:

Definition 1 (Algorithmische Überwachung). *Bei der algorithmischen Überwachung wird ein Algorithmus auf die Vorhersagen eines Modells angewandt und die Ausgaben des Algorithmus werden überwacht. Im Gegensatz dazu werden bei der direkten Überwachung die Vorhersagen eines Modells direkt überwacht. Dies wird in Abb. 2 veranschaulicht.*

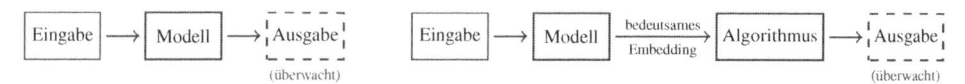

Abb. 2: Direkte Überwachung (links) im Vergleich zu algorithmischer Überwachung (rechts).

4 Beiträge der Dissertation

Allgemeine differenzierbare Algorithmen. Die Dissertation präsentiert eine allgemeine Methode für die analytische Glättung von Algorithmen über Störung der Variablen. Hierfür werden alle Variablen im Algorithmus, nach denen abgeleitet werden soll, durch logistische Verteilungen gestört. Die Methode wird auf die folgenden algorithmischen Überwachungs-Probleme angewandt: Sortier- und Ordnungsüberwachung, kürzester-Pfad-Überwachung, Silhouetten-Überwachung und Editierdistanzüberwachung. Auf diesen Problemen erzielt die allgemeine Methode, welche auch auf der NeurIPS 2021 veröffentlicht wurde, Verbesserungen im Vergleich zu existierenden spezialisierten Methoden.

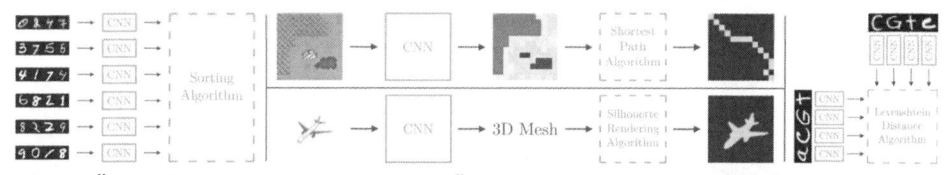

Abb. 3: Übersicht über die algorithmischen Überwachungsexperimente: Ordnungsüberwachung (links), kürzester-Pfad-Überwachung (oben mitte), Silhouetten-Überwachung (unten mitte) und Editierdistanzüberwachung (rechts).

Differenzierbares Sortieren und Ranking. Sortier- und Rankingalgorithmen haben eine lange Tradition als wahrscheinlich einer der am häufigsten untersuchten Klassen von Algorithmen in der Informatik. Dementsprechend ist es naheliegend, Sortieralgorithmen in neuronale Netzwerkarchitekturen integrieren zu wollen. Während die Arbeit bereits eine generelle Methode vorstellt, welche z.B. den Bubble-sort Sortieralgorithmus differenzieren kann, wird der Fall des Sortierens in weiterem Detail studiert. Konkret werden differenzierbare Sortiernetzwerke [Pe21a] vorgestellt (ICML 2021), welche sich an dem Informatik-Konzept der Sortiernetzwerke [Kn98] orientieren. Diese erreichten Ergebnisse auf dem neuesten Stand der Technik für den Sorting MNIST Benchmark. Zudem wurde der Sorting SVHN Benchmark in dieser Arbeit eingeführt. Darauf aufbauend, wurden differenzierbare Sortiernetzwerke mit speziellen theoretischen Garantien entwickelt [Pe22d] (ICLR 2022). Konkret erzeugt die Erweiterung monotone, Lipschitz-stetige und fehlerbeschränkte differenzierbare Sortiernetzwerke durch eine spezielle Wahl an Wahrscheinlichkeitsverteilungen, durch welche die Variablen gestört werden. Die Monotonität ist von besonderem Vorteil, da Monotonität in Optimierungsprozessen lokale Minima verhindert und somit die Genauigkeit verbessert. Die Beschränkung des Fehlers erlaubt es, eine differenzierbare Sortierfunktion zu erhalten, welche zwar Störungen durch eine Verteilung benötigt, damit sie glatt und differenzierbar ist, jedoch gleichzeitig nur eine minimale Abweichung von der originalen harten Sortierfuntion aufweist, was auch die Genauigkeit verbessert. Die Arbeit demonstriert, dass diese Fortschritte die Genauigkeit auf den üblichen Benchmarks noch einmal signifikant verbessern. Auf den differenzierbaren Sortiernetzen aufbauend wurden u.a. auch Methoden für selbst-überwachtes Lernen entwickelt [Sh23].

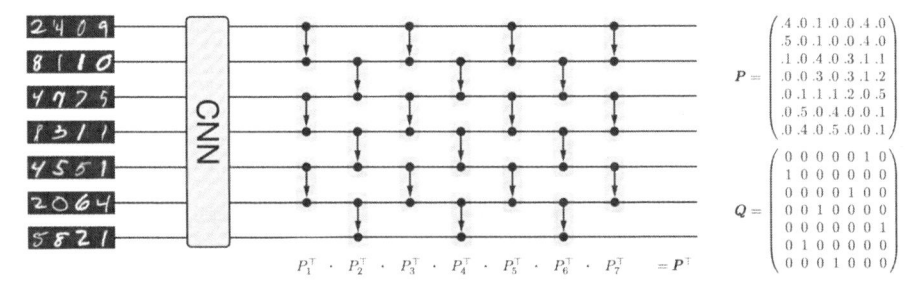

Abb. 4: Überblick über das System für das Training mit Sortierüberwachung. Links: Die Eingabebilder werden getrennt und unabhängig voneinander in ein CNN eingespeist, welches sie auf skalare Werte abbildet. Mitte: Das odd-even Sortiernetzwerk sortiert die Skalare durch parallele bedingte Tauschoperationen so, dass alle Eingaben in ihre richtige Reihenfolge gebracht werden. Dieser Prozess wird differenzierbar gemacht, indem die Eingaben zu den bedingten Vertauschungsoperationen durch eine Verteilung (z.B. logistische oder Cauchy) gestört werden und der Erwartungswert der Ausgänge in geschlossener Form bestimmt wird. Rechts: Das Sortiernetz erzeugt eine differenzierbare Permutationsmatrix P, die dann mit der Permutationsmatrix Q der Grundwahrheit unter Verwendung der binären Cross-Entropy verglichen werden kann, um den Fehler zu ermitteln. Indem dieses Fehlersignal rückwärts durch das Sortiernetz propagiert wird, wird das CNN trainiert.

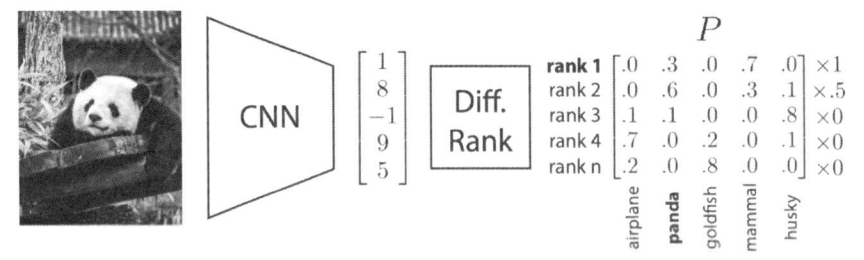

Abb. 5: Überblick über das Top-k-Klassifikations-Loss: Ein CNN sagt Bewertungen für ein Bild voraus, welche dann durch einen differenzierbaren Ranking-Algorithmus geordnet werden, welcher eine Wahrscheinlichkeitsverteilung für jeden Rang in der Matrix **P** zurückgibt. Im Beispiel verwenden wir 50% Top-1 und 50% Top-2 Komponenten, d.h. $P_K = [.5, .5, 0, 0, 0]$. Die Gewichte für die verschiedenen Ränge können also über eine kumulative Summe berechnet werden und sind $[1, .5, 0, 0, 0]$. Die entsprechend gewichtete Summe der Zeilen von **P** ergibt die Wahrscheinlichkeitsverteilung $p = [0, .6, 0, .85, .05]$, die in der Cross-Entropy Verlustfunktion verwendet wird. p ist die Wahrscheinlichkeit für eine Klasse zu den Top-k zu gehören, wobei k aus P_K gezogen wird.

Differenzierbares Top-k. Aufbauend auf differenzierbaren Sortieralgorithmen führt die Dissertation differenzierbare Top-k Operatoren ein, d.h., Operatoren, welche die k größten Werte aus einer Liste oder einem Vektor identifizieren. Basierend hierauf wird eine Top-k-Klassifizierungs-Verlustfunktion eingeführt, mit welcher die Arbeit neue State-of-the-Art Resultate für öffentlich verfügbare Modelle auf dem ImageNet Datensatz [De09] erreicht hat [Pe22c]. Dies wurde auf der ICML 2022 veröffentlicht.

Differenzierbares Rendering. Im Bereich des differenzierbaren Renderns stellt die Dissertation einen neuen differenzierbaren Renderer vor: GenDR, der generalisierte differenzierbare Renderer [Pe22e], welcher auf der CVPR 2022 veröffentlicht wurde. GenDR generalisiert differenzierbare Renderer aus zwei Perspektiven. Einerseits unterstützt GenDR eine Vielzahl an Wahrscheinlichkeitsverteilungen für die Störungen, die den Renderer differenzierbar machen. Andererseits generalisiert GenDR die Aggregation von Wahrscheinlichkeiten über beliebige T-Conormen. Die Arbeit untersucht, wie sich die Auswahl an Verteilung und T-Conorm auf die Genauigkeit und Qualität der Gradienten auf verschiedenen Problemstellungen auswirkt und kommt zu dem Schluss,

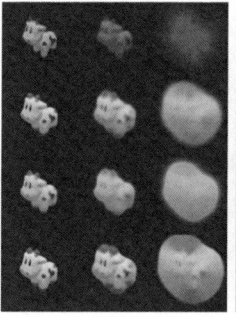

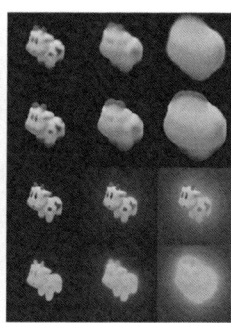

Abb. 6: Visueller Vergleich verschiedener Instanzen von GenDR. In jedem Bild steigt die Temperatur τ der Verteilung von links nach rechts an. Links: die logistische Verteilung und verschiedene T-Conormen für die Aggregation (von oben nach unten: $\perp^M, \perp^P, \perp^Y_2, \perp^A_{0.5}$). Rechts: erste zwei Zeilen nutzen die uniforme Verteilung mit $\perp^Y_2$ und $\perp^A_{0.5}$. Die letzten zwei Zeilen nutzen die Cauchy Verteilung mit $\perp^P$ und $\perp^Y_2$.

dass diese Auswahl entscheidend ist. Zudem wird festgestellt, dass für ähnliche Daten ähnliche Verteilungen gut funktionieren, und dass die uniforme Verteilung im Durchschnitt über verschiedene Klassen an Daten am besten funktioniert.

Weitere Themen. Über die hier diskutierten Themen hinaus behandelt die Dissertation auch differenzierbare Logik und differenzierbare Logik-Gatter-Netzwerke, sowie alternative Trainingsstrategien für Modelle mit integrierten Algorithmen. Differenzierbare Logik-Gatter-Netzwerke [Pe22b] erlauben das Training von Logik-Gatter-Netzwerke, welche, da Computer aus ihnen aufgebaut sind, besonders schnelle Inferenz erlauben, z.B. über eine Million Bilder pro Sekunde auf dem MNIST Datensatz (veröffentlicht auf der NeurIPS 2022). Das Kapitel über alternative Trainingsstrategien stellt eine Reihe neuartiger Methoden für das Training mit komplexen Verlustfunktionen (also Verlustfunktionen, die Algorithmen beinhalten) vor. Dies beinhaltet Optimierungsmethoden, die Informationen zweiter Ordnung betrachten, sowie Methoden für das Training mit nicht-differenzierbaren Black-box Algorithmen.

Literaturverzeichnis

[ALT16] Abernethy, Jacob; Lee, Chansoo; Tewari, Ambuj: Perturbation techniques in online learning and optimization. Perturbations, Optimization, and Statistics, 2016.

[Be20]   Berthet, Quentin; Blondel, Mathieu; Teboul, Olivier; Cuturi, Marco; Vert, Jean-Philippe; Bach, Francis: Learning with Differentiable Perturbed Optimizers. In: Advances in Neural Information Processing Systems (NeurIPS). 2020.

[Ch19]   Chen, Wenzheng; Gao, Jun; Ling, Huan; Smith, Edward J.; Lehtinen, Jaakko; Jacobson, Alec; Fidler, Sanja: Learning to Predict 3D Objects with an Interpolation-based Differentiable Renderer. In: Advances in Neural Information Processing Systems (NeurIPS). 2019.

[Co21]   Cordonnier, Jean-Baptiste; Mahendran, Aravindh; Dosovitskiy, Alexey; Weissenborn, Dirk; Uszkoreit, Jakob; Unterthiner, Thomas: Differentiable Patch Selection for Image Recognition. In: Proc. International Conference on Computer Vision and Pattern Recognition (CVPR). 2021.

[CSL10]   Chaudhuri, Swarat; Solar-Lezama, Armando: Smooth Interpretation. In: Proceedings of the 31st ACM SIGPLAN Conference on Programming Language Design and Implementation. 2010.

[CTV19]   Cuturi, Marco; Teboul, Olivier; Vert, Jean-Philippe: Differentiable Ranking and Sorting using Optimal Transport. In: Advances in Neural Information Processing Systems (NeurIPS). 2019.

[De09]   Deng, Jia; Dong, Wei; Socher, Richard; Li, Li-Jia; Li, Kai; Fei-Fei, Li: ImageNet: A Large-Scale Hierarchical Image Database. In: Proc. International Conference on Computer Vision and Pattern Recognition (CVPR). 2009.

[Fu80]   Fukushima, Kunihiko: Neocognitron: A self-organizing neural network model for a mechanism of pattern recognition unaffected by shift in position. Biological Cybernetics, 36:193–202, 1980.

[Gr19]   Grover, Aditya; Wang, Eric; Zweig, Aaron; Ermon, Stefano: Stochastic Optimization of Sorting Networks via Continuous Relaxations. In: International Conference on Learning Representations (ICLR). 2019.

[Ka20]   Kato, Hiroharu; Beker, Deniz; Morariu, Mihai; Ando, Takahiro; Matsuoka, Toru; Kehl, Wadim; Gaidon, Adrien: Differentiable Rendering: A Survey. Computing Research Repository (CoRR) in arXiv, 2020.

[KB15]   Kingma, Diederik; Ba, Jimmy: Adam: A Method for Stochastic Optimization. In: International Conference on Learning Representations (ICLR). 2015.

[Kn98]   Knuth, Donald E.: The Art of Computer Programming, Volume 3: Sorting and Searching (2nd Ed.). Addison Wesley, 1998.

[KSH12]   Krizhevsky, Alex; Sutskever, Ilya; Hinton, Geoffrey E: ImageNet Classification with Deep Convolutional Neural Networks. In: Advances in Neural Information Processing Systems (NeurIPS). 2012.

[KWM16]   Kirk, David B; Wen-Mei, W Hwu: Programming Massively Parallel Processors: A Hands-on Approach. Morgan Kaufmann, 2016.

[Le99]   LeCun, Yann; Haffner, Patrick; Bottou, Léon; Bengio, Yoshua: Object Recognition with Gradient-Based Learning. In: Shape, contour and grouping in computer vision, S. 319–345. Springer, 1999.

[Li18]   Li, Tzu-Mao; Aittala, Miika; Durand, Fredo; Lehtinen, Jaakko: Differentiable Monte Carlo Ray Tracing Through Edge Sampling. ACM Transactions on Graphics (Proc. SIGGRAPH Asia), 2018.

[Li19]   Liu, Shichen; Li, Tianye; Chen, Weikai; Li, Hao: Soft Rasterizer: A Differentiable Renderer for Image-based 3D Reasoning. In: Proc. International Conference on Computer Vision (ICCV). 2019.

[Li21]   Lidec, Quentin Le; Laptev, Ivan; Schmid, Cordelia; Carpentier, Justin: Differentiable Rendering with Perturbed Optimizers. In: Advances in Neural Information Processing Systems (NeurIPS). 2021.

[ML43]   Menabrea, Luigi F; Lovelace, Ada A: Sketch of the Analytical Engine, invented by Charles Babbage, Esq., by LF Menabrea, of Turin, officer of the Military Engineers. Translated and with notes by AA, L. Taylor's Scientific Memoirs, 3:666–731, 1843.

[MP43]   McCulloch, Warren S; Pitts, Walter: A logical calculus of the ideas immanent in nervous activity. The Bulletin of Mathematical Biophysics, 5(4):115–133, 1943.

[Ne69]   Neugebauer, O.: The Exact Sciences in Antiquity. Acta historica scientiarum naturalium et medicinalium. Dover Publications, 1969.

[Ni19]   Nimier-David, Merlin; Vicini, Delio; Zeltner, Tizian; Jakob, Wenzel: Mitsuba 2: A retargetable forward and inverse renderer. ACM Transactions on Graphics (TOG), 38(6):1–17, 2019.

[Pa19]   Paszke, Adam; Gross, Sam; Massa, Francisco; Lerer, Adam; Bradbury, James; Chanan, Gregory; Killeen, Trevor; Lin, Zeming; Gimelshein, Natalia; Antiga, Luca; Desmaison, Alban; Kopf, Andreas; Yang, Edward; DeVito, Zachary; Raison, Martin; Tejani, Alykhan; Chilamkurthy, Sasank; Steiner, Benoit; Fang, Lu; Bai, Junjie; Chintala, Soumith: PyTorch: An Imperative Style, High-Performance Deep Learning Library. In: Advances in Neural Information Processing Systems (NeurIPS). 2019.

[Pe19]   Petersen, Felix; Bermano, Amit H; Deussen, Oliver; Cohen-Or, Daniel: Pix2Vex: Image-to-Geometry Reconstruction using a Smooth Differentiable Renderer. Computing Research Repository (CoRR) in arXiv, 2019.

[PE20]   Prillo, Sebastian; Eisenschlos, Julian: SoftSort: A continuous relaxation for the argsort operator. In: Proc. Machine Learning Research (PMLR), International Conference on Machine Learning (ICML). 2020.

[Pe21a]   Petersen, Felix; Borgelt, Christian; Kuehne, Hilde; Deussen, Oliver: Differentiable Sorting Networks for Scalable Sorting and Ranking Supervision. In: Proc. Machine Learning Research (PMLR), International Conference on Machine Learning (ICML). 2021.

[Pe21b]   Petersen, Felix; Borgelt, Christian; Kuehne, Hilde; Deussen, Oliver: Learning with Algorithmic Supervision via Continuous Relaxations. In: Advances in Neural Information Processing Systems (NeurIPS). 2021.

[Pe22a]   Petersen, Felix: Learning with Differentiable Algorithms. Dissertation, Universität Konstanz, 2022.

[Pe22b]   Petersen, Felix; Borgelt, Christian; Kuehne, Hilde; Deussen, Oliver: Deep Differentiable Logic Gate Networks. In: Advances in Neural Information Processing Systems (NeurIPS). 2022.

[Pe22c]   Petersen, Felix; Borgelt, Christian; Kuehne, Hilde; Deussen, Oliver: Differentiable Top-k Classification Learning. In: Proc. Machine Learning Research (PMLR), International Conference on Machine Learning (ICML). 2022.

[Pe22d]   Petersen, Felix; Borgelt, Christian; Kuehne, Hilde; Deussen, Oliver: Monotonic Differentiable Sorting Networks. In: International Conference on Learning Representations (ICLR). 2022.

[Pe22e]   Petersen, Felix; Goldluecke, Bastian; Borgelt, Christian; Deussen, Oliver: GenDR: A Generalized Differentiable Renderer. In: Proc. International Conference on Computer Vision and Pattern Recognition (CVPR). 2022.

[Pe22f]   Petersen, Felix; Goldluecke, Bastian; Deussen, Oliver; Kuehne, Hilde: Style Agnostic 3D Reconstruction via Adversarial Style Transfer. In: IEEE Winter Conference on Applications of Computer Vision (WACV). 2022.

[Re16]   Redmon, Joseph; Divvala, Santosh; Girshick, Ross; Farhadi, Ali: You Only Look Once: Unified, Real-Time Object Detection. In: Proc. International Conference on Computer Vision and Pattern Recognition (CVPR). 2016.

[RHW86]   Rumelhart, David E; Hinton, Geoffrey E; Williams, Ronald J: Learning representations by back-propagating errors. Nature, 323(6088):533–536, 1986.

[Se20]   Senior, Andrew W.; Evans, Richard; Jumper, John; Kirkpatrick, James; Sifre, Laurent; Green, Tim; Qin, Chongli; Žídek, Augustin; Nelson, Alexander W. R.; Bridgland, Alex; Penedones, Hugo; Petersen, Stig; Simonyan, Kareand Crossan, Steve; Kohli, Pushmeet; Jones, David T.; Silver, David; Kavukcuoglu, Koray; Hassabis, Demis: Improved Protein Structure Prediction using Potentials from Deep Learning. Nature, 2020.

[Sh23]   Shvetsova, Nina; Petersen, Felix; Kukleva, Anna; Schiele, Bernt; Kuehne, Hilde: Learning by Sorting: Self-supervised Learning with Group Ordering Constraints. Computing Research Repository (CoRR) in arXiv, 2023.

[Va17]   Vaswani, Ashish; Shazeer, Noam; Parmar, Niki; Uszkoreit, Jakob; Jones, Llion; Gomez, Aidan N; Kaiser, Łukasz; Polosukhin, Illia: Attention is All you Need. In: Advances in Neural Information Processing Systems (NeurIPS). 2017.

[Zh21]   Zhang, Cheng; Dong, Zhao; Doggett, Michael; Zhao, Shuang: Antithetic sampling for Monte Carlo differentiable rendering. ACM Transactions on Graphics (TOG), 40(4):1–12, 2021.

Felix Petersen wurde am 12. Oktober 1999 in Lübeck geboren. Das Bachelorstudium im Fach Informatik absolvierte Dr. Petersen an der Universität Konstanz im Jahr 2019 mit Auszeichnung. Am 22. August 2022 verteidigte Dr. Petersen seine Dissertation zum Thema "Learning with Differentiable Algorithms" an der Universität Konstanz mit der Note summa cum laude (0.0). Dr. Petersen hat auf den Top-Tier Konferenzen im Bereich maschinellen Lernens veröffentlicht, darunter NeurIPS (4x), ICML (2x), ICLR (2x) und CVPR (1x). Dr. Petersens Forschungsinteressen liegen im Bereich des maschinellen Lernens, mit Fokus auf differenzierbare Algorithmen, Optimierung, algorithmischer Fairness, Deep Learning und effizienten Berechnungsverfahren. Nach der Promotion begann Dr. Petersen einen Postdoc an der Stanford University.

Auswertung und Enumeration von Regulären Pfadabfragen ohne Knoten- oder Kantenwiederholung[1]

Tina Popp[2]

Abstract: Reguläre Pfadabfragen sind ein wesentlicher Bestandteil von Graphabfragesprachen. Solche Abfragen betrachten einen regulären Ausdruck r und einen gerichteten, kantenbeschrifteten Graphen G und suchen nach Pfaden in G, deren Abfolge von Kantenbeschriftungen ein Wort in der Sprache von r ergibt. Um zu vermeiden, dass unendlich viele Pfade berücksichtigt werden müssen, beschränken sich Datenbank-Systeme auf Pfade ohne Wiederholungen von Knoten oder ohne Wiederholungen von Kanten. Während beliebige Pfade effizient ausgewertet und aufgezählt werden können, werden diese Probleme ohne Wiederholungen von Knoten oder Kanten schon bei sehr kleinen RPQs rechnerisch schwierig (NP-schwer). In dieser Dissertation untersuchen wir Auswertungs- und Aufzählungsprobleme unter diesen Semantiken.

1 Einführung und Motivation

Graphdatenbanken sind eine moderne Methode um Daten zu modellieren, zu speichern, und zu analysieren, die zunehmend mehr genutzt wird [Sa21]. Graphdatenbanken wurden unter anderem entwickelt, um die Verbindungen zwischen den Daten einfacher zu analysieren. Für die Analyse der Daten werden Graphabfragesprachen wie beispielsweise SPARQL, Cypher oder PGQL verwendet. Ein wesentlicher Bestandteil dieser Sprachen sind sogenannte reguläre Pfadabfragen. Diese Abfragen nutzen regulären Ausdrücke um Kriterien für diese Pfade zu spezifizieren.

Ein Beispiel für eine reguläre Pfadabfrage ist die folgende Abfrage für alle Personen, die Künstler/-in sind:

```
CONSTRUCT (x)
MATCH    (x:Person)-[:beschäftigung]->()-[:teilklasse*]->(y:Beruf)
WHERE    y.name = 'Künstler/-in'
```

Die Abfrage gibt alle Personen zurück, deren Beschäftigung eine Verbindung mit 'teilklasse" Kanten zu "Künstler/-in" hat. Durch den regulären Ausdruck `teilklasse*` können beliebig lange gerichtete Pfade in denen jede Kante mit `teilklasse` beschriftet

---

[1] Englischer Titel der Dissertation [Po22]: Evaluation and Enumeration of Regular Simple Path and Trail Queries
[2] Universität Bayreuth, Angewandte Informatik 7 (Data-Intensive Algorithms), Universitätsstraße 30, 95447 Bayreuth, Deutschland, tina-popp@gmx.net

ist, benutzt werden. Dies ist hilfreich, da man oft nicht von direkt weiß, wieviele solcher Kanten zwischen zwei Entitäten liegen. Zudem macht es die Abfrage robuster, da sich auch bei Datenänderung (z.b., wenn eine neue Zwischenklasse wie "Saiteninstrumentalist" eingeführt wird), immer noch die korrekten Ergebnisse zurückgegeben werden.

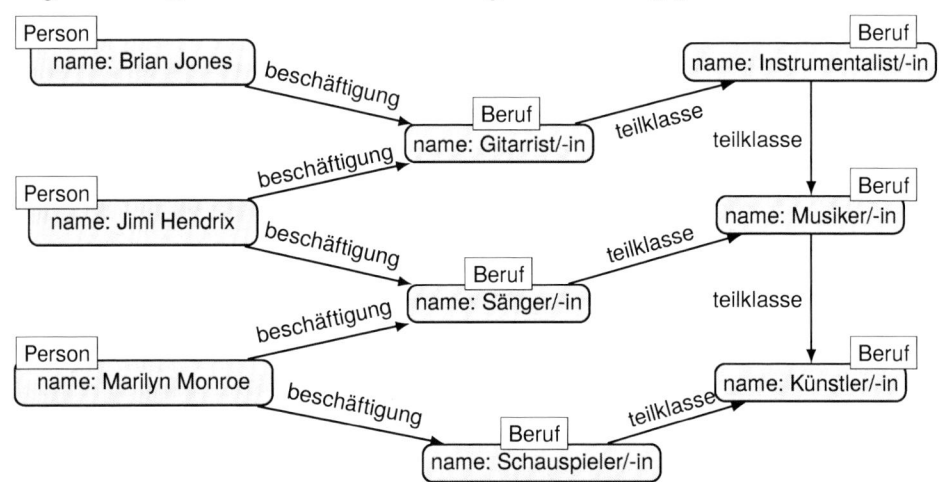

Abbildung 1: Ein Beispiel einer Graphdatenbank, inspiriert von einem Fragment von Wikidata.

Reguläre Pfadabfragen starteten als akademische Idee von Cruz et al. [CMW87]. In der heutigen Systemlandschaft gibt es jedoch verschiedene Arten, wie diese Abfragen ausgewertet werden. Bereits beim Rückgabetyp gibt es verschiedene Varianten: Während akademische Forschung (z.B. [ACP12, Ba13]) und SPARQL [HS13] sich hauptsächlich darauf konzentrieren den ersten und letzten Knoten eines zusammenpassenden Pfades zurückzugeben, gibt zum Beispiel Cypher [Ope] komplette Pfade zurück. Ein anderer Unterschied ist, *welche* Arten von Pfaden betrachtet werden sollen. Es wird hierbei häufig zwischen *allen Pfaden*, *kürzeste Pfade*, *Pfaden ohne Wiederholungen von Knoten* und *Pfaden ohne Wiederholungen von Kanten* unterschieden. Während akademische Forschung sich meistens auf beliebige Pfade fokussiert, beschränken sich Datenbankensysteme häufig auf kürzeste Pfade oder Pfade ohne Wiederholungen von Knoten oder Kanten. Ein Grund dafür ist, dass diese Einschränkungen dafür sorgen, dass die Anzahl zurückgegebener Pfade immer endlich ist, und den Nutzenden deswegen alle passenden Pfade ausgegeben werden können.

Wir illustrieren die Auswirkungen der verschiedenen Restriktionen anhand eines Beispiels. Um herauszufinden, welche anderen Berufe "Sänger/-in" haben, können wir folgende Abfrage auf die Graphdatenbank in Abbildung 1 anwenden:

```
CONSTRUCT (x)
MATCH  (x:Beruf)<-[:beschäftigung]-(:Person)-[:beschäftigung]->(z:Beruf)
WHERE  z.name = 'Sänger/-in'
```

Diese Abfrage frägt nach einem Beruf, der durch eine umgekehrte beschäftigung-Kante zu einer Person mit dem Beruf "Sänger/-in" verbunden ist. Wenn wir nur Ergebnisse ohne Wiederholung von Knoten oder Kanten zulassen, gibt diese Abfrage nur "Gitarrist/-in" und "Schauspieler/-in" zurück. Sind alle oder alle kürzesten Pfade erlaubt, so wird zusätzlich "Sänger/-in" zurückgegeben. Aufgrund der Unterschiedlichen Erwartungen von Nutzenden und Systementwickler, gibt es diese Varianz bei der Auswertung. Forscher aus Industrie und Wissenschaft arbeiten daran diese Landschaft zu vereinheitlichen. Dazu entwickeln sie die Graphabfragesprache GQL [De21, GQL], die die verschiedenen Auswertungsarten unterstützen will, sofern eine endliche Anzahl an Ergebnissen gewährleistet wird [De21]. Diese Graphabfragesprache durchläuft gerade den ISO Standardisierungsprozess.

Da bereits existierende Systeme, sowie die neue Sprache GQL unter anderem Pfadabfragen ohne Wiederholungen von Knoten oder Kanten unterstützen, ist es wichtig deren Restriktionen und Auswirkungen genauer zu erforschen. Können/sollten sämtliche reguläre Ausdrücke von Systemen unterstützt werden? Bei welchen Ausdrücken werden lange Auswertezeiten erwartet? Wichtige Probleme sind dabei die folgenden:

Auswertungsproblem für r
Gegeben: Einen Graphen G und zwei Knoten s und t.
Frage: Gibt es einen Pfad von s nach t in G, der zum regulären Ausdruck r passt?

Enumerationsproblem für r
Gegeben: Einen Graphen G und zwei Knoten s und t.
Ausgabe: Alle Pfade von s nach t in G, die zum regulären Ausdruck r passen.

Diese Probleme können unter verschiedenen Semantiken, d.h. für beliebige Pfade oder eingeschränkt auf solche ohne Wiederholungen von Knoten oder Kanten, sowie auf gerichteten und ungerichteten Graphen betrachtet werden.

2 Forschungsstand

Reguläre Pfadabfragen auf Graphdatenbanken wurden seit Ende der 80er Jahre studiert [CM90, CMW87, Ya90]. Dadurch hat sich eine Vielzahl relevanter Forschungsstränge ergeben.

Pfade ohne Wiederholung von Knoten Cruz, Mendelzon und Wood [CMW87] entwickelten eine der frühesten Abfragesprachen für Graphdatenbanken. Motiviert durch frühe Anwendungen von Graphdatenbanken benutzt ihre Graphabfragesprache Pfade ohne Wiederholungen von Knoten als Semantik. Mendelzon und Wood[MW95] beobachteten, dass unter dieser Semantik das Auswertungsproblem bereits für relativ einfache reguläre

Ausdrücke wie a^*ba^* oder $(aa)^*$ NP-schwer ist. In Folge dessen wurde die Komplexität dieser Semantik als zu hoch angesehen und die Datenbank Systeme und Forschung fokussierte sich auf beliebige oder kürzeste Pfade.

Neues Interesse in Pfade oder Wiederholungen von Knoten entfachte in 2010 als W3C reguläre Ausdrücke zu SPARQL 1.1 queries in der Form von SPARQL property paths hinzufügte. Die zugehörige Semantik erlaubte keine mehrfach Verwendung von Knoten. Aufgrund von Studien zur Komplexität von SPARQL 1.1 property paths [ACP12, LM13], änderte sich die Semantik von SPARQL weg vom Zählen von Pfaden ohne Knotenwiederholungen. Kurz darauf fanden Bagan et al. [BBG20] eine Klassifizierung der Ausdrücke für die das Auswertungsproblem ohne Wiederholungen von Knoten. Sie definierten die Klasse SP_{tract}[3], sodass das Auswertungsproblem ohne Wiederholung von Knoten in Polynomialzeit für jede Sprache in SP_{tract} und ansonsten NP-vollständig ist.

Beliebige oder kürzeste Pfade Für beliebige und kürzeste Pfade ist das Auswertungsproblem aufgrund der standard Produktautomatentechnik [MW95] in Polynomialzeit entscheidbar. Kürzlich haben Casel und Schmid [CS21] gezeigt, dass dieses Vorgehen im wesentlichen optimal ist. Für beliebige und kürzeste Pfade wurde viel geforscht, Übersichtspaper dazu sind zum Beispiel [An17, ARV19, Ba13, Ca03, Wo12].

Graphentheorie Graphdatenbanken lassen sich als kantenbeschriftete Graphen darstellen, die eine Generalisierung von Graphen ohne Kantenbeschriftung sind. Letztere wurden intensiv von Graph-Theoretikern studiert und einige Resultate lassen sich auf das Auswertungsproblem für Graphdatenbanken übertragen. Zum Beispiel haben Mendelzon und Wood [MW95] das NP-schwere 2-disjunkte Pfade Problem auf gerichteten Graphen[4] genutzt, um die NP-schwere des Auswertungsproblems für a^*ba^* auf gerichteten Graphen zu zeigen, indem sie alle Kanten mit a beschrifteten und eine b-Kante vom Ende des ersten Pfades zum Anfang des zweiten einführten. Auf ähnliche Weise haben sie die NP-schwere der Frage, ob ein einfacher Pfad gerader Länge von s nach t in einem gerichteten Graphen existiert genutzt, um die NP-schwere des Auswertungsproblem von $(aa)^*$ auf gerichteten Graphen zu zeigen. Neben verschiedenen Varianten des k-disjunkten Pfade und der Länge von Pfaden, z.B. [FHW80, Hu09, LP84, RS95], sind auch Ergebnisse auf Graphen mit Kantenfärbung relevant, siehe z.b. [Ab08, Sz03], da sich verschiedene Farben durch verschiedene Kantenbeschriftung darstellen lassen.

---

[3] Eigentlich nannten sie die Klasse C_{tract} (englisch für "tractable class"), aber wir unterscheiden zwischen der "tractable class for simple paths" SP_{tract} (ohne Knotenwiederholung) und "tractable class for simple paths" T_{tract} (ohne Kantenwiederholung).

[4] Dieses Problem frägt, ob es auf einem gerichteten Graphen G zwei disjunkte einfache Pfade, einer von s_1 nach t_1 und einer von s_2 nach t_2.

Enumeration Ackerman und Shallit [AS09] zeigten, dass alle Wörter, die von einem nichtdeterministischen Automaten akzeptiert werden, so aufgezählt werden können, dass die Zeit bis zum ersten Ergebnis und die Zeit zum jeweils nächsten Ergebnis durch ein Polynom in der Länge des zurückgegebenen Pfades und der Größe des Automaten beschränkt werden kann. Ihr Algorithmus kann zusammen mit der standard Produktautomatenkonstruktion genutzt werden, um beliebige oder kürzeste Pfade, die zu einem regulären Ausdruck r passen in einem gerichteten Graphen aufzuzählen. Yen's algorithmus [Ye71] enumeriert die K kürzesten Pfade ohne Wiederholung von Knoten auf gerichteten oder ungerichteten Graphen in $O(K(|V| + |V|^3))$. Tatsächlich ist auch bei diesem Algorithmus die Zeit bis zum ersten Algorithmus und die Zeit zum jeweils nächsten Ergebnis durch ein Polynom beschränkt. Lawler und Murty [La72, Mu68] entwickelten eine generalisierte Methode von Yen's Algorithmus, die allgemein für Enumerationsprobleme anwendbar ist.

3 Ergebnisse

Die Ergebnisse der Dissertation beziehen sich vor allem auf verschiedene Varianten des Auswertungs- und Enumerationsproblem ohne Wiederholung von Knoten und ohne Wiederholung von Kanten. Daneben wurden z.B. auch verschiedene Charakterisierungen der effizient lösbaren Klassen, sowie deren Einordnung im Kontext mit anderen Klassen betrachtet.

3.1 Auf gerichteten Graphen

Wir klassifizieren die regulären Ausdrücke für das Auswertungsproblem ohne Wiederholungen von Kanten. Genauer gesagt, definieren wir die Klasse T_{tract}, sodass das Auswertungsproblem auf gerichteten Graphen ohne Wiederholung von Kanten für jede Sprache mit $r \in T_{tract}$ in Polynomialzeit gelöst werden kann und ansonsten NP-vollständig ist. Zusammen mit der Klassifizierung von Bagan et al. [BBG20], ist die Komplexität des Auswertungsproblems auf gerichteten Graphen also abgeschlossen.

Jedoch erklärt das noch nicht, wieso Datenbanken-Systeme NP-vollständige Probleme lösen können ohne negatives Feedback von Nutzenden zu erhalten. Um diese Frage zu klären, haben wir die Ausdrücke untersucht, die von Nutzenden tatsächlich gefragt wurden. Bonifati, Martens und Timm [BMT17, BMT19] haben vor kurzem die regulären Ausdrücke von SPARQL untersucht. Wir haben diese mit den Klassen SP_{tract} und T_{tract} verglichen und festgestellt, dass 99.99% der genutzten Ausdrücke in Polynomialzeit evaluierbar sind. Das bedeutet, dass Nutzende (bisher) fast nur einfach evaluierbare Abfragen stellen und Systeme deswegen (noch) keine Probleme hatten.

Als nächsten Schritt wollten wir untersuchen, wie sich die Länge des regulären Ausdrucks auswirkt. Dazu haben wir zunächst eine Klasse von regulären Ausdrücken definiert, die

99.99% der Ausdrücke, die in der Studie vorkamen abdeckten. Für diese Klasse haben wir dann genauer untersucht, unter welchen Umständen die Länge des Ausdrucks als Faktor zu der Datenbankgröße hinzumultipliziert wird (d.h. $f(|r|) \cdot p(|G|)$ für Funktionen f und g), und unter welchen Umständen[5] ein exponentieller Faktor unumstößlich ist (d.h. $p(|G|)^{f(|r|)}$ für Funktionen f und g). Tatsächlich können wir für die Klasse der "einfach transitiven Ausdrücke", die in etwa die Form $A_1 \cdots A_{k_1} T^* A'_{k_2} \cdots A'_1$ für Mengen A_i, T, A'_j haben, eine Klassifikation auf Basis der A_i und T für Pfade ohne Wiederholungen von Knoten und ohne Wiederholungen von Kanten finden. Für die Beweise nutzen wir unter anderem, dass Fomin et al. [Fo16] in $2^{o(k)}(|V|^2 + |E||V|)$ entscheiden können, ob es einen Pfad der Länge mindestens k von s nach t gibt. Für die untere Schranke nutzen wir eine Reduktion vom parameterisierten Clique-Problem, ähnlich zu Slivkins [Sl10].

3.2 Auf ungerichteten Graphen

Während sich Graphendatenbanken meistens auf gerichtete Graphen konzentrieren, gibt es Kanten, die von Natur aus bidirektional sind, wie "Geschwister" oder "Verheiratet" Relationen. Außerdem erlauben Datenbanksysteme oft eine Kante in ihrer umgekehrten Richtung zu navigieren (2-wege navigation). Da ungerichtete Graphen ein Spezialfall dieser Art von Navigation ist, in der jede Kante entweder in oder gegen ihrer Richtung navigiert werden kann, ist die Untersuchung von ungerichteten Graphen ein wichtiger nächster Schritt.

Wir sind in der Lage, mehrere effizient und nicht effizient lösbare Unterklassen der regulären Sprachen zu identifizieren. Beispielsweise können wir Klassifizieren, wann reguläre Ausdrücke der Form $A^* w B^*$ für Wörter w und Mengen von Symbolen A und B in Polynomialzeit evaluierbar sind. Bereits für Wörter der Form w^* ist diese Klassifizierung jedoch unvollständig, da ein offenes unterliegendes Problem die Frage ist, ob es in Polynomialzeit entscheidbar ist, ob es einen einfachen Pfad von s nach t der die Länge 0 modulo 3 gibt. Dieses graphentheoretische Problem ist seit 30 Jahren offen [APY91]. Andererseits können wir zeigen, dass das Auswertungsproblem auf ungerichteten Graphen für reguläre Ausdrücke, die sich als Konkatenation von $a, a^*, a?, b^*, b?$ schreiben lassen, in Polynomialzeit lösen lässt.

Interessanterweise ist jede Sprache in SP_{tract} auch auf ungerichteten Graphen in Polynomialzeit unter der Semantik, die keine Wiederholung von Knoten zulässt, effizient lösbar. Andererseits gibt es Sprachen wie $(abc)^*$ die unter der Semantik, die keine Wiederholung von Kanten zulässt, auf gerichteten Graphen effizient lösbar, jedoch nicht auf ungerichteten Graphen (unter der Annahme $P \neq NP$). Der Grund hierfür ist, dass die Alternierung der Symbole a, b, c im gerichteten Fall Abkürzungen erlaubt, da die Beschriftung der nachfolgenden Kante eindeutig durch die Kantenbeschriftung der vorherigen Kante bestimmt ist. Somit kann ein Kreis, der eine Kante mehrfach benutzt, im gerichteten Fall abkürzen. Hingegen kann im ungerichteten Fall eine Kante in verschiedenen Richtungen benutzt

---

[5] Unter der komplexitätstheoretischen Annahme FPT $\neq$ W[1].

werden. Dieser Mechanismus lässt eine Reduktion von dem NP-schweren Problem 3-SAT zu.

3.3 Enumeration

Basierend auf Yens Algorithmus [Ye71] zur Aufzählung einfacher Pfade in gerichteten und ungerichteten Graphen zeigen wir, dass Polynomialzeitalgorithmen für die vorher betrachteten Auswertungsprobleme zu Enumerationsalgorithmen mit polynomiellen Zeitschranken bis zum ersten Ergebnis, sowie zwischen zwei aufeinanderfolgenden Ausgaben führen. Dies gilt sowohl für Pfade ohne Wiederholungen von Knoten, als auch für Pfade ohne Wiederholungen von Kanten. Das bedeutet, dass für alle regulären Ausdrücke $r \in \text{SP}_{\text{tract}}$ alle passenden Pfade ohne Wiederholungen von Knoten mit polynomieller Zeit zum ersten Ergebnis und zwischen zwei aufeinanderfolgenden Ergebnissen ausgegeben werden können. Analog dazu gilt für alle regulären Ausdrücke $r \in \text{T}_{\text{tract}}$, dass sich alle passenden Pfade, die keine Kanten wiederholen, mit polynomieller Zeit zum ersten Ergebnis, sowie zwischen zwei aufeinanderfolgenden Ergebnissen ausgeben lassen.

Während Yens originaler Algorithmus eine Subroutine erwartet, die einen immer einen *kürzesten* Pfad zurückgibt, zeigen wir, dass die Enumerationauch mit einer Subroutine funktioniert, die passende Pfade zurückgibt, die nicht die kürzesten sein müssen. Dies ist nützlich, da es zum Beispiel unklar ist, ob es einen Polynomialzeitalgorithmus gibt, der auf einem ungerichteten Graphen einen *kürzesten* Pfad von s nach t, der zu a^*bca^* passt, und keine Knoten oder Kanten wiederholt, siehe [FLP16, KS10]. Andererseits gibt es einen Polynomialzeitalgorithmus, der einen (nicht unbedingt kürzesten) passenden Pfad finden und ausgeben kann.

4 Schlussworte

Wir haben die Komplexität des Auswertungsproblem für Pfade ohne Wiederholung von Knoten oder Kanten studiert. Zusammen mit tatsächlichen Nutzereingaben [BMT17, BMT19] konnten wir herausfinden, dass die Mehrheit der Abfragen, die von Nutzenden gestellt werden, in Polynomialzeit gelöst werden können. Nutzt man diese Algorithmen zusammen mit Yen's Algorithmus, kann man dadurch alle Pfade zurückgeben, die den Kriterien entsprechen, wobei die Zeit zum ersten und zwischen zwei aufeinanderfolgenden Ergebnissen polynomiell beschränkt ist.

Außerdem ist dies die erste Arbeit, die sich mit der Ausgabe von Pfaden als Ergebnis von regulären Pfadabfragen beschäftigt. Diese Funktion gibt es bereits in Cypher und wird wahrscheinlich weiter an Bedeutung gewinnen, da sie Teil des anstehenden Standards GQL ist.

Literatur

[Ab08] Abouelaoualim, Abdelfattah; Das, Kinkar Chandra; Faria, Luérbio; Manoussakis, Yannis; Martinhon, Carlos A. J.; Saad, Rachid: Paths and trails in edge-colored graphs. Theoretical Computer Science (TCS), 409(3):497–510, 2008.

[ACP12] Arenas, Marcelo; Conca, Sebastián; Pérez, Jorge: Counting Beyond a Yottabyte, or How SPARQL 1.1 Property Paths Will Prevent Adoption of the Standard. In: International Conference on World Wide Web (WWW). S. 629–638, 2012.

[An17] Angles, Renzo; Arenas, Marcelo; Barceló, Pablo; Hogan, Aidan; Reutter, Juan L.; Vrgoč, Domagoj: Foundations of Modern Query Languages for Graph Databases. ACM Computing Surveys, 50(5):68:1–68:40, 2017.

[APY91] Arkin, Esther M.; Papadimitriou, Christos H.; Yannakakis, Mihalis: Modularity of Cycles and Paths in Graphs. Journal of the ACM, 38(2):255–274, 1991.

[ARV19] Angles, Renzo; Reutter, Juan L.; Voigt, Hannes: Graph Query Languages. In: Encyclopedia of Big Data Technologies. Springer, 2019.

[AS09] Ackerman, Margareta; Shallit, Jeffrey: Efficient enumeration of words in regular languages. Theoretical Computer Science (TCS), 410(37):3461–3470, 2009.

[Ba13] Barceló, Pablo: Querying graph databases. In: Symposium on Principles of Database Systems (PODS). S. 175–188, 2013.

[BBG20] Bagan, Guillaume; Bonifati, Angela; Groz, Benoît: A trichotomy for regular simple path queries on graphs. Journal of Computer and System Sciences, 108:29–48, 2020.

[BMT17] Bonifati, Angela; Martens, Wim; Timm, Thomas: An Analytical Study of Large SPARQL Query Logs. Proceedings of the VLDB Endowment (PVLDB), 11(2):149–161, 2017.

[BMT19] Bonifati, Angela; Martens, Wim; Timm, Thomas: Navigating the Maze of Wikidata Query Logs. In: The Web Conference (WWW). ACM, S. 127–138, 2019.

[Ca03] Calvanese, Diego; Giacomo, Giuseppe De; Lenzerini, Maurizio; Vardi, Moshe Y.: Reasoning on regular path queries. SIGMOD Record, 32(4):83–92, 2003.

[CM90] Consens, Mariano P.; Mendelzon, Alberto O.: GraphLog: a Visual Formalism for Real Life Recursion. In: Symposium on Principles of Database Systems (PODS). S. 404–416, 1990.

[CMW87] Cruz, Isabel F.; Mendelzon, Alberto O.; Wood, Peter T.: A Graphical Query Language Supporting Recursion. In: ACM SIGMOD International Conference on Management of Data (SIGMOD). S. 323–330, 1987.

[CS21] Casel, Katrin; Schmid, Markus L.: Fine-Grained Complexity of Regular Path Queries. In: International Conference on Database Theory (ICDT). Jgg. 186 in LIPIcs. Schloss Dagstuhl - Leibniz-Zentrum für Informatik, S. 19:1–19:20, 2021.

[De21] Deutsch, Alin; Francis, Nadime; Green, Alastair; Hare, Keith; Li, Bei; Libkin, Leonid; Lindaaker, Tobias; Marsault, Victor; Martens, Wim; Michels, Jan; Murlak, Filip; Plantikow, Stefan; Selmer, Petra; Voigt, Hannes; van Rest, Oskar; Vrgoč, Domagoj; Wu, Mingxi; Zemke, Fred: , Graph Pattern Matching in GQL and SQL/PGQ, 2021.

[FHW80] Fortune, Steven; Hopcroft, John; Wyllie, James: The directed subgraph homeomorphism problem. Theoretical Computer Science (TCS), 10(2):111–121, 1980.

[FLP16] Fenner, Trevor I.; Lachish, Oded; Popa, Alexandru: Min-Sum 2-Paths Problems. Theory of Computing Systems, 58(1):94–110, 2016.

[Fo16] Fomin, Fedor V.; Lokshtanov, Daniel; Panolan, Fahad; Saurabh, Saket: Efficient Computation of Representative Families with Applications in Parameterized and Exact Algorithms. Journal of the ACM, 63(4):29:1–29:60, 2016.

[GQL] GQL Standard Website. https://www.gqlstandards.org/. 2021.

[HS13] Harris, Steve; Seaborne, Andy: , SPARQL 1.1 Query Language. https://www.w3.org/TR/sparql11-query/, 2013. World Wide Web Consortium.

[Hu09] Huynh, Tony: The Linkage Problem for Group-labelled Graphs. IEEE Expert / IEEE Intelligent Systems - EXPERT, 01 2009.

[KS10] Kobayashi, Yusuke; Sommer, Christian: On shortest disjoint paths in planar graphs. Discrete Optimization, 7(4):234–245, 2010.

[La72] Lawler, Eugene L.: A Procedure for Computing the K Best Solutions to Discrete Optimization Problems and Its Application to the Shortest Path Problem. Management Science, 18(7):401–405, 1972.

[LM13] Losemann, Katja; Martens, Wim: The complexity of regular expressions and property paths in SPARQL. ACM Transactions on Database Systems, 38(4):24:1–24:39, 2013.

[LP84] LaPaugh, Andrea S.; Papadimitriou, Christos H.: The even-path problem for graphs and digraphs. Networks, 14(4):507–513, 1984.

[Mu68] Murty, Katta G.: An Algorithm for Ranking all the Assignments in Order of Increasing Cost. Operations Research, 16(3):682–687, 1968.

[MW95] Mendelzon, Alberto O.; Wood, Peter T.: Finding Regular Simple Paths in Graph Databases. SIAM Journal on Computing, 24(6):1235–1258, 12 1995.

[Ope] Cypher Query Language Reference, Version 9, Mar. 2018. https://github.com/opencypher/openCypher/blob/master/docs/openCypher9.pdf.

[Po22] Popp, Tina: Evaluation and Enumeration of Regular Simple Path and Trail Queries. Dissertation, University of Bayreuth, Germany, 2022.

[RS95] Robertson, Neil; Seymour, Paul D.: Graph Minors .XIII. The Disjoint Paths Problem. Journal of Combinatorial Theory, Series B, 63(1):65–110, 1995.

[Sa21] Sakr, Sherif; Bonifati, Angela; Voigt, Hannes; Iosup, Alexandru; Ammar, Khaled; Angles, Renzo; Aref, Walid G.; Arenas, Marcelo; Besta, Maciej; Boncz, Peter A.; Daudjee, Khuzaima; Valle, Emanuele Della; Dumbrava, Stefania; Hartig, Olaf; Haslhofer, Bernhard; Hegeman, Tim; Hidders, Jan; Hose, Katja; Iamnitchi, Adriana; Kalavri, Vasiliki; Kapp, Hugo; Martens, Wim; Özsu, M. Tamer; Peukert, Eric; Plantikow, Stefan; Ragab, Mohamed; Ripeanu, Matei; Salihoglu, Semih; Schulz, Christian; Selmer, Petra; Sequeda, Juan F.; Shinavier, Joshua; Szárnyas, Gábor; Tommasini, Riccardo; Tumeo, Antonino; Uta, Alexandru; Varbanescu, Ana Lucia; Wu, Hsiang-Yun; Yakovets, Nikolay; Yan, Da; Yoneki, Eiko: The future is big graphs: a community view on graph processing systems. Communications of the ACM, 64(9):62–71, 2021.

[Sl10]   Slivkins, Aleksandrs: Parameterized Tractability of Edge-Disjoint Paths on Directed Acyclic Graphs. SIAM Journal on Discrete Mathematics, 24(1):146–157, 2010.

[Sz03]   Szeider, Stefan: Finding paths in graphs avoiding forbidden transitions. Discrete Applied Mathematics, 126(2-3):261–273, 2003.

[Wo12]   Wood, Peter T.: Query languages for graph databases. SIGMOD Record, 41(1):50–60, 2012.

[Ya90]   Yannakakis, Mihalis: Graph-Theoretic Methods in Database Theory. In: Symposium on Principles of Database Systems (PODS). S. 230–242, 1990.

[Ye71]   Yen, Jin Y.: Finding the K Shortest Loopless Paths in a Network. Management Science, 17(11):712–716, 1971.

Tina Popp absolvierte das Bachelor- und Masterstudium Wirtschaftsmathematik an der Universität Bayreuth. Dabei entdeckte sie ihr Interesse an der Theoretischen Informatik, insbesondere Komplexitäts- und Graphentheorie. Als sich ihr nach dem Studium die Chance bot in diesem Gebiet an der Universität Bayreuth zu promovieren, ergriff sie diese begeistert. Von 2016 bis 2022 forschte und lehrte sie an der Universität Bayreuth in der Forschungsgruppe "Data-Intensive Algorithms" betreut von Prof. Dr. Wim Martens. Für ihre Forschung erhielt sie den "ICDT 2018 Best Paper Award" und "2019 ACM SIGMOD Research Highlights Award". Zudem wurde sie aufgrund ihrer Forschungsergebnisse von Neo4j, einem der führenden Graphdatenbanksysteme, zu einer Tagung nach Dänemark eingeladen. Seit 2022 arbeitet sie bei Capgemini als Business Analyst.

Erforschung der Auswirkungen einer Entkopplung des Designspaces für mobile Navigationstechnologien[1]

Gian-Luca Savino[2]

Abstract: Diese Arbeit untersucht die Entkopplung des Gestaltungsraums für mobile Navigationstechnologien von der bisherigen, turn-by-turn basierten Systemarchitektur. Dabei werden verschiedene Ansätze vorgestellt, um die Nutzungsmuster und Intentionen von Menschen bei der Verwendung mobiler Navigationsanwendungen zu bewerten. Aus den Ergebnissen ergeben sich Verbesserungen für orientierungsbasierte Navigationsmethoden und sprachassistentenbasierte Eingabemodalitäten für Radfahrende. Mit einem Ansatz um mobile Navigationssysteme zu evaluieren und dennoch sicherzustellen, dass Interaktionen sicher gestaltet sind, trägt diese Arbeit zum Verständnis, zur Bewertung und zur Verbesserung mobiler Navigationssysteme für bestimmte Nutzungsgruppen bei.

1 Einleitung

In den letzten zwei Jahrzehnten haben mobile Navigationstechnologien die Art und Weise revolutioniert, in der sich Menschen in vertrauten und unbekannten Umgebungen fortbewegen [HC13]. Digitale Hilfsmittel haben physische Hilfsmittel (z. B. physische Karten), welche Menschen seit Jahrtausenden nutzen, ersetzt und sie werden dies voraussichtlich auch weiterhin tun [HC13]. Ausgehend von Satellitennavigationssystemen im Auto, mit denen viele Menschen ihre ersten Erfahrungen mit mobilen Navigationstechnologien gemacht haben [SH09], sind mobile Navigationssysteme heute allgegenwärtig geworden [St21]. Abbildung 1 zeigt eine typische Systemarchitektur eines auf Turn-by-Turn (TBT) basierenden mobilen Navigationssystems. Der Designspace dieser Architektur umfasst acht Module: GPS, Sensoren, Lokalisation, eine digitale Karte, Kartenabgleich, Routenplanung, Routenführung und eine Benutzungsschnittstelle. In den letzten zwei Jahrzehnten gab es zwar Innovationen in jedem dieser Module, aber die Gesamtarchitektur blieb gleich. Ein prototypisches Beispiel für diese Gesamtarchitektur wurde von Park et al. [Pa03] entworfen und entwickelt. Park et al. [Pa03] nutzten GPS und zusätzliche Sensoren (d. h. ein Gyroskop und einen Radsensor) zur Lokalisation; für die Routenplanung verwendeten sie Algorithmen die den kürzesten Weg berechnen. Die Routenführung erfolgte über TBT-Anweisungen, und die Benutzungsschnittstelle verfügte über einen Bildschirm mit einer Routenkarte mit visuellen und audiobasierten Ausgabemodalitäten [Pa03].

---

[1] Englischer Titel der Dissertation: "Exploring the Effects of Decoupling the Design Space for Mobile Navigation Technologies"
[2] Universität St.Gallen, School of Computer Science, Dufourstrasse 50, 9000 St.Gallen, Schweiz gian-luca.savino@unisg.ch

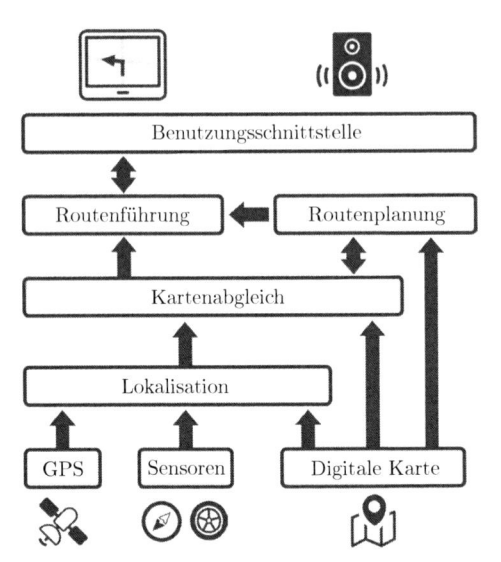

Abb. 1: Prototypische Architektur eines Turn-by-Turn-basierten mobilen Navigationssystems, basierend auf Park et al. [Pa03], die als Designspace für mobile Navigationstechnologien dient.

Bei näherer Betrachtung der einzelnen Module des Designspaces gab es bei der Lokalisation mehrere Neuerungen. Während GPS immer noch am häufigsten für mobile Navigationssysteme verwendet wird [KM02], insbesondere für Anwendungen im Freien, wurde die Lokalisationsqualität durch genauere digitale Karten [Pe18] und effizientere Algorithmen für den Kartenabgleich verbessert. Darüber hinaus gibt es weitere Technologien wie Hochfrequenzsignale (z. B. Bluetooth, WiFi), Licht (z. B. sichtbar und infrarot), Schall (z. B. hörbar und Ultraschall) und Magnetfelder [Br17], die zur Ortung mobiler Navigationssysteme genutzt werden können. Für die Routenplanung bleibt der kürzeste Weg ein weit verbreiteter Ansatz [Go95]. Neue Nutzungsgruppen (z. B. Fußgänger:innen, Radfahrende) sind jedoch auch an Alternativen interessiert, die Eigenschaften wie Erreichbarkeit, Sicherheit, Komfort und/oder Bequemlichkeit aufweisen [Pa21]. Dies hat Forschende dazu veranlasst, andere Routing-Techniken zu erforschen, welche die einfachsten, sichersten, landschaftlich reizvollsten und/oder umweltfreundlichsten Routen berechnen [Di21]. Diese speziellen Routing-Techniken haben unterschiedliche Auswirkungen: Sie können umweltfreundlicher sein, wie im Fall von Googles umweltfreundlichem Routing [Di21], oder sie können die Zugänglichkeit für Nutzungsgruppen mit besonderen Bedürfnissen, wie Rollstuhlfahrende, verbessern [TS18]. Wenn es um Routenführung geht, ist TBT immer noch die Standardmethode der meisten mobilen Navigationssysteme [Sc17]. Dennoch erforschen Forscher:innen Alternativen. Die referenzbasierte Routenführung nutzt beispielsweise das vorhandene Ortswissen der Nutzer:innen, um schriftliche oder gesprochene Anweisungen zu formulieren, wie z. B. "das Ziel liegt 190 Meter südwestlich des Riesenrads" [KCC20]. Orientierungsbasierte Routenführung gibt nur die allgemeine Richtung und die geradlinige Entfernung zum

Ziel an [KCC20]; eine solche Führung kann über verschiedene Modalitäten bereitgestellt werden [AVL16; Pi12] und ist speziell auf Benutzungsgruppen wie Radfahrende ausgerichtet [AVL16; Pi12]. Bei den Benutzungsschnittstellen für mobile Navigationssysteme hat es eine Vielzahl von Innovationen im Bereich der Interaktionsmodalitäten gegeben. Neuartige Ausgabemodalitäten – Musik [AVL16], Vibration [Ma19; Pi12], Licht [Ma19], und Projektion [Da15] – geben neuen Nutzungsgruppen Zugang zu Navigations- und Standortinformationen während der Fahrt, ohne den Fokus der Nutzer:innen von der eigentlichen Fortbewegungsaktivität abzulenken [MDM16]. Darüber hinaus ermöglichen neuartige Eingabemodalitäten wie Gesten [Da15] und Sprache [Bi21] den Nutzungsgruppen eine sichere Interaktion mit mobilen Navigationssystemen während der Bewegung. Diese Innovationen sind besonders nützlich für neue Nutzungsgruppen wie Radfahrende, die von weniger visuellen Interaktionsmodalitäten profitieren [AVL16].

2 Motivation & Forschungsfrage

Die Zahl der Nutzungsgruppen und Verkehrsmittel, für die mobile Navigationssysteme entwickelt werden, hat im Laufe der Jahre zugenommen. Heute gibt es mobile Navigationsanwendungen, wie Google Maps und Apple Maps, die mobile Navigationsdienste für Fußgänger:innen [Du19] und Radfahrende [Di21] anbieten. Die Outdoor Navigationsanwendung Komoot bietet mobile Navigationsdienste für Wandernde [Sc21] und Mountainbiker:innen [Ba19]. Während die mobilen Navigationssysteme vielfältiger geworden sind, ist ihre Systemarchitektur jedoch starr geblieben. Um diese Entwicklung zu verstehen, haben wir sie aus der Perspektive der Mensch-Computer Interaktion (engl. Human-Computer Interaction, HCI) betrachtet. HCI befasst sich mit dem Entwurf, der Bewertung und der Implementierung interaktiver Computersysteme für die menschliche Nutzung und mit der Untersuchung der dadurch entstehenden Phänomene [He92]. In den letzten zwei Jahrzehnten hat sich die HCI-Forschung intensiv mit mobilen Navigationstechnologien in den verschiedenen Modulen des Designspaces befasst. Diese Untersuchungen reichen von Verbesserungen der Routenführung [KCC20], über die Untersuchung alternativer Routenplanungsansätze [Jo17; Ru16], hin zu dem Testen neuartiger Eingabe- und Ausgabemodalitäten [Ma19]. Dennoch fand Innovation meist nur innerhalb einzelner Module des Designspaces statt. Derzeit gibt es jedoch erste Versuche, völlig neue mobile Navigationssysteme zu entwickeln. Bei diesen neuartigen Systemen, die zur Unterstützung bestimmter Benutzungsgruppen entwickelt werden, sind Innovationen nicht nur innerhalb verschiedener Module, sondern auch in der zugrunde liegenden Systemarchitektur zu beobachten. Um die Herausforderungen dieser Versuche zu verstehen, berichtet diese Arbeit über unsere Forschungen und Studien zu den Auswirkungen der Entkopplung des Designspaces für mobile Navigationstechnologien von seiner starren prototypischen Systemarchitektur. Wir beschäftigen uns dahingehend mit der folgenden übergreifenden Forschungsfrage:

> Welche Auswirkungen hat die Entkopplung des Designspaces für mobile Navigationstechnologien aus Sicht der Nutzer:innen?

Im Vergleich zu den Innovationen, die wir in der Vergangenheit in einzelnen Modulen gesehen haben, erhöhen Innovationen in mehreren Modulen des Designspaces, die zeitgleich stattfinden, die Komplexität der Untersuchung der dadurch neu geschaffenen mobilen Navigationssysteme. Diese Arbeit beschreibt unser Vorgehen hin zu einen systematischen Ansatz zum Verständnis, zur Bewertung und zur Verbesserung solcher neuartiger mobiler Navigationssysteme. Mit Hilfe von menschzentriertem Design [No02] haben wir (1) das Nutzungsverhalten von Menschen mit mobilen Navigationsanwendungen untersucht, (2) das Nutzungserlebnis neuartiger mobiler Navigationssysteme bewertet, (3) die Auswirkungen der Umgebung auf das Nutzungserlebnis gemessen und (4) das Design neuartiger mobiler Navigationssysteme über die Optimierung der Navigationseffizienz hinaus verbessert. Schließlich haben wir (5) sichergestellt, dass mobile Navigationssysteme so gestaltet sind, dass sie für die Interaktion der Nutzer:innen sicher sind.

Neben der technischen Innovation, die sich aus der Entkopplung des Designspaces ergibt, sehen wir weitere Auswirkungen, die diese neuartigen mobilen Navigationssysteme auf Nutzer:innen haben können. Besonders wichtig ist die Auswirkung auf die räumlichen kognitiven Fähigkeiten des Menschen [Ru19; Sc17]. Die Forschung der räumlichen Kognition hilft uns zu verstehen, wie Menschen navigieren, wie sie räumliche Beziehungen verstehen, wie sie räumliches Wissen aufbauen und wie wir sie bei der Ausführung dieser Aufgaben unterstützen können. Diese Unterstützung wird häufig durch mobile Navigationssysteme realisiert [Ru22]. Daher ist es für die erfolgreiche Entwicklung eines Systems entscheidend zu verstehen, wie es sich auf das räumliche Wissen von Menschen auswirkt [As06]. Von zentraler Bedeutung für das Verständnis von Raumwissen sind die Konzepte des Überblickswissens, des Routenwissens und des Landmarkenwissens [SW75]. Nach Siegel et al. [SW75] erwirbt der Mensch räumliches Wissen in drei Stufen. Zunächst wird das Wissen über Orientierungspunkte durch die Wahrnehmung und Erinnerung an das Aussehen von Objekten entlang eines Weges erworben. Sobald eine klare Vorstellung von diesen Objekten vorhanden ist, wird das Wissen über die Route erworben. Das bedeutet, dass Menschen im Laufe der Zeit die Abfolge der notwendigen Abbiegungen an Entscheidungspunkten lernen. Diese Abfolge wird kognitiv kodiert, entweder mit direkten Anweisungen, z. B. "nach links, dann nach rechts" [TW94], oder mit Hilfe von Orientierungshilfen, z. B. "nach rechts am Museum" [Ku78]. Sobald das Routenwissen vollständig erworben ist, folgt das Überblickswissen. Mit dem Überblickswissen bilden Menschen eine interne Repräsentation, d. h. eine kognitive Karte ihrer Umgebung [KB21; SW75]. Aufbauend auf dieses Wissen haben HCI-Forscher:innen damit begonnen, Landmarken-, Routen- und Übersichtswissen in ihren Experimenten zu messen [As06], um den Erwerb von Raumwissen durch Technologie zu unterstützen. Aktuelle mobile Navigationstechnologien scheinen jedoch das Gegenteil zu bewirken. Erste Studien haben ergeben, dass die Abhängigkeit von TBT-basierten mobilen Navigationssystemen die räumlichen kognitiven Fähigkeiten schädigt [Ru19; Sc17]. Neuartige mobile Navigationssysteme können dieser Entwicklung jedoch entgegenwirken, indem sie Technologien verwenden, die unsere räumlichen kognitiven Fähigkeiten unterstützen, anstatt sie zu vermindern.

3 Soziale & Geografische Auswirkungen

Trotz ihrer negativen Auswirkungen auf unsere räumlichen kognitiven Fähigkeiten ist die Nutzung mobiler Navigationssysteme inzwischen weit verbreitet. Fast jeder zweite Mensch in Deutschland [St21] besitzt oder nutzt ein mobiles Navigationssystem. Da immer mehr Menschen diese Systeme nutzen, bestimmen die Routing-Algorithmen großer mobiler Navigationsanwendungen, auf welchen Routen sich Hunderte oder Tausende von Menschen durch eine bestimmte Umgebung bewegen. Dies wirkt sich nachweislich auf externe Effekte auf gesellschaftlicher Ebene aus, indem es beispielsweise das Risiko von Unfällen erhöht und/oder das Image einer Stadt durch die Menschen beeinflusst, wenn sie bestimmte Stadtteile meiden [Jo17]. Johnson et al. [Jo17] untersuchten die externen Effekte, die entstehen, wenn neue Routing-Kriterien eingeführt werden, z. B. Einfachheit, Sicherheit und Schönheit. Die Ergebnisse der Studie zeigen, dass durch eine sichere Streckenführung Verkehr aus bestimmten Stadtteilen entfernt und/oder in diesen erhöht wurde, was zu wirtschaftlichen und sozialen Auswirkungen führte [Jo17]. Mit der neuartigen nicht-TBT-basierten Navigation bewegen wir uns weg von der vordefinierten Routenplanung und hin zu mehr Autonomie als Teil der Navigationserfahrung [Pi12]. So zeigt unsere Forschung, dass neue Ansätze für die mobile Navigation für bestimmte Nutzungsgruppen einigen der gesellschaftlichen Auswirkungen entgegenwirken können, die durch die derzeit von Autofahrer:innen genutzte Routenführung verursacht werden [Jo17]. Abschließend müssen Forschende diese neuartigen mobilen Navigationstechnologien, die sich aus der Entkopplung des Designspaces ergeben, auf eine verantwortungsvolle und für die Proband:innen sichere Art und Weise auswerten. Wie Autofahrer:innen [Cu02] müssen auch neuartige Nutzungsgruppen wie Fußgänger:innen und Radfahrende bei der Nutzung mobiler Navigationssysteme aufmerksam sein und ihre Umgebung wahrnehmen. Die Entkopplung des Designspaces für mobile Navigationstechnologien erfordert daher die Entwicklung sicherer Interaktionsmodalitäten. Gleichzeitig brauchen wir eine gründlichere Evaluierung solcher Interaktionsmodalitäten.

4 Forschungsbeitrag

Diese Arbeit untersucht die Auswirkungen der Entkopplung des Designspaces für mobile Navigationstechnologien aus der Nutzungsperspektive. Wir sehen Innovationen über mehrere Module des Designspaces hinweg, die das Design neuartiger mobiler Navigationssysteme für bestimmte Nutzungsgruppen ermöglichen. Die Bewertung dieser Innovationen erfordert Methoden, die uns helfen, das Nutzungsverhalten der Menschen mit und innerhalb dieser Systeme und Anwendungen zu verstehen. Hierfür konzentrieren wir uns im Zuge dieser Arbeit auf die Entwicklung einer Methode zur Erhebung von In-App-Nutzungsdaten, um gängige Nutzungsmuster und die Intentionen der Menschen bei der Nutzung mobiler Navigationsanwendungen zu verstehen. Unsere Ergebnisse liefern Richtlinien für die Gestaltung aktueller und neuer mobiler Navigationssysteme. Allerdings ist nicht jedes neue System für jede Nutzungsgruppe geeignet. As-The-Crow-Flies (ATCF) basierte mobile Navigationssysteme bieten zum Beispiel Alternativen zu den derzeitigen TBT-basierten Ansätzen. Bei einer solchen ATCF-Routenführung erhalten Nutzer:innen die allgemeine Richtung zum Ziel, z.B. in Form einer Kompassnadel. Daher untersuchen wir weiterhin, welche Nutzungsgruppen von bestimmten neuartigen mobilen Navigationssystemen profitieren können. Ebenso wie die Nutzungsgruppen müssen auch die Umgebungen, in denen diese neuartigen Systeme eingesetzt werden, untersucht werden. Viele Studien über mobile Navigationstechnologien werden in willkürlich gewählten Umgebungen durchgeführt. Daher stellt sich die Frage, ob die Umgebung, d. h. das Straßennetz, einen Einfluss darauf hat, wie erfolgreich bestimmte mobile Navigationssysteme eingesetzt werden können. Wenn sich die Anforderungen für eine erfolgreiche Navigation von dem schnellsten oder kürzesten Weg wegbewegen, müssen wir über neue Wege nachdenken, um diese Technologien zu verbessern - neben der Optimierung der Effizienz. Daher befassen wir uns zudem mit der Frage, wie wir die Benutzungserfahrung mit neuartigen Navigationsmethoden verbessern können. Schließlich müssen neuartige mobile Navigationssysteme und Anwendungen getestet werden, um sicherzustellen, dass sie in realen Umgebungen sicher eingesetzt werden können. Wir müssen Interaktionsmodalitäten und Experimente entwerfen, welche die Sicherheit der Nutzer:innen erhöhen, während sie diese neuen Technologien nutzen und testen. Daher konzentrieren wir uns abschließend auch auf die Risiken der Entkopplung des Designspaces für mobile Navigationstechnologien. Auf der Grundlage unserer Erkenntnisse können wir (1) das Nutzungsverhalten der Menschen bei mobilen Navigationsanwendungen besser verstehen, (2) die Erfahrungen der Nutzer:innen mit neuartigen mobilen Navigationssystemen besser bewerten, (3) die Auswirkungen der Umgebung auf die Nutzungserfahrung genau messen und (4) das Anwendungsdesign verbessern. Und schließlich (5) können wir sicherstellen, dass mobile Navigationssysteme auf sichere Weise entwickelt werden.

5 Ausblick

In dieser Arbeit berichten wir über unseren systematischen Ansatz zum Verständnis, zur Evaluierung und zur Verbesserung neuartiger mobiler Navigationssysteme. Diese Systeme haben viele Innovationen in verschiedenen Modulen des Designspaces hervorgebracht, Innovationen, die auf die Bedürfnisse bestimmter Benutzergruppen zugeschnitten sind. Wir argumentieren, dass das Verständnis der Herausforderungen und Vorteile dieser Multimodul-Innovationen aus der Nutzungsperspektive eine komplexere Herangehensweise erfordert als bei der Untersuchung von Einzelmodul-Innovationen, die wir in der Vergangenheit gesehen haben. Unsere Studien konzentrierten sich daher darauf, (1) zu verstehen, wie Menschen mobile Navigationstechnologien nutzen, (2) zu erforschen, wie unterschiedliche Navigationsmethoden bestimmte Nutzungsgruppen befähigen, (3) zu untersuchen, ob Straßennetzstrukturen die Nutzung neuartiger mobiler Navigationssysteme beeinflussen, (4) zu erforschen, wie die Nutzungserfahrung dieser neuartigen mobilen Navigationssysteme über die Navigationseffizienz hinaus verbessert werden kann, und (5) die Sicherheitsrisiken der Entkopplung des Designspaces für mobile Navigationstechnologien zu bewerten.

Die Navigation dient nicht nur dem Zweck, auf dem kürzesten Weg von einem Ort zum anderen zu gelangen. Während die effiziente Navigation ein zentraler Anwendungsfall mobiler Navigationstechnologien bleiben wird, der durch die TBT basierte Navigation erleichtert wird, bewegen wir uns allmählich weg von der vordefinierten Routenplanung und hin zu mehr Nutzer:innen-Autonomie als Teil der Navigationserfahrung [Pi12]. Dieser Wandel ermöglicht es mobilen Navigationssystemen, räumliche kognitive Fähigkeiten besser zu unterstützen und einigen der gesellschaftlichen Auswirkungen, die durch die breite Nutzung von mobiler Routenführung verursacht werden, entgegenzuwirken [Jo17]. In unserer Arbeit konnten wir beobachten, wie die klassische TBT-basierte Navigation allmählich durch alternative, für verschiedene Nutzungsgruppen konzipierte Navigationsmethoden ersetzt wird. Auch wenn es noch viele offene Herausforderungen gibt, wird uns die Erforschung neuartiger mobiler Navigationstechnologien, wie sie im Rahmen unserer Arbeit entwickelt und analysiert und in dieser Dissertation vorgestellt wurden, von einem "One-Architecture-fits-all"-Ansatz zu maßgeschneiderten mobilen Navigationssystemen für unterschiedliche Nutzungsgruppen führen [Sa23].

Literatur

[As06] Aslan, I.; Schwalm, M.; Baus, J.; Krüger, A.; Schwartz, T.: Acquisition of Spatial Knowledge in Location Aware Mobile Pedestrian Navigation Systems. In: Proceedings of the 8th conference on Human-computer interaction with mobile devices and services. MobileHCI '06, Association for Computing Machinery, New York, NY, USA, S. 105–108, Sep. 2006.

[AVL16] Albrecht, R.; Väänänen, R.; Lokki, T.: Guided by music: pedestrian and cyclist navigation with route and beacon guidance. Personal and Ubiquitous Computing 20/1, S. 121–145, 2016.

[Ba19] Bayer, C.: Navigate with komoot – the app that helps you to discover new trails, 2019, URL: https://enduro-mtb.com/en/navigate-with-komoot/, Stand: 26. 04. 2022.

[Bi21] Bi, L.; Cao, J.; Li, G.; Viet Hung, N. Q.; Jensen, C. S.; Zheng, B.: SpeakNav: A Voice-based Navigation System via Route Description Language Understanding. In: 2021 IEEE 37th International Conference on Data Engineering (ICDE). S. 2669–2672, Apr. 2021.

[Br17] Brena, R. F.; García-Vázquez, J. P.; Galván-Tejada, C. E.; Muñoz-Rodriguez, D.; Vargas-Rosales, C.; Fangmeyer, J.: Evolution of Indoor Positioning Technologies: A Survey. Journal of Sensors 2017/, S. 1–21, März 2017.

[Cu02] Curzon, P.; Blandford, A.; Butterworth, R.; Bhogal, R.: Interaction design issues for car navigation systems, eng, Proceedings paper, Pages: 38-41 Place: London, UK Publisher: Springer Verlag, Okt. 2002, URL: http://www.springer.com/computer/user+interfaces/book/978-1-85233-659-2, Stand: 23. 01. 2022.

[Da15] Dancu, A.; Vechev, V.; Ünlüer, A. A.; Nilson, S.; Nygren, O.; Eliasson, S.; Barjonet, J.-E.; Marshall, J.; Fjeld, M.: Gesture Bike: Examining Projection Surfaces and Turn Signal Systems for Urban Cycling. In: Proceedings of the 2015 International Conference on Interactive Tabletops & Surfaces - ITS '15. ACM Press, Madeira, Portugal, S. 151–159, 2015.

[Di21] Dicker, R.: 3 new ways to navigate more sustainably with Maps, 2021, URL: https://blog.google/products/maps/3-new-ways-navigate-more-sustainably-maps/, Stand: 26.04.2022.

[Du19] Dube, R.: Google Maps Voice Guidance is Great for Walking City Streets, 2019, URL: https://www.groovypost.com/howto/google-maps-voice-guidance-is-great-for-walking-city-streets/, Stand: 26.04.2022.

[Go95] Golledge, R. G.: "Defining the Criteria Used in Path Selection". *UC Berkeley: University of California Transportation Center*, 1995.

[HC13] Hurst, P.; Clough, P.: Will we be lost without paper maps in the digital age? Journal of Information Science 39/1, S. 48–60, Feb. 2013.

[He92] Hewett, T. T.; Baecker, R.; Card, S.; Carey, T.; Gasen, J.; Mantei, M.; Perlman, G.; Strong, G.; Verplank, W.: ACM SIGCHI Curricula for Human-Computer Interaction. ISBN-10: 0897914740, Association for Computing Machinery, New York, NY, USA, 1992, ISBN: 0-89791-474-0.

[Jo17] Johnson, I.; Henderson, J.; Perry, C.; Schöning, J.; Hecht, B.: Beautiful but at What Cost? An Examination of Externalities in Geographic Vehicle Routing. Proceedings of the ACM on Interactive, Mobile, Wearable and Ubiquitous Technologies 1/2, S. 1–21, Juni 2017.

[KB21] Kim, K.; Bock, O.: Acquisition of landmark, route, and survey knowledge in a wayfinding task: in stages or in parallel? Psychological Research 85/5, S. 2098–2106, Juli 2021.

[KCC20] Kuo, T.-Y.; Chu, H.-K.; Chang, Y.-J.: Comparing the effects of reference-based, orientation-based, and turn-by-turn navigation guidance on users' independent navigation. In: Adjunct Proceedings of the 2020 ACM International Joint Conference on Pervasive and Ubiquitous Computing and Proceedings of the 2020 ACM International Symposium on Wearable Computers. ACM, Virtual Event Mexico, S. 63–66, Sep. 2020.

[KM02] Kumar, S.; Moore, K. B.: The Evolution of Global Positioning System (GPS) Technology. Journal of Science Education and Technology 11/1, S. 59–80, März 2002.

[Ku78] Kuipers, B.: Modeling spatial knowledge. Cognitive Science 2/2, S. 129–153, Apr. 1978.

[Ma19]   Matviienko, A.; Ananthanarayan, S.; El Ali, A.; Heuten, W.; Boll, S.: NaviBike: Comparing Unimodal Navigation Cues for Child Cyclists. In: Proceedings of the 2019 CHI Conference on Human Factors in Computing Systems. ACM, Glasgow Scotland Uk, S. 1–12, Mai 2019.

[MDM16]   Marshall, J.; Dancu, A.; Mueller, F. ": Interaction in Motion: Designing Truly Mobile Interaction. In: Proceedings of the 2016 ACM Conference on Designing Interactive Systems. ACM, Brisbane QLD Australia, S. 215–228, Juni 2016.

[No02]   Norman, D. A.: The Design of Everyday Things. Basic Books, Inc., USA, 2002, ISBN: 978-0-465-06710-7.

[Pa03]   Park, C.-W.; Joe, M.-J.; Byun, S.-C.; Choi, H.-W.; Jung, M.-H.; Kim, Y.-I.: A turn-by-turn navigation system for automotive telematics terminals. In: IEEE IV2003 Intelligent Vehicles Symposium. Proceedings. S. 21–24, Juni 2003.

[Pa21]   Patras, V.; Fudos, I.; Koritsoglou, K.; Tsoumanis, G.: Revisiting shortest path algorithms for navigation systems. In: 2021 6th South-East Europe Design Automation, Computer Engineering, Computer Networks and Social Media Conference (SEEDA-CECNSM). S. 1–5, Sep. 2021.

[Pe18]   Peng, Z.; Gao, S.; Xiao, B.; Guo, S.; Yang, Y.: CrowdGIS: Updating Digital Maps via Mobile Crowdsensing. IEEE Transactions on Automation Science and Engineering 15/1, S. 369–380, Jan. 2018.

[Pi12]   Pielot, M.; Poppinga, B.; Heuten, W.; Boll, S.: Tacticycle: Supporting Exploratory Bicycle Trips. In: Proceedings of the 14th international conference on Human-computer interaction with mobile devices and services - MobileHCI '12. ACM Press, San Francisco, California, USA, S. 369–378, 2012.

[Ru16]   Runge, N.; Samsonov, P.; Degraen, D.; Schöning, J.: No more Autobahn!: Scenic Route Generation Using Googles Street View. In: Proceedings of the 21st International Conference on Intelligent User Interfaces. ACM, Sonoma California USA, S. 147–151, März 2016.

[Ru19]   Ruginski, I. T.; Creem-Regehr, S. H.; Stefanucci, J. K.; Cashdan, E.: GPS use negatively affects environmental learning through spatial transformation abilities. Journal of Environmental Psychology 64/, S. 12–20, Aug. 2019.

[Ru22]   Ruginski, I.; Giudice, N.; Creem-Regehr, S.; Ishikawa, T.: Designing mobile spatial navigation systems from the user's perspective: an interdisciplinary review. Spatial Cognition & Computation 22/1-2, S. 1–29, Apr. 2022.

[Sa23]   Savino, G.-L.: Exploring the Effects of Decoupling the Design Space for Mobile Navigation Technologies, Diss., Universität St.Gallen, 2023.

[Sc17]   Schwering, A.; Krukar, J.; Li, R.; Anacta, V. J.; Fuest, S.: Wayfinding Through Orientation. Spatial Cognition & Computation 17/4, S. 273–303, Okt. 2017.

[Sc21]   Schwab, P.: How do I navigate with Komoot? A detailed look at all the functions, 2021, URL: https://granfondo-cycling.com/komoot-know-how-2021/, Stand: 26.04.2022.

[SH09]   Skog, I.; Handel, P.: In-Car Positioning and Navigation Technologies—A Survey. IEEE Transactions on Intelligent Transportation Systems 10/1, S. 4–21, März 2009.

[St21]   Statistisches Bundesamt: Share of private households that owned a navigation device in Germany from 2005 to 2021, 2021, URL: https://www.statista.com/statistics/468928/navigation-devices-household-penetration-rate-germany/, Stand: 22.05.2022.

[SW75]   Siegel, A. W.; White, S. H.: The Development of Spatial Representations of Large-Scale Environments. In (Reese, H. W., Hrsg.): Advances in Child Development and Behavior. Bd. 10, JAI, S. 9–55, Jan. 1975, URL: https://www.sciencedirect.com/science/article/pii/S0065240708600075, Stand: 24.01.2022.

[TS18]   Tannert, B.; Schöning, J.: Disabled, but at what cost? an examination of wheelchair routing algorithms. In: Proceedings of the 20th International Conference on Human-Computer Interaction with Mobile Devices and Services. MobileHCI '18, Association for Computing Machinery, New York, NY, USA, S. 1–7, Sep. 2018.

[TW94]   Tlauka, M.; Wilson, P. N.: The effect of landmarks on route-learning in a computer-simulated environment. Journal of Environmental Psychology 14/4, S. 305–313, Dez. 1994.

Gian-Luca Savino ist wissenschaftlicher Mitarbeiter im Human-Computer Interaction Lab an der Universität St.Gallen. Er promovierte am 20.02.2023 ebenfalls an der Universität St.Gallen. Sein Bachelorstudium in Digiale Medien und das Masterstudium in Informatik absolvierte er an der Universität Bremen, wo er ebenfalls seinen PhD begann, bevor er 2021 mit seinem Betreuer Prof. Dr. Johannes Schöning nach St.Gallen wechselte. In seiner Forschung beschäftigt sich Gian-Luca Savino mit menschzentrierten Forschungsansätzen für Navigationstechnologien. Er erforscht, baut und evaluiert neue Navigationstechniken für Fußgäner:innen und Fahrradfahrende, und untersucht dabei auch die Auswirkungen von Navigationstechnolgien auf das gesellschaftliche Leben. Er ist ein aktives Mitglied der Association for Computing Machinery und betätigt sich im Zuge dessen als Reviewer und Mitorganisator verschiedener HCI Konferenzen. An der Universität Bremen und der Universität St.Gallen war und ist er aktiv in der Lehre sowie in der Betreuung von Abschlussarbeiten tätig.

Few-Shot Learning mit Sprachmodellen: Lernen aus Instruktionen und Kontexten[1]

Timo Schick[2]

Abstract: Wir untersuchen die für KI-Systeme essentielle Herausforderung des *Few-Shot Learnings*, also des Erlernens neuer Fähigkeiten aus möglichst wenigen Beispielen. Dazu entwickeln wir Methoden, die es vortrainierten Sprachmodellen ermöglichen, ausgehend von nur einer Handvoll an Beispielen *neue Aufgaben zu lösen* und *neue Wörter zu verstehen*. Für ersteres Problem basiert unser Ansatz auf der Idee, diesen Systemen textuelle Erklärungen der zu lösenden Aufgaben zur Verfügung zu stellen. Das resultierende *Lernen aus Instruktionen* ermöglicht es ihnen, neue Aufgaben menschenähnlicher zu erfassen und so deutlich weniger Beispiele zu benötigen. Um KI-Systemen neue Wörter beizubringen, lassen wir uns ebenfalls von Menschen inspirieren: Wir trainieren sie, durch *Lernen aus Kontexten* hochwertige Repräsentationen für neue Wörter zu bestimmen und so ihr Sprachverständnis zu verbessern.

1 Einführung

Few-Shot Learning – das bezeichnet die Fähigkeit, aus einer sehr kleinen Anzahl an Beobachtungen zu lernen. Diese Fähigkeit ist von großer Bedeutung nicht nur für die maschinelle Verarbeitung natürlicher Sprache, sondern für den gesamten Bereich der Künstlichen Intelligenz (KI). Dafür gibt es zwei bedeutende Gründe: Zum einen ist Few-Shot Learning von großer praktischer Bedeutung, weil derzeit oft Tausende an Beispielen notwendig sind, um KI-Systemen eine einzige neue Aufgabe beizubringen; die damit verbundenen Kosten stehen der Anwendung solcher Systeme oftmals im Weg. Darüber hinaus ist die Fähigkeit, aus nur wenigen Beobachtungen zu lernen, ein wesentliches Charakteristikum menschlichen Sprachverständnisses [TFM96]; dementsprechend ist es auf dem Weg zu allgemeiner künstlicher Intelligenz essentiell, auch unsere Modelle mit dieser Fähigkeit auszustatten.

Ein erfolgreicher Ansatz zum Lernen aus wenigen Beispielen im Bereich maschineller Textverarbeitung besteht darin, neuronale Netzwerke zunächst als *Sprachmodelle* vorzutrainieren – also darauf, fehlende Wörter in einem unvollständigen Text zu rekonstruieren. Populäre Varianten dieser Rekonstruktionsaufgabe sind die *autoregressive* Sprachmodellierung [Ra18, Br20], bei der fehlende Wörter von links nach rechts vorhergesagt werden (Abb. 1a), und die *maskierte* Sprachmodellierung [De19], bei der einzelne Wörter innerhalb eines Texts entfernt werden und diese Wörter aus dem entstandenen Lückentext rekonstruiert werden müssen (Abb. 1b). In beiden Fällen muss ein KI-System umfangreiche Kenntnisse über die Syntax und Semantik natürlicher Sprache erlernen, um die Aufgabe

---

[1] Englischer Titel der Dissertation: "Few-Shot Learning with Language Models: Learning from Instructions and Contexts"
[2] schickt93@gmail.com

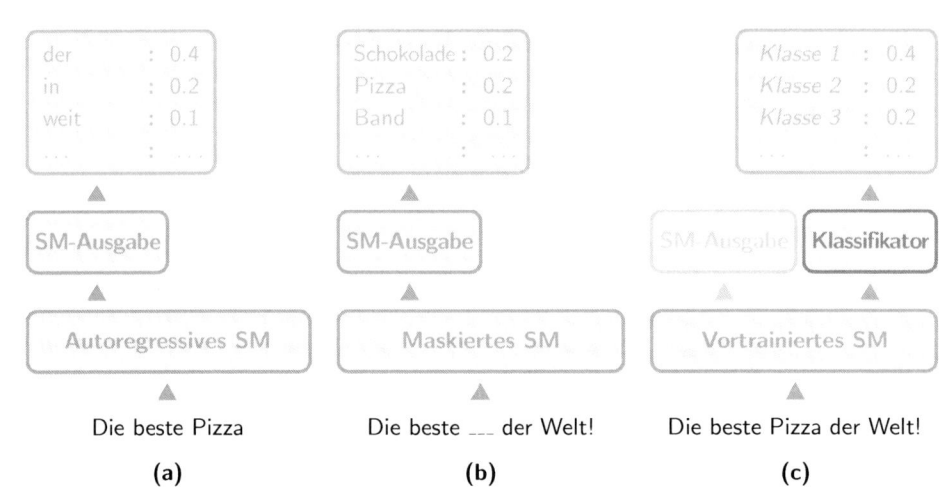

```
der      : 0.4        Schokolade : 0.2      Klasse 1 : 0.4
in       : 0.2        Pizza      : 0.2      Klasse 2 : 0.2
weit     : 0.1        Band       : 0.1      Klasse 3 : 0.2
...      :  ...       ...        :  ...     ...      :  ...
   ▲                      ▲                      ▲
SM-Ausgabe             SM-Ausgabe         SM-Ausgabe | Klassifikator
   ▲                      ▲                      ▲
Autoregressives SM      Maskiertes SM      Vortrainiertes SM
   ▲                      ▲                      ▲
Die beste Pizza       Die beste ___ der Welt!   Die beste Pizza der Welt!
     (a)                    (b)                       (c)
```

Abb. 1: Training von Sprachmodellen. **(a)** Ein autoregressives Sprachmodell (SM) wird darauf trainiert, Wörter von links nach rechts vorherzusagen: Die ganze Eingabe ("Die beste Pizza") wird verarbeitet, und die Ausgabeschicht (SM-Ausgabe) des Modells wandelt die interne Repräsentation in eine Wahrscheinlichkeitsverteilung über potentielle nächste Wörter um. **(b)** In ähnlicher Weise bekommen maskierte Sprachmodelle einen Lückentext als Eingabe; die Aufgabe besteht darin, die entfernten Wörter zu rekonstruieren. **(c)** Nach dem Vortraining können Sprachmodelle zur Klassifizierung genutzt werden, indem ihnen die vollständige Eingabe zur Verfügung gestellt und die Ausgabeschicht durch eine Klassifikationsschicht ersetzt wird, welche die internen Repräsentationen auf eine Wahrscheinlichkeitsverteilung über mögliche Ausgabeklassen abbildet.

erfolgreich zu lösen. Außerdem kann diese Aufgabe auf riesigen Datenmengen gelernt werden, ohne dass diese explizit annotiert werden müssten – dazu werden in der Regel große Textbestände aus Internetarchiven extrahiert [Ra18, Br20]. Beide Tatsachen sind für das Few-Shot Learning essentiell: Wenn ein Modell durch Vortraining als Sprachmodell bereits über ein umfangreiches Sprachverständnis verfügt, sind deutlich weniger Beispiele erforderlich, um eine neue Aufgabe zu lernen, die ein solches Sprachverständnis voraussetzt. Eine populäre Methode besteht daher darin, das gesamte vortrainierte Modell zu übernehmen und nur die Ausgabeschicht – die Komponente, die für die Umwandlung der gelernten Repräsentationen in eine Wahrscheinlichkeitsverteilung über mögliche Wörter verantwortlich ist – durch einen spezifischen Klassifikator für die eigentliche Aufgabe zu ersetzen (Abb. 1c). Das gesamte Modell wird dann mittels einiger aufgabenspezifischer Beispiele weiter trainiert.

Trotz des Vortrainings sind für dieses anschließende, aufgabenspezifische Training in der Regel immer noch große Mengen an Trainingsdaten erforderlich [De19, SS21a]. Wir untersuchen daher, wie Fortschritte im Vortrainieren neuronaler Netzwerke noch besser genutzt werden können, um aus möglichst wenigen Beispielen neue Fähigkeiten zu erlernen. Dabei betrachten wir zwei sehr grundlegende Fähigkeiten, die für die gesamte Sprachverarbeitung mittels KI von fundamentaler Bedeutung sind, und stellen die folgenden Fragen:

- **Können wir vortrainierten Sprachmodellen ermöglichen, das Lösen neuer Aufgaben aus nur einer Handvoll an Beispielen zu lernen?**
  Unser Vision ist, dieses Ziel zu erreichen, indem wir von rein beispielbasiertem Lernen zum *Lernen aus Instruktionen* übergehen: Vergleichbar mit der Art und Weise, wie wir Menschen eine neue Aufgabe erklären würden, entwickeln wir Methoden, um vortrainierten Modellen textuelle Anweisungen zu geben. Mit dieser Form der *Natural Language Supervision* können sie Zielaufgaben potenziell viel schneller erfassen und benötigen somit weniger Beispiele. Wie sich diese Vision umsetzen lässt, beschreiben wir in Kapitel 2.

- **Können wir vortrainierte Sprachmodelle in die Lage versetzen, neue Wörter zu verstehen, die in ihren Trainingsdaten nicht vorkommen?**
  Diese Fähigkeit ist für KI-Systeme nicht nur bedeutend, weil das rasche Verstehen neuer Wörter ein Kennzeichen menschlicher Sprachkompetenz ist, sondern auch, weil seltene Wörter aufgrund der Zipf'schen Verteilung der natürlichen Sprache allgegenwärtig sind. Wir skizzieren unsere Idee, qualitativ hochwertige Repräsentationen für neue und seltene Wörter durch *Lernen aus Kontexten* zu erhalten, in Kapitel 3.

Wir legen dabei großen Wert darauf, Methoden zu entwickeln, die sowohl effizient als auch ressourcenschonend sind. Dadurch können wir die mit dem Training neuronaler Netzwerke verbundenen Umweltauswirkungen gering halten [SGM19] und die entwickelten Methoden und Modelle möglichst vielen Anwendenden zugänglich machen.

2 Lernen aus Instruktionen

In den letzten Jahren wurden zahlreiche Methoden vorgeschlagen, um neuronalen Netzwerken das Lernen aus wenigen Beispielen zu erleichtern. Typische Ansätze suchen beispielsweise nach Aufgaben, die der eigentlichen Aufgabe ähnlich sind, für die aber bereits große Datenbestände existieren [Gu18], oder nutzen Techniken, die existierende Datensätze um synthetische Daten erweitern [Xi19]. All diese Ansätze halten jedoch grundsätzlich am Konzept des *Lernens aus Beispielen* fest, das im gesamten maschinellen Lernen etabliert ist und bei dem neue Aufgaben ausschließlich durch das Betrachten von Beispielen gelernt werden. Dieses Konzept steht im Gegensatz zu der Art und Weise, wie Menschen häufig neue Aufgaben lernen: nicht ausschließlich durch das Zeigen von Beispielen, sondern vielmehr auch durch verbale Beschreibungen oder Instruktionen. Durch unsere Fähigkeit, diese Instruktionen zu verstehen und daraus zu lernen, entfällt die Notwendigkeit, große Mengen an Beispielen bereitzustellen. Unsere zentrale Idee ist daher, KI-Systemen genau dasselbe zu ermöglichen, also anhand von natürlichsprachigen Anweisungen zu lernen, wenn nur eine Handvoll an Beispielen zur Verfügung steht. Weil ein solches Lernen aus Instruktionen sehr viel effizienter ist, ermöglicht es auch jenen, die nicht über die Mittel verfügen, Tausende an Beispielen zu annotieren, den Einsatz solcher Modelle.

Aber wie ermöglichen wir einem Sprachmodell, Instruktionen zu verstehen? Glücklicherweise ist durch das Vortraining zur Vorhersage fehlender Wörter bereits die Grundlage

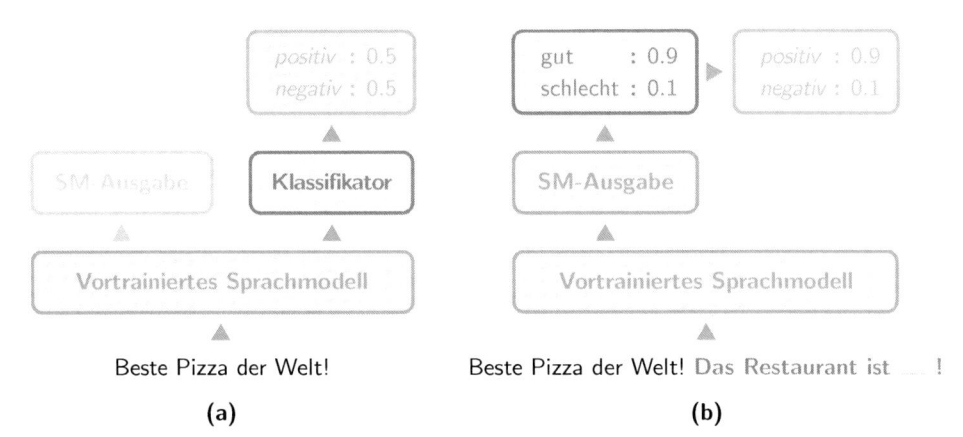

Abb. 2: Ansätze zur Lösung einer binären Klassifikationsaufgabe mit vortrainierten Sprachmodellen. (a) Der übliche Ansatz ist, die Ausgabeschicht durch eine zufällig initialisierte Klassifikationsschicht zu ersetzen, die jede Ausgabe auf einen zweidimensionalen Vektor abbildet. (b) Unser Ansatz hingegen formuliert die Aufgabe als einen Lückentext, so dass die ursprüngliche Ausgabeschicht beibehalten werden kann und keine neuen Parameter eingeführt werden müssen.

für dieses Ziel gelegt: Um in beliebigen Texten fehlende Wörter vorhersagen zu können, muss ein Sprachmodell – bis zu einem gewissen Grad – auch gelernt haben, Anweisungen in natürlicher Sprache zu verstehen. Wie wir das nutzen können, lässt sich anhand eines Beispiels einfach veranschaulichen. Nehmen wir dazu an, wir wollten vorhersagen, ob eine Kundin zu einem Restaurant eine *positive* oder *negative* Meinung hat, und zwar auf Grundlage einer von ihr verfassten Bewertung. Wenn wir einen Menschen bitten würden, diese Aufgabe zu lösen, käme uns vermutlich nicht in den Sinn, ihm ohne jede Erklärung eine große Zahl beispielhafter Bewertungen vorzulegen. Stattdessen würden wir versuchen, die Aufgabe auf eine leicht verständliche Weise zu beschreiben, etwa so:

Ausgehend von ihrer Bewertung, hält die Kundin das Restaurant für gut oder schlecht?

Der Schlüssel zu unserem Ansatz liegt nun darin, die Aufgabe der Beantwortung dieser Frage auf die Aufgabe der Vorhersage fehlender Wörter in einem Lückentext zu reduzieren, die von einem vortrainierten Sprachmodell leicht gelöst werden kann. Dazu nehmen wir einfach die Bewertung der Kundin, fügen eine Phrase wie "Das Restaurant ist ___ !" an und fragen das Modell nach der Wahrscheinlichkeit, dass "gut" bzw. "schlecht" das fehlende Wort in diesem Lückentext ist; beide Ausgaben können dann leicht auf die Meinung der Kundin bezüglich des Restaurants abgebildet werden (Abbildung 2b). Diese einfache Idee, Instruktionen als Lückentexte zu formulieren, bietet uns eine intuitive Schnittstelle, um Aufgabenbeschreibungen an vortrainierte Modelle weiterzugeben.

Konkret setzen wir unsere Idee in einer Methode um, die wir als *Pattern-Exploiting Training* (PET) bezeichnen [SSS20, SS21a, SS21b, SS21c]. Der Kerngedanke von PET besteht darin, für eine Klassifikationsaufgabe mit k Klassen zwei Funktionen zu definieren: Eine Funktion t, die aus einer Eingabe $\mathbf{x}$ einen Lückentext $t(\mathbf{x})$ erzeugt, und einen *Verbalisierer* v, der jede mögliche Ausgabe $y \in \{y_1, \ldots, y_k\}$ auf ein Wort (oder mehrere Wörter) abbildet. Im obigen

Beispiel wären diese Funktionen gegeben durch

$t(\mathbf{x}) = \mathbf{x}$. Das Restaurant ist ___ ! $v(\text{positiv}) = \text{gut}$ $v(\text{negativ}) = \text{schlecht}$

Formal bezeichnen wir für einen Lückentext $\mathbf{z}$, der genau eine Lücke enthält, mit $p_M(\mathbf{w} \mid \mathbf{z})$ die Wahrscheinlichkeit, die ein vortrainiertes Sprachmodell M dem Wort $\mathbf{w}$ als Einfügung in genau dieser Lücke zuteilt. Dann ergibt sich mit PET die Wahrscheinlichkeit $p(y \mid \mathbf{x})$ einer Ausgabe y für eine Eingabe $\mathbf{x}$ durch Anwendung der *Softmax*-Funktion wie folgt:

$$p(y \mid \mathbf{x}) = \frac{\exp(p_M(v(y) \mid t(\mathbf{x})))}{\sum_{y' \in \{y_1,\ldots,y_k\}} \exp(p_M(v(y') \mid t(\mathbf{x})))}$$

Prinzipiell funktioniert PET sogar vollständig ohne Trainingsbeispiele. Allerdings entfaltet das Lernen aus Instruktionen sein volles Potential erst in Kombination mit gewöhnlichem Lernen aus Beispielen: Die Kombination beider Lernformen ermöglicht es uns, Modelle zu trainieren, die anspruchsvolle Aufgaben in verschiedenen Sprachen ausgehend von nur 10–100 Beispielen zufriedenstellend lösen können [SS21a]. Darüber hinaus zeigen wir in [SS21c], dass unsere Methode überaus effizient ist: PET ermöglicht uns, ein Sprachmodell mit nur 32 Beispielen so zu trainieren, dass es für zahlreiche Klassifikationsaufgaben sogar das von OpenAI entwickelte System GPT3 [Br20] übertrifft, dabei aber gerade einmal 0,01% seiner Parameter benötigt. PET kann darüber hinaus keineswegs nur für Klassifikation eingesetzt werden: In [SS21b] entwickeln wir GENPET, eine Variante unserer Methode, die für die Generierung von Texten eingesetzt werden kann und so zum Beispiel ausgehend von einigen Dutzend Beispielen das Training von KI-Systemen ermöglicht, die automatisch Texte zusammenfassen. Die grundlegende Idee bleibt dabei unverändert: Erklären wir einem Modell in natürlicher Sprache, welche Aufgabe es zu lösen hat, reduziert sich die Anzahl benötigter Beispiele nicht nur für die Klassifikation von Texten, sondern auch für Textgenerierung erheblich.

Aber auch abseits klassischer Klassifizierungs- und Generierungaufgaben lässt sich die Idee des Lernens aus Instruktionen erfolgreich anwenden. Wie wir in [SUS21] zeigen, lassen sich Instruktionen auch nutzen, um unerwünschte Verhaltensweisen von Sprachmodellen zu unterbinden. Diese Verhaltensweisen entstehen dadurch, dass Sprachmodelle üblicherweise auf großen Textbeständen aus dem Internet vortrainiert werden, die nicht oder nur sehr rudimentär gefiltert werden [Ra18, Br20]; entsprechend übernehmen sie auch darin häufig zu findende Vorurteile und sonstige unerwünschte Verhaltensweisen. Beispielsweise generieren Systeme wie GPT3 [Br20] häufig rassistische, sexistische oder gewaltverherrlichende Texte. Die Wahrscheinlichkeit, dass ein vortrainiertes Sprachmodell solche problematischen Texte erzeugt, lässt sich durch unsere Idee des *Selbst-Debiasings* deutlich reduzieren. Vereinfacht ausgedrückt besteht diese Idee darin, ein Sprachmodell in natürlicher Sprache zu instruieren, bestimmte Verhaltensweisen zu unterbinden; gleichzeitig soll die Methode minimal invasiv sein: Sie soll das Verhalten des Modells nur dann beeinflussen, wenn es unbedingt erforderlich ist, und seine Fähigkeit, verschiedenste Aufgaben zu lösen, nicht negativ beeinflussen. Die Wahrscheinlichkeit verschiedenster unerwünschter Attribute lässt sich mit instruktionsbasiertem Selbst-Debiasing um durchschnittlich mehr als 50% reduzieren, ohne die Qualität erzeugter Texte zu reduzieren; im Gegenteil, Menschen stufen die Sprachgewandtheit und Kohärenz der mit dieser Methode erzeugten Texte sogar als höher ein [SUS21]. Eine weitere Problemstellung, die wir jenseits klassischer Aufgaben betrachten, ist die *Distillierung* des Wissens, über das ein großes Sprachmodell verfügt, in ein kleineres, effizienteres Modell. Hierzu zeigen wir in [SS21d], dass Sprachmodelle mittels Instruktionen dazu gebracht werden können, ganze Datensätze von Grund auf zu erzeugen. Anschließend können auf diesen Datensätzen deutlich kleinere Modelle trainiert werden, deren Fähigkeiten denen des ursprünglichen Modells kaum nachstehen.

3 Lernen aus Kontexten

Eine weitere zentrale Herausforderung in der Textverarbeitung mit KI besteht darin, dass KI-Systeme aufgrund der Entwicklung und Verteilung natürlicher Sprache häufig mit Wörtern konfrontiert werden, die nicht Bestandteil ihrer Trainingsdaten sind. Während Menschen die Bedeutung eines neuen Wortes oftmals selbst aus einem einzigen Kontext ableiten können, in dem es verwendet wird, haben vortrainierte Sprachmodelle mit dem Verständnis neuer Wörter oft große Schwierigkeiten.

Solche Sprachmodelle verwenden zur Verarbeitung seltener und neuer Wörter in der Regel Methoden, die diese Wörter auf eine Sequenz von Teilwörtern abbilden und daraus versuchen, ihre Bedeutung zu erschließen [De19, Br20]. Problematisch ist daran nicht nur, dass die dafür verwendeten Algorithmen Wörter oft auf nicht optimal in Teilwörter aufteilen; zum Beispiel stellt das englischsprachige Sprachmodell von [De19] das Wort "unicycle" (Einrad) als eine Sequenz der Teilwörter "un", "ic", "y" und "cle" dar, aus der es viel schwieriger ist, die Bedeutung des Wortes abzuleiten, als aus der natürlicheren Segmentierung in "uni" und "cycle". Noch problematischer ist, dass sich die Bedeutung vieler Wörter selbst bei optimaler Segmentierung nicht allein aus der zugehörigen Zeichenfolge ableiten lässt. Ähnlich wie Menschen Kontexte nutzen, um neue Wörter zu verstehen, erforschen wir daher Methoden, die es vortrainierten Sprachmodellen erlauben, zusätzlich zu der Zeichenfolge, aus der ein Wort besteht, auch aus ihren Kontexten zu lernen, um ein besseres Verständnis sowohl neuer als auch seltener Wörter zu erlangen.

Aber wie ermöglichen wir einem Sprachmodell, aus Kontexten die Bedeutung eines neuen Wortes zu ermitteln? Wörter und Teilwörter werden in Sprachmodellen durch numerische Vektoren repräsentiert; um das Verständnis neuer Wörter zu verbessern, untersuchen wir daher Möglichkeiten, passende Vektoren für diese Wörter zu finden. Dabei müssen diese Vektoren nicht nur die Bedeutung der Wörter widerspiegeln, sondern natürlich auch mit sämtlichen im Sprachmodell bereits existierenden Vektoren anderer Wörter kompatibel sein. Unsere zentrale Idee besteht nun darin, neben der Zeichenfolge eines Wortes auch sämtliche *Kontexte*, in denen es vorkommt, gesondert zu betrachten.

Als ersten Schritt hin zu einem solchen Lernen aus Kontexten nutzen wir eine *Nachahmungstechnik* [PGE17]: Wir trainieren ein separates Modell, die im Sprachmodell bereits existierenden Vektoren für häufige Wörter zu reproduzieren (oder *nachzuahmen*). Für diese Aufgabe stellen wir dem Modell lediglich die Zeichenfolge sowie einzelne, zufällig ausgewählte Passagen, in denen das Wort vorkommt, zur Verfügung. Das Modell ist dadurch gezwungen, aus nur wenigen Kontexten einen qualitativ hochwertigen Vektor zu erzeugen,

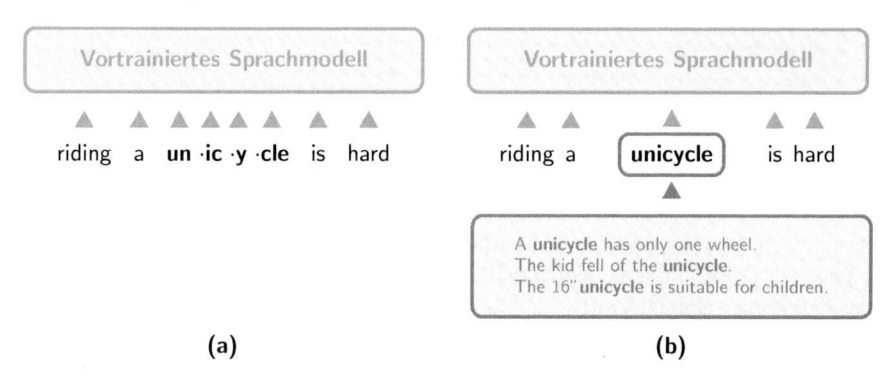

Abb. 3: Ansätze zur Darstellung seltener Wörter in einem englischsprachigen Sprachmodell. **(a)** Der übliche Ansatz für vortrainierte Sprachmodelle besteht darin, seltene Wörter in eine oftmals suboptimale Sequenz von Teilwörtern zu zerlegen. **(b)** Wir trainieren ein separates Modell, qualitativ hochwertige Repräsentationen für seltene und neue Wörter zu erstellen; dies geschieht auf Grundlage sowohl ihrer Zeichenfolge, als auch aller Kontexte, in denen sie vorkommen.

der sich in den existierenden semantischen Raum nahtlos einfügt. Abbildung 3 zeigt, wie das so trainierte Modell anschließend genutzt werden kann, um Vektorrepräsentationen für neue und seltene Wörter zu erhalten.

In [SS19b] zeigen wir zunächst, dass ein auf dieser Idee basierendes Modell, das wir als *Form-Kontext-Modell* bezeichnen, Repräsentationen für seltene und neue Wörter drastisch verbessern kann. Dazu werden die Zeichenfolge eines Wortes und die Kontexte, in denen es vorkommt, zunächst unabhängig voneinander verarbeitet, und schließlich mit einer vom Modell bestimmten Gewichtung kombiniert. Während das Form-Kontext-Modell jeden Kontext, in dem ein Wort vorkommt, gleich gewichtet, führen wir in [SS19a] ein Modul ein, welches es dem Modell ermöglicht, seine *Aufmerksamkeit* gezielt einigen besonders relevanten Kontexten zuzuwenden. Diese Modifikation basiert auf der Beobachtung, dass oftmals nur sehr wenige der für ein Wort verfügbaren Kontexte Rückschlüsse auf dessen exakte Bedeutung zulassen; entsprechend verbessern sich die gefundenen Repräsentationen durch das vorgeschlagene Modul teils erheblich.

Wie wir in [SS20b] und [SS20a] zeigen, lässt sich die Idee des Form-Kontext-Modells – die wir in [SS19b, SS19a] zunächst für *statische* Wortvektoren untersuchen – auch auf moderne Sprachmodelle übertragen. Wir führen mit *WordNet Language Model Probing* (WNLaMPro) einen neuen Datensatz ein, der explizit das Ausmaß testet, in dem vortrainierte Sprachmodelle seltene Wörter verstehen. Dieser Datensatz besteht aus einfachen Lückentexten, die gezielt nach Eigenschaften dieser seltenen Wörter fragen. Anhand von WNLaMPro zeigen wir, dass Sprachmodelle seltene Wörter tatsächlich nur sehr schlecht verstehen. Wir entwickeln außerdem eine angepasste Variante des Form-Kontext-Modells, die für vortrainierte Sprachmodelle angepasst ist und bei der Zeichenfolge und Kontexte in einer mehrschichtigen Architektur miteinander interagieren. Dadurch verbessert unser Ansatz – das Lernen aus Kontexten – auch für Sprachmodelle das Verständnis seltener Wörter erheblich [SS20a].

4 Ausblick

Motiviert durch seine zentrale Bedeutung auf dem Weg zu allgemeiner KI haben wir auf dem Gebiet des *Few-Shot Learnings* neue Methoden eingeführt, um aus nur einer Handvoll an Beispielen neue Aufgaben zu lösen und neue Wörter zu verstehen. Unsere zentrale Idee war hierbei, beide Probleme mittels *Natural Language Supervision* zu lösen, konkret durch das Lernen aus Instruktionen und Kontexten. Dieses Prinzip hat auch über unsere Arbeit hinaus viel Anwendung gefunden und ist – mit neuen Systemen wie ChatGPT [Ou22] – in der natürlichen Sprachverarbeitung nach wie vor extrem aktuell. Daher schließen wir mit einem kurzen Ausblick auf einige für zukünftige Forschungsarbeiten relevante Themen.

Für das Lernen aus Instruktionen sind besondere Herausforderungen die Sensitivität vortrainierter Sprachmodelle gegenüber kleinen Variationen in der Eingabe sowie ihre Unfähigkeit, komplexe Instruktionen zu verstehen. Ein vielversprechender Ansatz, um beide Probleme zu lösen, ist das *Instruction Tuning* [Ou22] – dabei werden Sprachmodelle auf manuell erstellten Datensätzen aus Instruktionen und zugehörigen Ausgaben weitertrainiert. Allerdings benötigt dieser Ansatz zum einen große Sprachmodelle, um zuverlässig zu funktionieren; zum anderen sind große Datensätze erforderlich, die aufwendig annotiert werden müssen. Insbesondere letzteres steht natürlich im Kontrast zur ursprünglichen Idee des Few-Shot Learnings, weil nun zwar keine aufgabenspezifischen Beispiele mehr, dafür aber sehr viele allgemeine Instruktionen erforderlich sind. Neue Ansätze, um effizienter an große Mengen an Instruktionen und zugehörige Ein-und Ausgaben zu gelangen, sind daher ein spannendes Thema für zukünftige Forschung; einen solchen Ansatz formulieren wir in [Ho22].

Aber auch die Tatsache, dass immer größere Modelle erforderlich sind, ist aus vielerlei Hinsicht problematisch. So hat das Training dieser Modelle einen extrem hohen CO_2-Fußabdruck [SGM19], selbst ihre Anwendung benötigt zahlreiche GPUs, und die neuesten Modelle werden der Forschungsgemeinschaft häufig nicht öffentlich verfügbar gemacht. Entsprechend aktuell ist die Frage, wie instruktionsbasiertes Lernen effektiver werden und auch mit kleineren Modellen noch besser funktionieren kann. Ein vielversprechender Ansatz hierzu sind *semiparametrische* Sprachmodelle, die zum Beispiel auf Wissensdatenbanken zugreifen können. Wie wir in [Iz22] zeigen, können solche Modelle, wenn sie mit Natural Language Supervision trainiert werden, herausragende Ergebnisse im Few-Shot Learning erzielen und dabei weitaus größere Modelle übertreffen.

Zuletzt sei als wichtige Herausforderung der Übergang von akademischen zu realen Problemstellungen genannt. Viele der Annahmen, die sich in akademischen Arbeiten zum Few-Shot Learning finden, lassen sich nicht ohne Weiteres auf solche realen Probleme übertragen. Entsprechend relevant ist es für die Adaption von Ideen im Bereich des Lernens aus Instruktionen, diese in Situationen zu untersuchen, die realen Szenarien möglichst nahe kommen. Für PET führen wir diese Untersuchungen in [SS22] durch.

Insgesamt ist das Lernen mit *Natural Language Supervision*, das wir durch Beiträge wie PET, GENPET und Self-Debiasing mit geprägt haben, mittlerweile zu einer etablierten Methode geworden – nicht nur in der Verarbeitung natürlicher Sprache, sondern auch darüber hinaus. Die sich daraus ergebenden Forschungsfragen, von denen wir einige in diesem Kapitel erörtert haben, bieten spannende Perspektiven für zukünftige Arbeiten.

Literaturverzeichnis

[Br20]   Brown, Tom; Mann, Benjamin; Ryder, Nick; Subbiah, Melanie; Kaplan, Jared D; Dhariwal, Prafulla; Neelakantan, Arvind; Shyam, Pranav; Sastry, Girish; Askell, Amanda; Agarwal, Sandhini; Herbert-Voss, Ariel; Krueger, Gretchen; Henighan, Tom; Child, Rewon; Ramesh, Aditya; Ziegler, Daniel; Wu, Jeffrey; Winter, Clemens; Hesse, Chris; Chen, Mark; Sigler, Eric; Litwin, Mateusz; Gray, Scott; Chess, Benjamin; Clark, Jack; Berner, Christopher; McCandlish, Sam; Radford, Alec; Sutskever, Ilya; Amodei, Dario: Language Models are Few-Shot Learners. In: Advances in Neural Information Processing Systems. Jgg. 33, 2020.

[De19]   Devlin, Jacob; Chang, Ming-Wei; Lee, Kenton; Toutanova, Kristina: BERT: Pre-training of Deep Bidirectional Transformers for Language Understanding. In: Proceedings of the 2019 Conference of the North American Chapter of the Association for Computational Linguistics (NAACL). 2019.

[Gu18]   Gu, Jiatao; Wang, Yong; Chen, Yun; Li, Victor O. K.; Cho, Kyunghyun: Meta-Learning for Low-Resource Neural Machine Translation. In: Proceedings of the 2018 Conference on Empirical Methods in Natural Language Processing (EMNLP). S. 3622–3631, 2018.

[Ho22]   Honovich, Or; Scialom, Thomas; Levy, Omer; Schick, Timo: Unnatural Instructions: Tuning Language Models with (Almost) No Human Labor. CoRR, arXiv:2212.09689, 2022.

[Iz22]   Izacard, Gautier; Lewis, Patrick; Lomeli, Maria; Hosseini, Lucas; Petroni, Fabio; Schick, Timo; Dwivedi-Yu, Jane; Joulin, Armand; Riedel, Sebastian; Grave, Edouard: Atlas: Few-shot Learning with Retrieval Augmented Language Models. CoRR, arXiv:2208.03299, 2022.

[Ou22]   Ouyang, Long; Wu, Jeff; Jiang, Xu; Almeida, Diogo; Wainwright, Carroll L.; Mishkin, Pamela; Zhang, Chong; Agarwal, Sandhini; Slama, Katarina; Ray, Alex; Schulman, John; Hilton, Jacob; Kelton, Fraser; Miller, Luke; Simens, Maddie; Askell, Amanda; Welinder, Peter; Christiano, Paul; Leike, Jan; Lowe, Ryan: Training language models to follow instructions with human feedback. CoRR, arXiv:2203.02155, 2022.

[PGE17] Pinter, Yuval; Guthrie, Robert; Eisenstein, Jacob: Mimicking Word Embeddings using Subword RNNs. In: Proceedings of the 2017 Conference on Empirical Methods in Natural Language Processing (EMNLP). 2017.

[Ra18]   Radford, Alec; Narasimhan, Karthik; Salimans, Tim; Sutskever, Ilya: Improving language understanding by generative pre-training. Bericht, Open AI, 2018.

[Sc22]   Schick, Timo: Few-shot learning with language models: Learning from instructions and contexts. Dissertation, Ludwig-Maximilians-Universität München, Mai 2022.

[SGM19] Strubell, Emma; Ganesh, Ananya; McCallum, Andrew: Energy and Policy Considerations for Deep Learning in NLP. In: Proceedings of the 57th Annual Meeting of the Association for Computational Linguistics (ACL). 2019.

[SS19a] Schick, Timo; Schütze, Hinrich: Attentive Mimicking: Better Word Embeddings by Attending to Informative Contexts. In: Proceedings of the 2019 Conference of the North American Chapter of the Association for Computational Linguistics (NAACL). 2019.

[SS19b] Schick, Timo; Schütze, Hinrich: Learning Semantic Representations for Novel Words: Leveraging Both Form and Context. In: Proceedings of the Thirty-Third AAAI Conference on Artificial Intelligence. 2019.

[SS20a]   Schick, Timo; Schütze, Hinrich: BERTRAM: Improved Word Embeddings Have Big Impact on Contextualized Model Performance. In: Proceedings of the 58th Annual Meeting of the Association for Computational Linguistics (ACL). 2020.

[SS20b]   Schick, Timo; Schütze, Hinrich: Rare Words: A Major Problem for Contextualized Embeddings And How to Fix it by Attentive Mimicking. In: Proceedings of the Thirty-Fourth AAAI Conference on Artificial Intelligence. 2020.

[SS21a]   Schick, Timo; Schütze, Hinrich: Exploiting Cloze Questions for Few Shot Text Classification and Natural Language Inference. In: Proceedings of the 16th Conference of the European Chapter of the Association for Computational Linguistics (EACL). 2021.

[SS21b]   Schick, Timo; Schütze, Hinrich: Few-Shot Text Generation with Pattern-Exploiting Training. In: Proceedings of the 2021 Conference on Empirical Methods in Natural Language Processing (EMNLP). 2021.

[SS21c]   Schick, Timo; Schütze, Hinrich: It's Not Just Size That Matters: Small Language Models Are Also Few-Shot Learners. In: Proceedings of the 2021 Conference of the North American Chapter of the Association for Computational Linguistics (NAACL). 2021.

[SS21d]   Schick, Timo; Schütze, Hinrich: Generating Datasets with Pretrained Language Models. In: Proceedings of the 2021 Conference on Empirical Methods in Natural Language Processing (EMNLP). 2021.

[SS22]   Schick, Timo; Schütze, Hinrich: True Few-Shot Learning with Prompts—A Real-World Perspective. Transactions of the Association for Computational Linguistics, 10:716–731, 2022.

[SSS20]   Schick, Timo; Schmid, Helmut; Schütze, Hinrich: Automatically Identifying Words That Can Serve as Labels for Few-Shot Text Classification. In: Proceedings of the 28th International Conference on Computational Linguistics (COLING). 2020.

[SUS21]   Schick, Timo; Udupa, Sahana; Schütze, Hinrich: Self-Diagnosis and Self-Debiasing: A Proposal for Reducing Corpus-Based Bias in NLP. Transactions of the Association for Computational Linguistics, 9:1408–1424, 2021.

[TFM96]   Thorpe, Simon; Fize, Denis; Marlot, Catherine: Speed of processing in the human visual system. Nature, 381(6582):520–522, 1996.

[Xi19]   Xie, Qizhe; Dai, Zihang; Hovy, Eduard; Luong, Minh-Thang; Le, Quoc V.: Unsupervised Data Augmentation for Consistency Training. CoRR, arXiv:1904.12848, 2019.

Timo Schick wurde am 4. Oktober 1993 in Stuttgart geboren. Nach dem Abitur studierte er Informatik an der Technischen Universität Dresden; für seine Masterarbeit wurde er 2018 mit der Lohrmann-Medaille ausgezeichnet. Im Anschluss an sein Studium arbeitete Timo einige Jahre als Data Scientist in der Industrie, wo er praktische Erfahrung in der Anwendung von NLP-Modellen sammelte. Während dieser Zeit promovierte er bei Hinrich Schütze an der LMU München zu *Few-Shot Learning* mit Sprachmodellen. Seine wissenschaftlichen Arbeiten wurden unter anderem mit einem Outstanding Paper Award ausgezeichnet. Seit Ende 2021 forscht Timo im Fundamental AI Research Team (FAIR) von Meta AI zu vortrainierten Sprachmodellen und instruktionsbasiertem Lernen.

SMT-Solving, Interpolation und Quantoren[1]

Tanja Schindler[2]

Abstract: Satisfiability Modulo Theories, kurz *SMT*, bezeichnet das Problem, ob eine Formel in einer sogenannten Theorie, die die erlaubten Symbole und deren Interpretation einschränkt, erfüllbar ist. SMT-Solver werden zum Beispiel in der Softwareverifikation, Testgenerierung oder Programmsynthese eingesetzt. In der hier zusammengefassten Dissertation [Sc22] werden verschiedene Methoden vorgestellt, die Probleme im Bereich des SMT-Solving lösen. Zum einen wird eine Entscheidungsprozedur für die Arraytheorie mit Constant Arrays vorgestellt, welche sich zum Beispiel zur Modellierung von initialisiertem Speicher eignen. Darauf aufbauend wird eine Interpolationsmethode für diese Theorie entwickelt. Interpolanten werden beispielsweise eingesetzt, um in der Softwareverifikation Kandidaten für Schleifeninvarianten zu generieren. Zuletzt wird eine Instanziierungsmethode vorgestellt, um quantifizierte Probleme zu lösen, die zum Beispiel bei der Verifikation von Sortieralgorithmen auftreten. Alle vorgestellten Methoden sind im Open-Source SMT-Solver SMTInterpol implementiert.

1 Einführung

Satisfiability Modulo Theories, kurz *SMT*, bezeichnet das Entscheidungsproblem, ob eine prädikatenlogische Formel erster Stufe in einer gegebenen Theorie erfüllbar ist. Die Theorie legt dabei fest, welche Symbole in der Formel vorkommen dürfen und wie sie interpretiert werden müssen. So lassen sich Aussagen zum Beispiel über Ganzzahlen oder Arrays formulieren. Programme, die dieses Problem lösen, werden SMT-Solver genannt. Sie werden zum Beispiel im Bereich der Softwareverifikation, der Testgenerierung, oder der Programmsynthese eingesetzt.

Beispielsweise kann das Problem, ob ein Fehler über einen bestimmten Programmpfad erreichbar ist, in eine Formel in einer geeigneten Kombination von Theorien übersetzt werden. Ist die Formel erfüllbar, bedeutet dies, dass es eine fehlerhafte Programmausführung gibt. Um die Erfüllbarkeit einer Formel zu entscheiden, wird in den meisten SMT-Solvern der DPLL($\mathcal{T}$)-Algorithmus [Ga04] eingesetzt. Dabei wird ein Modell für die aussagenlogische Abstraktion der Eingabeformel in konjunktiver Normalform gesucht, indem den Literalen (genauer gesagt, den Atomen, die in der Abstraktion als aussagenlogische Variablen betrachtet werden) der Formel nach und nach Wahrheitswerte zugewiesen werden. Dies geschieht entweder durch *Unit Propagation* aus einer Klausel, in der allen anderen Literalen bereits der Wert falsch zugewiesen wurde und wegen der deshalb ein bestimmter Wert an das übrige Literal zugewiesen werden muss, oder durch eine *Entscheidung*. Spezialisierte Theorie-Solver überprüfen, ob die aus der Literalbelegung resultierende konjunktive Formel

---
[1] Englischer Titel der Dissertation [Sc22]: „SMT Solving, Interpolation, and Quantifiers"
[2] Université de Liège, Belgien, Tanja.Schindler@uliege.be

in der Theorie erfüllbar ist. Dafür implementieren sie, sofern die Theorie entscheidbar ist, eine Entscheidungsprozedur. Findet ein Theorie-Solver einen Theoriekonflikt, also Literale, die zusammen in der Theorie $\mathcal{T}$ zum Widerspruch führen, so liefert er ein *Theorielemma* zurück, das ausschließt, dass diese Literale gleichzeitig gelten. Dieses Lemma wird in die Suche miteingebunden, nachdem eine für den Konflikt verantwortliche Entscheidung rückgängig gemacht wurde. Effiziente Theorie-Solver können die Suche nach einem aussagenlogischen Modell auch unterstützen, indem sie selbst Propagationen liefern, also Literale, die unter dem aktuellen aussagenlogischen Modell in der Theorie wahr sein müssen, und können so falsche Entscheidungen vermeiden. Theoriepropagationen sind zudem wichtig, um effizient mehrere Theorien kombinieren zu können.

In der Dissertation wird eine Entscheidungsprozedur für eine Erweiterung der Arraytheorie mit sogenannten *Constant Arrays* [St01] vorgestellt. Die Arraytheorie legt fest, wie sich Schreib- und Lesezugriffe auf Arrays verhalten, und kann in der Programmverifikation beispielsweise verwendet werden, um Speicher oder Array-Datenstrukturen zu modellieren. Constant Arrays, die an jeder Stelle das gleiche Element speichern, können dabei initialisierten Speicher darstellen. Existierende Entscheidungsprozeduren für Constant Arrays erzeugen viele neue Formeln, und insbesondere neue Terme, was problematisch für Interpolation ist. Die vorgestellte Entscheidungsprozedur erweitert eine existierende Entscheidungsprozedur [CH15], die auf sogenannten *Weak-Equivalence-Graphen* basiert, die effizient Schreibrelationen zwischen Arrays darstellen. Zwei Arrays, die durch Schreibketten verbunden sind, werden weak equivalent genannt. Dank der Graphen reichen wenige Regeln, um Konflikte in der Arraytheorie zu finden. Dabei müssen keine neuen Terme erzeugt werden, und auch nur diejenigen Formeln, die im Konflikt zu einem aktuellen partiellen Modell stehen. Im Rahmen der Dissertation wurden diese Regeln für Constant Arrays erweitert, und die Korrektheit der Entscheidungsprozedur bewiesen. Dieser Teil der Dissertation basiert auf der Publikation [HS19] und wird in Abschnitt 2 weiter beschrieben.

Für den Korrektheitsbeweis eines Programms benötigen Programmverifikationswerkzeuge induktive Schleifeninvarianten, also Formeln, die zu Beginn einer Schleife und dann nach jedem Schleifendurchlauf gelten. Gute Schleifeninvarianten zu finden ist meist der schwierigste Teil der Programmverifikation. Hierbei können sogenannte *Craig-Interpolanten* helfen. Für eine unerfüllbare Konjunktion $A \wedge B$ ist eine Craig-Interpolante eine Formel, die aus A folgt, die B widerspricht, und die nur Symbole enthält, die sowohl in A als auch in B vorkommen. Interpolanten können schrittweise aus Resolutionsbeweisen für die Unerfüllbarkeit einer Formel erzeugt werden. Als Kandidaten für Schleifeninvarianten eignen sich Interpolanten, die aus einem Beweis dafür, dass ein Pfad mit einer festen Anzahl von Schleifendurchläufen nicht ausführbar ist, generiert werden [Mc03]. Um Unentscheidbarkeit beim Überprüfen der Induktivitätseigenschaft von Invariantenkandidaten zu vermeiden, ist es hilfreich, wenn die Interpolanten quantorenfrei sind. Existierende Interpolationsalgorithmen können oft nicht mit Termen umgehen, die sowohl Symbole enthalten, die nur in A vorkommen, als auch solche, die nur in B vorkommen. Wie oben erwähnt, erzeugen viele Entscheidungsprozeduren für die Arraytheorie neue Terme. Um also solche problematischen Terme zu vermeiden, werden für existierende Interpolationsmethoden für die Arraytheorie die Entscheidungsprozeduren an die Partitionierung A, B angepasst. Manche Programmverifikationsalgorithmen benötigen aber Interpolanten für mehrere Partitionierungen A, B einer Formel, was für diese Methoden bedeutet, dass für jede Partitionierung ein neuer Beweis erzeugt werden muss.

In der Dissertation wird ein Interpolationsalgorithmus für die Arraytheorie entwickelt, der, basierend auf der *Proof-Tree-Preserving-Interpolation*-Methode [CHN13], aus unabhängig von der Partitionierung A, B erzeugten Beweisen quantorenfreie Interpolanten berechnen kann. Dazu werden Algorithmen beschrieben, die für die Arraylemmas aus der Weak-Equivalence-basierten Entscheidungsprozedur Interpolanten berechnen. Sie nutzen die spezielle Form der Lemmas, um Schreibketten, die komplett in A oder komplett in B liegen, zusammenfassen. Die Schwierigkeit besteht darin, die relevanten Eigenschaften in Termen auszudrücken, die in der Interpolante erlaubt sind. Dieser Teil der Dissertation basiert auf den Publikationen [HS18] und [HS19], und wird in Abschnitt 3 beschrieben.

Schließlich werden für die Modellierung vieler Probleme in der Programmverifikation quantifizierte Formeln benötigt. Zum Beispiel lässt sich nur so die Korrektheit eines Sortieralgorithmus beschreiben. Auch Schleifeninvarianten müssen häufig eine Aussage für beliebig viele Schleifendurchläufe treffen und benötigen dafür quantifizierte Formeln. Zudem lassen sich auch Theorien, die der SMT-Solver nicht unterstützt, behandeln, indem die quantifizierten Axiome explizit der Eingabeformel hinzugefügt werden. SMT-Solver behandeln quantifizierte Probleme typischerweise dadurch, dass quantifizierte Formeln geeignet instanziiert werden, sodass sie nur das quantorenfreie Problem lösen müssen. Da Logik erster Stufe im Allgemeinen unentscheidbar ist, wird zumeist versucht, die Unerfüllbarkeit einer Formel zu zeigen. Potentiell hilfreiche Instanzen der quantifizierten Formeln werden in vielen SMT-Solvern mithilfe von *E-Matching* [DNS05] erzeugt. Die Idee dahinter ist, dass Instanzen quantifizierter Formeln vor allem dann nützlich sind, wenn sie existierende Terme weiter einschränken. Durch E-Matching werden für bestimmte Terme mit freien Variablen (sogenannte *Pattern*) Substitutionen der Variablen gefunden, für die äquivalente Terme im quantorenfreien Teil der Formel existieren. Äquivalent bedeutet hierbei, dass der gefundene Term und der instanziierte Term im Abschluss unter Transitivität der Gleichheit und Kongruenz von Funktionen in der gleichen Äquivalenzklasse liegen. E-Matching-basierte Instanziierung kann dennoch, je nach Wahl der Pattern, zu viele nutzlose Instanzen erzeugen.

In der Dissertation wird eine Instanziierungsmethode vorgestellt, die sich des E-Matchings bedient, um Kandidaten für Instanzen zu finden. Jedoch werden diese zusätzlich im aktuellen partiellen Modell ausgewertet, was durch die gefundenen äquivalenten Terme ermöglicht wird. Dadurch lassen sich solche Instanzen finden, die tatsächlich im Konflikt zum Modell stehen, oder die zu Propagationen führen. Damit kann ein Quantorenmodul ähnlich wie ein Theorie-Solver in den DPLL($\mathcal{T}$)-Algorithmus integriert werden. Dieser Teil der Dissertation basiert auf der Publikation [HS21] und wird in Abschnitt 4 beschrieben.

2 Entscheidungsprozedur für Constant Arrays

Die Arraytheorie, eingeführt von McCarthy [Mc62], definiert Funktionen rd und wr, die Lese- und Schreibzugriffe auf Arrays darstellen. Arrays entsprechen dabei Funktionen von einer Index- in eine Elementmenge. Ein Schreibterm $wr(a, i, v)$ bezeichnet das Array, das dem Array a an allen Indizes außer an i gleicht, wo es stattdessen v enthält. Das Element in a an der Stelle i wird duch den Leseterm $rd(a, i)$ bezeichnet. Es gilt Arraykongruenz, das heißt, für $i = j$ sind $rd(a, i)$ und $rd(a, j)$ gleich. Die folgenden Axiome formalisieren, dass ein Schreibzugriff nur eine Stelle modifiziert, und dass das geschriebene Element aus dem modifizierten Array an der entsprechenden Stelle ausgelesen werden kann. Desweiteren sind zwei Arrays gleich, wenn die enthaltenen Elemente paarweise gleich sind.

$$\forall a, i, v.\ rd(wr(a, i, v), i) = v \quad \text{(idx)}$$
$$\forall a, i, j, v.\ i \neq j \rightarrow rd(wr(a, i, v), j) = rd(a, j) \quad \text{(read-over-write)}$$
$$\forall a, b.\ (\forall i.\ rd(a, i) = rd(b, i)) \rightarrow a = b \quad \text{(ext)}$$

In der Dissertation wird die Arraytheorie mit Constant Arrays [St01] betrachtet. Sie definiert eine Funktion *const*, die ein Array darstellt, das an jeder Stelle das gleiche Element enthält.

$$\forall i, v.\ rd(const(v), i) = v \quad \text{(const)}$$

In der vorgestellten Entscheidungsprozedur gilt zusätzlich die Beschränkung, dass es unendlich viele Indizes geben muss. Andernfalls kann nicht unabhängig von der Kardinalität der Indexmenge entschieden werden, ob eine Formel erfüllbar ist oder nicht.

Weak-Equivalence-basierte Entscheidungsprozedur. Die Frage, ob eine Formel in der Arraytheorie erfüllbar ist, lässt sich mithilfe von geeigneten Instanziierungen der Array-Axiome beantworten. Dabei werden jedoch, neben vielen Formeln, viele neue Terme der Form $rd(a, i)$ erzeugt, welche insbesondere für Craig-Interpolation (siehe Abschnitt 3) problematisch sind. Eine von Christ und Hoenicke [CH15] entwickelte Entscheidungsprozedur nutzt Ketten von Schreibvorgängen zwischen Arrays, um Gleichheiten zwischen Arrays oder deren Elementen herzuleiten, ohne dabei neue Terme zu erzeuen. Zwei Arrays, die durch eine Schreibkette verbunden sind, werden *weakly equivalent* genannt (Notation $a \approx b$). Solche Arrays können sich nur an den endlich vielen Indizes dieser Schreibkette unterscheiden. Insbesondere enthalten sie an einem Index i, der verschieden von all diesen Indizes ist, das gleiche Element; sie werden dann auch *weakly equivalent auf i* (Notation $a \approx_i b$) genannt. Diese Relationen können in einem speziellen Graphen, dem *Weak-Equivalence-Graphen*, in dem Knoten Kongruenzklassen von Arrays und Kanten Schreibschritten zwischen Arrays entsprechen, effizient dargestellt werden. Für die Entscheidungsprozedur wird angenommen, dass alle Terme, deren Gleichheit nicht durch Gleichheitsliterale (und Transitivität und Funktionskongruenz) aus der Formel folgt, ungleich sind. Mithilfe von nur zwei Regeln können dann im Weak-Equivalence-Graphen alle Konflikte gefunden werden, die aus den Axiomen (idx) bis (ext) resultieren. Eine dieser Regeln findet Konflikte, wenn im aktuellen

Modell zwei Leseterme $rd(a,i), rd(b,j)$ ungleich sind, obwohl die Arrays a, b weakly equivalent auf i sind und die Indizes i und j gleich sind:

$$\frac{a \approx_i b \quad i \sim j \quad rd(a,i) \not\sim rd(b,j)}{\neg\, Cond(a \approx_i b) \lor i \neq j \lor rd(a,i) = rd(b,j)} \quad \text{(read-over-weakeq)}$$

Hier ist $Cond(a \approx_i b)$ die Konjunktion der Literale der Schreibkette, die zeigt, dass $a \approx_i b$ gilt. Das erzeugte Arraylemma stellt sicher, dass entweder eine der Bedingungen für die Relation $a \approx_i b$ nicht gilt, oder i und j verschieden sind, oder die Leseterme gleich sind. Die Regeln müssen nur für die tatsächlich in der Eingabeformel vorkommenden Terme angewendet werden, es werden dabei keine neuen Terme erzeugt.[3] Aufgrund der Annahme, dass Terme, deren Gleichheit nicht aus der Formel folgt, ungleich sind, sind die erzeugten Arraylemmas nicht unbedingt Konfliktklauseln in dem Sinne, dass alle Literale im aussagenlogischen Modell falsch sind, können aber gegebenenfalls auch zur Propagation von Literalen oder Disjunktionen davon verwendet werden.

Erweiterung für Constant Arrays. In der Dissertation wurde die oben beschriebene Entscheidungsprozedur für Constant Arrays erweitert. Constant Arrays $const(v)$ sind vollständig durch das Element v definiert. Dadurch ergeben sich weitere Möglichkeiten, wann ein Theoriekonflikt auftreten kann. Ist ein Array a weakly equivalent zu einem Array $const(v)$, so ist es selbst fast konstant: Es enthält den Wert v an allen Indizes, die nicht auf der Schreibkette auftauchen. Folgende neue Regel findet Konflikte, die aus dieser Eigenschaft resultieren, mithilfe des Weak-Equivalence-Graphen.

$$\frac{a \approx_i const(v) \quad rd(a,i) \not\sim v}{\neg\, Cond(a \approx_i const(v)) \lor rd(a,i) = v} \quad \text{(read-const-weakeq)}$$

Ist a sogar selbst ein Constant Array $const(w)$, so müssen die Elemente v und w (und damit die Arrays selbst) gleich sein, da das Array unendlich viele Indizes hat, und es somit einen Index geben muss, der nicht in der Schreibkette vorkommt und an dem die beiden Arrays das gleiche Element enthalten. Für Konflikte dieser Art wird folgende Regel eingeführt.

$$\frac{const(v) \approx const(w) \quad v \not\sim w}{\neg\, Cond(const(v) \approx const(w)) \lor v = w} \quad \text{(const-weakeq)}$$

Die Korrektheit der erweiterten Entscheidungsprozedur wird in der Dissertation bewiesen, indem zum einen gezeigt wird, dass jede der Regeln einen Theoriekonflikt aufdeckt, und zum anderen, dass sich, wenn keine der Regeln anwendbar ist, ein Modell der Eingabeformel konstruieren lässt, für das die Axiome der Arraytheorie gelten. Zudem wurde die Entscheidungsprozedur in den SMT-Solver SMTInterpol [CHN12] implementiert. Eine experimentelle Auswertung zeigt, dass mithilfe der Constant Arrays Anfragen an den SMT-Solver signifikant vereinfacht werden können.

---

[3] In einem Preprocessing-Schritt müssen einige neue Leseterme erzeugt werden. Jeder dieser Terme enthält aber nur Subterme eines einzelnen in der Formel vorkommenden Terms, was *kein* Problem für Interpolation darstellt.

3 Interpolation für Arrays

Eine (Craig-)Interpolante [Cr57] für ein Paar (A, B) von Formeln, deren Konjunktion unerfüllbar ist, ist eine Formel I, die aus A folgt und in Widerspruch zu B steht, aber nur Symbole enthält, die sowohl in A als auch in B vorkommen (*gemeinsame* Symbole). Bei letzterer Bedingung sind Symbole, die von einer Theorie interpretiert werden, ausgenommen. Interpolanten lassen sich aus von SMT-Solvern erzeugten Resolutionsbeweisen berechnen, indem für jeden Knoten beginnend von den Blättern induktiv eine sogenannte *partielle Interpolante* berechnet wird. Die Blätter in einem solchen Beweis sind entweder Eingabeklauseln oder Theorielemmas. Für Theorielemmas werden theoriespezifische Verfahren benötigt. Die Schwierigkeit liegt darin, die für die Unerfüllbarkeit relevanten Folgerungen aus der Formel A in gemeinsamen Termen auszudrücken. In der Dissertation wird ein Verfahren vorgestellt, das für Lemmas der Arraytheorie, die mit der in Abschnitt 2 beschriebenen Entscheidungsprozedur erzeugt wurden, partielle Interpolanten berechnet.

Quantorenfreie Interpolation für die Arraytheorie. In der in Abschnitt 2 beschriebenen Arraytheorie gibt es quantorenfreie Formeln, die keine quantorenfreie Interpolante besitzen. Eine von Bruttomesso et al. eingeführte Variante [BGR12], die dieses Problem löst, definiert eine Funktion *diff*, die für zwei sich unterscheidende Arrays einen Index zurückgibt, an dem sie sich unterscheiden, und sonst einen beliebigen Index. Dies wird durch eine skolemisierte Variante des Extensionalitätsaxioms (ext) formalisiert.

$$\forall a, b.\ rd(a, \textit{diff}(a, b)) = rd(b, \textit{diff}(a, b)) \rightarrow a = b \qquad \text{(ext-diff)}$$

Mithilfe der *diff*-Funktion lassen sich Indexterme konstruieren, die in der Interpolante erlaubt sind, selbst wenn die Indexterme aus der Eingabeformel nicht in der Interpolante vorkommen dürfen. Die Weak-Equivalence-basierte Entscheidungsprozedur lässt sich leicht für diese Variante erweitern [CH15].

Eine wichtige Voraussetzung für existierende Interpolationsmethoden ist, dass keine Terme im Beweis vorkommen, die sowohl Symbole enthalten, die nur in A vorkommen, als auch Symbole, die nur in B vorkommen. Wie in Abschnitt 2 angedeutet, werden solche Terme in der Weak-Equivalence-basierten Entscheidungsprozedur unabhängig von der Partitionierung in A und B gar nicht erzeugt. Sie kann jedoch Gleichheiten erzeugen, bei denen die eine Seite nur in A und die andere nur in B vorkommt. Solche Literale sind aber in der Proof-Tree-Preserving-Interpolation-Methode [CHN13] erlaubt. Um in diese Methode integriert zu werden, müssen die partiellen Interpolanten der Arraylemmas von einer bestimmten Form sein, die sich aber natürlicherweise ergibt.

Interpolation für Weak-Equivalence-basierte Lemmas der Arraytheorie. In der Dissertation wird beschrieben, wie partielle Interpolanten für die vier Typen von Arraytheorie-Lemmas für verschiedene Partitionierungen A, B berechnet werden können. Im Folgenden werden einige der Ideen dafür erläutert.

Die Grundidee ist, dass sich die jedem Lemma zugrunde liegenden Schreibketten zwischen Arrays a und b so aufteilen lassen, dass Teilstücke komplett in A oder komplett in B liegen (also deren Symbole alle in A bzw. alle in B vorkommen), und diese Teilstücke dann in Formeln zusammenfasst werden, die nur *gemeinsame* Symbole verwenden. Diese Formeln können zum Beispiel ausdrücken, dass die Arrays an den Enden eines in A liegenden Teilstücks an einer bestimmten Stelle das gleiche Element enthalten. Die Schwierigkeit besteht darin, dass nicht immer gemeinsame Terme in der Eingabeformel vorhanden sind, die in der Interpolante verwendet werden dürfen. Enthält beispielsweise ein Lemma aus Regel (read-over-weakeq) eine Schreibkette, deren Indizes nur in A vorkommen, während die Indizes i und j nur in B vorkommen, dann existiert kein gemeinsamer Index.

Mithilfe der *diff*-Funktion und Schreibketten zwischen gemeinsamen Arraytermen lassen sich Indexterme als neu konstruierte gemeinsame Terme repräsentieren. Gilt zum Beispiel die Arraygleichheit $s = wr(s', k, v)$, so gilt auch, dass $\mathit{diff}(s, s')$ der Index k ist oder die Arrays s und s' gleich sind, und in beiden Fällen lässt sich s in s' umschreiben, indem an den Index $\mathit{diff}(s, s')$ das Element aus s' an dieser Stelle geschrieben wird, also $wr(s, \mathit{diff}(s, s'), rd(s', \mathit{diff}(s, s'))) = s'$. Für eine Schreibkette der Länge m wird dies durch eine Formel $weq(s, s', m, F[x])$ verallgemeinert. Dabei bezeichnet $F[x]$ eine Formel, die für jeden beliebigen *diff*-Term in dieser Umschreibkette gelten soll, sofern das aus s umgeschriebene Array noch nicht gleich s' ist. Im oben angeführten Beispiel kann so das Teilstück in A zusammengefasst werden, indem für F eine Formel gewählt wird, die sicherstellt, dass die *diff*-Terme verschieden von i sein müssen.

Aus einer Schreibkette der Länge m zwischen einem Constant Array $const(v)$ und einem beliebigen anderen Array s lässt sich mithilfe der *diff*-Funktion auch eine Repräsentation des Wertes v in gemeinsamen Symbolen (und damit des Constant Arrays) konstruieren. Da das Array s selbst fast überall v enthält, ist das Element in s an der Stelle $\mathit{diff}(s, s)$ schon ein guter Kandidat. Sind $rd(s, \mathit{diff}(s, s))$ und v verschieden, so kann $\mathit{diff}(s, s)$ nur einer der m Schreibindizes sein. Das Constant Array mit Wert $v' = rd(s, \mathit{diff}(s, s))$ unterscheidet sich an unendlich vielen Stellen von s, nämlich allen außer $\mathit{diff}(s, s)$ und möglicherweise den Indizes auf der Schreibkette. Schreibt man $const(v')$ nach und nach mithilfe der *diff*-Funktion zu s um, so muss die *diff*-Funktion nach spätestens $m - 1$ Umschreibschritten einen Index zurückliefern, an dem in s der Wert v steht, da nach jedem Schritt, in dem keine Stelle gefunden wird, an der s den Wert v enthält, einer der übrigen $m - 1$ Schreibindizes zurückgegeben wird und somit das nächste umgeschriebene Array an dieser Stelle mit s übereinstimmt.

In der Dissertation wird die Korrektheit der Interpolationsmethode bewiesen. Desweiteren wird die Komplexität der Interpolanten in der Größe des Lemmas untersucht. Die Interpolationsmethode wurde in SMTInterpol implementiert und evaluiert.

4 Instanziierungsmethode für Quantifizierte Formeln

Ein verbreiteter Ansatz in SMT-Solvern, mit quantifizierten Formeln umzugehen, ist es, zunächst ein Modell für den quantorenfreien Teil der Formel zu suchen, und dann Instanzen der quantifizierten Formeln hinzuzufügen, mit dem Ziel dieses Modell zu widerlegen. Für den Erfolg dieser Methode ist entscheidend, welche Instanzen dafür gewählt werden. Instanzen, die sofort zu einem Konflikt führen, sind nützlich, da sie zeigen, dass die aktuelle Literalbelegung ungeeignet ist. Ebenso können Instanzen, die bereits existierende Terme enthalten, nützlich sein, da sie diese weiter beschränken. Dies ist die Idee hinter E-Matching-basierter Instanziierung [DNS05]. Die Dissertation stellt eine Instanziierungsmethode vor, die E-Matching verwendet, aber damit gezielt Instanzen findet, die zu einem Konflikt oder zu Propagationen führen. Im Folgenden wird die Theorie der Gleichheit $\mathcal{T}_{\mathcal{E}\mathcal{U}\mathcal{F}}$ betrachtet, in der außer dem Gleichheitssymbol nur *uninterpretierte* Funktionssymbole erlaubt sind, die durch das Kongruenzaxiom beschränkt sind.

E-Matching. E-Matching löst folgendes Problem: Gegeben ein Term $p[x_1,\ldots,x_n]$ (ein *Pattern*) mit freien Variablen $\{x_1,\ldots,x_n\}$, finde einen Term t im E-Graphen und eine Substitution $\sigma = \{x_1 \mapsto t_1,\ldots,x_n \mapsto t_n\}$, sodass t und $p\sigma$ kongruent zueinander sind. Der E-Graph ist dabei der Graph, der durch Kongruenzabschluss aus den Gleichheiten des aussagenlogischen Modells konstruiert wird. Ein Term passt in ein Pattern, wenn er in einer Kongruenzklasse mit einem Term liegt, der das gleiche Funktionssymbol wie das Pattern hat, und dessen Argumente zu den Argumenten des Patterns passen; für Variablen passen beliebige Terme. Das E-Matching-Problem kann auch für eine Liste von Pattern erweitert werden. Es wird dann eine gemeinsame Substitution gesucht, unter der es jeweils einen passenden Term für jedes Pattern gibt.

Bei E-Matching-basierter Instanziierung wird für jede quantifizierte Formel ein Pattern gewählt, das alle Variablen der Formel enthält. Für jede Lösung wird die entsprechende Instanz zum quantorenfreien Teil der Formel hinzugefügt. Oft werden so allerdings auch irrelevante Instanzen erzeugt. Für die Formel

$$\forall x,y,z.\ f(x,y) \neq c \lor f(y,z) \neq c \lor f(x,z) = c$$

eignet sich beispielsweise das Pattern $f(x,y), f(y,z)$. Angenommen, der quantorenfreie Teil des Problems ist folgende Konjunktion:

$$f(a,b) = a \land f(b,b) = b \land f(b,c) = c \land a = c \land b \neq c$$

Eine mögliche Lösung des E-Matching-Problems sind die Terme $f(b,c), f(a,b)$ für die Substitution $\{x \mapsto b, y \mapsto c, z \mapsto b\}$, da $f(y,z)$ unter dieser Substitution kongruent zu $f(a,b)$ ist. Mit der entsprechenden Instanz $f(b,c) \neq c \lor f(c,b) \neq c \lor f(b,b) = c$ lässt sich schnell ein Widerspruch zum quantorenfreien Teil zeigen. Es gibt jedoch vier weitere Lösungen. Die Lösung $f(a,b), f(b,c)$ und $\{x \mapsto a, y \mapsto b, z \mapsto c\}$ erzeugt beispielsweise eine Instanz, die den neuen Term $f(a,c)$ enthält, der für das quantorenfreie Problem keinerlei Relevanz hat.

Suche nach Konflikt- und Propagationsinstanzen. Die zentrale Idee der in der Dissertation vorgestellten Instanziierungsmethode ist, dass mitilfe von E-Matching nicht nur Kandidaten für Instanzen gefunden, sondern diese auch direkt im aktuellen partiellen Modell ausgewertet werden können. Die Methode arbeitet mit allquantifizierten Klauseln, die der Einfachheit halber als Disjunktion von Literalen mit freien Variablen angesehen werden werden:

$$C : \ell_1[x_1, \ldots, x_n] \vee \ldots \vee \ell_m[x_1, \ldots, x_n]$$

Ziel ist es, eine Substitution $t_1, \ldots, t_n$ für die Variablen $x_1, \ldots, x_n$ zu finden, sodass die aktuelle Literalbelegung impliziert, dass keines der instanziierten Literale wahr sein kann. Die entsprechende Instanz wird *Konfliktinstanz* genannt. Dies ist nicht unbedingt ein Konflikt auf aussagenlogischer Ebene in dem Sinne, dass allen Literalen bereits der Wert falsch zugewiesen wurde. Der Theorie-Solver für $\mathcal{T}_{\mathcal{E}\mathcal{U}\mathcal{F}}$ kann aber mithilfe der Instanz schnell den Konflikt mit dem aussagenlogischen Modell herleiten. Zusätzlich sollen auch solche Substitutionen gefunden werden, für die alle bis auf eines der instanziierten Literale im partiellen Modell falsch sind. Die entsprechende Instanz ist dann eine *Propagationsinstanz*.

Für eine Gleichheit $p_1 = p_2$ zwischen zwei Termen, oder deren Negation, wird das E-Matching-Problem für das Pattern p_1, p_2 gelöst. Mithilfe der gefundenen Terme t_1 und t_2 lässt sich dann der Wahrheitswert des Literals im aktuellen Modell bestimmen: Sind die Terme t_1 und t_2 in derselben Kongruenzklasse, so ist die instanziierte Gleichheit wahr und die Ungleichheit falsch, und umgekehrt, wenn es eine Ungleichheit zwischen den Termen gibt. Andernfalls wird der Wert als unit festgelegt, da die Ungleichheit keine Konsequenz der aktuellen Literalbelegung ist, sondern nur im partiellen Modell der Gleichheitstheorie gilt. Im oben für E-Matching angeführten Beispiel kann schon, nachdem den Literalen $f(a, b) = a, f(b, b) = b, f(b, c) = c, a = c$ der Wert wahr zugewiesen wurde, zum Beispiel die Instanziierung für $\{x \mapsto a, y \mapsto b, z \mapsto b\}$ verworfen werden, da das Literal $f(x, z) = c$ mit äquivalentem Term $f(a, b)$ zu wahr auswertet. Dagegen führt die Instanziierung für $\{x \mapsto b, y \mapsto c, z \mapsto b\}$ zu einer Propagation, da die ersten beiden Literale zu falsch auswerten und das dritte zu unit. Ist aber auch dem Literal $b \neq c$ der Wert wahr zugewiesen, so ist diese Instanz eine Konfliktinstanz.

In der Dissertation wird beschrieben, inwieweit die Suche nach Konflikt- und Propagationsinstanzen inkrementell erfolgen kann. Es wird gezeigt, dass sie unter gewissen Annahmen theoretisch in der Lage ist, jede Konfliktinstanz für ein gegebenes partielles Modell der quantorenfreien Formel zu finden. Außerdem werden Erweiterungen der Methode für Formeln mit Arithmetik diskutiert. Die Instanziierungsmethode wurde in SMTInterpol implementiert. Eine experimentelle Evaluation zeigt, dass die Methode im Vergleich zu einer konventionellen E-Matching-basierten Instanziierungsmethode mehr Probleme lösen kann und dafür wesentlich weniger Instanzen benötigt. Eine offene Frage ist, inwieweit komplementäre Instanziierungsmethoden, die für Vollständigkeit in entscheidbaren Fragmenten benötigt werden, die vorgestellte Methode beeinflussen.

Literatur

[BGR12] Bruttomesso, R.; Ghilardi, S.; Ranise, S.: Quantifier-Free Interpolation of a Theory of Arrays. Log. Methods Comput. Sci. 8/2, 2012.

[CH15] Christ, J.; Hoenicke, J.: Weakly Equivalent Arrays. In: FroCos. Bd. 9322. Lecture Notes in Computer Science, Springer, S. 119–134, 2015.

[CHN12] Christ, J.; Hoenicke, J.; Nutz, A.: SMTInterpol: An Interpolating SMT Solver. In: SPIN. Bd. 7385. Lecture Notes in Computer Science, Springer, S. 248–254, 2012.

[CHN13] Christ, J.; Hoenicke, J.; Nutz, A.: Proof Tree Preserving Interpolation. In: TACAS. Bd. 7795. Lecture Notes in Computer Science, Springer, S. 124–138, 2013.

[Cr57] Craig, W.: Three Uses of the Herbrand-Gentzen Theorem in Relating Model Theory and Proof Theory. J. Symb. Log. 22/3, S. 269–285, 1957.

[DNS05] Detlefs, D.; Nelson, G.; Saxe, J. B.: Simplify: a theorem prover for program checking. J. ACM 52/3, S. 365–473, 2005.

[Ga04] Ganzinger, H.; Hagen, G.; Nieuwenhuis, R.; Oliveras, A.; Tinelli, C.: DPLL(T): Fast Decision Procedures. In: CAV. Bd. 3114. Lecture Notes in Computer Science, Springer, S. 175–188, 2004.

[HS18] Hoenicke, J.; Schindler, T.: Efficient Interpolation for the Theory of Arrays. In: IJCAR. Bd. 10900. Lecture Notes in Computer Science, Springer, S. 549–565, 2018.

[HS19] Hoenicke, J.; Schindler, T.: Solving and Interpolating Constant Arrays Based on Weak Equivalences. In: VMCAI. Bd. 11388. Lecture Notes in Computer Science, Springer, S. 297–317, 2019.

[HS21] Hoenicke, J.; Schindler, T.: Incremental Search for Conflict and Unit Instances of Quantified Formulas with E-Matching. In: VMCAI. Bd. 12597. Lecture Notes in Computer Science, Springer, S. 534–555, 2021.

[Mc03] McMillan, K. L.: Interpolation and SAT-Based Model Checking. In: CAV. Bd. 2725. Lecture Notes in Computer Science, Springer, S. 1–13, 2003.

[Mc62] McCarthy, J.: Towards a Mathematical Science of Computation. In: IFIP Congress. North-Holland, S. 21–28, 1962.

[Sc22] Schindler, T.: SMT solving, interpolation, and quantifiers, Diss., University of Freiburg, Freiburg im Breisgau, Germany, 2022.

[St01] Stump, A.; Barrett, C. W.; Dill, D. L.; Levitt, J. R.: A Decision Procedure for an Extensional Theory of Arrays. In: LICS. IEEE Computer Society, S. 29–37, 2001.

Tanja Schindler studierte bis 2015 Mathematik an der Universität Freiburg und der Universität Göteborg (Erasmus-Jahr). Danach wechselte sie zur Informatik und forschte von 2016 bis 2022 als Doktorandin an der Professur für Softwaretechnik am Institut für Informatik in Freiburg. Während der Promotion verbrachte sie einen dreimonatigen Forschungsaufenthalt bei SRI International in New York. Sie promovierte 2022 zum Thema SMT-Solving. Zur Zeit arbeitet sie als Postdoc am Institut Montefiore an der Université de Liège.

Modellierung und Design neuartiger QoE Management Strategien für adaptives Videostreaming [1]

Susanna Schwarzmann [2]

Abstract: Die Übertragung von Videos über das Internet ist immer noch ein komplexes, ungelöstes Problem. In dieser Doktorarbeit wird ein umfassendes Verständnis für Videostreaming erarbeitet. Mit Hilfe einer formellen mathematischen Beschreibung werden Möglichkeiten zu praktischen Verbesserung analysiert und anhand realistischer und detailgetreuer Untersuchungen das Potential dieser Verbesserungen gezeigt.

1 Warum ist es komplex ein Video zu übertragen?

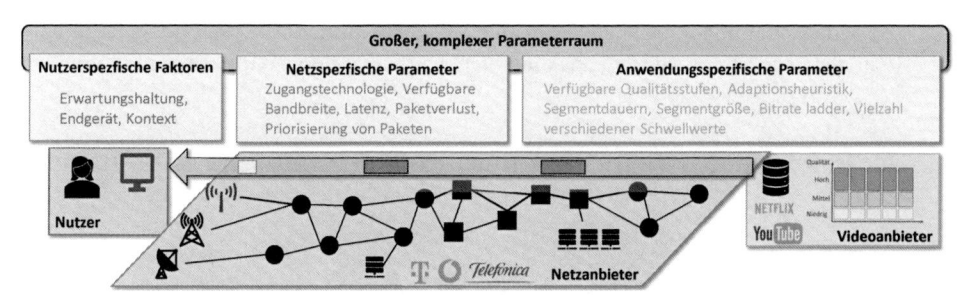

Abb. 1: Ein Video wird vom Videoanbieter über die Infrastruktur eines Netzanbieters übertragen. Die Vielzahl an Parametern und Charakteristiken formen einen komplexen Parameterraum, was die Optimierung von Videostreaming zu einem herausforderndem Problem macht.

Jeden Tag nutzen Milliarden von Menschen Plattformen wie YouTube, Netflix oder Amazon um Videos und Filme auf ihren Smartphones, Computern, Tablets, oder Fernsehern zu streamen. Die individuelle Übertragung über das Internet, auch Video-on-Demand (VoD) Streaming genannt, wird hierbei mit *Dynamic Adaptive Streaming over HTTP* (DASH) realisiert. Dieses Verfahren, welches es erlaubt die Qualität des Videos während der Übertragung dynamisch an die vorhandenen Bedingungen der Dienstinfrastruktur, nämlich der Übertragungsnetze und der Endgeräte anzupassen, wurde vor mehr als 10 Jahren entwickelt. Aber trotz extremer Nutzung und technologischer Reife stellt Videostreaming immer noch ein erhebliches Problem für Video- und Netzanbieter dar. Aufgrund der Fülle unterschiedlicher Endgeräte, Netztypen, Netzanbieter und Videoanbieter, sowie einer Vielzahl individueller Optimierungsmöglichkeiten **ergibt sich ein großer und – in der Praxis – nicht vollständig erfassbarer Parameterraum**, siehe Abbildung 1. Ziel der Arbeit ist es diesen Parameterraum erfassbar und damit optimierbar zu machen.

---

[1] Englischer Originaltitel der Dissertation: Modeling and Design of Novel QoE Management Strategies for Adaptive Video Streaming
[2] Huawei Research Center, Munich, susanna.schwarzmann@huawei.com

Videoanbieter wie Netflix haben die Möglichkeit eine Vielzahl an Anwendungsparametern einzustellen. Dazu gehören Algorithmen zur dynamischen Anpassung der Videoqualität, die Verfügbarkeit verschiedener Qualitätsstufen und deren Bitraten, die Länge der Videosegmente und diverse Schwellwerte, wie z.b. für den Start und Stopp der Wiedergabe oder den Wechsel zwischen Videoqualitäten. Doch ohne Kenntnis der Eigenschaften des Übertragungsnetzes, wie beispielsweise eines Mobilfunknetzes oder eines V-DSL-Anschlusses zu Hause, können diese Parameter nicht optimal gewählt werden. Entsprechend werden Parametrisierungen geschätzt oder Algorithmen für spezifische Anwendungsfälle entwickelt.
Netzanbieter können ihre Infrastruktur durch eine intelligente Verkehrssteuerung optimieren und damit Betriebskosten und den Energiebedarf senken. Typische Mechanismen beinhalten neben Routingoptimierungen auch Verfahren zur Unterscheidung unterschiedlicher Anwendungen, basierend auf Technologien wie MPLS/DiffServ, QoS Flows und Network Slicing in 5G oder die Bereitstellung von Videocaches. Um diese Mechanismen effizient und zielgerichtet einsetzen zu können, muss der Netzanbieter in der Lage sein, die Videoqualität seiner Kunden zu erfassen. Aufgrund der Komplexität von Videostreaming ist dies mittels im Netz erhebbarer Informationen bisher nur ungenau möglich.
Zusammenfassend haben Video- und Netzanbieter nur eine eingeschränkte Sicht auf die für das Videostreaming relevanten Parameter, was dazu führt, dass keiner der beteiligten Akteure in der Lage ist, das System aus einer ganzheitlichen Perspektive zu optimieren.

2 Beitrag der Arbeit: Videoübertragung umfassend optimieren

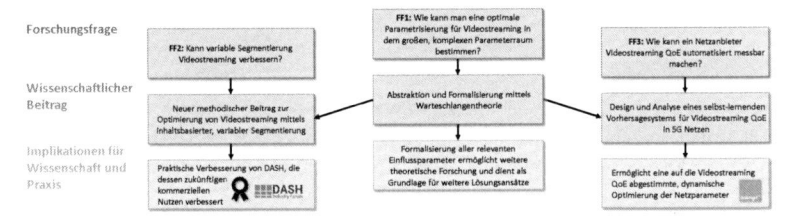

Abb. 2: Wissenschaftlicher Beitrag der Arbeit

Die vorliegende Arbeit [Sc22b] widmet sich den oben genannten, noch bestehenden und durchaus komplexen Herausforderung von adaptivem Videostreaming. Ein zentrales Ziel ist es - neben einem signifikantem wissenschaftlichen Beitrag - auch praktische Verbesserungen des Systems für die beiden Schlüssel-Akteure - den Videoanbieter und den Netzanbieter - abzuleiten. Eine Übersicht über die Beiträge der Arbeit gibt Abbildung 2.

Um das System als Ganzes zu optimieren ist es zunächst notwendig, ein umfassendes Verständnis darüber zu erlangen, wie die verschiedenen Parameter auf Anwendungs- und Netzebene miteinander interagieren und wie sie die Qualität der Übertragung beeinflussen. Entsprechend befasst sich die Arbeit zunächst mit der Forschungsfrage: *Wie kann man eine optimale Parametrisierung für Videostreaming in dem großen, komplexen Parameterraum bestimmen? (FF1).* Gängige Methoden wie Messungen oder Simulationen sind aufgrund ihrer mangelnden Skalierbarkeit praktisch nicht anwendbar. Daher nutzt die Arbeit einen analytischen Ansatz, der die betroffenen Faktoren zunächst abstrahiert und dann Videostreaming mittels Warteschlangentheorie formell beschreibt. Dies ist die erste vollständig formalisierte Ende-zu-Ende-Beschreibung von Videostreaming. Dieses Modell bildet die Basis für weitere angewandte Forschungsfragen und ermöglicht zukünftige theoretische Arbeiten, die das gesamte System adressieren sollen.

Eine denkbare Verbesserung für adaptives Videostreaming ist die Verwendung variabler – statt der herkömmlichen, fixen – Segmentdauern. Durch Anwendung des analytischen Modells konnte gezeigt werden, dass die vorgeschlagene Methode Videostreaming in der Theorie signifikant verbessern kann. In wie weit diese Resultate aber in die wirkliche Welt überführbar sind, konnte mit dem Modell nicht beantwortet werden. Um die These also zu untermauern, beantworten wir mit Hilfe eines quantitativen Ansatzes die Forschungsfrage: *Kann eine variable Segmentierung Videostreaming verbessern? (FF2)*. Dafür wird mittels der DASH Referenzimplementierung des DASH Industrieforums, welche von Mitgliedern wie Netflix, Hulu, Akamai oder Comcast genutzt wird, ein Videoanbieter realistisch und detailgetreu nachgestellt. Die durchgeführten Analysen und erzielten Resultate zeigen das Verbesserungspotential variabler Segmentierung und sind im Hinblick auf Umfang und Aussagekraft wegweisend. Die zugehörige wissenschaftliche Veröffentlichung wurde 2020 mit dem *DASH-IF Excellence in DASH Award* ausgezeichnet. Der Preis würdigt herausragende Arbeiten, welche die zukünftige kommerzielle Nutzung von DASH mittels angewandter Erweiterungen und Entwicklungen unterstützen.

Um vorhanden Stellschrauben im Netz auf Videostreaming zu optimieren, benötigt der Netzanbieter detailliertes Wissen über die Videostreaming QoE. Mittels des Modells können die relevanten Telemetriedaten des Netzanbieters identifiziert und anschließend genutzt werden, um die QoE daraus zu schätzen. Da sich Nutzerverhalten und Anwendungsparameter ändern können, müssen die Telemetriedaten regelmäßig mit der Videostreaming QoE zusammengeführt und miteinander korreliert werden. Dies ist in heutigen Netzarchitekturen so nicht möglich, was zur folgenden Forschungsfrage führt: *Wie kann ein Netzanbieter die QoE von Videostreaming automatisiert messbar machen? (FF3)*. Aufgrund der Dynamik von Streaminganwendungen (neue Inhalte, neue Codecs, etc.) und des Nutzerverhaltens, wird ein selbst-lernendes Analysesystem für ein 5G Netz entworfen. Kernpunkte des Systems sind eine zuverlässige Genauigkeit der Schätzung, eine realistische Umsetzbarkeit mittels vorhandener Netzfunktionen, ein begrenzter Mehraufwand für den Netzanbieter sowie eine hohe Skalierbarkeit. Der vorgestellte Ansatz wurde in Zusammenarbeit mit industriellen Forschungsgruppen – unter anderem eines Netzanbieters – entwickelt und kann ohne grundlegende Erweiterung in heutigen 5G Netzen implementiert werden. Er stellt damit einen innovativen und relevanten Beitrag zur zielgerichteten Optimierung der Netze dar.

3 Hintergrund

Im Folgenden werden die für das Verständnis der Arbeit relevanten Konzepte und Technologien – QoE, DASH und 5G – kurz vorgestellt.

Quality of Experience (QoE): Um einen Nutzer mit der verwendeten Anwendungen zufrieden zu stellen, müssen deren Anforderungen im Netz erfüllt werden. Dabei sind die verschiedenen Anwendungen sensitiv gegenüber unterschiedlichen Einflussfaktoren: Während Dienste wie Netflix oder Zoom hohe Bandbreiten benötigen, muss die Latenz bei Voiceover-IP sehr gering sein. Die naheliegende Lösung, die Infrastruktur entsprechend auszubauen, mag zwar wirkungsvoll klingen, ist jedoch teuer und nicht nachhaltig. Das Konzept Quality of Service (QoS) erlaubt eine Beschreibung, wie gut die Anforderung eines Dienstes im Netz erfüllt werden und ermöglicht es daher, zielgerichtetere, anforderungsspezifische Steuerungsmechanismen anzustoßen, um die vorhandene Infrastruktur effizient zu nutzen. Allerdings gibt es einen wachsenden Konsens in der Forschung darüber, dass das rein technische Konzept von QoS nicht ausreicht, um die Qualität einer Anwendung zu messen. Die Kernprobleme dabei sind, dass QoS den Endbenutzer nicht genügend berücksichtigt und dass subjektives Nutzerempfinden zudem sehr komplex abzubilden ist. Mit Quality of Experience (QoE) wird Ende-zu-Ende Qualität unter Einbeziehung des Nutzers neu interpretiert. Das Qualinet Whitepaper [Br13] definiert QoE als *den Grad der Zufriedenheit oder Verärgerung des Nutzers einer Anwendung, welcher aus der Erfüllung der Erwartungen an den Service im Hinblick auf Nutzbarkeit und Vergnügen rührt*. Der Paradigmenwechsel von rein technischen Aspekten hin zu vom Nutzer wahrgenommener Dienstgüte ist in dem Sinne vorteilhaft, dass Nutzer nicht per se an der technischen Leistungsfähigkeit interessiert sind, sondern lediglich erwarten dass zum Beispiel eine Webseite schnell lädt oder ein Video in guter Auflösung ohne Unterbrechungen abgespielt wird.

Dynamic Adaptive Streaming via HTTP (DASH): Abbildung 3 zeigt das Prinzip hinter DASH, der standardisierten de-facto Realisierung von Videostreaming. Der HTTP Server stellt das Video, unterteilt in gleichlange Segmente von typischerweise 2 bis 10 Sekunden Dauer, zur Verfügung. Dabei ist jedes Segment unter Verwendung unterschiedlicher Bitraten kodiert, sodass mehrere verschiedene Qualitätsstufen entstehen. Der DASH Client lädt zunächst eine sogenannte Media Presentation Description (MPD) Datei herunter. Diese enthält alle wichtigen Informationen über das Video, wie beispielsweise Segmentdauer, Anzahl der Qualitätsstufen sowie deren Auflösungen und Bitraten. Der Client fordert sukzessive die einzelnen Videosegmente mittels HTTP GET-Anfragen an und füllt dabei den Videopuffer. Durch eine Adaptionsheuristik passt der Client dynamisch die Qualität an um eine möglichst hohe Videoqualität bereitzustellen, ohne dass es zu Wiedergabeunterbrechungen aufgrund zu langer Downloadzeiten kommt. Somit soll dem Nutzer die maximale Videoqualität geboten werden, die das Netz aktuell zulässt. Dabei gibt es zwei grundlegende Methoden die Qualität anzupassen: Entweder basierend auf dem aktuellen Pufferfüllstand oder anhand von Bandbreitenschätzungen. Puffer-basierte Heuristiken beruhen auf festgelegten Schwellwerten und bestimmen die gewünschte Qualität basierend auf dem aktuellen Pufferfüllstand. Je mehr Videoinhalt im Puffer verfügbar ist, desto höher kann die Bitrate und damit die Qua-

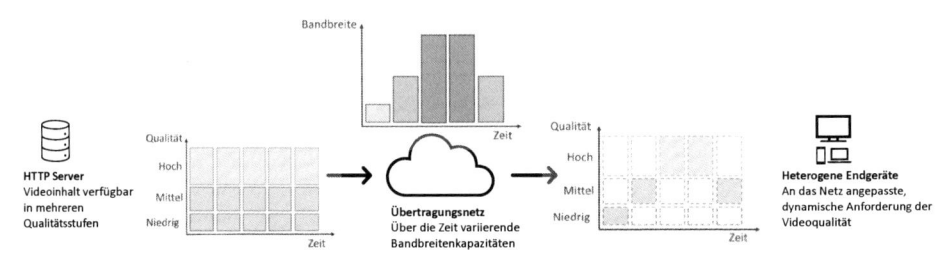

Abb. 3: Prinzip von DASH [MP]

lität gewählt werden. Durchsatz-basierte Heuristiken schätzen die vorhandene Bandbreite anhand der Downloaddauer und der Größe des empfangenen Segments. Je höher die Bandbreite ist, desto höher darf die Qualität des nächsten Segments sein. Typischerweise werden intelligente Mechanismen implementiert, um ein zu häufiges oder starkes Wechseln zwischen den Qualitätsstufen zu verhindern. Darüber hinaus greifen viele Adaptionsheuristiken auf ein hybrides Modell zurück, welches sowohl den Puffer als auch den Durchsatz berücksichtigt. Das primäre Ziel der Adaptionsheuristik ist es, die QoE für den Nutzer zu maximieren. Diese hängt bei adaptivem Videostreaming von einer Vielzahl an Faktoren ab [Se14]. Die stärkste Beeinträchtigung sind Wiedergabeunterbrechungen. Dabei hängt der Grad der QoE Beeinträchtigung von deren Anzahl und Länge ab. Um die QoE zu maximieren sollte zudem die visuelle Qualität des Videos möglichst hoch sein. In Bezug auf die Qualitätswechsel gibt es zwei grundlegende Einflussfaktoren: Die Häufigkeit mit der sie auftreten und die Amplitude. Beide sollen möglichst gering gehalten werden, idealerweise sind Qualitätswechsel für den Nutzer nicht wahrnehmbar.

Mobilfunkstandard der 5. Generation (5G): Im Vergleich zu bisherigen Mobilfunkgenerationen bietet 5G deutlich niedrigere Latenzen und massiv höhere Datenraten von bis zu 10 Gigabit pro Sekunde. Es setzt auf eine service-orientierte und software-basierte Architektur, was die Skalierbarkeit des Netzes erhöht und es ermöglicht, schneller und flexibler auf verändernde Bedingungen zu reagieren. Eine der neuen Schlüsseltechnologien von 5G ist *Network Slicing*, welches es ermöglicht, mehrere virtuelle Netze auf einer einzigen physikalischen Infrastruktur zu betreiben. Dies bietet eine flexible Lösung, die je nach Bedarf virtuelle Netze für bandbreitenhungrige Anwendungen wie Videostreaming oder für sicherheitskritische Konnektivität von autonomen Fahrzeugen mit niedrigen Latenzen bereitstellen kann. Darüber hinaus schafft 5G neue Möglichkeiten zur Interaktion zwischen Anwendung und Netz und führt dedizierte Funktionen für die native Integration von maschinellem Lernen ein.

4 Forschungsfragen, Methodik und Ergebnisse der Arbeit

Im folgenden werden die Kapitel der Doktorarbeit vorgestellt. Der Fokus liegt auf deren Forschungsfragen, die angewandte Methodik, die erzielten Ergebnisse sowie deren Relevanz.

4.1 Modellierung von Adaptivem Videostreaming

Videoanbieter haben verschiedene Optionen um DASH bezüglich der QoE zu optimieren. Dazu gehören die Anzahl an Qualitätsstufen, die Wahl der Videobitraten, die angewandte Heuristik und Schwellwerte für die Qualitätsanpassung oder für die Steuerung des Wiedergabeverhaltens. Das Zusammenspiel dieser Parameter ist sehr komplex, insbesondere aufgrund der variablen und schwer vorherzusagenden Leistungsfähigkeit der Übertragungsnetze. So ist eine optimale Parametrisierung der oben genannten Stellschrauben für Mobilfunknetze mit starken Bandbreitenfluktuationen anders als für kabelgebundene Netze, die höhere und stabilere Bandbreiten aufweisen. Um die vorhandene Infrastruktur effizient zu nutzen, ist es wichtig das Zusammenspiel aller beteiligten Parameter auf Anwendungs- und

Netzebene zu verstehen. Messbasierte Ansätze oder Simulationen können helfen, solche Zusammenhänge und deren Auswirkungen auf die QoE zu untersuchen, sind jedoch aufgrund ihrer mangelnden Skalierbarkeit nur eingeschränkt geeignet, um das System zu optimieren. Die enorme Größe des Parameterraums und der immense Zeitaufwand für detaillierte Messungen oder Simulationen erlauben es nicht, alle möglichen Szenarien auszuloten. Um diese Herausforderung anzugehen, konzentriert sich der erste Teil dieser Arbeit mit der folgenden Forschungsfrage: **FF1** - *Wie kann man eine optimale Parametrisierung für Videostreaming in dem großen, komplexen Parameterraum bestimmen?*

Angewandte Methodik: Im Zuge dieses Teils der Arbeit wird ein Modell, welches sich der Warteschlangentheorie und zeitdiskreter Analyse bedient, entwickelt. Es baut auf einem existierenden GI/GI/1 Modell auf [Bu18] und erweitert dieses um die Fähigkeiten, (i) DASH realistischer abzubilden und (ii) die relevanten QoE Einflussfaktoren vollständig berechnen zu können [Sc19c, Sc19a]. Weiterhin werden grundlegende Adaptionsheuristiken, also sowohl puffer- als auch durchsatz-basiert, formalisiert und berücksichtigt. Einflussgrößen wie die vorhandene Bandbreite und die unterschiedlichen Videobitraten werden als Verteilungsfunktionen beschrieben. Daraus lassen sich mittels des Modells die Verteilungen für die Dauer der Segmentübertragungen oder des Pufferfüllstands ermitteln, sowie die Anzahl und Amplitude der Qualitätswechsel sowie Dauer und Häufigkeit von Videounterbrechungen berechnen. Die Zuverlässigkeit des Modells wird in einer Vergleichsstudie mit Messungen in einem dedizierten Testbed ermittelt. Dazu werden die beiden Heuristiken für eine Reihe unterschiedlicher Einstellungen der Schwellwerte für die Qualitätswahl, Videobitraten, sowie mittlere Bandbreite und deren Schwankung gemessen, und mit den Ergebnissen des Modells verglichen. So wird gezeigt, dass die relevanten QoE Einflussfaktoren mittels des abstrakten Modells zuverlässig und akkurat bestimmt werden können. Es eignet sich also herausragend für weitere Analysen und Optimierungen, unter anderem im Zuge der vorliegenden Arbeit.

Ergebnisse: Mittels einer initialen Studie wird gezeigt, wie sich das entwickelte Modell nutzen lässt, um adaptives Videostreaming zu optimieren. Der Fokus liegt hierbei auf die Auswirkungen desjenigen Schwellwerts, der den Wechsel von der niedrigsten auf die nächst höhere Qualitätsstufe steuert. Ein zu optimistischer Wechsel kann zu Unterbrechungen bei der Wiedergabe führen, wenn die Downloaddauer die gepufferte Videozeit überschreitet. Ein zu später Wechsel führt hingegen zu einer unnötig schlechten Videoqualität. Die durchgeführte Studie ermöglicht es, eine allgemeingültige Aussage über die optimale Wahl dieses Parameters zu treffen: In Szenarien mit geringer oder schwankender Bandbreite kann die Anzahl der Unterbrechungen signifikant durch eine konservative, also hohe, Wahl des Schwellwerts verringert werden. In Szenarien mit hoher und stabiler Bandbreite ist die visuelle Qualität des Videos bei einer konservativen Wahl vergleichbar mit der Qualität bei einer niedrigeren Wahl des Schwellwerts. Zum ersten Mal wurde somit allgemeingültig nachgewiesen, dass eine konservative Wahl des Schwellwerts in Situationen mit geringer Bandbreite von Vorteil ist, ohne dass Nachteile in Situationen mit ausreichender Bandbreite entstehen.

Relevanz der Ergebnisse: Das entwickelte Modell ermöglicht erstmalig eine Ende-zu-Ende Formalisierung von Videostreaming, indem es alle relevanten Parameter in die Analyse einbezieht. Es bietet nicht nur der theoretisch-fokussierten Forschungsgemeinde einen Zugang zu einem in der Praxis höchst-relevantem Problem, sondern kann auch genutzt werden, um signifikante Verbesserungen für den Videoanbieter und den Netzanbieter abzuleiten.

4.2 Variable Segmentdauern für Adaptives Videostreaming

Die dynamische Anpassung der Videoqualität bei adaptivem Videostreaming wird erreicht, indem das Video in kurze, gleichlange Segmente unterteilt wird. Jedes Segment steht am Server in mehreren visuellen Qualitäten zur Verfügung. Um jedes Segment unabhängig abspielbar zu machen, müssen sie mit einem vergleichsweise teurem I-Frame beginnen, der die vollständigen Bildinformationen und alle erforderlichen Metadaten zur Dekodierung enthält. Das Einfügen zusätzlicher I-Frames hat jedoch einen signifikanten Anstieg des Kodierungsaufwands zur Folge, was die Bitrate für das segmentierte Video im Vergleich zur unsegmentierten Version deutlich erhöht. Um diesen Mehraufwand zu reduzieren, kann eine inhaltsabhängige Segmentierung des Videos in Betracht gezogen werden, die unterschiedliche Dauern der Videosegmente zulässt. Ohne die strikte Vorgabe gleichlanger Segmente kann das Video dann variabel an solchen Stellen geteilt werden, an denen I-Frames ohnehin schon vorhanden sind, zum Beispiel bei Szenenwechsel. Dies reduziert die Anzahl zusätzlich benötigter I-Frames und somit die resultierende Bitrate. Allerdings führt dies zu einer höheren Variabilität der Segmentdauern und folglich deren Größe, mit unklaren Auswirkungen auf das System. Aus diesem Grund fokussiert sich der zweite Teil dieser Arbeit auf folgende Forschungsfrage: **FF2** - *Kann eine variable Segmentierung Videostreaming verbessern?*

Angewandte Methodik: Das in Abschnitt 4.1 vorgestellte Modell belegt analytisch, dass die variable Segmentierung das Videostreaming verbessern kann [Sc18]. Um die Analysen des Modells quantitativ zu bestätigen, werden Messungen in einer detailgetreuen Teststellung durchgeführt [Sc20b]. In einem ersten Schritt wird die Einsparungen der Bitrate durch variable Segmentierung ermittelt. Dafür werden vier Videos mit mindestens acht Minuten Dauer unter Verwendung einer Vielzahl unterschiedlicher videokodierungs-spezifischer Parameter kodiert und sowohl in fixe als auch variable Segmentlängen unterteilt. Der daraus resultierende Datensatz enthält mehr als 2000 repräsentative Videosequenzen, die es mit hoher Aussagekraft erlauben, den variablen mit dem herkömmlichen Ansatz zu vergleichen. In einem zweiten Schritt wird die Auswirkung der variablen Segmentierung auf die Videostreaming QoE untersucht. Dafür wird eine Teststellung geschaffen, in der Messungen mit unterschiedlichen Bandbreiten, unter Verwendung drei gängiger Adaptionsheuristiken durchgeführt werden. Der generierte Datensatz von etwa 7000 Streamingsitzungen lässt umfassende Aussagen über die Performanz variabler Segmentdauern zu.

Ergebnisse: Durch den neuen Ansatz kann die Bitrate zum Teil signifikant reduziert werden, ohne die Videoqualität sichtbar zu beeinflussen. Im Mittel wird eine Reduzierung um 7% erreicht, für einzelne Video sogar mehr als 15%. Bezüglich der Leistung beim Videostreaming zeigt sich, dass die variable Segmentierung in der Lage ist, die QoE nennenswert zu verbessern. Allerdings müssen hier Szenarien mit niedriger und vergleichsweise hoher Bandbreite differenziert betrachtet werden. Während die QoE bei niedrigen Bandbreiten in den meisten Fällen deutlich verbessert wird, wird die QoE bei hohen Bandbreiten vereinzelt reduziert.

Relevanz der Ergebnisse: Die durchgeführten Studien zeigen, dass variable Segmentdauern, welche ohne weitere Anpassungen in heutige Systeme integriert werden können, die Videobitraten bei gleichbleibender Qualität signifikant reduzieren. Das resultiert in einen im

Mittel 7% geringeren Speicherbedarf der Videos und damit in reduzierte Kosten für Videoanbieter. Gleichzeitig kann die Netzlast verringert oder die QoE gesteigert werden. Auch wenn die mittlere Einsparung von 7% niedrig erscheint, hat sie im Gesamten doch eine große Wirkung, wenn man die universelle Anwendbarkeit des Ansatzes sowie den enormen Anteil von Videostreaming am globalen Internetverkehr bedenkt: Schätzungen zufolge sollte im Jahr 2022 der Anteil an Videoübertragungen am globalen IP Verkehr rund 82% ausmachen [CS19].

4.3 QoE Schätzung in 5G Netzen

Netzanbieter haben diverse Möglichkeiten, Videostreaming zu optimieren, aber ohne ein fundiertes Verständnis der Streaminganwendung und der zugrundeliegenden QoE, können diese Steuerungsmechanismen nicht gezielt eingesetzt werden. Der Mobilfunkstandard 5G bringt eine richtungweisende Neuerung, die diese Hindernisse beseitigen kann. Mit der Einführung einer dedizierten Schnittstelle, der sogenannten *Application Function (AF)*, kann nun ein direkter Informationsaustausch zwischen dem Netzanbieter und Videoanbietern wie Netflix stattfinden. Darüber hinaus integriert 5G mit der *Network Data Analytics Function (NWDAF)* eine neue Netzfunktion für die Sammlung und Analyse großer Datenmengen und bringt damit die Möglichkeit, maschinellen Lernen nativ ins 5G Netz einzubetten. Diese neuen Funktionalitäten ermöglichen ein völlig neues Potenzial für die selbst-lernende QoE Messung und für eine neue Ära des nutzerzentrierten Netzwerkmanagements. Allerdings ist unklar, wie die Funktionalitäten des 5G-Standards effizient genutzt werden können und welche Telemetriedaten aus dem Netz für eine QoE Schätzung relevant sind. Daher beschäftigt sich der dritte Teil dieser Arbeit mit der Frage: **FF3** - *Wie kann ein Netzanbieter die QoE von Videostreaming automatisiert messbar machen?*

Angewandte Methodik: Zunächst wird auf konzeptioneller Ebene untersucht, wie sich eine aus Netztelemetriedaten selbst-lernende QoE Schätzung in die Architektur von 5G Netzen einbinden lässt [Sc19b]. Dann wird die Machbarkeit des vorgeschlagenen Vorgehens quantitativ demonstriert. Dafür wird ein mobiles Netzwerk unter Zuhilfenahme der OMNeT++ Simulationsumgebung implementiert. Ein primäres Ziel dabei ist es, einen repräsentativen Datensatz zu generieren, der die Heterogenität von realen mobilen Netzen widerspiegelt. Dazu gehören diverse Mobilitätsmuster von Nutzern, schwankende Qualität der Funkverbindung sowie eine variierende Last in der Mobilfunkzelle. Der aus umfangreichen Simulationen generierte Datensatz bringt eine Vielzahl von Telemetriedaten aus dem Netz (Paketverlust, Durchsatz, Funkverbindungsqualität, etc.), welche die NWDAF sammelt, mit der Videostreaming QoE zusammen, die vom Videoanbieter über die neu eingeführte Schnittstelle (AF) an den Netzanbieter übermittelt wird. Basierend darauf wird schließlich untersucht, wie zuverlässig die QoE rein aus den Netztelemetriedaten geschätzt werden kann, welche Relevanz die unterschiedlichen Monitoringdaten haben [Sc20a] und was mögliche Einflussfaktoren auf die Genauigkeit der Schätzung sind. Dafür wird ein repräsentatives Set an gängigen Modellen des maschinellen Lernens auf den Daten trainiert und hinsichtlich verschiedener quantitativer Aspekte (z.B. Genauigkeit der Schätzung) als auch qualitativer Aspekte (z.B. die Nachvollziehbarkeit des Modells) miteinander verglichen [Sc22a].

Ergebnisse: Die Analysen zeigen, dass sich die Videostreaming QoE schon mit relativ einfachen Techniken des maschinellen Lernens sehr zuverlässig aus den Netztelemetriedaten schätzen lässt. Eine Kosten-Nutzen-Analyse zeigt, dass manche Daten besonders wichtig sind, wie zum Beispiel der mittlere Durchsatz, während andere Daten, wie zum Beispiel die Paketverzögerung, einen vergleichsweise niedrigen Mehrwert für die Güte der Schätzung bringen. Neben den quantitativen Aspekten und Einflussfaktoren werden die verschiedenen Techniken auch in Hinblick auf mehrere – für den Netzanbieter relevante – qualitative Aspekte diskutiert. Eine geringere Zuverlässigkeit des Modells kann von Vorteil sein, wenn dafür die Entscheidungen des Modells – wegen geringerer Komplexität – verständlicher sind.

Relevanz der Ergebnisse: Alle Analysen und Betrachtungen rühren aus der Zusammenarbeit mit einem Netzanbieter und liefern einen praxisorientierten Leitfaden für die Integration von QoE Messung in 5G Netzen. Der vorgestellte Ansatz nutzt dabei ausschließlich bereits verfügbare 5G Netzfunktionen und kann daher ohne weitere Vorarbeiten in produktiven Netzen eingesetzt werden. Durch die gewonnenen zuverlässigen QoE Schätzungen kann der Netzanbieter seine Steuerungsmechanismen gezielt justieren und somit ein besseres Streamingerlebnis für den Nutzer gewährleisten, während die vorhandenen Netzressourcen optimal ausgenutzt werden.

5 Fazit

Trotz der technischen Reife von adaptivem Videostreaming stellt die Optimierung des Gesamtsystems, sowohl für Netz- als auch für Videoanbieter, nach wie vor eine große Herausforderung dar. Das liegt vor allem an dem großen, komplexen Parameterraum, der sich aus der Vielzahl an Einstellungsparameter des Videoanbieters, den zugrundeliegenden Bedingungen des Übertragungsnetzes, sowie den Steuerungsmechanismen des Netzanbieters ergibt. In dieser Doktorarbeit wurde ein analytisches Modell vorgestellt, das erstmals die Möglichkeit bietet, das komplexe System des Videostreamings Ende-zu-Ende vollumfänglich abzubilden. Somit ist diese Arbeit sowohl für die theoretisch-fokussierte Forschungsgemeinschaft interessant, als auch für die Praxis nutzbar, um das System zu verbessern. Die Verwendung variabler Segmentdauern reduziert die Last im Netz, verbessert die Videoqualität für den Nutzer und minimiert den Speicherbedarf des Videoanbieters. Außerdem gibt das Modell Einblick in die relevanten Netzparameter, die überwacht werden müssen, um die QoE zu erfassen. Der vorgestellte Ansatz, der mithilfe von Funktionalitäten in der 5G Architektur selbst-lernend die QoE schätzt, stellt die Grundlage für gezielte Steuerungsmechanismen im Netz dar.

Diese Doktorarbeit legt den Fokus auf die relevanteste Anwendung im Internet: Videostreaming. Die Ergebnisse ermöglichen erstmals eine umfassende Optimierung für Video- und Netzanbieter und die vorgestellten Konzepte und Methoden bilden die Basis für zukünftige theoretische und angewandte Forschungsarbeiten.

Literaturverzeichnis

[Br13]   Brunnström, K. et al.: Qualinet white paper on definitions of quality of experience. European Network on Quality of Experience in Multimedia Systems and Services (COST Action IC 1003), 2013.

[Bu18]   Burger, V. et al.: A generic approach to video buffer modeling using discrete-time analysis. ACM Transactions on Multimedia Computing, Communications, and Applications, 14(2s):1–23, 2018.

[CS19]   Cisco Syst., Inc.: , Cisco Visual Networking Index: Forecast and Trends, 2017–2022. White Paper, 2019.

[MP]   MPEG-DASH. https://www.mpeg.org/standards/MPEG-DASH/. Acc.: 2023-01-27.

[Sc18]   Schwarzmann, S. et al.: Evaluation of the benefits of variable segment durations for adaptive streaming. In: Tenth International Conference on Quality of Multimedia Experience. IEEE, S. 1–6, 2018.

[Sc19a] Schwarzmann, S. et al.: Computing qoe-relevant adaptive video streaming metrics using discrete-time analysis. In: 2019 22nd Conference on Innovation in Clouds, Internet and Networks and Workshops (ICIN). IEEE, S. 1–6, 2019.

[Sc19b] Schwarzmann, S. et al.: Estimating video streaming QoE in the 5G architecture using machine learning. In: 4th Internet-QoE Workshop. S. 7–12, 2019.

[Sc19c] Schwarzmann, S. et al.: Modeling adaptive video streaming using discrete-time analysis. In: 2019 31st International Teletraffic Congress (ITC 31). S. 121–129, 2019.

[Sc20a] Schwarzmann, S. et al.: Accuracy vs. cost trade-off for machine learning based QoE estimation in 5G networks. In: ICC. IEEE, S. 1–6, 2020.

[Sc20b] Schwarzmann, S. et al.: Comparing fixed and variable segment durations for adaptive video streaming: A holistic analysis. In: ACM Multimedia Systems Conference. S. 38–53, 2020.

[Sc22a] Schwarzmann, S. et al.: ML-based QoE Estimation in 5G Networks Using Different Regression Techniques. IEEE TNSM, 2022.

[Sc22b] Schwarzmann, Susanna: Modeling and Design of Novel QoE Management Strategies for Adaptive Video Streaming. Dissertation, Technische Universität Berlin, 2022.

[Se14]   Seufert, M. et al.: A survey on quality of experience of HTTP adaptive streaming. IEEE Communications Surveys & Tutorials, 17(1):469–492, 2014.

Susanna Schwarzmann hat von 2011 bis 2016 an der Universität Würzburg ihr Bachelor- und Masterstudium in Informatik absolviert. Für ihre Masterarbeit wurde sie von Telekom und Audimax mit dem Frauen MINT Award im Wachstumsfeld Netze der Zukunft ausgezeichnet. 2017 hat sie eine Stelle als wissenschaftliche Mitarbeiterin am Lehrstuhl für Kommunikationsnetze an der Universität Würzburg angenommen und wechselte im Jahr 2018 in die Fachgruppe Internet Networking Architectures an die Technischen Universität Berlin. Dort schloss ihre Promotion im April 2022 mit Auszeichnung ab. Ihr bei der ACM MMSys 2020 vorgestelltes Paper erhielt den Excellence in DASH Award und ihre Doktorarbeit wurde als beste Dissertation der KuVS 2022 ausgezeichnet. Seit Dezember 2021 ist sie beim Huawei Research Center in München tätig und dort an der Forschung und Entwicklung von 6G Netzen beteiligt.

Untersuchung zur informationellen Privatheit im Beschäftigungsverhältnis: Grundlagenwissen und praktische Lösungen für die menschzentrierte Gestaltung von Maßnahmen zur Wahrung des Rechts auf informationelle Selbstbestimmung im Beschäftigungsverhältnis[1]

Jan Tolsdorf[2]

Abstract: Um das Grundrecht auf Privatheit im Beschäftigungsverhältnis zu schützen, sieht der Gesetzgeber die Implementierung von Datenschutzmaßnahmen vor, einschließlich Transparenz und Intervention. Gegenwärtig mangelt es den für die Umsetzung verantwortlichen Akteuren jedoch schlichtweg an Grundlagenwissen, um die notwendigen Maßnahmen zielgerichtet zu konzipieren und zu implementieren. Insbesondere das fehlende Wissen über spezifische menschliche Faktoren führt in der Praxis häufig dazu, dass Datenschutzmaßnahmen scheitern oder ihr Ziel verfehlen. Die hier vorgestellte Arbeit adressiert diese zentralen Wissenslücken, indem die Ergebnisse aus insgesamt drei Studien mit Beschäftigten in Deutschland vorgestellt und miteinander in Bezug gebracht werden. Die gewonnenen Erkenntnisse bilden eine Grundlage für die zielgerichtete Umsetzung von Datenschutzmaßnahmen, die die Sichtweisen, Erwartungen und Fähigkeiten von Beschäftigten einbeziehen. Die Ergebnisse geben Aufschluss über die Wahrnehmung des Rechts auf Privatheit sowie über die Wahrnehmungen und Erwartungen an die Verarbeitung personenbezogener Daten. Des Weiteren wird ein Privacy-Pattern für Datenmanagementlösungen vorgeschlagen und evaluiert, das durch die Berücksichtigung menschlicher Faktoren den Schutz der Privatheit von Beschäftigten fördert. Akteure aus Wissenschaft, Praxis und Politik können den Beschäftigtendatenschutz auf Grundlage der präsentierten Ergebnisse besser verstehen und ausgestalten.

1 Einleitung

Das Grundrecht auf Privatheit gilt für alle Lebensbereiche, einschließlich des Beschäftigungsverhältnisses. Privatheit ist in Deutschland gleichbedeutend mit dem Recht auf informationelle Selbstbestimmung, welches jeder Person Transparenz und Kontrolle über die Erhebung, Verwendung und Weitergabe ihrer personenbezogenen Daten garantiert. Die Umsetzung dieses Rechts im Beschäftigungsverhältnis unterliegt in erster Linie denselben strengen Regeln des europäischen und nationalen Datenschutzrechts, die auch in anderen Lebensbereichen gelten. Gleichzeitig unterscheidet sich Privatheit im Beschäftigungsverhältnis jedoch deutlich von anderen Bereichen, da sich die Beschäftigten der Verarbeitung

---

[1] Englischer Titel der Dissertation: "Investigation of Information Privacy in Employment: Fundamental Knowledge and Practical Solutions for the Human-Centered Design of Measures to Preserve the Right to Informational Self-Determination in Employment"

[2] Hochschule Bonn-Rhein-Sieg, Institut für Cyber Security und Privacy (ICSP), Grantham-Allee 20, 53757 Sankt Augustin, Deutschland, jan.tolsdorf@h-brs.de

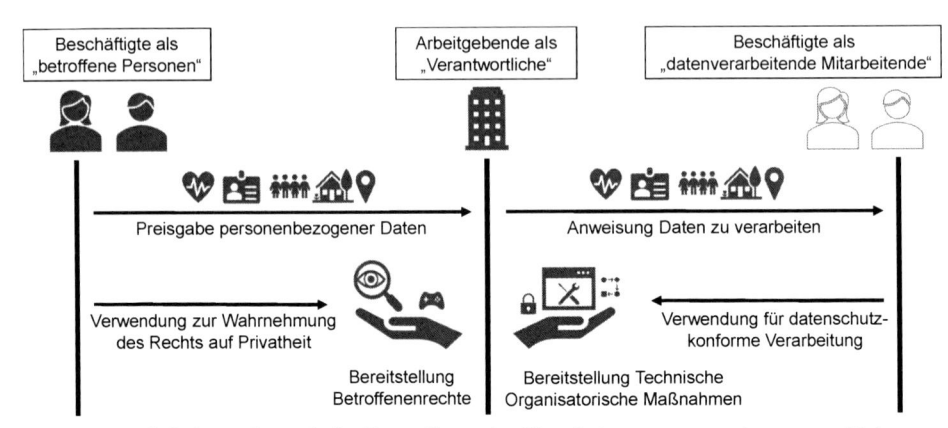

Abb. 1: Vereinfachte schematische Darstellung der Verarbeitung personenbezogener Daten von Beschäftigten sowie der Umsetzung des Rechts auf Privatheit im Beschäftigungskontext.

ihrer personenbezogenen Daten kaum entziehen können und der Datenschutz sowohl durch das nationale Arbeitsrecht als auch durch spezielle Regelungen geprägt ist. Die fortschreitende digitale Transformation führt zwangsläufig zu einer Ausweitung der Weitergabe und Verarbeitung personenbezogener Daten von Beschäftigten, u. a. durch mobiles Arbeiten, den Einsatz von Wearables und den Einsatz von Analytik und Monitoring.

Um einen angemessenen Schutz der Privatheit von Beschäftigten durchzusetzen, nehmen das Datenschutz- und Arbeitsrecht Arbeitgebende für den Schutz der Privatheit ihrer Beschäftigten in die Verantwortung. Arbeitgebende müssen sicherstellen, dass die Grundprinzipien des Beschäftigtendatenschutzes bei der Verarbeitung personenbezogener Daten beachtet werden. Wie in Abb. 1 dargestellt, beinhaltet dies die Verpflichtung, zahlreiche Rechte der Beschäftigten in ihrer Rolle als betroffene Personen umzusetzen und sicherzustellen, dass diese Rechte von den Beschäftigten wahrgenommen werden können. Darüber hinaus müssen Arbeitgebende sogenannte technisch-organisatorische Maßnahmen (TOMs) implementieren, um die Einhaltung des Datenschutzrechts zu gewährleisten und nachzuweisen. Folglich müssen Arbeitgebende sicherstellen, dass Mitarbeitende, die personenbezogene Daten anderer Beschäftigter in ihrem Namen verarbeiten, dies nur unter Verwendung dieser TOMs und nur auf Anweisung tun dürfen. Zur Durchsetzung sieht das Gesetz strenge Sanktionen bei Fehlverhalten von Arbeitgebenden und datenverarbeitenden Mitarbeitenden vor. In der Tat wurden Arbeitgebende bereits zu hohen Geldstrafen verurteilt, wenn sie die Rechte der betroffenen Personen nicht umgesetzt oder die personenbezogenen Daten ihrer Beschäftigten nicht angemessen geschützt haben.

2 Problemstellung und Zielsetzung

In der Praxis besteht die Herausforderung darin, die abstrakten Grundsätze und Verpflichtungen des Datenschutz- und Arbeitsrechts in praktische Instrumente, Maßnahmen und Prozesse umzusetzen [GTD11]. Für diesen Zweck existieren Privacy-Engineering-Frameworks und -Werkzeuge, die in den verschiedenen Phasen der Analyse und Operationalisierung von Datenschutzanforderungen, des Entwurfs von Lösungen und ihrer Bewertung unterstützen [IS19a]. Im Mittelpunkt steht dabei die Berücksichtigung menschlicher Faktoren, wobei der Schutz der Privatheit als soziotechnische Problemstellung betrachtet wird. Dabei müssen rechtliche und technische Anforderungen mit den Bedürfnissen von Individuen zusammengeführt werden. Dies beinhaltet die Berücksichtigung möglicher Implikationen, die sich aus den Grundsätzen der Privatheit und des Datenschutzes ergeben, als auch die Einbeziehung theoretischer und abstrakter Datenschutzkonzepte in den gesamten Prozess des Privacy-Engineerings und damit letztlich in das Systems-Engineering [Br17; SC09]. Übertragen auf die Umsetzung der Rechte der betroffenen Personen und des Datenschutzes im Beschäftigungskontext bedeutet dies, dass sie mitarbeiterorientiert gestaltet werden müssen [IS19b], d. h. die Stärken, Einschränkungen, Präferenzen und Erwartungen der Mitarbeitenden in Bezug auf den Schutz der Privatheit und die Verwaltung personenbezogener Daten berücksichtigen sowie die Kriterien der Benutzerfreundlichkeit erfüllen [IS18], d. h. die Privatheit der Mitarbeitenden auf effektive, effiziente und zufriedenstellende Weise schützen. Dies erfordert ein gründliches Verständnis der Konzeptualisierung von Privatheit der Beschäftigten, z. B. ihrer Interessen, Bedenken, ihres Bewusstseins, ihrer Ziele und ihrer Wahrnehmung der Verarbeitung personenbezogener Daten. Bislang fehlen solche Erkenntnisse jedoch weitgehend für den Beschäftigungskontext [To22]. Dies gilt sowohl mit Blick auf das Privacy-Engineering, die untersuchten menschlichen Faktoren, als auch auf kontextuelle und kulturelle Faktoren in der bisherigen Privatheitsforschung. Da Privatheit bekanntermaßen ein kontextabhängiges Konzept ist [Ni04], kann man sich nicht auf Erkenntnisse aus anderen Kontexten als dem Beschäftigungskontext stützen. Infolgedessen fehlt Arbeitgebenden, Forschenden und Softwareingenieuren und -ingenieurinnen schlichtweg das Grundlagenwissen, das notwendig ist, um beispielsweise eine angemessene Risikoanalyse durchzuführen oder Implementierungsentscheidungen für die Rechte der betroffenen Personen zu treffen, die den Erwartungen, Fähigkeiten und Bedenken aller Beteiligten in Bezug auf den Schutz der Privatheit Rechnung tragen. So können potenzielle Datenschutzrisiken, die z. B. durch Unkenntnis und Nichteinhaltung von Vorschriften entstehen, nicht angemessen angegangen werden. Das kann zu einem Verlust der Selbstbestimmung und des Vertrauens der Mitarbeitenden führen, bis hin zu innerorganisatorischen Konflikten und finanziellen Schäden [Br17; IS19a].

Die hier vorgestellte Dissertation [To22] hat zwei wesentliche Ziele, um die vorherrschenden Wissens- und Forschungslücken in Bezug auf die Umsetzung des Rechts auf informationelle Privatheit im Beschäftigtenkontext zu schließen:

Z1. Die Bereitstellung grundlegender Erkenntnisse über die Konzeptualisierung des Rechts auf Privatheit durch Beschäftigte, einschließlich ihrer Wahrnehmungen, Einstellungen,

Wünsche und Kenntnisse in Bezug auf die Verarbeitung personenbezogener Daten und den Schutz der Privatheit im Beschäftigungskontext, unter Berücksichtigung des faktischen Datenschutzrechts und der Besonderheiten des Beschäftigungskontexts im Rahmen des Rechts auf informationelle Selbstbestimmung.

Z2. Die Gestaltung und Entwicklung praktikabler und gebrauchstauglicher Datenschutzkontrollen, die auf die Bedürfnisse von datenverarbeitenden Mitarbeitenden zugeschnitten sind, um diese bei der datenschutzkonformen Verarbeitung personenbezogener Daten von Beschäftigten zu unterstützen und die Wahrung der Privatheit im Beschäftigungsverhältnis zu fördern. Die Lösung soll Arbeitgebende bei der Umsetzung von Betroffenenrechten und TOMs unterstützen und ihnen so bei der Erfüllung ihrer Rechenschaftspflicht nützen.

Die Ergebnisse sollen es den an der Privatheitsforschung und dem Privacy-Engineering beteiligten Akteuren ermöglichen, mitarbeiterzentrierte Privatheitskontrollen im Rahmen des heutigen Datenschutzrechts zu entwickeln.

3 Methodologie

Zur Erreichung der Forschungsziele wurde ein interdisziplinärer Ansatz gewählt, der Erkenntnisse und Methoden aus den Bereichen Mensch-Computer-Interaktion (MCI), Informationssicherheit und Datenschutz, Systems- und Privacy-Engineering und Rechtswissenschaften einbezieht. Zunächst wurde eine Einordnung der Arbeit vorgenommen und eine sozio-rechtliche Analyse der rechtlichen Rahmenbedingungen und der sozio-technischen Aspekte des menschzentrierten Privacy-Engineering durchgeführt. Auf dieser Basis wurde eine systematische Literaturrecherche durchgeführt und Forschungslücken aufgezeigt. Für die weitere Betrachtung wurde die Forschung in zwei thematische Blöcke unterteilt.

Der erste Block zielt auf die Generierung von Grundlagenwissen über menschliche Faktoren beim Schutz der Privatheit von Beschäftigten ab. Hierfür wurden zwei Studien konzipiert und durchgeführt. Studie I ist eine qualitative Interviewstudie mit N=27 Beschäftigten [To21] und Studie II eine quantitative Befragung mit N=553 Beschäftigten [TRL22]. Die Ergebnisse wurden mit geeigneten Analysemethoden und Instrumenten aus der MCI-Forschung und der empirischen Sozialwissenschaft ausgewertet und dokumentiert.

Der zweite Block befasst sich mit der Gestaltung und Entwicklung praktikabler und gebrauchstauglicher Datenschutzkontrollen für datenverarbeitende Mitarbeitende. Hierfür wurde eine nutzerzentrierte Designstudie (Studie III) mit N=19 Beschäftigten aus zwei Organisationen über einen mehrjährigen Zeitraum durchgeführt [TDL22]. Die daraus entstandene Lösung wurde hinsichtlich Machbarkeit und Gebrauchstauglichkeit mithilfe von Fokusgruppen, Usability Walkthroughs und formativen Usability-Tests evaluiert. Zu diesem Zweck wurde ein realitätsnaher „Wizard-of-Oz"-Prototyp entwickelt. Dafür wurde ein Architektur- und Implementierungskonzept auf Basis einer systematischen und gründlichen Analyse unter Verwendung von State-of-the-Art-Technologien und Expertenmeinungen entworfen, das die Implementierung von entsprechenden Datenschutzkontrollen ermöglicht [De21].

4 Wissenschaftliche Beiträge

In Bezug auf das Grundlagenwissen über menschliche Faktoren beim Schutz der Privatheit im Beschäftigtenkontext sowie die Entwicklung praktischer und gebrauchstauglicher Datenschutzkontrollen für datenverarbeitende Mitarbeitende, adressieren die Beiträge in Abschnitt 4.1 und Abschnitt 4.2 das Teilziel Z1 und Abschnitt 4.3 das Teilziel Z2.

4.1 Mentale Modelle von Beschäftigten zum Thema Privatheit und das Recht auf informationelle Selbstbestimmung

Im Rahmen von Studie I wurden die ersten mentalen Modelle von Beschäftigten zur Privatheit und insbesondere zum Recht auf informationelle Selbstbestimmung im Arbeitsverhältnis erhoben. Mentale Modelle geben Einblicke, wie Beschäftigte (das Recht auf) den Schutz der Privatheit unter dem aktuellen Datenschutzrecht konzeptualisieren. Es werden Einblicke gegeben in (1) die Wahrnehmung verschiedener Datenkategorien, (2) die Vertrautheit mit dem rechtlichen Rahmen hinsichtlich der Erwartungen an Datenschutzkontrollen und (3) das Bewusstsein für Datenverarbeitung, Datenfluss, Schutzmaßnahmen und Bedrohungsmodelle. Es wird gezeigt, dass die in den Rechtsvorschriften zum Schutz der Privatheit verankerte Terminologie selbst für Beschäftigte, die mit der Verarbeitung personenbezogener Daten vertraut sind, mehrdeutig und unklar ist. In diesem Zusammenhang werden Aspekte diskutiert, die bei der Erfüllung der rechtlichen Anforderungen an eine klare und deutliche Sprache im Beschäftigungskontext zu berücksichtigen sind. Darüber hinaus wird festgestellt, dass die Konzeptualisierung der Privatheit durch ein hohes Maß an Vertrauen in die rechtmäßige Verarbeitung personenbezogener Daten durch die Arbeitgebenden und ein geringes Maß an Besorgnis und Bewusstsein über potenzielle Eingriffe in die Privatheit gekennzeichnet ist. Die Konzeptualisierungen werden zudem stark von der Unsicherheit bezüglich der Verarbeitung personenbezogener Daten beeinflusst, einschließlich der Unkenntnis darüber, welche Stellen an der Datenverarbeitung beteiligt sind, ob Daten existieren, wie Daten übertragen werden, wo Daten gespeichert werden und wie Daten geschützt werden. Die Unwissenheit wird durch ein hohes Maß an Vertrauen in die elektronische Datenverarbeitung, in das Verhalten der Arbeitgebenden und in das Vertrauen in den Schutz der Privatheit ausgeglichen. Mangelndes Risikobewusstsein in Bezug auf die Privatheit im Beschäftigungsverhältnis wird durch Analogien zur privaten Online-Nutzung kompensiert. Darüber hinaus wird von Beschäftigten angenommen, dass Hacker und interne Angreifer eine große Bedrohung für die Privatheit im Beschäftigungsverhältnis darstellen.

Bezogen auf das Recht auf informationelle Selbstbestimmung werden drei verschiedene Arten von mentalen Modellen identifiziert, die sich durch den Wunsch der Beschäftigten nach (1) uneingeschränkter Kontrolle über die Verarbeitung personenbezogener Daten, (2) Kontrolle über den Fluss personenbezogener Daten und (3) Kontrolle über die Preisgabe von personenbezogenen Daten unterscheiden (vgl. Abb. 2). Trotz starker Forderungen nach Selbstbestimmung wird die Ausübung des Rechts auf informationelle Selbstbestimmung

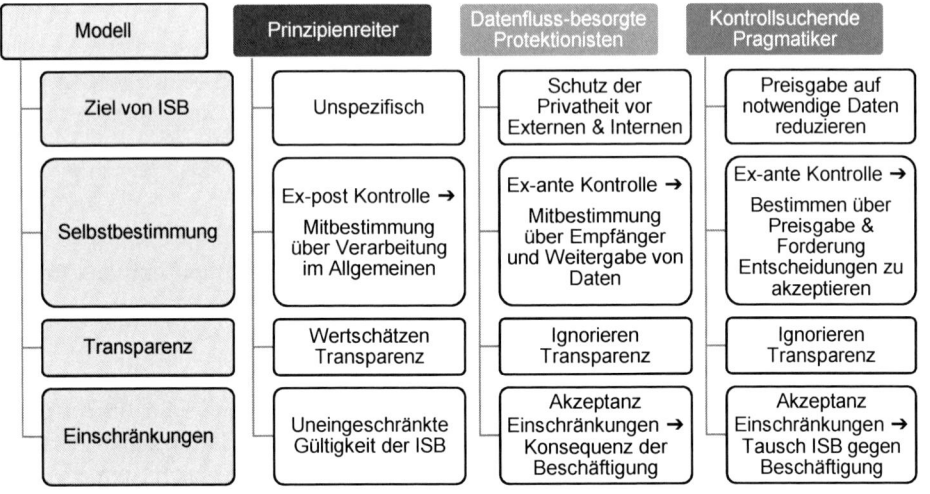

Modell	Prinzipienreiter	Datenfluss-besorgte Protektionisten	Kontrollsuchende Pragmatiker
Ziel von ISB	Unspezifisch	Schutz der Privatheit vor Externen & Internen	Preisgabe auf notwendige Daten reduzieren
Selbstbestimmung	Ex-post Kontrolle → Mitbestimmung über Verarbeitung im Allgemeinen	Ex-ante Kontrolle → Mitbestimmung über Empfänger und Weitergabe von Daten	Ex-ante Kontrolle → Bestimmen über Preisgabe & Forderung Entscheidungen zu akzeptieren
Transparenz	Wertschätzen Transparenz	Ignorieren Transparenz	Ignorieren Transparenz
Einschränkungen	Uneingeschränkte Gültigkeit der ISB	Akzeptanz Einschränkungen → Konsequenz der Beschäftigung	Akzeptanz Einschränkungen → Tausch ISB gegen Beschäftigung

Abb. 2: Empirisch identifizierte Mentale Modelle des Rechts auf informationelle Selbstbestimmung (ISB) im Beschäftigtenkontext basierend auf [To21] (vereinfachte Darstellung).

angesichts der heute verfügbaren Datenschutzkontrollen als Belastung empfunden. Darüber hinaus bleiben Forderungen nach nachträglicher Kontrolle und Transparenz als Schlüsselelemente des Rechts auf Privatheit weniger ausgeprägt, was eine Quelle potenzieller Konflikte aufdeckt. Indem falsche Vorstellungen und Einschränkungen in den mentalen Modellen der Beschäftigten aufgedeckt werden, wird offengelegt, welche Privatheitskontrollen Beschäftigte sich wünschen. Interessengruppen, die sich mit dem Schutz der Privatheit von Beschäftigten befassen, wie z. B. Arbeitgebende, Softwareentwickelnde und Forschende, profitieren davon, dass sie die Bedrohungen und Risiken für die Freiheit und die Rechte von Beschäftigten verstehen, wenn menschliche Faktoren bei der Entwicklung von Datenschutzkontrollen vernachlässigt werden. Darüber hinaus gewinnen sie Erkenntnisse über theoretische und abstrakte Datenschutzkonzepte für die zukünftige Forschung. Gleichzeitig bieten die mentalen Modelle während des gesamten Privacy-Engineering-Prozesses wertvolle Anhaltspunkte für die Konzeption und Gestaltung brauchbarer, mitarbeiterorientierter Datenschutzkontrollen.

4.2 Empirische Belege für die Wahrnehmung der Privatheit durch Beschäftigte

Studie II liefert die erste eingehende Analyse der Datenschutzwahrnehmungen von Beschäftigten in Bezug auf die wahrgenommene Sensibilität und die Bereitschaft zur Offenlegung personenbezogener Daten sowie die Determinanten dieser Wahrnehmungen. Die Forschung trägt in mehrfacher Hinsicht zum aktuellen Wissensstand bei. Zum einen liefert sie Beweise dafür, dass sich die wahrgenommene Sensibilität personenbezogener Daten im Beschäftigungskontext deutlich von den Ergebnissen früherer Studien in anderen Kontexten unterscheidet. Darüber hinaus wird gezeigt, dass die häufig in der Praxis verwendeten rechtlichen und kontextuellen Unterscheidungen zwischen verschiedenen Arten personenbezogener Daten die Feinheiten der Wahrnehmung der Privatheit durch die Beschäftigten nicht genau genug widerspiegeln. Stattdessen wurden auf Grundlage einer Bewertung der wahrgenommenen Sensibilität und der Bereitschaft zur Offenlegung von 62 verschiedenen personenbezogenen Datenelementen vier Gruppen personenbezogener Daten mit unterschiedlichen Merkmalen identifiziert, die die Mehrdimensionalität der Wahrnehmung der Beschäftigten besser widerspiegeln. Dabei zeigt sich, dass die wahrgenommene Datensensitivität ein recht stabiler, moderater Prädiktor für die Bereitschaft der Beschäftigten ist, personenbezogene Daten den Arbeitgebenden gegenüber offenzulegen. Allerdings kann der Kontext unterschiedliche Auswirkungen auf die wahrgenommene Sensibilität und die Bereitschaft zur Offenlegung haben, was dazu führt, dass Beschäftigte möglicherweise nicht bereit sind, nicht-sensible Daten zu teilen, aber bereit sind, als sensibel wahrgenommene Daten offenzulegen.

Die Studie liefert außerdem die erste systematische Analyse der in der Online-Datenschutzforschung häufig verwendeten Antezedenzien für die Offenlegung personenbezogener Daten im Hinblick auf den Schutz der Privatheit im Beschäftigungsverhältnis. Es wird gezeigt, dass Beschäftigte mit einem starken Glauben an ein Recht auf Privatheit sehr besorgt über die Erhebung und unerlaubte Weiterverwendung ihrer Daten durch Arbeitgebende sind. Allerdings ist die Risikowahrnehmung der Beschäftigten insgesamt gering und das Vertrauen in die Arbeitgebenden insgesamt hoch. Darüber hinaus wird die Bereitschaft der Beschäftigten, ihre Daten offenzulegen, durch diese Faktoren nicht beeinflusst. Zu guter Letzt werden die ersten drei Gruppen von Beschäftigten identifiziert, die sich in ihrer wahrgenommenen Datensensibilität und Bereitschaft zur Offenlegung von Daten unterscheiden. Eine Gruppe ist bereit, ihre Daten preiszugeben, je nachdem, wie sensibel diese Daten sind und ob sie für die Beschäftigung geeignet sind. Eine andere kleine Gruppe zögert wahrheitsgemäße Daten preiszugeben, selbst wenn sie für das Arbeitsverhältnis wesentlich wären. Eine dritte Gruppe ist sehr bereit, bis auf die sensibelsten personenbezogenen Daten alle Daten offenzulegen. Die Gruppen unterscheiden sich jedoch weder in ihren Überzeugungen zum Schutz der Privatheit, noch in ihrer Demografie.

Die Ergebnisse liefern empirische Belege dafür, dass kontextbedingte Unterschiede und die Einzigartigkeit der Datenschutzwahrnehmung von Einzelpersonen im Bereich des Beschäftigtedatenschutzes zu berücksichtigen sind. Die Beiträge adressieren insbesondere die Notwendigkeit, dass Privacy-Engineering bei Aktivitäten der Anforderungserhebung, des Risikomanagements oder bei Architekturentscheidungen kontextspezifische Konzeptualisierungen von personenbezogenen Daten und Stakeholder-Gruppen einbeziehen sollte [FMP17; IS19a; SAS17; SC09]. Darüber hinaus dienen die Ergebnisse Arbeitgebenden, politischen Entscheidern und Entscheiderinnen sowie Forschenden, um ein besseres Gesamtverständnis der Wahrnehmung der Privatheit von Beschäftigten zu gewinnen. Sie bieten auch eine Grundlage für zukünftige gezielte Forschung zu bestimmten Arten von personenbezogenen Daten, Beschäftigten und Tool-Unterstützung.

4.3 Data Cart: Ein Privacy-Pattern für den DSGVO-konformen Umgang mit personenbezogenen Daten durch datenverarbeitende Mitarbeitende

Datenverarbeitende Mitarbeitende spielen eine entscheidende Rolle beim Schutz der Privatheit und es wird daher erwartet, dass sie die strengen Datenschutzrichtlinien befolgen. Studie III präsentiert die Ergebnisse der ersten nutzerzentrierten Designstudie mit datenverarbeitenden Mitarbeitenden und stellt das neuartige Privacy-Pattern *Data Cart* vor. Die Studie liefert tiefgreifende qualitative Einblicke in die Bedürfnisse von datenverarbeitenden Mitarbeitenden für gebrauchstaugliche Datenschutzkontrollen, die ihnen helfen, Datenschutzrichtlinien bei der Verarbeitung personenbezogener Daten anderer Beschäftigter einzuhalten. Die Studie offenbart, dass sich Mitarbeitende ihrer Verantwortung im Umgang mit personenbezogenen und vertraulichen Daten durchaus bewusst sind. Sie bemühen sich, nach bestem Wissen und Gewissen zu handeln. In der Praxis fühlen sie sich jedoch regelmäßig unsicher, insbesondere aufgrund mangelnder Kenntnisse über spezifische Datenschutzvorschriften. Sie wünschen sich Instrumente, die sie davon abhalten, unrechtmäßige Handlungen zu begehen und fordern klare Anweisungen ohne jeglichen Interpretationsspielraum. Außerdem zeigte sich Besorgnis über mangelnde Transparenz der Verarbeitungstätigkeiten gegenüber den betroffenen Personen und Unkenntnis darüber, ob und wie die betroffenen Personen ihre Einwilligung gegeben hätten.

In der Konsequenz wurde die Datenmanagementlösung *Data Cart* entwickelt, welche einen einzigen Zugangspunkt für datenverarbeitende Mitarbeitende darstellt, um personenbezogene Daten auf datenschutzkonforme Weise zu erhalten und zu verwalten. Es bildet Prozesse, die den Abruf und die Verwaltung personenbezogener Daten beinhalten, in einem generischen Workflow ab, der einen datenschutzkonformen Umgang mit personenbezogenen Daten durch Privacy-by-Design durchsetzt. Formative Usability-Tests des Prototyps ergaben, dass er den datenverarbeitenden Mitarbeitenden ein Gefühl der Sicherheit bei der Verarbeitung personenbezogener Daten vermittelt. Außerdem zeigte sich, dass *Data Cart* ihr Bewusstsein für Datenschutzverpflichtungen schärfen, Fehler reduzieren und die Arbeitseffizienz steigern würde. Unsere Ergebnisse deuten darauf hin, dass sich die Wahrnehmung des Datenschutzes durch die Mitarbeitenden positiv verändern kann, wenn Privacy-by-Design zu einem integralen Bestandteil der Digitalisierung wird.

Schließlich wird *Data Cart* als Privacy-Pattern mithilfe eines Interaktionskonzepts und Prozessdiagramms dokumentiert [To22]. Das Pattern fordert die Bereitstellung einer datenschutzfreundlichen Schnittstelle für die Verwaltung personenbezogener Daten, die (1) die Datenerfassungsprozesse in Organisationen rationalisiert und mit den Datenschutzanforderungen in Einklang bringt, (2) den Zugriff auf personenbezogene Daten für die Mitarbeitenden der Datenverarbeitung standardisiert, (3) den Zugriff auf Datenschutzrichtlinien für die Mitarbeitenden der Datenverarbeitung vereinfacht und (4) sowohl die für die Verarbeitung Verantwortlichen als auch die Mitarbeitenden der Datenverarbeitung dabei unterstützt, Transparenz und Konformität durch die Dokumentation der Verarbeitungstätigkeiten nachzuweisen.

Insbesondere Stakeholder, die in das Privacy-Engineering involviert sind, wie z. B. Arbeitgebende, IT-Ingenieure und -Ingenieurinnen sowie Forschende, profitieren von *Data Cart*, indem sie Einblicke in Möglichkeiten zur Verbesserung der Benutzerfreundlichkeit von datenschutzkonformen Werkzeugen für die Verwaltung personenbezogener Mitarbeiterdaten erhalten. Gleichzeitig hilft das Privacy-Pattern bei der Architektur und der Systemdefinition im Systems-Engineering und unterstützt Arbeitgebende als Verantwortliche bei der Einhaltung gesetzlicher Vorschriften.

5 Schlussfolgerungen

Das Recht auf informationelle Selbstbestimmung garantiert Beschäftigten grundsätzlich Transparenz und Kontrolle über die Erhebung, Verwendung und Weitergabe ihrer personenbezogenen Daten. Diese Dissertation liefert fehlendes Grundlagenwissen zu theoretischen und abstrakten Datenschutzkonzepten, die für die mitarbeiterzentrierte Gestaltung und Umsetzung des Rechts auf Privatheit bei gleichzeitiger Beachtung rechtlicher Verpflichtungen von großem Nutzen sind. Ergänzt wird dies durch eine praktische Lösung, die die Schlüsselrolle der datenverarbeitenden Mitarbeitenden für den Schutz der Privatheit der Beschäftigten in den Mittelpunkt stellt. Das Ergebnis dieser Dissertation bietet ein Toolkit für die an verschiedenen Systementwicklungsprozessen beteiligten Akteure, um ein mitarbeiterzentriertes Privacy-Engineering zu ermöglichen.

Literatur

[Br17]　Brooks, S. W.; Garcia, M. E.; Lefkovitz, N. B.; Lightman, S.; Nadeau, E. M.: An Introduction to Privacy Engineering and Risk Management in Federal Information Systems, NIST Interagency/Internal Report NISTIR 8062, National Institute of Standards and Technology, 2017.

[De21]　Dehling, F.; Feth, D.; Polst, S.; Steffes, B.; Tolsdorf, J.: Components and Architecture for the Implementation of Technology-driven Employee Data Protection. In: Proceedings of the 18th International Conference on Trust, Privacy and Security in Digital Business (TrustBus). S. 99–111, 2021.

[FMP17]　Feth, D.; Maier, A.; Polst, S.: A User-Centered Model for Usable Security and Privacy. In: Proceedings of the 5th International Conference on Human Aspects of Information Security, Privacy and Trust (HAS). S. 74–89, 2017.

[GTD11]　Gürses, S.; Troncoso, C.; Diaz, C.: Engineering Privacy by Design. In: Proceedings of the 4th Conference on Computers, Privacy & Data Protection (CPDP). S. 1–25, 2011.

[IS18]　ISO/TC 159/SC 4: ISO 9241-11:2018: Ergonomics of Human-System Interaction Part 11: Usability: Definitions and Concepts. International Organization for Standardization, 2018.

[IS19a] ISO/IEC JTC 1/SC 27: ISO/IEC TR 27550:2019: Information Technology —Security Techniques —Privacy Engineering for System Life Cycle Processes, Techn. Ber., International Organization for Standardization, 2019.

[IS19b] ISO/TC 159/SC 4: ISO 9241-210:2019: Ergonomics of Human-System Interaction Part 210: Human-centred Design for Interactive Systems. International Organization for Standardization, 2019.

[Ni04] Nissenbaum, H.: Privacy as Contextual Integrity. Washington Law Review 79/1, S. 1119–157, 2004.

[SAS17] Senarath, A.; Arachchilage, N. A. G.; Slay, J.: Designing Privacy for You: A Practical Approach for User-Centric Privacy. In: Proceedings of the 5th International Conference on Human Aspects of Information Security, Privacy and Trust (HAS). S. 739–752, 2017.

[SC09] Spiekermann, S.; Cranor, L. F.: Engineering Privacy. IEEE Transactions on Software Engineering 35/1, S. 67–82, 2009.

[TDL22] Tolsdorf, J.; Dehling, F.; Lo Iacono, L.: Data Cart – Designing a Tool for the GDPR-compliant Handling of Personal Data by Employees. Behaviour & Information Technology 41/10, S. 2070–2105, 2022.

[To21] Tolsdorf, J.; Dehling, F.; Reinhardt, D.; Lo Iacono, L.: Exploring Mental Models of the Right to Informational Self-Determination of Office Workers in Germany. Proceedings on Privacy Enhancing Technologies 2021/3, S. 5–27, 2021.

[To22] Tolsdorf, J.: Investigation of Information Privacy in Employment: Fundamental Knowledge and Practical Solutions for the Human-Centered Design of Measures to Preserve the Right to Informational Self-Determination in Employment, Diss., 2022.

[TRL22] Tolsdorf, J.; Reinhardt, D.; Lo Iacono, L.: Employees' Privacy Perceptions: Exploring the Dimensionality and Antecedents of Personal Data Sensitivity and Willingness to Disclose. Proceedings on Privacy Enhancing Technologies 2022/2, S. 68–94, 2022.

Jan Tolsdorf arbeitet derzeit als wissenschaftlicher Mitarbeiter in der Gruppe für Daten- und Anwendungssicherheit am Institut für Cyber Security & Privacy an der Hochschule Bonn-Rhein-Sieg. Nach seinem Medientechnologie-Studium an der TH Köln durchlief er das PhD Programme in Computer Science an der Universität Göttingen. Dort war er während seines Dissertationsprojekts externer Doktorand in der Forschungsgruppe Computersicherheit und Privatheit. Seine Forschungsinteressen fokussieren sich auf Themen aus dem Bereich Usable Privacy & Security. Sein besonderes Interesse liegt auf der menschzentrierten Gestaltung von Privatheits- und Sicherheitsmechanismen, um sie auf die Bedürfnisse und Fähigkeiten spezifischer Zielgruppen abzustimmen.

Werkzeugketten und Methoden zur suchbasierten approximativen Logiksynthese[1]

Linus Witschen[2]

Abstract:

Approximate Computing hat sich als ein Weg herauskristallisiert, die Verarbeitungsleistung von Rechnersystemen weiter zu steigern, indem die Rechengenauigkeit einer Anwendung reduziert wird. Diese Dissertation betrachtet Approximate Computing auf der Hardwareebene, auf der approximative Logiksynthese (ALS) approximierte Schaltungen generiert. Konkret leistet die Arbeit fünf innovative Beiträge und betrachtet automatisierte, suchbasierte ALS Prozesse, die in vier Schritte aufgeteilt werden: *Suche*, *Approximation*, *Verifikation* und *Abschätzung*. Vier Beiträge der Arbeit fokussieren sich auf den ALS Prozess und umfassen die Konzeption und Umsetzung von suchbasierten ALS Prozessen, ein neuartiges Suchverfahren sowie zwei auf formalen Methoden basierende Verfahren zur Approximation und Verifikation von Schaltungen. Der fünfte Beitrag besteht in einem Verfahren zur formalen Suchraumcharakterisierung, das als Vorverarbeitungsschritt für einen ALS Prozess eingesetzt wird.

1 Einführung und Überblick über die Dissertation

Dennard Scaling hat Anfang der 2000er Jahre sein Ende erreicht. Das Mooresche Gesetz verlangsamt zunehmend und wird schlussendlich auch sein Ende erreichen. Chipdesigner stehen daher vor der Herausforderung, neue Wege und Techniken zu finden, die es erlauben, die Verarbeitungsleistung von Rechnersystemen weiter zu erhöhen und gleichzeitig die strengen Anforderungen an die Leistungsaufnahme und Hardwarefläche einzuhalten. Das hochaktuelle Forschungsthema Approximate Computing stellt hierbei einen möglichen und vielversprechenden Weg dar.

Approximate Computing bietet Hardware- und Softwareentwicklern die Möglichkeit, die rechnerische Genauigkeit einer Anwendung zu reduzieren, um im Gegenzug Zielmetriken, wie z.B. die Hardwarefläche oder den Energieverbrauch, zu minimieren. Der Austausch von Rechengenauigkeit gegen diese Zielmetriken ist möglich, da zahlreiche Anwendungen eine inhärente Fehlertoleranz aufweisen, wodurch eine Differenz zwischen der *erforderlichen* Genauigkeit für die Anwendung und der *bereitgestellten* Genauigkeit des Rechnersystems entsteht [Mi16]. Die erforderliche Genauigkeit ist anwendungsabhängig und wird mittels Qualitäts- oder Fehlermetriken spezifiziert. Die Einhaltung dieser Metriken kann durch formale Verifikation, analytische Verfahren oder Simulation verifiziert werden [Va19].

---

[1] Engl. Titel der Dissertation: "Frameworks and Methodologies for Search-based Approximate Logic Synthesis"
[2] Universität Paderborn, Institut für Informatik, Computer Engineering Group, witschen@mail.upb.de

Die Ursachen für die Fehlertoleranz, die Approximate Computing ermöglichen, sind zum Beispiel [Ch13; Mi16; Sh16]:

- *Redundante Eingabedaten*: Redundanz in den Eingabedaten erhöht die Robustheit gegen Ungenauigkeiten.
- *Fehlerunterdrückung*: Zugrundeliegende Berechnungsmuster im Anwendungsalgorithmus, wie z.b. iterative Verfeinerung oder statistische Aggregierung, erhöhen die Resilienz und erleichtern so die Verarbeitung verrauschter, ungenauer oder unvollständiger Eingabedaten.
- *Fehlen eines goldenen Resultats*: Anstelle eines goldenen Resultats (oder einer korrekten Antwort) gibt es eine Menge akzeptabler Ergebnisse, z.b. in Empfehlungssystemen oder bei der Websuche.
- *Limitierung der Wahrnehmung*: Beispielsweise ist die visuelle und akustische Wahrnehmung des Menschen begrenzt und kleine Unterschiede zwischen einzelnen Pixeln in Bildern oder Videos können nicht erkannt werden.

Die akademische [Ch13] und industrielle [BMM15; Es12; MBP14; Na15] Forschung hat gezeigt, dass Anwendungen aus zahlreichen Domänen eine inhärente Fehlertoleranz aufweisen. Dazu zählen unter anderem die Signalverarbeitung, die Audio-, Bild- und Videoverarbeitung, das maschinelle Lernen und die Datenanalyse. Chippa et al. [Ch13] haben repräsentative Anwendungen aus den Bereichen Erkennung, Data Mining und Suche untersucht und festgestellt, dass durchschnittlich 83% der Laufzeit für approximierbare Berechnung aufgewendet werden. Diese Ergebnisse verdeutlichen das große Potential von Approximate Computing zur Effizienzsteigerung von Rechensystemen.

Tatsächlich sind Approximationen in der Informatik und im Ingenieurswesen nichts Neues, da z.B. Fließkommadatentypen eine begrenzte Genauigkeit haben, (Meta-)Heuristiken und Approximationsalgorithmen verwendet werden oder die Berechnung eines exakten bzw. optimalen Ergebnisses gar nicht möglich ist. Die modernen Ansätze des Approximate Computing reichen jedoch weiter, da Fehler bewusst durch Approximationen in die Rechnersysteme eingeführt werden, um die Genauigkeit bestmöglich gegen eine Zielmetrik einzutauschen. Die Approximationen können dabei auf allen Abstraktionsebenen eingeführt werden (von der Anwendungsebene bis zur Halbleiterebene) [Mi16; Sh16]. Die Ansätze auf unterschiedlichen Ebenen können sich sogar ergänzen [Ch14; XS17; Ze19]. Durch die unterschiedlichen Abstraktionseigenschaften bieten die Ebenen unterschiedliches Potential für die zu erzielenden Verbesserungen. Beispielsweise sind Approximationen auf der Softwareebene in der Regel grobgranularer als auf der Halbleiterebene, wodurch sich die Approximationen stärker auf die Zielmetriken auswirken können – allerdings auch auf den zu erwartenden Gesamtfehler. Grundsätzlich können alle Systemkomponenten approximiert werden. Bisher lag der Schwerpunkt der Arbeiten auf der Approximation des Datenpfads einer Rechnerarchitektur [Mi16; Sc20]. Durch Approximate Computing entsteht jedoch auch eine erhöhte Komplexität im Entwurf und es ergeben sich eine Vielzahl von Fragestellungen:

- Wie wird die erforderliche Genauigkeit definiert und wie kann deren Einhaltung sichergestellt werden?
- Auf welcher Abstraktionsebene werden die Approximationen eingeführt?
- Welche Systemkomponenten können approximiert werden? Und mit welcher Approximationstechnik?
- Wie propagiert sich der eingeführte Fehler der Komponenten durch das System?
- Welche Kombination von approximierten Komponenten optimiert die Zielmetriken unter Einhaltung der erforderlichen Genauigkeit?

Zu diesen Kernfragen des Approximate Computing versucht die Dissertation [Wi22a] einen Beitrag zu leisten. Durch die vorhandene Komplexität wird ersichtlich, dass manuelle Ansätze sich schnell erschöpfen und nur bedingt für den Entwurf approximierter Rechnersysteme geeignet sind. Stattdessen benötigt es automatisierte Prozesse [HTR18; Ne14; Ra14; Wi19a; Wi19b], die den Entwurfsraum explorieren, Entwurfspunkte generieren, die Genauigkeit der Entwurfspunkte verifizieren und schließlich eine Menge von akzeptablen Lösungen zurückgeben. Solche automatisierten Prozesse erlauben nicht nur eine umfangreichere und effizientere Entwurfsraumexploration, sondern vereinfachen auch die Integration von Approximate Computing in existierende Entwurfsprozesse, z.B. in Syntheseprozesse im Schaltungsentwurf. Aus der Prozessbeschreibung geht außerdem hervor, dass diese in der Regel ein Such- oder Optimierungsproblem beschreiben.

Die Zielsetzung dieser Dissertation ist die Entwicklung eines automatisierten, suchbasierten Prozesses für Approximate Computing auf der Registertransfer- und Logikebene. Auf diesen Ebenen wird Approximate Computing als approximative Logiksynthese (ALS) bezeichnet [Sc20] und hat im Allgemeinen das Ziel, aus einer gegebenen Spezifikation eine Schaltung zu erzeugen, die die Zielmetriken optimiert und gleichzeitig die geforderten Genauigkeitsanforderungen erfüllt. Die Dissertation modelliert einen allgemeingültigen, suchbasierten ALS Prozess in vier Schritten: *Suche* - Entwurf und Exploration des Suchraums, *Approximation* - Generierung der approximierten Schaltung, *Verifikation* - Überprüfung der Genauigkeit und *Abschätzung* - Bestimmung der Zielmetriken.

Abb. 1 ordnet die Dissertation mit dem beschriebenen ALS Prozess in die Verarbeitungshierarchie ein und kennzeichnet außerdem die wissenschaftlichen Beiträge. Vier der Beiträge finden sich direkt im Kontext des beschriebenen ALS Prozesses wieder und umfassen die Konzeption und Umsetzung von suchbasierten ALS Prozessen (CIRCA), ein neuartiges Suchverfahren (Jump Search) sowie zwei innovative, auf formalen Methoden basierende Verfahren zur Approximation (MUSCAT) und Verifikation (Proof-carrying approximierte Schaltungen) von Schaltungen. Der fünfte Beitrag ist ein neuartiger Vorverarbeitungsschritt für den ALS Prozess in Form einer formalen Suchraumcharakterisierung.

Der vorgeschlagene ALS Prozess wird in dieser Dissertation auch vollumfänglich implementiert und quantitativ bewertet, wobei sich die einzelnen wissenschaftlichen Beiträge in den Gesamtfluss einbetten. Damit leistet die Arbeit einen substantiellen Beitrag zum Forschungsbebiet der approximativen Logiksynthese. Im folgenden Kapitel werden die wissenschaftlichen Beiträge der Arbeit näher betrachtet.

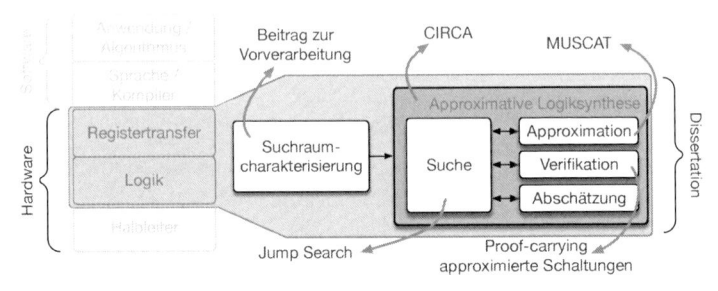

Abb. 1: Übersicht über den modellierten Prozess zur suchbasierten approximativen Logiksynthese.

2 Wissenschaftliche Beiträge

Die Dissertation leistet insgesamt fünf wissenschaftliche Beiträge, die sich in den Kontext des entworfenen ALS Prozesses einordnen lassen, wie in Abb. 1 gezeigt. Im Folgenden werden die einzelnen Beiträge beschrieben. Die innovative Approximationstechnik MUSCAT wird hierbei herausgestellt und detaillierter diskutiert, da sie den Approximationsprozess und die formale Verifikation veranschaulicht.

CIRCA [Wi19a] ist eine frei verfügbare Implementierungsumgebung[3] für Methoden der approximativen Logiksynthese und bildet die Basis für die weiteren Beiträge dieser Arbeit. CIRCA implementiert die vier Schritte des modellierten ALS Prozesses und ist unter Berücksichtigung von Schlüsselkriterien entwickelt worden, die in einer detaillierten Analyse und Kategorisierung von existierenden Softwareumgebungen zur suchbasierten ALS erarbeitet worden sind. Die Analyse hat gezeigt, dass existierende Umgebungen in der Regel einen monolitischen Block bilden und häufig nicht frei verfügbar sind, wodurch die Erweiterung erschwert wird und ein fairer Vergleich mit anderen Methoden häufig nicht möglich ist.

CIRCA berücksichtigt diese Defizite und bildet eine flexible und modulare Umgebung. Die vier Hauptschritte des suchbasierten ALS Prozesses werden voneinander getrennt und CIRCA stellt klar definierte Schnittstellen bereit, welche die schnelle Integration neuer Methoden erlauben. Durch die klare Trennung der einzelnen Schritte des ALS Prozesses, ermöglicht CIRCA eine unabhängige Konfiguration der Einzelschritte und ermöglicht das schnelle Vorbereiten unterschiedlicher Versuchsaufbauten. Auf diese Weise fördert CIRCA Vergleichsstudien und ermöglicht es, dass unterschiedliche Methoden fair miteinander verglichen werden können.

---
[3] https://git.uni-paderborn.de/circa/public/circa_v2

Jump Search [Wi19b] ist ein neuartiges Verfahren zur schnellen Synthese von approximierten Schaltungen und ein Beitrag zum Such-Schritt im ALS Prozess. In der approximativen Logiksynthese wird in der Regel eine große Anzahl von approximierten Schaltungen aus dem Suchraum betrachtet und evaluiert, um eine bestmögliche Schaltung zu finden. Die Evaluation der Schaltungen ist im Allgemeinen aufwändig, da Synthese- und Verifikationsschritte notwendig sind. Der Evaluationsschritt bildet daher einen Engpass.

Um den Engpass zu lösen, minimiert Jump Search die Anzahl der ausgeführten Synthesen und Verifikationen, indem es drei Phasen ausführt. In der ersten Phase ermittelt Jump Search Einflussfaktoren für jede Komponente, auf die Approximationen angewendet werden sollen. Die Einflussfaktoren werden einmalig berechnet und beschreiben den Einfluss der jeweiligen Komponenten auf die Zielmetrik und den Gesamtfehler der Schaltung. In der zweiten Phase plant Jump Search einen Pfad durch den Suchraum, wobei angenommen wird, dass die Approximationsstärke zusammen mit der Suchraumtiefe zunimmt. Für die Pfadplanung nutzt die zweite Phase eine heuristischen Kostenfunktion, die die abgeschätzte Approximationsstärke und die Einflussfaktoren berücksichtigt, um den aussichtsreichsten Pfad frei von Synthese oder Verifikation auszuwählen. Die dritte Phase führt unter der Annahme, dass stärkere Approximationen die Zielmetrik stärker verbessern, eine Binärsuche auf dem Pfad aus, um die am stärksten approximierte Schaltung zu finden, die die geforderte Genauigkeit bereitstellt. Da Synthesen und Verifikationen nur in der dritten Phase und nur für eine kleine Menge von Schaltungen ausgeführt werden, minimiert Jump Search deren Anzahl und somit die Laufzeit. Die Versuchsergebnisse zeigen, dass, verglichen mit bekannten Verfahren, Jump Search vergleichbare Verbesserungen in der Zielmetrik erreicht, jedoch den ALS Prozess bis zu 468× schneller ausführt.

MUSCAT [Wi22b] [4] stellt eine innovative Approximationstechnik dar, die mittels formaler Verifikation approximierte Schaltungen erzeugt und somit die Einhaltung der Genauigkeitsschranke garantiert. In bekannten Verfahren geschieht die Verifikation der Genauigkeit *nach* der Generierung der approximierten Schaltung. Daher erfolgen Approximationen iterativ und müssen unter Umständen rückgängig gemacht werden. Der entscheidende Unterschied bei MUSCAT ist, dass die Verifikation Teil des Approximationsprozesses ist und die approximierte Schaltung somit bereits unter garantierter Einhaltung der Genauigkeitsgrenze konstruiert wird. Die so generierte Schaltung wird daher als valide-konstruierte Schaltung bezeichnet. Für die Approximation führt MUSCAT Schnittpunkte in die Netzliste ein, die bei Aktivierung eine Verbindung trennen und eine Konstante als neuen Treiber einsetzen. Somit entfallen Teile der Vorgängerlogik und die Nachfolgerlogik kann durch die eingesetzte Konstante vereinfacht werden. MUSCAT stehen hierbei verschiedene Schnittpunktarchitekturen für die Auswahl der Konstante zur Verfügung.

Zur Bestimmung einer größtmöglichen Menge von aktivierten Schnittpunkten, wird ein Approximationsmiter generiert und ein Erfüllbarkeitsproblem formuliert. Abb. 2 zeigt

---
[4] https://git.uni-paderborn.de/muscat/muscat

den Approximationsmiter, der sich aus der Originalschaltung O, der approximierten Schaltung AxC mit den enthaltenen Schnittpunkten $C = \{C_0, ..., C_{15}\}$ und der Logik zur Fehlerberechnung zusammensetzt. Das Ausgangsbit des Miters signalisiert, ob die aktuelle Eingangsbelegung zu einer Verletzung der Fehlergrenzen führt. Wird gezeigt, dass keine Eingangsbelegung zu einer Fehlerverletzung führt, ist das Erfüllbarkeitsproblem unerfüllbar und die approximierte Schaltung ist valide. Führt jedoch eine Eingangsbelegung zu einer Verletzung, ist eine Beispielbelegung gefunden, für die die approximierte Schaltung nicht die geforderte Genauigkeit liefert; die Schaltung ist somit nicht valide. Da MUSCAT formale Verifikationsmethoden einsetzt, werden alle möglichen Eingangsbelegungen verifiziert und die Einhaltung der Fehlergrenzen garantiert.

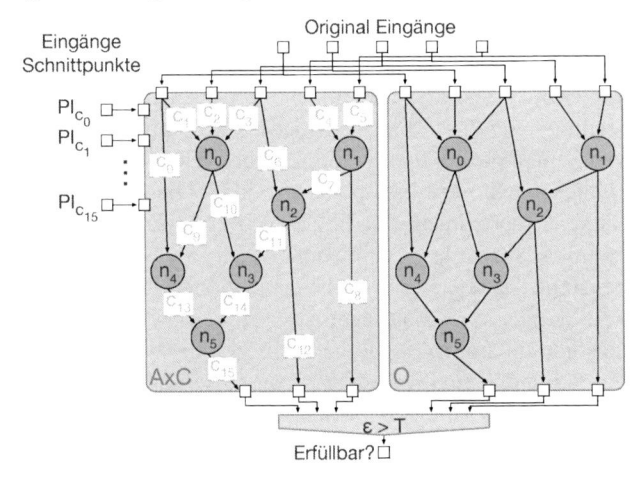

Abb. 2: MUSCATs Approximationsmiter. Die approximierte Schaltung AxC wird um die Schnittpunkte $C = \{C_0, ..., C_{15}\}$ erweitert, die über die dedizierten Eingänge $PI_c, c \in C$, aktiviert oder deaktiviert werden. Nebenbedingungen im Erfüllbarkeitsproblem kontrollieren die dedizierten Eingänge.

MUSCATs Ziel ist es daher eine Eingangsbelegung für die Schnittpunkte zu bestimmen, für die das Erfüllbarkeitsproblem unerfüllbar ist und die möglichst viele Schnittpunkte aktiviert, um die größtmöglichen Vereinfacherungen zu ermöglichen. Hierzu fügt MUSCAT dem Erfüllbarkeitsproblem Nebenbedingungen hinzu, die die Schnittpunkte deaktivieren. Das Bestimmen einer minimalen, unerfüllbaren Untermenge (MUS, engl.: minimal unsatisfiable subset) der Nebenbedingungen wird dann als das eigentliche Approximationsproblem formuliert. Die MUS der Nebenbedingungen beschreibt die Schnittpunkte, die zur Einhaltung der Genauigkeitsschranke mindestens erforderlich sind; die Schnittpunkte, die nicht Teil der MUS sind können zur Vereinfachung der Schaltung aktiviert werden. Da die MUS per Definition minimal ist, ist auch die Anzahl der deaktivierten Schnittpunkte minimal. MUSCAT kann somit eine maximale Anzahl von Schnittpunkte aktivieren und erzielt daher ein optimales Ergebnis, das die Genauigkeitsgrenze garantiert einhält.

Die Versuchsergebnisse zeigen, dass MUSCAT bis zu 80% höhere Einsparungen in der

Hardwarefläche erreicht als bekannte Approximationstechniken – und das in häufig kürzerer Rechenzeit. Des Weiteren wird in einer Fallstudie untersucht, wie eine Schaltung effizient approximiert werden kann, die zwei Multiplizierer enthält, die dafür bekannt sind, schwere Verifikationsprobleme darzustellen. Hierzu wird MUSCAT auf einer höheren Abstraktionsebene eingesetzt, wodurch MUSCATs durchschnittliche Laufzeit für die Schaltung von 139965s auf nur 147s reduziert wird. Die Fallstudie zeigt weiterhin den Einfluss des Verifikationsverfahrens auf die Laufzeit und beschreibt, wie abstraktere Verfahren die Laufzeit verbessern können. Eine etablierte Referenztechnik benötigt für die Schaltungsapproximation durchschnittlich 1327s und erzielt geringere Flächeneinsparungen.

Proof-carrying approximierte Schaltungen [WWP20] beschreiben die neuartige Kombination der Forschungsfelder Approximate Computing und Proof-carrying Hardware, die einen Beitrag zur Verifikation im ALS Prozess darstellt. Beim Proof-carrying Hardware Verfahren werden synthetisierte Schaltungen mit einem formalen Korrektsheitsbeweis versehen, der beweist, dass die Schaltung geforderte Merkmale aufweist – das Einhalten von Genauigkeitsschranken in der vorliegenden Arbeit. Das Erzeugen des Beweises mittels formaler Verifikation ist in der Regel sehr ressourcen- und zeitaufwändig; die Überprüfung des Beweises ist hingegen effizient, da eine vollständige formale Verifikation nicht mehr notwendig ist. Die Erzeugung wird daher von einem Schaltungsproduzenten durchgeführt, der typischerweise Zugang zu den benötigten Ressourcen hat. Kunden, die die Schaltungen erwerben, profitieren von dem mitgelieferten Beweis, indem sie die Einhaltung der geforderten Genauigkeitsmerkmale effizient und schnell überprüfen können. Dass der Kunde dem Produzenten hinsichtlich der geforderten Merkmale vertraut, ist zudem nicht notwendig, da der Kunde durch die Überprüfung erkennt, wenn die geforderten Merkmale nicht eingehalten werden und wenn Schaltung und Beweis nicht zueinander passen. Der Kunde profitiert daher von einer Garantie hinsichtlich der Genauigkeitsmerkmale sowie von Einsparungen in Ressourcen und Zeit. Die Versuchsergebnisse mit Proof-carrying approximierten Schaltungen zeigen, dass die Laufzeiten des Kunden für die Verifikation um bis zu 99.83% gegenüber der Laufzeit des Produzenten reduziert werden können.

Ein Verfahren zur Suchraumcharakterisierung [Wi22c] stellt einen innovativen Vorverarbeitungsschritt für ALS Prozesse dar. Das Verfahren[5] basiert auf formaler Verifikation und identifiziert *vor* dem ALS Prozess Bereiche im Suchraum, in denen für alle enthaltene approximierte Schaltungen die Einhaltung der Genauigkeitsgrenzen garantiert werden kann. Die Suchraumcharakterisierung beschreibt die identifizierten Bereiche mittels Kombinationen lokaler Fehlergrenzen der Schaltungskomponenten. Das formale Verifikationsverfahren berücksichtigt dabei inhärent die Fortpflanzung der lokalen Fehler und macht das Verfahren zudem vollkommen unabhängig von konkreten Approximationstechniken. Die Unabhängigkeit von der Approximationstechnik wird dadurch erreicht, dass das Verifikationsverfahren die Komponentenausgänge kontrolliert und deren lokale Fehler durch Nebenbedingungen

---
[5] https://git.uni-paderborn.de/vegaxc/vegaxc

beschränkt; die Ausgänge der Komponentnen werden somit nicht mehr direkt durch die Logik der Komponente sondern durch die formale Verifikation kontrolliert. Dadurch kann das Verfahren den Gesamtfehler hinsichtlich der Kombinationen von lokalen Fehlern verifizieren und so die validen Bereiche identifizieren. Mittels der bereitgestellten Informationen, kann der nachfolgende ALS Prozess effizienter und informierter vorgehen, da die Bereiche mit validen approximierten Schaltungen bekannt sind und der Verifikationsschritt für die als valide charakterisierten Schaltungen entfällt. In den Versuchsergebnissen wird gezeigt, dass der ALS Prozess durch die Suchraumcharakterisierung um bis zu 3.7× beschleunigt wird, gegenüber des gleichen ALS Prozesses ohne vorherige Charakterisierung. Die Laufzeitreduktion ist hier auf das Auslassen des Verifikationsschritt zurückzuführen. Des Weiteren wird in Versuchen gezeigt, dass bessere Ergebnisse in der Zielmetrik in kürzerer Zeit erreicht werden können, da die Suche informiert vorgehen und lokale Minima vermeiden kann.

3 Schlussfolgerung

Durch das Ende des Dennard Scalings und der Verlangsamung des Mooreschen Gesetzes, wird das Erforschen neuer Wege für den Entwurf effizienterer Rechensysteme zunehmend wichtiger. Approximate Computing zeigt hier eine mögliche Richtung, die es Entwicklern erlaubt, die Differenz zwischen der *erforderlichen* und der *bereitgestellten* Rechengenauigkeit zu verringern, indem Approximationen bewusst eingeführt werden. Auf diese Weise können Entwickler Genauigkeit gegen Zielmetriken eintauschen. Dieser Tausch ist auf jeder Abstraktionsebene und in allen Systemkomponenten möglich.

Diese Dissertation hat sich mit Approximate Computing auf der Hardwareebene befasst und sich auf approximative Logiksynthese fokussiert. Die Arbeit entwirft hierzu einen suchbasierten Prozess, der die ALS in vier Schritten allgemeingültig modelliert und eine ganzheitliche Betrachtung ermöglicht. Die fünf vorgestellten Verfahren leisten wissenschaftliche Beiträge zu dem entworfenen Prozess und betten sich in einen umfänglichen ALS Gesamtprozess ein. Die Dissertation leistet daher einen ganzheitlichen und umfassenden Beitrag zur Forschung im Gebiet der approximativen Logiksynthese.

Neben den Detailverbesserungen der einzelnen Beiträge, bildet die Integration der Arbeit in einen Systementwurfsprozess, der mehrere Abstraktionsebenen abdeckt, eine spannende und aussichtsreiche Erweiterung. Die Dissertation betrachtet die Registertransfer- und Logikebene und die experimentell erzielten Ergebnisse zeigen das enorme Potential, das allein auf diesen Ebenen zu finden ist. Da sich die einzelnen Verfahren dieser Arbeit nahtlos in den entworfenen ALS Prozess einordnen und kombinieren lassen und der entstehende ALS Gesamtprozess sich seinerseits nahtlos in Syntheseprozesse integrieren lässt, leistet die Dissertation einen Beitrag in diese Richtung. Arbeiten, die solche Systementwurfstechniken betrachten und ergänzende Approximationstechniken über verschiedene Abstraktionsebenen verbinden und betrachten, beschreiben den Ansatz als vielversprechend [Ch14; XS17; Ze19]. Die bislang vorliegenden Arbeiten betrachten jedoch relativ simple Approximationsprozesse und eine Abstimmung der angewendeten Techniken findet nicht statt. Hierzu benötigt es ein systematisches Verfahren, das Approximationsinformationen des Systems und der enthaltenen Komponenten über Abstraktionsgrenzen hinweg bereitstellt. Zudem sollte es dem Verfahren möglich sein, Entscheidungen von höheren Ebenen rückgängig zu machen, die Approximationen auf unteren Ebenen verringern oder sogar verhindern.

Literatur

[BMM15] Bornholt, J.; Mytkowicz, T.; McKinley, K. S.: Uncertain<T>: Abstractions for Uncertain Hardware and Software. IEEE Micro 35/3, 2015.

[Ch13] Chippa, V. K.; Chakradhar, S. T.; Roy, K.; Raghunathan, A.: Analysis and Characterization of Inherent Application Resilience for Approximate Computing. In: Design Automation Conference (DAC). 2013.

[Ch14] Chippa, V. K.; Mohapatra, D.; Roy, K.; Chakradhar, S. T.; Raghunathan, A.: Scalable Effort Hardware Design. IEEE Transactions on Very Large Scale Integration (VLSI) Systems 22/9, 2014.

[Es12] Esmaeilzadeh, H.; Sampson, A.; Ceze, L.; Burger, D.: Architecture Support for Disciplined Approximate Programming. In: International Conference on Architectural Support for Programming Languages and Operating Systems (ASPLOS). 2012.

[HTR18] Hashemi, S.; Tann, H.; Reda, S.: BLASYS: Approximate Logic Synthesis Using Boolean Matrix Factorization. In: Design Automation Conference (DAC). ACM, 2018.

[MBP14] Mishra, A. K.; Barik, R.; Paul, S.: iACT: A Software-Hardware Framework for Understanding the Scope of Approximate Computing. In: Workshop on Approximate Computing Across the System Stack (WACAS). 2014.

[Mi16] Mittal, S.: A Survey of Techniques for Approximate Computing. English, ACM Computing Surveys 48/4, 2016.

[Na15] Nair, R.: Big Data Needs Approximate Computing: Technical Perspective. Communications of the ACM 58/1, 2015.

[Ne14] Nepal, K.; Li, Y.; Bahar, R. I.; Reda, S.: ABACUS: A technique for automated behavioral synthesis of approximate computing circuits. In: Design, Automation & Test in Europe Conference & Exhibition (DATE). IEEE, 2014.

[Ra14] Ranjan, A.; Raha, A.; Venkataramani, S.; Roy, K.; Raghunathan, A.: ASLAN: Synthesis of Approximate Sequential Circuits. In: Design, Automation & Test in Europe Conference & Exhibition (DATE). IEEE, 2014.

[Sc20] Scarabottolo, I.; Ansaloni, G.; Constantinides, G. A.; Pozzi, L.; Reda, S.: Approximate Logic Synthesis: A Survey. Proceedings of the IEEE 108/12, 2020.

[Sh16] Shafique, M.; Hafiz, R.; Rehman, S.; El-Harouni, W.; Henkel, J.: Invited - Cross-Layer Approximate Computing: From Logic to Architectures. In: Design Automation Conference (DAC). 2016.

[Va19] Vašíček, Z.: Formal Methods for Exact Analysis of Approximate Circuits. IEEE Access 7/, 2019.

[Wi19a] Witschen, L.; Awais, M.; Ghasemzadeh Mohammadi, H.; Wiersema, T.; Platzner, M.: CIRCA: Towards a Modular and Extensible Framework for Approximate Circuit Generation. Microelectronics Reliability 99/, 2019.

[Wi19b] Witschen, L.; Ghasemzadeh Mohammadi, H.; Artmann, M.; Platzner, M.: Jump Search: A Fast Technique for the Synthesis of Approximate Circuits. In: Great Lakes Symposium on VLSI (GLSVLSI). ACM, 2019.

[Wi22a] Witschen, L.: Frameworks and Methodologies for Search-based Approximate Logic Synthesis, Diss., 2022.

[Wi22b] Witschen, L.; Wiersema, T.; Artmann, M.; Platzner, M.: MUSCAT: MUS-based Circuit Approximation Technique. In: Design, Automation & Test in Europe Conference & Exhibition (DATE). 2022.

[Wi22c] Witschen, L.; Wiersema, T.; Reuter, L. D.; Platzner, M.: Search Space Characterization for Approximate Logic Synthesis. In: Design Automation Conference (DAC). 2022.

[WWP20] Witschen, L.; Wiersema, T.; Platzner, M.: Proof-Carrying Approximate Circuits. IEEE Transactions on Very Large Scale Integration (VLSI) Systems, TVLSI 28/, 2020.

[XS17] Xu, S.; Schäfer, B. C.: Exposing Approximate Computing Optimizations at Different Levels: From Behavioral to Gate-Level. IEEE Transactions on Very Large Scale Integration (VLSI) Systems 25/11, 2017.

[Ze19] Zervakis, G.; Xydis, S.; Soudris, D.; Pekmestzi, K. Z.: Multi-Level Approximate Accelerator Synthesis under Voltage Island Constraints. IEEE Transactions on Circuits and Systems II: Express Briefs 66-II/4, 2019.

Linus Witschen erhielt den Bachelor of Science in Elektrotechnik von der Hochschule Osnabrück und den Master of Science in Computer Engineering von der Universität Paderborn. Während seiner Promotion erforschte er die Themengebiete Approximate Computing und Approximate Logic Synthesis an der Universität Paderborn in der Computer Engineering Group von Prof. Dr. Marco Platzner. Seine Promotion schloss er im November 2022 mit *summa cum laude* ab.

Generalisierte Synchronisation und Schnittleerheit endlicher Automaten[1]

Petra Wolf[2]

Abstract: Endliche Automaten begegnen uns überall im Alltag, von der Steuerung der Kaffeemaschine über den Aufzug bis hin zu autonomen Systemen. Synchronisierende Wörter agieren hierbei als ein Software-Reset, eine Sequenz von Befehlen, die den Automaten von jedem Zustand aus in den gleichen Zustand überführt. Hierbei ist es wünschenswert eine gewisse Kontrolle über die Aktionen eines synchronisierenden Wortes zu behalten. Wir untersuchen daher die Komplexität der Frage, ob ein endlicher Automat ein synchronisierendes Wort besitzt, unter verschiedenen Einschränkungen, wie beispielsweise, dass das Wort aus einer bestimmten Sprache stammen muss, oder, dass die Sequenz der durchlaufenen Zustände eingeschränkt wird. Anschließend generalisieren wir das Konzept synchronisierender Automaten auf das mächtigere Berechnungsmodell des Kellerautomatens. Im letzten Teil der Arbeit untersuchen wir, inwiefern sich ein endlicher Automat vereinfachen lässt, indem wir die akzeptierte Sprache eines Automatens in den Schnitt simplerer Sprachen zerlegen.

1 Einleitung

Endliche Automaten bilden eines der fundamentalsten und simpelsten Berechnungsmodelle der theoretischen Informatik. Im Gegensatz zu Turing-Maschinen sind für endliche Automaten viele praktisch relevante Probleme entscheidbar und meist sogar effizient lösbar. Endliche Automaten kommen in der Steuerung vieler alltäglicher Maschinen vor und sind von großer Relevanz bei der Verifikation von Programmen, dem sogenannten Model-Checking. Die hier vorgestellte Dissertation befasst sich mit Generalisierungen des Synchronisationsproblems endlicher Automaten sowie ihrem Schnittleerheitsproblem.

Synchronisation ist ein wichtiges Konzept für viele Anwendungsbereiche: parallele und verteilte Programmierung, System- und Protokolltests, Informationscodierung, Robotik, und so weiter. Einige Aspekte der Synchronisation werden durch den Begriff des synchronisierenden Automaten erfasst; beispielsweise modellieren synchronisierende Automaten adäquat Situationen, in denen man ein bestimmtes System in einen bestimmten Zustand bringen muss, ohne a priori dessen aktuellen Zustand zu kennen.

Ein endlicher Automat wird synchronisierend genannt, wenn es ein Wort gibt, das ihn unabhängig vom Ausgangszustand in denselben Zustand überführt. Dieses Konzept wurde in den letzten sechs Jahrzehnten intensiv untersucht. Es ist verwandt mit der wohl berühmtesten offenen kombinatorischen Frage der Automatentheorie, die von Černý und

---

[1] Englischer Titel der Dissertation [Wo22]: „Generalized Synchronization and Intersection Non-Emptiness of Finite-State Automata"
[2] Universitetet i Bergen, HIB - Thormøhlens gate 55, 5006 Bergen, Norwegen, mail@wolfp.net.
Promotion an der Universität Trier, Fachbereich 4 - Informatikwissenschaften, Deutschland.

Starke in [Če64, St66] formuliert wurde. Die Černý-Vermutung besagt, dass jeder synchronisierende Automat mit n Zuständen durch ein Wort der Länge höchstens $(n-1)^2$ synchronisiert werden kann. Obwohl diese Schranke für mehrere Klassen von endlichen Automaten bewiesen wurde, ist der allgemeine Fall noch weitgehend offen. Die derzeit beste obere Schranke für die Länge eines synchronisierenden Wortes ist kubisch, und bis jetzt wurden nur geringe Fortschritte beim Reduzieren dieser Schranke gemacht, im Wesentlichen durch Verbesserung des multiplikativen Faktors vor dem kubischen Term.

Aufgrund der Bedeutung des Begriffs der synchronisierenden Wörter wurde in der Literatur eine große Anzahl von Verallgemeinerungen und Modifikationen betrachtet. Anstatt die gesamte Menge der Zustände zu synchronisieren, kann es von Interesse sein, nur eine Teilmenge der Zustände zu synchronisieren. Diese und verwandte Fragen wurden erstmals von Rystsov in [Ry83] betrachtet. Anstatt deterministische endliche Automaten zu betrachten, kann man alternativ den Begriff der Synchronisierbarkeit für nichtdeterministische endliche Automaten untersuchen. Der Begriff der Synchronisierbarkeit lässt sich auf natürliche Weise auf partiell definierte Übergangsfunktionen übertragen, wobei ein synchronisierender Automat, der undefinierte Übergänge vermeidet, *vorsichtig synchronisierend* genannt wird. Während für deterministische endliche Automaten die Frage der Synchronisierbarkeit in Polynomialzeit lösbar ist, ist sie in allen genannten Verallgemeinerungen PSPACE-vollständig. Diese Tendenz ist auch bei den Generalisierungen zu beobachten, die in dieser Arbeit eingeführt werden.

Das klassische *Synchronisationsproblem* fragt für einen gegebenen deterministischen endlichen Automaten, ob es für diesen Automaten ein *synchronisierendes Wort* gibt, d.h. ein Eingabewort, das alle Zustände des Automaten in einen einzigen Zustand überführt. Die Idee, einen Automaten durch das Lesen eines Wortes, ausgehend von einem beliebigen Zustand, in einen wohldefinierten Zustand zu bringen, kann als Implementierung eines Software-Resets angesehen werden. Aus diesem Grund wird ein synchronisierendes Wort manchmal auch als *Reset-Wort* bezeichnet. Im Folgenden werden wir einige Verallgemeinerungen des Synchronisationsproblems vorstellen. Unser Hauptziel ist dabei die Untersuchung der Komplexität der vorgestellten Probleme. Dabei erhalten wir nicht nur klassische Komplexitätsergebnisse, sondern betrachten auch parametrisierte Versionen des Problems.

2 Synchronisation unter Beschränkungen

Bei der Betrachtung synchronisierender Automaten lässt man normalerweise zu, dass ein synchronisierendes Wort ein beliebiges Wort über dem Alphabet des entsprechenden Automaten ist. In der Realität können die verfügbaren Befehle jedoch bestimmten Einschränkungen unterliegen; so ist es zum Beispiel plausibel anzunehmen, dass eine Reset-Sequenz immer mit einem bestimmten Befehl beginnt und endet, der den Automaten zunächst in einen "Reset"-Modus schaltet und ihn dann in seinen üblichen Modus zurückversetzt. In seiner einfachsten Form kann das Umschalten zwischen "normalem" Modus und "Reset-" (Synchronisations-)Modus als ab^*a modelliert werden. Diese Beschränkungen werden durch einen (festen) endlichen Automaten (den sogenannten be-

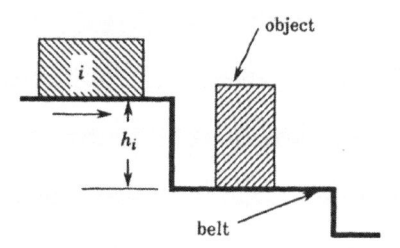

Abb. 1: Veranschaulichung von Modifikatoren als Stufen auf einem Fließband in der Einführungsarbeit von Natarajan [Na86]. Hier entspricht ein Zustand einer möglichen Orientierung eines Teils und ein Übergang eines Buchstabens a vom Zustand q entspricht der Anwendung des Modifikators, der a entspricht, auf ein Teil in der Orientierung q.

schränkenden Automaten) definiert, der eine reguläre Sprache R beschreibt, und die Frage ist, ob ein gegebener endlicher Automat A irgendein synchronisierendes Wort aus R hat.

Einschränkungen dieser Art, die durch eine feste reguläre Sprache modelliert werden können, die die Menge der potenziellen synchronisierenden Wörter für einen Eingabeautomaten einschränkt, werden *Regular Constraints* genannt und sind das Thema der ersten Forschungsarbeit in dieser Dissertation. Hier wird eine vollständige Analyse der Komplexität des Synchronisationsproblems unter regulären Constraints für beschränkende Automaten mit zwei Zuständen und höchstens drei Buchstaben durchgeführt.

Abgesehen von Software-Reset-Wörtern, ist eine der ältesten Anwendungen des intensiv untersuchten Begriffs der synchronisierenden Automaten das Problem des Entwurfs von Fließbändern, die ein Objekt in einer (mangels teurer Sensoren) unbekannten Orientierung in eine definierte Orientierung überführen. In seiner Pionierarbeit modellierte Natarajan [Na86] solche Fließbänder als deterministische vollständige Automaten (siehe Abbildung 1), bei denen ein Zustand einer möglichen Orientierung eines Teils entspricht und ein Übergang eines Buchstabens a vom Zustand q der Anwendung des a entsprechenden Modifikators auf ein Teil in Orientierung q entspricht. Viele verschiedene Klassen von Automaten sind seitdem hinsichtlich ihres Synchronisationsverhaltens untersucht worden. Die ursprüngliche Motivation, ein Fließband zur Orientierung von Teilen zu entwerfen, wurde in [TY15] wieder aufgegriffen, wo Türker und Yenigün den Entwurf einer Montagelinie modellierten, die wiederum ein Teil von einer unbekannten Ausrichtung in eine bekannte Ausrichtung überführt, wobei verschiedene Modifikatoren unterschiedliche Kosten verursachen.

Was bisher nicht berücksichtigt wurde, ist, dass verschiedene Modifikatoren unterschiedliche Auswirkungen auf die Teile haben können, und da wir die aktuelle Ausrichtung nicht kennen, möchten wir vielleicht die Chronologie der angewandten Modifikatoren einschränken. Wenn es sich bei dem Teil beispielsweise um eine Box mit aufklappbarem Laschen handelt, so bewirkt das Drehen der Box ein Öffnen der Laschen. Um die Laschen wieder zu schließen, könnte ein weiterer Modifikator erforderlich sein, z. B. ein niedriger Balken, der die Laschen streift und sie wieder schließt, wie in Abbildung 2 dargestellt.

Abb. 2: Illustration einer Box mit Laschen, die sich öffnen, wenn die Box gedreht wird, zusammen mit einem Modifikator, der die Laschen schließt.

Die Spezifikation, dass die Box mit geschlossenen Laschen nach oben ausgeliefert werden soll, kann kodiert werden als: "Wenn sich die Box im Zustand *auf dem Kopf* befindet, muss sie sich später im Zustand *Laschen geschlossen*" befinden. Aber das hindert uns nicht daran, die Laschen wieder zu öffnen, also müssen wir präziser sein und kodieren: "Nachdem die Box zum letzten Mal im Zustand *auf dem Kopf* war, muss sie mindestens einmal den Zustand *Laschen geschlossen* einnehmen".

Bedingungen dieser Art beschreiben *positive* Beschränkungen für die Zukunft, da sie den zukünftigen Besuch eines bestimmten Zustands verlangen. Aber auch die umgekehrte Situation des Verbots des zukünftigen Besuchs eines Zustands ist vorstellbar, wie unser nächstes Beispiel zeigt. Stellen wir uns wieder die Box mit Laschen vor, aber diesmal enthält die Box zunächst etwas Wasser. Wir möchten die Box in einer bestimmten Ausrichtung mit geöffneten Laschen haben, aber das Wasser soll während der Ausrichtung nicht auslaufen. Wir haben einen Modifikator, der die Laschen öffnet, und einen Modifikator, der die Box dreht. Wir wollen natürlich nicht, dass die Box nach dem Öffnen der Laschen nach unten zeigt. Also kodieren wir: "Sobald der Zustand *Laschen offen* erreicht ist, sollte der Zustand *nach unten gerichtet* nie wieder betreten werden".

Bedingungen der oben diskutierten Formen, die das dynamische Verhalten eines synchronisierenden Wortes einschränken, stehen im Mittelpunkt der zweiten Forschungsarbeit, die in der Dissertation vorgestellt wird. Dort werden die Einschränkungen an den Entwurf eines Fließbands dadurch modelliert, dass wir einen gegebenen endlichen Automaten mit einer Relation R erweitern und dann unterschiedliche Möglichkeiten betrachten, wie ein synchronisierendes Wort eine Ordnung auf den Zuständen des Automaten induzieren kann. Anschließend betrachten wir das Problem ein synchronisierendes Wort zu finden, dessen induzierte Zustandsordnung mit der gegebenen Relation R verträglich ist.

Diese Forschungsarbeit wurde 2021 mit dem Publikationspreis des Graduiertenzentrums der Universität Trier, Fachbereich IV, ausgezeichnet. Ein Video der Präsentation der Arbeit im Rahmen der Preisverleihung ist unter https://youtu.be/kmDPUmUt-R4 zu finden.

3 Synchronisation von Kellerautomaten

Die Überführung eines Automaten von einem beliebigen in einen wohldefinierten Zustand ist nicht nur für endliche Automaten relevant. Im zweiten Teil der Arbeit bewegen wir uns weg von deterministischen endlichen Automaten hin zu allgemeineren deterministischen Kellerautomaten. Ein Kellerautomat besteht aus einem endlichen Automaten, der zusätzlich mit einem Keller ausgestattet ist. Auf dem Keller können beliebig viele Zeichen gespeichert werden, jedoch kann immer nur das oberste Zeichen des Kellers gelesen werden. Neue Zeichen werden hierbei von oben auf den Keller gelegt und beim Lesen wird das oberste Zeichen vom Keller entfernt.

Was soll ein synchronisierendes Wort im Zusammenhang mit Kellerautomaten bedeuten? Mikami und Yamakami führten in [MY20] drei verschiedene Modelle für das Synchronisieren eines Kellerautomaten ein. Wie bei endlichen Automaten muss ein synchronisierendes Wort w die Zustände des Kellerautomaten synchronisieren, und zusätzlich müssen verschiedene Anforderungen an den Kellerinhalt eines jeden durch w induzierten Laufs erfüllt werden. So fordern wir beispielsweise, dass nach dem Lesen eines synchronisierenden Wortes: (a) die Keller aller Läufe leer sind; oder (b) dass der Kellerinhalt aller Läufe identisch (aber nicht unbedingt leer) ist; oder (c) dass der Kellerinhalt beim Eintritt in den synchronisierenden Zustand völlig irrelevant ist. Für diese drei Modelle von synchronisierenden Kellerautomaten wurden in [MY20] einige obere und untere Schranken für die maximale Länge des kürzesten synchronisierenden Wortes in Abhängigkeit von der Kellerhöhe gezeigt. Hier untersuchen wir diese drei Modelle aus einer komplexitätstheoretischen Perspektive. Wir zeigen, dass die Frage der Synchronisierbarkeit eines Kellerautomaten in allen drei Kellermodellen unentscheidbar ist.

Neben allgemeinen deterministischen Kellerautomaten untersuchen wir das Synchronisationsproblem weiterer Unterklassen von deterministischen Kellerautomaten, wie deterministische Zählautomaten, deterministische (partiell) blinde Zählautomaten, und Finite-Turn-Varianten hiervon. Wir zeigen, dass das Synchronisationsproblem für deterministische Zählerautomaten ebenfalls unentscheidbar ist. Das Problem wird für deterministische, partiell blinde Zählautomaten entscheidbar und ist PSPACE-vollständig für einige Arten von Finite-Turn-Varianten von Kellerautomaten.

4 Synchronisation sichtbarer Kellerautomaten

Ein weiteres Automatenmodell, bei dem die Zustandsmenge um eine möglicherweise unendliche Speicherstruktur erweitert wird, ist die Klasse der *Nested Word Automata* (NWA), bei der ein Eingabewort um eine passende Relation erweitert wird, die bestimmt, an welchem Paar von Positionen in einem Wort ein Symbol auf den Keller gelegt und vom Keller gelesen wird. Die Klasse der Sprachen, die von NWAs akzeptiert werden, ist identisch mit der Klasse der *Visibly Push-Down Sprachen* (VPL), die von *sichtbaren Kellerautomaten* (im Englischen Visibly Push-Down Automata, kurz VPDA) akzeptiert werden, und bildet eine eigene Unterklasse der deterministischen kontextfreien Sprachen. VPDAs wurden zuerst von Mehlhorn unter dem Namen *Input-Driven Push-Down Automata* untersucht und wurden in jüngerer Zeit durch die Arbeit von Alur und Madhusudan populär, die zeigten, dass VPLs mehrere wünschenswerte Eigenschaften mit regulären Sprachen teilen. In [CMS19] wurde das Synchronisationsproblem für NWAs untersucht. Dort wurde das Konzept der Synchronisation dahingehend verallgemeinert, dass alle Zustände in einen einzigen Zustand gebracht werden, sodass bei allen Durchläufen der Keller nach dem Lesen des synchronisierenden Wortes leer ist (bzw. in seiner Startkonfiguration ist). Es wurde gezeigt, dass für NWAs das Synchronisationsproblem in Polynomialzeit lösbar ist.

Im nächsten Abschnitt der Dissertation untersuchen wir das Synchronisationsproblem für deterministische sichtbare Kellerautomaten und mehrere Unterklassen hiervon, wie deterministische sehr sichtbare Kellerautomaten (Very Visibly Push-Down Automata), deterministische sichtbare Zählerautomaten und Finite-Turn-Varianten davon. Wir möchten darauf hinweisen, dass sich trotz der Äquivalenz der jeweiligen Sprachklassen die Automatenmodelle von NWAs und VPDA unterscheiden und die Ergebnisse von [CMS19] nicht unmittelbar auf VPDAs übertragbar sind, da für NWAs ein Eingabewort mit einer Matching-Relation ausgestattet ist, die bei VPDAs fehlt. Im Allgemeinen kann die Komplexität des Synchronisationsproblems für verschiedene Automatenmodelle, die dieselbe Sprachklasse akzeptieren, unterschiedlich sein. Im Gegensatz zu dem in Polynomialzeit lösbaren Synchronisationsproblem für deterministische endliche Automaten ist beispielsweise das verallgemeinerte Synchronisationsproblem für endliche Automaten mit einem nicht-deterministischen Übergang PSPACE-vollständig, ebenso wie das Problem der vorsichtigen Synchronisation eines Automaten mit einem undefinierten Übergang.

Im Gegensatz zur Unentscheidbarkeit für allgemeine Kellerautomaten ist für sichtbare Kellerautomaten und die hier betrachteten Unterklassen das Synchronisationsproblem für alle drei Kellermodelle in EXPTIME und damit entscheidbar. Für sehr sichtbare Kellerautomaten und sichtbare Zählerautomaten sind die Synchronisationsprobleme für alle drei Kellermodelle sogar in Polynomialzeit lösbar. Wie das Synchronisationsproblem für NWAs im leeren Kellermodell, das in [CMS19] betrachtet wurde, stellen wir fest, dass das Synchronisationsproblem für VPDAs im leeren Kellermodell in Polynomialzeit lösbar ist, während die Synchronisation von VPDAs im gleichen und beliebigen Kellermodell mindestens PSPACE-schwer ist. Wenn die Anzahl der Turns im Höhenprofil des Kellers, die durch ein synchronisierendes Wort verursacht werden, eingeschränkt wird, wird das Synchronisationsproblem für alle betrachteten Automatenmodelle für $n > 0$ PSPACE-schwer und ist nur in P für $n = 0$ im leeren Kellermodell. Des Weiteren führen wir Varianten von Synchronisationsproblemen ein, bei denen sich die Komplexität des gleichen und beliebigen Kellermodells unterscheidet. Für die zuvor betrachteten Synchronisationsprobleme hatten diese beiden Kellermodelle immer den gleichen Komplexitätsstatus.

5 Zusammenhang zwischen Synchronisation und Schnittleerheit

Das Schnittleerheitsproblem endlicher Automaten ist eines der grundlegendsten und am besten untersuchten Probleme im Zusammenspiel zwischen Algorithmen, Komplexitätstheorie und Automatentheorie. Dabei gilt es für eine gegebene endliche Menge von endlichen Automaten $\{A_1, A_2, \ldots, A_n\}$ über einem gemeinsamen Alphabet Σ, zu bestimmen, ob es ein Wort $w \in \Sigma^*$ gibt, das von jedem der Automaten in der Menge akzeptiert wird. Oder anders gesagt, die Frage ist, ob $\mathscr{L}(A_1) \cap \mathscr{L}(A_2) \cap \cdots \cap \mathscr{L}(A_n) \neq \emptyset$.

Das Schnittleerheitsproblem ist PSPACE-vollständig und eng mit synchronisierenden Automaten verwandt. Einerseits kann die Frage, ob ein Automat A mit n Zuständen in einen

Zustand q synchronisiert werden kann, als Schnittleerheitsproblem von n Automaten modelliert werden, wobei jeder Automat eine Kopie von A mit q als einzigem Endzustand und jeweils einem anderen Startzustand ist. Die Schnittmenge der von den n Automaten akzeptierten Sprachen enthält dann genau die Wörter, die A in die Zustandsmenge $\{q\}$ synchronisieren. Andererseits kann das Schnittleerheitsproblem für endliche Automaten auf das vorsichtige Synchronisierungsproblem reduziert werden, das fragt, ob es für einem *partiellen* endlichen Automaten A, ein Wort w gibt, das A synchronisiert, ohne einen undefinierten Übergang beim Lesen von w auf irgendeinem Pfad zu nehmen. Martyugin hat in [Ma14] gezeigt, dass das vorsichtige Synchronisierungsproblem PSPACE-vollständig ist, selbst wenn der Eingabeautomat nur einen undefinierten Übergang hat, und zwar durch eine Reduktion vom Schnittleerheitsproblem. Aufgrund dieser natürlichen Beziehung befassen sich die beiden verbleibenden Forschungsarbeiten im dritten Teil der Dissertation mit dem Schnittleerheitsproblem.

6 Schnittleerheit sternfreier Sprachen

In der fünften Forschungsarbeit wird die Komplexität des Schnittleerheitsproblems untersucht, unter der Annahme, dass die von den Eingabeautomaten akzeptierten Sprachen zu einer bestimmten Ebene der Straubing-Thérien-Hierarchie oder der Cohen-Brzozowski-Dot-Depth-Hierarchie gehören. Die betrachteten Sprachen sind stark eingeschränkt, in dem Sinne, dass beide unendlichen Hierarchien vollständig in der Klasse der sternfreien Sprachen enthalten sind, einer Klasse von Sprachen, die durch Ausdrücke dargestellt werden können, die Vereinigung, Konkatenation und Komplementierung verwenden, aber *keine* Kleene-Sternoperation erlauben. Trotz dieser Einschränkung ist es schwierig die Sprachen, die zu einzelnen Ebenen einer der beiden Hierarchien gehören, zu charakterisieren; so ist die Frage, ob die von einem gegebenen Automaten akzeptierte Sprache zu einem festen Level einer der beiden Hierarchien gehört, bis auf wenige untere Stufen ein ungelöstes Problem. Automaten, die Sprachen auf niedrigeren Ebenen dieser Hierarchien akzeptieren, treten in einer Vielzahl von Anwendungen auf, wie beispielsweise Model-Checking, wo das Schnittleerheitsproblem von grundlegender Bedeutung ist.

Wir betrachten hier die Frage, wie sich die Komplexität des Schnittleerheitsproblems ändert, wenn wir uns in den Ebenen der Straubing-Thérien- und der Dot-Depth-Hierarchie nach oben bewegen. Verändert sich die Komplexität dieses Problems nur allmählich, wenn wir die Komplexität der Eingabesprachen erhöhen? Tatsächlich zeigen wir, dass dies nicht der Fall ist, und dass die Komplexitätslandschaft für das Schnittleerheitsproblem bereits durch die allerersten Ebenen einer der beiden Hierarchien bestimmt wird. So zeigen wir, dass bereits für die erste Ebene der Dot-Depth-Hierarchie und die zweite Ebene der Straubing-Thérien-Hierarchie das Schnittleerheitsproblem PSPACE-vollständig ist. Weiter zeigen wir, dass für die Ebenen Null und ein Halb der Dot-Depth-Hierarchie sowie die Ebenen Eins und drei Halbe der Straubing-Thérien-Hierarchie das Schnittleerheitsproblem NP-hart ist. Zuletzt zeigen wir, dass das Schnittleerheitsproblem für nichtdeterministische und deterministische endliche Automaten, die Sprachen der Ebene ein Halb der Straubing-Thérien-Hierarchie akzeptieren, NLOG- bzw. LOG-vollständig unter AC^0-Reduktionen ist. Als ein Nebenprodukt zeigen wir unserer Kenntnis nach die erste exponentielle Trennung zwischen der Zustandskomplexität von allgemeinen nichtdeterministischen Automaten und der von partiell geordneten nichtdeterministischen Automaten.

7 Zerlegungen endlicher Automaten

Wir können nicht nur das Synchronisationsproblem als ein Schnittleerheitsproblem von endlichen Automaten darstellen, sondern auch einige minimale endliche Automaten selbst als Schnittmenge von endlich vielen *kleineren* endlichen Automaten darstellen. In diesem Sinne *zerlegen* wir den größeren Automaten in eine Menge kleinerer Automaten, sodass deren Schnittmenge die gleiche Sprache akzeptiert wie der ursprüngliche Automat. Wenn wir nur *minimale* endliche Automaten betrachten, so ist es eine durch die akzeptierte Sprache bestimmte Eigenschaft, ob eine solche Zerlegung möglich ist oder nicht.

Kompositionalität ist ein grundlegender Begriff in zahlreichen Bereichen der Informatik. Dieses Prinzip lässt sich wie folgt zusammenfassen: Jedes System sollte durch das Zusammensetzen einfacher Teile so entworfen werden, dass die Bedeutung des Systems aus der Bedeutung seiner Teile und der Art und Weise, wie sie kombiniert werden, abgeleitet werden kann. Dies ist beispielsweise ein entscheidender Aspekt der modernen Softwareentwicklung: Ein in einfache Module aufgeteiltes Programm ist schneller zu kompilieren und leichter zu warten. Auch in der theoretischen Informatik ist die Kompositionalität von entscheidender Bedeutung: Sie wird eingesetzt, um das Problem der Zustandsexplosion zu vermeiden, das normalerweise bei der Kombination paralleler Prozesse auftritt, und um das Problem der Skalierbarkeit von Problemen mit hoher theoretischer Komplexität zu bewältigen. In der letzten vorgestellten Forschungsarbeit untersuchen wir Kompositionalität im Rahmen formaler Sprachen: Wir zeigen, wie man Sprachen vereinfachen kann, indem man sie in größere Sprachen zerlegt, die von kleineren Automaten akzeptiert werden. Dies ist durch *Model-Checking* Probleme motiviert. Das LTL-Model-Checking Problem fragt zum Beispiel bei einer linearen temporalen Logikformel φ und einem endlichen Automaten M, ob jede Ausführung von M φ erfüllt. Dieses Problem ist entscheidbar, hat aber eine hohe theoretische Komplexität (PSPACE) in Bezug auf die Größe von φ. Hier kommt die Kompositionalität ins Spiel: Wenn wir die Spezifikationssprache in eine Schnittmenge einfacher Sprachen zerlegen können, d. h. φ in eine Konjunktion $\varphi = \varphi_1 \wedge \varphi_2 \wedge \cdots \wedge \varphi_k$ kleiner Spezifikationen zerlegen, genügt es zu prüfen, ob alle φ_i einzeln erfüllt sind.

Hier konzentrieren wir unsere Untersuchung auf endliche *Permutationsautomaten*, d.h. endliche Automaten, deren Übergangsmonoide Gruppen sind: Jeder Buchstabe induziert eine Eins-zu-Eins-Abbildung der Zustandsmenge auf sich selbst. Diese endlichen Automaten werden auch als *reversible* endliche Automaten bezeichnet. Reversibilität ist stärker als Determinismus: Diese mächtige Eigenschaft erlaubt es, deterministisch zwischen den Schritten einer Berechnung hin und her zu navigieren. Dies ist besonders wichtig für die Untersuchung der Physik von Berechnungen, da Irreversibilität zu Energieverlusten führt. Diese Fähigkeit führt jedoch bei endlichen Automaten zu einem Verlust an Ausdruckskraft: Im Gegensatz zu leistungsfähigeren Modellen (z. B. Turing-Maschinen) sind reversible endliche Automaten weniger ausdrucksstark als allgemeine endliche Automaten.

Das Problem, das für diese Arbeit von Interesse ist, ist das sogenannte Zerlegungsproblem, das für einen gegebenen endlichen Automaten A fragt, ob er zusammengesetzt ist, d.h., ob es eine endliche Menge von endlichen Automaten $\{A_1, A_2, \ldots, A_n\}$ gibt, sodass $\mathscr{L}(A) = \mathscr{L}(A_1) \cap \mathscr{L}(A_2) \cap \cdots \cap \mathscr{L}(A_n)$ und jeder der Automaten in der Schnittmenge echt weniger Zustände hat als A. Das Zerlegungsproblem für endliche Automaten wurde erstmals von Kupferman und Moscheiff [KM15] eingeführt. Sie bewiesen, dass es in EXPSPACE entscheidbar ist, ließen aber die genaue Komplexität offen: die beste bekannte untere Schranke ist Härte für NLOG. Sie gaben effizientere Algorithmen für eingeschränkte Automatenklassen an: einen PSPACE-Algorithmus für *Permutationsautomaten* und einen Polynomialzeit-Algorithmus für *normale* Permutationsautomaten, eine Klasse von endlichen Automaten, die alle *kommutativen* Permutationsautomaten enthält. Kürzlich wurde bewiesen, dass das Zerlegungsproblem für endliche Automaten mit einem unären Alphabet in logarithmischem Platz lösbar ist [JKM20].

In der hier vorgestellten Forschungsarbeit erweitern wir den Bereich der Instanzen, für die das Zerlegungsproblem praktisch lösbar ist. Wir konzentrieren uns auf Permutationsautomaten und schlagen neue Techniken vor, die die bekannten Komplexitäten verbessern. Wir geben einen NP-Algorithmus für Permutationsautomaten an und zeigen, dass die Komplexität direkt mit der Anzahl der nicht-akzeptierenden Zustände verknüpft ist. Genauer gesagt erhalten wir einen parametrisierten Algorithmus mit dem Parameter: Anzahl der nicht-akzeptierenden Zustände. Außerdem beweisen wir, dass Permutationsautomaten, die eine Primzahl von Zuständen haben, nicht zerlegt werden können. Des Weiteren betrachten wir *kommutative* Permutationsautomaten, bei denen das Zerlegungsproblem bereits als effizient lösbar bekannt war, und senken die Komplexität von P auf NLOG weiter ab, und sogar LOG, wenn die Größe des Alphabets konstant ist. Obwohl es einfach ist, zu entscheiden, ob ein kommutativer Permutationsautomat zusammengesetzt ist, zeigen wir, dass in dieser Automatenklasse immer noch reichhaltige und komplexe Verhaltensweisen auftreten: Es gibt Familien von zusammengesetzten kommutativen Permuationsautomaten, die polynomiell viele Faktoren für eine Zerlegung benötigen. Genauer gesagt konstruieren wir eine Familie $(A_n^m)_{m,n \in \mathbb{N}}$ von zusammengesetzten endlichen Automaten, sodass A_n^m ein endlicher Automat der Größe n^m ist, der in $(n-1)^{m-1}$ Faktoren zerlegt werden kann, nicht jedoch in $(n-1)^{m-1} - 1$. Vor diesem Ergebnis waren nur Familien von zusammengesetzten endlichen Automaten bekannt, die sub-logarithmisch viele Faktoren benötigten.

Schließlich untersuchen wir ein beschränktes Zerlegungsproblem. Für praktische Zwecke ist es nicht wünschenswert, viele Faktoren in einer Zerlegung zu haben, da der Umgang mit einer großen Anzahl kleiner endlicher Automaten am Ende komplexer sein kann als der Umgang mit einem einzigen endlichen Automaten moderater Größe. Das beschränkte Zerlegungsproblem bewältigt diese Schwierigkeit, indem es die Anzahl der in den Zerlegungen zulässigen Faktoren begrenzt. Wir zeigen, dass diese Flexibilität ihren Preis hat: Überraschenderweise ist dieses Problem NP-vollständig für kommutative Permutationsautomaten, eine Automatenklasse, für die das Zerlegungsproblem einfach ist. Wir zeigen auch, dass das beschränkte Zerlegungsproblem für allgemeine endliche Automaten in PSPACE liegt und für unäre endliche Automaten in LOG liegt.

Literaturverzeichnis

[Če64] Černý, Ján: Poznámka k homogénnym experimentom s konečnými automatmi. Matematicko-fyzikálny časopis, 14(3):208–216, 1964.

[CMS19] Chistikov, Dmitry; Martyugin, Pavel; Shirmohammadi, Mahsa: Synchronizing Automata over Nested Words. Journal of Automata, Languages and Combinatorics, 24(2-4):219–251, 2019.

[JKM20] Jecker, Ismaël; Kupferman, Orna; Mazzocchi, Nicolas: Unary Prime Languages. In: MFCS. Jgg. 170 in LIPIcs. Schloss Dagstuhl - Leibniz-Zentrum für Informatik, S. 51:1–51:12, 2020.

[KM15] Kupferman, Orna; Mosheiff, Jonathan: Prime languages. Information and Computation, 240:90–107, 2015.

[Ma14] Martyugin, Pavel V.: Computational Complexity of Certain Problems Related to Carefully Synchronizing Words for Partial Automata and Directing Words for Nondeterministic Automata. ACM Transactions on Computer Systems, 54(2):293–304, 2014.

[MY20] Mikami, Eitatsu; Yamakami, Tomoyuki: Synchronizing pushdown automata and reset words. IEICE Technical Report; IEICE Tech. Rep., 119(433):57–63, 2020.

[Na86] Natarajan, B. K.: An Algorithmic Approach to the Automated Design of Parts Orienters. In: FOCS. IEEE Computer Society, S. 132–142, 1986.

[Ry83] Rystsov, Igor K.: Polynomial Complete Problems in Automata Theory. Information Processing Letters, 16(3):147–151, 1983.

[St66] Starke, Peter H.: Eine Bemerkung über homogene Experimente. Elektronische Informationsverarbeitung und Kybernetik, 2(4):257–259, 1966.

[TY15] Türker, Uraz Cengiz; Yenigün, Hüsnü: Complexities of Some Problems Related to Synchronizing, Non-Synchronizing and Monotonic Automata. International Journal of Foundations of Computer Science, 26(1):99–122, 2015.

[Wo22] Wolf, Petra: Generalized Synchronization and Intersection Non-Emptiness of Finite-State Automata. Dissertation, University of Trier, Germany, 2022.

Petra Wolf wurde 1992 in Tübingen geboren, wo sie auch 2016 ihr Bachelorstudium in Informatik abschloss. Im Masterstudium legte sie den Schwerpunkt auf Theoretische Informatik und erlangte 2018 von der Eberhard Karls Universität Tübingen den Master of Science in Informatik mit Auszeichnung. Anschließend promovierte sie an der Universität Trier unter der Betreuung von Prof. Dr. Henning Fernau im DFG-geförderten Forschungsprojekt „Moderne Komplexitätsaspekte formaler Sprachen". Während ihrer Promotionszeit erhielt sie 2021 den Publikationspreis des Graduiertenzentrum der Universität Trier im Fachbereich IV und, gemeinsam mit dem Team der Vortragsreihe #LecturesForFuture, den Lehrpreis der Universität Trier 2020/21 in der Kategorie „Grenzen überwunden". Im Januar 2022 schloss sie ihre Promotion in Theoretischer Informatik mit summa cum laude ab. Seit August 2022 ist sie als Postdoktorandin an der Universität Bergen in Norwegen.

Fairness in Rankings

Meike Zehlike[1]

Abstract: Künstliche Intelligenz und selbst-lernende Systeme spielen eine immer größer werdende Rolle in unserem Alltag. Rankings stellen dabei das wesentliche Instrument unserer Onlinesuche nach Inhalten, Produkten, Freizeitaktivitäten und relevanten Personen dar. Die Reihenfolge der Suchergebnisse bestimmt somit nicht nur die Zufriedenheit der Suchenden, sondern auch die Chancen der Sortierten auf Bildung, ökonomischen und sogar sozialen Erfolg. Diskriminierende Rankings erzeugen nicht nur unmittelbare Nachteile, sondern führen auch zu nachteil-verstärkenden Feedbackschleifen. Die vorliegende Arbeit adressiert drei wichtige Herausforderungen, die im Kontext algorithmischer Diskriminierung durch Ranking-Systeme auftreten: Die ethischen Ziele verschiedener Ranking-Situationen müssen mit denjenigen übereinstimmen, die in Ranking-Algorithmen implizit kodiert sind. Zweitens müssen ethische Wertesysteme in Mathematik und Algorithmen zu übersetzt werden, um Ranking-Algorithmen zur Vermeidung von Diskriminierung bereitzustellen. Drittens sollten diese Methoden einem breiten Publikum zugänglich sein, das sowohl Programmiererinnen, als auch Juristinnen und Politikerinnen umfasst.

1 Einführung

Künstliche Intelligenz und selbst-lernende Systeme, die ihr Verhalten aufgrund vergangener Entscheidungen und historischer Daten adaptieren, spielen eine immer größer werdende Rolle in unserem Alltag. Wir sind umgeben von einer großen Zahl algorithmischer Entscheidungshilfen, sowie einer stetig wachsenden Zahl algorithmischer Entscheidungssysteme. Rankings und sortierte Listen von Suchergebnissen stellen dabei das wesentliche Instrument unserer Onlinesuche nach Inhalten, Produkten, Freizeitaktivitäten und relevanten Personen dar. Aus diesem Grund bestimmt die Reihenfolge der Suchergebnisse nicht nur die Zufriedenheit der Suchenden, sondern auch die Chancen der Sortierten auf Bildung, ökonomischen und sozialen Erfolg. Diskriminierung und systematische Abwertung bestimmter Personengruppen in Rankings erzeugen nicht nur unmittelbare Nachteile für die Sortierten, sondern zusätzlich negative Feedbackschleifen, die die Lage der ohnehin schon Benachteiligten noch weiter verschlechtert. Betrachten wir als Beispiel eine Online-Plattform bei der sowohl Arbeitsuchende, als auch Recruiterinnen[2] sich anmelden um das passende Gegenstück zu ihrer Suche zu finden. Nehmen wir an eine Recruiterin sucht nach einer geeigneten Kandidatin für eine Position im Bereich Software Engineering. Durch vielseitige Arten von Bias hat der Ranking-Algorithmus gelernt, Frauen für diesen Bereich als weniger relevant

---
[1] Humboldt Universität zu Berlin, Mathematisch-Naturwissenschaftliche Fakultät, Institut für Informatik, Rudower Chaussee 25, 12489 Berlin, Deutschland zehlike@gmail.com
[2] Ich verwende in dieser Zusammenfassung ausschließlich das generische Femininum, beziehe mich aber natürlich nicht nur auf Frauen, sondern auf alle Personen.

einzuschätzen als Männer. Aus diesem Grund wird Klara Musterfrau trotz einschlägigen Studiums mit guten Noten an das Ende der Liste verbannt, wo sie für die Recruiterin praktisch unsichtbar wird. Sie wird nicht kontaktiert und erhält weniger Angebote, was zu weniger Wahlmöglichkeiten mit weniger Entwicklungspotential führt, was zu weniger relevanter Berufserfahrung führt, was zu geringerer Vermittelbarkeit führt. Rankings bilden also nicht einfach nur eine (ohnehin diskriminierende) Wirklichkeit ab, sie erschaffen eine neue Realität, die vorhandene Diskriminierung noch verschärft [ON17]. Wissenschaft und Politik sorgen sich aus diesem Grund mehr und mehr um systematische Diskriminierung und Bias durch selbst-lernende Systeme.

Um der Diskriminierung im Kontext von Rankings Herr zu werden, sind folgende drei Herausforderungen zu addressieren: Zunächst müssen wir die ethischen Eigenschaften und moralischen Ziele verschiedener Situationen erarbeiten, in denen Rankings eingesetzt werden [ZYS22a; ZYS22b]. Diese Ziele sollten mit den ethischen Werten der Algorithmen übereinstimmen, die zur Vermeidung von diskriminierenden Rankings Anwendung finden. Zweitens ist es notwendig, ethische Wertesysteme in Mathematik und Algorithmen zu übersetzen, um sämtliche moralischen Ziele bedienen zu können [ZC20; Ze17; Ze22b]. Drittens sollten diese Methoden einem breiten Publikum zugänglich sein, das sowohl Programmiererinnen, als auch Juristinnen und Politikerinnen umfasst. Die vorliegende Arbeit [Ze22a] widmet sich der Lösung dieser Fragestellungen auf folgende Art:

Fünf Konzepte zur Klassifizierung von Fairness: Wir untersuchen alle wichtigen Definitionen von Fairness für Rankings hinsichtlich ihrer ethischen Werte und moralischen Ziele, sowohl jene aus der Literatur, als auch die in dieser Arbeit neu Eingeführten. Dafür stellen wir fünf Dimensionen von Fairness vor und eine systematische Klassifizierung aller in dieser Arbeit präsentierten Methoden auf.

Faire Ranking Algorithmen: Wir präsentieren zwei neue Ranking-Methoden gegen indirekte Diskriminierung, wovon eine Methode die Zielfunktion eines Learning-to-Rank Algorithmus um eine Fairness-Komponente erweitert und die andere ein bereits vorhandenes Ranking nach Fairnesskriterien neu sortiert.

Eine Open-Source API: Wir implementieren unsere Fair-Ranking Methoden in die erste open-source Bibliothek für faire Suchergebnisse, einerseits als Python- und Java-Pakete, andererseits als Plugin für die bekannte Such-API "Elasticsearch."

2 Grundlagen und Problemstellung

Rankings sind ein zentraler Bestandteil vieler Anwendungen im Bereich Information Retrieval, seien es Suchmaschinen oder Empfehlungssysteme. Sie werden erzeugt, indem alle Dokumente[3] aus einer Ergebnismenge hinsichtlich ihrer geschätzten Relevanz für

---
[3] Dokumente dient hier als generische Bezeichnung für die Elemente der Ergebnismenge. Ein Dokument kann also sowohl ein echtes Dokument sein, als auch ein Produkt oder das Profil einer Kandidatin.

die Nutzerin absteigend sortiert werden. Somit kann die Nutzerin sich direkt denjenigen Dokumenten widmen, die wahrscheinlich am interessanten für sie sind, anstatt sich durch die potentiell riesige Menge aller als "relevant" markierten Dokumente zu arbeiten.

Die Qualität $U(\tau)$ eines Rankers f wird häufig mittels Normalized Discounted Cumulated Gain (NDCG) [JK02] gemessen. Dabei wird die Relevanz y eines Dokuments $d_i = \tau(j)$ in Relation zu seiner Position j im von f erzeugten Ranking τ gesetzt: $U(\tau)$ = NDCG = $\frac{1}{\text{IDCG}} \sum_{j=1}^{k} \frac{y_{\tau(j)}}{\log_2(j+1)}$. Diese Gleichung trägt der Tatsache Rechnung, dass die Sichtbarkeit innerhalb der ersten k Positionen im Ranking rapide abnimmt, was als *Positionsbias* [Jo17] bekannt ist. Studien zeigen, dass die Aufmerksamkeit, die Nutzerinnen den Dokumenten in ihren Suchergebnissen schenken, exponentiell mit jeder Position sinkt.

Geschützte Merkmale und demografische Gruppen. Um Diskriminierung in Rankings erkennen und korrigieren zu können, benötigen wir zunächst das Konzept einer *demografischen Gruppe*, deren Zugehörigkeit über die Anwesenheit bestimmter *geschützter Merkmale*, wie z.b. Gender, Behindertenstatus oder Migrationshintergrund, definiert wird. Dabei können Kandidatinnen[4] gleichzeitig mehreren Gruppen angehören (z.B. Frauen mit Migrationshintergrund). Solche Menschen erfahren einerseits stärkere Benachteiligung als Personen, die nur einer Gruppe angehören. Andererseits folgt die Diskriminierung meist völlig anderen Mustern als solche, die die einzelnen Gruppen betrifft, d.h. man kann nicht einfach davon ausgehen, dass das Ausmaß der Diskriminierung linear mit der Anzahl an Gruppenzugehörigkeiten zunimmt. Dieses Phänomen wird als *Intersektionalität* [Cr90] bezeichnet.

Fairness und Diskriminierung durch ungleiche Sichtbarkeit im Ranking. Wir verstehen Diskriminierung bzw. Unfairness in Rankings als eine *systematische Ungleichheit in der Sichtbarkeit*, sowohl für die Einzelne, als auch für Gruppen von Kandidatinnen. Diese Interpretation liegt in der direkten Abhängigkeit von Sichtbarkeit mit wirtschaftlichem, beruflichem und sozialem Erfolg derjenigen, die gerankt werden, begründet. Wenn eine Person oder auch eine bestimmte demografische Gruppe systematisch auf die hintersten Plätze verbannt wird, sinkt ihre Chance, z.B. auf ein Vorstellungsgespräch, wegen des Positionsbias' und der exponentiell sinkenden Sichtbarkeit gen Null. Dabei werden ungleiche und unfaire Verteilungen von Sichtbarkeit zunächst durch den Positionsbias hervorgerufen, insbesondere dann, wenn Kandidatinnen sich qualitativ sehr ähnlich sind, jedoch eine (ähnlich qualifizierte) Kandidatin im Ranking naturgemäß vor der anderen kommen muss. Hinzu kommen Bias und Diskriminierung aus der Gesellschaft, die ihren Weg in Daten und Algorithmen finden.

Die vorliegende Arbeit präsentiert zwei Methoden zur Reduzierung von Diskriminierung in Rankings, die sich als richtungsweisend für das gesamte Feld erwiesen haben: FA*IR [Ze17; Ze22b; ZSC20] gehört zu den ersten fairen Ranking-Algorithmen überhaupt und begründete

---

[4] Ab diesem Kapitel verwende ich die Begriffe 'Dokument' und 'Kandidatin' synonym für die Elemente eines Rankings, um zu verdeutlichen, dass sich hinter dem abstrakten Konzept des Dokuments ein realer Mensch und sein Schicksal verbirgt.

den Bereich der probabilistischen Definitionen fairer Rankings. Mit DELTR [ZC20] stelle ich den ersten fairen Lernalgorithmus für Rankings vor. Seine Fairness-Definition gehört zum Paradigma der expositionsbasierten Definitionen. Letzteres Paradigma misst Sichtbarkeit als die zu erwartende Aufmerksamkeit, die eine Nutzerin einem Dokument beimessen wird, was eng mit der Definition des Positionsbias zusammenhängt. Das probabilistische Paradigma stellt die Frage, ob ein Ranking mit einer hinreichenden Wahrscheinlichkeit durch einen fairen statistischen Prozess (z.B. durch würfeln) erzeugt wurde. Im Gegensatz zum expositionsbasierten Paradigma wird hier jede Position einzeln überprüft, sodass es nicht möglich ist eventuell vorhandene lokale Diskriminierung in den ersten Positionen in späteren Positionen zu korrigieren.

3 Fünf Dimensionen für Fairness in Ranking-Algorithmen

Um die verschiedenen formellen Definitionen von Fairness für Rankings richtig einordnen und in Beziehung setzen zu können, brauchen wir ein gemeinsames Verständnis von Bias und Fairness sowie deren moralischer Nuancen einerseits, und von den verschiedenen Perspektiven hinsichtlich derer algorithmische Fairness betrachtet werden kann andererseits. Im Vergleich stellt man fest, dass faire Algorithmen sich stark darin unterscheiden, wie sie Kandidatinnen repräsentieren (z.B., ob sie nur ein geschütztes Merkmal behandeln oder mehrere), welche Art Bias sie zu erkennen und verhindern suchen, wie sie mit Trade-offs zwischen Fairness und Relevanz umgehen, und an welcher Stelle innerhalb der Machine-Learning-Pipeline sie ansetzen. Diese technischen und operationellen Entscheidungen stellen normative Entscheidungen dar, die die vorliegende Arbeit durch sorgfältige Analyse der Beziehung von ethischem Konzept zu mathematischer Definition sichtbar macht.

Modellierung der Gruppenstrukur. Beinahe alle Methoden, die im Bereich faire Rankings bisher vorgeschlagen wurden, nehmen geschützte Merkmale als kategorisch (also nicht kontinuierlich) an. Viele Methoden können lediglich ein einziges Merkmal gleichzeitig behandeln, und viele dieser Methoden haben die zusätzliche Einschränkung, dass dieses Attribut binär sein muss (d.h., es gibt genau eine geschützte und eine nicht-geschützte Gruppe). Mit der Zeit wurden einige dieser Arbeiten auf mehrere Merkmale generalisiert, unter anderem eine der beiden Methoden dieser Dissertation. Nur solche Ansätze mit der Möglichkeit mehr als eine geschützte Gruppe gleichzeitig in Betracht zu ziehen sind in der Lage intersektioneller Diskriminierung zu begegnen. Somit birgt die mathematische Beschränkung auf nur eine mögliche geschützte eine normative Komponente, da sie Intersektionalität ignoriert.

Typen von Bias. Der Begriff *Computer Bias* stammt von Friedman und Nissenbaum [FN96], die ein System als 'gebiast' deklarieren, wenn es bestimmte Individuen oder Gruppen *systematisch* ungleich und gleichzeitig *unfair* behandelt. Dabei meint unfaire Behandlung entweder das *Versagen einer Leistung* oder das *Zuweisen eines unerwünschten Resultats* auf Basis von *unangebrachten* oder *unvernünftigen* Gründen. Bias hat also immer eine systematische und eine unfaire Komponente. Weiterhin definieren Friedman und Nissenbaum drei allgemeine Typen von Bias: (1) *Bestehender Bias:* Dieser Typ enthält jeglichen Bias der unabhängig vom System existiert und dessen Ursprung in der Gesellschaft und ihren Strukturen zu finden ist. (2) *Technischer Bias:* Dieser Typ bezieht sich auf sämtliche Biases, die durch technische Grenzen und Beschränkungen hervorgerufen werden. Der Positionsbias fällt in diese Kategorie. (3) *Entstehender Bias:* Dieser Typ beschreibt Biases, die erst während der aktiven Nutzung eines Systems entstehen, entweder weil die antizipierten Nutzerinnen nicht den realen entsprechen, oder weil sich gesellschaftliche Konzepte weiterentwickelt haben.

Ansatzpunkt in der Machine-Learning-Pipeline. Wie schon der vorherige Abschnitt erahnen lässt, tritt Bias in allen Phasen der Machine-Learning-Pipeline auf, akkumuliert sich und gewinnt häufig auf seinem Weg an Bedeutsamkeit. Es wurden für jede Stufe Methoden vorgeschlagen, die, je nachdem ob sie vor, während oder nach dem Modell-Training ansetzen, als *Pre-, In-* oder *Post-processing* bezeichnet werden.

Weltanschauung. Diese Dimension zur Klassifizierung von fairen Rankern behandelt die moralischen Ziele bei der Bias-Minderung und verdeutlicht, welche Eigenschaften ein faires Ranking bedingen. Friedler et al. [FSV16] definieren drei für das maschinelle Lernen relevante metrische Räume: den Konzeptraum (CS), den beobachtbaren Raum (OS) und den Entscheidungsraum (DS). Die Beziehung zwischen diesen Räumen hängt nun maßgeblich vom Wertesystem der jeweiligen Entwicklerin und Nutzerin ab und behandeln die Frage, ob sich die tatsächlichen Stärken und Schwächen eines Menschen mittels beobachtbarer und maschinenlesbarer Daten abbilden lassen. Der Weltanschauung 'What you see is what you get' (WYSIWYG) liegt die Annahme zu Grunde, dass eine Abbildung von CS nach OS nur sehr geringe Verzerrungen in den Daten erzeugt. Die Anschauung 'We are all equal' (WAE) hingegen geht davon aus, dass alle beobachteten Unterschiede zwischen den Verteilungen verschiedener Gruppen auf fehlerhafte Messungen und historische Diskriminierung zurückgehen.

Verständnis von Chancengleichheit. Chancengleichheit ist ein Konzept aus der politischen Philosophie, das sich mit der Frage nach der gerechten Verteilung von gesellschaftlichen Gütern und Positionen beschäftigt. Heidari et al. [He19] stellen vier verschiedene Subtypen vor, von denen ich hier auf zwei näher eingehe: (1) *Formelle Chancengleichheit:* in diesem Paradigma werden gesellschaftlich-wünschenswerte Güter und Positionen ausschließlich aufgrund von Merkmalen vergeben, die für die Ausübung der Position relevant sind (z.B. darf niemandem aufgrund ihrer Hautfarbe der Zugang verwehrt werden). Diejenige, die am besten für die Position geeignet ist, erhält sie. (2) *Substanzielle Chancengleichheit (speziell Luck-Egalitarianism):* in diesem Paradigma werden Güter und Positionen ebenfalls nach relevanter Qualifikation vergeben, jedoch wird hier zusätzlich gefordert, dass die Möglichkeit die notwendige Qualifikation zu erwerben mit in Betracht gezogen wird. Dies erkennt an, dass unterschiedliche Startbedingungen einen großen Einfluss auf die Qualifizierungsmöglichkeiten eines Menschen haben. Luck-Egalitarianism im Speziellen fordert hierbei, nur Individuen einer Gruppe miteinander zu vergleichen.

In den nächsten Abschnitten werde ich die vorgestellten Methoden anhand dieser fünf Dimensionen vergleichen und sie dadurch miteinander in Beziehung setzen.

4 FA*IR: Ein fairer top-k Ranker

Der Algorithmus FA*IR beruht auf einem statistischen Signifikanztest und kann einerseits ein gegebenes Ranking auf Fairness überprüfen, andererseits ein qualitativ hochwertiges und gleichzeitig faires Ranking mit k Kandidatinnen erzeugen. In einem solchen Ranking, nennen wir es τ, darf der Anteil an Kandidatinnen einer geschützten Gruppe an *keiner Position* unter ein gegebenes Minimum fallen. Dieses Kriterium nennen wir *Ranked Group Fairness*. Mathematisch ausgedrückt vergleicht dieses Kriterium die Anzahl geschützter Kandidatinnen in jedem Ranking-Präfix mit deren erwarteter Anzahl, wären sie durch ein rein stochastischen Prozess (in unserem Fall die Multinomialverteilung, d.h. an jeder Position wird gewürfelt) ausgewählt worden. Unter einem Ranking-Präfix $\tau_{1..j}$ sind jeweils die ersten j Positionen in τ zu verstehen. Der Algorithmus erhält als Input die Rankinglänge k, sowie den Minimalanteil p_i an Kandidatinnen für jede geschütze Gruppe $G_i \in \mathbf{G}$ (d.h. wir würfeln mit Wahrscheinlichkeit p_i eine Kandidatin aus Gruppe G_i). Im Anschluss ermittelt er für jede Gruppe die Anzahl τ_i an geschützten Kandidatinnen aus Gruppe G_i im Ranking τ. Den Vektor, der diese Anzahlen enthält, nennen wir $\tau_\mathbf{G}$.

Definition 1 (Fair Representation Condition) *Sei n die Anzahl an Versuchen, von denen jeder mit Wahrscheinlichkeit p_i zu Ereignis E_i führt. Sei X eine Menge an multinomial verteilten Zufallsvariablen, die die jeweilige Anzahl an Versuchen enthält, bei denen E_i eintritt. Sei ferner $F(X; n, p_\mathbf{G})$ die zugehörige Verteilungsfunktion dieses multinomial-verteilten Prozesses. Ein Ranking τ der Länge k mit $\tau_\mathbf{G}$ Anzahlen geschützter Kandidatinnen aller Gruppen $\mathbf{G}$, gegebenen Minimalanteilen $p_\mathbf{G} = (p_1, \ldots, p_i, \ldots, p_{|\mathbf{G}|})$ und Signifikanzniveau α erfüllt genau dann die* Fair Representation Condition, *wenn $F(\tau_\mathbf{G}; k, p_\mathbf{G}) > \alpha$.*

Definition 2 (Ranked Group Fairness Condition) *Ein Ranking τ erfüllt genau dann die* Ranked Group Fairness Condition *mit Parametern $p_\mathbf{G}$ und α, wenn für jedes Ranking-Präfix $\tau_{1..j}$ mit $1 \le j \le k$ gilt, dass es die* Fair Representation Condition *mit Minimalanteilen $p_\mathbf{G}$ und Signifikanzniveau $\alpha_c = $ ADJUSTSIGNIFICANCE$(k, p_\mathbf{G}, \alpha)$ erfüllt. (Die Funktion* ADJUSTSIGNIFICANCE$(k, p_\mathbf{G}, \alpha)$ *wird benötigt, weil wir mit dieser Vorgehensweise k voneinander abhängige Hypothesen testen. Sie gibt ein korrigiertes Signifikanzniveau α_c zurück, sodass die Gesamtsignifikanz der k Fairnesstests α beträgt).*

Mittels dieser Definitionen können wir nun eine Datenstruktur erzeugen, die für einen gegebenen Satz an Parametern $(k, p_\mathbf{G}, \alpha)$ die Minimalanzahl an Kandidatinnen jeder geschützten Gruppe an jeder Position enthält. Eine solche Struktur bezeichne ich als *mTree*. Abbildung 1 zeigt ein Beispiel eines mTrees mit den Parametern $p_\mathbf{G} = (0.2, 0.4)$ und $\alpha = 0.1$. Es sei angemerkt, dass jeder Pfad durch den mTree den Ranked Group Fairness

Test besteht und somit eine mögliche Verteilung von geschützten Kandidatinnen im fairen Ranking darstellt. Zur Erzeugung fairer Rankings orientiert sich FA*IR ebenfalls am jeweiligen mTree. Zunächst werden alle Kandidatinnen innerhalb ihrer jeweiligen Gruppe G_i nach Qualität sortiert. Anschließend ordnet FA*IR die Kandidatinnen in ein faires Ranking τ, indem immer die nächstbeste Kandidatin gewählt wird, außer mindestens eine Gruppe erfüllt ihre Minimalanzahl aus dem mTree noch nicht. Sollte dies der Fall sein, wählt FA*IR denjenigen Pfad, der laut p_G am wahrscheinlichsten ist (d.h. den höchsten Wert für F aufweist). Beispielsweise würde der Algorithmus für den mTree in Abbildung 1 an Position 4 den unteren Knoten wählen, da $p_1 < p_2$ und somit $F_{p_1} < F_{p_2}$. Sind zwei Pfade gleich wahrscheinlich, entscheidet FA*IR sich zufällig.

Fairness Dimensionen. FA*IR gehört zu den probabilistischen post-processing Methoden und arbeitet unter der Annahme, dass Entscheidungen fair sind, wenn Kandidatinnen mittels eines multinomialverteilten Zufallsprozesses (würfeln) positioniert werden. Dies bewirkt, dass die Relevanz der Kandidatinnen nur innerhalb ihrer Gruppen miteinander verglichen wird, nicht aber über Gruppenzugehörigkeit hinweg. Eine solche Annahme entspricht substanzieller Chancengleichheit und der Weltanschauung WAE (es sei jedoch angemerkt, dass der Algorithmus auch die Anwendung formeller Chancengleichheit und der WYSIWYG-Anschauung unterstützt, wenn die Minimalanteile p_G auf niedrige Werte gesetzt werden). FA*IR geht davon aus, dass alle messbaren Unterschiede zwischen den Gruppen in den Verteilungen ihrer Qualifikation durch vergangene Diskriminierung entstehen, die Verteilungen intrinsischer Relevanz (d.h. in *CS*) jedoch gleich sind. Der Algorithmus mindert demnach bestehenden und technischen Bias. Er kann mit mehreren Gruppen gleichzeitig umgehen und ist insbesondere für den Umgang mit intersektioneller Diskriminierung geeignet, da *alle* Gruppen *stets* voneinander getrennt betrachtet werden.

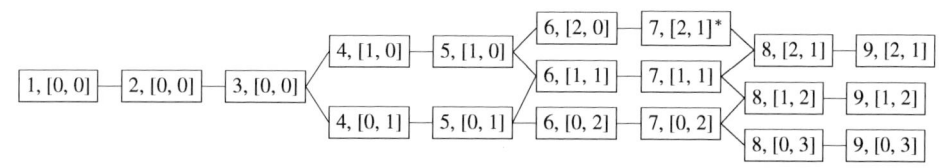

Abb. 1: Ein mTree für zwei geschützte Gruppen mit Minimalanteilen $p_G = (0.2, 0.4)$ und bereits korrigiertem Signifikanzniveau α_c. Zu lesen ist die Notation $(k, [x, y])$ folgendermaßen: an der k-ten Position im Ranking müssen mindestens x Kandidatinnen aus Gruppe 1 und y Kandidatinnen aus Gruppe 2 gezählt worden sein, um Ranked Group Fairness zu erfüllen. Betrachten wir als Beispiel den markierten Knoten $(7, [2, 1])^*$: Damit ein Ranking als fair gemäß Definition 2 gilt, müssen in den ersten 7 Positionen mindestens 2 Kandidatinnen aus Gruppe 1 und 1 Kandidatin aus Gruppe 2 zu finden sein. Die ungeschützte Gruppe wird keiner Fairnessbedingung unterworfen, da sie keine Diskriminierung erfährt und demnach keiner besonderen Behandlung bedarf, um vergangene Ungerechtigkeit auszugleichen.

5 DELTR: Ein fairer Lern-Algorithmus für Rankings

Mit DELTR stelle ich den ersten fairen Learning-to-Rank (LTR) Algorithmus vor. Dieser erweitert die Verlustfunktion der bekannten Methode ListNet [Ca07] um einen Term, der die (Un-)Fairness $\mathcal{D}$ (.) des von Model f erzeugten Rankings misst. Somit werden Modelfehler L und Unfairness $\mathcal{D}$ gleichzeitig minimiert:

$$\underset{q \in \mathbf{Q}}{\text{minimize}} \quad L_{\text{fair}}\left(y^{(q)}, \hat{y}^{(q)}\right) = L\left(y^{(q)}, \hat{y}^{(q)}\right) + \gamma \cdot \mathcal{D}\left(\hat{y}^{(q)}\right)$$

wobei $y_i^{(q)}$ die Relevanz von Dokument d_i für Suchanfrage (auch Query) q darstellt. Die Relevanzen aller (Trainings-) Dokumente werden im Vektor $y^{(q)}$ zusammengefasst (analog stellt $\hat{y}^{(q)}$ den Vektor dar, der von f prognostiziert wird). Der Gewichtungsfaktor γ dient der Abwägung von Fairness versus Fehlerfreiheit. Für L verwendet ListNet die Kreuzentropie, ein Maß für die Verschiedenheit zweier Wahrscheinlichkeitsverteilungen.[5] Als Unfairnessmaß $\mathcal{D}$ verwende ich die Diskrepanz zwischen der *Exposition* zweier Gruppen in einem Ranking.

$$\mathcal{D}\left(\hat{y}^{(q)}\right) = \max\left(0, \text{Exposure}(G_0) - \text{Exposure}(G_1)\right)^2$$

Dafür definiere ich zunächst die Exposition eines Dokuments d_i als die Wahrscheinlichkeit $P_{\hat{y}^{(q)}}$, dass d_i die erste Position im Ranking einnimmt. Die Exposition einer Gruppe G_a ergibt sich dann aus der durchschnittlichen Exposition jedes der Gruppe zugehörigen Dokumente:

$$\text{Exposure}(G_a) = \frac{1}{|G_a|} \sum_{d_i^{(q)} \in G_a} \text{Exposure}(d_i^{(q)})$$

Zu beachten ist, dass es sich bei $\mathcal{D}$ um ein asymmetrisches Maß handelt, das nur dann Bedeutung erlangt, wenn die geschützte Gruppe G_1 weniger exponiert ist, als die nichtgeschützte Gruppe G_0. Abbildung 2 verdeutlicht die Funktionsweise der Methode anhand eines kleinen synthetischen Datensatzes für verschiedene γ-Werte.

Fairness Dimensionen. DELTR gehört zu den expositionsbasierten in-processing Methoden, die entwickelt wurden um einige Nachteile der post-processing Methoden zu überwinden. Der entscheidenste Nachteil im Post-Processing besteht darin, dass ein unfaires Model trainiert wird, dass später korrigiert werden muss. Dies hat unter Wissenschaftlerinnen den Eindruck erweckt, dass Fairness und Genauigkeit stets gegeneinander abgewogen werden müssten. Jedoch zeigen meine Experimente mit DELTR, dass die Reduzierung von Bias zu einer verbesserten Genauigkeit des Models führen kann, wenn beide Zielfunktionen gleichzeitig optimiert werden. Die Methode mindert vor allem präexistierenden und technischen Bias. Da sie, wie auch schon FA*IR, kein Relevanzmaß in ihrer Fairnessdefinition enthält, ist sie der WAE-Anschauung und substanzieller Chancengleichheit zuzuordnen.

---

[5] Mittels einfacher mathematischer Kniffe, deren Erklärung ich aus Platzgründen auslasse, ist es möglich die Relevanzmaße aus $y^{(q)}$ und $\hat{y}^{(q)}$ in Wahrscheinlichkeiten umzuwandeln.

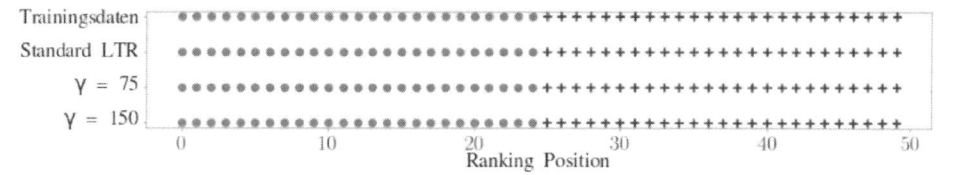

```
Trainingsdaten  ++++++++++++++++++++++++++++++••••••••••••••••••••••
Standard LTR    ++++++++++++++++++++++++++++++••••••••••••••••••••••
γ = 75          +++++++++++++++++++++•+••+•+•+•+•••+•+•••+•+•••••••
γ = 150         +++•+•+••++•••+++•+•+•••+••+•+•+•+•+•++••+•+•+•+•••
                0          10         20         30         40          50
                                   Ranking Position
```
(a) In den Trainingsdaten befinden sich alle nicht-geschützten Dokumente auf den ersten Rankingpositionen.

```
Trainingsdaten  ••••••••••••••••••••••••••••••++++++++++++++++++++++
Standard LTR    ••••••••••••••••••••••••••••••++++++++++++++++++++++
γ = 75          ••••••••••••••••••••••••••++++++++++++++++++++++++++
γ = 150         •••••••••••••••••••••••••+++++++++++++++++++++++++++
                0          10         20         30         40          50
                                   Ranking Position
```
(b) In den Trainingsdaten befinden sich alle geschützten Dokumente auf den ersten Rankingpositionen.

Abb. 2: Wirkung von DELTR anhand eines synthetischen Datensatzes. **Oben:** DELTR reduziert die Expositionsdiskrepanz für die geschützte Gruppe (rot). **Unten:** Durch die Asymmetrie verhält DELTR sich wie ein normaler LTR-Algorithmus, wenn die geschützte Gruppe bereits exponierter ist, als die nicht-geschützte Gruppe.

6 Zusammenfassung, Weiterführungen und Ausblick

Mit dieser Arbeit stelle ich verschiedene Möglichkeiten vor, gegen Diskriminierung in Rankings vorzugehen, wobei die Rankings sowohl für die Nutzerin relevant bleiben, als auch Fairness für die Kandidatinnen gegeben sein sollen. Dafür erarbeite ich zunächst ein breites Spektrum an philosophischen Grundlagen für Fairness und stellte deren Zusammenhang zu mathematischen Definition von Fairness her. Anschließend schlage ich zwei Methoden vor, die auf Prinzipien von substanzieller Chancengleichheit beruhen, einen In-processing, expositionsbasierten Ansatz und einen Post-processing, probabilistischen Ansatz. Bei beiden handelt es sich um die ersten ihrer Art.

Über diese Zusammenfassung hinaus enthält die Dissertation zu jeder Methode eine detaillierte Erarbeitung der mathematischen Theorie, ausführliche Experimente und deren Auswertungen, sowie Diskussionen zu den Grenzen der Ansätze. Zwei Kapitel lasse ich hier aus Platzgründen unberücksichtigt: Eines enthält eine umfangreiche Aufstellung anderer fairer Ranking-Methoden aus der Literatur, in der technische Funktionsweisen und damit verbundene normative Entscheidungen aufgezeigt und in Beziehung gesetzt werden. Das andere beschreibt die eingangs erwähnte Implementierung aller Algorithmen in FAIRSEARCH, die erste open-source API für faire Suche. Dies stellt die hier entwickelten Methoden einem breiten Publikum zur Verfügung, ohne die Notwendigkeit die gesamte wissenschaftliche Literatur zu durchforsten.

Literatur

[Ca07]   Cao, Z.; Qin, T.; Liu, T.-Y.; Tsai, M.-F.; Li, H.: Learning to rank: from pairwise approach to listwise approach. In: Proceedings of the 24th international conference on Machine learning. S. 129–136, 2007.

[Cr90]   Crenshaw, K.: Mapping the margins: Intersectionality, identity politics, and violence against women of color. Stan. L. Rev. 43/, S. 1241, 1990.

[FN96]   Friedman, B.; Nissenbaum, H.: Bias in Computer Systems. ACM Trans. Inf. Syst. 14/3, S. 330–347, 1996, URL: https://doi.org/10.1145/230538.230561.

[FSV16] Friedler, S.; Scheidegger, C.; Venkatasubramanian, S.: On the (im) possibility of fairness. arXiv preprint arXiv:1609.07236/, 2016.

[He19]   Heidari, H.; Loi, M.; Gummadi, K. P.; Krause, A.: A moral framework for understanding fair ml through economic models of equality of opportunity. In: Proceedings of the Conference on Fairness, Accountability, and Transparency. ACM, S. 181–190, 2019.

[JK02]   Järvelin, K.; Kekäläinen, J.: Cumulated gain-based evaluation of IR techniques. ACM Transactions on Information Systems (TOIS) 20/4, S. 422–446, 2002.

[Jo17]   Joachims, T.; Granka, L.; Pan, B.; Hembrooke, H.; Gay, G.: Accurately interpreting clickthrough data as implicit feedback. In: ACM SIGIR Forum. Bd. 51, Acm New York, NY, USA, S. 4–11, 2017.

[ON17]   O'Neil, C.: Weapons of Math Destruction: How Big Data Increases Inequality and Threatens Democracy. Broadway Books, 2017, ISBN: 0553418831.

[ZC20]   Zehlike, M.; Castillo, C.: Reducing disparate exposure in ranking: A learning to rank approach. In: Proceedings of The Web Conference 2020. S. 2849–2855, 2020.

[Ze17]   Zehlike, M.; Bonchi, F.; Castillo, C.; Hajian, S.; Megahed, M.; Baeza-Yates, R.: Fa*ir: A fair top-k ranking algorithm. In: Proceedings of the 2017 ACM on Conference on Information and Knowledge Management. ACM, S. 1569–1578, 2017.

[Ze22a] Zehlike, M.: Fairness in Rankings. Humboldt Universitaet zu Berlin (Germany), 2022.

[Ze22b] Zehlike, M.; Bonchi, F.; Castillo, C.; Hajian, S.; Sühr, T.; Baeza-Yates, R.: Fair Top-k Ranking with Multiple Protected Groups. Information Processing and Management 59 (1)/, 2022.

[ZSC20] Zehlike, M.; Sühr, T.; Castillo, C.: A Note on the Significance Adjustment for FA* IR with Two Protected Groups. arXiv preprint arXiv:2012.12795/, 2020.

[ZYS22a] Zehlike, M.; Yang, K.; Stoyanovich, J.: Fairness in ranking, part I: Score-based ranking. ACM Computing Surveys 55/6, S. 1–36, 2022.

[ZYS22b] Zehlike, M.; Yang, K.; Stoyanovich, J.: Fairness in ranking, part II: Learning-to-rank and recommender systems. ACM Computing Surveys 55/6, S. 1–41, 2022.

Meike Zehlike schloss ihre Dissertation 2022 mit dem Prädikat *Summa Cum Laude* im Fach Informatik an der Humboldt-Universität zu Berlin ab. Sie arbeitete zum Thema *Fairness und Diskriminierung in Suchalgorithmen* unter Prof. Ulf Leser, Prof. Carlos Castillo (UPF Barcelona) und Prof. Krishna Gummadi (Max-Planck-Institut für Software-Systeme). Ihre Dissertation setzt sich aus mehreren wegweisenden Veröffentlichungen zusammen, die zu den meistzitierten im Bereich Fairness in Rankings gehören. Für ihre Arbeit erhielt sie zahlreiche Auszeichnungen und Forschungsstipendien, unter anderem den Humboldt-Preis 2022 für die beste Dissertation, das Google-Stipendium Women Techmaker Award 2019, sowie den Data Transparency Lab Research Grant 2017. Sie ist seit 2019 Mitglied der ELLIS society (European League of Learning and Intelligent Systems).

Meike arbeitet heute als Senior Research Scientist bei Zalando, als externe Dozentin an der Humboldt-Universität, wo sie die Vorlesung "Trustworthy Machine Learning" hält, und als selbstständige Beraterin für die Gewerkschaft IG Metall und deren zugeordnete Betriebsräte. Neben ihren wissenschaftlichen Publikationen trägt sie viel zum Transfer ihrer Forschungsergebnisse in die Praxis bei: sie veröffentlicht regelmäßig Zeitungsartikel, tritt in Podcasts und Fernsehdokumentationen auf, und beteiligt sich an Normierungsinitiativen für KI-Systeme.

GI-Edition Lecture Notes in Informatics

P-307 Ralf H. Reussner, Anne Koziolek,
Robert Heinrich (Hrsg.)
INFORMATIK 2020
Back to the Future
28. September – 2. Oktober 2020,
Karlsruhe

P-308 Raphael Zender, Dirk Ifenthaler,
Thiemo Leonhardt, Clara Schumacher
(Hrsg.)
DELFI 2020 –
Die 18. Fachtagung Bildungstechnologien
der Gesellschaft für Informatik e.V.
14.–18. September 2020
Online

P-309 A. Meyer-Aurich, M. Gandorfer,
C. Hoffmann, C. Weltzien,
S. Bellingrath-Kimura, H. Floto (Hrsg.)
Informatik in der Land-, Forst- und
Ernährungswirtschaft
Referate der 41. GIL-Jahrestagung
08.–09. März 2021, Leibniz-Institut für
Agrartechnik und Bioökonomie e.V.,
Potsdam

P-310 Anne Koziolek, Ina Schaefer,
Christoph Seidl (Hrsg.)
Software Engineering 2021
22.–26. Februar 2021,
Braunschweig/Virtuell

P-311 Kai-Uwe Sattler, Melanie Herschel,
Wolfgang Lehner (Hrsg.)
Datenbanksysteme für Business,
Technologie und Web (BTW 2021)
Tagungsband
13.–17. September 2021,
Dresden

P-312 Heiko Roßnagel, Christian H. Schunck,
Sebastian Mödersheim (Hrsg.)
Open Identity Summit 2021
01.–02. Juni 2021, Copenhagen

P-313 Ludger Humbert (Hrsg.)
Informatik – Bildung von Lehrkräften in
allen Phasen
19. GI-Fachtagung Informatik und Schule
8.–10. September 2021 Wuppertal

P-314 Gesellschaft für Informatik e.V. (GI)
(Hrsg.)
INFORMATIK 2021 Computer Science &
Sustainability
27. September– 01. Oktober 2021, Berlin

P-315 Arslan Brömme, Christoph Busch,
Naser Damer, Antitza Dantcheva,
Marta Gomez-Barrero, Kiran Raja,
Christian Rathgeb, Ana F. Sequeira,
Andreas Uhl (Eds.)
BIOSIG 2021
Proceedings of the 20th International
Conference of the Biometrics
Special Interest Group
15.–17. September 2021
International Digital Conference

P-316 Andrea Kienle, Andreas Harrer,
Jörg M. Haake, Andreas Lingnau (Hrsg.)
DELFI 2021
Die 19. Fachtagung Bildungstechnologien
der Gesellschaft für Informatik e.V.
13.–15. September 2021
Online 8.–10. September 2021

P-317 M. Gandorfer, C. Hoffmann, N. El Benni,
M. Cockburn, T. Anken, H. Floto (Hrsg.)
Informatik in der Land-, Forst- und
Ernährungswirtschaft
Fokus: Künstliche Intelligenz in der Agrar-
und Ernährungswirtschaft
Referate der 42. GIL-Jahrestagung
21.–22. Februar 2022 Agroscope, Tänikon,
Ettenhausen, Schweiz

P-318 Andreas Helferich, Robert Henzel,
Georg Herzwurm, Martin Mikusz (Hrsg.)
FACHTAGUNG SOFTWARE
MANAGEMENT 2021
Fachtagung des GI-Fachausschusses
Management der Anwendungsentwicklung
und -wartung im Fachbereich Wirtschafts-
informatik (WI-MAW), Stuttgart, 2021

P-319 Zeynep Tuncer, Rüdiger Breitschwerdt,
Helge Nuhn, Michael Fuchs, Vera Meister,
Martin Wolf, Doris Weßels, Birte Malzahn
(Hrsg.)
3. Wissenschaftsforum:
Digitale Transformation (WiFo21)
5. November 2021 Darmstadt, Germany

P-320 Lars Grunske, Janet Siegmund,
Andreas Vogelsang (Hrsg.))
Software Engineering 2022
21.–25. Februar 2022, Berlin/Virtuell

P-321 Veronika Thurner, Barne Kleinen, Juliane
Siegeris, Debora Weber-Wulff (Hrsg.)
Software Engineering im Unterricht der
Hochschulen SEUH 2022
24.–25. Februar 2022, Berlin

P-322 Peter A. Henning, Michael Striewe,
Matthias Wölfel (Hrsg.))
DELFI 2022 Die 20. Fachtagung
Bildungstechnologien der Gesellschaft für
Informatik e.V.
12.–14. September 2022, Karlsruhe

P-323 Christian Wressnegger, Delphine
Reinhardt, Thomas Barber, Bernhard C.
Witt, Daniel Arp, Zoltan Mann (Hrsg.)
Sicherheit 2022
Sicherheit, Schutz und Zuverlässigkeit
Beiträge der 11. Jahrestagung des
Fachbereichs Sicherheit der Gesellschaft
für Informatik e.V. (GI)
5.–8. April 2022, Karlsruhe

P-324 Matthias Riebisch,
Marina Tropmann-Frick (Hrsg.)
Modellierung 2022
Fachtagung vom 27. Juni - 01. July 2022,
Hamburg

P-325 Heiko Roßnagel,
Christian H. Schunck,
Sebastian Mödersheim (Hrsg.)
Open Identity Summit 2022
Fachtagung vom 07. - 08. July 2022,
Copenhagen

P-326 Daniel Demmler, Daniel Krupka, Hannes
Federrath (Hrsg.)
INFORMATIK 2022
26.–30. September 2022
Hamburg

P-327 Masud Fazal-Baqaie, Oliver Linssen,
Alexander Volland, Enes Yigitbas,
Martin Engstler, Martin Bertram,
Axel Kalenborn (Hrsg.)
Projektmanagement und
Vorgehensmodelle 2022
Trier 2022

P-328 Volker Wohlgemuth, Stefan Naumann,
Hans-Knud Arndt, Grit Behrens,
Maximilian Höb (Editors)
Environmental Informatics 2022
26.–28. September 2022,
Hamburg, Germany

P-329 Arslan Brömme, Naser Damer,
Marta Gomez-Barrero, Kiran Raja,
Christian Rathgeb, Ana F. Sequeira,
Massimiliano Todisco, Andreas Uhl (Eds.)
BIOSIG 2022
14. - 16. September 2022,
International Conference

P-330 Informatik in der Land-, Forst- und
Ernährungswirtschaft
Fokus: Resiliente Agri-Food-Systeme
Referate der 43. GIL-Jahrestagung
13.–14. Februar 2023 Osnabrück

P-331 Birgitta König-Ries, Stefanie Scherzinger,
Wolfgang Lehner, Gottfried Vossen
(Hrsg.)
Datenbanksysteme für Business,
Technologie und Web (BTW 2023)
06.–10. März 2023, Dresden

P-332 Gregor Engels, Regina Hebig,
Matthias Tichy (Hrsg.)
Software Engineering 2023
20.–24. Februar 2023, Paderborn

P-333 Steffen Becker & Christian Gerth (Hrsg.)
SEUH 2023
23.–24. Februar 2023, Paderborn

P-334 Andreas Helferich, Dimitri Petrik,
Gero Strobel, Katharina Peine (Eds.)
1st International Conference on Software
Product Management
Organized by „GI Fachgruppe Software
Produktmanagement im Fachbereich
Wirtschaftsinformatik (WI PrdM)",
Frankfurt, 2023

P-335 Heiko Roßnagel, Christian H. Schunck,
Jochen Günther (Hrsg.)
Open Identity Summit 2023
15.–16. June 2023, Heilbronn

P-336 Lutz Hellmig, Martin Hennecke (Hrsg.)
Informatikunterricht zwischen
Aktualität und Zeitlosigkeit
20.-22. September 2023, Würzburg

P-338 René Röpke und Ulrik Schroeder (Hrsg.)
21. Fachtagung
Bildungstechnologien (DELFI)
11.-13. September 2023, Aachen

All volumes of Lecture Notes in Informatics
can be found at
https://dl.gi.de/handle/20.500.12116/21.

The titles can be purchased at:

Köllen Druck + Verlag GmbH
Ernst-Robert-Curtius-Str. 14 · D-53117 Bonn
Fax: +49 (0)228/9898222
E-Mail: druckverlag@koellen.de